Jürg
Kollbrunner

Der kranke Freud

Klett-Cotta

Klett-Cotta
© J. G. Cotta'sche Buchhandlung Nachfolger GmbH, gegr. 1659,
Stuttgart 2001
Alle Rechte vorbehalten
Fotomechanische Wiedergabe nur mit Genehmigung des Verlags
Printed in Germany
Umschlaggestaltung und Illustration: Peter Kahrl, Neustadt/Wied
Gesetzt aus der Adobe Garamond von Hahn Medien GmbH, Kornwestheim
Auf säure- und holzfreiem Werkdruckpapier gedruckt
und gebunden von Clausen & Bosse, Leck
ISBN 3-608-91032-8

Die Deutsche Bibliothek – CIP-Einheitsaufnahme
Ein Titeldatensatz für diese Publikation ist bei
Der Deutschen Bibliothek erhältlich.

Inhalts-
verzeichnis

Vorwort und Dank		9
1.	Ein unerwarteter „Auftritt" von Sigmund Freud	11
2.	Freuds tödliche Krankheit	16
2.1	Beschwerden und Krankheiten vor der Diagnose der Krebserkrankung	16
2.2	Die Krebserkrankung und ihre Folgen	21
3.	Die Auseinandersetzung Freuds mit seiner Krebserkrankung	31
3.1	Abgrenzungen	31
3.2	Annäherungen	38
4.	Die Verdrängung von Freuds Krebserkrankung durch die Biographen	45
4.1	Wege der biographischen Verdrängung	48
4.2	Ausnahmen: Autoren, die Freuds Leiden zu hinterfragen wagten	53
4.3	Verdrängende Kräfte	56
5.	Was könnte hinter Freuds Krebserkrankung stehen? Hinweise von heutigen Karzinompatienten	63
5.1	Die psychoonkologische Erforschung von HNO-Krebserkrankungen	64
5.2	Der psychoätiologische Seitenzweig unseres eigenen Forschungsprojektes	66
5.3	Befunde: Psychosoziale Gruppenunterschiede	67
5.4	Versuch einer Interpretation der Befunde	70
5.4.1	*Die Bedeutung von Elternbildern*	76
5.4.2	*Die Bedeutung der Eltern*	78
5.4.3	*Elternkomplexe bei Mundhöhlenkarzinompatienten*	84
6.	Freuds tragische Kindheit	86
6.1	Die Idealisierung von Freuds Kindheit	86
6.2	Die Umstände, in die Freud hineingeboren wurde	88
6.3	Verwirrung und Leiden in Freiberg	91

	6.4	Kindliche Erforschung der Sexualität	103
	6.5	Verlust der Heimat	105
	6.6	Kinderjahre in Wien	107
7.	**Entscheidende Jugend**	**116**
	7.1	Eine „spanische" Freundschaft: Eduard Silberstein	118
	7.2	Das Prinzip des Sichverliebens: Ichthyosaura	120
	7.3	Das reale Verliebtsein: Gisela Fluß	123
	7.4	Auswirkungen des Traumas der ersten Liebe	126
	7.5	Geschwisterliebe als zusätzliche Gefahr	133
8.	**Isolation als Erwachsener**	**138**
	8.1	Dialog und Isolation	138
	8.2	Freud und die Liebe	145
	8.3	Vermeidung von Dialog in der Herkunftsfamilie	163
	8.3.1	*Innerer Kampf mit Vater Jakob*	163
	8.3.2	*Unüberbrückbare Nähe zu Mutter Amalie*	167
	8.3.3	*Pflichtgefühl gegenüber den Geschwistern*	178
	8.4	Vermeidung von Dialog in der eigenen Familie	180
	8.4.1	*Abhängigkeiten zwischen Sigmund und Martha*	181
	8.4.2	*Erstaunliche Selbstverständlichkeiten in der Freudschen Kindererziehung*	188
	8.4.3	*Martin, der delegierte Eroberer*	195
	8.4.4	*Anna, die entfremdete Statthalterin*	203
	8.5	Vermeidung von Dialog mit Männern und Frauen außerhalb der Familie	216
	8.5.1	*Alte Freundschaften*	216
	8.5.2	*Der Kampf um, mit und gegen psychoanalytische Schüler und Freunde*	221
	8.5.2.1	*Max Schur, der überforderte Leibarzt*	227
	8.5.3	*Schülerinnen, die zu Kolleginnen und engen Vertrauten wurden*	231
	8.5.3.1	*Marie Bonaparte, die sichernde Freundin*	233
9.	**Die Umkreisung des „Es"**	**239**
	9.1	Die Angst vor dem „Es"	241
	9.2	Das sogenannte Böse	248
	9.3	Verpaßte Auswege	256
	9.3.1	*Rhythmus und Musik*	256
	9.3.2	*Tierliebe*	257
	9.3.3	*Der Nabel des Traumes*	260

9.3.4	Der dunkle Kontinent der Frauen	261
9.3.5	Ozeanische Gefühle	265
9.3.6	Hilfreiche Verführung	268

10. Tödlicher Ausgang — 272
   10.1   Warum Freud an Krebs erkrankte — 272
   10.1.1 Freuds psychosoziale Entwicklung vor dem Hintergrund tiefenpsychologischer Theorien der Psychoonkologie — 272
   10.1.2 Die entscheidende Kausalkette — 277
   10.2   Warum erkrankte Freud an einem Tumor der Mundhöhlenschleimhaut? — 282
   10.3   Freuds Bestätigung — 291
   10.4   Wie Freud starb — 304

11. Freuds Verdienst — 317

12. Einsichten — 325
   12.1   ... für die Psychotherapie — 325
   12.1.1 Ein konstruktiver Abschied von Sigmund Freud — 331
   12.2   ... für die Psychoonkologie — 338
   12.3   ... für die Psychohygiene ... und die Politik — 344
   12.4   Schlußwort — 354

Anhang
Argumentationen — 355
   Argument 1: Krebsheilkunde, Psychosomatik und das Leib-Seele-Problem — 355
   A1.1 Die Onkologie als Fachbereich der Schulmedizin — 355
   A1.2 Die Psychosomatik als Lehre ganzheitlichen Denkens und Handelns in der Medizin — 357
   A1.3 Der Stolperstein: Das Leib-Seele-Problem — 362
   Argument 2: Psychoonkologie als Psychosomatik der Krebsheilkunde — 365
   A2.1 Brennpunkte in der Geschichte der Psychoonkologie — 365
   A2.2 Mechanismen der Verdrängung der Tiefenpsychologie in der Psychoonkologie — 372
   Argument 3: Freud ist eher am 6. März als am 6. Mai 1856 geboren worden — 378

Zitierte Quellen — 385
Literaturverzeichnis — 409
Abbildungsverzeichnis — 426
Namenverzeichnis — 427

Vorwort und Dank

Noch immer staune ich über meine Verwegenheit, als Nicht-Psychoanalytiker ein Buch über den Begründer der Psychoanalyse zu schreiben. Als mich vor mehr als 20 Jahren – ich war damals Assistent am Psychologischen Institut der Universität Freiburg – ein Psychologieprofessor fragte, ob ich die Durchführung eines ihm angebotenen Kurses über Psychoanalyse an der Volkshochschule übernehmen möchte, fühlte ich mich geehrt, empfand ein solches Projekt aber als völlig außerhalb meiner Kompetenz liegend. Der Professor wußte zwar von meinem Interesse für Tiefenpsychologie, aber mir schien, daß er die Voraussetzungen, welche erfüllt sein müßten, um verantwortungsvoll als Lehrer zum Thema „Psychoanalyse" aufzutreten, gründlich unterschätzte: Selbsterfahrung in Psychoanalyse erachtete ich noch als die geringste Anforderung. Psychoanalytische Konzepte müßten doch zum selbstverständlichen Wissensschatz gehören, genauso wie Kenntnisse über die moderne Entwicklung der Psychoanalyse, von der ich keine Ahnung hatte. Mein Interesse galt damals vor allem der Humanistischen Psychologie, die stark tiefenpsychologisch geprägt ist, sich aber als „Dritte Kraft" vom Behaviorismus (dem die Verhaltenstherapie entstammt) und gerade auch von der Psychoanalyse abzugrenzen versuchte. Auch in den zwei Jahrzehnten, die der Ablehnung des professoralen Vorschlags folgten, fühlte ich mich nie wirklich verlockt, mich in Freuds Werke oder andere psychoanalytische Grundlagenliteratur zu vertiefen, obschon ich mich immer als tiefenpsychologisch orientierter Psychologe und Psychotherapeut verstand. Bis vor drei Jahren wäre mir in den kühnsten Träumen nicht in den Sinn gekommen, ein Buch über Sigmund Freud zu schreiben, den Mann, über den das gesammelte Material „der genauste und gründlichste Datensatz" sei, der „über das Leben eines Einzelnen" existiere [1]. Und doch hab ich es getan. Diese überraschende Tatsache habe ich vor allem zwei Männern zu verdanken. Ohne sie wäre das vorliegende Buch nie entstanden, und deshalb gebührt ihnen der größte Dank: Professor Dr. med. Peter Zbären, Chefarzt für Tumorchirurgie an der HNO-Universitätsklinik Bern, und Dr. med. Herbert Perler, Psychoanalytiker in Bern. Auf welche Art sie die Entstehung dieses Buches ermöglicht und unterstützt haben, soll noch verdeutlicht werden.

Weiterer Dank gilt den vielen Krebspatientinnen und -patienten, von und mit denen ich in den vergangenen 20 Jahren vieles lernen konnte, und meinen Kolleginnen und Kollegen im Inselspital, von denen ich mich stets unterstützt gefühlt habe. Spezieller Dank geht an Alexandre Duchêne, Psycholinguist, für die Mithilfe bei der Übersetzung schwieriger Textstellen aus dem Französischen und für sein freies Mitassoziieren bei der Suche nach Bedeutungen von neu entdeckten biographischen Zusammenhängen. Ganz besonders schätze ich auch den pointierten graphischen Beitrag von Dr. Martin Kompis. Prakt. med. Katharina Quack hat mich in dankenswerter Weise bei den Befragungen der Patienten unterstützt. Ursula und Alfred Forster gebührt Dank für ihre intensive Mitarbeit in den Rollen als Manuskriptleser. Besonders dankbar bin ich PD Dr. med. Fritz Stiefel, Psychiater, Psychotherapeut und Psychoonkologe an der Universität Lausanne. Er war so freundlich, das ganze Manuskript kritisch zu lesen, mich auf viele Korrektur- und Verbesserungsmöglichkeiten hinzuweisen, und unterstützte damit das Entstehen des Buchs auf entscheidende Weise, auch in den Teilen, zu welchen er eine andere Meinung hat oder die er als zu spekulativ empfindet.

Eine kleine kompetente Berufsgruppe, die stets im Hintergrund wirkt, aber zum Gelingen des Buchprojektes Entscheidendes beigetragen hat, sind die Bibliothekare und Bibliothekarinnen der Universitätsspital-Bibliothek Bern. Sie haben mir mit Freundlichkeit, Arbeitseifer und Zuverlässigkeit auch seltene Texte aus entfernten Orten zugänglich gemacht. Vielen Dank.

Mein Lektor, Hans-Martin Lohmann, selbst Autor mehrerer Bücher und Schriften zur Psychoanalyse, hat mir wertvolle Hinweise zur Verbesserung des Buches gegeben. Seine Begeisterung für mein Projekt war mir über zwei Jahre hinweg wertvolle Nahrung und überzeugte auch die Verlagsleitung.

Dir, liebe Elisabeth, danke ich für Deine Mitarbeit als kritische Manuskriptleserin und für die Kraft, die Du mir auch in dieser Zeit durch Dein (neben und mit mir) Sein verliehen hast.

Jürg Kollbrunner
Bern, im Januar 2001

1 | Ein unerwarteter „Auftritt" von Sigmund Freud

Im Sommer 1992 arbeitete ich bereits seit 13 Jahren als Klinischer Psychologe und Psychotherapeut an der Berner HNO-Klinik (Universitätsklinik für Hals-, Nasen-, Ohrenkrankheiten, Hals-, Kiefer- und Gesichtschirurgie), als Professor Rudolf Häusler neuer Klinikdirektor wurde und Professor Peter Zbären als Chefarzt für Tumorchirurgie in die Klinikleitung eintrat. Professor Zbären zeigte sich von Anbeginn sehr interessiert an psychosozialen Fragen der Tumorchirurgie. Bald planten wir zusammen ein Forschungsprojekt über die Auswirkungen der großen HNO-Tumorchirurgie auf die Lebensqualität unserer Patienten. Zielgruppe für unsere Forschungsfragen waren Patienten mit einem größeren Karzinom der Mundhöhle, die primär chirurgisch behandelt wurden, denn diese Patienten müssen wegen ihrer Krankheit und der Behandlung die vielleicht massivsten Veränderungen ihres Körperbildes akzeptieren lernen:

> Obschon die modernen Operationstechniken es erlauben, durch Krankheit zerstörte und durch Chirurgie entfernte Teile der Mundhöhle mit körpereigenem Gewebe (mit transplantierten „freien Lappen") zu ersetzen, kann sich das Aussehen dieser Patienten nach der Entfernung eines Teiles des Unterkiefers, eines Teils von Zunge und Mundboden oder wegen der Lähmung eines Gesichtsnerven wesentlich verändern. Trotz optimaler physio- und sprachtherapeutischer Unterstützung können bei diesen Patienten Funktionen, die für die Lebensqualität zentral sind, durch Krankheit und Behandlung beeinträchtigt bleiben: Das Essen kann wesentlich erschwert sein, die Aussprache kann verwaschen klingen, Mißempfindungen im Mundhöhlenbereich können stören, und die Funktion der Schultermuskulatur kann wegen der meist auch notwendigen chirurgischen Entfernung von Halslymphknoten eingeschränkt bleiben.

Uns interessierte vor allem die Frage, warum einige unserer Patienten die großen Veränderungen durch Krankheit und Chirurgie relativ gut zu ertragen scheinen, während andere auch über längere Zeit Mühe haben, diese Veränderungen zu akzeptieren. Wenn wir die Gründe für diesen Unterschied besser verstehen würden, wären wir in der Lage, die Patienten psychosozial gezielter zu unterstützen und vielleicht sogar vor einer großen HNO-Tumorchirurgie diejenigen Patienten zu identifizieren, welche mit einer solchen überfordert sind.

Wir erarbeiteten ein Befragungsschema, das einen umfangreichen Fragebogen zur Lebensqualitätsbelastung und zusätzliche psychodiagnostische Instrumente umfaßte (Fragebogen zu Angst, Depressivität, Hoffnungslosigkeit, Bewältigungsstrategien,

Kontrollüberzeugungen, Persönlichkeitseigenschaften, frühkindliche psychosoziale Belastung und intellektuelle Kapazität). Ab März 1995 befragten wir dann alle neu an unserer Klinik diagnostizierten Patienten, die in unsere Definition der Untersuchungsgruppe paßten und sich mit den Befragungen einverstanden erklären konnten, zu vier verschiedenen Zeitpunkten: vor der Operation, 1 Monat, 4 Monate und 12 Monate nach der Operation. Bis zum Juni 1998 wurden 50 Patienten und Patientinnen (37 Männer und 13 Frauen) in die Untersuchungsgruppe einbezogen. Um die Daten unserer Patienten mit Mundhöhlenkarzinom besser interpretieren zu können, befragten wir zusätzlich eine Kontrollgruppe, nämlich 30 Patienten ohne Karzinom, die aus unterschiedlichen Gründen mit einem chirurgischen Eingriff an unserer Klinik behandelt worden waren.

Einer der in der Untersuchung verwendeten Fragebogen muß nun kurz beschrieben werden, weil durch ihn die Idee zum vorliegenden Buch erst entstehen konnte. Es handelt sich um den von uns entwickelten „Herkunftsfragebogen", der 103 Fragen zur Herkunftsfamilie und zur frühen Kindheit unserer Patienten umfaßt. Da wir an der Frage interessiert waren, auf welchen Wegen unsere Patienten ihre schwere Traumatisierung durch Krankheit und Behandlung zu überwinden vermögen, war es naheliegend, sie auch nach frühesten Erfahrungen zur Bewältigung von Krisen zu befragen: Der persönliche Stil, schwierige Lebenssituationen zu meistern, ist sicher auch abhängig davon, was man in frühesten Jahren gelernt hat.

Die mündlich durchgeführten Befragungen unserer Patienten mit dem Herkunftsfragebogen waren packend: Viele Patienten erzählten gerne und ausführlich von ihrer Kindheit. Mehrfach verstärkte sich in diesen Gesprächen mein über viele Jahre in der Zusammenarbeit mit krebskranken Menschen geprägter Eindruck, daß es Zusammenhänge zwischen Kindheit und Krebserkrankung geben mußte. Dies war äußerst spannend, allerdings wegen der hohen Subjektivität von „geprägten Eindrücken" natürlich kein Beweis dafür, daß solche Zusammenhänge tatsächlich existieren. 47 unserer 50 Patienten konnten mit dem Herkunftsfragebogen befragt werden. Zwei Patienten waren gesundheitlich nicht in der Lage, an der Befragung teilzunehmen, und ein Patient lehnte die Beantwortung des Fragebogens ab.

In der ersten Auswertung der Daten zum Herkunftsfragebogen zeigte dann der „Summenscore", ein aus den Antworten auf die 103 Fragen abgeleiteter Gesamtwert der „frühkindlichen Belastung", keine bedeutsamen Gruppenunterschiede. Unsere Patienten wiesen durchschnittlich nicht eine höhere „frühkindliche Belastung" auf als die Patienten der Kontrollgruppe ohne Karzinom. Dieser Befund deckt sich mit der allgemeinen Erfahrung, daß Menschen mit einer stärker belasteten Kindheit durchschnittlich nicht weniger glückliche oder weniger gesunde Erwachsene werden als Menschen, die eine „glückliche" Kindheit hatten. Als wir jedoch begannen, die Antworten auf die verschiedenen Fragen einzeln zu analysieren, stießen wir auf verblüffende Resultate (Sie werden später, in Kapitel 5.3., detailliert dargestellt): Viele Variablen des Herkunftsfragebogens (das waren die einzelnen Fragen) zeigten deutliche Gruppenunterschiede zwischen Krebskranken und der Kontrollgruppe. Wir wußten zwar, daß die Belastung durch die aktuelle Krebserkrankung die Erinnerung unserer Patienten an frühe Zeiten verändern und so einen Teil der gefundenen Unterschiede bewirken kann. Auch war uns klar, daß selbst dann, wenn sich die gefundenen Unterschiede in späteren Studien beweisen ließen, dies noch keine Aussage über ihre **Ursächlichkeit** erlauben würde. Zudem erhöhte die große Anzahl der statistisch untersuchten Variablen die Wahrscheinlichkeit falsch positiver Resultate, und schließlich dürfen zwei Variablen, die signifikante Gruppenunterschiede zeigen, aber untereinander stark korrelieren, nur als eine Signifikanz gerechnet werden. Aber auch unter Berücksichtigung solch statistischer Verzerrungen blieben wesentliche Gruppenunterschiede bestehen.

Wir waren von der Vielzahl der signifikanten Befunde fasziniert. Nun machten wir uns daran, diese Unterschiede zu interpretieren. Dabei ging es darum, **das Muster der Unterschiede** zu verstehen. Das war nicht einfach, im Gegenteil: Die umfangreiche Fachliteratur zur Psychoonkologie, besonders diejenige der sechziger und siebziger Jahre (siehe „Argument 2" im Anhang), bot gewisse Interpretationshilfen, nicht mehr. Immer wieder schaute ich mir die Befunde an, versuchte ihre Bedeutung zu verstehen, besprach mich mit Kolleginnen und Kollegen, träumte von den erstellten Grafiken, hatte das Gefühl, daß da potentiell Wichtiges vor mir lag ... und wurde nicht klüger. Dann die Idee:

Sigmund Freud hatte doch selbst an einem Mundhöhlenkarzinom gelitten, 16 Jahre lang. Er und seine Biographen mußten unzählige Überlegungen zur Verbindung zwischen dieser Erkrankung und seinem Leben gemacht haben. Freud, der große Tiefenpsychologe, hatte selbst sicher viele Gedanken dazu schriftlich festgehalten. Vielleicht waren sie in seinem Werk nicht so leicht aufzufinden, da er ja bekanntlich Autobiographisches oft nur verschlüsselt mitgeteilt hat. Schon eher bei den Biographen. Voller Enthusiasmus ging ich auf die Suche, beginnend mit dem dreibändigen Standardwerk von **Ernest Jones** [1]. Aber nein: Trotz vieler Einträge zum Stichwort „Krebs" keine einzige Aussage über eine Verbindung zwischen Freuds Leben und der Entstehung seiner Krankheit. Aber in einer anderen Standardbiographie mußte ich unbedingt fündig werden. In derjenigen von Freuds ehemaligem Leibarzt, **Max Schur** [2], der zudem in den USA, nach Freuds Tod, als Psychosomatiker berühmt geworden war. Aber wieder nichts. Ich glaubte es kaum. Schur erwähnte zwar an zwei Stellen in seiner fast 700seitigen Biographie eine mögliche Vorahnung Freuds auf die spätere Krebserkrankung, verwarf diese Idee aber gleich wieder. Ansonsten ist auch für Schur Freuds Krebserkrankung kein psychosomatisches Thema im ätiologischen Sinn. Also weiter, zu einem modernen Biographen, **Peter Gay** [3], auch mit einem 900-Seiten-Werk. Wieder nichts. Unglaublich. Verschiedene Ausflüge in Teile von Freuds eigenen Werken und in seine Korrespondenz führten auch nicht weiter.

Dann ein Lichtblick: Mehrere Biographen erwähnen nebenbei, daß Freud 1936 ein „bezauberndes" Büchlein von Marie Bonaparte ins Deutsche übersetzt habe, das von einem Chow-Chow namens „Topsy" handelt. Ein Biograph wurde ein wenig deutlicher: „Topsy" sei die wahre Geschichte einer Chow-Hündin, die an einem Karzinom der Schnauze erkrankt sei. Da wurde ich hellhörig: „Karzinom" und „Schnauze". Bald hatte ich das Büchlein in Händen ... und wurde mehrfach überrascht: Der mir vorliegende Nachdruck (*Topsy. Der goldhaarige Chow* [4]) enthielt ein Vorwort von Anna Freud vom September 1980. Das war genau das, was ich suchte. Anna, die Tochter von Sigmund Freud, war am besten in der Lage, davon zu berichten, welche Bedeutung die Übersetzung der Geschichte über eine tierische Leidensgenossin für Freud hatte, und vielleicht noch mehr: wie die Krebserkrankung mit Freuds ganzem Leben verbunden gewesen war. Und tatsächlich schrieb sie zur Frage, warum Freud damals gerade dieses Büchlein übersetzte: „Wir dürfen heute annehmen, daß nicht nur die Person der Autorin, sondern auch vor allem das Thema des Buches Freuds Wahl bestimmend beeinflußte" [5]. Selbstverständlich erwartete ich, daß Anna Freud jetzt vom Thema „Krebs" sprechen werde. Falsch. Sie erklärte nur, daß Freud in den zwanziger Jahren Hundefreund geworden und zur Zeit der Übersetzung gerade besonders enttäuscht von den Menschen war. Punkt. Eine weitere Überraschung entstand während des Lesens. Ich wußte von dem Büchlein, daß es als „nett" oder „reizend" beschrieben worden ist. Zudem führte es der Verlag in der Reihe „Unterhaltung". Also leichte, angenehme Kost. Im Gegenteil: Es ist ein Ausschnitt aus der Tragödie einer sehr einsamen, extrem egozentrischen Frau, die ihren Hund nur als Instrument im Streit ihrer verworrenen Gefühle benutzt. Und diese Frau war in Freuds späteren Jahren eine seiner engsten Vertrauten ... und er hat gerade dieses Büchlein übersetzt, ein Werklein, aus dem jede tiefenpsychologische Einsicht verbannt ist ... und die Biographen finden nichts besonderes dabei. ... Wie paßt das alles zusammen? Gibt es da Dinge, die nicht an-, nicht ausgesprochen werden? Existieren da Tabus?

Jetzt wollte ich es wissen. Tabus haben mich schon immer fasziniert [6]. Mich lockte es, aus meiner Recherche einen Artikel für eine psychotherapeutische Zeitschrift zu schreiben. Obschon es sich um einen nicht geplanten Seitenpfad unseres Forschungsprojekts handelte und mich vorübergehend vom Hauptziel unseres Vorhabens ablenken mußte, sagte mir Professor Zbären seine volle Unterstützung für weitergehende Recherchen zu. Und ein anderer Mann erwies sich immer mehr als äußerst hilfreicher Reisebegleiter auf diesem Weg: „mein" langjähriger Psychotherapeut, Supervisor und Diskussionspartner, der Psychoanalytiker Dr. med. Herbert Perler. In vor gemeinsamer Kreativität sprühenden Gesprächen entwickelten wir zusammen Vorstellungen von möglichen Zusammenhängen zwischen Freuds Leben, seiner Krebserkrankung, der Psychoanalyse und schier unfaßbaren Begriffen wie „Liebe" oder „Schuld", klärten Widersprüche und entdeckten Neues, manchmal synchron, manchmal einer vor dem andern, oft staunend ob der Vielfalt der Welt und der Menschen.

Nun ging die Suche erst recht los: Biographien, Originaltexte, spezielle Artikel ... mehr als ein Jahr lang blieb ich mit Feuereifer auf abenteuerlichsten Spuren. Ich bin Klinischer Psychologe, tiefenpsychologisch orientierter Psychotherapeut, aber nicht Psychoanalytiker. Viele psychoanalytische Konzepte kannte ich nicht oder nur vage, und von Freuds Biographie wußte ich anfänglich wenig Genaues. Dies gereichte mir aber eher zum Vorteil, denn so geschah es, daß ich auf Widersprüche in den bisher gesammelten Informationen stieß und dachte, daß ich da etwas falsch verstanden hätte. Um mein Nebenziel zu erreichen – das Leben Freuds ein wenig überblicken zu können –, mußte ich solche Widersprüche klären, konnte oft mein Verständnis entsprechend korrigieren, aber entdeckte manchmal auch offensichtliche Widersprüche in Freuds Biographie. Das war nun wirklich spannend. Was war richtig oder zumindest wahrscheinlich zutreffend? Und noch spannender: Wer schrieb da bewußt oder unbewußt Dinge über Freud, die so nicht stimmen konnten? Wer verschwieg warum was? Was verschwieg Freud selbst und warum?

So veränderte sich mit der Zeit das Ziel meiner Freud-Arbeit. Es war plötzlich nicht mehr klar, ob das Studium der Aussagen über Freuds Verständnis seiner Krebserkrankung Hinweise für unser Verstehen unserer heutigen Krebskranken liefern sollte (wie es beabsichtigt war) oder ob unsere Krebskranken eher Hinweise für das Verständnis von Freuds Krebserkrankung und darüber hinaus vielleicht sogar für die Veränderung des Verstehens einiger Aspekte der Psychoanalyse bieten könnten.

Mit der verlockenden Überlegung, daß beide Schlußfolgerungen Platz haben könnten, war die Idee geboren, aus dem geplanten Artikel ein Buch zu machen.

Und jetzt ist das Buch entstanden ... unter so viel äußerem und innerem Einsatz, daß klar ist, daß es natürlich nicht nur objektive Wahrheiten verkündet, sondern auch – wie ich es bei anderen Autoren oft kritisiere – durch die persönliche Verzerrung meiner Wahrnehmung geprägt ist, eine Verzerrung, die aus meinen eigenen unverstandenen, weil halbverdauten Kindheitserlebnissen stammt. Da ich diese mir unbewußte Verzerrung naturgemäß nicht erkennen kann, bin ich gespannt darauf zu erfahren, welche Einseitigkeiten Leser und Kritiker im vorliegenden Buch erkennen werden, zum Wohl der Freud-Biographik, zu meinem Unbehagen, aber vielleicht auch – wenn ich einsichtig bin – zu meinem Wohl.

2 | Freuds tödliche Krankheit

Wenn Jones schrieb, daß Freud bis in seine sechziger Jahre nie ernstlich krank gewesen war [1], dann ist das eine kolossale Verharmlosung. Eine Stichwortsammlung der Krankheiten und Beschwerden, mit welchen sich Freud bis zur Diagnose seiner Krebserkrankung auseinanderzusetzen hatte, zeigt das Gegenteil: Typhus, Pocken, Neuritis im Arm, Kopfschmerzen, Migräneattacken, rheumatische Schmerzen, grippale Infekte (zu jener Zeit gar nicht harmlos), schwere Anginen, Ischias, Herzbeschwerden, Nasenbeschwerden, chronische Nebenhöhlenentzündung, Magen-Darm-Beschwerden, Prostatabeschwerden, Furunkel, Gasvergiftung, depressive Stimmungen, phobische und zwanghafte Phasen, Schreiblähmung, massive Todesangst, Nikotinsucht.

Markus meinte, daß Freud praktisch sein ganzes Leben lang „kränkelte" [2]. Dies ist freilich auch übertrieben, denn zwei Gründe sprechen zusätzlich dafür, daß Freuds Beschwerdenbild auffälliger scheint als dasjenige anderer Menschen: Freud gewöhnte es sich an, sich selbst genau zu beobachten, und er traute sich auch, in seiner privaten Korrespondenz offen von seinem körperlichen Befinden zu berichten.

2.1 Beschwerden und Krankheiten vor der Diagnose der Krebserkrankung

In tabellarischer Form dargestellt wird deutlich, zu welchen Zeiten Freud besonders intensiv mit Gesundheitsproblemen zu kämpfen hatte. Zur biographischen Orientierung werden in der Darstellung auch einige andere wichtige Lebensereignisse aufgeführt, ohne daß damit direkte ursächliche Beziehungen zwischen diesen und den Beschwerden behauptet werden.

1856	Geburt Sigismund Freud	
1857	Geb. Bruder Julius	
1858	Tod Bruder Julius	Schuldgefühle, Bettnässen, Unfall: Unterkieferverletzung
	Geb. Schwester Anna	Lispeln
1859	Umzug nach Leipzig	
1860	Umzug nach Wien	
	Geb. Schwester Rosa	
1861	Geb. Schwester Maria	
1862	Geb. Schwester Adolfine	

2.1 Beschwerden und Krankheiten vor der Diagnose der Krebserkrankung

1863		immer noch Bettnässen
1864	Geb. Schwester Pauline	
1865	Eintritt Gymnasium	immer noch Lispeln
1866	Geb. Bruder Alexander	

1867 – 1880: Aus dieser Zeit (von Freuds 12. bis 25. Lebensjahr) scheinen keine Berichte über Freuds Gesundheitszustand zu existieren, außer Reiks Mitteilung, daß Freud „in jungen Jahren" an einer Agoraphobie (einer Angst vor freien Plätzen) gelitten habe, und dem Bericht von Jung, daß Freud bis „weit in sein Erwachsenenleben" inkontinent gewesen sei. Freuds Mutter Amalie befand sich wegen ihrer Tuberkulose mit ihren jeweils „schmächtigsten" Kindern in den Sommern 1868 bis 1871 und 1875 je drei Monate zur Kur in Roznau; Sigmund fuhr mit oder wohnte für diese Zeit mit den älteren Geschwistern bei der Großmutter mütterlicherseits. Im Sommer 1872 besuchte Freud die Familie Fluß in Freiberg und verliebte sich in Tochter Gisela. 1873 – im Jahr der großen Choleraepidemie in Wien – bestand er das Abitur mit Auszeichnung; Beginn des Medizinstudiums. 1875 erste Reise nach England zu seinen Halbbrüdern, dann Forschungsassistent bei Professor Carl Claus (vergleichende Anatomie), 1877 bei Professor Ernst Brücke, wo er die Physiologie der Nervenzellen erforschte und sich mit Brückes Privatdozenten Ernst Fleischl von Marxow und Josef Breuer befreundete. 1879/80 leistete Freud seinen Militärdienst als Arzt.

1881	Promotion: Dr. med. *(Breuer-Pat.: Anna O.)*	Neurasthenie mit hochgradigen Stimmungsschwankungen, Darmstörungen (Verstopfung)
1882	Verlobung mit Martha	leichte Typhuserkrankung, schwere Angina
1883	wird Sekundararzt bei Theodor Meynert	rheumatische Schmerzen in Armen und Rücken; schwere Migräne
1884	Kokain-Studien	einige Wochen Ischias
1885	Studien in Paris	leichte Pockenerkrankung
1886	Heirat mit Martha	
1887	Geb. von Mathilde	
1888	*Therapie Cäcilie M.*	
1889	Geb. von Martin	nach einer Grippe: Herzrhythmusstörungen
1890	Fließ-‚Kongreß'	schwerer Anfall von Reisephobie
1891	Geb. von Oliver	rheumatische Knoten
1892	Geb. von Ernst	
1893	Geb. von Sophie Fließ-‚Kongresse'	Herzbeschwerden (Arrhythmie mit Druck und Brennen in der Herzgegend, Schmerzen im linken Arm), Todesangst
1894	„Die Abwehr-Neuropsychosen"	Herzrhythmusstörungen, Atembeschwerden, Todesangst, Verstimmung, Arbeitsunfähigkeit, Naseneiterungen
1895	„Studien über Hysterie" Irma-Traum Geb. von Anna	Schmerzen in Herzgegend, Todesängste, Depressionen, Naseninfektionen mit Eiterung. Verätzung der Nasenschleimhaut durch Fließ; nimmt oft Kokain zur Lokalanästhesie
1896	Bruch mit Breuer ‚Verführungstheorie' Tod von Vater Jakob	Anfälle von Todesängsten, Depressivität, Migräne, Reisephobie, Grippe, Nasensekretion; zweite Operation durch Fließ: Verätzung der Nasenmuscheln
1897	Zweifel an der Verführungstheorie	Schwere Niedergeschlagenheit, Phase von Schreiblähmung, Ohnmachtsanfall bei Treffen mit Fließ, Magendarmbeschwerden

1898	Studie „Die Richterin"	depressive Verstimmung, Grippe, Angst vor Rückkehr der Herzbeschwerden; Furunkel an Hodensack operiert
1899	**„Traumdeutung"**	
1900	Therapie „Dora"	Tiefe Depression, Todesangst

1901 – 1908: Aus dieser Zeit (von Freuds 46. bis 53. Lebensjahr) scheinen keine Berichte über seinen Gesundheitszustand vorzuliegen. 1901 erste Romreise (mit Bruder Alexander). 1902 Ernennung zum außerordentlichen Professor, im Oktober Beginn der Zusammenkünfte der „Mittwoch-Gesellschaft" (mit Stekel, Adler, Kahane, Reitler). Federn schloß sich ihnen 1903 an. 1904 erschien die „Psychopathologie des Alltagslebens"; Freud mit Bruder Alexander auf Athenreise. 1905: „Drei Abhandlungen zur Sexualtheorie". 1906 nahmen Jung, Rank und Wittels Kontakt zu Freud auf. 1907: Studie zu Jensens „Gradiva"; Beginn der Therapie mit dem „Rattenmann". Im selben Jahr traten Binswanger, Eitingon, Abraham und Ferenczi, 1908 Jones mit Freud in Kontakt. Die Mittwoch-Gesellschaft wurde zur „Wiener Psychoanalytischen Vereinigung" und in Salzburg fand der 1. Kongreß („für Freudsche Psychologie") statt; zweite Englandreise.

1909	Amerikareise Tausk in Vereinigung Therapie „Kleiner Hans"	Vor Abfahrt nach USA: Ohnmachtsanfall (im Gespräch mit Jung); auf der Reise Magendarmbeschwerden, ev. Blinddarmreizung. Beginn von Prostatabeschwerden.
1910	„Leonardo"-Studie	
1911	„Schreber"-Studie Bruch mit Adler Tod Halbbruder Philipp	Eine CO-Vergiftung durch einen Defekt der Schreibtischgaslampe führte zu Kopfschmerzen und Konzentrationsproblemen; wegen „Darmleiden" in Karlsbad zur Kur
1912	Bruch mit Stekel	Ohnmachtsanfall (im Gespräch mit Jung)
1913	Bruch mit Jung	Depression
1914	„Moses Michelangelo" Tod Halbbr. Emanuel	Krebsangst: wegen der beunruhigenden Darmstörung wurde zum Ausschluß eines Karzinoms eine Rektoskopie vorgenommen.
1915	„Die Verdrängung"	Prostataerkrankung und Rheumatismus, Kur in Karlsbad.
1916	„Trauer und Melancholie"	
1917	Groddeck nimm zu Freud Kontakt auf Tod von Reitler	Krebsangst: Eine schmerzhafte Schwellung des Gaumens entstand, als Freud wegen Zigarrenmangels nicht rauchen konnte. Sie verschwand, als er wieder rauchte. Schlafstörungen.
1918	5. Kongreß Budapest	
1919	Suizid von Tausk	
1920	Tod Anton von Freund Tod Tochter Sophie „Jenseits Lustprinzip"	Nach Sophies Tod schrieb er Ferenczi: „Ganz tief unten wittere ich das Gefühl einer tiefen, nicht verwindbaren narzißtischen Kränkung." [3]
1921	„Massenpsychologie"	Herzermüdung, Herzklopfen
1922	Bruch mit Silberer	
1923	„Das Ich und das Es"	Diagnose des Gaumenkrebses

Unter **Migräne** litt Freud sein ganzes Leben lang, im Alter allerdings seltener [4]. In den neunziger Jahren neigte er dazu, die häufigen Migräneanfälle mit der Nase in Verbindung zu bringen, was dann oft zu lokalen Anwendungen von **Kokain** und zu chirurgischen Naseneingriffen durch seinen Freund, den Berliner Hals-Nasen-Ohrenarzt Wilhelm Fließ, führte. Allerdings vermutete Freud auch einen Zusammenhang zwischen Migräne und neurotischen Konflikten [5]. Die chronischen **Darmstörungen**, unter denen Freud litt, verstand Schur als „reizbares, spastisches Kolon" [6], Jones aber eher als „erste Zeichen schöpferischer Inspirationen" [7].

„Die Briefe an seine Freunde waren voll von Andeutungen auf seine Darmstörungen ... Die betreffende Störung, deren Hauptsymptom chronische Verstopfung war, blieb sehr unklar. Manchmal wurde sie als Colitis, dann als Gallenblasenentzündung, als einfache Magenverstimmung oder auch als chronische Blinddarmreizung diagnostiziert; ..." [8]

Freuds gelegentliche schwere **depressive Stimmungen** [9] waren Teil eines seelischen Prozesses, den Jones als „ausgesprochene **Psychoneurose**" bezeichnete. Diese habe etwa zehn Jahre lang gedauert und ihre extremste Form auf dem Höhepunkt von Freuds schöpferischer Leistung – zwischen 1897 und 1900 – erreicht, „zwei Tatsachen, zwischen denen zweifellos ein Zusammenhang besteht" [10]. Jones meint, daß Freuds Umgebung, mit Ausnahme von Fließ, wahrscheinlich wenig von Freuds Neurose gemerkt habe.

„Dabei muß er zeitweise schwer gelitten haben, und während jener zehn Jahre erschien ihm das Leben wohl nur für kurze Zeitspannen lebenswert." [11]

Freuds **Eisenbahnphobie** hatte in ihrer intensiven Phase zwischen 1885 und 1897 die Form von akuten Angstattacken im Moment der Abfahrt [12]; später äußerte sie sich mehr in der Angst vor einem Eisenbahnunglück, sobald Angehörige seiner Familie (oder Fließ) verreisten [13], und – wenn er selbst verreiste – darin, daß er immer lange vor Zugabfahrt am Bahnhof war und die Zeit mit dem Zählen der Gepäckstücke verbrachte [14]. Erstaunlicherweise reiste Freud aber gerne und viel und scheint nie eine Reise wegen seiner Ängste verschoben oder annulliert zu haben [15].

Die spektakulären **Ohnmachtsanfälle** Freuds (einmal in Anwesenheit von Fließ und zweimal mitten in einer Auseinandersetzung mit Jung) nannte Freud selbst ein „Stückchen Neurose" [16]. Vor der Ohnmacht in München 1912 hatte Freud versucht, sich mit Jung zu versöhnen, ihm aber gleichzeitig unterstellt, daß dieser Todeswünsche gegen ihn hege. Freud meinte dazu später: „Zurückgehaltene Gefühle diesmal gegen Jung wie früher gegen einen Vorgänger von ihm, spielen natürlich die Hauptrolle" [17], und noch deutlicher: Der Ohnmachtsanfall in München erkläre sich möglicherweise aufgrund seiner angestauten Emotionen darüber, daß er die Streitaxt *mit* Jung, statt *in* Jung begraben habe [18].

Die Natur von Freuds **Herzbeschwerden** wurde unterschiedlich beurteilt. Fließ meinte damals, sie seien Auswirkungen einer chronischen Nikotinvergiftung, und Breuer verstand sie als chronische Myokarditis. Jones hingegen beurteilte sie als Angsthysterie, als Herzneurose, so wie später auch Wallace [19], Krüll [20] und Möhring [21]. Schur, Freuds späterer Leibarzt, war jedoch der Meinung, daß es sich um eine Angina pectoris handelte, genauer, um Anfälle „paroxysmaler Tachykardie mit anginalen Schmerzen und Anzeichen linksseitigen Herzkammerversagens", welche im April 1894 zu einer organischen Myokardschädigung, wahrscheinlich einer Koronarthrombose in einer kleinen Arterie oder vielleicht einer postinfektiösen Myokarditis geführt habe [22].

Freuds Wohlbefinden wurde oft auch durch eine besondere Form des Aberglaubens sowie durch seine Angst vor dem Altern und vor dem Sterben beeinträchtigt:

Freuds **Aberglaube** war vorwiegend durch die numerologische Versessenheit seines Freundes Fließ geprägt und hatte meist Todesängste zum Inhalt. Aus Geburtsdaten, aber auch aus einer neu erhaltenen Telefonnummer oder aus einer unbewußt hingeschriebenen Schätzung der Anzahl vermuteter Fehler in der *Traumdeutung* leitete Freud das Alter seines eigenen Todes ab: zuerst 41 oder 42 Jahre, dann 51 und ab 1899 für lange Zeit 61 und 62 Jahre. Auf der Griechenlandreise mit seinem Bruder Alexander im Jahre 1904 fühlte er sich von der 61 und 62 so sehr verfolgt, daß er die Nummer 31 des Hotelzimmers nur als Hälfte von 62 wahrnehmen konnte.

Das **Altern** machte Freud in mittleren Jahren Angst, weil es – wie Jones meinte [23] – für ihn schlimm war, von anderen abhängig zu sein, und er ein gewisses Mißtrauen gegen Hilfe hatte. „Er haßte das Altwerden sogar schon als Vierzigjähriger" [24]. Er reagierte sehr empfindlich, als 1909 der Reiseführer an den Niagarafällen auf ihn weisend sagte: „Laßt den Alten vorangehen!" Im selben Jahr schrieb Putnam über Freud: „Obgleich er bei uns wenig bekannt ist, ist Freud kein junger Mann mehr." Als „Racheakt" ergänzte Freud zwei Jahre später eine Fußnote der Übersetzung eines Artikels von Putnam mit dem Hinweis auf den Autor: „obwohl längst über die Jahre der Jugend hinaus" [25].

Freuds **Todesangst** tauchte seit den Herzbeschwerden von 1893 immer wieder auf, manchmal für längere Perioden. Neben den magischen Zahlen waren es auch Doppelgänger, Menschen, von denen er den Eindruck hatte, daß sie ihm zu sehr glichen, welche diese Ängste erneut auslösen konnten [26]. Oft war es aber auch die Spannung zwischen Todesangst und Todeswunsch, die ihn in Bann zog. Er selbst erkannte dahinter alte Schuldgefühle, die er wegen der frühen Todeswünsche gegen seinen kleinen Bruder Julius (der eineinhalb Jahre jünger war als er, aber nur ein halbes Jahr lebte) gehegt hatte. Ein für Freud schrecklicher, vielleicht ekelhafter Gedanke war, **sich im Sterben gehen lassen zu müssen**, die Kontrolle so weit zu verlieren, daß man die Fassung verliert. Über seinen im Sterben liegenden Vater schrieb er 1896, er „löscht mit Anstand und Würde aus" [27], und, drei Jahre nach dessen Tod, daß er „seine schöne Fassung bis ans Ende bewahrt" habe [28]. Über den 1920 an Krebs gestorbenen Freund Anton von Freund berichtete er Eitingon: „Er hat seine Hoffnungslosigkeit mit heldenhafter Klarheit ertragen, der Analyse keine Schande gemacht" [29], und für sich selbst äußerte er 1910 „eine ganz heimliche Bitte: nur kein Siechtum, keine Lähmung der Leistungsfähigkeit durch körperliches Elend. Im Harnisch laßt uns sterben, wie König Macbeth sagt" [30].

2.2 Die Krebserkrankung und ihre Folgen

Im Februar 1923 hatte Freud an seinem rechtsseitigen Gaumen eine Geschwulst entdeckt, die er selbst als „Leukoplakie" bezeichnete. Ob diese an der selben Stelle war wie die „schmerzhafte Schwellung", die sechs Jahre früher aufgetreten und wieder verschwunden war, ist nicht bekannt. Freud wußte, daß eine Leukoplakie (eine weißliche verdickte Fläche) eine Präkanzerose war, aus der sich ein Malignom entwickeln konnte. Er zögerte aber zunächst, den Befund einem Spezialisten zu zeigen, wahrscheinlich weil er befürchtete, daß ihm wieder einmal das Rauchen verboten würde, oder aus einem gewissen Fatalismus heraus, vielleicht sogar als Ausdruck eines unbewußten Todeswunsches [31]. In den ersten Tagen des Aprils konsultierte Freud den mit ihm befreundeten Dermatologen Maxim Steiner, der bestätigte, daß es sich um eine Leukoplakie handle, und ihm eine Exzision empfahl. Einige Tage später kam Felix Deutsch zu Besuch, und Freud bat ihn am Ende ihres Gesprächs, sich noch „etwas Unangenehmes" in seinem Mund anzusehen. Deutsch erkannte sofort, daß es sich um eine fortgeschrittene Krebserkrankung handelte, bezeichnete sie gegenüber Freud aber nur als „üble Leukoplakie". Allerdings drängte Deutsch zu rascher Chirurgie. Die beiden Männer besprachen noch die Wahl des Chirurgen, ohne daß Freud sich aber in diesem Gespräch festlegte. Wie es dann dazu kam, daß sich Freud an den HNO-Professor **Markus Hajek** (ein Spezialist für die Pathologie von Nebenhöhlen) und nicht an Professor **Hans Pichler**, den Leiter der Wiener Spezialabteilung für Kieferchirurgie, wandte, ist nicht verständlich. Am 20. April 1923 entfernte Hajek die erkrankte Schleimhaut des rechten vorderen Gaumenbogens in einem ambulanten Eingriff. Die Untersuchung des entfernten Gewebes ergab die Diagnose eines Epithelialkrebses. Hajek behauptete aber gegenüber Freud, daß die Geschwulst nicht bösartig und die Operation nur vorbeugend gewesen sei. Vermutlich verschonte Hajek seinen Patienten vor der Wahrheit, weil er Freuds Fall von Anfang an als hoffnungslos betrachtet hatte [32]. Trotzdem wies Hajek seinen Assistenten Feuchtinger an, Freud mit Radiumkapseln zu behandeln, und überwies seinen Patienten zusätzlich dem Radiologen Guido Holzknecht zwecks Röntgenbestrahlungen. Am 25. April schrieb Freud an Jones:

> „Ich habe vor zwei Monaten eine leukoplastische Geschwulst an meinem Kiefer und Gaumen, rechtsseitig, entdeckt, die ich am 20. entfernen ließ. Ich arbeite noch nicht und kann nicht schlucken. Meine eigene Diagnose lautete auf Epitheliomie, sie wurde aber nicht gelten gelassen. Die Schuld an dieser Rebellion der Gewebe wird dem Rauchen gegeben." [33]

Offenbar versuchte Freud, sich an die beruhigende Aussage seiner Ärzte über die noch nicht eingetretene Malignität seiner Erkrankung zu klammern, denn im Juni 1923 schrieb er an seine Verwandten nach Manchester:

„Vor zwei Monaten ließ ich eine Wucherung vom weichen Gaumen entfernen, die hätte degenerieren können, es aber nicht getan hatte." [34]

Hajeks Operation führte zu Vernarbungen, die eine teilweise Kiefersperre bewirkten, und zu starken Schmerzen, verursacht durch den weiterhin in der Tiefe des Oberkiefers liegenden Tumorrest. Auch die Radiumtherapie verursachte Schmerzen durch Entzündungen, Mundtrockenheit und Zahnschmerzen (vier Monate nach Abschluß der Strahlenbehandlung schrieb Freud, daß er noch keine schmerzfreie Stunde gehabt habe). Freuds emotionale Reaktion auf seine Krebserkrankung vermischte sich mit dem Schock über eine familiäre Tragödie: 1920 war Freuds Tochter Sophie gestorben, und nun lag plötzlich Heinele, der kleine Sohn Sophies, im Sterben. Freud schrieb am 11. 6. 1923 an seine ungarischen Freunde Kata und Lajos Levy:

„Diesen Verlust vertrage ich so schlecht, ich glaube, ich habe nie etwas Schwereres erlebt, vielleicht wirkt die Erschütterung durch meine eigene Erkrankung mit." [35]

Trotz immer noch starker Beschwerden reiste Freud in den Sommerurlaub nach Lavarone. Unterwegs hatte er aber eine so starke Blutung im Mund, daß Felix Deutsch von Anna, Freuds Tochter, nach Italien gerufen wurde. Deutsch sah, daß eine zweite, viel größere Operation notwendig war, wagte aber zunächst nicht, Freud etwas davon zu sagen. Er dachte, daß der Schock einen Angina pectoris-Anfall auslösen könnte, vermutete auch eine Suizidgefahr und befürchtete, daß Freud das Sterben einem weiteren chirurgischen Eingriff vorziehen könnte. Zudem wußte er, daß Freud etwas Wichtiges vorhatte: Er wollte Anna die Stadt Rom zeigen. Das „Komitee" (Abraham, Eitingon, Ferenczi, Jones, Rank, Sachs) war auch nach Italien gereist. In einer Geheimsitzung besprach Deutsch die Situation mit den Komiteemitgliedern, und sie beschlossen, Freud die zwei Wochen mit Anna nach Rom fahren zu lassen, während Deutsch in Wien die Operation bei **Professor Pichler** organisieren sollte.

Am 26. September 1923 untersuchte Pichler Freud zum ersten Mal. Er fand einen großen, kraterförmigen, eitrigen Tumor am rechten weichen und harten Gaumen, der sich auf die Wangenschleimhaut und bis zu Unterkiefer und Zunge ausbreitete. Pichler plante eine partielle Maxillektomie (Teilentfernung des Oberkiefers) und eine Kastenresektion des aufsteigenden und der Hälfte des horizontalen Unterkieferastes als Monoblock-Resektion (Entfernung in einem Stück). Da er nicht sicher war, ob eine solche Operation überhaupt möglich war, führte er sie zuerst an einer Leiche aus. Die Behandlung Freuds verlief dann in folgenden Schritten (nach Jones [36], Schur [37] und Romm [38]):

27.9.1923 **Zahnsanierung**; Konstruktion von zwei Oberkieferprothesen.

4.10. **Vorbereitungsoperation**: Entfernung der submaxillären Speicheldrüse und der umgebenden Lymphknoten. Ligatur (Unterbindung) der Carotis externa; Plazierung

2.2 Die Krebserkrankung und ihre Folgen

eines Glas-Drains. Anästhesie: intravenös mit Pantopan, einem Opiumderivat. 6 Tage Bettruhe.

11.10. **Hauptoperation**, unter Leitungsanästhesie und Sedativa: Schnitt durch die Mitte der Oberlippe, dann um die Nase herum bis zu ihrer halben Höhe. Breites Umschneiden des Tumors in der Wangenschleimhaut. Die zu entfernenden knöchernen Strukturen von Unter- und Oberkiefer wurden mit Bohrlöchern versehen und diese durch Sägen und Meißeln miteinander verbunden. Resektion eines großen Teils des rechten Oberkiefers, des hinteren Teils des Alveolarkamms, der Backen- und Zungenschleimhaut rechts; Defektdeckung durch Hautschicht (Thiersch) vom linken Vorderarm. Entfernung einiger (gutartiger) Polypen in den Kieferhöhlen, um einer möglichen Komplikation vorzubeugen. Verschlußnähte mit Pferdehaaren. Das tiefe Loch im Oberkiefer wird durch eine Stentsmasse (Wachszapfen) ausgefüllt. Einsetzen der Prothese. Operationsdauer: 7 Stunden. Freud erholte sich gut und schnell: Am dritten postoperativen Tag konnte er Brei essen. Am 28.10. wurde er nach Hause entlassen. Zwei

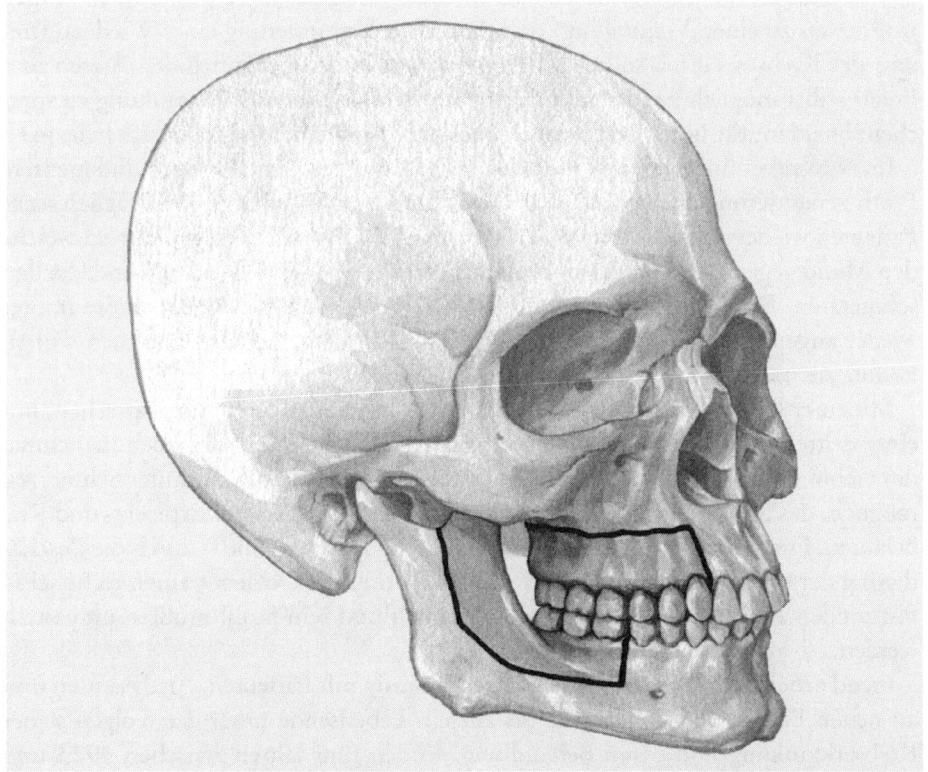

Abb. 1 Die an Freud durchgeführte Knochenresektion (aus Romm [40], mit freundlicher Genehmigung der Greenwood Publishing Group, Inc., Westport, CT)

Tage später verfaßte er sein erstes Testament in Form eines Briefes an seinen Sohn Martin [39].

Eine Woche nach Entlassung aus dem Krankenhaus nahmen die Schmerzen wieder zu. Pichler entdeckte hinter einem nekrotischen Fetzen ein zerklüftetes Ulkus, das er biopsierte. Am 12. November erhielt Pichler das Biopsieresultat: Krebsgewebe. Er besuchte Freud sogleich zu Hause und überzeugte ihn, sich noch am selben Tag wieder operieren zu lassen. Bei dieser Operation mußte Pichler die Wangennarbe in Richtung Mund aufschneiden, den Tumor durch den weichen Gaumen umschneiden und einen Teil des harten Gaumens abmeißeln. Danach deckte er die Operationswunde wieder mit einem Thiersch und paßte Stentzapfen und Prothese neu an. Aber schon zwei Tage später hatte sich die Naht am weichen Gaumen wieder gelöst und der Stentzapfen war in den Mund gerutscht. Pichler mußte ihn zerstückeln und entfernen, wobei wahrscheinlich auch Thierschgewebe verlorenging.

Am 17. November ließ Freud auf Empfehlung seines Kollegen Paul Federn eine **„Steinach-Operation"** durchführen, eine Unterbindung beider Samenleiter, durch welche man die Zellen, welche Sexualhormone erzeugen, zur Hypertrophie zwingen wollte, was zu einer „Verjüngung" und damit zur Verhinderung eines Wiederauftretens des Krebses führen sollte. Mittlerweile war es den behandelnden Ärzten und Freud selbst möglich geworden, offen über die Malignität der Erkrankung zu sprechen: Freud mußte hören, daß er noch höchstens fünf Lebensjahre vor sich habe [41].

Im November und Dezember folgten weiter Röntgen-Bestrahlungen und mehrere Prothesenänderungen. Am 2. Januar 1924 nahm Freud seine Praxis mit täglich sechs Patienten wieder auf, aber mit großen Beschwerden: Die Oberkieferprothese, welche den Mund gegen die Nasenhöhle abschließen sollte, paßte nie genau; wunde Stellen schmerzten. Das „Monster", wie die Prothese auch genannt wurde, mußte immer wieder angepaßt oder ersetzt werden. Wenn sie zu lange herausgenommen wurde, konnte sie nicht ohne Änderung wieder eingesetzt werden.

Mit einer Prothese konnte Freud nicht essen, mit der anderen nicht sprechen, mit einer dritten nicht rauchen. Um eine Zigarre zu rauchen, mußte er sich manchmal das Gebiß mit einer Wäscheklammer aufstoßen. Essen war oft nur unter Schmerzen möglich, das Sprechen war erschwert, klang nasal, besonders bei Explosiv- und Reibelauten. Freud hatte ein ständiges Hörgeräusch (Tinnitus) und – durch die Beschädigung der Ohrtrompete und chronischer Infektion des Gebiets – einen rechtsseitig fast totalen Hörverlust. Die Behandlungscouch und sein Stuhl mußten umgestellt werden.

Freud arbeitete in den folgenden Jahren intensiv mit Patienten, Analysanden und an neuen Publikationen, litt aber bis an sein Lebensende unter den Folgen seiner Krebserkrankung und deren Behandlung. In den fünf Jahren **zwischen 1923 und 1928 mußte er mehr als 350-mal seinen Chirurgen Pichler konsultieren.** Oft waren Elektrokauterisationen (Verkochung von Gewebe durch eine Elektrode), Auskrat-

2.2 Die Krebserkrankung und ihre Folgen

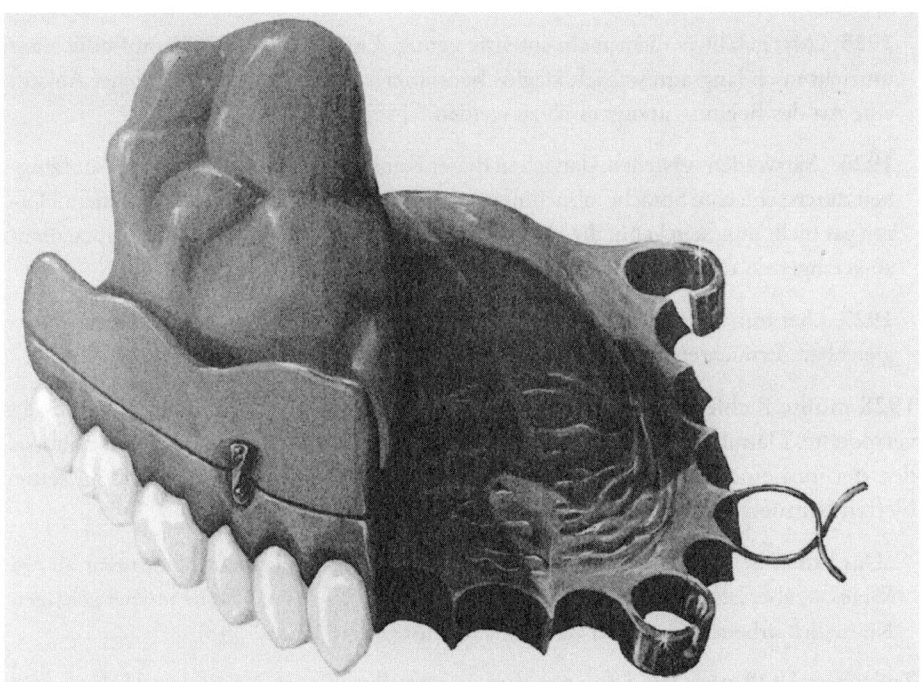

Abb. 2 Eine der Oberkieferprothesen Freuds (aus Romm [42], mit freundlicher Genehmigung der Greenwod Publishing Group, Inc., Westport, CT)

zungen von Zahnfleischtaschen oder eines infizierten Knochens nötig; Teleangiektasien (Verfärbungen der Schleimhaut), Papillome (Schleimhautwucherungen) oder Granulome (Knötchen der Wundheilung) mußten ausgeschnitten oder weggeätzt, dann wieder ein Zahn extrahiert werden. Freuds Beschwerden waren vielfältig. Einmal war die Sprache zu nasal, einmal klappten Kauen und Schlucken kaum, weil die Flüssigkeit durch die Nase abfloß, dann wieder waren das Spannungsgefühl oder die Schmerzen zu stark. Freud litt an Schlafstörungen und ab 1926 an ängstigenden Herzbeschwerden, die als „Angina pectoris" diagnostiziert worden waren. In Briefen beschrieb Freud, wie stark er leiden mußte:

> 1924: „Noch immer ist mir Essen, Trinken, Sprechen eine mit bewußter Anstrengung zu lösende Aufgabe. Der Mißempfindungen sind so viele, sie wechseln Örtlichkeit und Qualität so ausgiebig, daß genug Raum bleibt für dumpfe Befürchtungen hinter ihnen und sie nehmen mich so in Anspruch, daß mir nur ein Bruchteil von Interesse übrig bleibt für die Eindrücke des Tages." [43]

> „Das Richtige wäre, Arbeit und Verpflichtungen aufzugeben und in einem stillen Winkel auf das natürliche Ende zu warten …" [44]

1925: „Mir gefällt es nicht mehr intensiv genug. Eine Kruste von Unempfindlichkeit umzieht mich langsam; was ich klaglos konstatiere. Es ist auch ein natürlicher Ablauf, eine Art des Beginns, anorganisch zu werden." [45]

1926: „Sie werden verstehen, daß ich in dieser Konstellation: drohende Arbeitsunfähigkeit durch schlechte Sprache, abnehmendes Gehör und intellektuelle Unlust, dem Herzen gar nicht böse sein kann, die Herzaffektion eröffnet doch Aussichten auf einen nicht zu verzögerten und nicht zu kläglichen Abschluß." [46]

1927: „Bei mir ... ist der Altersgrant eingezogen, die volle, der Monderstarrung vergleichbare Ernüchterung, das innerliche Frieren." [47]

1928 mußte Pichler eingestehen, daß er Freuds Prothesen nicht mehr zu verbessern vermochte. Darauf reiste Freud nach Berlin zu dem Zahnmediziner Professor Schroeder, der ihm eine sechste Prothese anfertigte. Im Mai 1929 schrieb Freud an seinen Neffen Samuel:

> „Das Leben ist mir keine Freude – ich bin in mancherlei Hinsicht nicht mehr als ein Wrack –, aber laß uns rasch die andere Seite ansehen. Ich bin im Besitz meiner geistigen Kräfte, ich arbeite weiter und verdiene Geld für unsere Leute." [48]

Zwischen 1929 und 1935 folgten drei weitere Besuche in Berlin zur Verbesserung der Prothesen, und ein amerikanischer Kieferchirurg, Professor Kazanijan, kam für drei Wochen nach Wien, um neue Prothesen anzufertigen. Freud litt weiter an Neuralgien, Herz- und Darmbeschwerden und mußte sich bei Pichler immer wieder Präkanzerosen (Gewebe in Krebs-Vorstadien) entfernen lassen. 1930 wurde Freud wegen Herz- und Darmbeschwerden hospitalisiert behandelt. 23 Tage lang hielt er es ohne Rauchen aus. Doch er ertrug die Abstinenz so schlecht, daß ihm sein alter Freund, der Herzspezialist Ludwig Braun, riet, das Rauchen wieder aufzunehmen [49]. 1931 hatte Pichler verändertes Narbengewebe bis an den Unterkieferknochen entfernen und den entstandenen Defekt wieder mit Haut des Oberarms decken müssen. Weitere Elektrokoagulationen und Exzisionen folgten, und Freud litt abwechselnd unter lokalen Schmerzen, Herzschmerzen, Migräneattacken, Nasenbluten, Mittelohrentzündung, Entzündung der Mundhöhle und Nasennebenhöhlen mit starken Schmerzen im Kiefergelenk und Schwierigkeiten beim Essen, Sprechen und Rauchen. Allein im Jahre 1932 war Freud zu 92 Konsultationen bei Pichler, darunter fünf Operationen. Freud schrieb:

1931 (zwei Monate nach einer Elekrokoagulation): „Die Veränderungen durch den Heilungsprozeß nach diesem Eingriff sind bis heute nicht überwunden, ... ich habe seither keinen erträglichen Tag mehr gehabt." [50]

1933 (nach einer Herzkrise): "... diesmal habe ich mir ein Anrecht auf einen plötzlichen Herztod erworben, keine üble Chance." [51]

1934: „Ich gehe durch gesundheitlich schlechte Zeiten. Man gibt mir Radium ins Maul, und ich reagiere auf das Teufelszeug mit den greulichsten Beschwerden. Oft denkt man, le jeu ne vaut pas la chandelle. Man fühlt sich schlecht, Vorsätze helfen wenig gegen die unmittelbare, unzweideutige Empfindung." [52]

1935, an seinem 79. Geburtstag, war Freud überhaupt nicht imstande, eine Prothese einzusetzen. Schur berichtete:

> „Anna Freud und ich versuchten ihm zu helfen, und er versuchte es immer wieder, bis er völlig erschöpft war. Schließlich brachten wir ihn in Pichlers Sprechzimmer. Eine neue Prothese mußte noch am gleichen Tag begonnen werden. Dies war einer der wenigen Anlässe, wo Freud etwas verzweifelt war. Er gewann seine Beherrschung jedoch bald wieder, und in Pichlers Sprechzimmer war er wieder gefaßt, geduldig und höflich wie immer." [53]

Das Jahr **1936** brachte im Januar eine extensive Koagulation, im Februar die Entfernung einer Leukoplakie, im März eine schmerzhafte Operation, im April eine Störung der Herztätigkeit, die sich bei jeder Aufregung oder Anstrengung bis zur Qual steigerte, Schmerzen, Migräne, Depressionen. Kurz nach seinem 80. Geburtstag schrieb Freud an Stefan Zweig:

> „… so kann ich mich mit der Armseligkeit und Hilflosigkeit des Altseins doch nicht befreunden und sehe dem Übergang ins Nichtsein mit einer Art Sehnsucht entgegen." [54]

Und im Juni an Arnold Zweig:

> „Mit immer weniger Bedauern warte ich darauf, daß für mich der Vorhang fällt." [55]

Eine Operation am 14. Juli zeigte in der Untersuchung des entfernten Gewebes „eindeutig bösartige Veränderungen". Das war also das befürchtete Rezidiv. Am 18. Juli begann Pichler eine Nachresektion unter Leitungsanästhesie. Als er aber wegen unerträglicher Schmerzen Freuds mehrmals unterbrechen mußte, ließ er eine Vollnarkose mit Lachgas einleiten. In der Fortsetzung der Operation mußte Pichler neben dem verdächtigen weichen Gewebe auch ein darunterliegendes Stück Knochen entfernen. Nach der Operation litt Freud unter Doppelbildern sowie Sprechschwierigkeiten und erlitt mehrere Male eine „Art von Kollaps". Im Oktober kämpfte er gegen heftiges Nasenbluten. Am 12. Dezember war wieder eine große Operation notwendig. Nach der ersten Stunde – die Lokalanästhesie hatte bereits nachgelassen – rief Freud: „Ich kann nicht mehr weiter!" Pichler arbeitete weiter und schrieb später in seine Notizen:

> „12. Dezember [1936]: … Patient hat anfangs gar keine Schmerzen, zum Schluß sagt er aber, er kann nicht mehr, obwohl man nicht recht einsieht, warum." [56]

Es folgten zwei schlimme Wochen mit starken Schmerzen, Freud konnte nichts essen, nur mit Mühe trinken. Er empfing weiter Patienten, konnte die Stunden aber nur aushalten, wenn ihm jede halbe Stunde eine neue Wärmflasche gebracht wurde. Am 24. Dezember schrieb er in seine Kurzchronik:

„Weihnacht in Schmerzen" [57]

Für **1937** waren Herzbeschwerden im Januar, Bronchitis im März, im April eine Operation in Vollnarkose, danach wochenlange Schmerzen, Hämaturie im August, zwei Mal Ohrenentzündungen und im November eine Bronchitis zu verzeichnen. Der Januar **1938** brachte starke Schmerzen, Kiefersperre und die Entdeckung einer verdächtigen Druckstelle. Pichler operierte in Vollnarkose. Er konnte die Operationsstelle fast nicht erreichen. Die Wucherungen waren allmählich in gefährliche Nähe der Basis der Augenhöhle gerückt. Die Histologie ergab das Vorliegen eines zweiten Rezidivs.

Am 11. März erfolgte der Einmarsch der Deutschen in Wien. Die von vielen Personen auf unterschiedlichster Ebene erkämpfte Bewilligung zur Emigration der Familie Freud ermöglichte am 4. Juni 1938 die Flucht über Paris nach London. Dort arbeitete Freud weiter mit Patienten, schloß am 17. Juli das Manuskript zum *Mann Moses* ab, verfaßte am selben Tag sein letztes Testament, begann aber bereits eine Woche später ein neues Werk, den „Abriß der Psychoanalyse". Dieses Manuskript mußte er jedoch schon im September unvollendet endgültig beiseite legen, denn sein Leiden fand in England seine unerbittliche Fortsetzung: Im August war ein großer Bereich hinter der Stelle der letzten Operation als bedrohlich erkannt worden. Exner, ein früherer Assistent Pichlers, der sich in London niedergelassen hatte, Schur, der Leibarzt, und ein Radiumspezialist bestanden auf einer Operation durch Pichler. Dieser kam am 7. September in London an. Am Tag darauf operierte er Freud in der London Clinic: Aufspaltung der Lippe, Entfernung der Wangenschwulst und großer Stücke vom harten Gewebe ... die schwerste Operation seit 1923. Am Tag darauf fühlte sich Freud bereits recht wohl, und Pichler flog nach Hause. Die Ärzte sagten, daß sich noch ein abgestorbenes Knochenstück hinausarbeiten müsse und Freud in etwa sechs Wochen erholt sein werde. Das Essen wurde aber so schwierig, daß Freud nur noch allein essen wollte. Im Dezember hatte der nekrotische Knochen eine Schwellung, starke Schmerzen und eine übelriechende Sekretion verursacht. Freud schrieb am 19. Dezember an Eitingon:

„... ich warte auf einen mir versprochenen Knochen wie ein hungriger Hund, nur daß es ein eigener sein soll. Ich arbeite jetzt 4 Stunden täglich." [58]

Am 28. Dezember entfernte Schur einen größeren abgesonderten Knochensplitter, was Freud einige Erleichterung brachte. Die Schriftstellerin Virginia Woolf beschrieb Freud, nachdem sie ihn in dieser Zeit besucht hatte, mit knappen, starken Worten:

„ein verschlossener, zusammengeschrumpfter sehr alter Mann mit den hellen Augen eines Affen." [59]

Mitte Januar **1939** war eine neue Schwellung dicht bei der Zone der Knochennekrose und bis nach weit oben reichend aufgetreten. Nach Konsultationen mit Exner und Trotter, einem weiteren Chirurgen, wurde klar, daß – wenn dies wiederum Krebs sein sollte – eine Operation nicht mehr durchführbar wäre: Die verdächtige Stelle reichte tief in die Operationshöhle hinein ganz nahe an die Basis der Augenhöhle. Auf Vorschlag von Marie Bonaparte wurde erwogen, Freud in Paris am Institut Curie bestrahlen zu lassen. Dr. Lacassagne vom Curie-Institut untersuchte Freud am 26. Februar, und zwei Tage später entnahm Exner eine Biopsie, die erneut Krebsgewebe zeigte. Freud schöpfte trotzdem ein letztes Mal zaghaft Hoffnung. Er schrieb an Eitingon:

„Eine Probeexzision hat ergeben, daß es sich wirklich um einen Versuch des Carcinoms handelt, sich wieder an meine Stelle zu setzen. Man schwankte lange zwischen verschiedenen Möglichkeiten der Verteidigung ... nun haben wir uns alle auf Röntgenbestrahlung von außen geeinigt, von der sich die Beteiligten – ob ich mich einschließen soll, weiß ich nicht – Gutes erwarten. Morgen soll der hiesige Röntgenologe, ein Dr. Finzi kommen, dem man meinen Fall übergeben will. Hoffentlich lehnt er nicht ebenso ab wie andere Fachmänner. Ich bin natürlich sehr zufrieden damit, daß die Operation und die Reise nach Paris verworfen worden sind. Röntgen ist doch weit schonender, gibt eine Art von Lebenssicherung für mehrere Wochen und gestattet wahrscheinlich eine Fortsetzung der analytischen Tätigkeit während dieser Zeit ..." [60]

Die Schmerzen dauerten jedoch an, und die täglichen zweistündigen Bestrahlungen brachten Freud zusätzliche Beschwerden: Erschöpfung, Schwindel, Kopfschmerzen, fast tägliche starke Blutungen aus dem Munde. Auch begann Freud seinen Bart zu verlieren. Am 28. April schrieb er an Marie Bonaparte:

„... Es geht mir nicht gut, mein Leiden und die Folgen der Behandlung teilen sich in die Verursachung in einem mir unbekannten Verhältnis. Man hat versucht, mich in eine Atmosphäre von Optimismus zu ziehen: das Carcinom ist in Schrumpfung, die Reaktionserscheinungen sind vorübergehend. Ich glaube nicht daran und mag es nicht, betrogen zu werden ... Etwas Interkurrentes, was den grausamen Prozeß kurz abschneidet, wäre sehr erwünscht." [61]

Im Juni hatte Freud wieder sehr starke Schmerzen, heftige Strahlenreaktionen und wahrscheinlich Nekrosen im Jochbein. Am 16. Juni schrieb er an Marie Bonaparte:

„Das Radium hat wieder etwas aufzufressen begonnen, unter Schmerzen und Vergiftungserscheinungen, und meine Welt ist wieder was sie früher war, eine kleine Insel Schmerz schwimmend auf einem Ozean von Indifferenz.

Finzi fährt fort seine Zufriedenheit zu beteuern. Auf meine letzte Klage hatte er die Antwort: am Ende werden Sie auch zufrieden sein. So verlockt er mich halb gegen meinen Willen, weiter zu hoffen und unterdies weiter zu leiden ..." [62]

Freud hatte sich in der ganzen Leidenszeit geweigert, stärkere Schmerzmedikamente einzunehmen, denn für ihn galt immer noch, was er Stefan Zweig gesagt hatte:

„Ich will lieber in Qualen denken als nicht klar denken können." [63]

Finzi, der Strahlenarzt, verzweifelte fast an dem Versuch, Freud zu stärkeren Schmerzmitteln zu bewegen, und schrieb deshalb an seinen französischen Kollegen Lacassagne:

„Er weigert sich, sich von uns irgendwelche schmerzstillende Mittel geben zu lassen außer Aspirin ... Was er wirklich braucht, ist eine psychologische Behandlung, die es ihm möglich macht, mit einem anderen Medikament einen ähnlichen Pakt zu schließen wie den, den er mit Aspirin hat, aber ich wage ihm das nicht vorzuschlagen." [64]

Anfang Juli hatte Freud stark abgenommen und wirkte apathisch. Der Tumor hatte sich auf die Wange und die Augenhöhlenbasis ausgedehnt. In der Wunde war faules, abgestorbenes Gewebe, der Knochen war weich, der üble Geruch wurde zum Gestank. Den Bart auf der rechten Seite hatte Freud ganz verloren. Ende Juli hatte er einen nächtlichen Anfall von Herzkammerversagen. Am 1. August 1939 schloß Freud seine ärztliche Praxis offiziell. Die Haut über dem Backenknochen löste sich auf, und es entstand ein Loch. Der Geruch wurde noch schlimmer, zog die Fliegen an, so daß ein Moskitonetz über Freuds Bett gespannt werden mußte. Sogar Freuds geliebter Hund „Lün" konnte den Gestank nicht mehr ertragen:

„Wenn der Hund ins Zimmer gelassen wurde, verkroch er sich in der entferntesten Ecke. Freud wußte, was das bedeutete, und schaute seinen Liebling traurig an." [65]

Freud konnte kaum noch das Bett verlassen, war schwach, völlig abgemagert. Die Nahrungsaufnahme wurde immer schwieriger, die Schmerzen unerträglich. Am 21. September sagte er zu seinem Leibarzt:

„Lieber Schur, Sie erinnern sich wohl an unser erstes Gespräch. Sie haben mir damals versprochen, mich nicht im Stich zu lassen, wenn es soweit ist. Das ist jetzt nur noch Quälerei und hat keinen Sinn mehr. ... Sagen Sie es Anna." [66]

Als Freud von neuem schreckliche Schmerzen hatte, gab Schur ihm eine Morphiuminjektion und zwölf Stunden später eine zweite. Freud fiel in ein Koma und wachte nicht mehr auf. Er starb am 23. September um 3 Uhr morgens.

3 | Die Auseinandersetzung Freuds mit seiner Krebserkrankung

Allein schon die objektive Krankengeschichte Freuds zeigt, wie unermeßlich viel Leiden ihm seine Krebserkrankung gebracht haben mußte. In Briefen an seine Freunde beschrieb er dieses Leiden auch in eindrücklichen Worten. Gegenüber sich selbst und seinen Briefpartnern hat er die Auswirkungen der Erkrankung auf sein Denken und Fühlen nie verleugnet. Gegenüber seiner nächsten Umgebung, seiner Ehefrau und den anderen mit ihm lebenden Personen – vor allem Anna, seiner Tochter, und Minna, seiner Schwägerin – zog er es vor, über dieses schwierige Thema zu schweigen [1,2]. Die mit ihm am engsten zusammenlebenden Menschen waren Frauen, und diesen gegenüber vertrat, lebte und bewahrte er eine Haltung aus dem 19. Jahrhundert, die vom Mann Beherrschung und Überlegenheit in jeder Situation erforderte. Sich vor Frauen gehen zu lassen, war für ihn eine schreckliche Vorstellung, auch weil er meinte, daß ein Mann solches keiner Frau zumuten dürfe. **Über die möglichen lebensgeschichtlichen Ursachen, die hinter seiner Krebserkrankung stehen könnten, hat Freud mit niemandem je direkt gesprochen** – so jedenfalls scheint es nach intensiver Suche in seinen Werken, seiner Korrespondenz und in den Schriften vieler seiner Biographen. Wie weit er für sich selbst Fragen nach den Ursachen seiner Erkrankung – nach der biographischen Bedeutung seiner Erkrankung – nachgegangen ist, steht auf einem anderen Blatt. Es gibt viele Anzeichen dafür, daß er sich von solchen Fragen distanzierte, „es" nicht wissen wollte ... und viele Anzeichen dafür, daß er – oder etwas in ihm – viel darüber wußte.

3.1 Abgrenzungen

In der zweiten Hälfte des 19. Jahrhunderts war eine umfangreiche ärztliche Literatur zu psychosomatischen Erfahrungen und Hypothesen der Krebserkrankung entstanden, besonders über Zusammenhänge zwischen Trauer, Depression und Karzinom (vgl. die Darstellung der Geschichte der Psychoonkologie in „Argument 2" im Anhang). Die *Surgical Pathology,* in welcher der Chirurg James Paget vom seelischen Verlust als Faktor der Krebserkrankung schrieb, war bereits 1870 erschienen, und die Publikationen des ersten empirischen Forschers der Psychoonkologie, Herbert Snow, lagen auch schon vor der Jahrhundertwende vor. Freud hat diese Fachliteratur nie erwähnt, obschon es wahrscheinlich ist, daß er von ihrer Existenz gewußt hat. Freud ist von „gutmeinenden" Menschen auch ab und zu auf alternative Krebstherapien aufmerksam gemacht worden. Jones schrieb dazu aber nur, daß es Freud ein wenig amüsierte, „von allen Teilen der Welt zu erfahren, welche Unzahl von Behandlungsarten es gegen den Krebs gebe." [3]

Wer sich für die biographische Bedeutung seiner eigenen Erkrankung interessiert, muß sich natürlich auch für die Wurzeln seiner Biographie – für seine Kindheit und die Geschichte seiner Vorfahren – interessieren. Doch das war für Freud ein heikles Thema. Zwar hatte er aus eigenen Erinnerungen und Berichten anderer über seine Kindheit die Grundbausteine seiner neuen Lehre geschaffen, aber außer einigen Episoden und ein paar punktuellen Informationen über seine Beziehung zu den Eltern und Geschwistern hat er nie direkt beschrieben, wie er sich als Kind in seiner Familie **gefühlt** hatte [4].

Freuds lebenslange Abneigung gegen Biographen scheint nicht nur eine Absicherung gegen die Vermischung von persönlichem Leben und der Objektivität der psychoanalytischen Lehre [5], sondern auch ein Ausdruck seiner Hemmung vor der eigenen Biographie gewesen zu sein. Indiz dafür sind seine großen Vernichtungsaktionen von Dokumenten. Bereits 1885, als 29-Jähriger, hatte er vor dem Umzug aus der elterlichen Wohnung in ein Zimmer im Krankenhaus außer den Familienbriefen alle schriftlichen Unterlagen vernichtet. Seiner Braut schrieb er:

> „Ich habe alle meine Aufzeichnungen seit vierzehn Jahren und Briefe, wissenschaftliche Exzerpte und Manuskripte meiner Arbeit vernichtet. ... Alle alten Freundschaften und Beziehungen haben sich dabei mir nochmals präsentiert und stumm den Todesstreich empfangen ... alle meine Gedanken und Gefühle ... sind für unwert erklärt worden, fortzubestehen. ... ich kann nicht reifen und nicht sterben ohne die Sorge, wer mir in die alten Papiere kommt. Überdies alles, was hinter dem großen Einschnitt in meinem Leben zu liegen fällt, hinter unserer Liebe und meiner Berufswahl, ist lang tot und soll ihm ein ehrliches Begräbnis nicht vorenthalten sein." [6]

Freuds Formulierungen zeigen hier, daß er seine Dokumente nicht nur fremden Augen entziehen, sondern deren Inhalte auch vergessen wollte. Bei zwei weiteren Gelegenheiten hatte er später solche Vernichtungsaktionen wiederholt: 1908 bei Verlegung der Praxis innerhalb des Wohnhauses und 1938 anläßlich seiner Vorbereitungen zur Emigration.

Zweifellos sah Freud seine Krebserkrankung im Zusammenhang mit seinem starken Rauchen – er wurde oft genug ermahnt, es sein zu lassen. Er hatte auch mehrere Male das Rauchen aus gesundheitlichen Gründen für kurze Zeiten aufgegeben, immer aber wegen seiner Herzbeschwerden und nie wegen seiner Krebserkrankung. Die Hintergründe des Rauchens erwähnte er kaum, und wenn, dann eher unpsychologisch. Obschon ihm ja auch klar war, wie intensiv oral, auf Mund und Saugen bezogen, allein schon die Handlung des Rauchens ist, führte er die Sucht des Rauchens nicht auf eine präödipale Problematik zurück, sondern sprach noch 1929 nur von dem Vorbild seines Vaters, der ein starker Raucher gewesen war [7].

3.1 Abgrenzungen

Freud behandelte sein Neoplasma „einfach als unwillkommenen Eindringling, den man nicht mehr als nötig beachten sollte" [8], als „Feind" [9]. Das ist erstaunlich, denn es war doch gerade er, der die allgegenwärtige Macht von Projektionen und anderen Abwehrmechanismen erkannt und eindrücklich dargestellt hat. In *Totem und Tabu* hatte er 1913 geschrieben:

„Die Projektion innerer Wahrnehmungen nach außen ist ein primitiver Mechanismus … Unter noch nicht genügend festgestellten Bedingungen werden innere Wahrnehmungen auch von Gefühls- und Denkvorgängen wie die Sinneswahrnehmungen nach außen projiziert … Die Projektion der eigenen bösen Regungen in die Dämonen ist nur ein Stück eines Systems, welches die ‚Weltanschauung' der Primitiven geworden ist, …" [10]

Jones erklärte dazu, daß sich der Primitive eben für unsterblich hielt und deshalb das Sterben, selbst bei Erkrankung, nur von der Einwirkung eines bösen Feindes herrühren konnte, so wie es das Bild des Todes als Schnitter mit der Sense darstelle [11]. Die Krebserkrankung ist aber eher ein Geschehen von innen als eines von außen, auch dann, wenn man den Karzinogenen, den potentiell Krebs auslösenden Stoffen der Umwelt, großes Gewicht beimißt. Freud scheint sich jedoch für „die Innenseite" des Krebses nicht interessiert und Gedanken daran projektiv abgewehrt zu haben. Natürlich wirkten in ihm auch Abwehrmechanismen, einfach weil er ein Mensch war und jeder Mensch ohne Abwehrmechanismen schutzlos zu Grunde gehen müßte. Aber: Wäre es möglich, daß Freud die Hintergründe von so wichtigen Dingen wie seine schließlich zum Tod führende Erkrankung durch Abwehrmechanismen verschleiert hätte? Das wäre möglich, wenn die Hintergründe zu schmerzlich und die Abwehrmechanismen bei Bedarf effektiv genug waren. Wie effektiv Freuds eigene psychische Abwehr sein konnte, zeigten seine indirekten (in der Privatkorrespondenz geäußerten) regelmäßigen groben Beschimpfungen von ehemaligen Freunden, mit denen er gebrochen hatte (vgl. Kapitel 8.5.2.). Kaum je nahm er solche Beschimpfungen zurück oder bedauerte sie. Auch in Veröffentlichungen konnten ihm solche „Verblendungen" unterlaufen. In seinem Aufsatz „Zur Geschichte der psychoanalytischen Bewegung", der auch eine Abrechnung mit Jung war, kolportierte er die Kritik eines Patienten, der in Jungscher Analyse gewesen war. Er behauptete, daß dieser „urteilsfähige" und „vertrauenswürdige" Patient ihm unaufgefordert über die Mängel der Jungschen Analyse berichtet habe und daß er, Freud, den Patienten nicht einmal um Zustimmung zur Veröffentlichung seiner Kritik gefragt habe, weil er nicht zugeben könne, „daß eine psychoanalytische Technik den Schutz der Diskretion beanspruchen sollte" [12]. In diesem Verhalten ist eine dreifache Blindheit zu erkennen: Erstens bedeutet „vertrauenswürdig" und „urteilsfähig" noch lange nicht „objektiv"; zweitens ist „unaufgefordert informiert" nicht das Gleiche wie „unbeeinflußt informiert"; und drittens braucht in einer solchen Situation der Patient Schutz, nicht eine Technik. Wenn Freud aus starken unangenehmen Gefühlen heraus so blind handeln konnte, dann war es auch möglich, daß er die Auseinandersetzung mit den schmerzlichen Seiten seiner Kindheit und die biographische Dimension seiner Krankheit „überspringen" konnte.

Freud war aber auch einer der Begründer der Psychosomatik, derjenigen Disziplin also, welche beim Versuch, Kranksein zu verstehen, biographische Zusammenhänge in den Vordergrund stellt. Er war es, der darauf bestand, hysterische Patienten vor dem Hintergrund ihrer Lebensgeschichte zu sehen; er prägte den Begriff „Konversion". Aber – und das ist eine der vielen Widersprüchlichkeiten dieses faszinierenden Menschen – er fühlte sich nie recht wohl als Psychosomatiker. Vor der Entwicklung seiner ersten bahnbrechenden Theorien dachte er wenig „psychosomatisch", so zum Beispiel, als er 1886, nach dem Tod des Verlobten seiner Schwägerin Minna, zur Beruhigung derselben schrieb:

> „Die Menschen sind so glücklich, wenn sie sich für etwas unabänderlich Geschehenes einen Grund vorsagen können, der nicht so unpersönlich ist, sondern an den sie irgendeine Art von Leidenschaftlichkeit knüpfen können." [13]

In seinem „Entwurf einer Psychologie" versuchte Freud 1895 den psychischen Apparat als Nervenfunktionen zu beschreiben, alle Psychologie also auf Physiologie zurückzuführen. Da es aber auch ihm nicht gelang, das Leib-Seele-Problem zu lösen, setzte er mehr und mehr psychologische Hypothesen in die Leerstellen, die er anatomisch nicht ausfüllen konnte [14]. Mit der Zeit erklärte sich Freud klar zum Psychologen. Seine erste Topik (die Lehre von den Orten des psychischen Geschehens) mit „Unbewußtem", „Vorbewußtem" und „Bewußtem" war noch eine deskriptive Klassierung, die Körper und Seele zusammen umfaßte. Seine zweite Topik von 1923 (mit „Es", „Ich" und „Über-Ich") war dann aber eine körperferne, rein psychologische Abstraktion. Wenn Freud 1927 an Marie Bonaparte schrieb:

> „Mein altes Vorurteil, daß Krankheit überflüssig ist – die Notwendigkeit des Todes sehe ich ein – verstärkt sich immer wieder" [15],

dann meinte er dies kaum ironisch, sondern gab damit einer mechanistischen Sicht des Körpers Ausdruck, die auf der Hoffnung einer immer besseren Reparierbarkeit beruht. Freud versuchte somatische und psychische Pathologie voneinander getrennt zu halten, auch aus didaktischen Gründen, wie er 1932 dem Psychosomatiker Viktor von Weizsäcker geschrieben hatte [16].

Georg Groddeck, der als eigentlicher Vater der Psychosomatik gelten kann, dachte und lebte viel offener. Für ihn gab es unzählige Verbindungsarten zwischen Leib und Seele und unbeschränkte Bewegungsfreiheit zwischen beiden „Reichen". Für Groddeck war die Krebserkrankung genauso ein Element der gesamten Lebensgeschichte eines Menschen wie alle anderen Erkrankungen auch:

> „Je schwerer der innere Konflikt der Menschen ist, um so schwerer sind die Erkrankungen ... Reicht die leichte Form des Unwohlseins nicht aus, um den Konflikt zu lösen

oder zu verdrängen, so greift das Es zur schwereren, ... zur chronischen Erkrankung, Lähmung, zum Krebs und der Schwindsucht, die langsam die Kraft untergraben, und schließlich zum Tode." [17]

Krebskranke waren für Groddeck psychoanalytisch therapierbar, denn die Verwendung der Psychoanalyse war für ihn „eine Frage der Zweckmäßigkeit, nicht eine des Gebiets der Erkrankung" [18]. Groddeck hatte 1917 den Kontakt zu Freud gesucht, weil er realisierte, daß ihrer beider Ideen große Ähnlichkeiten hatten. Auf eine besondere Art bewunderte er Freud (auf eine andere blieb er vollständig unabhängig) und bat ihn um Anerkennung als Psychoanalytiker. Nachdem Freud zum zweitenmal in einem Brief an Groddeck seine Krebskrankheit erwähnt hatte, versuchte Groddeck vorsichtig, Freud zu einer Therapie bei ihm einzuladen:

„Ich muß nun doch einmal auf Ihre Krankheit zurückkommen. Ich bin so ganz der Narr meiner Anschauungen geworden, daß es unheilbare Krankheiten für mich nicht gibt. Die Mißerfolge liegen am Arzt, nicht an der Art der Erkrankung. Aber der Arzt muß wollen und der Kranke auch. Da Sie beides in einer Person sind, braucht bloß einer zum Wollen überredet zu werden. Es schickt sich nicht, wenn das Ei klüger sein will als die Henne. Aber ich liebe Sie und kann Sie nicht entbehren." [19]

Freud kannte Groddeck gut genug, um zu wissen, daß er in einer Therapie mit Groddeck mit seiner eigenen Kindheit konfrontiert würde. Er lehnte die Einladung mit der Begründung ab, daß er nicht reisefähig sei, im Frühling arbeiten müsse und im Sommer noch alles ungewiß sei [20]. Eine Wiederholung der Einladung zwei Wochen später änderte Freuds Haltung nicht und ein Aufsatz Groddecks über Krebs zehn Jahre später auch nicht [21].

Auf Krebserkrankungen von Freunden und Patienten hatte Freud stets mit großer Anteilnahme reagiert. In *Zur Psychopathologie des Alltagslebens* berichtete er von einem 14-jährigen Mädchen mit Bauchschmerzen, bei dem er sich Vorwürfe machte, daß er die ersten Anzeichen eines Sarkoms übersehen hatte [22]. Anton von Freund, Doktor der Philosophie und ungarischer Industrieller, kam 1918 zu Freud in Analyse, weil er nach einer Krebsoperation starke neurotische Ängste entwickelt hatte. Die beiden Männer freundeten sich an, und von Freund wurde zu einer großen finanziellen Stütze der psychoanalytischen Bewegung. Als er dann an einem Rezidiv erkrankte, litt Freud mit ihm und begleitete ihn in seinem qualvollen Sterben bis zum Tod im Januar 1920. Guido Holzknecht, der Leiter des Röntgeninstituts in Wien, war auch Patient Freuds gewesen. Jahre später begegneten sich die beiden unter veränderten Rollen wieder: Freud ließ sich von Holzknecht bestrahlen, und Holzknecht selbst war ein Opfer seiner Wissenschaft geworden. An seiner rechten Hand hatten die Röntgenstrahlen einen Hautkrebs hervorgerufen, der sich immer weiterfraß, so daß zuerst die Finger, dann die Hand und schließlich der Arm amputiert werden mußten. Freud war wiederum tief beeindruckt. Aber über keinen dieser krebskranken Menschen, die er gut kannte, weil sie seine Patienten gewesen waren, hat Freud irgend etwas gesagt, das ihre schwere Krankheit in einen Zusammenhang mit ihrer Lebensgeschichte gestellt hätte.

Freuds Distanzierung gegenüber der Suche nach der biographischen Bedeutung seiner eigenen Krebserkrankung kam im Bereich der Gegenübertragung besonders deutlich zum Ausdruck. Freud schrieb kaum über die Auswirkungen seiner Krankheit auf die Arbeit mit seinen Patienten [23], auf Übertragung (die durch frühkindliche Ängste geprägten Reaktionen, welche Freuds Krankheit bei seinen Patienten auslösen konnte) und Gegenübertragung (die in Freud auftauchenden Gefühle, wenn er mit körperlich gesunden Patienten arbeitete). Blum schrieb:

> „Außer wenigen Bemerkungen zu und von einigen Patienten wissen wir wenig von den infantilen Konflikten und Fantasien, welche durch seine Krankheit geweckt wurden, und die unausweichliche Angst, Schuld und Sorge, welche seine Patienten erfahren haben müssen." [24]

Dabei war es Freud selbst, der früher festgestellt hatte:

> „Es ist allgemein bekannt, ... daß der von organischem Schmerz und Mißempfindungen Gepeinigte das Interesse an den Dingen der Außenwelt, soweit sie nicht sein Leiden betreffen, aufgibt." [25]

Freud hat wenig darüber geschrieben, wie sehr ihn dieser elementare Zusammenhang selbst betroffen hat, und es scheint so, als ob er die teilweise ernsten Folgen bei seinen Patienten wenig bemerkt hat. Einer seiner berühmtesten Patienten, der „Wolfsmann", war tief schockiert, als er Freud im Oktober 1923 sah. Freud hatte zwar die Therapie des Wolfsmanns an Ruth Mack Brunswick abgegeben, trotzdem (oder gerade deshalb, denn andere Analysanden blieben bei Freud) reagierte dieser massiv. Bald bemerkte der Wolfsmann an seiner Mutter eine schwarze Warze, und im Februar 1924 begann er sich um seinen eigenen Mund und seine Nase zu sorgen, suchte während zwei Jahren viele Ärzte auf und hatte verschiedene Operationen an Nase und Zähnen. Er war über Freud sehr wütend und schien dessen Krankheit als Aufgegebenwerden erlebt zu haben [26]. 1926 schrieb Freud:

> „Ich mache täglich 5–6 Stunden Behandlung, und meine Schüler oder Patienten tun so, als bemerkten sie meine Gebrechen nicht." [27]

Eva Rosenfeld erinnerte sich, daß Freud sehr still war, wegen der Schmerzen ständig seinen Kiefer bewegte und „wirklich schwierig zu verstehen" war [28]. Grinker beschrieb Freuds Verhalten in der Analyse 1933:

> „[Er] sprach sehr leise. Um in der Analyse etwas zu betonen, schlug er auf die Armlehnen seines Sessels und oft auch auf den Kopfteil der Couch. Wenn er in einer Erklärung

sehr gespannt und aufgeregt war, beugte er sich nach vorne, fast direkt über den Kopf seines Patienten …" [29]

Wortis notierte im Jahr 1934:

„Er schien ein wenig schwerhörig, aber gab es nicht zu. Im Gegenteil, er kritisierte mich ständig dafür, daß ich nicht klar und laut genug spreche." [30]

Freud schien sich nicht darum zu kümmern, was sein schlechter Gesundheitszustand bei seinen Patienten bewirkte, denn er arbeitete bis in den zweitletzten Monat seines Lebens immer mit Patienten, sobald er körperlich nur einigermaßen dazu in der Lage war. Im Oktober 1938 schrieb er an Marie Bonaparte, vier Wochen nach der letzten großen Operation:

„Es ist nur recht und billig, daß der erste Brief vom Home an Sie gerichtet sein soll. Er kann nicht lang sein, denn ich kann kaum schreiben, nicht besser als sprechen und rauchen. Diese Operation war die schwerste seit 1923 und hat mich viel gekostet. Ich bin abscheulich müde und schwach in Bewegungen, habe zwar gestern mit drei Patienten begonnen, aber es geht nicht leicht." [31]

Zwischen Juni 1938 und Juli 1939 hatte Freud noch vier reguläre Analysanden. Dazu kam Dorothy Burlinghams Lehranalyse und zwei Kurzanalysen [32].

Erst am 1. August, weniger als acht Wochen vor seinem Tod, löste er die Praxis auf. Freuds Mißachtung von Übertragungs- und Gegenübertragungsreaktionen auf seine Erkrankung war nicht verantwortungsvoll. Sie ist aber logisch, weil die sorgfältige Beachtung dieser Phänomene ihn zu längeren Erholungspausen und zu neuen Emotionen innerhalb und außerhalb der Therapien geführt und diese unweigerlich Kindheitserinnerungen in ihm geweckt hätten. Das hat er bewußt oder unbewußt (oder bewußt und noch stärker unbewußt) vermieden.

Gegen Ende seines Lebens ist noch ein weiteres Zeichen von Freuds Distanzierung gegenüber der Auseinandersetzung mit seiner Biographie zu erkennen: seine Reaktion auf die Lektüre des schon erwähnten Büchleins *Topsy* von Marie Bonaparte, das so viel Tragik und absolut kein tiefenpsychologisches Verständnis verrät. Freud hatte der Autorin 1936 geschrieben:

„… eben Ihr Manuskript über Topsy erhalten. Ich liebe es, es ist rührend echt und wahrhaft. Es ist ja keine analytische Arbeit, aber der Wahrheits- und Wissensdrang des Analytikers steckt auch hinter dieser Schöpfung …" [33]

So konnte nur jemand empfinden, der sich der biographischen Wahrheit der in hohem Maß hysterischen Autorin verschloß und mit ihr einen Pakt des „Ruhenlassen, was schmerzt" einging.

Alle Zeichen, die darauf hindeuten, daß Freud sich vor der Auseinandersetzung mit bestimmten Kindheitserfahrungen fürchtete, sind allerdings keine Beweise dafür, daß Freud speziell die Hintergründe seiner Krebserkrankung nicht kennenlernen wollte. Andere Arten von Ängsten, zum Beispiel vor der möglichen Erschütterung, wenn er mehr über die Wahrheit des Lebens seines Vaters erfahren hätte (wie z.B. Marianne Krüll 1979 oder Marie Balmary 1997 eindrücklich aufgezeigt haben), wären auch gute Gründe für große Vorsicht in der biographischen Neugier gewesen. Aber man kann zweierlei festhalten. Erstens sind die verschiedenen möglichen Gründe für die Vermeidung bestimmter biographischer Einsichten ins eigene Leben vielleicht eng miteinander verbunden, so daß sie ein einziges gemeinsames Muster ergeben. Zweitens: Ohne die innere Erlaubnis zu umfassender biographischer Neugier bleibt auch der Einblick in die individuelle Bedeutung einer Erkrankung für den Betroffenen meist verschlossen.

3.2 Annäherungen

Freud wäre nicht Freud, wenn er neben Abgrenzungen nicht auch deutliche Annäherungen an das Erkennen der biographischen Dimension seiner Krebserkrankung gezeigt hätte. Es scheint zwar nicht so, als habe er sich direkt mit der Frage auseinandergesetzt, ob sein Krebs mit seiner Kindheit verbunden sein könnte, aber er fühlte sich offenbar von starken Kräften angezogen, die ihn immer wieder in die Nähe solcher Gedanken bringen konnten.

Freud hat seine eigene körperliche Befindlichkeit oft in Abhängigkeit von seelischen Belastungen oder Konflikten vermutet. Anläßlich seiner Herzrhythmusstörungen von 1894 schrieb er:

„Es ist zu peinlich für den Medicus, der sich alle Stunden des Tages mit dem Verständnis der Neurosen quält, nicht zu wissen, ob er an einer logischen oder an einer hypochondrischen Verstimmung leidet." [34]

1897 stellte er fest, daß sich unter dem Einfluß der Selbstanalyse seine Herzbeschwerden häufig durch Magendarmbeschwerden „ersetzen" [35], und im Januar 1898 berichtete er Fließ:

„Dann folgten einige öde Tage mit lausiger Stimmung und in die Beine dislozierten Kopf- (oder Herz-)Schmerzen." [36]

Ein halbes Jahr später meldete er Fließ, daß er Kopf- oder Herzschmerzen durch Rückenschmerzen ersetzen könne, welche die Neigung hätten, in Hautzonen der Beine auszustrahlen, ähnlich wie seine Herzschmerzen in den linken Arm [37]. Zweifellos waren psychosomatische Zusammenhänge für Freud in seinem persönlichen Leben etwas Vertrautes und auch ein zentraler Bereich seiner frühesten Theorien.

3.2 Annäherungen

In seinem Beitrag „Psychische Behandlung" zum 1890 erstmals erschienenen Sammelwerk *Die Gesundheit* schrieb er:

> „Anhaltende Affektzustände von peinlicher oder, wie man sagt, ‚depressiver' Natur wie Kummer, Sorge und Trauer, setzen die Ernährung des Körpers im ganzen herab, verursachen, daß die Haare bleichen, das Fett schwindet und die Wandungen der Blutgefäße krankhaft verändert werden. ... Die Affekte, und zwar fast ausschließlich die depressiven, werden aber auch häufig genug selbst zu Krankheitsursachen sowohl für Krankheiten des Nervensystems mit anatomisch nachweisbaren Veränderungen als auch für Krankheiten anderer Organe ..." [38]

Nachdem Freud seine psychosomatischen Einsichten nicht speziell weiter verfolgte, sondern sich immer mehr für „rein psychische" Phänomene interessierte, hätte er gut die ihm eher unheimliche Psychosomatik meiden können. Aber immer wieder ließ er sich auf sie ein, manchmal mehr, als seinen Kollegen der Psychoanalyse lieb war. Als Georg Groddeck in seinem ersten Brief an Freud, im Mai 1917, vorsichtig angefragt hatte, ob seine Arbeit mit organisch Kranken noch als Psychoanalyse bezeichnet werden könne oder ob dabei die Bedeutung des Begriffs des Unbewußten unzulässig erweitert werde, antwortete Freud:

> „... ich muß Anspruch auf Sie erheben, muß behaupten, daß Sie ein prächtiger Analytiker sind, der das Wesen der Sache unverlierbar erfaßt hat. Wer erkennt, daß Übertragung und Widerstand die Drehpunkte der Behandlung sind, der gehört nun einmal rettungslos zum wilden Heer. Ob er das ‚Ubw' auch ‚Es' nennt, das macht keinen Unterschied. Lassen Sie mich Ihnen zeigen, daß es *keiner* Erweiterung des Begriffes von Ubw bedarf, um Ihre Erfahrungen bei organischen Leiden zu decken." [39]

Freud wies Groddeck dazu noch darauf hin, daß er im Aufsatz „Das Unbewußte" von 1915 eine rätselhafte Fußnote hingesetzt habe, die andeutete, daß er etwas zurückbehalten habe. Er verrate ihm, Groddeck, was das war, nämlich die Behauptung, daß der unbewußte Akt eine intensive plastische Einwirkung auf die somatischen Vorgänge habe [40]. Freud hatte schon immer mit der Lamarckschen Theorie von der Vererbung erworbener Eigenschaften sympathisiert und fühlte sich nun durch Groddecks Arbeiten erneut davon angezogen. Im November 1917 schrieb er Abraham:

> „Die Absicht ist, L[amarck] ganz auf unseren Boden zu stellen und zu zeigen, daß sein ‚Bedürfnis', welches die Organe schafft und umschafft, nichts anderes ist als die Macht der unbewußten Vorstellung über den eigenen Körper, wovon wir Reste bei der Hysterie sehen, kurz die ‚Allmacht der Gedanken'. Die Zweckmäßigkeit wäre dann wirklich psychoanalytisch erklärt; es wäre die Vollendung der Psychoanalyse." [41]

Groddecks Roman *Der Seelensucher* provozierte mehrere Psychoanalytiker, besonders den Pfarrer Oskar Pfister, der Freud im März 1921 schrieb, daß er frische Butter möge, Groddeck ihn aber an ranzige Butter erinnere [42]. Freud verteidigte Groddeck vehement und meinte nach Erscheinen des sprühenden Groddeckschen Werks *Das Buch vom Es* im März 1923 zu Pfister, Groddeck habe mit seiner Überzeugung, daß organische Krankheiten auf das Es zurückgeführt werden könnten, sicher zu vier Fünftel recht und mit dem letzten Fünftel vielleicht auch noch [43].

Auch die psychosomatischen Ideen anderer Kollegen und Freunde zogen Freud zeitweise in den Bann. Wilhelm Fließ, der Berliner HNO-Arzt, der in der ersten Phase von Freuds Selbstanalyse sein intimster Gesprächspartner gewesen war, hatte als einer der ersten psychoanalytisches Denken auf somatische Krankheiten angewendet (allerdings in Verbindung mit der von ihm entwickelten Biorhythmik manchmal sehr eigenwillig bis absurd), und Freuds enger Freund Sándor Ferenczi fühlte sich dem Groddeckschen Denken stark verbunden. Freud war also auch gegenüber extremen psychosomatischen Theorien aufgeschlossen. Welches Wissen er vor Beginn seiner eigenen Krebserkrankung über psychosomatische Krebstheorien hatte und wie er über sie dachte, ist nicht bekannt. Persönlich vertraut war ihm die Krebsangst, welche er in zwei Phasen erlebte: 1914 hatte er sich einer Rektoskopie unterzogen, weil er befürchtet hatte, daß seine hartnäckige Darmstörung durch ein rektales Karzinom verursacht sein könnte [44], und 1917 hatte ihn eine schmerzhafte Gaumenschwellung erschreckt [45]. Die erste überlieferte Erwähnung von Krebs durch Freud betrifft jedoch einen Brief an Fließ aus dem Jahr 1899, in welchem er sich selbst als „Neoplasma" bezeichnete:

„Arbeit und Erwerbstätigkeit fallen bei mir zusammen, ich bin ganz Karzinom geworden. Das Neugebilde trinkt in seinen letzten Entwicklungsstadien gerne Wein; heute soll ich ins Theater; es ist aber lächerlich, gleichsam als wollte man aufs Karzinom transplantieren. Da haftet nichts, und meine Lebensdauer ist von nun an die des Neoplasmas." [46]

Wie sind diese Aussagen zu verstehen? Auf den ersten Blick wohl als ein seltsamer, aber doch treffend „plastischer" Vergleich für den inneren Arbeitsdrang, den Freud auch als seinen „Tyrann" bezeichnet hatte. Vielleicht sind sie aber auch Ausdruck einer unbewußten Wahrnehmung, nämlich der Möglichkeit, daß bestimmte Kräfte in Freud ein solches Übergewicht bekommen könnten, daß sie durch andere Kräfte nicht mehr neutralisiert werden und danach parasitär, auf Kosten des gesamten Menschen, ein ungebremstes Eigenleben entfalten würden.

Nachdem Freud 1923 an Krebs erkrankt war, veränderte dies sicher auch sein Verständnis dieser Erkrankung. Er nannte seinen Krebs einen „unheimlichen Prozeß" [47], aber schon 1923 bezeichnete er ihn auch als sein „liebes Neoplasma" und schrieb Eitingon vom „lieben Neugebilde". Auch 16 Jahre später benutzte Freud ähnliche Worte. In einem Brief an Eitingon bezeichnete er sein Rezidiv als „einen Versuch des Carcinoms ... sich wieder an meine Stelle zu setzen", und an Arnold Zweig schrieb er:

„Es ist kein Zweifel mehr, daß es sich um einen neuen Vorstoß meines lieben alten Carcinoms handelt, mit dem ich seit jetzt 16 Jahren die Existenz teile." [48]

Einige Autoren (Romm [49], Cremerius [50], Möhring [51], Markus [52]) beurteilen solche Äußerungen als „Humor", „Ironie" oder „Zynismus". Freud konnte humorvoll, ironisch und auch zynisch sein, so zum Beispiel, wenn er Marie Bonaparte schrieb, es sei Pech, daß er, der Krebse so gern esse, am Krebs leiden müsse [53], oder wenn er berichtete, daß man sich zur Behandlung seines Rezidivs für eine Kombination von Röntgen von außen und Radium von innen entschlossen habe, welche „immerhin schonender ist als Kopfabschneiden, was die andere Alternative gewesen wäre" [54]. Die fast zärtliche Anrede seines Tumors hatte aber gewiß andere Bedeutung. Die in den Ausdrücken enthaltene gleichzeitige Objektivierung und Anthropomorphisierung (das Karzinom als Wesen, das lieb sein kann) ist als Form der Distanzierung sehr speziell, eine „partielle Herausverleibung" [55]. Wenn man davon ausgeht, daß auch ein Krebsgeschwür – wie andere Krankheiten – für den Wirt nicht nur zerstörerische, sondern auch stabilisierende Wirkung haben kann, dann ahnt man plötzlich, daß Freud – wahrscheinlich ohne es selbst zu wissen – seine „Liebeserklärung" an sein Karzinom – eine Identifikation mit dem Angreifer – auch ernst gemeint haben könnte. Ludwig sind solche unheimlich-heimlichen Prozesse vertraut:

„Da die Patienten die Bedeutung ihrer Selbsterhaltungsfunktionen spüren, beziehen sich viele auf solche Symptome als ‚ihr Freund'." [56]

Freud war leidenschaftlicher Raucher. Er hatte mit 24 Jahren begonnen, Zigaretten zu rauchen, rauchte später aber nur noch Zigarren, durchschnittlich 20 Stück pro Tag. Seine Haltung gegenüber dieser Sucht schien naiv, unbekümmert. Theoretisch betrachtete er sie als Abkömmling der „Ursucht", der Onanie (so dachte er über alle Süchte) und erklärte sie persönlich damit, daß auch sein Vater schon ein leidenschaftlicher Raucher gewesen war. Nur die Möglichkeit, daß seine Herzbeschwerden durch das Rauchen bedingt sein könnten, hatte ihn einige Male veranlaßt, jeweils für kurze Zeit aufs Rauchen zu verzichten. Für die häufigen Warnungen seiner Ärzte, daß Rauchen das Risiko eines Fortschreitens seiner Krebserkrankung beträchtlich erhöhe, hatte er meist nur ein Schulterzucken übrig. Allerdings wußte er genau, daß er mit dieser Gleichgültigkeit starke emotionale Kräfte zu neutralisieren versuchte. Er bezeichnete das Rauchen nicht nur als „eine der schönsten Freuden der Welt" [57], sondern auch als „Schutz und Waffe im Kampf mit dem Leben" [58]. Der Zigarre verdanke er eine große Steigerung seiner Arbeitsfähigkeit und eine Erleichterung seiner Selbstbeherrschung [59]. Das Rauchen helfe ihm, den „psychischen Kerl" gut zu behandeln, "… sonst arbeitet er mir nichts" [60]. Daß Freud die Tiefe der existentiellen Bedeutung, die das Rauchen für ihn persönlich hatte, genau spürte, kam auch 1930 in einem Brief an Ferenczi zum Ausdruck, als er diesem aus Berlin berichtete, wie es ihm nach Herz- und Darmbeschwerden, einem Aufenthalt im Cottage-Sanatorium und einem Monat Nikotin-Abstinenz ging:

> „Es geht mir nun hier recht gut, aber es war ein Stück Autotomie, wie es der Fuchs vollbringt, wenn er sich in der Falle ein Bein abbeißt. Ich fühle mich auch nicht sehr glücklich, eher deutlich depersonalisiert." [61]

Den Vergleich mit dem sich selbst verstümmelnden Fuchs benutzte er acht Jahre später wieder, als er genötigt war, vor den Nazis nach England zu fliehen [62]. Beide Situationen empfand er offenbar als Verlust eines Teils seiner selbst.

Freud scheint kaum über die psychoanalytischen Hintergründe des Rauchens gesprochen und nichts darüber geschrieben zu haben, aber – typisch Freud – was wählte er zum Diskussionsthema der ersten Sitzung der Psychologischen Mittwoch-Gesellschaft im Herbst 1902? ... „Die psychologische Wirkung des Rauchens" [63].

Das Produkt einer ganz besonderen Art der Annäherung Freuds an die Hintergründe seiner Krankheit ist seine Übersetzung von Marie Bonapartes *Topsy. Chow-Chow au poil d'or* [64]. Das Büchlein schildert die Geschichte der Krebserkrankung der Chow-Hündin der Autorin. Topsy hatte 1935 unter der Oberlippe ein Lymphosarkom entwickelt und war im Institut Curie in Paris während drei Monaten radiotherapeutisch behandelt worden. Topsy wurde geheilt. Was das für Freud bedeutete, sagte er nicht. Hingegen fallen in Freuds Übersetzung einige Dinge auf, die zu denken geben. Ein Vergleich der beiden Ausgaben der deutschen Übersetzung [65,66] mit der englischen Übersetzung [67] (übersetzt durch Maries Tochter Eugénie) und dem französischen Original [68] sowie Nachfragen im Archiv des Verlags der deutschen Erstausgabe (Allert de Lange) und beim Verlag der deutschen Zweitausgabe (Fischer) klärten einige Differenzen auf: In allen übersetzten Auflagen (englisch und deutsch) sind gegenüber dem Original zwei wahrscheinlich von der Autorin verfaßte zusätzliche Kapitel („Schicksalsschwestern" und „An den Grenzen der Art") eingefügt, in der englischen Übersetzung noch ein drittes („Grabmeditation"). Diese Abweichungen vom Original sind also nicht Freud zuzuschreiben. Andere aber wohl: Zwei erstaunliche Fehlleistungen und eine ganze Reihe von Entschärfungen (emotionalen Distanzierungen) und Verschärfungen (emotionalen Verstärkungen). Die beiden Fehlleistungen sind:

> „Wer darf hier auf Erden das Herz eines anderen Lebewesens uneingeschränkt, **dauerlos** [statt ‚dauernd'] beherrschen?" [69]

> Kapitelüberschrift: „Erholung von der **Menschlichkeit**" [statt ‚Menschheit'] und im Text selbst: „Meine Freunde, Topsy, sollten auf dich eifersüchtig sein! Denn trotz all ihrer Freundschaft können sie mir nicht geben, was du mir bietest: die Ruhe **von der Menschlichkeit** [statt ‚Menschheit' oder ‚von den Menschen']." [70]

Die beiden Fehlleistungen könnten Ausdruck einer Sehnsucht Freuds nach dauerhafter Menschlichkeit – eine schöne Formulierung für Liebe – sein. An mindestens 24 weiteren Stellen des Büchleins sind deutliche Abweichungen von einer sinngetreuen Übersetzung zu erkennen. An einer Stelle verwandelte Freud die Beschreibung des Tumors des Hundes fast in die Beschreibung seines eigenen Tumors [71], an einer anderen Stelle betonte er zu stark, daß der Tumor des Hundes nicht mit einem menschlichen Tumor vergleichbar sei [72]. Auch distanzierte er sich vor starken Gefühlen, indem er emotionale Betonungen der Autorin einfach strich [73] oder zum Beispiel einen Bezug zu Gott fast ins Lächerliche übertrieb [74]. Dann ließ er eigene Gefühle der Hoffnung durchschimmern, indem er die von der Autorin berichtete Krebs-Heilungsrate höher setzte [75] und die zwischenmenschliche Distanz, welche die Autorin im Verhältnis zu ihrem Mann beschrieben hatte, aufhob, also eine Harmonie schuf, die gar nicht da war [76]. Dort, wo Freud die von der Autorin beschriebene Nähe mit eigenen starken Worten ausschmückte, schien seine eigene Sehnsucht nach Sicherheit [77] oder Liebe [78] zum Ausdruck zu kommen. Interessant sind auch seine Übersetzungen von ausgedrückter Angst. An einer Stelle (wo es um die Angst vor dem Krebs geht) übersetzte er sie in Wut [79], an anderer Stelle personalisierte und konkretisierte er das, was die Autorin als unheimlich und unfaßbar beschrieben hatte [80]. Schließlich stellte er einen von der Autorin festgehaltenen Unterschied in der Natur von Mensch und Tier als (wohl von einer strengen Autorität auferlegte) menschliche Pflicht dar [81].

Eine späte Arbeit Freuds könnte auch als Teil seiner Auseinandersetzung mit den Hintergründen der Krebserkrankung verstanden werden. Es handelt sich um den Aufsatz „Die Ich-Spaltung im Abwehrvorgang". Freud hatte ihn über Weihnachten 1937 verfaßt. Darin beschreibt er eine Extremform des Abwehrmechanismus „Verleugnung", durch welche ein betroffenes Kind an einer Triebbefriedigung festhalten kann, indem es einen Teil der strafandrohenden Realität leugnet, sich somit nichts verbieten läßt, sich aber auf emotionaler Ebene doch von Strafe bedroht fühlt und gegen dieses Gefühl ankämpft. Aber:

> „Der Erfolg wurde erreicht auf Kosten eines Einrisses im Ich, der nie wieder verheilen, aber sich mit der Zeit vergrößern wird. Die beiden entgegengesetzten Reaktionen auf den Konflikt bleiben als Kern einer Ichspaltung bestehen." [82]

Freud hatte den Aufsatz nicht vollendet und auch nicht veröffentlicht. Ist er vielleicht mitten in der Arbeit steckengeblieben, weil er sich in Gedanken zur Parallele zwischen Ich-Spaltung und der organischen Spaltung der Krebserkrankung verloren hatte?

Ein weiterer Hinweis auf Freuds Annäherung an die Hintergründe seiner schließlich tödlichen Erkrankung betrifft die Wahl seiner letzten Lektüre. Das letzte Buch, in dem er las, war Balzacs *Das Chagrinleder* [83]. Der phantastische Roman handelt von Raphael, einem jungen Mann (mit stark autobiographischen Zügen), der sich auf einen Pakt mit dem Teufel eingelassen hat. Er wird Besitzer einer Eselshaut, die ihm jeden ausgesprochenen oder auch nur gedachten Wunsch erfüllt, aber nach jedem Wunsch auch ein wenig schrumpft. Wenn sie ganz zusammengeschrumpft ist, wird auch Raphael tot sein. In den Erlebnissen Raphaels können verschiedene Parallelen zu Freuds Leben erkannt werden, einige davon sollen später in diesem Buch auch aufgegriffen werden. Doch vorerst genügt es, den Schluß des Romans zu skizzieren. Die Frau, die ihn liebt und welche Raphael nach vielen Wirren erst spät als diejenige erkennt, die auch er liebt, heißt Pauline. Als Raphael darüber erschrak, wie klein seine Eselshaut nur noch war, und realisierte, daß ihn jeder weitere Wunsch töten könnte, er aber gleichzeitig unbändiges Begehren nach Pauline spürte, erkannte auch seine Geliebte, daß sie selbst ihn in den Tod reißen wird. Die einzige Möglichkeit, ihren Geliebten zu retten, war, sich selbst zu töten. Sie rannte von ihm weg, sperrte sich in ein Zimmer ein, versuchte, sich die Brust zu zerfleischen und sich mit einem Schal umzubringen. Raphael sprengte die Tür auf.

„Mit der Behendigkeit eines Raubvogels stürzte er sich auf sie, zerriß den Schal und wollte sie in seine Arme nehmen. Der Sterbende suchte nach Worten, um das Verlangen auszudrücken, das alle seine Kräfte verzehrte. Nur ersticktes Röcheln drang aus seiner Brust, jeder Atemzug schien sein Inneres immer tiefer auszuhöhlen. Als er endlich fast gar keine Töne mehr von sich geben konnte, biß er Pauline in den Busen." [84]

4 | Die Verdrängung von Freuds Krebserkrankung durch die Biographen

Viele Menschen betrachteten Sigmund Freud als „unberührbare Ikone" [1]. Schon **Ernest Jones**, der „Hofbiograph", sparte nicht mit Übertreibungen:

> „Freud sah jeder wirklichen Gefahr in seinem Leben stets mit großem Mut ins Auge ..." [2]. Freuds Leistung gehe „gewiß über die höchsten geistigen Leistungen in der Mathematik und reinen Wissenschaft hinaus" [3] ... „Weltliche Karriere bedeutete ihm sehr wenig" [4] ... „Sein Innenleben, das keine Geheimnisse kannte, ... und sein äußeres Leben verlief in voller Harmonie ..." [5]

Jones attestierte Freud ein unerschütterliches Selbstvertrauen und schenkte Freuds eigener Meinung, daß dieses auf dem Boden einer ambivalenzfreien Liebe zwischen Freud und seiner Mutter gewachsen sei, Vertrauen. **Suzanne Cassirer** erklärte, daß sie „die Normalität von Freuds psychologischem Charakter ... immer sehr beeindruckt" habe [6], und **Max Schur** sprach von „Freuds absoluter Offenheit", die sich auch auf seine „innersten Probleme" erstreckt habe [7]. Er beschrieb Freud als einen Menschen mit „fundamentaler Lebensliebe" [8], der nie aufhörte zu lieben [9]. Freud sei ein beispielhafter Familienvater gewesen, ein treuer Freund, immer zu persönlichen Opfern bereit [10]. Schur sah in Freud die Spitze menschlicher Entwicklung, den „Weisen ..., der seine Schwäche und all seine neurotischen Ängste abgelegt hat" [11]. Schurs Behauptung über Freuds „großartige Anpassungsfähigkeit, die ihm den inneren Kontakt mit Menschen aller Schichten möglich machte" [12], steht allerdings im Gegensatz zum Bericht von Freuds Sohn Martin, wenn dieser von den Familienferien in Schloß Bellevue erzählt: Viele Leute des „kleinen Bürgertums" seien dort Gäste gewesen. Aber Freud habe einfach eine andere Sprache gesprochen als diese:

> „Er konnte sich mit Leichtigkeit im Pariser Salon des weltberühmten Jean-Martin Charcot bewegen, aber mit den Menschen, die im Bellevue Ferien machten, fühlte er sich vollkommen verloren und wußte nichts mit ihnen anzufangen. Sie hatten einfach keinen gemeinsamen Boden für irgendeine Konversation." [13]

Andere Biographen oder zum Bild Freuds beitragende Analytiker idealisierten gleiche oder andere Bereiche von Freuds Leben. **Ronald Clark** schrieb zum Beispiel, „daß alle, die in [Freuds] Theorien eine versteckte persönliche Sexualität sehen ... ein Schaf in ein Wolfsfell kleiden" [14]. Haben Schafe denn keine Sexualität? **Helene Deutsch** sah in Freud nicht nur den großen Lehrer, sondern den leuchtenden Stern auf der dunklen Straße einer neuen Wissenschaft, „eine dominierende Kraft, die in eine Umgebung von Streit Ordnung brachte" [15]. Es sei nie Freuds Fehler gewesen, daß um ihn eine Atmosphäre von absoluter und unfehlbarer Autorität geherrscht habe, allein seine Schüler hätten diese geschaffen [16], denn Freud sei tolerant, geduldig und respektvoll gegenüber den Meinungen anderer gewesen, „wenn sie rein sachlich waren" [17]. Deutsch behauptete, daß die „gewissen menschlichen Schwächen" Freuds nie seine wissenschaftliche Arbeit beeinflußt hätten [18]. **Oskar Pfister** bestätigte Freud: „Ein besserer Christ war nie" [19], und **Ernst Blum** idealisierte Freud so extrem, daß alle Freud-Biographen ihre Arbeit niederlegen müßten, wenn Freud dem von Blum entworfenen Bild entsprochen hätte:

> „Freud verbirgt nichts. Wer Verborgenes in und an ihm sucht, wird nichts finden, da es nicht da ist. … Freud ist der *Mensch ohne Maske* … Man entdeckt Freud nicht, wenn man ‚hinter ihm' etwas sucht und wenn man überhaupt sucht." [20]

Hendrik Ruitenbeek schrieb ähnlich, daß es in Freuds Leben keine dunklen Geheimnisse gegeben habe und der Mythos von Freuds Kälte und Distanziertheit ein für alle Mal aufgelöst werden solle [21]. **Heinrich Racker** lobte Freuds unerschütterliche Liebe zur Wahrheit, „eine Liebe, die nicht durch irgendwelche persönlichen Interessen verführt wird" [22]. **John Gedo** und **Ernest Wolf** schrieben:

> „Die Fähigkeit, sich ganz zu erfassen, seine eigenen Grenzen zu erkennen, ohne zu Illusionen Zuflucht zu nehmen, ist das Zeichen der Verwandlung von Narzißmus in Weisheit, Humor und schöpferische Leistung. … [Wir erinnern uns,] daß der reife Freud … aus einem einzigen Satz aus einem Brief von Romain Rolland die großartige Abhandlung ‚Das Unbehagen in der Kultur' schuf." [23]

Der letzte Satz ist ähnlich unsinnig, wie wenn man von einem großen Steinbildhauer sagen würde, daß er *aus einem einzigen Stein* ein Kunstwerk geschaffen habe.

> (Wesentlich geistreicher ist da die Antwort eines Bildhauers, der auf die Frage, wie er denn einen so schönen Löwen habe schaffen können, antwortete: „Ich habe einfach alles weggehauen, was nicht nach Löwe aussah.")

Zwei der hartnäckigsten Heldenverehrer Freuds waren Hanns Sachs und Stefan Zweig. **Hanns Sachs**, der in der *Traumdeutung* das Einzige gefunden habe, „wofür zu leben es sich lohnte" [24], schrieb über Freud:

> „Er … war überall der erste, immer allen andern Psychoanalytikern weit voraus. [25] … Am Rand des Abgrundes stehend, wich er nicht zurück, als er hinabblicken mußte. Den meisten derer, die in seinen Spuren folgten, schwindelte es zuerst, und sie mußten sich zur Stütze an ihn halten, als die Berge zu schwanken schienen. Was konnten jene tun, die zu stolz waren, sich von ihm stützen zu lassen, und doch zu schwach, sich allein aufrecht zu halten? Sie bedeckten die Augen mit der Hand und schlichen davon." [26]

Sachs sah Freud unabhängig von allgemeiner Anerkennung und Bewunderung [27] und unverletzlich: „Auch daß die Gegner ursprünglich zu seinen besten Schülern gehört hatten, traf ihn nicht tief" [28].

Stefan Zweigs blinde Verehrung Freuds ging so weit, daß er sogar das Gegenteil der Tatsachen als besonders bewunderungswürdig lobte. So schrieb er über den faszinierenden Schreibstil Freuds (der auch zur Verleihung des Goethepreises geführt hatte), daß er „nüchtern, kalt und farblos" sei, „völlig auf dichterische Untermalung, auf jede Rhythmisierung durch Musik" verzichte und „bis zum Äußersten" mit Bildern und Vergleichen spare [29]. Und über Freuds Gesundheit:

> „Dieser große Arzt war bis zu seinem siebzigsten Jahre niemals ernstlich krank, dieser feinste Beobachter des Nervenspiels niemals nervös … Von eigener Erfahrung her kennt dieser Körper nicht einmal die gewöhnlichsten, die alltäglichsten Störungen geistiger Arbeit und fast nie Kopfschmerzen und Müdigkeit. Jahrzehntelang hat Freud nie einen ärztlichen Kollegen zu Rate ziehen … müssen." [30]

Stefan Zweigs Gesamturteil:

> „Hier war endlich ein Mann der Wissenschaft, wie ein junger Mensch sich ihn als Vorbild träumen konnte, vorsichtig in jeder Behauptung, solange er nicht letzten Beweis und absolute Sicherheit hatte, aber unerschütterlich gegen den Widerstand der ganzen Welt, sobald sich ihm eine Hypothese in gültige Gewißheit verwandelt hatte … " [31]

Auch in seinem Leiden und Sterben wurde Freud idealisiert. Jones schrieb:

> „… Die Philosophie der Resignation und des Akzeptierens der unabänderlichen Realität kam wirklich zu ihrem vollen Triumph." [32]

Andere Biographen urteilten ähnlich:

> „seine[ ] persönliche Haltung größter Gelassenheit und Tapferkeit, ohne jede Illusion und Verleugnung [33] … in seiner Einstellung zum Tod zu völliger Gelassenheit gelangt [34] … Freud ging mit seinem Krebs während der ihm verbleibenden Jahre mit großer Standhaftigkeit und einer bemerkenswerten Freiheit von kleinlicher menschlicher Schwäche um …" [35]

Stefan Zweig schwärmte:

> „… sein Sterben war nicht minder eine moralische Großtat als sein Leben … Es war ein furchtbarer Kampf und immer großartiger, je länger er dauerte." [36]

Und Paul Roazen gelang noch eine Steigerung:

> „… wenn ein Mensch einen wirklichen Tod starb, dann war es Freud." [37]

Dazu zitierte Roazen Stefan Zweigs Satz der „moralischen Großtat", der allerdings – welch Zufall – durch den Druckfehlerteufel in der deutschen Übersetzung nicht unerheblich verändert wurde:

> „... sein Streben [statt ‚Sterben'] war nicht minder eine moralische Großtat ..." [38]

Den **„negativen Idealisten"**, also denjenigen, die Freud wegen seiner Lehre total angefeindet haben, war es natürlich auch nicht möglich, ihn realistisch zu sehen. Schon einige Jahre nach Erscheinen der *Traumdeutung* wurde Freud als „schmutziger Pansexualist" oder „Wiener Wüstling" bezeichnet. Der Neurologe Oppenheim forderte zum Boykott seiner Schriften auf, der Psychiater Aschaffenburg beurteilte die Analyse „für die meisten Fälle unrichtig, für viele bedenklich und für alle – entbehrlich" [39], der Hirnanatom Nissl meinte: „Es genügt, dies Pornographie zu nennen", und der Psychiater Weygandt stellte fest: „... das ist eine Angelegenheit für die Polizei" [40]. Wenige Jahrzehnte später klang es immer noch ähnlich: „atheistischer Barbar" [41], Verkünder „des Satanreichs" [42], „der gerissenste Scharlatan, den die Welt je gekannt hat" [43], „ein Künstler, der ... unter den Ungeheuern der pervertierten Sexualität lebt" [44], „der Welt größter Perverser" und „Geheimwaffe des kapitalistischen Imperialismus" [45]. Freuds Lehre vergifte die ganze Menschheit [46], denn ihre Strategie sei die gleiche wie diejenige Hitlers [47]. Charles Maylan hatte 1929 in seinem Buch *Freuds tragischer Komplex* Freud sogar als sich rächenden Psychopathen und Mörder „entlarvt" [48].

4.1 Wege der biographischen Verdrängung

Bei so viel positiver und negativer Idealisierung Freuds ist es nicht verwunderlich, daß die meisten Freud-Biographen keine ätiologisch-psychoonkologischen Fragen gestellt haben, weder Jones noch Schur oder Wittels, Sachs, Brome, Mannoni, Roazen, Grubrich-Simitis, Gedo, Krüll, Clark, Schöpf, Romm, Eissler, Gay, Markus, Anzieu, Flem, Fromm, Wehr, Nitzschke, Lohmann, Schneider oder die Bernfelds. Keiner von ihnen ist der Frage nachgegangen, auf welche Art die Entstehung der Krebserkrankung Freuds mit seinem frühen Leben verbunden sein könnte. Das Karzinom Freuds wurde objektiviert und entpersonalisiert dargestellt, ein „äußeres Ereignis" [49], ein Feind, der von außen eingedrungen war [50], so daß der Tod 16 Jahre lang in Freuds Kiefer „wohnte" [51]. Als einziger ursächlicher Faktor wurde das Rauchen gelten gelassen [52,53]. Jones wachte besonders scharf darüber, daß niemand es wagte, laut andere mögliche Hintergründe von Freuds Krebserkrankung in Erwägung zu ziehen. **Helen Puner**, die 1949 eine feinfühlige und kritische Freud-Biographie veröffentlicht hatte [54] und sich in ihren Überlegungen nahe an Zusammenhänge zwischen Freuds Krebs und seiner Biographie heranwagte, wurde von der Familie Freud zornig als „feindselig" bezeichnet. Ernest Jones kritisierte Puners Werk an neun Stellen, verteilt auf zwei Bände seiner Biographie. Kritikpunkte waren eine falsch zitierte Jahreszahl, fehlerhafte Angaben über Jakob Freuds Abstammung und falsche Behauptungen wie diejenigen, daß Freud sein Judentum als Makel empfunden habe oder daß Freud von seinem Vater zum Medizinstudium gedrängt worden sei. Am meisten erzürnte sich Jones aber über Puners – nicht harmonisierende und vermutlich recht zutreffende – Darstellung von Freuds Ehe- und Familienleben und über eine zugegeben unvorsichtige Behauptung der Autorin bezüglich eines Unfalls, den Freud als Zweijähriger beim Stibitzen von Süßigkeiten hatte, als er von einem Schemel fiel und sich dabei eine Wunde am Unterkiefer zugezogen hatte [55]. Mit keinem Wort ging Jones aber auf Puners Gesamtverständnis der Person und der Lebensgeschichte des Menschen Freud ein. Es scheint, als sei Jones froh gewesen, daß er in Puners Buch einige objektiv falsche Detailaussagen gefunden hatte. So konnte er das Buch zurückweisen, ohne dessen unbequeme Aussage zur Kenntnis zu nehmen.

Auch **Arthur Koestler** mußte nach einem Bericht über seinen Besuch bei Freud 1938 in London harte Kritik von Jones einstecken. Koestler habe „Seltsames" behauptet: Das Arbeitszimmer Freuds sei im oberen Stock gelegen, der Tumor sei „ein Ding auf seiner Lippe" gewesen, und Freud habe ein strenges Tabu errichtet, daß das Wort „Krebs" vor ihm nicht ausgesprochen werden dürfe. Jones betonte, daß Koestlers Schlußfolgerungen jeder Grundlage entbehren würden. Was war geschehen? Koestler hatte die Örtlichkeiten tatsächlich nicht präzis beschrieben, einerseits weil seine Notizen der Begegnung von der französischen Polizei beschlagnahmt worden waren und er sich deshalb 15 Jahre später nur an seine Erinnerungen halten konnte, und andererseits weil er von der Begegnung mit Freud so beeindruckt war, daß er „in einer Art Trance" [56] durch das Haus gegangen war. Freuds Erkrankung hatte er zuerst „Mundkrebs", dann aber auch „das ‚Ding' an seiner Lippe" genannt, aber natürlich auch dies 15 Jahre nach seiner Begegnung. Die Überprüfung des dritten Vorwurfs ergibt einen besonders interessanten Befund. Im englischen Original (*The Invisible Writing*) steht der Satz, den Jones zu Recht kritisiert hatte, wie folgt:

> „Aber er [Freud] erwähnte das Wort [Krebs] nie, weder beim Sprechen noch in Briefen an seine Freunde, und niemand hat es in seiner Gegenwart je ausgesprochen." [57]

In der deutschen Übersetzung (*Die Geheimschrift*) fehlt der Nebensatz "… *und niemand hat es in seiner Gegenwart je ausgesprochen*" [58]. Offenbar haben die deutsche Übersetzerin (Franziska Becker) oder der Autor gedacht, daß dieser wohl doch nicht stimme. Allerdings: So falsch ist er auch wieder nicht. Soweit überliefert, hat kaum jemand gegenüber Freud das Wort „Krebs" in den Mund genommen (dies war wohl zu jener Zeit auch nicht üblich), und Freud selbst hat es selten verwendet. Eher sprach oder schrieb er von „Neugebilde" oder von dem distanzierenden griechischen „Neoplasma", ähnlich wie er sich früher „Geständnisse" an seinen Jugendfreund Silberstein erleichtert hatte, indem er sie in ihrer „Amtssprache" [59] – spanisch – verfaßt oder später für „nackte Mutter" das distanzierende „matrem nudam" [60] verwendet hatte. Bedeutungsvoller als die Berechtigung des kritisierten Nebensatzes sind jedoch die Schlußfolgerungen Koestlers, die Jones so sehr gestört haben. Koestler hatte geschrieben:

> „Der Zerstörer der Tabus hatte sich selbst ein Tabu errichtet. Er wußte, daß es keine Hoffnung gab und daß ‚die Doktoren' das wußten. Der Mann, der mehr über die Schliche der Selbsttäuschung wußte als je ein Sterblicher zuvor, zog es vor, mit einem durchsichtigen Schleier vor den Augen in das Dunkel einzutreten." [61]

Wäre es möglich, daß Koestler nicht allein das Wort „Krebs" als Tabu meinte, sondern gespürt hat, daß Freud etwas Wichtiges um seine Krankheit herum tabuisierte? Wenn man den Kontext von Koestlers Aussage prüft, scheint eine solche Möglichkeit naheliegend: Der Bericht über seine Begegnung mit Freud befindet sich im zweiten Band von Koestlers Autobiografie, der den Titel *Die Geheimschrift* trägt. Als „Geheimschrift" bezeichnet Koestler das unbewußte Manuskript seiner Intuition, das ihn in lebenswichtigen Situationen zu manchmal völlig unvernünftig scheinenden, letztlich aber weisen Entscheidungen geführt hat. Es scheint, als ob Koestler in der Begegnung mit Freud nach den Gesetzen dieser „Geheimschrift" wahrgenommen hat, daß da ein Tabu war, ein Schleier, den sich Freud selbst auferlegt hatte.

Hat ein anderer Künstler, **Salvador Dalí**, wohl etwas ähnlich Unbequemes wahrgenommen, so daß seine „Aussagen" über Freud von den meisten Biographen entweder nicht oder dann seltsam verzerrt wiedergegeben werden mußten? Dalí, der Meister des Surrealismus, seit seinem 22. Lebensjahr als Kunststudent in Madrid von der Psychoanalyse fasziniert, hatte dreimal versucht, Freud in Wien zu besuchen, allerdings immer ohne Ankündigung, so daß er Freud jedes Mal verpaßte, dafür aber abends in seinem Hotelzimmer lange Selbstgespräche mit einem imaginierten Freud führte [62]. Erst im Juli 1938, 14 Monate vor Freuds Tod, kam es auf Vermittlung von Stefan Zweig zu einem Zusammentreffen zwischen Freud und Dalí in London. Bei dieser Gelegenheit saß ihm Freud Modell. Dalí sagte über das damals entstandene Freud-Portrait, daß er den ganzen Freud zu erfassen versucht und unbewußt auch dessen nahen Tod dargestellt habe [63]. Zweig schrieb später, er habe es deshalb nicht gewagt, Freud das ausgearbeitete Portrait zu zeigen [64]. Erstaunlich ist nun, daß die Freud-Skizze Dalís, die in den beiden maßgebenden Freud-Bildbiographien von Ernst und Lucie Freud [65] und von Molnar [66] abgebildet ist, keineswegs auf den nahenden Tod Freuds hinweist. Aufklärung über diesen seltsamen Umstand gibt Romm, die in ihrer Freud-Biographie vier Freud-Portraits von Dalí abgebildet und deren Entstehung genau beschrieben hat [67]: Die in den Bildbiographien abgebildete Skizze ist eines von zwei Freud-Portraits Dalís, die er **vor** seinem Londoner Besuch nach Zeitungsfotos angefertigt hatte. Aus der Londoner Skizze wurde aber ein ganz anderes, wenig verfremdetes Portrait. In diesem wie auch in dem im selben

Jahr entstandenen vierten Freud-Portrait läßt sich der nahe Tod Freuds tatsächlich gut erkennen. Gab es für die Freud-Bildbiographen einen unbewußten Grund, das „richtige" Londoner Bild zu verdrängen? Wenn man das Londoner Portrait genauer betrachtet (es ist in Kapitel 10 abgebildet), könnte man auf diesen Gedanken kommen. Es scheint nämlich neben dem nahenden Tod noch andere unterschwellige Wahrnehmungen Dalís zu transportieren. Auf den zweiten Blick erkennt man, daß in diesem Bild Freuds Hand nicht seinen Kopf stützt, sondern in einer Ebene vor dem Gesicht gezeichnet zu einer Mahnhand geformt ist, deren viel zu langer Zeigefinger direkt auf die Stelle von Freuds Krebserkrankung zeigt. Wenn man versuchsweise die beiden Gesichtshälften mit ihren Spiegelbildern zu je einem vollständigen Bild neu zusammensetzt, erscheinen plötzlich Freuds Eltern, im Rechtsgesicht Amalie, im Linksgesicht Jakob. Welche Mahnung hat Dalí Freud wohl „in die Hand gelegt?"

Max Schur, der Leibarzt Freuds, der seine umfangreiche Freud-Biographie ganz auf die Krankengeschichte seines Patienten ausgerichtet hat, äußerte gar keine Gedanken zu einer möglichen Psychoätiologie von Freuds Krebserkrankung. Aber er berichtete von Freuds Brief an Fließ aus dem Jahr 1899, in welchem dieser seinen Arbeitsdrang als Neoplasma beschrieb. Wenn man diesen Neoplasie-Vergleich als mehr denn nur einen Spruch verstehen will, kommt man – wie schon erwähnt – auf die Idee, daß Freud in sich die Möglichkeit gespürt haben könnte, daß einige seiner Kräfte ein solches Übergewicht bekommen könnten, daß sie durch andere Kräfte nicht mehr zu neutralisieren wären und danach ein parasitäres Eigenleben entfalten würden. Erstaunlicherweise überspringt Schur diese Möglichkeit und landet geradewegs im Okkulten, das er dann auch gebührend ablehnt:

> „Ich bin nicht bereit zu glauben, wie das einige Leute tun, daß das Unbewußte von einer künftigen Krankheit 24 Jahre, bevor sie auftritt, etwas weiß." [68]

Diese Haltung ist unverständlich, denn bei ätiologischen Zusammenhängen geht es nicht um Präkognition, sondern darum, ob bestimmte Faktoren, die zu einer Krankheit führen können, auch in frühen Jahren wirksam gewesen sind oder nicht. Wenn dies zutreffen würde, wäre es möglich gewesen, daß Freud Auswirkungen dieser Faktoren unterschwellig, aber ganz ohne Parapsychologie wahrgenommen hätte. Schur interessierte sich aber nicht für solche Fragen, obschon er in den USA zu einem Pionier der Psychosomatischen Medizin wurde und sein entwicklungspsychologisches Konzept der „Resomatisierung" bei psychosomatischen Erkrankungen breite Anerkennung fand. Als Psychosomatiker und Psychoanalytiker (er war eine Zeit lang Präsident der New Yorker Psychoanalytischen Vereinigung) wäre er prädestiniert dafür gewesen, Freuds Krankheit vor ihrem biographischen Hintergrund zu verstehen und darzustellen. Dies hat er aber nie versucht.

Sonderbare Gefühle entstehen, wenn einem bewußt wird, wie ähnlich der weitere Lebensweg des ersten Leibarztes von Freud verlief: Auch **Felix Deutsch** wurde in den USA ein Pionier der Psychosomatik (er entwickelte eine psychophysiologische Konversionstheorie und eine beispielhafte assoziative Anamnesetechnik), und auch er war Psychoanalytiker. Auch Deutsch war eine Zeit lang Präsident einer großen psychoanalytischen Vereinigung, derjenigen von Boston, und auch Deutsch sprach nie über psychoätiologische Fragen bezüglich Freuds Krebserkrankung. Daß er das nicht wagte, wird deutlich, wenn man bemerkt, welcher Schreck ihm noch 1956 in den Knochen steckte, weil ihn die Zentrale in London (= Anna Freud) veranlaßt hatte, einen von ihm verfaßten Nachruf auf Sigmund Freud vor der Publikation zurückzuziehen. Es ging bei dem umstrittenen Text um Deutschs Erklärungen, wie Freud 1923 reagiert haben könnte, wenn Deutsch ihm von Anfang an die Diagnose „Krebs" offen mitgeteilt hätte. Auf der Jahresversammlung der Amerikanischen Psychosomatischen Gesellschaft 1956 in Boston erlaubte sich Deutsch dann zur Feier des 100. Geburtstags von Sigmund Freud aus seinem in der Library of Congress hinterlegten Manuskript des unveröffentlichten Nachrufs zu zitieren. Seine Ausführungen leitete er mit folgenden Worten ein:

„Die Geschichte, die ich jetzt erzählen werde, soll weder eine psychoanalytische Untersuchung von Freud als Person, noch eine Interpretation seiner Reaktionen auf seine Krankheit sein." [69]

Der naive Zuhörer möchte fragen: warum um Himmels Willen denn nicht? Genau das wäre doch interessant ... und auch wichtig! Freud selbst hat uns gelehrt, daß tiefenpsychologisches Denken zu vertieftem Verstehen führt. Warum sollte das gerade beim Menschen „Freud" nicht stimmen? Weil er mehr war als „nur ein Mensch"? Die Antwort auf solche (unausgesprochenen) Fragen lieferte Deutsch selbst:

„Er [Freud] hatte gegenüber nichts anderem eine größere Abneigung als gegenüber dem Verwendetwerden als Objekt analytischer Mutmaßungen. Was aber erlaubt ist, immerhin, ist einige besondere Punkte seiner Reaktionen auf [die] Krankheit zur Kenntnis zu bringen." [70]

Der Schutz der Privatsphäre eines Forschers und die getrennte Betrachtung von dessen Leben und Werk sind oft sinnvoll, aber in biographischen Fragen führen sie zu einer emotional-kognitiven Lähmung von Erkenntnisinteressen, unter welcher sich auch keine psychoätiologischen Fragen stellen lassen.

Ein anderer Ausdruck der Verdrängung lebensgeschichtlicher Zusammenhänge zu Freuds Krebserkrankung – der emotional-kognitiven Lähmung der Biographen – ist in der fast systematischen Mißachtung der Bedeutung bestimmter biographischer Details zu erkennen – „fast systematisch" in dem Sinn, als sie als Details von vielen Biographen immer wieder angeführt, aber kaum je hinterfragt werden. Dazu gehören die 1931 aus guten Gründen aufgeworfene Frage, welches Freuds wahrer Geburtstag war (sie wird in „Argument 3" im Anhang ausführlich besprochen), sowie die Hinweise auf Freuds *Topsy*-Übersetzung und auf seine letzte Lektüre, *Das Chagrinleder* von Balzac.

Freuds sonderbare Übersetzung von *Topsy* (siehe Kap. 3.2.) wird von Jones und Schur ganz nebenbei erwähnt, ohne daß etwa darauf hingewiesen wird, daß Topsy an einem Krebs der Schnauze erkrankt war. Gay berichtet von „angenehmeren Stunden" [71], in denen Freud mit seiner Tochter das Büchlein übersetzt habe. Einige Autoren bezeichneten den Sinn der Übersetzung des Büchleins einfach als „Ablenkung" in den belastenden Tagen im Jahre 1938, unmittelbar vor der Flucht nach London [72]: Es scheint so, als hätten die meisten Biographen das Büchlein nicht gelesen, und denen, die es doch kannten, ist bei der Lektüre nichts aufgefallen. Unwahrscheinlich, aber offenbar wahr.

Über die letzte Lektüre Freuds, *Das Chagrinleder* von Balzac, berichtete Max Schur mit folgenden Worten:

> „Als er damit fertig war, sagte er beiläufig zu mir: ‚Das war das richtige Buch für mich; es handelt von Einschrumpfen und Verhungern.' ... Das Thema der schrumpfenden Haut erinnert an Freuds Worte über seinen sterbenden Vater, die er im Jahre 1896 schrieb: ‚... er ... schrumpft stetig ein bis zu ... einem großen Termin.' ... Wie unheimlich, daß er gerade dieses Buch las, bevor er das *finis* unter seine eigene Geschichte setzte." [73]

Eigentlich sollte Schur sagen: „wie passend, daß er gerade dieses Buch las ...", daß er aber „unheimlich" schrieb, könnte ein Zeichen dafür sein, daß die Wahrheit hinter dieser Wahl der Schlußlektüre ihm – Schur – unheimlich war, weil er spürte, daß deren Kenntnis sein Freud-Bild und sein eigenes Weltbild hätte verändern können. Jones [74], Roazen [75] und Gay [76] erwähnten einfach Freuds Kommentar zur Schlußlektüre und erklärten oberflächlich, daß Freud mit „schrumpfen" und „verhungern" das allmähliche Abnehmen, das im Buch eindrücklich geschilderte Immer-weniger-Werden gemeint habe. Der Frage, welche tiefere Bedeutung die Wahl von Freuds Schlußlektüre gehabt haben könnte (sie wurde im Kap. 3.2. angedeutet und wird in Kap. 10.2. diskutiert werden), ging keiner dieser Autoren nach.

4.2 Ausnahmen: Autoren, die Freuds Leiden zu hinterfragen wagten

Neben Schurs Standardwerk zur Krankheitsgeschichte Freuds gibt es drei weitere Publikationen, welche die Krebserkrankung Freuds zum Hauptgegenstand haben: Sharon Romms Buch *The Unwelcome Intruder*, ein Artikel von Johannes Cremerius mit dem Titel „Freuds Sterben – Die Identität von Denken, Leben und Sterben" und

Peter Möhrings Artikel „Die Schicksalshaut". Jedoch nur der Artikel von Möhring handelt von möglichen psychoätiologischen Zusammenhängen zwischen Freuds Leiden und seiner Biographie. In den beiden anderen Publikationen wird – wie in Schurs Buch – die Thematik nicht erwähnt.

Sharom Romm ist eine amerikanische HNO-Chirurgin und wollte mit ihrem Buch [77] einen Beitrag zur Medizingeschichte liefern, indem sie vor allem die an Freuds Behandlung beteiligten Ärzte detailliert vorstellte. Ihre Arbeit scheint aber nicht allzu sorgfältig recherchiert zu sein und bietet auch wegen ihrer Zielsetzung eher nur stereotype Einsichten in Freuds Leiden. **Johannes Cremerius** beschreibt in seinem Artikel Freuds „Krankheit zum Tode" und betont vor allem die Souveränität Freuds:

> „Auch in jene religiös-philosophische Zwischenwelt, wo die Sinnfrage gestellt wird, erlaubt er sich nicht zu entfliehen. Auch diese erkennt er als schöne Täuschung und als realitätsfremd. ... Auch der Verlockung einer heroischen Interpretation seines Lebens und Leidens, einer Selbstglorifizierung, ist er nicht erlegen ... Und er stirbt in Freiheit; er ist es, der dem Tod die Türe öffnet." [78]

Bei so viel Unabhängigkeit bleibt allerdings die Frage offen, was denn mit Freuds Bindungen, mit seinen Beziehungen geschehen ist.

Lawrence Friedman präsentierte in einem Artikel über den Todestrieb einige Überlegungen zur inneren Dynamik Freuds bei der Bewältigung seiner Krebskrankheit, die psychoätiologischen Erwägungen nahekommen [79], und **Deborah Margolis** äußerte ähnliche Gedanken. Sie meinte, daß Freud zweifellos die Verbindung seines kanzerösen Kiefers mit seiner Mutter gespürt hatte [80].

Der erste Autor, der offen psychoätiologische Gedanken zu Freuds Krebserkrankung äußerte, war **Gotthard Booth**, einer der Pioniere der Psychoonkologie (vgl. „Argument 2" im Anhang). 1964 machte er bloß eine Andeutung, indem er bei der Besprechung des von ihm beobachteten „analen Charakters" der meisten Krebskranken den Satz anfügte:

> „Es ist kaum ein Zufall, daß Freud diesen Aspekt der Sexualität sein Leben lang erforscht hat und daß er selbst an Krebs starb." [81]

Neun Jahre später wurde Booth konkreter. Er vermutete in der Geschichte der Entstehung von Freuds Krebs Verbindungen zu folgenden Elementen: Frühe Störung der Mutter-Kind-Beziehung, Entwicklung von Eifersucht und Besitzanspruch sowie Ausdruck der frühen Wut gegenüber der Mutter im späteren antifemininen Dogma und in den Konzepten „Kastrationsangst" und „Peniswunsch" [82]. Booth wies in dieser und einer weiteren Publikation [83] auch auf Freuds letzte Lektüre hin, *Das Chagrinleder* von Balzac. Er sah in dieser eine Parallele zu Freuds infantilen Phantasien und meinte, daß Freud mit der Auswahl dieser Schlußlektüre seinen Biographen einen eindeutigen Hinweis gegeben habe, daß er selbst seine Krebserkrankung verstanden hatte.

Peter Möhring bezog sich in seinem Beitrag „Die Schicksalshaut" auf die Theorien von Booth, entwickelte aber auch weitere interessante Gesichtspunkte, gestützt auf eine Feststellung, die längst überfällig war:

> „In den letzten Jahren sind unzählige Publikationen über die Psychosomatik der Krebserkrankungen erschienen, so daß es an der Zeit ist, zu überprüfen, wie weit deren Erkenntnisse sich sinnvoll auf das Leben Sigmund Freuds anwenden lassen." [84]

Zunächst wies der Autor auf die doppelte Einbettung von Freuds Leben in eine Schicksalshaut hin, in die „Glückshaut", das Amnion, bei der Geburt und in die „Eselshaut" seiner letzten Lektüre kurz vor seinem Tod. Danach schilderte er die belastenden Lebensumstände Freuds in seinen ersten Lebensjahren. Die frühe Geburt und der frühe Tod von Freuds kleinem Bruder Julius, das für Freud unverständliche Verschwinden seiner Kinderfrau und andere Belastungen können in Freud eine Feindseligkeit gegen seine Mutter und gleichzeitig eine große Angst vor dem Ausbruch dieser Feindseligkeit bewirkt haben: Freuds Mutterkonflikt habe sich in einer Idealisierung der Mutter, später in einem starken Besitzanspruch an seine Verlobte und schließlich in einer Blockierung seines Verständnisses der weiblichen Sexualität geäußert. Möhring beschrieb dann die jahrelange Dynamik zwischen Freuds intellektuellen Höchstleistungen und seinen Gedanken an den Tod. Als besonders starke Belastungen, die 1920 Auslöser des Wachstums von Freuds drei Jahre später diagnostiziertem Karzinom gewesen sein könnten, identifizierte Möhring den Verlust von Anton von Freund, des von Freud so geschätzten Gönners der psychoanalytischen Bewegung, und den Verlust von Sophie, Freuds „Sonntagskind", die 1920 im Alter von 27 Jahren innerhalb weniger Tage an einer Pneumonie gestorben war.

> „Er, der seit Jahren zwischen Hoffnung und Niedergeschlagenheit, zwischen Lebenswunsch und Todessehnsucht schwangte, wurde zweier so wichtigen Bezugspersonen so rasch hintereinander beraubt, daß nichts rechtzeitig an ihre Stelle treten konnte, um das narzißtische Gleichgewicht Freuds im Gleichgewicht der Beziehungen wieder herzustellen." [85]

(Das Wort „schwangte" im obigen Zitat ist vermutlich ein Druckfehler, aber ein sinniger: zwischen „schwanken" und „schwanger sein" ... wilde Spekulationen können an Groddeck erinnern, der die Krebserkrankung auch als „pervertierte Schwangerschaft" bezeichnet hatte – vgl. „Argument 2").

Schließlich beschrieb Möhring den 16 Jahre währenden Leidensweg Freuds im Kampf gegen sein Karzinom. Er betonte den Fatalismus Freuds, beurteilte Freuds Art, über seine Krankheit zu sprechen, als „ironisch" und beschrieb den Hintergrund dieser Haltungen mit folgenden Worten:

„Angst, Schmerz und Trauer waren Gefühle, mit denen Freud seine Umgebung nicht belasten wollte. Die Kehrseite dieser Zurückhaltung in emotionalen Dingen ... muß Einsamkeit gewesen sein."

„... So hat er die Glückshaut der Mutter bis zu seinem Ende getragen. Er wollte etwas abschütteln und fand nicht heraus, was. ... Blieb ihm doch die ganze Problematik seiner Mutter-Beziehung weitgehend verborgen." [86]

4.3 Verdrängende Kräfte

Dadurch, daß Freud mehrmals biographisches Material gezielt (im Hinblick auf seine Biographen) vernichtet und immer wieder versucht hat, alle Spuren zu löschen, die sein künstliches Selbstportrait in Frage stellen könnten – seine Lehre sei völlig unabhängig von seiner Person –, forderte er seine Anhänger auf, ihn allein mit seiner öffentlichen Existenz zu identifizieren und ihn dadurch zu mystifizieren [87].

„Freud selbst setzte die Parameter der Legende der psychoanalytischen Bewegung und des Kultes, der um seine Person herum entstand." [88]

Die psychoanalytischen Zeitgenossen Freuds folgten seinem Wunsch nach absoluter Trennung seiner Lehre von seiner Person. Aber nicht nur diese: Auch nach Freuds Tod haben die meisten Psychoanalytiker ein Tabu um die reale Person Sigmund Freud aufrechterhalten. Frederick Hacker fragte deshalb 1956 anläßlich des 100. Geburtstags Freuds:

„Hat uns nicht die Theorie und Praxis der Psychoanalyse sozusagen zu reflexartigen Detektiven gemacht; alarmiert die Entdeckung eines Tabus nicht unsere unbewußte Haltung, die dahinterliegenden Motive zu ergründen? Freud hat uns überzeugend demonstriert, daß allein die Existenz eines Tabus eine unbewußte Herausforderung an den suchenden Intellekt darstellt. Deshalb kann ich mir keine zeitgemäßere Aufgabe vorstellen, als zu versuchen, Freud für uns persönlich ... wiederzuentdecken, ... bevor er im entrückten Monument des ‚großen Mannes' vollständig verknöchert ist." [89]

Gleichzeitig zeigte Hacker aber, wie tief er selbst im Tabu steckte:

„... nach der neuesten detaillierten und bewunderungswürdigen Biographie von Ernest Jones scheint die Übereinstimmung psychoanalytischer Meinungen auszudrücken, daß alle berechtigte Neugier über den Menschen Freud befriedigt worden ist – um so mehr, als er selbst alle weitere Erforschung seiner Persönlichkeit und seines Lebens gar nicht ermutigt hat." [90]

Und noch deutlicher:

> „[Freuds] äußeres Leben scheint tatsächlich so frei von jedem auffälligen oder dramatischen Ereignis, daß es auch den hartnäckigsten Jäger nach privaten Sensationen entmutigt. Sogar die angestrengtesten Bemühungen von Generationen von Kritikern konnten nicht den geringsten Schatten auf seine Integrität und die besonnene Ehrlichkeit seines Verhaltens werfen." [91]

Daß dieses Tabu bis in die Gegenwart wirkt, zeigte André Green 1993 in seinem Artikel über „Die tote Mutter" (womit eine besondere Form mütterlicher Depression gemeint ist). Erst gegen Ende seiner 36-seitigen Arbeit kommt er zum Kapitel „Freud und die tote Mutter". Dazu schreibt er:

> „Anstatt wie üblich vorzugehen, d.h. erst einmal zu schauen, was einen neuen Gesichtspunkt in Freuds Werk garantieren könnte, habe ich es umgekehrt gemacht und dieses Kapitel für den Schluß aufgehoben. Um die Wahrheit zu sagen, ließ erst kurz vor dem Ende meines Weges die Verdrängung in mir nach." [92]

Ist es auch ein Zeichen dieses Tabus, wenn der für Psychoanalyse zuständige Lektor eines großen Buchverlags auf eine Anfrage im Januar 1998, ob der Verlag an dem vorliegenden Buch interessiert sei (es lag damals erst in der Konzeption vor, mit dem Titel „Wer hat die biographische Dimension von Freuds tödlicher Krankheit verdrängt?"), folgendes antwortete?

> „... Wir meinen auch, daß es nicht zutreffend ist, schlichtweg von einer ‚Verdrängung' der biographischen Dimension von Freuds Krebserkrankung zu sprechen. Das mag interessant klingen und den Absatz des Buches fördern, entspricht aber nicht den Tatsachen. Es sei nur die Biographie von Schur genannt. Trotzdem können Sie Ihr Manuskript einsenden, sobald es fertig ist."

Die Tabuisierung von Freuds Privatleben wurde zwischen 1940 und 1980 außerordentlich stark durch ein in der Wissenschaft in diesem Ausmaß einzigartiges Phänomen gestützt: durch die Zensur der Hinterlassenschaft Freuds durch seine Erben, allen voran Anna Freud, aber auch Martin und Ernst Freud. Freuds Nachkommen haben durch selektive Publikation, Zensur, manchmal sogar durch Verschwindenlassen von Dokumenten eine Machtstellung aufgebaut [93], so daß das kollektive Gedächtnis von Freuds Familie und seinem unmittelbaren Kreis praktisch zur offiziellen Geschichte der Psychoanalyse wurde [94]. Als 1946 der amerikanische Verleger Leon Shimkin vorschlug, daß Ernest Jones eine Freud-Biographie verfassen sollte, war Anna Freud zunächst gar nicht begeistert. Am liebsten hätte sie gar keine Biographie über ihren Vater gehabt, aber wenn schon, dann eher von Sigfried Bernfeld oder Ernst Kris. Schließlich willigte sie aber in eine Zusammenarbeit mit Jones ein, mit dem zweifelhaften Lob: „Er ist nicht der Schlechteste" [95]. Sie wartete jedoch, bis sie seine Rohfassung über Freuds Kindheit und Jugend gelesen hatte, bevor sie ihm

Zugang zu den im Familienbesitz befindlichen Dokumenten gewährte. Annas Auftrag an Jones war deutlich:

„Es sollte Ihre Rolle sein, die anderen ‚Biographen' zum Schweigen zu bringen, die die Hälfte ihrer Tatsachen erfinden müssen." [96]

Jones mußte in seiner biographischen Arbeit vielfältige Rücksichten nehmen. Der erste Entwurf eines jeden Kapitels wurde zuerst von Anna Freud – „Sie sah Jones' Bücher über ihren Vater Zeile für Zeile durch" [97] –, dann von James Strachey, weiter von ein oder zwei anderen Mitgliedern der Freud-Familie und schließlich noch von den Bernfelds oder Kurt Eissler oder Marie Bonaparte korrigiert [98]. Als Jones von Freuds Klagen über seinen Gesundheitszustand schreiben wollte, strich Anna Freud diesen Passus mit dem spitzen Kommentar: „Es gab keine Klagen" [99], und gegen das Erwähnen der Verstopfung ihres Vaters wehrte sich Anna so vehement, daß Steiner vor kurzem schrieb:

„Anscheinend hat sie selbst den Darm ihres Vaters kontrolliert ... Man fragt sich, wie Jones es angesichts dieser Hindernisse geschafft hat, selbst eine Verstopfung zu vermeiden!" [100]

1950 wurde eine von Marie Bonaparte, Anna Freud und Ernst Kris in dreijähriger Selektionsarbeit zusammengestellte Auswahl der Briefe Freuds an Wilhelm Fließ publiziert. Ernst Kris, der auch den biographischen Kommentar dazu geschrieben hatte, wurde in seiner Mitarbeit stark von Anna beeinflußt, denn er war zu dieser Zeit bei ihr in Lehranalyse [101]. So wurden von den 287 verfügbaren Briefen und Entwürfen schließlich nur 153 veröffentlicht, 119 davon mit Streichungen. Bei der Verstümmelung der Briefe wurde auch nicht immer deutlich gemacht, wo gekürzt worden war; einige Streichungen wurden sogar ohne jeden Hinweis vorgenommen. Auch bei der Erstausgabe des Briefwechsels zwischen Freud und Lou Andreas-Salomé veranlaßte Anna Freud, die kritischen Stellen, in welchen Freud in grober Art über den Suizid seines Schülers Viktor Tausk geschrieben hatte, zu streichen. Als Erklärung schrieb sie dem S.Fischer Verlag, sie habe von einem von Tausks Söhnen gehört, daß das Andenken an seinen Vater für ihn von größter Bedeutung sei, und: „Wenn er eine solche Bemerkung meines Vaters gedruckt läse, würde dies sehr schlimme Folgen haben, die unter allen Umständen vermieden werden müssen." [102]

1968 veröffentlichte Paul Roazen in einem Buch über Freud und Tausk den ungekürzten Text eines der kritischen Briefe an Lou. Als die Briefe an Lou 1972 in englischer Fassung erschienen, war die kritische Stelle wieder gestrichen. Ruitenbeek gab seiner Empörung über solche Zensur mit folgenden Worten Ausdruck:

4.3 Verdrängende Kräfte

„Es ist eine Schande, daß [viele Freud-Briefe] nur häppchenweise veröffentlicht werden – oder einige gar nicht: zurückgehalten oder unterdrückt durch ängstliche Literatur-Erben oder Verwandte von denjenigen, die mit Freud korrespondierten." [103]

Ruitenbeek war von Anna Freuds Zensurzwang so beeindruckt, daß er als Herausgeber eines umfangreichen Buches mit den persönlichen Berichten vieler Zeitzeugen Freuds nicht einmal bemerkte, daß er Anna Freud auch noch die Schuld in die Schuhe schob, daß **er** es nicht gewagt hatte, sie zur Mitarbeit anzufragen:

„Ich hätte auch gerne persönliche Eindrücke von Freuds Tochter Anna im Buch aufgenommen, aber da ich die Zurückhaltung der Freud-Familie in solchen Dingen kannte, habe ich's nicht mal versucht. Das ist schade, denn Freud verdient Besseres." [104]

Allerdings provozieren Zwangsstrukturen häufig ungewöhnliche Reaktionen, wie die Masson-Affäre am deutlichsten zeigte: Masson, ein junger Professor für Sanskrit, hatte sich in den siebziger Jahren als Psychoanalytiker ausbilden lassen und rasch das Vertrauen von Kurt Eissler, dem Sekretär des Sigmund-Freud-Archivs an der amerikanischen Kongreß-Bibliothek, gewonnen:

„[Eissler] verschaffte Masson nicht nur einen gut dotierten Posten als ‚Projekt-Direktor' am Freud-Archiv; er sorgte sogar dafür, daß der ungewöhnlich charmante und witzige Musterschüler bis ins Sanktuarium der Psychoanalyse vordringen konnte: Die greise ... Anna Freud ... empfing ihn in ihrem Londoner Domizil und gewährte ihm Einblick in Dokumente, die sie anderen Freud-Forschern bis dahin stets vorenthalten hatte. Dabei stieß Masson auf ein bislang erst teilweise veröffentlichtes Konvolut von Briefen ... an ... Fließ. ... [Darin entdeckte er], daß Freud auch nach seinem ‚Widerruf' noch lange Zeit an den Wahrheitsgehalt seiner Verführungstheorie geglaubt hat. ... Freud, mutmaßt Masson, habe ... die Erkenntnis, ‚daß Kinder in vielen Fällen in ihren eigenen Familien sexueller Gewalt ausgesetzt' seien, als ‚so belastend' empfunden, daß er sie ‚buchstäblich aus seinem Bewußtsein tilgen mußte'; der Lohn für den Rückzieher, die Wiederaufnahme in den Kreis der honorigen Akademiker, habe ihm den Verrat an der ‚Wahrheit' erleichtert." [105]

1984 publizierte Masson *The Assault on Truth* (deutsch: *Was hat man dir, du armes Kind, getan? Sigmund Freuds Unterdrückung der Verführungstheorie*). Besonders pikant darin war Massons Hinweis, daß aus einem Buch von Wilhelm Fließ' Sohn Robert zu erkennen sei, daß Robert in der Kindheit verführt worden sei und demnach Freud die Verführungstheorie auch widerrufen habe, um seinen Freund Wilhelm Fließ zu schützen [106]. Der Skandal war groß, wurde als „Watergate der Psychoanalyse" bezeichnet [107], bewirkte aber schließlich nicht besonders viel, weil die wissenschaftliche Psychoanalyse-Kritik zu dieser Zeit einige Höhepunkte bereits überschritten hatte und die Positionen der meisten Fachleute schon bezogen waren: Henri Ellenberger, ein kanadischer Psychiater, hatte in seiner 1970 erschienenen

1200-seitigen Monographie (deutsch 1973: *Die Entdeckung des Unbewußten*) auf 200 Seiten die Psychoanalyse als Mythos „entlarvt" [108]. Marianne Krüll hatte 1979 in einem seriös recherchierten Buch speziell Freuds Aufgeben der Verführungstheorie kritisch hinterfragt [109], und Frank Sulloway hatte in seinem 800-seitigen Buch *Freud, Biologist of the Mind* 1979 unter anderem 26 „Freud-Mythen" dargestellt [110]. Aber die Masson-Affäre zeigte doch erneut, wie unglücklich die Auswirkungen der ganzen Geheimnistuerei um Freuds Nachlaß immer wieder wirken.

Die Abwehr psychoanalytischen Gedankenguts durch Menschen, die sich von der Psychoanalyse bedroht fühlen, ist gut verständlich und war schon von Freud ausführlich analysiert worden [111]. Was sind aber die Ursachen der so massiven Abwehr vieler Psychoanalytiker gegenüber dem realistischen Erkennen des Menschen Sigmund Freud? Vier mögliche Antworten:

• **Die Abhängigkeit der frühen Analytiker von Freud**: Die Analytiker der zweiten Generation waren in hohem Maß abhängig vom Begründer der Psychoanalyse, und zwar in finanzieller und emotionaler Hinsicht. Freud wies ihnen Patienten zu (nicht nur in Wien), befand über die Tauglichkeit ihrer Publikationen und prägte direkt ihren Stellenwert in der psychoanalytischen Gemeinde. Wenn man dann noch bei Wittels den Satz liest: „Wir sind gewohnt, daß unsere Patienten von Freud träumen" [112], dann kann man sich leicht vorstellen, daß da in einem Therapeuten leicht ambivalente Gefühle gegenüber Freud aufsteigen und unterdrückt werden können.

• **Die Gewöhnung an den Mythos Freud**: Die Psychoanalyse wurde über viele Jahre so direkt von Freud geprägt, daß es vielen Analytikern bald nicht mehr auffiel, wie oft sie selbst nicht von ihrer Meinung sprachen, sondern (vielleicht sogar in Freuds Worten) den Begründer zitierten, auch wenn sie ihn nicht beim Namen nannten.

> „Freuds lebendige Präsenz unter den Analytikern hat eine ständige Wiederholung von Haltungen zur Folge, die auf Freuds eigenen Erfahrungen während der Entwicklung der Psychoanalyse beruhen, deren Bedeutung aber wie ein religiöses Ritual seit langem vergessen und deren Notwendigkeit seit langem überholt ist." [113]

Wie verbreitet der Mythos „Freud" unter den Analytikern auch heute noch ist, zeigt z.B. Schmidbauer, wenn er fragt: „Welcher Ausbildungskandidat von heute würde nicht gerne seinen Lehranalytiker gegen Freud tauschen?" [114], oder Steiner auf seine eigene Frage, welches Freud-Bild Jones vermittelt habe, naiv die Frage hinzusetzt: „War es das einzig mögliche?" [115].

• **Die Ambivalenz späterer Analytikergenerationen**: Bereinigende Auseinandersetzungen über abweichende theoretische Meinungen waren zur Zeit Freuds und auch danach oft schwierig, weil jeder, der eine allzu deutliche Abweichung von der gültigen Lehre vorschlagen wollte, befürchten mußte, von den orthodoxen Analytikern angeprangert, vielleicht sogar aus ihrer Gemeinschaft ausgestoßen zu werden. Diese Blockierung produzierte aggressive Gefühle, welche – wenn sie weder direkt ausgedrückt noch nur gestaut werden konnten – von ihren eigentlichen Zielen (das waren Freud und seine orthodoxen Nachfolger) auf die Öffentlichkeit projiziert wurden: Die gegenüber der Psychoanalyse kritische Öffentlichkeit wurde zum gemeinsamen Feind [116]. Allerdings wurden Freud und sein Werk von inkompetenter Seite so oft und so massiv angegriffen, daß viele Abwehrbewegungen von Analytikern auch als notwendige Reaktionen auf reale Entwertungen und nicht nur als projektive Handlungen zu verstehen sind.

- **Das schwierige Thema des „kranken Analytikers"**: Wenn man sich für das Leben Sigmund Freuds interessiert, erfährt man von seinen verschiedenen Phasen von Beschwerden und Krankheiten in den frühen Jahren seines Erwachsenenlebens und kommt nicht darum herum, sich mit Freuds 16 Jahre dauerndem Krebsleiden auseinanderzusetzen. Das bedeutet auch, sich vorzustellen, was es bedeutet, wenn man als Analytiker selbst krank, vielleicht sogar schwer krank ist. Dieses Thema ist aber außerordentlich bedrohlich. Dewald [117], Abend [118], Halpert [119] und Chernin [120] sind sich einig, daß zum Thema „kranker Analytiker" in der Fachliteratur fast nichts zu finden ist, und verstehen diesen Befund als Vermeidung. Dewald, der seine Reaktion auf seine dreimonatige Arbeitsunfähigkeit wegen einer schweren Krankheit (intrakranielle Infektion) beschreibt, vermutet, daß viele Analytiker insgeheim die Phantasie hegen, daß ihre persönliche Analyse sie gegenüber Krankheiten immunisiert habe. Abend beschrieb die Verunsicherungen des kranken Analytikers: Wieviel soll er dem Patienten von seiner Krankheit sagen? Halpert erklärt den Mangel an Literatur zum Thema mit der narzißtischen Kränkung und Abwehr, die mit allen physischen Krankheiten ins Spiel kommen: Werden mir weiter Patienten zugewiesen? Wollen die Patienten bei mir bleiben? Werde ich meine Arbeit tun können? Auch der gesunde Analytiker, der aber älter wird, könne durch seine Sehnsucht nach Jugend verwirrt werden und sich ähnliche Fragen stellen. Halpert weist direkt auf das zwiespältige Vorbild von Sigmund Freud hin:

> „Der Begründer der Psychoanalyse, Sigmund Freud, war während den letzten 16 Jahren seines Lebens chronisch krank, litt an Mundhöhlenkrebs, und führte doch seine Arbeit weiter, analysierte Patienten während der meisten dieser Jahre. Da ein gewisses Maß an Identifikation mit Freud wahrscheinlich in jedem Analytiker besteht, fragt man sich, ob [Freud] ... nicht ein Identifikations-Modell (und vielleicht eine Rationalisierung) darstellte, um auch im Angesicht von Schmerzen und Tod weiterzuarbeiten." [121]

Chernin beschrieb die verschiedenen Stadien seiner eigenen Reaktionen auf eine Pneumonie, wegen welcher er die analytische Praxis einen Monat unterbrechen mußte: Nach einer Zeit der Verleugnung der Symptome folgte auf die Diagnose eine Art Depression, dann eine Phase narzißtischer Wut („Ich bin Arzt, nicht Patient") und schließlich eine Ungeduld in der wie eine Isolation empfundenen Erholungsphase. Ein Detail in Chernins Artikel macht die Bedrohlichkeit des Themas „kranker Analytiker" besonders verständlich. Auch er, der sich getraut, offen und persönlich von diesem Thema zu schreiben, scheint Schutz in der Distanzierung zu suchen. Den Abschnitt über die Reaktionen des Therapeuten begann Chernin mit folgenden Sätzen:

> „Das ist bei weitem der schwieriger zu beschreibende Teil. Vielleicht kann ich ihn mit der Beschreibung einer Begegnung beginnen, die ich mit einem 5-jährigen autistischen Kind hatte, als ich vom Krankheitsurlaub zurückgekommen war. Als ich dem Kind zeigte, wie es einen Ball auffangen konnte ..." [122]

Gerade in diesem Moment wechselte Chernin die Form seiner Rede von der ersten in die dritte, distanziertere Person:

> „... berührte der Therapeut leicht die Hand des Kindes. Das Kind sprang zurück und schrie ‚Aua!'. Der Therapeut wurde von seinem Unbewußten überschüttet. Er antwortete ‚Es tut mir leid' und an seinem inneren Auge zogen alle Patienten vorbei, gegenüber welchen er das Gefühl hegte, daß er sie im Stich gelassen hatte." [123]

Die Angst davor zu realisieren, welches Unheil ein kranker, sterbender oder einfach alter Analytiker in seinen Patienten bewirken kann, wenn er die Realität seiner zunehmenden Grenzen verleugnet, kann groß sein. Alice Balint stellte nach einer monatelangen Krankheit einfach fest:

> „Alle Patienten, ohne Ausnahme, waren böse auf mich, denn sie fühlten sich durch die Tatsache meiner Krankheit benachteiligt, was ja auch vollkommen der Wirklichkeit entsprach." [124]

Und eine Patientin erinnerte sich im Zorn an den Tod ihres Analytikers:

> „Ich mußte es gewußt haben, daß er sterben wird, aber ich verleugnete es und er sagte nie etwas. Sterbende Analytiker sollten nicht Patienten behandeln. ... Er hätte nicht einfach mit den Therapien weiterfahren sollen; er benutzte uns, um sich selbst vorzumachen, daß mit ihm alles in Ordnung sei." [125]

Angesichts der Potenz solcher Wirkungen wird offensichtlich, daß auch im Analytiker die verdrängenden Kräfte gegenüber narzißtischen Kränkungen groß sein können und die Stärke des Wunsches entsprechend begrenzt ist, durch allzu genaues Kennenlernen von Freuds Leben zu riskieren, mitten in die Auseinandersetzung mit den eigenen Grenzen gezogen zu werden.

5 | Was könnte hinter Freuds Krebserkrankung stehen? Hinweise von heutigen Karzinompatienten

Lesern und Leserinnen, die sich gut vorstellen können, daß besondere Arten schwerer Kindheitserfahrungen mit zur Entstehung einer Krebserkrankung beitragen, wird der folgende Text bestätigende alte und neue Informationen bieten. Jene **Leser und Leserinnen, welche aber an der Existenz solcher Zusammenhänge grundsätzlich zweifeln**, sind an dieser Stelle eingeladen, vor der Lektüre des vorliegenden Kapitels die „Argumente 1 und 2" im Anhang zu lesen. Dort werden wichtige Erkenntnisse derjenigen Wissensgebiete zusammenfassend dargestellt, welche die Grundlage für psychoonkologisches Verstehen bilden: Onkologie, Psychosomatik, Psychoneuroimmunologie und Psychoonkologie. Die Auseinandersetzung mit diesen Erkenntnissen wird ihnen zeigen, daß psychologische Ursachenforschung auch gegenüber Krebserkrankungen erfolgversprechend ist.

Die moderne Schulmedizin kennt eine Vielzahl biologischer Zusammenhänge um die Entstehung von Krebserkrankungen. Sie anerkennt auch die Tatsache, daß psychosoziale Belastungen die Funktion des Immunsystems beeinträchtigen und dadurch zum Wachstum eines bösartigen Tumors beitragen können. Aber den entscheidenden Schritt zu vollziehen, psychosozialen Wirkmustern parallel zu den naturwissenschaftlich verstehbaren materiellen Wirkketten gleichwertige Bedeutung zu verleihen, fällt den modernen Schulmedizinern schwer. Sogar psychologisch besonders interessierte Fachleute werden immer wieder dazu verführt, letztlich doch alles menschliche Geschehen nur materiell verstehen zu wollen. Als Verführer wirken im Wissenschaftsbetrieb angesehene „Meinungsmacher", letztlich aber stets eigene Ängste vor der Auseinandersetzung mit unterdrückten Bedürfnissen und mit Schuldfragen [1].

Zur Klärung des Hintergrunds der Krebserkrankung von Sigmund Freud können heutige Schulmediziner viele Informationen über die toxische Wirkung des Zigarrenrauches auf die Mundschleimhäute anbieten, bis hin zu kompliziertesten Modellen über die Veränderung der Zellkerne durch solche Schadstoffe. Sie sind sicher auch der Ansicht, daß die Sucht des Rauchens wie jede Sucht mit frühkindlichen Lernerfahrungen verbunden sein kann. Bei dieser Einsicht brechen aber viele Schulmediziner die Suche nach psychoätiologischen Faktoren ab. Sie erachten sich in diesem Gebiet als zu wenig kompetent.

Für ätiologisch orientierte Psychoonkologen bildete dieser Sachverhalt schon vor einigen Jahrzehnten den Ausgangspunkt ihrer Forschung. Sie stießen mit ihrer Freiheit, psychosoziale Muster potentiell als genauso ursächlich zu verstehen wie organisch präzis erklärbare materielle Wirkketten, auf eine Vielzahl interessanter Befunde ... aber auch auf viel Widerstand: Die im Anhang unter „Argument 2" dargestellte Geschichte der Psychoonkologie gibt lebhaft Kunde davon.

5.1 Die psychoonkologische Erforschung von HNO-Krebserkrankungen

Zu den psychosozialen Auswirkungen von Krebserkrankungen auf Patienten, Angehörige und behandelnde Berufspersonen gibt es im Hals-Nasen-Ohren-Bereich eine breite Fachliteratur. Wir haben sie in einer vierteiligen Literaturstudie ausführlich analysiert [2]. Psychoätiologische Fragen sind aber im Bereich der HNO-Tumorerkrankungen nur selten aufgeworfen worden. Eine einzige ältere Fallstudie handelt direkt von diesem Thema: Ludwig [3] beschreibt darin einen 46-jährigen Mann mit Kehlkopfkarzinom, dessen Mutter keine Art von Ärgerausdruck geduldet habe. Sie habe eine so laute Stimme gehabt, daß dem Patienten als Kind die Haare zu Berge gestanden hätten. Aus verschiedenen Hintergrundinformationen, insbesondere aber auch aus der Tatsache, daß dieser Mann später besonders gerne Tonbandaufnahmen seiner eigenen Stimme gehört habe, schloß Ludwig, daß seine Kehlkopffunktionen stark erotisiert waren. Die Stimme sei für ihn das Symbol seiner selbstentfremdeten Feminität, der schwachen Männlichkeit seines Vaters und der destruktiven Männlichkeit seiner Mutter geworden. Auch habe der Patient gemeint, mit der Stimme seinen gehaßten Bruder zerstören zu können.

Ein grundlegender Hinweis auf mögliche psychoätiologische Bedeutungen des Mundhöhlenkarzinoms stammt von der Psychiaterin Danielle Turns. Sie hielt fest, daß **Patienten mit Mundhöhlenkarzinom am Primärorgan der Beziehung erkrankt seien, dem Primärorgan von Lust und Sicherheit:**

> „Des Kindes erste Empfindungen sind an seiner Mutter Brust, wo die warme, sättigende Milch von Unbehagen erlöst ... Der Mund bleibt eine grundlegende und manchmal mißbrauchte Quelle von Lust und Sicherheit durchs ganze Leben hindurch. Überessen, Pillenschlucken, exzessives Trinken und Rauchen sind übliche Verhaltensantworten auf eine Vielzahl von Lebenssituationen und Belastungen." [4]

Eine persönlichkeitspsychologische Untersuchung mit dem MMPI ergab bei HNO-Karzinompatienten nur leicht tiefere Werte auf der Pa-Skala (Pa = paranoid), was bedeute, daß diese Patienten **wenig mißtrauisch, vielleicht sogar besonders vertrauensselig** seien [5]. Der Frage, ob HNO-Krebspatienten vor ihrer Erkrankung bereits depressiv gewesen waren, gingen Cantor [6] und Davies [7] nach. Cantor meinte, daß krankheits- und therapiebedingte Verluste (z. B. nach Entfernung des Kehlkopfes oder nach Einbuße einer klaren Artikulationsfähigkeit) **Erinnerungen an schwere frühe Kindheitserlebnisse provoziere** und die depressive posttraumatische Reaktion als Schrei nach Liebe oder nach Rückgabe der verlorenen Sicherheit zu verstehen sei. Dies wären Sehnsüchte, die auch vor der Erkrankung schon gewirkt haben könnten. Davis hingegen verstand die in ihrer Studie gefundenen höheren präbioptischen Angst- und Depressionswerte bei Biopsie-Patienten, die dann tatsächlich krebskrank waren (gegenüber jenen mit negativer Biopsie), als Teil des klinischen Bildes bei HNO-Tumoren.

Die Sozialarbeiterin Doris Ordway [8] und der Oralchirurg Ronald Strauss [9] betonten, wie bedeutungsvoll die **persönliche Suche** der HNO-Krebspatienten **nach Ursachen** sei. Ordway stellte bei Mundhöhlenkarzinompatienten fest:

„Patienten, die fragen, warum [sie diese Krankheit bekommen haben], möchten darüber sprechen, *warum sie denken*, daß es sie getroffen hat ... [Ihre] Meinungen müssen erforscht und verstanden werden ..." [10]

Strauss führte ausführliche Interviews mit 42 Patienten und Angehörigen durch. Er erkannte, wie wichtig die Suche nach einer Erklärung für die Erkrankung sei, damit **das Gefühl einer gewissen Kontrolle über das Schicksal** bewahrt werden könne.

„Zuzugestehen, daß die grausame Hand des Schicksals zugepackt hat, ist vielleicht schrecklicher als eine Erklärung, die dem Opfer Schuld zuschreibt." [11]

Diese Feststellung, die auch von anderen Autoren angeführt wird, kann allerdings leicht mißverstanden werden. Sie kann so klingen, als ob man den Patienten nur deshalb zugestehen sollte, persönliche Ursachentheorien zu suchen (obschon diese Theorien kaum Wahrheitsgehalt hätten), weil solche Theorien die Angst vor dem unberechenbaren Schicksal neutralisieren können. Die Bedeutung der persönlichen Theorien verändert sich aber, wenn man erkennt, daß zutreffende Kausalattributionen, also Zuschreibungen, die von realen Belastungsfaktoren handeln und vielleicht tatsächlich mit der Erkrankung in kausalem Zusammenhang stehen, die Einflußmöglichkeiten des Erkrankten auf den weiteren Verlauf seines Lebens erweitern können. Wenn ein an Krebs erkrankter Mensch zum Beispiel feststellt, daß er sich die längste Zeit seines Lebens anderen Menschen fast immer angepaßt hat und dies als einen ursächlichen Faktor seiner Erkrankung versteht, werden für ihn neue Möglichkeiten der Gestaltung einer befriedigenden Zukunft ersichtlich.

Die wenigen Autoren, die sich bisher über psychosoziale Hintergründe von Krebserkrankungen im HNO-Bereich geäußert haben, scheinen vorsichtig zu vermeiden, den Anschein zu erwecken, daß sie hinter den Krebserkrankungen auch reale psychosoziale Ursachen vermuten könnten. In den vergangenen 10 Jahren wurde zum Thema sogar überhaupt nichts mehr publiziert. Das prozeßorientierte (biographische) psychoätiologische Denken findet in einem so sehr handlungsorientierten Fach wie der HNO-Tumorchirurgie noch kaum Anerkennung.

5.2 Der psychoätiologische Seitenzweig unseres eigenen Forschungsprojektes

Im Rahmen unseres – im 1. Kapitel bereits vorgestellten – Forschungsprojektes an der HNO-Universitätsklinik Bern stießen wir auf signifikante Nebenbefunde, die auch dazu dienen könnten, die Krebserkrankung von Sigmund Freud genauer zu verstehen. Unser Forschungsprojekt ist als Ganzes auf die Identifikation derjenigen psychosozialen Variablen ausgerichtet, deren Erfassung es erlauben könnte, schon vor einer Tumoroperation abzuschätzen, welche Patienten durch die Therapie in welchen psychischen Bereichen besonders belastet werden (um ihnen dann von Anbeginn an gezielte psychotherapeutische Unterstützung zukommen zu lassen), ja vielleicht sogar, welche Patienten durch die Folgen einer ausgedehnten Chirurgie überfordert wären. Zu diesem Zweck erfaßten wir mit umfangreichen Befragungen vor und zu drei Zeitpunkten nach der Operation Informationen über Lebensqualität, Angst, Depressivität, Hoffnungslosigkeit und Bewältigungsstrategien unserer Patienten mit Mundhöhlentumoren, sowie je einmal Informationen über ihre Kontrollüberzeugungen, Persönlichkeitseigenschaften und ihre intellektuelle Kapazität. Die so gewonnenen Daten verglichen wir dann mit entsprechenden Daten aus Kontrollgruppen.

Als Ergänzung zur Erfassung der Bewältigungsstrategien unserer Patienten (ihren bevorzugten Wegen, die schwere Traumatisierung durch Krankheit und Behandlung zu überwinden) entwickelten wir einen „Herkunftsfragebogen" mit 103 Fragen zur Herkunftsfamilie und zur Kindheit unserer Patienten, von dem wir uns Einsicht in die Entstehung ihrer Bewältigungsstrategien erhofften. Doch bevor wir die Informationen aus dem „Herkunftsfragebogen" mit den Daten zu den Bewältigungsstrategien in Beziehung setzten, fiel uns auf, daß sich die Durchschnittswerte einiger Antworten der Mundhöhlenkarzinom-Patienten erheblich von denjenigen unserer Kontrollgruppe der Patienten „ohne Karzinom" unterschieden. Auch in einigen Dimensionen der anderen durchgeführten psychologischen Tests zeigten sich Gruppenunterschiede. Diese Entdeckung faszinierte uns so sehr, daß wir die Gültigkeit der Unterschiede mit Hilfe zweier weiterer Gruppen von „Personen ohne Karzinom" überprüften. Beide neuen Kontrollgruppen stammten aus einer Zufallsauswahl von Erwachsenen des Einzugsgebietes unserer Klinik (vermittelt durch einen professionellen Adressenvertrieb), die wir auf postalischem Weg befragten. Der einen Gruppe („Mail 1") wurde eine Auswahl der Fragen des Herkunftsfragebogens, der anderen Gruppe („Mail 2") die Fragen zur Persönlichkeit (aus dem Gießen-Test [12]), zu Kontrollüberzeugungen (aus dem KKG [13]) und zur Hoffnungslosigkeit (aus der

H-R-Skala [14]) zugestellt. Für unsere neuen Gruppenvergleiche beschränkten wir uns auf **männliche Personen**, einerseits, weil die Bedeutung von Kindheitserfahrungen geschlechtsspezifisch sehr unterschiedlich sein kann, und andererseits, weil in der Gruppe mit Karzinompatienten viel mehr Männer als Frauen vertreten waren (tatsächlich erkranken etwa dreimal mehr Männer als Frauen an einem Mundhöhlenkarzinom). Insgesamt umfaßten unsere Vergleiche zwischen Krebspatienten und Gesunden schließlich **85 Variablen**. Die Gruppen, die wir miteinander verglichen haben – alles Männer –, waren:

MH-Ca =	Patienten mit Mundhöhlen-Karzinom	
	(n = 34, Durchschnittsalter: 56.6 Jahre, s = 10.06)	
oCa =	Menschen ohne Karzinom (n = 130) in unterschiedlicher Zusammensetzung von Teilgruppen:	
	aPat =	HNO-Patienten ohne Karzinomerkrankung (andere Patienten) (n = 30, Durchschnittsalter: 57.8 Jahre, s = 10.41)
	Mail 1 =	aus Briefversand einer Kurzform des Herkunftsfragebogen an eine Zufallsauswahl der Männer des Einzugsgebiets unserer Klinik. Rücklauf der verschickten Fragebogen: 43 % (n = 62, Durchschnittsalter: 57.2 Jahre, s = 4.12)
	Mail 2 =	aus Briefversand der Fragebogen zu Persönlichkeit, Kontrollüberzeugungen und Hoffnungslosigkeit an eine Zufallsauswahl der Männer des Einzugsgebiets unserer Klinik. Rücklauf der verschickten Fragebogen: 38 % (n = 38, Durchschnittsalter: 57.5 Jahre, s = 3.64)

Ein Vergleich mehrerer demoskopischer Variablen unserer Kontrollgruppen „Patienten ohne Karzinom" und „Mail 1+2" mit denjenigen der Bevölkerung des Haupteinzugsgebiets unserer Klinik (N = 299.733) zeigte, daß die Mail-Gruppen der Population ähnlicher waren als die Gruppe der „Patienten ohne Karzinom", aber auch wesentlich von ihr abwichen. Das hieß für uns: Zusammenlegen der drei Nicht-Karzinom-Gruppen zu einer einzigen Gruppe. Damit riskierten wir, daß eventuell zu entdeckende Differenzen zur Karzinomgruppe verwischt würden, befanden uns aber dafür auf der konservativeren, sicheren Seite. Und es zeigte sich, daß nach diesem Zusammenschluß die vorher einzeln festgestellten Differenzen zur Karzinomgruppe erhalten blieben.

5.3 Befunde: Psychosoziale Gruppenunterschiede

Zur Überprüfung der Signifikanz der Unterschiede zwischen beiden Gruppen (MH-Ca, oCa) haben wir bei Häufigkeitsverteilungen das Chi-Quadrat berechnet und bei ordinalen Daten den Mann-Whitney U-Test (ein nonparametrischer Test zum Vergleich der zentralen Tendenz) verwendet. 28 der 85 Variablen zeigten signifikante Gruppenunterschiede auf dem minimalen Niveau von $p < 0.10$. Vier Variablen mit signifikanten Gruppendifferenzen wurden aber aus der Interpretation ausgeschlossen, weil sie entweder zu hohe Korrelationen mit anderen signifikanten Variablen aufwiesen (Maß: Rangkorrelationen bei ordinalen Daten; Kendalls Tau bei Häufigkeiten) – sie schienen das Gleiche zu messen – oder weil der erfaßten Gruppendifferenz keine klinische Bedeutung zugesprochen werden konnte. Schließlich wurden also die Daten zu 24 Variablen mit mindestens minimal signifikanten Gruppenunterschieden zur Interpretation zugelassen. 19 dieser Variablen zeigten Signifikanzen auf dem üblichen Niveau von $p < 0.05$, zehn davon auf dem höheren Niveau von $p < 0.01$.

Bei unserem ganzen Forschungsprojekt handelt es sich um eine **Explorationsstudie**, das heißt, um eine Studie, die sich zwar der üblichen statistischen Tests bedient, um mögliche Gruppenunterschiede aufzufinden, nicht aber um solche Unterschiede zu beweisen. Aus diesem Grund erlaubten wir uns, keine statistischen Korrekturen für multiples Testen anzuwenden, weil solche zu einem zu großen Informationsverlust geführt hätten. Dies bedeutet aber, daß eine nicht geringe Anzahl falsch signifikanter Ergebnisse zu erwarten war. In Zahlen ausgedrückt: In den 85 durchgeführten statistischen Tests zeigten 19 Variablen einen Gruppenunterschied, der auf dem Niveau von $p < 0.05$ signifikant war. Insgesamt ergaben also mehr als 22 % der durchgeführten Tests eine wesentliche statistische Signifikanz, mehr als viermal so viel wie durchschnittlicherweise falsch signifikante Tests auf diesem Niveau zu erwarten sind. Oder in einfacheren Worten gesagt: Wenn man 85 statistische Tests auf dem Signifikanzniveau von $p < 0.05$ durchführt, fallen durchschnittlich 4–5 dieser Tests fälschlicherweise (wegen eines unkontrollierten Zufalls) signifikant aus. In unserer psychoätiologischen Auswertung wurden die Tests zu 19 Variablen deutlich signifikant. Ungefähr 5 davon also nur aus zufälligen Gründen. Welche 5 (oder weniger oder mehr) wissen wir aber nicht. Mit dieser Unsicherheit muß man in explorationsstatistischen Studien leben. Aber sie muß einem bewußt bleiben. Beim Versuch der Interpretation der folgenden Liste von Befunden ist also immer wieder daran zu denken, daß mehrere Variablen nur durch Zufall in der Liste Platz gefunden haben und bei genauerer Überprüfung keine Gruppenunterschiede gezeigt hätten.

Unsere Befunde, die signifikanten Abweichungen der Werte der Krebspatientengruppe von den Werten der Gruppe „ohne Karzinom", sind in Abbildung 3 aufgeführt. Wir haben eine Darstellungsform mit in Punkten symbolisierten Irrtumswahrscheinlichkeiten gewählt, weil diese die unterschiedliche Zuverlässigkeit der Befunde in einfacher Weise erkennen läßt. Die Variablen mit nur einem „Signifikanzpunkt" ($p < 0.10$) sind nur als „mögliche Tendenzen" und nicht als Signifikanzen zu verstehen. Zu jeder Variable wurde unsere Einschätzung der Objektivität ihrer

5.3 Befunde: Psychosoziale Gruppenunterschiede

Unterschiede in den Mittelwerten oder den Häufigkeitsverteilungen der Gruppe „Mundhöhlenkarzinom" (MH-Ca) zur Gruppe „ohne Karzinom" (oCa)

V	MH-Ca (n = 34)	Variable und ihre Ausrichtung	n oCa	QD
1	●●●	Nikotinabusus	30	so
2	●●●	Alkoholabusus	29	so
3	●●●	Selbstbild: „offen"	67	s
4	●●●	Selbstbild: „beliebt"	67	s
5	●●●	Mutter war viel zärtlich zu mir	91	s
6	●●●	Mutter hat mich selten bestraft	89	s
7	●●●	Partnerin in Erwartung bei Heirat	90	o
8	●●●	ledig oder nur 0–1 Kind	30	o
9	●●●	Schulfreunde extrem (gute/keine)	92	s
10	●●	Vater war hart zu sich selbst	86	s
11	●●	Vater war stets für mich da	88	s
12	●●	Vater war viel zärtlich zu mir	87	s
13	●●	Schule war schlimm	92	s
14	●●	als Kind glücklich	92	s
15	●●	als Kind viel krank	92	s
16	●●	Selbstbild: „gefügig"	67	s
17	●●	späteres Kind	129	o
18	●●	Eltern haben nie gestritten	92	s
19	●●	Eltern wenig Geldprobleme	92	so
20	●	größere Herkunftsfamilie	130	o
21	●	immer am gleichen Ort gewohnt	92	o
22	●	Mutter war stets für mich da	92	s
23	●	Vater war selten traurig	86	s
24	●	Selbstbild: „wenig depressiv"	67	s

n oCa = effektive Stichprobengröße*
der Gruppen „ohne Karzinom" bezüglich der einzelnen Variablen
* wegen unterschiedlicher Kombinationen der Teilgruppen „ohne Karzinom":
n = 30 aPat (andere HNO-Patienten)
n = 62 Mail 1 (Kurz-FB „Herkunft")
n = 38 Mail 2 (FB „Persönlichkeit")

QD = Qualität der Daten:
o = objektive Daten
s = subjektive Daten
so = subjektiv verzerrte/objektive Daten

Irrtumswahrscheinlichkeiten:
● $p < .10$
●● $p < .05$
●●● $p < .01$

Abb. 3 Unterschiede der Gruppe „mit Mundhöhlenkarzinom" zur Gruppe „ohne Karzinom"

Erfassung als „Qualität der Daten" angegeben: ‚o' = objektive Daten, ‚s' = subjektive Daten und ‚so' = objektive Daten, die in hohem Maß subjektiv verzerrt sein können.

5.4 Versuch einer Interpretation der Befunde

Die Befunde werden zunächst einzeln interpretiert und mit Originalaussagen der 34 Mundhöhlenkarzinompatienten illustriert. In einem zweiten Schritt sollen dann Ansätze zu einem tieferen Verständnis des Interpretationsmusters entwickelt werden.

Die Selbstbilder der Mundhöhlenkarzinompatienten, ihre Bilder von Eltern und Kindheit sowie die Zeichen ihrer verminderten Konfliktfähigkeit passen zur **Suchtpersönlichkeit**, die tatsächlich viele unserer Karzinompatienten zeigen. Klinisch ist es schwierig, das Ausmaß aktueller und vor allem vergangener Süchtigkeit genau zu bestimmen. 9 unserer 34 Mundhöhlenkarzinompatienten waren vermutlich nie alkoholabhängig, und 3 Patienten haben nie geraucht. Aber die Mehrzahl unserer Patienten haben **lange Phasen von Alkohol- und/oder Nikotinabhängigkeit** (häufig beides) erlebt (V-1, V-2). Diese Tatsache macht es auch so attraktiv, den unbestritten toxischen Einfluß der beiden Noxen speziell auf die Schleimhäute der Mundhöhle als die einzigen relevanten Ursachen der Karzinomerkrankung in der Mundhöhle zu betrachten. Die beiden Tatsachen, daß einerseits diese Erkrankungen auch bei Menschen auftreten, die nie geraucht oder im Übermaß getrunken haben, und andererseits viele Menschen alkohol- und nikotinabhängig sind, ohne je ein Karzinom zu entwickeln, machen aber klar, daß andere ätiologische Faktoren – in Frage kommen vor allem genetische und psychosoziale Variablen – ähnlich bedeutungsvoll sein müssen. Weil aber andere ursächliche Faktoren heute noch zu wenig gesichert sind, besteht die Gefahr, daß der so leicht als vernünftig verstehbare „Kampf gegen chemische Noxen" die Dringlichkeit der Suche nach anderen Ursachen verdeckt.

Im Vergleich mit der Gruppe ohne Krebserkrankung zeigten die Mundhöhlenkarzinompatienten eine Tendenz zu einer **äußerlich stabilen, in sich eher geschlossenen Familiengemeinschaft** ihrer Herkunftsfamilien. Sie haben häufiger immer am gleichen Ort gewohnt (V-21), ihre Eltern hatten weniger mit Geldproblemen zu kämpfen (V-19), und auch ihre durchschnittlich größere Herkunftsfamilie (V-20) bot wahrscheinlich eine gewisse Stabilität. Mehrere Zeichen deuten darauf hin, daß die Mundhöhlenkrebspatienten (im Unterschied zu Menschen ohne Krebserkrankung) besondere **emotionale Überforderungen in Kindheit und Jugend** erlebt haben. Als späteres Kind (V-17) wurden sie in spezielle Formen von Geschwisterrivalität hineingeboren:

„Neben meiner 5 Jahre älteren Schwester waren noch zwei Halbgeschwister in der Familie."

5.4 Versuch einer Interpretation der Befunde

„Der zwei Jahre ältere Bruder hatte einen Herzklappenfehler. Er ist verhätschelt worden und wurde später der Sippenchef. ... Sehr schlechter Kontakt zwischen den Geschwistern ... Der Vater hat die Geschwister gegeneinander ausgespielt."

„Eine Schwester hatte Polio."

„Zwei Halbgeschwister waren fast so alt wie die Mutter."

Belastende Familienkonstellationen waren auch:

„Die Mutter hatte den Schnaps zu gern."

„Vater war zuckerkrank. Er hat mich immer geschlagen."

„Die Mutter war Saridon-süchtig."

„Bei meiner Geburt erkrankte die Mutter an einer Thrombose."

„Der Vater hatte Tuberkulose. Er hatte ein Alkoholproblem, war zeitweise arbeitslos."

„Mutter hatte eine Darmoperation."

„Die Mutter hatte schon vor meiner Geburt Hüftgelenksprobleme."

„Vater war 18 Jahre älter als Mutter."

Relativ viele Patienten berichteten von erschütternden Trennungserlebnissen in der Kindheit, vor allem in Form des Verlustes von Geschwistern:

„Zwei Jahre vor meiner Geburt hatte die Mutter eine Fehlgeburt. Es wäre ein Mädchen gewesen. Die Mutter ging hausieren. Sie litt an Angina pectoris."

„Ein Jahr nach meiner Geburt kam eine Schwester zur Welt, die einen Tag später starb. ... Ich hatte eine harte Jugend. Ab 10- oder 11-jährig bin ich jedes Jahr für ein halbes Jahr zu fremden Bauern gekommen, wegen dem Essen (ein Mund weniger)."

„Ich war 3-jährig, als mein jüngerer Bruder im Alter von acht Monaten an Lungenentzündung gestorben ist."

„Als ich etwa 5 Jahre alt war, erkrankte mein um ein Jahr jüngerer Bruder an Hirnhautentzündung."

„Ein Bruder ist sechs Tage nach der Geburt gestorben, als ich 6-jährig war."

„Als meine Schwester – 19-jährig – an einer Nierenkrankheit starb, war ich sieben Jahre alt."

und in der Jugend vor allem als Verlust eines Elternteils:

„Als ich 9-jährig war, starb Vater [34-jährig] an Gicht. Er war Diabetiker, immer krank, ab 25-jährig im Rollstuhl, morphiumsüchtig wegen Schmerzen. Die Mutter starb in einem Autounfall, auch als ich 9-jährig war. Sie war schnellen Autos verfallen."

„Der Vater ist gestorben, als ich 12-jährig war."

„Mein Vater war gestorben, als ich 12-jährig war. Der jüngste Bruder war sieben."

„Ich war 14, als mein herzkranker Vater starb. Die Mutter mußte mit 50 Jahren – ich war 19 – in ein Pflegeheim. Als ich 21 war, nahm sich mein älterer Bruder das Leben."

„Als Vater gestorben war [der Patient war 15½-jährig], kam ich zu einem Bauern."

„Ich war 17-jährig, als mein Vater einen Hirnschlag hatte. Danach war er links gelähmt, im Rollstuhl, mit [Invalidenversicherung]."

„Nachdem Mutter gestorben war, kam ich ins Welschland [Patient war 19-jährig]."

„Die Eltern haben sich getrennt, als ich 17 war. Ich blieb bei der Mutter, aber zwei Jahre später wurde sie nierenkrank. Als sie starb, war ich 19½."

„Ich war etwa 11-jährig, als Mutter eine Magen-Darm-Operation hatte. Ein Jahr später hatte sie eine Hüftgelenks-Operation. Sie war jahrelang mehr in den Spitälern als zu Hause. ... Vor fünf Jahren habe ich realisiert, daß die Mutter eine totale Einzelgängerin war. Und das praktisch das ganze Leben lang."

Mundhöhlenkarzinompatienten waren als Kinder relativ oft krank (V-15):

„Ich bin schwächlich gewesen. Hatte drei bis vier Jahre lang Asthma. Ich hab's sehr schwer gehabt, war der Kleinste."

„Ich hatte Asthmaanfälle."

„War als Kind oft krank, litt unter Asthma."

„Mit 2-jährig hatte ich falschen Krupp."

„Als Kind erkrankte ich an Diphterie."

„Mit 2½ hatte ich Diphterie und doppelte Lungenentzündung."

„Als Kind: Kinderlähmung."

„Die Schwester und ich hatten beide Kinderlähmung."

Viele hatten die ersten vier Schuljahre in schlimmer Erinnerung (V-13) und erlebten den Kontakt zu ihren Schulfreunden polarisiert: Sie berichteten entweder von guten Schulfreunden oder daß sie gar keine Schulfreunde gehabt hatten (V-9):

„Ich bin von der Lehrerin geplagt worden. ... Die Kinder in der Schule plagten mich auch."

„Ich bin nie gern in die Schule. Bin ein Einzelgänger gewesen. Von dem her habe ich ein wenig Mühe, mit anderen zusammen zu sein."

„Die neun Jahre Schule waren die verreckteste Zeit."

„Für mich war die Schule eher schlecht. Das ist mühsam gewesen. Es war langweilig. Von der 5. Klasse an wurde es interessanter."

„Die ersten Schuljahre waren schlimm. Auch weil ich der Kleinste war, haben sie mich geplagt."

„Die Schule war schlimm. Ich mußte immer zuschauen, wie der Lehrer die anderen fürchterlich geschlagen hat. Alle haben einander geplagt. Jeder hat der Stärkste sein wollen."

„Die ersten Schuljahre waren schlimm. Ich wurde geplagt, war der Kleinste."

„In der 3. und 4. Klasse hat mich der Lehrer jeden Tag geschlagen ... besonders mich. Einmal hat er mir einen Zahn rausgeschlagen ... den Stockzahn da! ... Zwei Jahre lang habe ich jeden Tag 5 bis 10 Mal eine Ohrfeige bekommen."

„Ich bin immer geplagt worden, weil ich zu dick war. Ich durfte keine Freundin haben ... das wurde von den Mitschülern bestimmt ... das Meitli wäre ausgelacht worden."

„Die ersten Schuljahre waren schlimm ... Ich war lieber mit dem Großonkel auf dem Feld."

Viele **Eltern der Mundhöhlenkarzinompatienten** hatten in ihrer eigenen Kindheit belastende Beziehungsabbrüche erlebt:

„Vater war Verdingbub."

„Der Vater war Verdingbub."

„Der Vater ist als Verdingbub bei Großonkel und Großtante aufgewachsen."

„Der Vater ist mit einem Stiefvater aufgewachsen, und auch auf Mutters Seite war so etwas."

„Die Mutter ist ohne Vater bei ihrer Mutter aufgewachsen."

„Mutter ist als Verdingkind aufgewachsen."

„Mutter ist selbst als Pflegekind aufgewachsen."

„Meine Mutter ist nicht bei den leiblichen Eltern aufgewachsen."

„Der Vater meines Vaters ist früh gestorben."

„Als der Vater 3-jährig war, ertrank sein Vater während dem Fischen am Bielersee in 10 cm tiefem Wasser."

„Mein Vater war 5-jährig, als sein Vater starb."

„Als die Mutter in die 2. Klasse ging, starb ihre Mutter."

„Der Vater der Mutter ist an Grippe gestorben, als die Mutter noch zur Schule ging."

„Als Mutter 16 war, verunglückte ihr Vater tödlich. Als Vater 15 war, starb sein Vater."

„Der Vater der Mutter starb, als die Mutter 17-jährig war."

„Mutter kam aus einer Familie mit 13 Kindern."

Mehrere Patienten hatten keine Ahnung, ob ihre Eltern bei ihren leiblichen Eltern aufgewachsen waren. Sie hatten „nie nach so etwas gefragt". Die Eltern von mindestens 6 der 34 Mundhöhlenkarzinompatienten hatten geheiratet, weil die Mutter schwanger war.

Auffällig waren auch die berichteten Beispiele von **hilflosen Elternreaktionen** und **verwirrenden Formen der elterlichen Unterstützung**:

„Der Vater hat uns schon etwa mal geschlagen, aber immer auf Anraten der Mutter. Er hätte es nicht gewollt."

„Vater ist immer ein freundlicher gewesen … Er wollte der Beste sein, aber er hat nur gekrampfet."

„Wir hatten eine ungeheure Mutterbindung und keine Vaterbindung. Er hat uns Kinder fast zu hassen begonnen."

„Ich war verwöhnt bis an den Bach runter. Bin immer der liebe Willi gewesen, der gescheite Willi."

„Als ich etwa 18 war, haben sich die Eltern getrennt. Sie haben sich um mich gestritten. Ich habe mich für die Mutter entschieden. Nach der Scheidung blieb der Hund des Vaters bei uns, aber es ging nicht. Ich ließ ihn einschläfern. Da hat mich der Vater angezeigt. Mit 100 Fr. wurde ich wegen Sachbeschädigung gebüßt. Der Vater sagte vor dem Richter, man hätte besser mich eingeschläfert statt den Hund."

„Die Kindheit war sehr glücklich … Ich habe nie etwas Schlimmes erlebt. Ich bin eigentlich im Paradies aufgewachsen. … Mami war immer zärtlich zu mir … Eine Schwester von Mami sagte: ‚Das ist keine Liebe, die du hast, das ist Affenliebe!' … Ich bin immer wie aus dem Schmuckkästchen dahergekommen. … Die Eltern haben alles gemacht für mich. Vielleicht nur zu viel. Das war das, was Gotte und Götti kritisiert haben. Jeden Samstag und Sonntag waren wir alle zusammen. ... Was ich nicht von zu Hause bekommen habe – nicht das Materielle –, habe ich [schluchzt laut] von Gotte und Götti bekommen ... "

„Meine Kindheit war sehr glücklich. Es hat mit dem Studium geändert. Der Vater gab Geld, aber er wollte unbedingt, daß ich Arzt und nicht Kunstmaler werde. Seit da herrschte ein gespanntes Verhältnis, leider. ... Bis ein paar Tage vor der Hochzeit hat der Vater sich geweigert, zur Hochzeit zu kommen, weil meine Frau auch Kunstmalerin ist ... und sie war Italienerin... er hätte lieber eine Pfarrerstochter gehabt."

Mehrere Hinweise ergaben zusammen die Vermutung, daß recht viele Mundhöhlenkarzinompatienten **Angst vor der Gründung einer eigenen Familie** hatten: Überdurchschnittlich viele heirateten, weil ihre Partnerin ein Kind erwartete (V-7), viele blieben ledig und viele hatten kein oder höchstens ein Kind (V-8).

„Eigene Kinder habe ich nicht unbedingt gewollt."

„Geheiratet habe ich mit 36-jährig, weil wir ein Kind erwartet haben ... Sonst hätten wir wohl noch länger gewartet ... Mir war vorher wohl wie ein Vogel ... noch wohler. So frei und für niemanden schauen müssen, so wird's nie mehr."

Die Zahlen der Variable 8 (ledig oder 0 bis 1 Kind) sind eindrücklich: 67 % der Mundhöhlenkarzinompatienten erfüllen das Kriterium, während dies nur auf 30 % der Gruppe „ohne Karzinom" zutrifft.

Mundhöhlenkarzinompatienten zeigen im mittleren oder höheren Alter oft ein **Selbstbild von Sanftheit und Anpassung**, hinter welchem vermutlich ein recht hohes Maß unterdrückter Aggressivität steht: Sie beschreiben sich als „offen" (V-3), „beliebt" (V-4), „gefügig" (V-16) und „wenig depressiv" (V-24). Trifft auf sie das Stereotyp des „Lieben, Aufgestellten, der mit niemandem Krach will und den alle oberflächlich Bekannten mögen" zu?

Ein ausgeprägter Zug der Mundhöhlenkarzinompatienten ist ihre **Idealisierung von Kindheit und Eltern** im Alter von 50–60 Jahren. Im Widerspruch zu den auch rapportierten hoch belastenden Kindheitserlebnissen berichten sie von besonders glücklicher Kindheit (V-14), daß ihre Mutter stets für sie da (V-22) und besonders zärtlich zu ihnen war (V-5). Die Aussage, daß die Mutter sie selten bestraft habe (V-6), könnte ein Hinweis auf eine gewisse Führungslosigkeit durch die Mutter (vielleicht Ohnmacht der Mutter) sein. Auch der Vater sei stets für sie da (V-11) und auch zärtlich gewesen (V-12). Er habe sich durch besondere Härte gegen sich selbst ausgezeichnet (V-10) und sei selten traurig gewesen (V-23). Wenn dies tatsächlich so war, dann hätte es für die Patienten als Kind bedeuten müssen, daß der Vater Weichheit oder Traurigkeit des Sohnes kaum akzeptieren konnte und das Kind seine Verletzlichkeit vor ihm verstecken mußte (der Vater als Vorbild von Tapferkeit).

"Wenn er geschlagen hat, hatte ich's verdient, das ist sicher."

Ein Patient antwortete auf die Aufforderung, seine Eltern zu beschreiben:

"Ich möchte die da nicht in etwas reinbringen. Die sind gut gewesen, sind noch immer gut. Ich habe keinen Grund, etwas Negatives zu sagen."

Auch die Konflikthaftigkeit der elterlichen Beziehung wurde von vielen Patienten negiert oder verkleinert, indem sie sagten, daß ihre Eltern nie miteinander gestritten hätten (V-18).

Die Auswirkung der Erkrankung und Behandlung bei großen Tumoren der Mundhöhle sind oft starke **Störungen der oralen Genußfähigkeit**, insbesondere des Essens und des Küssens und Störungen der sprachlichen Artikulationsfähigkeit. In gewagter Verallgemeinerung kann dies als Hinweis auf eine tragische, aber nicht unlogische **Fortsetzung einer vorsprachlich gestörten Mutter-Kind-Beziehung** verstanden werden. Doch sind solche Spekulationen berechtigt? Sind die Kindheitserinnerungen erwachsener Menschen zuverlässig und wichtig?

5.4.1 Die Bedeutung von Elternbildern

Durch die Befragung mit dem Herkunftsfragebogen haben wir Gedanken und Bilder, welche unsere Patienten im mittleren oder höheren Alter über ihre Kindheit und ihre Eltern haben, erfahren, also etwas vielleicht ganz anderes als das, was die Kindheit und die Eltern tatsächlich waren. Warum – so muß man fragen – sollten die Vorstellungen, die erwachsene Menschen von ihrer Kindheit und ihren Eltern haben, bedeutungsvoll sein? Zwei Gründe sind da zu nennen: Erstens sind Kindheits- und Elternbilder auch für Erwachsene wichtige bewußte und unbewußte Leitlinien ihres Stils des Erlebens und ihres Handelns, auf oder gegen die sie ihr eigenes Verhalten teilweise ausrichten. Zweitens waren die Eltern (oder elterliche Ersatzpersonen) in der Kindheit Menschen, welche die Entwicklung des Einzelnen von seiner Geburt an im wahrsten Sinne des Wortes „maßgebend" beeinflußt haben.

Freud, dann Abraham, Fairbairn, Winnicott und Bion sprachen von „inneren Objektbeziehungen" [15], wenn sie zu erklären versuchten, was in einem kleinen Kind geschieht, wenn eine wichtige Person (psychoanalytisch: ein Objekt) wie zum Beispiel die Mutter „verlorengeht", sei es, daß sie dem Kleinkind nur aus dem Blickfeld verschwindet oder wirklich für längere Zeit oder immer weggeht, nicht mehr zu erreichen ist, das Kind verlassen hat oder gestorben ist. Ein verschwundenes Objekt, speziell eine verschwundene wichtige Person, hinterläßt widersprüchliche Erinnerungsspuren, welche miteinander und mit den Erinnerungsspuren anderer Objekte in Beziehung stehen. Melanie Klein stellte sich die Internalisierung (innere „Abbildung") aller äußeren Objektbeziehungen als bunte, liebevolle und grausame Welt innerer Objekte vor. Die inneren Objekte werden vom Kind als eine Vielzahl körperlicher Wesen empfunden, die sich mitsamt all ihren freundlichen wie auch feindseligen Aktivitäten im Innern des eigenen Körpers, vor allem im Unterleib, einquartiert haben [16]. Sie sind beim kleinen Kind zunächst meist Abbildungen von Teilen äußerer Objekte, wie zum Beispiel die Vorstellungen von der guten und der bösen Brust [17]. Die „gute Brust" ist die Brust, die bei Hunger einfach da ist, wie im Schlaraffenland. Die „böse Brust" ist die, welche bei Hunger fehlt, nicht kommt. Diese erste Erfahrung der Zweiheit, sozusagen eine Durchlöcherung der Einheit des symbiotischen Paradieses, erweckt Wut- und später Schuldgefühle. Zusammen mit dem Eindruck der Allmacht der Erwachsenen kann sie im Kind zur Vorstellung führen: „Die Mutter erweckt in mir Hungergefühle und kommt dann nicht!" oder noch schärfer: „Die Mutter ist eine, die mir Hunger macht, nur um mich hungern zu lassen." Das ist das Bild der Hexe. Gute Mutter und Hexe stehen zunächst als unverbundene einzelne innere Objekte nebeneinander. Erst wenn die Individuation, die Herauslösung aus der Symbiose gelingt, können die beiden inneren Objekte „gute Brust" und „böse Brust" zu einem neuen inneren Objekt, das der realen Mutter ähnlicher ist, verschmelzen. Erst dann wird es nämlich für das Kind möglich, einzusehen, daß der Hunger etwas ist, das in ihm entsteht und nicht in der Mutter.

Auf ähnliche Weise entstehen Einstellungen gegenüber dem Vater und anderen Bezugspersonen, die zunächst als nur locker verbundene innere Teilobjekte „wahrgenommen" werden und sich erst bei fortschreitender Ich-Entwicklung zu komplexeren mehrdeutigen inneren Objekten und inneren Beziehungen entwickeln, die dann den äußeren Objekten und deren Beziehungsmöglichkeiten besser entsprechen.

Die **Elternbilder**, Mischungen aus inneren Objekten und erinnerten alten und aktuellen Erfahrungen mit den Eltern, nehmen in der Dynamik der inneren Repräsentanzen eine Sonderstellung ein. Diese ist besonders gut daran zu erkennen, daß in Aussagen über die Mutter oder den Vater besonders häufig unbewußte Inhalte verschiedenster Art zum Ausdruck gebracht werden [18]. Elternbilder sind mittelfristig stabil, können sich aber je nach Entwicklung doch wesentlich verändern: Die Anpassungen der Elternbilder an die realen Eltern sind einerseits notwendige Voraussetzungen, andererseits auch unvermeidliche Folgen der Individuation, also der Reifung eines „hinreichend starken Ichs" und der Auflösung von Mutter- und Vaterkomplexen. Auf diesem Weg gehen die frühen Idealisierungen verloren, ein Verlust, der auch ein Gewinn ist:

> „Spätestens in der Adoleszenz (Pubertät und Nachpubertät, bis zum zwanzigsten Lebensjahr) müßte die Idealisierung der Elternfiguren aufgehoben werden. Denn die Idealisierung der Elternposition bedeutet immer implizit eine Entwertung der Kinderposition." [19]

5.4.2 Die Bedeutung der Eltern

Freud sah den Säugling noch als passives Wesen, eingehüllt in seinen „primären Narzißmus", durch „Reizschutz" vor bedrohlichen Außenreizen geschützt, aber ohne klare Selbstgrenzen, eher auf die eigenen Phantasien reagierend als auf die Außenwelt [20]. Die Weiterentwicklung der psychoanalytischen Theorien durch Melanie Klein und Anna Freud haben dieses Bild vom **„passiven Säugling"** zunächst wenig verändert, und auch Margaret Mahlers systematische Beobachtungen in natürlichen Mutter-Kind-Interaktionen haben mit den Begriffen „normaler Autismus" und „normale Symbiose" eher eine Verstärkung der Vorstellung von der Passivität des Säuglings gebracht. Erst die moderne Verhaltensembryologie, die Säuglingsforschung und die „neuen psychoanalytischen Theorien über den Säugling" (NPTS) führten zu einer wesentlichen Korrektur dieses Bildes. Die Verhaltensembryologie zeigte, wie differenziert die Lebensäußerungen des Embryos und des Fetus bereits sind. Zum Beispiel sind generalisierte Bewegungen als Vermeidungsreaktion schon ab der 7. Schwangerschaftswoche oder Stirnrunzeln ab der 16. Woche zu beobachten [21]. Durch die moderne Säuglingsforschung konnte das frühere Postulat der Undifferenziertheit der Affekte des Säuglings (er fühle nur Lust und Unlust) widerlegt werden: Für mehrere Primäraffekte wurden spezifische Gesichtsausdrucksmuster des Säuglings entdeckt, die in allen Kulturen gleich sind [22]:

von Geburt an	Interesse/Neugier, Überraschung, Ekel
ab 4–6 Wochen	Freude
ab 3–4 Monaten	Ärger und Traurigkeit
ab 6–7 Monaten	Furcht
im 2. Lebensjahr	Schuld

Auch die Bedürfnisse nach Sicherheit und Bindung sowie das Bedürfnis und die Fähigkeit zu sinnlichem Vergnügen seien sehr früh gegeben. Die Möglichkeit zu sexueller Erregung sei ab etwa dem 18. Lebensmonat zu erkennen. Zusätzlich verfüge der Säugling bereits über ziemlich präzise Zeit- und Identitätswahrnehmungen. Die „neuen psychoanalytischen Theorien über den Säugling" erkennen jetzt – vor allem seit Daniel Stern 1985 sein Buch *Die Lebenserfahrung des Säuglings* publiziert hat – den Säugling als **„kompetenten Säugling"** [23,24], der über differenzierte Wahrnehmungs- und Interaktionsfähigkeiten verfügt. Der Säugling lebt also auch in den ersten Wochen nicht im „normalen Autismus", wie Mahler meinte. Er ist nicht gleichgültig gegenüber äußeren Reizen. Auch Mahlers Konzept von der „normalen Symbiose" von Mutter und Kind (vom 2. Monat an), als ob der Säugling mit seiner Mutter eine allmächtige Zweiheit mit nur gemeinsamer Grenze darstellen würde, ist nicht mehr haltbar. Säuglinge sind nie nur autistisch. Sie entwickeln Reizen gegenüber intensive Aufmerksamkeit und Anteilnahme und haben bereits ein integriertes Empfinden oder Gefühl eines Kern-Selbst sowie von Anderen. Sie erleben wahrscheinlich **symbiotische Momente**, aber diese stellen für den Säugling kein Entwicklungshindernis dar. Sie werden erst dann zum Problem, wenn die Eltern mit solchen Momenten Schwierigkeiten haben. Dies ist der Fall, wenn die Mutter oder der Vater solche Momente besonders mögen und sie deshalb zu verlängern versuchen, oder wenn ein Elternteil solche Momente fürchtet und sie verkürzt. Beide Formen der nicht-synchronen Gestaltung symbiotischer Momente führen wie andere Frustrationen des Säuglings nicht zu Entwicklungsschwierigkeiten, wenn sie nur kurz sind. Viele kleine „Unstimmigkeiten" (missmatches) zwischen Säugling und Bezugspersonen werden nämlich kurzfristig automatisch „repariert" [25]. Langandauernde oder ständig wiederholte Spannungszustände dieser Art haben aber einen verwirrenden Einfluß auf das Erleben des Säuglings [26]. Zudem ist dieser bereits ein so guter Interaktionspartner, daß er deutlich auf emotionsstarke, besonders auch verängstigte Haltungen der Eltern reagiert, sie fast zu introjizieren scheint. Wenn zum Beispiel eine Mutter die Phantasie hat, ihr Säugling könnte verhungern, und zur Besänftigung ihrer Angst viel zu viel füttert, wandert dieser Fütterungszwang in die Interaktion ein. Der Säugling reagiert aversiv, verschluckt sich, erbricht, verweigert Nahrung ... und führt so die mütterliche Phantasie aus. [27]

Die weitere Entwicklung des Bandes zwischen den Eltern und dem Kind, besonders zwischen Mutter und Kind, wurde in der „**Bindungsforschung**" (attachment theory), einer interaktionellen Erweiterung des Konzepts der inneren Objekte [28], genauer untersucht. Bowlbys Studien in standardisierten Beobachtungssituationen von Mutter-Kind-Interaktionen (kurze Trennungen von der Mutter) zeigte bei 1–1½-jährigen Kindern vier Haupttypen von Mutter-Kind-Bindungen [29]: sicher gebundene Kinder (55%), unsicher-vermeidend gebundene (23%), unsicher-ambivalent gebundene (8%) und desorganisiert und desorientiert gebundene Kinder (15%). Chornesky berichtete, daß „sicher gebundene" Kinder schon im Kindesalter ihre Elternbilder anpassen, „ängstlich gebundene" Kinder aber jede Veränderung der Elternbilder vermeiden [30].

Für Kinder ist es von elementarer Bedeutung zu erfahren, daß ihre Eltern selbst fähig sind, Frustrationen, den Drang starker Bedürfnisse, Aggressionen und auch die Aggressionen des Partners auszuhalten und ihren eigenen starken Abhängigkeitswünschen zu widerstehen [31]. Erst dann getrauen sie sich, die Eltern mit ihren eigenen, manchmal bedrohlich drängenden Impulsen zu belasten. Im zeitlichen Ablauf entsteht dieses kindliche Vertrauen – sofern es entstehen kann – natürlich umgekehrt: Zunächst getraut sich der Säugling alles. Aber schnell beginnt er zu merken, in welchen Situationen sich seine Eltern regelmäßig auf eine Art verhalten, die ihm nicht behagt. Auf dieses Unbehagen reagiert er, indem er sich durch Schreien und „mit Händen und Füßen" wehrt. Wenn ihm dies aber nichts nützt, beginnt er zu verstummen und erreicht mit dieser Anpassung eine gewisse Reduktion der ihm nicht behagenden elterlichen Reaktionen. Bion hat zum Verständnis dieser Vorgänge zwischen Mutter und Kind das „**Container-Modell**" entwickelt [32]: Die Mutter nimmt negative Gefühle des Säuglings in sich wie in einem Container auf und gibt sie in verwandelter, entgifteter Form an den Säugling zurück. Das Unangenehme wird durch Denken, also Symbolisierung bewältigt und mitteilbar. Das Kind nimmt diesen Prozeß als Modell zur Bewältigung von Frustrationen in sich auf [33]. Wenn es der Mutter ausreichend gelingt, ihrem Kind als Container zu dienen, ihre „Holding-Funktion" (Winnicott) genügend wirksam anzubieten, entsteht im Kind ein „positiver Mutterkomplex" [34] und es entwickelt ein „**Urvertrauen**" („basic trust" nach Erikson). Eine massive, längerdauernde Störung der primären Zweierbeziehung zwischen Mutter und Kind, zum Beispiel durch Verlust der Mutter im ersten Lebensjahr oder durch Unfähigkeit der Mutter, sich vom Kind „brauchen" (Mahler), als „Spiegel" benutzen zu lassen [35], führt zu einem fehlenden (wenn sie von Anbeginn bestand) oder einem **erschütterten Urvertrauen**, zur „**Grundstörung**", wie Balint sagt, einer Schädigung in der Entwicklung des Selbst, einem „zentralen Defekt" [36].

> „Eine Störung der primären Zweierbeziehung, ... die in ... Leiberfahrungen der Frühzeit erlebt wird, bestimmt unausweichlich alle späteren Beziehungen, die in ähnlicher Weise affektiv getönt sind. Ein von derartigen Erfahrungen betroffener Mensch vermag später vielleicht überhaupt keine tiefergehenden emotionalen Beziehungen anzuknüpfen ..." [37]

Die an der Grundstörung leidenden Menschen haben den Eindruck, „ein schlechtes Selbst in einer schlechten Welt zu sein, keine fraglose Daseinsberechtigung zu haben und letztlich selber daran schuld zu sein" [38]. Daraus resultiert eine chronische Angst.

Welche überragende Bedeutung die Mutter oder eine sie ersetzende Bezugsperson für ein Kind und dessen späteres Leben als Jugendliche(r) und Erwachsene(r) hat, wird nicht nur in der Fachliteratur, sondern noch breiter in Mythologie, Dichtung, Poesie und den bildenden Künsten dargestellt. Auch die meisten Biographien sind Zeugnisse dieser fundamentalen Tatsache. Von der **Bedeutung der Väter** wurde lange weit weniger gesprochen. In den streng patriarchalen Familienstrukturen des frühen 18. Jahrhunderts waren die Väter die scheinbar einzig wichtigen Familienmitglieder, nicht speziell als Väter, aber als Herrscher. Der Tod einer Kuh war oft schlimmer als der einer Frau oder eines Kindes [39]. Mit der industriellen Revolution zogen die Väter jedoch in die Fabriken und die Sorge für die Kinder wurde fast ganz den Müttern überlassen. Nach dem 1. Weltkrieg wurde die Arbeitsteilung zwischen Vätern und Müttern noch ausgeprägter, die Bedeutung der Mutterschaft noch stärker und die Rolle des Vaters immer weiter entwertet [40]. Erst zwischen 1970 und 1980 entstand durch veränderte Familienstrukturen und Emanzipationsbewegungen von Frauen und Männern ein breites neues Interesse an der Vaterrolle. Allmählich wurde dem Vater die wichtige Rolle als Gegenpol der Mutter zugesprochen. Die fürsorgliche, alle kindlichen Wünsche befriedigende Haltung der Mutter berge die Gefahr in sich, das Kind wieder zu „verschlingen": Der Vater, als Vertreter der äußeren Welt, kräftige das kindliche Ich und befreie das Kind von den symbiotischen mütterlichen Fesseln [41]. Eine Studie von Herzog zeigte die Wichtigkeit dieser väterlichen Hilfsfunktion: Buben im Alter von 18 bis 28 Monaten, die Schlafstörungen hatten, fürchteten sich davor, durch etwas von innerhalb ihrer selbst überwältigt zu werden. Sie zeigten einen „Vater-Hunger", der einem Bedürfnis nach Hilfe, um Kontrolle zu gewinnen, entsprang. Das mütterliche Umsorgen erlebten diese Buben zu jener Zeit als bedrohlich, weil es ihre Angst vor „Wiederverschlungenwerden" aktivierte [42]. Die Beobachtungen und Theorien von Greenacre und Abelin bestätigten, daß der Beitrag des Vaters zur Entwicklung des Kindes eine eigenständige, direkte Bedeutung hat. Er ist meist **„der erste bedeutungsvolle Andere"**. Er kann für das Kind eine besondere Art fast magischer und omnipotenter Qualitäten haben: Er ist weniger konstant da, verschwindet wieder, eine zwielichtige Figur, mysteriös ... Er spielt anders als die Mutter, wilder, werfend und wieder fangend, was auch gut zum Bewegungsdrang des Kleinkindes paßt und dessen Körperselbstbild erweitert sowie die Körpererotik intensiviert; er kann zur Erforschung des Raumes ermutigen und das Kind zu einer „Liebesaffäre mit der Welt" führen [43,44]. Abelins Theorie der **„frühen Triangulierung"** stellt die Möglichkeit des Kleinkindes, gleichzeitig zu zwei verschiedenen Personen eine Beziehung aufzubauen, in den Vordergrund. Die frühe Triangulierung erlaubt dem Kind, sich nicht nur in seinem Erleben mit der Mutter, sondern auch in dem mit dem Vater zu spiegeln. Abelin meint sogar, daß die Entstehung des Selbst Resultat dieser frühen Triangulierung sei [45].

Der **Ödipuskonflikt**, die Rivalität zwischen Sohn und Vater, kann zu einem lastenden Problem mit weitreichenden Folgen werden, muß es aber nicht. Der Schlüssel zur Lösung dieses Konflikts ist die Vaterliebe: Wenn der Vater seinen Sohn lieben kann und der Sohn dies spürt, ist der Ödipuskonflikt eine Reifungsphase wie andere auch [46]. Das Entsprechende gilt für das Mädchen in seiner Konkurrenz mit der Mutter (Elektrakonflikt).

Außerordentlich tragische – aber leider nicht seltene – Entwicklungen entstehen, wenn tief frustrierte, vom Leben enttäuschte, von unbewußter Wut oder tiefer Depression blockierte Erwachsene Eltern werden. Diese können zu **„Seelenmördern"** werden, wie Shengold [47] sie nennt. Körperliche Mißhandlungen mit oder ohne sexuellem Mißbrauch sind neben vielen anderen Formen der Mißachtung der kindlichen Individualität oft Teil der alltäglichen „Interaktionen" dieser Eltern. Kinder, die unter Seelenmördern litten, leben eine „Als-ob-Existenz" mit durch Zwangsmechanismen blockierten Gefühlen, und ihre Identität ist in unverbundene widersprüchliche Funktionsteile zersplittert [48]. Eine subtilere, aber auch schlimme Variante von „Seelenmörder" stellen „schwache Eltern" dar, die Rat und Halt bei ihren Kindern suchen. Eltern, welche das **Syndrom der „elterlichen Schwäche"** zeigen, aber auch solche, die „nur" das Verwöhnen ihrer Kinder mißbrauchen – eine

Variante der „elterlichen Schwäche" –, bezeichnet Shengold als **„Pseudo-Seelenmörder"**. Die Auswirkungen solch elterlicher Haltungen und Verhaltensweisen im Erwachsenenleben ihrer Kinder nennt Verena Kast „negativen Mutterkomplex" und „negativen Vaterkomplex" [49]. Das Überwinden oder Auflösen negativer Elternkomplexe kann außerordentlich schwierig sein. Am häufigsten – leider – werden diese Komplexe, trotz bester Absicht, es nicht zu tun, an die nächste Generation weitergegeben.

Wenn man den Blick über die frühen Beziehungs-Dyaden hinaus erweitert (über die Paarbeziehungen zwischen Mutter und Kind, Vater und Kind, sowie Mutter und Vater hinaus) und die Vorgänge im Beziehungsgeflecht zwischen allen Personen einer Lebensgemeinschaft genauer studiert, wird noch deutlicher, weshalb schwere frühkindliche Erlebnisse auch das Erwachsenenalter maßgeblich prägen. In dieser Sicht der **Familiendynamik** fällt zuerst auf, daß Kinder von ihren Eltern unter Ausnutzung ihrer materiellen und emotionalen Abhängigkeit in unterschiedlichste Rollen gedrängt werden können. Beispiele solcher Rollen sind [50]:

- Partnerersatz
- Ersatz für ein verlorenes Kind
- Antidepressivum gegen Einsamkeit
- Verbündeter gegen den Partner
- Kitt für die Beziehung
- Konfliktmoderator
- Mittel zu sozialem Aufstieg

Das Kind kann in seiner leib-seelischen Abhängigkeit solche Rollen kaum zurückweisen. Aber warum weist es sie später, wenn es älter wird, spätestens wenn es erwachsen ist, nicht zurück? Der Grund dazu liegt darin, daß solch familiäre Rollen keine offenen Abmachungen sind, fast nie diskutiert werden und deshalb in ihrem Kern unbewußt bleiben. Wenn die Eltern dem Kind genau erklären würden, welche Rolle es aus welchen Gründen und auf welche Art in der Familie zu spielen hat, müßte das Kind dies vielleicht auch akzeptieren und die Rolle übernehmen. Mit dem Älterwerden würde es sich aber von Zeit zu Zeit fragen, ob es diese Rolle noch weiter übernehmen will, würde sie mit den Eltern diskutieren, Modifikationen vorschlagen ... Und irgend einmal würde es den Eltern erklären: „Schaut, die Nachteile dieser Rolle sind für mich zu groß. Sucht doch bitte nach anderen Möglichkeiten, um zu dem zu kommen, was ihr braucht, und entlaßt mich aus meiner Rolle." Ein solches Gespräch wird aber nicht möglich, wenn die Eltern – was der Normalfall ist – die Motive, aus denen heraus sie ihr Kind in eine bestimmte Familienrolle gedrängt haben, selbst nicht kennen, nicht kennenlernen wollen, verdrängt haben. Wenn das Kind auf der Spur solcher Hintergründe beginnt, seine Familienrolle laut in Frage zu stellen, reagieren diese Eltern halbwegs ehrlich entrüstet: „Wir drängen dich doch nicht in eine Rolle. Wir wollen nur ... (dein Bestes)". Nur halbwegs ehrlich, weil sie die emotionale Verstrickung auch spüren, aber doch ehrlich, weil sie die umstrittene Rolle des Kindes tatsächlich nie mit Regeln festgelegt haben. Es waren eher subtile Zuschreibungen, welche im Kind die Wirkung von Befehlen entfaltet haben.

> „Man kann jemandem sagen, er solle etwas Bestimmtes empfinden und sich nachher nicht daran erinnern, daß ihm das erst gesagt worden ist. Man sagt ihm einfach, er empfinde das. Oder noch besser, man sagt einem Dritten in seiner Gegenwart, daß er das empfinde. In der Hypnose empfindet er es; und er weiß nicht, daß er vorher hypnotisiert worden ist. Wieviel von dem, was wir gewöhnlich empfinden, ist uns allen durch Hypnose eingegeben worden? Wieviel von dem, was wir sind, sind wir nur, weil wir entsprechend hypnotisiert worden sind?
> Dein Wort ist mir Befehl. Ein Verhältnis zwischen zwei Menschen kann so eindringlich sein, daß du durch einen Blick, eine Berührung, ein Räuspern von mir zu dem wirst, für den ich dich halte. Ich brauche überhaupt nichts zu sagen. ... Wenn ich dich also hypnotisiere, sage ich nicht: ‚Ich befehle dir, dich kalt zu fühlen.' Ich deute lediglich an, daß es kalt ist. Sofort *fühlst* du dich kalt. Ich glaube, viele Kinder fangen *in* einem derartigen Zustand an." [51]

Solche Einwirkungen von Eltern auf die inneren Welten ihrer Kinder, mit dem Zweck, die Stabilität der eigenen inneren Welten zu erhalten, führen zu komplizierten, unüberschaubaren „Knoten" [52] in den familiären Beziehungen und im Denken und Fühlen der Familienmitglieder. Helm Stierlin hat die drei häufigsten familiären **Beziehungsszenarien,** aus welchen psychische, psychosomatische und somatische Erkrankungen oder einfach Unglücklichsein genährt werden, detailliert beschrieben [53]:

> 1. **Bindungsszenarium:** Die kindlichen Abhängigkeits- und Loyalitätsbedürfnisse werden manipuliert und ausgebeutet. Das Eigenwissen der Kinder wird entwertet. Die Eltern entfremden das Kind von dessen vegetativem Innenleben, so daß es seine inneren Signale nicht mehr richtig lesen kann. Das Kind bleibt Gefangener einer intensiven, aber unsichtbaren Loyalität und entwickelt ein starkes Verpflichtungsgefühl. Es lebt in der Vorstellung, daß das psychologische Überleben seiner Eltern allein von ihm abhängt. Daraus resultiert eine intensive Ausbruchsschuld, welche selbstdestruktiven Lebensstilen (mit Unfällen, Selbstverstümmelungen oder Süchten) zugrunde liegt.
>
> 2. **Ausstoßungsszenarium:** Hier wird das Kind zurückgewiesen und vernachlässigt. Es erhält während kritischer Entwicklungsphasen zu wenig Fürsorge und Stimulation. Schließlich fehlt ihm das Gefühl, für andere wichtig zu sein, und die Fähigkeit zur Sorge für andere, sowie zum Erleben von Loyalität und Schuld. Die Folge ist selbstdestruktives Sich-treiben-Lassen oder gierige Suche nach Bestätigung (nach einem eigenen

Gefühl der Wichtigkeit). Das Kind vernachlässigt sich selbst oder entwickelt eine prekäre frühreife Autonomie.

3. Delegationsszenarium: Dieses enthält Elemente des Bindungs- als auch des Ausstoßungsmodus. Kern dieses Modus ist das Loyalitätsband. Eine Delegation muß zwar nicht pathologisch sein, denn durch sie kann über befriedigende Aufträge, die eine überpersönliche Bedeutung haben, das Leben eine Generationen verbindende Richtung und Sinn erhalten. Wenn der Auftrag aber so beschaffen ist, daß er den Delegierten überfordert, entgleist der Delegationsprozeß. Die Folge ist psychische Ausbeutung. Dies trifft zum Beispiel dann zu, wenn ein mittelmäßig begabtes Kind die Art Superstar werden soll, die der delegierende Elternteil selbst nicht zu werden vermochte. Besonders kompliziert wird es, wenn von zwei widersprüchlichen Aufträgen nicht beide erfüllbar sind oder wenn ein Delegierter einen delegierenden Elternteil um des anderen willen verraten soll.

5.4.3 Elternkomplexe bei Mundhöhlenkarzinompatienten

Lassen sich vor dem Hintergrund der hier präsentierten entwicklungspsychologischen und familiendynamischen Zusammenhänge die Befunde unseres psychoätiologischen Screenings besser verstehen? Wohl nur bedingt, denn die Auswirkungen frühkindlicher Lebenssituationen verlaufen in interindividuell so unterschiedlichen Bahnen, daß viel eher das Leben eines einzelnen Menschen – zum Beispiel von Sigmund Freud – auf dem Raster entwicklungsdynamischer Typologien verständlicher wird. Höchstens einige Tendenzen könnten für eine ganze Gruppe von Menschen gemeinsam sein. Mit aller Vorsicht seien hier einige Gedanken dazu angeführt:

Viele Eltern von Mundhöhlenkarzinompatienten haben in der Kindheit Beziehungsabbrüche erlebt und zeigten als Eltern manchmal verwirrende oder hilflose Formen der Unterstützung ihrer Kinder. Die Mütter scheinen die Kinder kaum „geführt" zu haben, und die Väter tendierten dazu, alle Formen von Schwäche zu ignorieren. Viele spätere Mundhöhlenkarzinompatienten haben während der Kindheit ein Geschwister oder während der Jugend einen Elternteil verloren, waren als Kind relativ oft krank und fanden nicht leicht Kontakt zu Gleichaltrigen oder konnten sich unter ihnen nur schwer behaupten. Als Erwachsene scheinen viele Angst vor der Gründung einer eigenen Familie gehabt zu haben. Es könnte sein, daß sich die Kinder von früh an alleingelassen fühlten und in den Eltern wenig „Spiegelung" und „Containment" erfahren haben, so daß sie als Erwachsene vermeiden wollten, eigene Kinder der Leere auszusetzen, welche die Kindheit gemäß ihrer Erfahrung bedeutet. Das hohe Maß der Idealisierung der Eltern, welche die Mundhöhlenkarzinompatienten zeigten, wäre in diesem Fall mit der starken Wut zu erklären, die aufkommen würde, wenn sich diese Menschen dem Alleingelassenwordensein in der Kindheit bewußt würden.

5.4 Versuch einer Interpretation der Befunde

Hinweise auf eine Häufung bestimmter Familienszenarien (Bindung, Ausstoßung, Delegation) waren bei unseren Mundhöhlenkarzinompatienten nicht zu erkennen. Die Rolle, welche die damaligen Kinder in ihrer Familie gespielt haben, war eher die eines „Anhängsels", was auch bedeuten kann, daß sie keine wichtige Rolle gespielt haben und wenig Urvertrauen entwickeln konnten. Vielleicht zeichneten sich die meisten unserer Mundhöhlenkarzinompatienten dadurch aus, daß sie das, was Verena Kast als „positiven Elternkomplex" bezeichnet, nie entwickeln konnten. In Umkehrung ihrer Worte über den positiven Mutterkomplex [54] hätte dann der fehlende Elternkomplex folgende Form:

> Zweifel an der Daseinsberechtigung und am Gefühl, interessant zu sein. Hilflos gegenüber einer Welt, die kaum etwas gibt, von dem, was man brauchen würde ... Angst davor, mit einem „anderen" in Kontakt zu treten. Die leiblichen Bedürfnisse sind eine Bedrohung, der Körper, die Vitalität, das Essen, die Sexualität sind nur lästige Notwendigkeiten. Emotionen müssen unterdrückt werden ...

Ist das möglich? Statt positiven oder negativen Elternkomplexen gar keinen Elternkomplex? Eine Art von Vakuum in einer bedrohlichen Welt?

Diese Überlegungen verlassen natürlich die Grenzen der Interpretation. Es sind reine Spekulationen und deshalb auch zum Schluß in Fragezeichen gesetzt.

6 | Freuds tragische Kindheit

6.1 Die Idealisierung von Freuds Kindheit

Die meisten Biographen entwarfen ein idealisiertes Bild von Freuds Kindheit: Jones schrieb vom Gefühl der Sicherheit, das ihm die Mutter durch ihre Liebe schenkte [1], von der „Anbetung, die seine Mutter ihm entgegenbrachte, und die ihm ein fast unerschütterliches Selbstvertrauen verlieh" [2], und von „Freuds glücklichen Jahren in Freiberg" [3]. Die Bernfelds sprachen von der „stolzen und glücklichen Mutter" [4], Markus von einer „positiven Mutterbindung" [5] und Flem vom „zärtlichen Paradies seiner Kindheit auf dem Lande" [6]. Auch kritische Autoren übernahmen solch harmonisierende Beschreibungen. Anzieu berichtete zum Beispiel, daß Freud von „einer lebhaften, sanften und fröhlichen Mutter zur Welt gebracht" worden sei,

> „... deren leidenschaftliche und stolze Liebe zu ihrem Erstgeborenen diesem frühzeitig Anregungen gab, ein starkes Gefühl der Sicherheit und des Vertrauens zum Leben ..." [7]

Amalie, Freuds Mutter, wurde von Markus als „Schönheit von anmutiger Grazie ..., die ihrem erstgeborenen Sohn Sigmund Liebe und Geborgenheit im Überfluß geben konnte", beschrieben [8], und Kobler entwarf eine Idylle:

> Sigmunds Mutter stellte „mit ihrem Jugendreiz und ihrer Zärtlichkeit einen alles überstrahlenden Brennpunkt seiner Liebe dar. ... Die Mutter ... gehörte Sigmund ausschließlich. Nur sie und sie allein war es, die ihm unter allen Menschen seiner Umgebung, seinen Vater eingeschlossen, das Gefühl der Geborgenheit verschaffte." [9]

Tuttman berichtete, daß Freud einen ihm ganz gewidmeten Enthusiasmus seiner jungen Mutter erlebt habe [10]. Die Bernfelds sprachen vom Eindruck einer „tiefen Zuneigung, die zwischen Mutter und Kind bestanden haben muß" [11]. Sigmunds Beziehung zur Mutter sei „natürlich und einfach" gewesen [12]:

> „Sie gehörte zu ihm. Sie war stolz auf ihren Sohn, liebte und umsorgte ihn zärtlich."

Eissler schrieb:

> „Ohne Zweifel hatte [Freud] eine besonders harmonische Beziehung zu seiner Mutter. Sie war keine außergewöhnliche Frau; aber sie muß das Kind zutiefst verstanden haben, denn unter ihrer Obhut hat es sich voll entfalten können." [13]

Und Schmidbauer bestätigte auch noch 1999, daß für Freud eine „intensive und zärtliche frühe Mutterbeziehung" dokumentiert und „durch eigene Äußerungen belegt" sei [14].

Die Realität war anders. Suzanne Cassirer Bernfeld schrieb schon 1951: „In Wirklichkeit war die Freiberger Zeit natürlich nicht jenes ungetrübte Goldene Zeitalter – wie die Idealisierung uns glauben machen will" [15]. Herta Harsch stellte klar fest:

> „Die Annahme einer seligen, ambivalenzfreien Mutter-Sohn-Beziehung ließ sich weder allgemein theoretisch noch in Bezug auf Freuds eigene frühe Kindheit halten." [16]

Marianne Krüll meinte, daß Freuds Mutter keine gebende, mütterliche Gestalt war, sondern ihren Sohn in fordernder, egoistischer Weise liebte [17], ähnlich wie Sprengnether vermutete, daß Amalie die bedingungslose Liebe, die sich Freud so sehnlich wünschte, nicht geben konnte [18].

Wenn man Freuds eigene Aussagen zu seiner Kindheit analysiert, wirken sie weniger idealisierend als die seiner Biographen. Die einzige direkte Äußerung hatte er in einem Brief an den Bürgermeister seiner Geburtsstadt anläßlich seines 75. Geburtstags und der Einweihung einer Erinnerungstafel an seinem Geburtshaus geschrieben:

> „… tief in mir, überlagert, lebt noch immer fort das glückliche Freiberger Kind, der erstgeborene Sohn einer jugendlichen Mutter, der aus dieser Luft, aus diesem Boden die ersten unauslöschlichen Eindrücke empfangen hat." [19]

Dies sind persönliche Gedanken eines alten Mannes, der vielleicht mehr um die vergangene Kindheit und Jugend trauert, als daß er seine Kindheit beschreibt. Freud selbst wies in seinem „Leonardo"-Text auf die allgemeine Tendenz der Verzerrung von Kindheitserinnerungen hin:

> „Es scheint, daß die Kindheit nicht jenes selige Idyll ist, zu dem wir es nachträglich entstellen …" [20]

Die Aussagen Freuds, die von Biographen als Beleg für Freuds „glückliche Kindheit" angeführt werden, sind nur indirekte Bemerkungen oder in ihrem autobiographischen Gehalt umstritten. In einer 1911 in *Die Traumdeutung* aufgenommenen Fußnote ist zu lesen:

> „Ich habe gefunden, daß die Personen, die sich von der Mutter bevorzugt oder ausgezeichnet wissen, im Leben jene besondere Zuversicht zu sich selbst, jenen unerschütterlichen Optimismus bekunden, die nicht selten als heldenhaft erscheinen und den wirklichen Erfolg erzwingen." [21]

Freud schrieb an dieser Stelle über Ödipusträume von berühmten Männern, und es ist keineswegs gewiß, ob Freud sich mit der Fußnote selbst auch meinte.

In „Eine Kindheitserinnerung aus *Dichtung und Wahrheit*" von 1917 bezog sich Freud auf seine Fußnote in der *Traumdeutung*:

> „Ich habe es … schon an anderer Stelle ausgesprochen: Wenn man der unbestrittene Liebling der Mutter gewesen ist, so behält man fürs Leben jenes Eroberergefühl, jene Zuversicht des Erfolges, welche nicht selten wirklich den Erfolg nach sich zieht." [22]

Hier schrieb er über das Leben Goethes, und wiederum ist unklar, ob er die Aussage auch auf sich selbst bezog. Aber selbst wenn er sie auch für sich gültig gedacht hatte, wäre sie nicht so eindeutig, wie sie auf den ersten Blick scheinen mag. Krüll hat dies trefflich aufgezeigt:

> „Freud meinte also, daß man von seiner Mutter bevorzugt, ausgezeichnet oder ihr Liebling gewesen sein muß, um zu Erfolg oder zu einem unerschütterlichen Optimismus zu gelangen, er sprach jedoch nicht von der Notwendigkeit, von seiner Mutter geliebt worden zu sein. Liebling zu sein heißt nicht, bedingungslos geliebt zu werden. Ob sich Freud überhaupt vorstellen konnte, daß man von seiner Mutter, auch ohne irgendwelchen Ansprüchen gerecht werden zu müssen, also im eigentlichen Sinne ‚mütterlich' geliebt werden kann?" [23]

Schließlich ist die Botschaft in Freuds einziger längeren offen autobiographischen Schrift, der „Selbstdarstellung", alles andere als idealisierend. Er schrieb dort nämlich von seinen Vorfahren, und im nächsten Satz heißt es schon: „Als Kind von vier Jahren kam ich nach Wien …" [24]. Er übersprang also seine ersten Lebensjahre in Freiberg.

6.2 Die Umstände, in die Freud hineingeboren wurde

Die Vorfahren Freuds väterlicherseits sind wahrscheinlich im 14. oder 15. Jahrhundert durch eine Judenverfolgung von Köln nach Litauen, dann nach Polen vertrieben worden. Freuds Urururgroßvater **Jesucher** und Ururgroßvater **Josef** lebten mit ihren Familien im 18. Jahrhundert in der kleinen polnischen Stadt Chelm. Urgroßvater **Ephraim** wanderte nach Buczacz aus, eine Ortschaft in dem von Österreich annektierten polnischen Galizien. Der Familienname „Freud" stammt aus dieser Zeit (nach 1787 wurden alle galizischen Juden gezwungen, einen Familiennamen anzunehmen) und wurde entweder von „Freide", dem Namen von Jesuchers Frau, abgeleitet [25] oder von „Simcha" (hebräisch für ‚Freude') aus „Simchath Torah" (Freude an der Lehre) übersetzt [26]. Großvater **Schlomo** („der Friedliche") zog mit seiner Frau **Peppi**, geborene **Hofmann**, weiter nach Tysmenitz, wo Freuds Vater, **Jakob** Kallamon Freud, am 18. Dezember 1815 geboren wurde (erst beim Übergang vom jüdischen zum Gregorianischen Kalender legte er seinen Geburtstag auf den 1. April fest). Es ist unklar, wie viele Geschwister Jakob hatte. Es wurde von 2 bis 5 Brüdern und einer Schwester gesprochen.

Jakob heiratete sehr jung, als 16-Jähriger, wahrscheinlich um dem Militärdienst zu entgehen. Seine erste Ehefrau **Sally Kanner** gebar zwei Söhne, Emanuel (1833) und

Philipp (1834) sowie einen weiteren Sohn und eine Tochter, die aber beide sehr früh starben [27]. Als 29-Jähriger zog Jakob mit seinem Großvater mütterlicherseits, **Siskind Hofmann**, als Wanderjude in einer 600 km weiten Reise von Tysmenitz nach Mähren. Der Großvater ließ sich in Freiberg und Jakob, eventuell zusammen mit seinem Vater und Brüdern, im benachbarten Klogsdorf nieder. Jakobs Frau Sally scheint mit den Söhnen Emanuel und Philipp in Tysmenitz geblieben zu sein. Im Mai 1844 bat Siskind Hofmann um Genehmigung, sich mit seinem Enkel Jakob als Händler für Tücher, Wolle, Honig und Talg in Freiberg niederzulassen. Dies wurde bewilligt, und als das Geschäft florierte, zog Jakob 1851 von Klogsdorf nach Freiberg und ließ seine Söhne von Tysmenitz nachkommen. Emanuel war inzwischen mit Marie, Tochter eines Rabbi, verheiratet. Sally, die Mutter, war entweder 1852 in Tysmenitz gestorben oder Jakob hatte sich von ihr scheiden lassen [28]. Noch im selben Jahr scheint Jakob wieder geheiratet zu haben, denn im „Verzeichnis der Juden, welche in der Gemeinde Freiberg wohnhaft sind", werden 1852 neben dem „Produktehändler" Jakob Freud seine „Ehegattin **Rebekka**" und seine Söhne Emanuel (mit dessen Gattin) und Philipp angeführt [29]. Doch diese Rebekka wurde von keinem Mitglied der Freud-Familie je erwähnt, noch existieren andere Zeugnisse von ihr. Gicklhorn [30], Schur [31], Krüll [32] und Balmary [33] stellten an Hand eines scheinbar unmotiviert erzählten Witzes in Freuds Briefwechsel mit Fließ [34] und zwei Träumen Freuds [35] die Vermutung auf, daß Rebekka von Jakob wegen Kinderlosigkeit oder wegen Amalie – vielleicht sogar unter Amalies Mithilfe – verstoßen worden war. Balmary ist sich nach jahrelangen Recherchen sogar sicher, daß sich die kinderlos gebliebene Rebekka mit 35 Jahren das Leben genommen hatte, weil Jakob ein 20-jähriges Mädchen geschwängert hatte und dieses deshalb „notwendigerweise" heiraten mußte. Die Argumente, mit welchen Balmary ihre Behauptung belegt, sind eindrücklich [36]:

– Das lateinische Leitmotiv, das Freud seiner *Traumdeutung* vorangestellt hatte [37], stammt aus Vergils *Äneis*, welche die Geschichte eines Mannes erzählt, der sich nach dem Tod seiner ersten Frau heimlich mit einer zweiten verbindet, diese verläßt – worauf sie sich umbringt – und er sich mit einer dritten Frau verheiratet.

– In der Analyse zweier Werke der Weltliteratur [38] unterdrückte Freud die Tatsache, daß sich die weiblichen Hauptpersonen das Leben nahmen; eine davon (in Ibsens *Rosmersholm*) hieß „Rebekka".

– Die Philippsonsche Bibel, welche Jakob seinem Sohn neu gebunden zu dessen 35. Geburtstag geschenkt hatte, ist scheinbar völlig falsch gebunden worden: Sie beginnt mitten im 2. Buch Samuel mit dem Kapitel 11, das mit „Davids Ehebruch und Blutschuld" überschrieben ist. Danach folgen die zwei Bücher der Könige und schließlich erst die Bücher Mose mit dem eigentlichen Anfang, der Schöpfungsgeschichte. Balmary ist davon überzeugt, daß Jakob diese Bibel absichtlich so binden ließ, um seinem Sohn eine Botschaft mitzuteilen, die er ihm nicht direkt zu sagen wagte. Diese Botschaft habe sich auf den frühen Tod von Freuds Bruder Julius bezogen (er wurde geboren, als Sigmund knapp 1½-jährig war, und starb 6 Monate später). Der Tod von Julius hatte in Freud starke Schuldgefühle hinterlassen. Die Botschaft war – gemäß Balmarys Vermutung und in ihren Worten Freuds Vater in den Mund gelegt – folgende:

„Deine Herkunft ist nicht dein Fehler; der Tod deines Bruders ist nicht dein Fehler, Schlomo, es ist unser Fehler ... Du darfst wissen, mein Sohn, woher du kommst. Von einem Paar, das durch sein Zusammenkommen das Verschwinden einer Ehefrau provoziert hat. Von einem ehebrecherischen und mörderischen Paar, das wie David und Bathseba gebüßt hat. Aber Du, Du bist Salomon, der lebende Sohn, derjenige, der überlebt ..." [39]

Freiberg (Příbor) war um 1852 eine kleine Stadt mit 4600 Einwohnern, an den Ausläufern der Karpaten auf einem gegen den Fluß Lubina steil abfallenden Hügel gelegen, etwa 250 km nordöstlich von Wien. 93 % der Bevölkerung sprachen tschechisch, 7 % (darunter zwei Fünftel Juden) deutsch. Das die Stadt dominierende Gebäude war die Pfarr- und Dekanatskirche „Mariä Geburt" mit zehn Altären, mehreren angebauten Kapellen und einem über 60 Meter hohen Turm mit dem schönsten Glockenspiel weit und breit. Jakob wohnte in der Schlossergasse 117 in einem einzigen möblierten Zimmer im ersten Stock über der Werkstatt des Hausbesitzers, des Schlossermeisters **Zajic**, der mit seiner Familie das zweite Zimmer im oberen Stock bewohnte. Da der Grundriß des ganzen Hauses nur 10 mal 10 Meter maß, war der ganze Wohnraum, den Jakob Freud zuerst allein, dann mit Frau und zwei Kindern bewohnte, kaum größer als 40 m². Zu der Enge kam der Lärm: Das Gehämmer der Schlosserei im Untergeschoß ging um 5 Uhr früh los. **Johann Zajic**, ein Sohn des Schlossers – er wurde später ein Spielkamerad Freuds –, war 1852 zwei Jahre alt. Jakobs Sohn Philipp wohnte in einem Zimmer im Haus Nr. 416 direkt gegenüber von Jakobs Wohnung. Der andere Sohn, Emanuel, wohnte mit seiner Frau Marie im Haus am Marktplatz 42, einige Straßen von den anderen entfernt. In seiner Nähe, am Marktplatz 20, lebte die Familie des Handelsmanns Ignaz **Fluß** und seiner Frau Eleonora, mit welcher die Familie Freud befreundet war.

Jakob blieb Handelsreisender, war zum Beispiel 1854 viermal in Wien und einmal in Dresden. Am 29. Juli 1855 heiratete er – als 40-Jähriger – seine dritte Frau, Amalie Nathanson, eine knapp 20-jährige Wienerin. Zwei Wochen später wurde Jakob Großvater, denn die Frau seines Sohnes Emanuel gebar am 13. August 1855 einen Sohn: John.

Amalie Nathanson war am 18.8.1835 in Brody, nahe der russischen Grenze, als Tochter des Handelsvertreters Jacob Nathanson und dessen Ehefrau, Sara Wilenz, geboren worden. Sie erlebte ihre frühen Mädchenjahre mit vier Brüdern in Odessa, zog aber noch als Kind mit ihren Eltern nach Wien. Warum Amalie dann schon als knapp 20-Jährige einen viel älteren Mann, den sie kaum kennen konnte, geheiratet hatte, verwunderte viele. Gicklhorn schrieb grob, daß Amalie „weit unter ihrem Wert an den um 20 Jahre älteren, reizlosen Mann ohne sicheres Einkommen verschachert worden war", [40] und Kobler meinte:

> „Zu jener Zeit, ebenso wie später, geschah es weit häufiger, daß jüdische Mädchen aus der Provinz Männer in der Hauptstadt heirateten als umgekehrt. Es ist daher zu verwundern, daß die Eltern Amalies dem Witwer aus Příbor ihre junge Tochter in die Ehe gaben." [41]

Slipp dachte, daß Amalie vielleicht ein ökonomisch sicheres Leben suchte und Jakob ihr das als Wollhändler zu versprechen schien [42]. Krüll vermutete, daß Jacob Nathanson, der Brautvater, so arm war, daß er keine angemessene Mitgift bieten konnte oder daß er durch die Verheiratung seiner Tochter mit Jakob gemeinsamen Geschäftsinteressen diente oder … „Ob sie einen unsichtbaren Makel hatte?" [43].

6.3 Verwirrung und Leiden in Freiberg

Sigmund Freud wurde wahrscheinlich am 6. März 1856 geboren, seine Geburt aber von den Eltern auf den 6. Mai festgelegt (Die erstaunliche Geschichte um die Erforschung des wahren Geburtstags Freuds wird im „Argument 3" im Anhang dargestellt). Mit dieser Umdatierung wäre – wenn sie tatsächlich so stattgefunden hat – eine effektive „Prähistorie" geschaffen worden, also eine früheste Zeit, zu der es keine Aufzeichnungen gab und keine geben sollte. Die Umdatierung von Sigmunds Geburt würde auf einen der natürlichsten Gründe für die Heirat von Jakob und Amalie hinweisen: die voreheliche Schwangerschaft von Amalie; ein Heiratsgrund, der erstaunlicherweise von den meisten Biographen gar nicht in Erwägung gezogen worden ist. Spürten vielleicht einige Biographen und Freud selbst, daß hinter der Verschiebung von Freuds Geburtstag noch brisantere Fakten als nur die Vorehelichkeit der Schwangerschaft Amalies verborgen sein könnte, eben zum Beispiel das Verschwinden von Jakobs zweiter Ehefrau Rebekka oder vielleicht sogar die – von niemandem bisher ausgesprochene, aber auch nicht abwegige – Möglichkeit, daß die junge Amalie von einem anderen Mann geschwängert worden war und deshalb mit dem viel älteren Mann vom Lande verheiratet wurde (und Sigmund demnach gar nicht Jakobs Sohn war)?

Sigmund war in der „Glückshaube", der unverletzten Eihaut, geboren worden und hatte bei der Geburt so schwarzes Haar, daß ihn seine Mutter „einen kleinen Mohren" nannte. Er wurde eine Woche nach seiner Geburt beschnitten und erhielt neben dem Namen „Sigismund" (den Freud als 16-Jähriger in „Sigmund" verkürzte) auch den Vornamen seines Großvaters „Schlomo". Eine alte Bauersfrau prophezeite Amalie, daß sie einen großen Mann geboren habe, und Amalie erzählte dies – wie eine ähnliche Prophezeiung, als Sigmund bereits 11-jährig war – noch Jahrzehnte später gerne allen, die es hören wollten. Jones war überzeugt, daß Amalie ihren ersten Sohn selbst stillte [44]. Aber sie hat ihn wahrscheinlich nicht lange oder vielleicht gar nicht gestillt, denn erstens war Amalie bereits acht Monate nach Sigmunds Geburt wieder in Erwartung, und zweitens erkrankte sie vermutlich nicht lange nach Sigmunds Geburt an Tuberkulose, so daß sie im Juni 1857 für drei Monate nach Roznau zur Kur mußte. Wenn z.B. Rattner über den Psychiater Schultz-Hencke schreibt: „Da die Mutter sehr krank war (Tbc), durfte sie ihren Kindern ... keine Zärtlichkeiten zuteilwerden lassen" [45], muß man sich schon fragen, wieviel zärtliche Nähe zwischen Amalie und Sigmund in dessen erstem Lebensjahr möglich war.

Als 77-Jähriger beschrieb Freud in seinem Aufsatz „Die Weiblichkeit" eindrücklich eine Kindheitssituation, die auffallende Ähnlichkeit zu seiner eigenen hatte. Er berichtete darin von einem 11 Monate alten Kind, einem Alter, in welchem er selbst gespürt haben konnte, daß seine Mutter erneut in Erwartung war:

> „... Anklage gegen die Mutter flammt auf, wenn das nächste Kind in der Kinderstube erscheint. ... Die Mutter konnte oder wollte dem Kind nicht mehr Milch geben, weil sie die Nahrung für das neu Angekommene brauchte. Im Falle, daß die beiden Kinder so nahe beisammen sind, daß die Laktation durch die zweite Gravidität geschädigt wird, erwirbt ja dieser Vorwurf eine reale Begründung, und merkwürdigerweise ist das Kind auch bei einer Altersdifferenz von nur 11 Monaten nicht zu jung, um den Sachverhalt zur Kenntnis zu nehmen. Aber nicht allein die Milchnahrung mißgönnt das Kind dem unerwünschten Eindringling und Rivalen, sondern ebenso alle anderen Zeichen der mütterlichen Fürsorge. Es fühlt sich entthront, beraubt, in seinen Rechten geschädigt, wirft einen eifersüchtigen Haß auf das Geschwisterchen und entwickelt einen Groll auf die ungetreue Mutter, der sich sehr oft in einer unliebsamen Veränderung seines Benehmens Ausdruck schafft. Es wird etwa ‚schlimm', reizbar, unfolgsam und macht seine Erwerbungen in der Beherrschung der Ausscheidungen rückgängig. Das ist alles längst bekannt und wird als selbstverständlich hingenommen, aber wir machen uns selten die richtige Vorstellung von der Stärke dieser eifersüchtigen Regungen, von der Zähigkeit, mit der sie haften bleiben, sowie von der Größe ihres Einflusses auf die spätere Entwicklung. Besonders, da dieser Eifersucht in den späteren Kinderjahren immer neue Nahrung zugeführt wird und die ganze Erschütterung sich bei jedem neuen Geschwisterchen wiederholt. Es ändert auch nicht viel daran, wenn das Kind etwa der bevorzugte Liebling der Mutter bleibt; die Liebesansprüche des Kindes sind unmäßig, fordern Ausschließlichkeit, lassen keine Teilung zu." [46]

Jakob, Amalie und Sigmund wohnten in dem einen Zimmer im Obergeschoß der Schlosserei. Sigmund hatte zwei Spielkameraden: John, den um neun Monate älteren Sohn von Freuds Halbbruder Emanuel, sowie Johann, den damals 6-jährigen Sohn des Schlossers Zajic. Wie früh ein Kindermädchen in der Betreuung Sigmunds eine Rolle spielte und wer das zu welcher Zeit war, ist unklar. Da die weiblichen Familienmitglieder, Marie und Amalie, auch im Lager des Familiengeschäfts bei der Verpackung von Waren mitarbeiteten, ist es möglich, daß bereits ab Sigmunds Geburt ein Kindermädchen die beiden Buben John und Sigmund betreute. Das könnte **Rosi Wittek** gewesen sein, denn von ihr ist bekannt, daß sie im Juni 1857 Amalie mit Sigmund in den dreimonatigen Kuraufenthalt nach Roznau begleitet hatte. Es wäre aber auch möglich, daß Rosi nur für die Zeit dieser Kur angestellt worden war, das Freudsche Kindermädchen aber schon seit Sigmunds Geburt **Monika Zajic**, eine Verwandte des Schlossermeisters und Hausbesitzers Zajic, war. Im „Verzeichnis der sich hier aufhaltenden Dienstboten" von 1857 war Monika Zajic als Dienstmagd von Marie Freud eingetragen [47], und es ist gut denkbar, daß sie sich seit Sigmunds Geburt um beide Kinder, John und Sigmund, kümmerte. Vielleicht trat Monika aber erst ein halbes Jahr später in diese Kindermädchen-Rolle, als nämlich John im November 1856 ein Schwesterchen, **Pauline**, bekam. Zweifellos wurde aber Monika eine der wichtigsten, wenn nicht gar die wichtigste Bezugsperson in Freuds frühesten Jahren, unter anderem deshalb, weil Freuds Mutter Amalie gegen Ende von Freuds erstem Lebensjahr unter intensivsten inneren Belastungen stand. Sie war erneut in Erwartung, mußte gegen ihre Tuberkulose kämpfen und war zusätzlich sehr besorgt wegen der Tuberkulose ihres zwei Jahre jüngeren Bruders Julius. Dieser Bruder muß für sie eine außerordentlich wichtige Bedeutung gehabt haben, denn es ist zu vermuten, daß sie – als sie spürte oder wußte, daß er nicht mehr zu retten war – sich entschlossen hatte, ihn in einem eigenen Kind weiterleben zu lassen, indem sie ihren nächsten Sohn nach ihm benennen würde. Diesen Sohn gebar sie im Oktober 1857 (Sigmund war – von seinem „offiziellen" Geburtstag an gerechnet – 17 Monate alt) und nannte ihn „Julius". Fünf Monate später starb Amalies Bruder Julius. Amalies Schmerz muß groß gewesen sein … und wurde noch größer: Auch ihr kleiner Sohn Julius war schwer erkrankt (es sei eine Darmentzündung gewesen) und starb kaum einen Monat nach ihrem Bruder, am 15. April 1858. Sigmund war knapp zweijährig und hatte wahrscheinlich die Geburt von Julius und den Kampf um sein Leben direkt miterlebt. Schon die Schwangerschaft seiner Mutter, dann die Geburt des Bruders und noch mehr dessen Tod muß in ihm ein Gewirr von Gefühlen und unverstandenen Eindrücken hinterlassen haben. Er war dringend auf Hilfe angewiesen, eine Hilfe, die ihm wahrscheinlich hauptsächlich seine Kinderfrau Monika bieten konnte.

Monika Zajic war eine etwa 40-jährige streng katholische Tschechin. Sie nahm Sigmund und Emanuels Kinder in katholische Gottesdienste mit und vermittelte ihnen Vorstellungen von Himmel und Hölle, von Erlösung und Auferstehung. Wenn Sigmund von den Kirchenbesuchen nach Hause gekommen sei, habe er – so berichtete später seine Mutter – „gepredigt und erzählt, wie der liebe Gott macht" [48]. Marianne Krüll schrieb dazu:

„Ich glaube, daß diese frühen Erfahrungen mit der ‚anderen Welt', der seine Eltern nicht angehörten, ... vom Kind zwar nur unreflektiert, aber doch mit um so größerer Emotionalität aufgenommen wurden. Gerade weil er diese Welt so wenig verstand und nur in Form von sehr eindrucksvollen Bildern – dem dunklen Kirchenraum, den brennenden Kerzen, der feierlichen Atmosphäre – sinnlich aufnehmen konnte, muß sie für ihn um so faszinierender gewesen sein." [49]

Während seiner Selbstanalyse schrieb Freud seinem Freund Fließ über seine frühere Kinderfrau:

„ein häßliches, älteres, aber kluges Weib ..., das mir viel vom lieben Gott und von der Hölle erzählt und mir eine hohe Meinung von meinen eigenen Fähigkeiten beigebracht hat; ... so werde ich dem Andenken des alten Weibes dankbar sein, das mir in so früher Lebenszeit die Mittel zum Leben und Weiterleben vorbereitet hat. ... Sie war meine Lehrerin in sexuellen Dingen und hat geschimpft, weil ich ungeschickt war, nichts gekonnt habe ... Außerdem hat sie mich mit rötlichem Wasser gewaschen, in dem sie sich früher gewaschen hatte (Deutung nicht schwer; ...)" [50]

Und in der *Traumdeutung* reihte er einen eigenen Traum, in welchem er nicht ganz angezogen auf der Treppe einer Frau begegnete und aus Scham wie angewurzelt stehenblieb, einer Traumreihe zu, die mit der Erinnerung an seine Kinderfrau verbunden war:

„Nach den Auskünften, die ich unlängst von meiner Mutter eingeholt habe, war sie alt und häßlich, aber sehr klug und tüchtig; nach den Schlüssen, die ich aus meinen Träumen ziehen darf, hat sie mir nicht immer die liebevollste Behandlung angedeihen und mich harte Worte hören lassen, wenn ich der Erziehung zur Reinlichkeit kein genügendes Verständnis entgegenbrachte. Indem also das Dienstmädchen dieses Erziehungswerk fortzusetzen sich bemüht, erwirbt sie den Anspruch, von mir als Inkarnation der prähistorischen Alten im Traum behandelt zu werden. Es ist wohl anzunehmen, daß das Kind dieser Erzieherin, trotz ihrer schlechten Behandlung, seine Liebe geschenkt hat." [51]

Freud meinte später, daß Monika seine sexuelle Verführerin gewesen sei, und benutzte die rekonstruierte Erinnerung an sie als Argument dafür, daß nicht sein Vater – wie er zuvor befürchtet hatte – Urheber seiner eigenen Hysterie gewesen sei [52]. Krüll ist sich sicher, daß Monikas Beziehung zu Sigmund eine erotische Tönung hatte, auf die er mit sexuellen Gefühlen reagiert habe. Vielleicht habe Monika sein Glied manipuliert, vielleicht habe sie sich im Spiel mit Sigmund zuerst gar nichts gedacht, aber dann, als er sich die angenehmen Sensationen, die Monika bei ihm geweckt hatte, durch Onanie selbst zu bereiten suchte, mit Strafen reagiert, weil sie dann Schuldgefühle empfand [53]. Es ist aber nicht sicher, daß die Beziehung zwischen den beiden so stark sexuell geprägt war, wie Freud sie später verstand. Jedenfalls fällt auf, daß Freud eine rekonstruierte Erinnerung, die vordergründig besonders sexuell scheint, ganz entgegen seinen eigenen Regeln der Deutung ausdrücklich auf der manifesten Ebene beließ und damit den Leser indirekt aufforderte, sich keine Gedanken zu einer möglichen latenten Bedeutung zu machen: Er ergänzte den Satz „Außerdem hat sie mich mit rötlichem Wasser gewaschen, in dem sie sich früher gewaschen hatte" – der offensichtlich auf Menstruationsblut hinweist – mit dem Hinweis: „Deutung nicht schwer; ..." Auch Schur meint, daß die Erinnerung „mit rötlichem Wasser gewaschen" eine Verdichtung vieler Erinnerungen gewesen sein muß [54]. Suzanne Cassirer Bernfeld hatte schon 1951 eine alternative Deutung vorgeschlagen, nämlich, daß der Priester der Ostermesse die Hände in verdünntem Rotwein, dem Symbol für Christi Blut, wasche. Monika Zajic wurde also wahrscheinlich auch deshalb zu einem „Mittel zum Leben und Weiterleben", weil sie dem knapp Zweijährigen das Trauma von Geburt und Tod seines Bruders Julius mit Erzählungen von der Auferstehung und dem Leben nach dem Tod – die der jüdischen Religion fremd sind – mildern konnte [55].

Kurz nach dem Tod seines Bruders Julius stürzte Sigmund beim Naschen so unglücklich von einem Schemel, daß er eine stark blutende Wunde am Unterkiefer davontrug. Sie mußte genäht werden und mahnte ihn als Narbe, versteckt vom Bart, das ganze Leben lang an diese Zeit. Die Bernfelds bezeichneten dieses Ereignis als „moralisch bewerteten Unfall" [56], bezogen sich aber offenbar nur auf das Naschen. Man könnte dabei aber auch daran denken, daß der kleine Sigmund mit einer unbewußten Selbstbestrafung für seine bösen Wünsche gegen Bruder Julius auf dessen Tod reagiert hatte [57]. Jedenfalls war es Freud später sehr klar, daß seine bösen Wünsche gegen Julius den „Keim zu Selbstvorwürfen" im Erwachsenenleben blieben. Seine eigenen Ohnmachtsanfälle verstand er zum Beispiel als „Scheitern am Erfolg" (einen Gegner besiegt zu haben) und dachte dabei an Julius, und „Julius" war auch das Objekt des ersten von Freud analysierten eigenen Namenvergessens (des Dichters Julius Mosen).

Im Sommer 1858 begann sich für den jetzt zwei Jahre alten Sigismund eine weitere belastende Geschichte zu kumulieren: Im unübersichtlichen Beziehungsgeflecht der Familie Freud mußten für Sigmund die Generationen völlig vermischt erscheinen (Abbildung 4).

6 Freuds tragische Kindheit

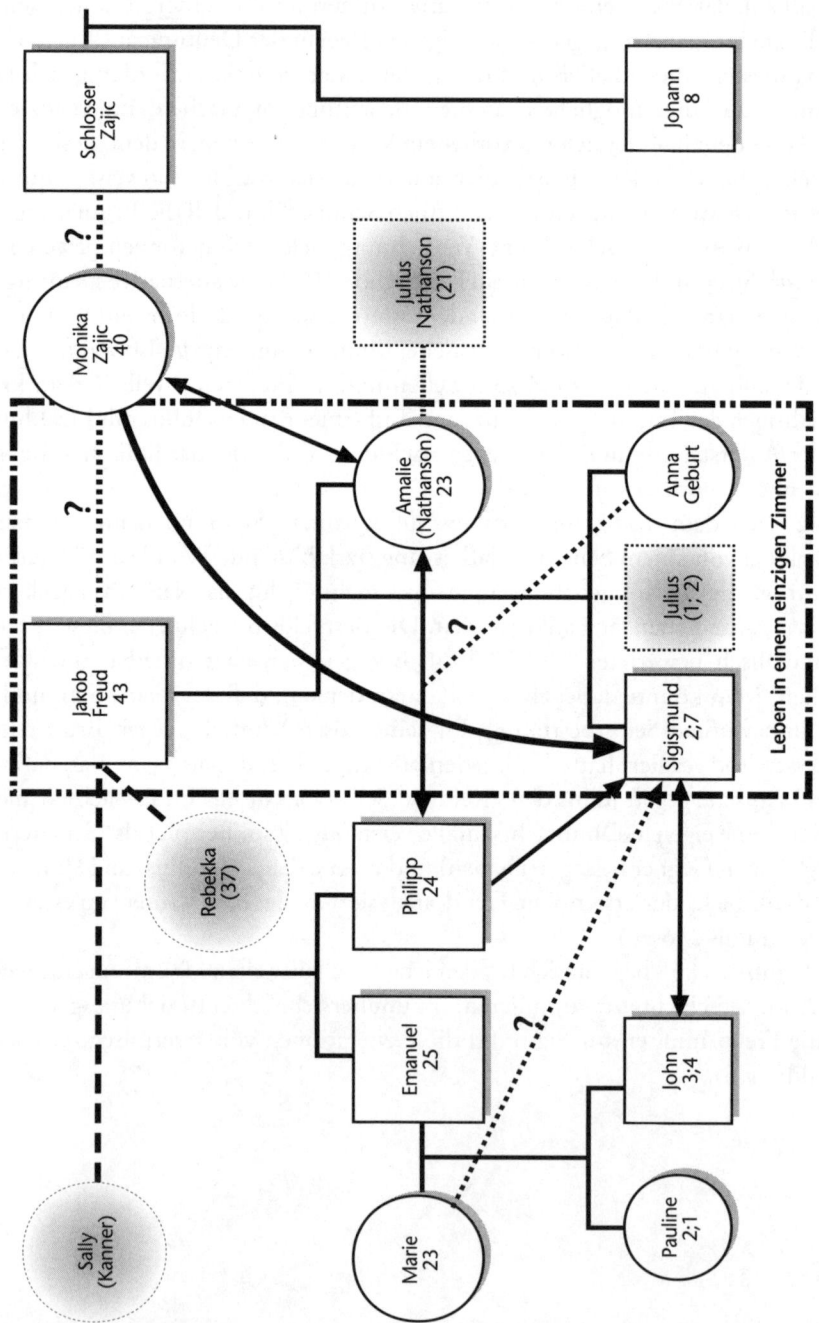

Abb. 4 Die Beziehungssituation bei Geburt von Sigmunds Schwester Anna (Dezember 1858)

Sein Vater hatte etwa das gleiche Alter wie seine Kinderfrau, und beide waren die Personen, die am häufigsten Verbote aussprachen, so daß Sigmund sie manchmal als Paar erleben mußte; Emanuel, sein Halbbruder, und dessen Frau Marie hätten seine Eltern sein können (Freud berichtete später, daß er sich zeitweise gewünscht hatte, der Sohn Emanuels und nicht Jakobs zu sein); Sigmund selbst war schon als Onkel (von John, des Sohnes von Emanuel) geboren worden, und da war noch ein „Paar", nämlich der 24-jährige ledige Philipp, sein zweiter Halbbruder, und die fast gleich alte Amalie, Sigmunds Mutter. Amalie war erneut schwanger, und Sigmund begann zu spüren, daß in der Beziehung zwischen Amalie und Philipp etwas Besonderes war:

> „Mehrere Träume und Traumassoziationen deuten darauf hin, daß er den Eindruck hatte, daß Philipp seiner Mutter nicht gleichgültig war, daß sie für ihn oder er für sie oder beide füreinander Gefühle hatten, die über das zwischen Stiefmutter und Stiefsohn Erlaubte hinausgingen." [58]

Krüll meint, daß Freuds spätere Beschreibung der sexuellen Entwicklung des Knaben auch auf eine Untreue Amalies hinweise. Er sprach davon, daß ein Knabe bevorzugt „Phantasien von der Untreue der Mutter" [59] habe:

> „Mit der Kenntnis der geschlechtlichen Vorgänge entsteht die Neigung, sich erotische Situationen und Beziehungen auszumalen, wozu als Triebkraft die Lust tritt, die Mutter, die Gegenstand der höchsten sexuellen Neugierde ist, in die Situation von geheimer Untreue und geheimen Liebesverhältnissen zu bringen." [60]

Als dann am 31. Dezember Freuds Schwester Anna geboren wurde, war der kleine Sigismund zu dem Schluß gekommen, daß Philipp der Vater Annas sein könnte, wie er später in der *Psychopathologie des Alltagslebens* beschrieb:

> „Das noch nicht dreijährige Kind hat verstanden, daß das letzthin angekommene Schwesterchen im Leib der Mutter gewachsen ist. Es ist gar nicht einverstanden mit diesem Zuwachs und ... wendet sich ... an den großen Bruder, der, ... an Stelle des Vaters zum Rivalen des Kleinen geworden ist. Gegen diesen Bruder richtet sich ... der ... [Verdacht], daß er irgendwie das kürzlich geborene Kind in den Mutterleib hineinpraktiziert hat." [61]

Wie die Verhältnisse tatsächlich waren, ist nicht bekannt. Es ist möglich, daß Sigmunds Phantasien der Realität entsprachen oder in der Realität noch weiterreichende Wurzeln hatten: Wenn man bemerkt, daß Freuds Bruder Julius laut offizieller Todeseintragung [62] nicht im Hause von Amalie und Jakob in der Schlossergasse 117, sondern im Haus Nr. 417 gestorben ist, und dazu weiß, daß Philipp im Haus Nr. 416 gewohnt hatte, wird plötzlich auch unklar, wer der Vater von Julius war. Krüll denkt, daß Sigmund vielleicht die Mutter mit Philipp beim Koitus überrascht hatte, zumindest aber müsse er wahrgenommen haben, daß zwischen Philipp und

Amalie ein Geheimnis war, von dem niemand etwas wissen durfte [63]. Krüll belegte ihre Schlußfolgerung mit zwei Textstellen, in welchen Freud über die drei Parzen (von denen eine den Lebensfaden spinnt, die zweite ihn zuteilt und die dritte ihn zerschneidet) so spricht, als ob keine der drei Frauen eine schutzspendende Mutterfigur wäre:

> „Wollte Freud damit sagen, daß auch er seine Mutter in erster Linie als eine erotisch attraktive Person sah und weniger als eine im herkömmlichen Sinn ‚mütterliche' Gestalt, die Schutz und Wärme gibt?" [64]

Die komplizierten Familienbeziehungen und die extrem engen Wohnverhältnisse in Freiberg, welche die innere Enge und die Angst vor Autonomieverlust förderten – Clark nennt sie „klaustrophobe Familienintimitäten" [65] –, glichen dem, was Tesone als „inzestuöse Familie" bezeichnet. Das ist eine Familie, der die Akzeptanz der Andersheit fehlt. Statt die Individuation der einzelnen Familienmitglieder zu fördern, wird in ihr durch ständige Verwischung von Generationen- und Altersgrenzen immer nur die Einheit der Familie gefordert [66]. Da sich bei den Freuds die meisten Familienaktivitäten in dem kleinen Raum abspielten, den sich die Eltern mit den Kindern als Wohnung teilten, mußte der kleine Sigmund eine besonders intensive Abwehr gegen ödipale Wünsche und die Sexualität entwickeln [67].

Mit Hilfe der Kinderfrau hatte Sigmund seine Selbstvorwürfe wegen des Todes von Julius überwunden. Die Geburt Annas weckte in ihm aber die alte Wut auf die Mutter. Als er sie einmal nicht finden konnte, verzweifelte er fast, weil er Angst davor hatte, ihre Abwesenheit könnte bedeuten, daß er sie – wie früher Julius – beseitigt hatte [68]. Sigmund litt unter Bettnässen (und wurde deshalb auch vom Vater gescholten) und an einem Sigmatismus (einem Lispeln).

Er war noch völlig durcheinander, als seine Welt schon vom nächsten Schlag erschüttert wurde: Monika, die geliebte und so hilfreiche Kinderfrau, wurde ihm weggenommen, das heißt, sie wurde im Januar 1859 (Sigmund war zwei Jahre und acht Monate alt) verhaftet und zu 10 Monaten Gefängnis verurteilt. Was war geschehen? Zuerst berichtete Freud, daß „alle blanken Kreuzer, Zehnerl und alles Spielzeug", die ihm geschenkt worden waren, bei ihr gefunden worden seien [69], aber sieben Jahre später schrieb er, daß Monika während Amalies Wochenbett „große Hausdiebstähle" verübt hatte [70]. Philipp habe sie verhaften lassen. Warum Philipp und nicht Jakob? Hatte Monika überhaupt etwas gestohlen oder nur die kleinen Geschenke, die Sigmund ihr in Liebe gab, treu aufbewahrt? [71] ... oder waren die Kreuzer für den Opferstock bestimmt? Monika gehörte zur Familie Zajic, der Hausbesitzerfamilie, war arbeitsam und umsichtig. Es ist schwer zu glauben, daß sie die Kreuzer und Spielzeuge gestohlen hat, „eine armselige Beute für eine intelligente Diebin" [72]. Hinter der Anzeige durch Philipp könnten andere Gründe gestanden haben: Zwischen Amalie, der Mutter, und Monika, der Kinderfrau, herrschte vielleicht eine gespannte Rivalität, so daß das Auffinden von Sigmunds

6.3 Verwirrung und Leiden in Freiberg

Kreuzern nur ein letzter Anlaß für ihre Entlassung war [73]. Oder Monika war eine unbequeme Zeugin geworden, einerseits weil sie vielleicht zu viel von der Beziehung zwischen Amalie und Philipp mitbekommen hatte [74], andererseits weil sie vermutlich auch von der Existenz von Rebekka, der zweiten, geheimgehaltenen Ehefrau Jakobs wußte [75].

Das Verschwinden der Kinderfrau muß ein erschütterndes und unfaßbares Trauma für Freud gewesen sein, und er bekam furchtbar Angst davor, daß er seine Mutter auch verlieren könnte. Wie zuvor gegen Julius hatte er zeitweise auch gegen Monika Gefühle von Ärger und Wut gehegt. Und beide waren verschwunden. Beide mußten ihm als magische Erfüllung seiner eigenen bösen Wünsche erscheinen [76]. Vermutlich fühlte er sich selbst dreifach schuldig [77]: Allein die Tatsache, daß Monika weg war, konnte ihm das Gefühl geben, am Weggang schuldig zu sein, vielleicht als Strafe für sexuelle Aktivität [78]; daß sie wegen des Diebstahls **seiner** Kreuzer und Spielsachen wegging, verstärkte die Schuldgefühle, und daß sie deshalb noch bestraft wurde, erst recht. Die Lehre, die Freud aus der Verhaftung von Monika zog, formulierte Krüll [79] mit folgenden Worten: „Man muß damit rechnen, daß Mutterfiguren verschwinden, man muß immer fürchten, daß Liebe ... einfach aufhört."

Im Februar 1859 hatte Marie, Emanuels Frau, ihr drittes Kind geboren, Bertha. Sigmund war jetzt zwei Jahre und neun Monate alt. Möglicherweise wurde nun, nachdem Monika weg war, seine Beziehung zu seinem Vater Jakob intensiver. Jedenfalls berichtete Freud später in den „Deckerinnerungen" [80], wie er seinem Vater in den „schönen Wäldern der Heimat" zu entlaufen pflegte. Die Bernfelds meinten, daß Freud seinen Vater als „den klügsten, reichsten und mächtigsten Mann, den er kannte", bewunderte [81], was glaubhaft scheint, wenn man in einem Freudschen Werk von 1930 liest: „Ein ähnlich starkes Bedürfnis aus der Kindheit wie das nach dem Vaterschutz wüßte ich nicht anzugeben" [82]. Feindselige Regungen gegenüber dem Vater waren vollständig auf Philipp, seinen Rivalen um die Gunst der Mutter, und John, seinen Spielkameraden, verschoben [83].

Wie ging es wohl Jakob zu dieser Zeit? Marianne Krüll vermutet, daß Freud seinem Vater später sexuelle Probleme unterstellte [84]. Es gebe Hinweise, daß sich Jakob nicht nur wegen seiner allgemeinen Abwendung von der Tradition seiner Väter schuldig fühlte, sondern auch speziell wegen seiner Sexualität. Möglicherweise habe er auf den langen Reisen als Händler gegen das Gebot der ehelichen Treue verstoßen, das jüdische Verbot der Onanie mißachtet oder durch die Heirat mit einer sehr jungen Frau das Gebot der Mäßigung übertreten. Vielleicht habe er sogar unter einem Onaniezwang gelitten [85]. Was er über die Beziehung zwischen Amalie und seinem Sohn Philipp wußte, ist nicht bekannt.

Und wie erging es der Mutter, Amalie? Die Belastungen, welche diese junge Frau in den ersten Jahren ihrer Ehe auszuhalten hatte, waren gewaltig (Abbildung 5).

Es begann mit der vermutlich vorehelichen Schwangerschaft und eventuellen Mithilfe bei der Vertreibung von Rebekka, der früheren Partnerin von Jakob, sowie der

6 Freuds tragische Kindheit

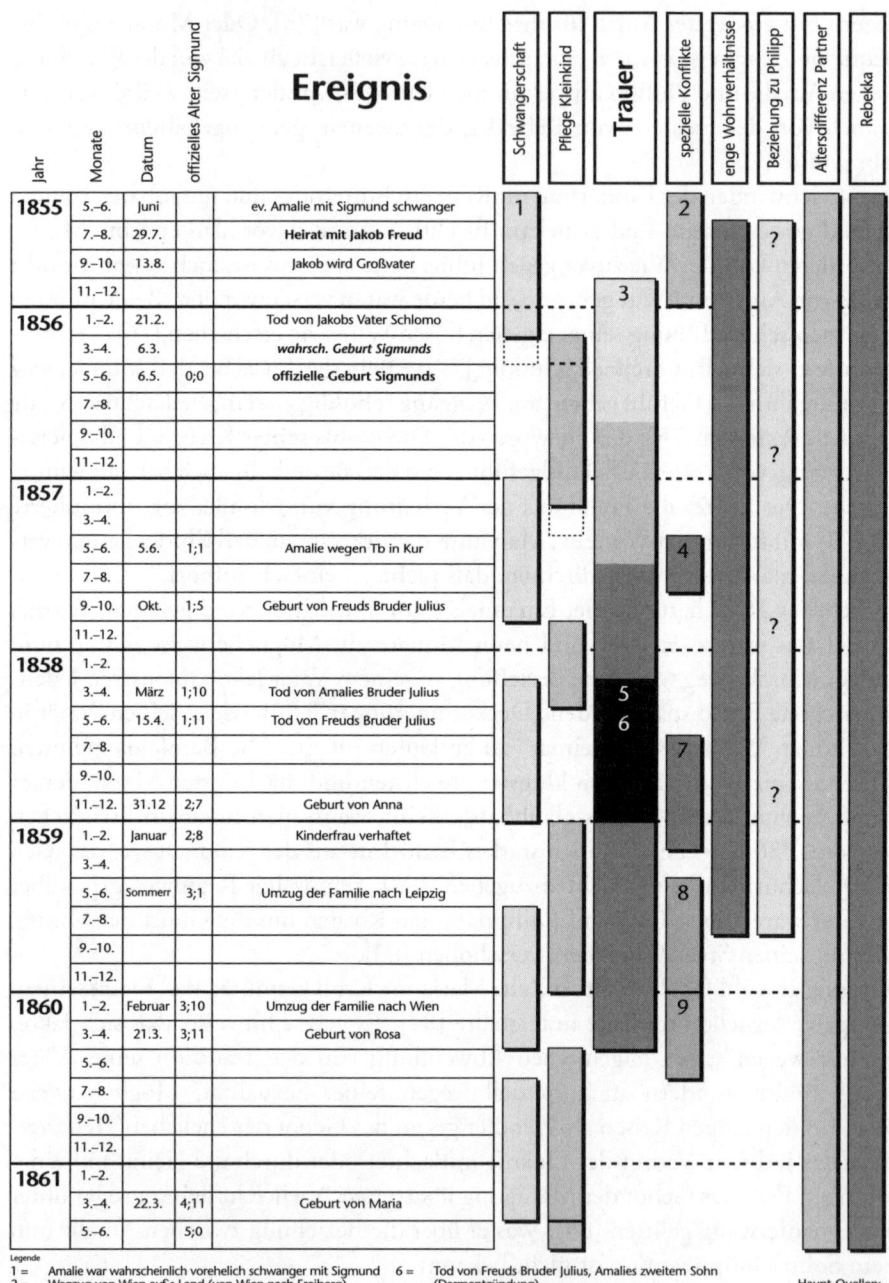

Abb. 5 Mutter Amalies Belastungen zwischen 1855 und 1861
(1 Jahr vor Sigmund Freuds Geburt bis zu seinem 5. Geburtstag)

Vertuschung dieses Vorgangs. Den großen Altersunterschied zu Jakob mußte sie verstehen lernen (zwei Wochen nach ihrer Heirat war ihr Ehemann Großvater geworden) und den Umzug von der Stadt aufs Land, von einer kleinen Wohnung in ein einziges enges Zimmer bewältigen. Die Mitarbeit im Familienbetrieb verlangte nach zusätzlicher Anpassung. Es folgte eine Schwangerschaft nach der anderen mit Geburten und anschließender Säuglingspflege ... und lange Phasen von Trauer: zunächst die Sorge um ihren kranken Bruder, dann dessen Tod und kaum ein Monat später der Tod des nach dem Bruder benannten kleinen Sohnes. Dazu kamen ihre eigene Tuberkulose und später der große Ärger um die „Hilfsmutter" Monika. Daneben war die vermutlich schwierige, geheimzuhaltende Beziehung zu Philipp.

Es ist kaum anders vorstellbar, als daß Amalie – wie auch Harsch [86] und Lohmann [87] annehmen – phasenweise eine „tote Mutter" war. Eine „tote Mutter" ist nach André Green [88] eine Mutter, die äußerlich anwesend, innerlich aber aufgrund einer besonderen Depression abwesend ist, eine Mutter mit „bleiernem Schweigen". Amalie Freud sei eine solche Mutter gewesen, meint Green. Ursache der Depression einer „toten Mutter" könne ein Verlust, eine narzißtische Kränkung, ein Schicksalsschlag in der Herkunftsfamilie oder eine Liebesaffäre des Vaters sein, aber: „Nachdrücklich sei betont – und darin sind sich alle Autoren einig –, daß der frühe Tod eines Kindes am schwersten wiegt." [89]. Und Amalie hatte nicht nur ihren kleinen Julius, sondern zuvor noch ihren Bruder gleichen Namens verloren.

Das Kind einer „toten Mutter" ist das „verlassene Kind", wie es Alice Miller [90] beschreibt: Seine präverbalen oder verbalen Mitteilungen erreichen die Mutter nicht, weil die Mutter selbst narzißtisch bedürftig ist und – eher als daß sie etwas Inneres geben kann – sogar auf ein bestimmte Echo des Kindes angewiesen ist, da sie selbst wie ein Kind auf der Suche nach einem verfügbaren Objekt ist; und ...

> „... *ein Kind ist verfügbar*. Ein Kind kann einem nicht davonlaufen, wie die eigene Mutter dazumal. Ein Kind kann man *erziehen, daß es so wird, wie man es gerne hätte*." [91]

Sigmund wurde damals aber nicht nur von seiner Mutter „beansprucht", sondern war zugleich in das Spannungsfeld zwischen ihr und seiner Ersatzmutter Monika eingeflochten. Moderne Forscher weisen auf viele Elemente der Zwei-Mütter-Problematik hin: Im Kind entwickeln sich Gefühle von Entfremdung gegenüber der leiblichen Mutter, die sich in Beschreibungen der Mutter als Ehrfurcht, statt in Gefühlen von Wärme und Nähe zeigen [92]. Die Frage: „Warum hat sich meine Mutter von mir zurückgezogen und mich einer anderen Frau zur Betreuung überlassen?" hinterläßt im Kind eine narzißtische Wunde [93]. Der häufige Besitzanspruch beider Frauen kann zusätzlich am Kind zerren, so daß es sich fragen muß: „Zu wem gehöre ich?" [94]. Bei Beendigung der Ersatzmutterschaft fühlt sich das Kind erneut im Stich gelassen und gibt sich selbst Schuld am Weggang der Ersatzmutter [95]. Es entsteht eine generelle Angst vor engen Beziehungen mit anderen Menschen [96]. Die Schwierigkeit, verläßliche Objektbeziehungen zu bilden, führt bei Erwachsenen zu einem Mangel an Schuldgefühlen gegenüber den Personen, die man verletzt oder beleidigt hat. Der Betreffende fühlt sich nur sich selbst gegenüber verantwortlich [97].

Jede Zwei-Mütter-Situation ist natürlich wieder anders, und welche Elemente ihrer Problematik in Freuds Kindheit besonders zum Tragen kamen, kann nur erahnt werden. Klar ist, daß Monika, die Kinderfrau, eine entscheidende Holding-Funktion bekam, als die Mutter durch Schwangerschaften, Geburten und Todesfälle schwer belastet war [98]. Darüber hinaus ist sich Hardin sicher, daß in einer wichtigen Phase von Sigmunds Separations-Individuationsprozeß nur Monika in der Lage war, sich seinen Bedürfnissen anzupassen [99]. Sigmund sei ihr dadurch näher gerückt und habe sich weniger als Sohn der leiblichen Mutter empfunden. Durch diese Entfremdung habe Freud vielleicht etwas von seiner Fähigkeit, sich seiner Mutter anzupassen, ihr Signale zu geben, verloren. Stolorow macht darauf aufmerksam, wie kontrastreich Freud später die beiden Frauen darstellte [100]: die Mutter begehrenswert, die Kinderfrau alt, häßlich, verantwortlich für seine neurotischen Beschwerden. Enttäuschung und Wut auf die frühe Mutter hatte Freud verdrängt oder auf die Ersatzmutter geschoben. Die leibliche Mutter konnte das ferne, idealisierte Objekt bleiben [101].

Freud hat nie eine theoretische Schrift zur Zwei-Mütter-Thematik geschrieben. Aber sie blieb ihm außerordentlich wichtig, denn er wurde von berühmten Männern, die auch zwei Mütter hatten, geradezu angezogen: Leonardo da Vinci, Michelangelo, Moses und natürlich Ödipus. Seine Leonardo-Studie von 1910, die einzige Arbeit in der er sich direkt mit dem Zwei-Mütter-Thema auseinandergesetzt hat, bezeichnete er sogar als „das einzig Schöne, das ich je geschrieben" [102]. Zwölf Jahre lang hatte sich Freud mit Leonardos Leben beschäftigt und war während des Schreibens der Arbeit depressiv geworden. Freuds Analyse mit dem Titel „Eine Kindheitserinnerung des Leonardo da Vinci" [103] beruhte aber „auf höchst dürftigem biographischem Material und auf einem haarsträubenden Fehler ..., der das Interpretationskonstrukt faktisch haltlos macht" [104]. Interessant ist, daß Freud in Leonardos Bild „Die heilige Anna Selbdritt" das Lächeln der beiden Frauen (die vermutlich die beiden Mütter Leonardos symbolisierten) als Lächeln der Mona Lisa erkannte und dieses als „selig verzückt" beschrieb [105]. In Wirklichkeit war Mona Lisa eine Florentinerin, die als 20-Jährige ihre erste und einzige Tochter verloren hatte. Herta Harsch schrieb:

„Als Leonardo ihr begegnete, trauerte sie um den Tod ihres Kindes ... Beim Portraitieren ließ er Sänger und Schauspieler auftreten ‚um die Dame während der Sitzungen zu zerstreuen und jenes Lächeln auf ihren Zügen festzuhalten'... Ich hatte den Einfall, daß Freud von diesem rätselhaften Lächeln in besonderer Weise berührt war, weil es *ihn* an das Lächeln seiner Mutter nach dem Tod ihres Sohnes und ihres Bruders Julius erinnerte, wenn er versucht hatte, sie aufzuheitern." [106]

Gedo bezeichnet Sigmund Freuds psychische Verfassung im Alter von zwei bis drei Jahren als „frühkindliche Depression" [107], die nach Slipp durch eine besonders große Angst davor, von seiner Mutter verlassen zu werden, geprägt war [108]. Da für das Unbewußte des Kindes eine abwesende Mutter nicht eine fehlende, sondern eine schlechte Mutter ist [109], war nicht Trauer, sondern Wut das dominierende Thema, eine Wut aber, die verdrängt werden mußte. Freuds Form der Verdrängung war eine Sexualisierung: In der Interpretation eines Kindheitstraums [110], in dem er Angst hatte, daß seine Mutter tot sein könnte (was nach Freuds eigener Meinung meist einen geheimen Todeswunsch ausdrückt), versuchte er krampfhaft aufzuzeigen, daß sexuelle Wünsche hinter dem Traum stehen. Dies zeigt, auf welchem Weg Freud in seiner Erinnerung Gefühle von Wut und Haß in der Beziehung zu seiner Mutter abspaltete, nämlich indem er das sexuelle Thema darüberschob. In Freuds Erinnerung blieb seine Mutter nur liebevoll und erotisch [111].

6.4 Kindliche Erforschung der Sexualität

Neben den nächsten Erwachsenen war die wichtigste Person in Freuds Freiberger Phase der Kindheit John, der um neun Monate ältere Sohn seines Halbbruders Emanuel:

> „Bis zu meinem vollendeten dritten Jahre waren wir unzertrennlich gewesen, hatten einander geliebt und miteinander gerauft, und diese Kinderbeziehung hat ... über all meine späteren Gefühle im Verkehr mit Altersgenossen entschieden. Mein Neffe John hat seither sehr viele Inkarnationen gefunden" [112] ... „Ein intimer Freund und ein gehaßter Feind waren mir immer notwendige Erfordernisse meines Gefühlslebens; ich wußte beide mir immer von neuem zu verschaffen, und nicht selten stellte sich das Kindheitsideal so weit her, daß Freund und Feind in dieselbe Person zusammenfielen ..." [113]

Freud nannte John auch

> „den Genossen meiner Untaten zwischen 1–2 Jahren ... der, als ich 14 Jahre war, uns in Wien besuchte. Mit der um ein Jahr jüngeren Nichte scheinen wir beide gelegentlich grausam umgegangen zu sein." [114]

Was Freud meinte, wenn er von „grausam umgegangen" mit Pauline, der 15 Monate jüngeren Schwester von John, sprach, klärte sich, als die autobiographische Qualität der Fallbeschreibung in Freuds Aufsatz „Über Deckerinnerungen" [115] aufgedeckt worden war. Darin ließ er seinen Patienten – der er selbst war – eine Kindheitsszene erzählen, in der er und John auf einer Löwenzahnwiese der kleinen Pauline mit Gewalt einen Blumenstrauß wegnahmen und sich das Mädchen weinend zu zwei Frauen flüchtete. Freud interpretierte selbst: „einem Mädchen die Blume wegnehmen, das heißt ja: deflorieren." [116]. Marianne Krüll beschrieb den möglichen Hintergrund dieses Erlebnisses:

> „Läßt sich aus diesen Andeutungen schließen, daß John und Sigmund die kleine Pauline zu deflorieren versucht haben? ... Wahrscheinlicher ist, daß sie beide voller Neugier waren und sich überhaupt erst einmal darüber Klarheit verschaffen wollten, wie ein weibliches Wesen von unten aussieht; ...
> Mit Sicherheit gelang ihnen allerdings die ‚Untersuchung' an Pauline nicht völlig mühelos, das Mädchen muß sich gesträubt haben, sonst wäre sie nicht anschließend weinend auf die Frauen zugelaufen. Sigmund und John mußten sie ‚vergewaltigen', um ihre Beobachtungen machen zu können." [117]

Krüll vermutet, daß die beiden Buben in ihren sexuellen Spielen mit Pauline und vielleicht auch in kindlich-homosexuellen Spielen ertappt worden sind, vielleicht sogar durch einen Verrat Sigmunds, denn im Zusammenhang mit einem bestimmten Traum („Non-vixit-Traum") habe Freud Schuldgefühle zum Ausdruck gebracht, daß er kein Geheimnis bewahren könne, und dabei erwähnt, daß dieses Gefühl von Verrat aus dem Infantilen komme [118]. Anzieu weist dazu noch auf das Motiv des „Doppeltors" in einem anderen Traum Freuds hin („Mein Sohn der Myop"): Weil er Paulines Doppeltor, die anale und die vaginale Öffnung, sehen wollte, wurde er in diesem Traum an seiner Sehkraft bestraft [119]. Pauline wurde nämlich für Freud zum lebendigen Beweis für die Gefahr, in die er sich durch die Sexualität, durch sexuelle Neugier und durch Onanie, bringen konnte, denn:

> „Es gibt eine Reihe von Hinweisen darauf, daß der Vater dem kleinen Sigmund verboten hatte, an seinem Genital zu spielen, bzw. daß Sigmund bei solchen Spielen mit der Kastration bedroht worden war. ... Man muß dabei bedenken, daß Kastration für einen jüdischen Jungen eine besonders realistische Drohung war, da sich von der rituellen Beschneidung der männlichen Kinder eine naheliegende Verbindung zur Kastration herstellen läßt. ... Er hatte zusammen mit dem Neffen John bei der kleinen Pauline feststellen müssen, daß ihr tatsächlich der Penis fehlte." [120]

Vermutlich empfand der kleine Sigmund den Anblick des Geschlechtsteils Paulines als schrecklich, denn in einem in der *Traumdeutung* analysierten Traum „eines Mannes" – der nach Krüll autobiographisch sein könnte [121] – beschrieb Freud den Anblick der Genitalien einer Frau selbstverständlich als höchst abstoßend:

> „Da die Frau im Traume so steht wie er beim Urinieren, so handelt es sich um ein urinierendes Weib, und dazu gehört dann der gräßliche ‚*Anblick*', das Vorstehen des roten Fleisches, was sich nur auf die beim Kauern klaffenden Genitalien beziehen kann, die, in der Kinderzeit gesehen, in der späteren Erinnerung als ‚*wildes Fleisch*', als ‚Wunde' wieder auftreten. Der Traum vereinigt zwei Anlässe, bei denen der kleine Knabe die Genitalien kleiner Mädchen sehen konnte, beim *Hinwerfen* und bei deren *Urinieren* ..." [122]

6.5 Verlust der Heimat

Im Sommer 1859 mußte Sigmund – jetzt drei Jahre alt – eine weitere schmerzliche Erschütterung hinnehmen: Die Familiengruppe löste sich auf und zog von Freiberg weg. Die beiden älteren Halbbrüder Philipp und Emanuel (mit seiner Frau Marie und den drei Kindern John, Pauline und Bertha) emigrierten nach England und ließen sich in Manchester nieder. Jakob zog mit Amalie, Sigmund und Anna nach Leipzig. Als Gründe für diesen Wegzug wurden von Freud selbst, aber auch von mehreren Biographen ein „zunehmender Antisemitismus" oder eine „ökonomische Katastrophe im Textilgewerbe" angenommen. Jakobs Geschäfte gingen aber in den fünfziger Jahren gut, und von einer Welle von Antisemitismus in dieser Zeit ist nichts bekannt. Allein die Tatsache, daß die befreundete Familie Fluß viele weitere Jahre in Freiberg blieb und eine eigene Weberei aufbauen konnte, macht beide Gründe nicht plausibel. Wahrscheinlicher ist, daß Jakob mit der Emigration verhindern wollte, daß er und seine erwachsenen Söhne zum Kriegsdienst in den soeben ausgebrochenen Österreichisch-Italienischen Krieg eingezogen würden, oder aber, daß Jakob seine erwachsenen Söhne nach England schickte, um das (vermutliche) Liebespaar Amalie und Philipp zu trennen [123-127]. Wenn Philipp tatsächlich von Jakob verbannt wurde, dann hätte Freud in Identifikation mit seinem Vater gelernt haben können,

> „daß man Rivalen auf diese Weise, durch totalen Abbruch der Beziehung los wird. ... Vielleicht hat sich Freud dieses Verhalten des Vaters unbewußt zum Prinzip gemacht." [128]

Die Reise von Freiberg nach Leipzig war für den kleinen Sigmund sehr eindrücklich: Mit einem Pferdefuhrwerk fuhr die Familie zur nächsten Bahnstation. Dann folgte eine lange nächtliche Zugfahrt. Bei der Durchfahrt im Bahnhof von Breslau sah Sigmund zum erstenmal brennende Gaslaternen und erschrak heftig:

> „Im Alter von drei Jahren habe ich den Bahnhof dort passiert auf der Übersiedlung von Freiberg nach Leipzig, und die Gasflammen, die ich zum ersten Mal sah, haben mich an brennende Geister in der Hölle gemahnt. Ich weiß ein wenig den Zusammenhang. Meine überwundene Reiseangst hängt auch daran." [129]

Krüll verstand das Erlebnis auf sexueller Ebene:

> „Das Kind spürte eine sexuelle Erregung, die ihm unter Androhung von strengsten Strafen, vor allem der Kastration, verboten worden war. Mehr noch, Sigmund hatte gerade kurz vorher festgestellt, daß diese Drohung tatsächlich an Pauline ausgeführt worden war, mußte sich demnach in größter Gefahr wähnen, auch sein Glied zu verlieren, als dieses Lustgefühl, von ihm unkontrollierbar, während der Fahrt auftrat. Es ist auch denkbar, daß er tatsächlich masturbierte und dabei ertappt wurde. Man kann sich sein Gefühl ausmalen: Nun war es um ihn geschehen, jetzt würde auch ihn die furcht-

bare Strafe treffen! Als er dann am Breslauer Bahnhof die Gaslaternen sah, geriet er völlig außer Fassung, denn nun schien wahr zu werden, womit wahrscheinlich Monika, die Kinderfrau, gedroht hatte, wenn er nicht artig war: Er würde in die Hölle kommen." [130]

Krülls sexualisierte Deutung von Freuds Eisenbahnangst wird durch Textstellen aus Freuds eigenen Werken bestätigt. In den *Drei Abhandlungen zur Sexualtheorie* schrieb Freud 1905:

„Die Erschütterungen der Wagenfahrt und später der Eisenbahnfahrt üben eine so faszinierende Wirkung auf ältere Kinder aus, daß wenigstens alle Knaben irgend einmal im Leben Konduktere und Kutscher werden wollen. Den Vorgängen auf der Eisenbahn pflegen sie ein rätselhaftes Interesse von außerordentlicher Höhe zuzuwenden und dieselben im Alter der Phantasietätigkeit (kurz vor der Pubertät) zum Kern einer exquisit sexuellen Symbolik zu machen. Der Zwang zu solcher Verknüpfung des Eisenbahnfahrens mit der Sexualität geht offenbar von dem Lustcharakter der Bewegungsempfindungen aus. Kommt dann die Verdrängung hinzu, die so vieles von den kindlichen Bevorzugungen ins Gegenteil umschlagen läßt, so werden dieselben Personen als Heranwachsende oder Erwachsene auf Wiegen und Schaukeln mit Übelkeit reagieren, durch eine Eisenbahnfahrt furchtbar erschöpft werden oder zu Angstanfällen auf der Fahrt neigen und sich durch *Eisenbahnangst* vor der Wiederholung der peinlichen Erfahrung schützen." [131]

Im „Bruchstück einer Hysterie-Analyse" vom selben Jahr verstand Freud den „Bahnhof"-Traum einer Patientin selbstverständlich als „symbolische Sexualgeographie", indem er zu den Traumelementen „Bahnhof" und „Friedhof" den weiblichen „Vorhof" assoziierte und den in der Traumszene beschrieben „dichten Wald" zweifellos als Schamhaar verstand [132]. In einer Fußnote ergänzte er noch: „Der ‚Bahnhof' dient übrigens dem ‚Verkehre'. Die psychische Umkleidung mancher Eisenbahnangst" [133]. Interessant ist auch, daß Freud auf einer Bahnfahrt im Jahre 1898 in Erinnerung an einen Zwangspatienten (und in Identifikation mit ihm) den für sein späteres Werk so entscheidenden Ödipuskonflikt entdeckt hatte [134].

Zweifellos war die Reise nach Leipzig ein Wendepunkt in Freuds Leben [135]. Freud selbst bezeichnete den Wegzug aus Freiberg als „jene erste Katastrophe", die ihm einen Verlust „fürs ganze Leben gebracht" habe [136]. Die Familie Freud blieb weniger als ein Jahr in Leipzig. Etwa im Februar 1860 zog sie nach Wien. Amalie war wieder in Erwartung und schämte sich vielleicht, verarmt in die Stadt ihrer Kindheit und ihrer Eltern zurückzukommen. Slipp fragte sich, ob sie damals nicht sogar suizidale Gedanken hegte [137]. Im Zug von Leipzig nach Wien ergab sich, daß der fast vierjährige Sigmund seine Mutter nackt sah, „... ein Ereignis, das ihn derart erschütterte" – schrieb Jones [138] –, „daß er noch 40 Jahre später in einem Brief an Fließ nur auf lateinisch davon berichten konnte":

„… daß später (zwischen 2 und 2½ Jahren) meine Libido gegen matrem erwacht ist, und zwar aus Anlaß der Reise mit ihr von Leipzig nach Wien, auf welcher ein gemeinsames Übernachten und Gelegenheit, sie nudam zu sehen, vorgefallen sein muß …" [139]

Was hatte ihn so sehr erschreckt? Vermutlich vermischte er die Erinnerung an die beiden Zugfahrten (er verwechselte ja auch sein Alter, denn auf der Reise nach Wien war er fast vierjährig) und verband seinen Anblick der nackten Mutter mit den Gasflammen, die ihn bei der ersten Zugsfahrt so geängstigt hatten, und fürchtete Bestrafung für seine sexuelle Neugier. Slipp meint gar, daß Ferenczi 1919 in seinem Artikel „Nacktheit als Mittel zum Hervorrufen von Schrecken" direkt die Angst Freuds vor der sexuellen Verführung durch seine Mutter beschrieben habe [140]. Freud hatte auch allen Grund, sich zu ängstigen. Nicht weil die Mutter ihn sexuell verführen wollte, sondern weil er mit seiner durch die Beziehung Philipp-Amalie sexualisierten Haltung gegenüber seiner Mutter beim Anblick der nackten Mutter plötzlich realisieren mußte, daß Philipp, sein Rivale um die Mutter, weg und die Mutter in diesem Sinn „frei" war. Auch kann der Verlust der alten Heimat Freud Impulse gegeben haben, sich vermehrt der Mutter zuzuwenden, um den erlittenen Verlust auszugleichen [141]. In diesem Alter (Freud nannte es später das Alter der „ödipalen Entwicklungsphase") ist es normal, daß sich ein Kind auch in sexualisierter Art auf den gegengeschlechtlichen Elternteil ausrichtet. Allerdings ist das Kind auch darauf angewiesen, daß sich die Eltern gut abgrenzen können und keine Generationenvermischung zulassen. Wenn die Eltern diese Aufgabe nur ungenügend wahrnehmen, entsteht im Kind Angst vor Verschmelzung und vor Bestrafung (zum Beispiel durch Kastration), so daß dann statt einer natürlichen Lösung des Ödipuskonfliktes ein traumatisierender Ödipuskomplex entsteht. Genau das war ja das Schicksal von Ödipus, daß Iokaste, seine Mutter, obschon sie wußte oder zumindest ahnte, daß sie ihren eigenen Sohn heiratete, sich nicht abgrenzte und beide ins Verderben stürzen ließ.

6.6 Kinderjahre in Wien

Die Jahre der mittleren Kindheit in Wien müssen für Freud sehr schwer gewesen sein. Innerhalb von sechs Jahren war seine Mutter fünfmal schwanger, gebar vier weitere Töchter und einen weiteren Sohn. Die rasch größer werdende Familie mußte viermal umziehen. Sigmund war auch in eine ganz neue psychosoziale Situation gestellt worden: In Freiberg hatte er noch verschiedene Personen gehabt, die ihm helfen konnten, mit seinen Aggressionen und feindseligen Gefühlen klar zu kommen. In Wien war er der Ödipussituation allein ausgesetzt [142]; John und dessen Vater, der väterliche Freund Emanuel, fehlten ihm, und Jakob, sein Vater, wurde nun zum einzigen Rivalen, zum Hauptziel von Neid und Eifersucht [143]. Da sich Sigmund von früh an mit den auf in gerichteten Hoffnungen und Leistungserwartungen seiner Mutter identifiziert hatte, fühlte er sich auch der sorgenfreien Welt anderer Kinder entfremdet [144]. Wahrscheinlich begann er damals unter einer besonderen Form von „verbotenem" sexuellem Drang zu leiden, denn Freud schrieb später über die sexuellen Gefühle des Knaben:

> „Diese Regungen haben, wenn sie nicht rasch vorüberziehen, keinen anderen Ausweg, als sich in Phantasien auszuleben, welche die Sexualbetätigung der Mutter unter den mannigfachsten Verhältnissen zum Inhalte haben, deren Spannung auch besonders leicht zur Lösung im onanistischen Akte führt." [145]

Das Besondere bei dieser Beschreibung ist, daß solche Gefühle und Phantasien so ausschließlich auf die Mutter gerichtet sein sollen. Liegt der Grund dieser Besonderheit in Freuds eigener Geschichte? Krüll schreibt:

> „Ich meine, daß Freud nicht so ohne weiteres auf die Idee gekommen wäre, seine Mutter zu begehren, wenn er nicht das ‚Vorbild' Philipps gehabt hätte. Ich glaube, daß er erst nach dem Verschwinden Philipps eigene Inzest-Wünsche auf die Mutter richtete, indem er sich sozusagen an die Stelle ihres verlorenen Geliebten setzte." [146]

Daß Freud in diesen frühen Wiener Jahren gelitten hat, scheint außer Zweifel, denn er selbst schrieb in einer extremen Form von Verdrängung in den „Deckerinnerungen":

> „Dann kamen lange harte Jahre; ich glaube, sie waren nicht wert, sich etwas daraus zu merken." [147]

Interessant ist, was er als „nahezu das einzige", was ihm aus dieser Lebenszeit in Erinnerung geblieben sei, bezeichnete: Als er und seine Schwester Anna vom Vater ein Buch mit Farbtafeln über eine Reise nach Persien zum „Zerpflücken" erhalten hatten:

> „Ich war damals fünf Jahre, die Schwester unter drei Jahren alt, und das Bild, wie wir Kinder überselig dieses Buch zerpflücken (*wie eine Artischocke*, Blatt für Blatt, muß ich sagen), ist nahezu das einzige, was mir aus dieser Lebenszeit in plastischer Erinnerung geblieben ist." [148]

Freud erzählte dies im Zusammenhang mit seinem Traum von der „Botanischen Monographie" und bezog sich in der Analyse dieses Traums auf seinen Aufsatz „Über Deckerinnerungen" von 1899. Er betrachtete die Erinnerung an die Szene mit Anna und dem Buch als Deckerinnerung für seine spätere Bibliophilie. Aber dies scheint nicht plausibel. Wahrscheinlicher ist das, was Grinstein 1968 aufzeigte: Gerade Freuds eigener Hinweis auf die „Deckerinnerungen" drängt den Schluß auf, daß es sich auch hier – wie dort bei der Erinnerung der Szene mit Pauline und John auf der Löwenzahnwiese – um die Verdeckung einer „Deflorationsszene" ging. Demnach meinte Freud mit dem zerpflückten, pflanzenartigen Buch die von ihm in Phantasie oder in Realität durchgeführte spielerische Untersuchung der Geschlechtsteile seiner Schwester Anna. Grinstein vermutet, daß die inzestuösen Wünsche des fünfjährigen Sigmund gegenüber seiner Schwester Anna zu den von Freud verschwiegenen Traumassoziationen gehören [149]. Krüll stellt fest:

> „Es bestehen danach kaum noch Zweifel, daß die ‚Deflorations-Szene' in Freiberg, bei der Sigmund und John die kleine Pauline untersuchten, eine Wiederholung in Wien gefunden hat, diesmal unter Beteiligung von Sigmund und Anna." [150]

Mutter Amalie hatte Sigmund in seinem sechsten Lebensjahr Lesen und Schreiben beigebracht und ihn auch (mit einem praktischen Trick) gelehrt, daß wir Menschen aus Erde gemacht und sterblich sind. Als Sigmund einmal einen Sessel verschmiert hatte, tröstete er seine Mutter mit dem Hinweis, daß er berühmt und ihr dann einen neuen Sessel kaufen werde [151]. Sehr beeindruckt war Sigmund, als er mit sieben oder acht Jahren einmal im Schlafzimmer seiner Eltern urinierte (oder onanierte, wie Krüll vermutet [152]) und den Vater dann sagen hörte: „Aus dem Buben wird nichts werden." Freud schrieb dazu:

> „Es muß eine furchtbare Kränkung für meinen Ehrgeiz gewesen sein, denn Anspielungen an diese Szene kehren immer in meinen Träumen wieder und sind regelmäßig mit Aufzählung meiner Leistungen und Erfolge verknüpft, als wollte ich sagen: Siehst du, ich bin doch etwas geworden." [153]

Etwa ab dem neunten Lebensjahr Sigmunds übernahm der Vater die Unterrichtung des Sohnes, besonders seine Einführung in die Philippsonsche Bibel. Sigmund lernte Englisch und erwarb erste Hebräisch-Kenntnisse.

Im zweiten Halbjahr 1865 waren für Sigmund wiederum schwierige Ereignisse zu bewältigen: Am 20. Juli wurde sein Onkel Josef wegen des Verdachts auf Hehlerei und Vertrieb von falschen Rubelnoten verhaftet. Die Fälscherwerkstatt befand sich in England, wurde aber nie gefunden. Sigmunds Halbbrüder Emanuel und Philipp standen im Verdacht, in die Falschgeldaffäre verwickelt zu sein. Wie stark Jakob, Freuds Vater, unter der Verhaftung seines Bruders litt – die Wiener Presse schrieb fortlaufend über den Fall –, ist aus Freuds Bemerkung ersichtlich, daß sein Vater damals aus Kummer in wenigen Tagen grau wurde [154]. Gicklhorn ist überzeugt, daß auch bei Jakob eine Hausdurchsuchung stattgefunden hatte und Sigmund schwer unter der Affäre litt [155].

Im Herbst trat Sigmund ins Gymnasium ein. Am 3. Oktober starb Amalies Vater, Jacob Nathanson. Kurz danach hatte Sigmund den Angsttraum „von der geliebten Mutter und den Personen mit den Vogelschnäbeln". Als Freud diesen Traum 30 Jahre später deutete [156], assoziierte er dazu zweimal den Namen Philipp, einerseits weil in der Philippsonschen Bibel Figuren mit genau solchen Vogelköpfen abgebildet sind, andererseits weil er sich daran erinnerte, daß ein „ungezogener Hausmeistersjunge" der ihn das Wort „vögeln" gelehrt hatte, auch „Philipp" hieß. Dieser Angsttraum, den Freud als Neunjähriger hatte, scheint aus einer Verschmelzung starker Gefühle gegenüber seiner Mutter, seinem Halbbruder Philipp, der Sexualität und dem Tod entstanden zu sein:

> „Die unerklärte, unnennbare Angst, die er als Zwei- oder Zweieinhalbjähriger in Freiberg empfand, weil er die Erregung der Mutter wahrnahm, wiederholte sich im Traum, anknüpfend an die Erregung, die Amalie in Gegenwart ihres sterbenden Vaters vor Sigmund gezeigt hatte, woraus sich das Traumbild entwickelte." [157]

Den Todeswunsch gegenüber seiner Mutter, der in diesem Traum auch zum Ausdruck kommt, hat Freud in seiner Trauminterpretation verdeckt, indem er sexuelle Motive darüberschob [158].

Am 22. Februar 1866 wurde Onkel Josef zu 10 Jahren schwerem Kerker verurteilt, und die Affäre verschwand allmählich aus dem Rampenlicht der Öffentlichkeit. Die Familie zog wieder in eine neue Wohnung, wo am 19. April Freuds Bruder Alexander geboren wurde. Jakob nahm seinen älteren Sohn manchmal auf Spaziergänge durch die Stadt mit. Während des Preußisch-Österreichischen Krieges sahen sie zusammen die Verwundeten am Bahnhof ankommen, und Sigmund bat daraufhin seine Lehrer, auch in ihrer Schule „Charpie"-Gruppen zu organisieren, was bedeutete, zusammen aus altem Leinen Verbandsmaterial zu zupfen [159].

Eine Geschichte, die Jakob seinem Sohn auf einem ihrer Spaziergänge erzählte, veränderte Sigmunds Einstellung zu seinem Vater: Jakob sei als junger Mann in Freiberg mit einer neuen Pelzmütze auf dem Kopf spazierengegangen, als ein Christ daherkam, ihm die Mütze vom Kopf in den Kot schlug und rief: „Jud, herunter vom Trottoir!". Sigmund habe seinen Vater gefragt: „Was hast du getan?", worauf sein Vater antwortete: „Ich bin auf den Fahrweg gegangen und habe die Mütze aufgehoben". Freud kommentierte diese Reaktion später mit den Worten:

> „Das schien mir nicht heldenhaft von dem großen starken Mann, der mich Kleinen an der Hand führte. Ich stellte dieser Situation, die mich nicht befriedigte, eine andere gegenüber ... die Szene, in welcher Hannibals Vater ... seinen Knaben vor dem Hausaltar schwören läßt, an den Römern Rache zu nehmen." [160]

Macht- und Rachephantasien scheinen Sigmund zu dieser Zeit stark beschäftigt zu haben. Als sein geliebt-gehaßter früher Spielkamerad John von Manchester nach Wien zu Besuch kam, durfte dieser bei der Aufführung einer Szene aus einer Frühfassung von Schillers *Die Räuber* vor einem Kinderpublikum mitspielen: John spielte den Cäsar und Sigmund den Brutus [161]. Nach Ausbruch des Deutsch-Französischen Krieges steckte der 14-Jährige in seinem Zimmer auf einer großen Karte den jeweils neuesten Stand des Frontverlaufs mit Fähnchen ab und hielt seinen Schwestern Anna und Rosa Vorträge über kriegerische Taktiken [162]. Cassirer Bernfeld meint, daß Sigmund seine Geringschätzung für seinen nicht heldenhaften Vater in das Interesse an historische Schlachten und antike Geschichte verwandelt habe [163].

6.6 Kinderjahre in Wien

Jakob, äußerlich ein eindrucksvoller Mann, relativ groß, breitschultrig, mit einem breiten Gesicht, war in Wien geschäftlich erfolglos. Er hat dort nie Steuern bezahlt [164] und ernährte seine Familie mit Geld, das ihm seine Söhne aus England sandten, und durch Zuwendungen von der Familie seiner Frau [165,166]. Er wurde einerseits als strenger Patriarch, aber auch als gütig, liebevoll und weitherzig [167] beschrieben. Spätestens in Wien wurde er aber eine Art Träumer, ein Mann, „der ständig in Erwartung eines unverhofften Glücksfalls lebte" [168]. Eigentlich gibt es kaum Anzeichen, daß Jakob eine besonders tyrannische Person war [169]. Eissler meint, er sei ein typisches Exemplar eines schwachen Mannes gewesen, der durch einen harten ökonomischen Prozeß unterdrückt worden sei [170]. Vielleicht aber hatte Cassirer Bernfeld doch recht, als sie schrieb:

> „Zunehmend in finanzieller Bedrängnis, wuchsen des Vaters Forderungen nach unbezweifeltem Respekt und bedingungslosem Gehorsam." [171]

Der Bericht des Pianisten Moritz Rosenthal deutet in diese Richtung:

> „Es mag in den Siebzigerjahren gewesen sein, als ich und mein Vater dem alten Freud (Sigmund's Vater) auf der Straße begegneten. Ich trug gerade eine Meinungsverschiedenheit mit meinem Vater aus. Der alte Freud sagte: Wie? Dem Vater widersprechen? Mein Sigmund ist in der kleinen Zehe gescheidter als ich im Kopf; aber er würde niemals wagen mir zu widersprechen." [172]

Jakob erschien als Vater und Orientierung gebende Instanz aber eher farblos. Wallace meint, daß er zwar einen ersten Schritt weg vom orthodoxen Judentum seiner Vorfahren gewagt, aber nichts dazu getan habe, eine neue geistige Heimat zu finden, in der er und seine Kinder hätten Wurzeln schlagen können. Sigmund hat seinem Vater wahrscheinlich auch vorgeworfen, an dem Verlust der Freiberger Heimat und der Kinderfrau schuldig zu sein [173,174]. Andererseits stammte ein folgenreiches Geschenk, das Sigmund zu seinem 13. Geburtstag erhalten hatte, wahrscheinlich von seinem Vater. Ein Buch mit Aufsätzen von Ludwig Börne, unter anderem ein nur vier Seiten langer Text mit dem Titel: „Die Kunst, in drei Tagen ein Originalschriftsteller zu werden" von 1823. Der kleine Aufsatz enthält eine perfekte Anweisung zur Erweckung der Kreativität durch freie Assoziation. Nachdem Freud diesen Text als 63-Jähriger erneut in dem Jugendbuch entdeckt hatte, schrieb er Ferenczi:

> „Als ich diesen wiederlas, war ich erstaunt, wie sehr manches, was darin steht, sich wie wörtlich mit manchem deckt, was ich immer vertreten und gedacht habe. Er dürfte also wirklich die Quelle meiner Originalität sein." [175]

Flem weist nun darauf hin, daß mit 13 Jahren die jüdische Zeremonie der *Bar Mizwa*, des Eintritts des geschlechtsreifen Knaben in die Gemeinschaft der Männer, gefeiert werde [176]. Wenn Jakob seinem Sohn das Buch von Börne aus Anlaß dieser religiösen Zeremonie geschenkt hatte, dann war das bedeutsam, denn Börne,

Arzt, dann Politikwissenschaftler, war ein Vorkämpfer für die Emanzipation der Juden, trat aber als 32-Jähriger zum Christentum über, fühlte sich als Weltbürger und warb als Verleger einer Zeitung dafür, daß sich die Juden den westlichen Vorstellungen und Sitten anpaßten. Vielleicht stellte Börne für Jakob die Fortsetzung der Lehre des Rabbi Philippson (der Philippsonschen Bibel) dar und war deshalb ein ideales Geschenk zur *Bar Mizwa* Sigmunds. Jedenfalls schien das Geschenk bei Sigmund auf goldenen Boden gefallen zu sein, prägte sein Denken und hinterließ in ihm Gefühle der Verehrung: Als Freud in Paris war, besuchte er Börnes Grab. Über die Frage, ob die Tatsache, daß Börne auch an einem 6. Mai – wie der offizielle Geburtstag Sigmunds – geboren worden war (im Jahre 1786), eine weitere Bedeutung in sich trägt, kann nur spekuliert werden (vgl. „Argument 3").

Amalie, die Mutter, war damals oft krank und mußte zwischen Sigmunds 13. und 16. Lebensjahr jedes Jahr wegen ihrer Tuberkulose für drei Monate nach Roznau zur Kur gehen. Sigmund fuhr vielleicht ein-, zweimal mit oder weilte in dieser Zeit bei seiner Großmutter. Amalie scheint eher autoritär als zärtlich gewesen zu sein [177]. Gegenüber den Kindern (besonders gegenüber den Mädchen) war sie streng, ähnlich wie gegenüber den Dienstboten:

> „Genauigkeit und Reinlichkeit waren Mutter Freuds hervorstechendste Eigenschaften. In der Küche mußte alles blitzen, Überzüge mußten glatt und richtig gefaltet, Kleider aufs sorgfältigste gebürstet sein. Besonderen Wert legte sie auf eine saubere und exakte Frisur." [178]

Eine Szene, die Kobler erzählte, mutet regelrecht gespenstisch an:

> „Ein Besucher fragte sie einmal, erstaunt über die Stille im Hause: ‚Sind denn die Kinder nicht daheim?' Worauf Mutter Freud lächelnd eine Tür öffnete und die Kinder zeigte, die alle still dasaßen, jedes mit einer besonderen Arbeit beschäftigt." [179]

Amalies höchstes Ziel war, oder wurde es allmählich, die Verwirklichung der Weissagungen von der Größe ihres Erstgeborenen. Für ihn tat sie alles. Sobald es möglich wurde, hatte Sigmund als Einziger ein eigenes Zimmer und später als Einziger eine Petrollampe im Zimmer. Als Anna achtjährig war, wurde ein Klavier angeschafft, damit ihre musikalische Mutter ihr das Klavierspielen beibringen konnte. Sigmund fühlte sich durch die Musik gestört, und das Klavier wurde weggegeben. Amalie liebte ihren Sohn, aber auf eine besondere Art: Sie liebte ihn in einer fordernden, egoistischen Weise [180] und drängte ihn damit in eine Rolle, die ihn leicht dazu verführen konnte anzunehmen, daß er die Liebe der Mutter nur über den Umweg eigenen Erfolgs erlangen könne [181]. Viele Zeichen deuten darauf hin, daß Amalie ihren ältesten Sohn narzißtisch besetzt hatte. Miller beschrieb, was das bedeutet:

„Die narzißtische Besetzung des Kindes durch die Mutter schließt eine affektive Zuwendung nicht aus. Im Gegenteil. Das Kind wird als Selbstobjekt der Mutter von ihr heiß ‚geliebt', aber nicht in der Art, wie das Kind es brauchen würde. Und immer unter den Bedingungen des falschen Selbst. Für die Entwicklung intellektueller Fähigkeiten ist das kein Hindernis, wohl aber für die Entfaltung des echten Gefühlslebens. … es fehlen dieser ‚Liebe' u.a. die Kontinuität und Konstanz, die so wichtig wären, es fehlt ihr vor allem der Raum, in dem das Kind *seine* Gefühle, *seine* Empfindungen erleben könnte. Das Kind entwickelt dann etwas, das die Mutter braucht und das ihm im Moment zwar das Leben (die Liebe der Mutter oder des Vaters) rettet, aber es evtl. lebenslänglich daran hindert, es selbst zu sein." [182]

Welches waren die Motive, die Amalie dazu verführten, ihren ältesten Sohn mit dem Auftrag zu belasten, ein bedeutender Mann zu werden? Aus ihrer Kindheit müssen Erfahrungen dazu beigetragen haben, von denen wir annehmen können, daß sie Amalies Individuation behindert und sie das Verharren in Geflechten vermischter Generationen als Ersatz für eigene Beziehungsfähigkeit gelehrt haben, so wie es ihr Versuch, ihren sterbenden Bruder Julius durch einen Sohn Julius zu ersetzen, andeutet. Daß Sigmund das Opfer ihres Delegationsprozesses wurde, ließe sich aus Schuldgefühlen Amalies rund um Sigmunds Geburt und die ersten Lebensjahre erklären. Ihre wahrscheinliche voreheliche Schwangerschaft, ihre eventuelle Mithilfe bei der vermutlichen Vertreibung von Rebekka, der zweiten Frau Jakobs, dann die Tatsache, daß sie gegenüber ihrem ersten Sohn während langer entscheidender Zeit eine durch Trauer abgelenkte, wahrscheinlich eine „tote Mutter" war, und schließlich ihr kompliziertes Verhältnis zu Philipp, ihrem Stiefsohn, mußten zusammen eine schwer drückende Last von Schuldgefühlen ergeben. Wenn nun ihr Erstgeborener, ihr „goldener Sigi", zum Genie, zum Größten der Großen würde, dann wäre dies die Rechtfertigung für ihre Schuld: Ihre Taten waren notwendig gewesen, um ein Genie zu erschaffen. Zusätzlich erkannte sie vielleicht in ihrem Einsatz für ihren Sigi zum ersten Mal in ihrem Leben einen Lebenssinn, den sie seit ihrer Kindheit gesucht und bisher nie gefunden hatte.

Slipp beschrieb die Situation, in der sich Sigmund befand, als Famlienkonstellation, die er als Mitursache bei der Entwicklung von Depressionen versteht:

„In diesen Familien drängt ein dominanter Elternteil (hier Amalie) ein Kind zu sozial anerkannter Leistung und lebt stellvertretend durch das Kind. Das Kind wird für seine Leistung nicht direkt belohnt, auch dann nicht, wenn der Elternteil zur Nährung des eigenen Narzißmus mit den Leistungen des Kindes vor anderen prahlt. Ich habe dies ‚Doppelbindung der Leistungsfähigkeit' genannt, da das Kind bei Mißerfolg fürchtet, abgelehnt zu werden, aber bei Erfolg nicht belohnt wird. Auch wenn das Kind bewußt unter diesem Druck und dieser Ausbeutung leidet, verdrängt es seine Aggression, weil es fürchtet, aufgegeben zu werden." [183]

In den harten Worten von Shengold [184] wäre Amalie eine „Seelenmörderin" gewesen (und Jakob ihr Komplize). In Stierlins Modell der Beziehungsszenarien entspräche dabei Sigmunds Position der Rolle des „ausgestoßenen Delegierten": Ausgestoßene Delegierte werden

> „schon früh elterlicher Kälte und Distanzierung ausgesetzt. Die Folge ist, daß bei diesen Kindern viele vitale Bedürfnisse – wie nach Nähe, zwischenmenschlicher Wärme, fürsorglicher Beschützung durch die Eltern – unbefriedigt bleiben. Somit erlitten sie schwerste Deprivationen. Gleichzeitig wurden ihnen jedoch Frühreife und prekäre Autonomie aufgezwungen. ... Ausgestoßene Delegierte sind weniger depriviert, was die Aneignung gewisser autonomiefördernder Fähigkeiten anbelangt. Sie erscheinen jedoch schwerstens depriviert, was die Erwerbung jener Fähigkeiten zur Beziehungsgestaltung anbetrifft, ... Sie lernen es häufig nicht, Gefühle zu artikulieren, Bedürfnisse differenziert an andere heranzutragen, Konflikte, Ambivalenzen und negative Affekte zu äußern, als auch im Vertrauen auf eine schließliche Klärung und Versöhnung durchzustehen. Um Konflikte und negative Gefühle abwenden zu können, sind sie zu massiver Verdrängung und Idealisierung gezwungen. Ihr Heil suchen sie in der perfekten Erledigung ihrer Aufträge ... während intensivste Bedürfnisse nach emotionaler Nahrung und regressiver Verwöhnung unerkannt, unausgesprochen und daher unbefriedigt bleiben." [185]

Unerwartet stellt Stierlin, ohne daß in seinem Aufsatz zuvor von Krebs die Rede gewesen wäre, im nächsten Satz einen Bezug zum übergeordneten Thema dieses Buches her:

> „... [offenbar repräsentieren] viele Carcinompatienten Spielarten solcher ausgestoßener Delegierter." [186]

Soviel zu Sigmunds Position gegenüber seinen Eltern. Wie stand er aber zu seinen Geschwistern und diese zu ihm? Seine Schwester Anna schrieb, daß Sigmunds Worte und Wünsche trotz seines jungen Alters von jedem in der Familie respektiert worden seien [187]. Die Geschwister hatten zu gehorchen. Die Familie akzeptierte seine jugendliche Herrschsucht und förderte sein Gefühl, etwas Außergewöhnliches zu sein [188]. Freud selbst berichtete nicht über sein Zusammenleben mit seinen Geschwistern, und es ist auch aus anderen Quellen kaum etwas darüber bekannt, wie die Geschwister miteinander lachten oder stritten. Blum mutmaßte:

> „Praktisch jedes Jahr seiner Kindheit zwischen drei und sieben wurde eine Schwester geboren. Der Geschwisterkreis mag für Freud verführerisch und bedrohlich gewesen sein, eine exklusive Gemeinschaft, von der er sich vielleicht ausgeschlossen fühlte, eine verbotene Zone mit Geschlechts- und Inzest-Barrieren." [189]

Obwohl Sigmund von den Eltern privilegiert wurde, litt er unter unbewußter Sehnsucht und Wut, als er Mutters Aufmerksamkeit immer wieder mit einem neuen

Geschwister teilen mußte. Sein späterer Traum von der „Becken-Dissektion" beschreibt die traumatische Angst und die Rachegefühle, die mit den Schwangerschaften seiner Mutter verbunden waren [190]. Auch spätere theoretische Aussagen Freuds lassen auf massive Eifersucht gegenüber den Geschwistern schließen: In „Eine Kindheitserinnerung aus ‚Dichtung und Wahrheit'" schrieb er 1917:

> „Man weiß, daß Kinder, wenn ihre Leidenschaften erwachen, niemals so heftige Reaktionen gegen die Geschwister entwickeln, welche sie vorfinden, sondern ihre Abneigung gegen die neu Ankommenden richten." [191]

Und in seinem Aufsatz „Die Weiblichkeit" von 1933 stehen die schon zitierten Sätze über die aufflammende Anklage gegen die Mutter bei jeder Geburt eines neuen Geschwisters [192].

Alice Miller meinte die Eifersucht Freuds auch auf einer Fotografie von 1864, als Sigmund also achtjährig war, zu erkennen (siehe Abbildung 6) [193].

Abb. 6 Sigmund, ca. achtjährig, mit der Mutter und den Schwestern Rosa und Dolfi (aus E. Freud, L. Freud und J. Grubrich-Simitis, 1985)

7 | Entscheidende Jugend

Zwischen dem 15. und 19. Lebensjahr festigte sich Freuds dominante Rolle in der Familie. Er war der große Bruder, der den Schwestern bei den Aufgaben half, ihnen erklärte, was politisch in der Welt geschah, und die Auswahl ihrer Lektüre überwachte. Bei Ungehorsam konnte er auch böse werden, so zum Beispiel, als er seine Schwester Paula einmal in einem Süßwarengeschäft erwischte [1]. Als 16-Jähriger erklärte er seinem sechsjährigen Bruder [2]:

„Schau, Alexander, unsere Familie ist wie ein Buch. Du und ich sind der letzte und der erste der Geschwister. So sind wir die starken Deckel, die die schwachen Mädchen, die nach mir und vor Dir geboren sind, stützen und beschützen müssen."

Er genoß seine Privilegien, behielt die Rolle des Hoffnungsträgers in der Familie „und konnte so eine Haltung weiterentwickeln, die ihm zwar den Ausdruck eigener Emotionen erschwerte, ihn aber des Wohlwollens beider Eltern versicherte, indem er deren Erwartungen an sich erspürte und erfüllte" [3]. Er las die griechischen und lateinischen Klassiker in der Originalsprache (darunter auch den *Ödipus* von Sophokles) und verschanzte sich so oft hinter Büchern, daß er das Abendessen nicht mit den anderen, sondern allein in seinem Zimmer einnahm. Allerdings brachte er auch Kollegen zu manchmal nächtelangen intellektuellen Diskussionen mit nach Hause. Im Juli 1873 bestand Freud die Matura mit Auszeichnung, dachte daran, Jura zu studieren, begann im Herbst aber das Studium der Medizin, nicht eigentlich mit dem Wunsch, Arzt zu werden, sondern eher mit der Vorstellung, im Rahmen der Naturforschung Außerordentliches entdecken zu können. Im ersten Studienjahr wurde Freud Mitglied im „Leseverein der Deutschen Studenten Wiens", einer deutsch-nationalistischen Gruppe. Später gründete er selbst einen Freundeskreis, den „Bund", an dessen wöchentlichen Treffen im Café Kurzweil diskutiert, sowie Karten und Schach gespielt wurde. In den Sommerferien 1875 reiste er zu seinem Halbbruder Emanuel und dessen Familie nach Manchester. England gefiel ihm sehr, und mit Emanuel kam er gut aus, aber es gab eine Sache, die ihm nicht gefiel: Sein Vater Jakob und Emanuel hatten Pläne geschmiedet, um Sigmund von seinen hochfliegenden wissenschaftlichen Träumen abzulenken. Emanuel sollte ihm schmackhaft machen, wie befriedigend der Beruf des Kaufmanns sei, und zudem sollte er ihm seine Tochter Pauline als mögliche Braut anpreisen – Pauline, die für Sigmund mit der Deckerinnerung auf der Löwenzahnwiese verbunden war ... Freud kehrte von England nach Wien zurück und schien – er war jetzt 19-jährig – irgendwie verändert. Waren in den letzten Jahren in ihm Dinge geschehen, hatte er Leidenschaften erlebt, die nun plötzlich zu einer Krise, einer Wende geführt hatten? Es war bekannt, daß er einen besonders engen Freund hatte und daß zwei weibliche Wesen in den vergangenen Jahren eine gewisse Bedeutung für ihn erlangt hatten.

Viele Biographen meinen, daß Freud eine relativ ruhige Adoleszenz durchlebt habe. Jones schrieb:

„Seine Ausgeglichenheit und Reife und die offensichtlich geglückten Sublimierungen seiner Pubertätszeit lassen uns vermuten, daß seine Entwicklung sich ruhiger vollzogen hat als die der meisten jungen Leute." [4]

Andere Autoren meinen, Freud sei in ein Mädchen namens Gisela unglücklich verliebt gewesen, aber sie habe seinen Idealstandards nicht entsprochen [5]. Freud habe sich dabei nicht vor innerer Erregung gefürchtet [6], es sei vielleicht nur einer von vielen anderen ersten Eroberungsversuchen des Pubertierenden gewesen [7], ein „adoleszenter Übergangsritus", und bald habe Freud „ernstere Dinge im Sinn" gehabt [8]. Die Begegnung mit Gisela habe seine Sinnlichkeit kaum geweckt [9]. Folge dieser ersten Verliebtheit sei höchstens gewesen, „daß Freud weibliche Wesen und die Angelegenheiten des Herzens mit selbstbewußter, spöttischer Überlegenheit behandelte" [10]. Mehrere Biographen weisen zudem auf Freuds eigene Aussage hin, daß er Giselas Mutter bewundert habe, seine Verliebtheit in Gisela nur ein Abglanz davon gewesen sei und „in der ganzen Tändelei mehr Ironie, ja Hohn gesteckt" habe [11].

Eissler widerspricht diesem Bild vehement: In einem umfangreichen Bericht zeigt er auf, daß Freud von der Gisela-Geschichte so tief berührt war, daß er sich von Frauen zurückgezogen und sich im physiologischen Labor vergraben habe [12].

Interessant ist, daß Jones nach seiner Verharmlosung der Gisela-Geschichte auf Veränderungen beim jungen Freud zu sprechen kommt und nachdenklich fragt: „Sollte vielleicht doch die kurze Begegnung mit einem Landmädchen schicksalhaft gewesen sein?" [13]. Auch weist Jones darauf hin, daß Freud mit verschiedenen Vorsichtsmaßnahmen versucht hatte, die Entdeckung zu verhindern, daß er in den „Deckerinnerungen" sein eigenes erstes Verliebtsein beschrieben hatte [14].

Genauso interessant ist, daß Eissler umgekehrt die Auswirkungen der von ihm zuvor dargestellten Dramatik in Freuds Jugend plötzlich verharmlost, indem er behauptet, daß Freud mit Humor aus der Adoleszenz herausfand und nach der Überwindung des Gisela-Traumas die volle Liebesfähigkeit erreicht habe [15].

Ein Teil dieser Widersprüche erklärt sich aus der Tatsache, daß mehrere Autoren noch keine Kenntnis vom Inhalt wichtiger Dokumente, nämlich von Freuds Korrespondenz mit zwei Freunden, Emil Fluß und Eduard Silberstein, hatten. Ein Fluß-Brief wurde 1941 veröffentlicht, dann galten die Fluß-Briefe als verschollen, bis sie (neun Briefe) im Nachlaß von Ernest Jones aufgefunden und 1969 publiziert werden konnten. Einige wenige Silberstein-Briefe sind in den sechziger Jahren, die Gesamtheit der noch vorhandenen Briefe von Freud an Silberstein (80 Briefe) aber erst 1989 publiziert worden.

Ein anderer Teil der Widersprüche in der Einschätzung der Auswirkungen von Ruhe und Sturm in Freuds Jugend stammt aber wahrscheinlich aus der auch in dieser Thematik deutlich spürbaren Hemmung vieler Biographen vor der Enthüllung der Schattenseiten Freuds. Anders sind mehrere offensichtliche Fehlinterpretationen kaum zu verstehen. So zum Beispiel die Vermischung der Identität zweier Personen: **Gisela Fluß und „Ichthyosaura" waren zwei verschiedene Frauen.** Mindestens 12 Stellen in den Briefwechseln Freuds mit seinen Freunden Eduard Silberstein und Emil Fluß (eines Bruders von Gisela Fluß) weisen darauf hin, daß „Ichthyosaura" nicht Gisela Fluß war. Spätestens seit der Publikation der Fluß-Briefe [16] hätte dies erahnt werden müssen. Aber alle Biographen übernahmen die festgefahrene Meinung, daß diese beiden Namen dieselbe Person meinten. Trotz kommentierter Widersprüche deutete auch Boehlich, der Herausgeber der Silberstein-Briefe [17], nicht einmal an, daß es sich um zwei Personen handeln könnte. Erst Heim [18] (französische Erstveröffentlichung 1992) wies auf die Verwechslung hin.

Die psychodynamische Bedeutung von Freuds Jugendjahren läßt sich am besten vor dem Hintergrund des Verlaufs der Korrespondenzen Freuds mit Eduard Silberstein und Emil Fluß erkennen, denn in ihnen wird ersichtlich, zu welchem Zeitpunkt welche der beiden Frauen – „Ichthyosaura" und Gisela – welche Wirkung bei Freud entfaltet haben.

7.1 Eine „spanische" Freundschaft: Eduard Silberstein

Eduard Silberstein wurde im selben Jahr wie Freud in der rumänischen Stadt Jassy als eines von vier Kindern orthodox jüdischer Eltern geboren. Sein Vater Osias baute erfolgreich eine Handelsfirma auf, so daß er seine Söhne nach Wien ins Gymnasium schicken konnte. Eduard und Sigmund haben sich 1869 oder 1870 kennengelernt, eventuell in Roznau (wo Sigmunds Mutter mit einigen Kindern und auch eine Frau Silberstein mit einem Kind zur Kur waren) oder im Gymnasium. Jedenfalls wurden sie engste Freunde, pflegten ab 1871 eine intensive Korrespondenz und gründeten wegen ihrer gemeinsamen Liebe zur spanischen Sprache und deren Dichtern die „Spanische Akademie" (AE = „Academia Espanola", AC = „Academia Castellana" oder SSS = „Spanische Sprach-Schule"), die aus nur zwei Mitgliedern – ihnen beiden – bestand. Viele Briefteile und einige ganze Briefe schrieben sie sich auf spanisch, verschlossen mit dem von Sigmund hergestellten Siegel der AE. Sie philosophierten, schrieben selbst „Literatur", schlemmten zusammen an Nachtmahlen, unternahmen gemeinsame Reisen und diskutierten über Mädchen und Frauen, die sie „Prinzipien" nannten. Außerhalb ihrer Freundschaft war Sigmund scheu und hütete ängstlich seine Privatsphäre, aber mit Eduard suchte er totale Kommunikation, eine Offenheit, in welcher er sich vollständig verstanden fühlen konnte [19]. Untereinander verwendeten sie ihre spanischen Namen: „Cipio" (oder „Don Cipion") für Sigmund und „Berganza" für Eduard. Diese Namen hatten sie einer humoristisch-philosophischen Erzählung von Cervantes entliehen, in welcher zwei Hunde eines Spitals während einer Nacht die Sprachfähigkeit erlangen und der eine, Berganza, dem anderen, Cipio, seine Lebensgeschichte erzählt. Cipio hört zu, unterbricht, macht Nebenbemerkungen, mahnt und belehrt seinen Freund. Sigmund Freud scheint von „seinem" Hundenamen, Cipio, sehr angetan gewesen zu sein. Die Feststellung von Vranich mag zutreffen, daß sonst nirgendwo eine so starke Identifikation in Freuds Kindheit zu finden und es deshalb verwunderlich sei, daß sich Jones und seine Nachfolger nicht verlockt gefühlt hatten, den Charakter des Cipio zu untersuchen [20]. Vranichs Analyse der Bedeutung von Freuds Wahl seines spanischen Vornamens bleibt aber oberflächlich: Cipio sei der geborene Analytiker, biete eine rationale und optimistische Sicht des Lebens, und die in der Geschichte ausgedrückte Hell-Dunkel-Symbolik (gegen Morgengrauen hat Berganza alles erzählt) symbolisiere die Psychoanalyse, welche vom Dunkel des Unbewußten zum Licht des Bewußtseins führe [21]. Eine tiefergehende Analyse könnte bei der Feststellung beginnen, daß die Erzählung „Gespräch zwischen Cipión und Berganza, Hunden des Auferstehungshospitals" [22] (spanische Erstausgabe 1613), als besonderes Meisterstück der „exemplarischen Novellen" von Cervantes gilt und deshalb Wahrheiten auf mehreren Ebenen enthalten muß. Das Zentrum der Geschichte bildet die Szene, in welcher Berganza seinen Dienst bei den Soldaten beschreibt und wie der Trommler ihn Kunststücke lehrte:

> „Er richtete mich ab, Schwenkungen zu machen, wie ein neapolitanisches Pferd, im Kreise herum zu gehen, wie ein Maultier in der Drehmühle, nebst andern Dingen, die es hätten zweifelhaft machen können, ob ich nicht am Ende ein Teufel in Hundegestalt sei, daß ich solche Künste verstehe ..." [23]

Ein Teufel in Hundegestalt? ... Dieses Bild wird im Verlauf der weiteren Ausführungen zu Freuds Leben erneut auftauchen. Bei Berganza war es eine Vorahnung, die schnell Bestätigung fand. Er erzählte weiter, wie er nach einer Vorstellung auf Cannizares traf, eine alte Frau, die ihn wie einen verlorenen Sohn begrüßte. Sie erzählte, daß sie und Berganzas Mutter, Montiela, zwei Hexen und Schülerinnen der berühmten Hexe Camacha waren. Montiela sei sogar die beste der Hexenschülerinnen gewesen:

> „Es ist wahr, daß deine Mutter den Mut hatte, eine ganze Legion Teufel in einen Kreis zu bannen. ... Sie starb aber an keiner Krankheit, sondern aus Schmerz, den ihr die Camacha, ihre Lehrmeisterin, zufügte aus Neid, ... weil sie ihr in der Wissenschaft gleichkommen wollte ... Deine Mutter war schwanger, und als die Stunde der Geburt herannahte, leistete ihr die Camacha Hebammendienste und empfing mit ihren Händen das, was deine Mutter gebar ... zwei junge Hunde ..." [24]

Gedo und Wolf erklärten die Bedeutung dieser Schlüsselszene:

„Der Wendepunkt in Berganzas Leben, die Begegnung, die ihn aus seiner kindlichen Unschuld, in der er stets auf unmögliche ideale Umstände hoffte und mit narzißtischer Wut über die Gesellschaft erfüllt war, zu dem veränderte, was Freud einen ‚praktischen Philosophen' nennen würde, ist die Entdeckung seiner Herkunft und das Erkennen seiner wahren Natur: Eine alte Hexe erkennt ihn als den verzauberten Sohn einer Hexen-Kollegin, das heißt, als menschliches Wesen ... Wenn Berganza erzählt, wie er von der geheimnisvollen Entbindung zweier Hündchen durch eine Hexe erfahren hat, erkennen wir sofort, daß Cipio sein Zwilling ist ..." [25]

Wie reagierte Cipio, als er vernahm, daß auch er Sohn einer Hexe sei? Er beschimpfte alle drei Hexen, über die Berganza berichtet hatte: Die Camacha sei eine falsche Possenreißerin, die Cannizares eine Betrügerin und Montiela töricht, boshaft und spitzbübisch. Dann fügte er hinzu:

„Doch mag das Gesagte mir verziehen werden, wenn sie etwa unser beider Mutter ist, oder die deinige, denn ich mag sie nicht zur Mutter haben." [26]

Cipio will also selbst bestimmen, wer seine Mutter ist, und er will keine Mutter, gegenüber der er ambivalente Gefühle wie Liebe und Haß, Anziehung und Abstoßung, Geborgenheit und Gefangenschaft erleben muß.

Gedo und Wolf interpretieren die ganze Novelle wie folgt:

„[Sie] handelt vom Problem des Bösen: des Menschen immanenter Aggressivität, seiner Identifikation mit der elterlichen Böswilligkeit und Unehrlichkeit und der narzißtischen Wut über die vielfältigen Desillusionierungen des Lebens, besonders jene, die durch die Mängel der [Eltern] provoziert worden sind." [27]

Wenn Gedo und Wolf schließlich feststellen, daß Cipio und Berganza „komplementäre Hälften eines inneren Dialogs im Kopf von Cervantes" repräsentieren [28], könnte man daraus ableiten, daß Sigmund Freud unbewußt wie Cipio dazu tendierte, diese Art von innerem Dialog in sich abzubrechen um dadurch sein Wunschbild der idealen Mutter aufrechterhalten zu können.

7.2 Das Prinzip des Sichverliebens: Ichthyosaura

Im Sommer 1871 fuhren Sigmund und Eduard nach Roznau, wahrscheinlich um Sigmunds Mutter zu besuchen, die dort wegen ihrer Tb in Kur war. In diesem Kurort scheinen die beiden heimlich eine Szene beobachtet zu haben, die sie erregte und fesselte: ein Paar, das sich küßte. Der Name der Frau ist nicht übermittelt, der Mann hieß „Salter". Vermutlich war das Paar ein wenig älter als die beiden Freunde, ideal für zwei Jugendliche, ihre Phantasien unter einem ödipalen Schutz blühen zu lassen.

Unter dem zusätzlichen dreifachen Schutz des ihn begleitenden Freundes, des Geheimen und der Tatsache, daß die Frau bereits in einer Beziehung stand, schien Freud zuzulassen, den emotionalen Sturm zu erahnen, der mit geschlechtlicher Liebe verbunden sein kann. Ausgelöst von der beobachteten Kußszene entwickelten die beiden Freunde eine Phantasievorstellung, die Freud „den saurischen Mythos von Roznau nannte" [29]. „Saurisch" war dieser Mythos deshalb, weil Sigmund und Eduard dem beobachteten Liebespaar die Namen der Hauptgestalten eines Gedichts von Josef Viktor Scheffel, dem zu dieser Zeit meistgelesenen Autor Deutschlands [30], verliehen haben: „Ichthyosaura" (eine Flußechse) und „Iguanodon" (ein Dinosaurier mit länglichem, pferdeartigem Kopf). Die Strophe aus Scheffels Gedicht „Der letzte Ichthyosaurus", an die beide offenbar beim Anblick der Kußszene dachten, lautete:

> Der Iguanodon, der Lümmel,
> Wird frecher zu jeglicher Frist,
> Schon hat er am hellen Tage
> Die Ichthyosaura geküßt.

Die mit der Familie Freud befreundete Familie Fluß in dem von Roznau etwa 25 km entfernten Freiberg, der Geburtsstadt Sigmunds, gab zu dieser Zeit eine „Gesellschaft", zu der die beiden Freunde, aber auch die im Geheimen beobachtete Ichthyosaura (vielleicht auch der Iguanodon) eingeladen waren. Die Gastgeber, Ignaz und Eleonora Fluß, hatten vier Söhne und zwei Töchter. Emil, im selben Jahr wie Sigmund geboren, wurde zu einem Brieffreund Freuds, Gisela, die ältere Tochter, sollte ein Jahr später Anlaß zu einer großen Verwirrung von Freuds Gefühlsleben werden. Anläßlich der Flußschen Einladung vom Sommer 1871 stand für Freud jedoch Ichthyosaura im Vordergrund, die „Perle der Gesellschaft" [31].

Ein halbes Jahr später erwähnte Sigmund Ichthyosaura (abgekürzt „Ichth.") auf einer Postkarte an Eduard, indem er sie als einem gemeinsam bekannten Mädchen unvergleichbar darstellte [32]. Eine Postkarte zwei Monate später macht klar, daß er in Ichthyosaura verliebt war:

> „Heute stieß ich zufällig auf den Bruder von Ichth. ... Ich kann nicht sagen, wie es mich betrübt, daß er nicht ‚sie' gewesen ist." [33]

Im Sommer 1872 schien es, als ob sich Freud innerlich von Ichthyosaura distanzieren wollte, von einer Frau, mit der er nie mehr als eine imaginierte Beziehung gehabt hatte. Trotzdem läßt ein Brief an Emil Fluß einige Monate später erkennen, wie sehr „Ichth." ihn immer noch beschäftigte. Er beschrieb darin, wie sein Freund Silberstein bei der Besichtigung der Flußschen Weberei zwei Jahre zuvor eine Maschine berührt und „Ichth." ihm die Hand weggerissen und ausgerufen hatte: „Nicht, das ist gefährlich" [34]. Sigmund erzählte diese Erinnerung, um Emil zu beweisen, daß hinter solchen Handlungen nicht Besorgnis, sondern nur ein bedingter Reflex stehe. Anstatt zuzugeben, daß er sich gewünscht hätte, daß er – und nicht Silberstein –

die Maschine und „Ichth." seine Hand berührt hätte ... und zuzugeben, daß es ihn quält, nicht zu wissen, wie der Funke zwischen einem Mädchen und ihm springen könnte, tut er belehrend so, als ob es keine Funken, keine Gefühle, nur Pawlowsche Reflexe gäbe.

Von den folgenden zwei Jahren sind keine Äußerungen Sigmunds über „Ichth." bekannt. Erst zu Beginn des Jahres 1875 tauchte ihr Name wieder in einem Brief auf. Silberstein war unterdessen abgereist, um sein Studium in Leipzig fortzusetzen. Sigmund trauerte um die verlorenen intimen Gespräche mit Eduard und beneidete diesen gleichzeitig um seine lockere Art im Umgang mit Mädchen („Prinzipien"):

> „Ich könnte Dich entschuldigen, wenn die Prinzipien über Dich gekommen wären wie der Regen über das Saatfeld: unverschuldet und unerwartet; aber die klare Absichtlichkeit guckt aus Deinem Benehmen heraus." [35]

Es erschien wie ein homophiles Aufbäumen, als er Eduard in sieben Briefen drängte, ihm endlich eine Photo von sich zu schicken – eine Photographie, die ihm seine „lieben Züge vor Augen führen" soll [36] –, und ihm mitteilte, daß er ihm unmöglich schreiben konnte, weil es ihm (wegen Kater und wenig Schlaf) nicht so gut ging und er damit Eduard unnötigerweise geängstigt hätte. Eduard hätte dies kaum geängstigt, aber Sigmund hatte Angst:

> „Ich hatte mich überarbeitet, obwohl ich eben nicht viel, sondern bloß vielerlei und Unzweckmäßiges gearbeitet hatte, schlief nur 4 Stunden täglich, lebte einige Tage mit soviel Ungeduld, als ginge diese Welt in 14 Tagen zu Grunde und erwartete mich auf der andern ein Professorenstuhl, wurde auch hoch nervös, schlaff, langweilig, hatte ein Gefühl, als wären meine Glieder mit Gummi zusammengeklebt und gingen wiederum auf ... es war aber in der Tat kein Prinzip daran schuld, sondern unter anderem eher eine gewisse Prinzipienlosigkeit; die alten taugten nichts mehr, die neuen sind noch nicht gefunden, es ist eben eine Übergangszeit. Heute habe ich mir einen Genuß verschafft, den ich seit langem vermißt habe. Die Papiere der A.E., die ich gestern von Deinem Bruder ... erhalten habe, habe ich heute durchgeblättert und gelesen und geschwelgt in der Erinnerung an vergangene Zeiten." [37]

Mitte Juli 1875 reiste Freud für siebeneinhalb Wochen zu seinen Halbbrüdern nach Manchester, wo er gut lebte, aber auch – wie erwähnt – von dem Plan seines Vaters erfahren hatte, ihn vom Studium abzubringen und ihn am liebsten mit Pauline verheiratet zu sehen. Etwa zwei Wochen nachdem Sigmund von England nach Wien zurückgekehrt war, erfuhr er, daß Ichthyosaura einen Herrn Rosenzweig in Deutschland geheiratet habe. Seine Reaktion auf diese Nachricht war gewaltig. Einem Brief an Silberstein legte er ein Gedicht bei, das er „Hochzeitscarmen" nannte und das in 76 Zeilen nur Hohn und Spott über Ichthyosaura verbreitete [38]. Obschon das Gedicht auch mit Freudschen Witzen garniert ist, zeigt es vor allem ein Gemisch von Enttäuschung und Wut. Ein durch Zufall mit dem „Hochzeitscarmen" in den

Brief an Silberstein geratener stenografischer Entwurf des Gedichts [39] macht deutlich, wie tief er verletzt war. Er klagte: „oh weh; ich rase, der Schmerz versengt mir den Busen", bat seinen Freund um Zyankali, Arsenik, ein scharfes Rasiermesser, einen Revolver, und endete mit dem Nachsatz: „denn nicht länger ertrag ich das garstige Schicksal". Boehlich [40] meint, daß in diesem Entwurf alles nach wilder Verzweiflung und Selbstmordgedanken klinge. Natürlich klingt der Brief auch sehr theatralisch und ist in diesem Sinn ein Mittel zur Verarbeitung von Belastendem. Freuds dramatischer Aufschrei, nachdem er von der Verheiratung der Ichthyosaura erfahren hatte, ist allerdings kaum verständlich, wenn man daran denkt, daß Ichthyosaura immer nur eine „theoretische" Liebe für ihn gewesen war, einseitig, unerreichbar. Er hatte sie nie geküßt, vermutlich sogar nie mit ihr allein gesprochen. Aber sie war für ihn eine Art Muster von Mädchen oder Frau geworden, mit der geschlechtliche Liebe erlebt werden könnte, ein „Prinzipien"-Muster, sozusagen das Prinzip der Prinzipien. Freuds Aufschrei nach der Verheiratung der „Ichth." war deshalb – so muß vermutet werden – das Begleitgeräusch einer schweren Entscheidung, die Freud vor oder während seiner Englandreise getroffen hatte: Er wollte mit „Prinzipien", mit Mädchen, in die man sich verlieben könnte, nichts mehr zu tun haben. Das Postskriptum im Brief, der das „Hochzeitscarmen" enthielt, bestätigt diese Vermutung:

> „P.S. Eine so seltene Gelegenheit wie die Verheiratung eines Prinzips verdient in der Tat eine besondere Anstrengung. … Hiemit endet diese Formation, hier versenke ich den Zauberstab, der zu ihrer Bildung beigetragen; eine neue Zeit ohne geheim wirkende Kräfte breche herein, die keiner Poesie und Phantasie bedarf. …" [41]

Mit der Anspielung auf den „Zauberstab" meinte Freud den Dramatiker Prospero, der als alter Mann seiner magischen Kunst abschwor und den Zauberstab beiseite legte [42]. Freud begrub mit dem „Hochzeitscarmen" seinen Wunsch nach Verführung und Verführtwerden. Es folgte eine Zeit „ohne Poesie und Phantasie" … nur der Wissenschaft gewidmet.

Was war geschehen – zwischen Sommer 1872 und Oktober 1875 –, das den 19-Jährigen so sehr verbittert hatte, daß er die Liebe vergessen wollte?

7.3 Das reale Verliebtsein: Gisela Fluß

Bei seinem Besuch der Familie Fluß zusammen mit Silberstein im Sommer 1871 hatte Freud auch Gisela, die ältere der beiden Fluß-Töchter, kennengelernt und sich ein Jahr später – als 16-Jähriger – im Sommerurlaub in sie verliebt. Gisela war drei Jahre jünger als er. Sie verbrachte ihren Urlaub bei ihrer Familie, mußte aber während Sigmunds Aufenthalt in Freiberg zurück ins Internat nach Breslau (Breslau, die Stadt, deren Gaslaternen Sigmund bei der nächtlichen Eisenbahnfahrt als Dreijähriger so erschreckt hatten!). Einen Tag vor Giselas Abreise schrieb Freud an Silberstein:

123

> „… daß ich Zuneigung zu der Größten namens Gisela gefaßt habe, die morgen abreisen wird, und diese Abwesenheit wird mir eine Sicherheit des Benehmens zurückgeben, die ich bis jetzt nicht gekannt habe. Euer Gnaden, wenn sie meinen wahren Charakter berücksichtigt, wird sich mit gutem Grunde vorstellen, daß ich mich, statt mich ihr zu nähern, ihr ferngehalten habe …" [43]

Und zwei Wochen später:

> „Am Mittwoch, nachdem ich Dir geschrieben, ist sie abgereist, nicht ohne mir einen Streich zu spielen, der mich lange geärgert. Ich habe traurig Abschied genommen und bin nach Hochwald gegangen, meinem kleinen Paradies, wo ich die angenehmste Stunde verlebte. Ich habe all die wimmelnden Gedanken beruhigt und zucke nur leicht zusammen, wenn die Mutter bei Tisch den Namen Gisela ausspricht. Die Neigung ist erschienen wie ein schöner Frühlingstag … " [44]

Diese Beschreibung der Verliebtheit entspricht den Gefühlen und Gedanken vieler junger Menschen in Zeiten erster Verliebtheit. Außergewöhnlich ist jedoch das Abwehrgebäude, das Sigmund in den Berichten über seine erste Liebe errichtet hatte: Allein in den zwei oben zitierten Silberstein-Briefen [45] sind acht Stellen zu finden, in welchen Freud sein eigenes Verliebtsein verspottet oder den Freund vehement davor warnt, jemandem sein Verliebtsein zu verraten:

> „Keine fremde Hand soll diesen Brief berühren." [46]

Ein Jahr später, am 16. August 1873, teilte Sigmund seinem Freund Eduard mit, daß die Familie Fluß im September nach Wien umziehen werde [47]. Nur vier Tage nach dieser Ankündigung schrieb er ihm einen weiteren Brief, der in deutscher Sprache harmlos beginnt, dann ein Mißtrauen gegenüber „Fräuleins" im Allgemeinen ausdrückt, in die spanische Sprache wechselt und in dieser intimeren und zugleich distanzierenderen Sprache eine seltsame Verbindung zwischen der Hoffnung, eine Photographie von Eduard zu erhalten, und der Hoffnung auf eine Beziehung mit Gisela schafft: Sigmund hat sich entschieden, beide Hoffnungen aufzugeben, ja sogar die Hoffnung auf jede intime Beziehung zu Mädchen. In einem vierzeiligen Gedicht drückte er schließlich die seltsame Erkenntnis aus, die ihn zu dieser traurigen Schlußfolgerung geführt hat. Hier der entscheidende Text:

> „Früher hatte ich die Gewohnheit, Deine Briefe, bevor ich sie öffnete, zu befühlen, ob nicht etwas Dickeres in ihnen läge als ein Blatt Papier, vielleicht eine Photographie, aber jetzt habe ich auf die sogenannte Hoffnung verzichtet und … ebenfalls auf die Neigung, die mich an jenes Mädchen, Gisela, fesselte, die Du kennst und nicht kennst, gesehen hast und nicht erinnerst. Nicht weil eine andere ihren Platz eingenommen hätte, sondern der Platz kann leer bleiben. Oder weil es keinen leeren Raum in der Natur gibt,

wollen wir sagen, daß er sich mit etwas anderem wie mit Luft gefüllt hat. ... das allzu lange Spiel hat mich ermüdet und in die Irre geleitet.

Für jetzt lebe wohl und pflege Deinen Leib, denn, wie ein berühmter spanischer Dichter sagt

> Ohne Hände kann man nichts ergreifen
> und ohne Brust nicht umarmen
> und ohne Augen nichts erblicken
> und nicht lieben ohne Wahrheit!

Aber dieser berühmte Dichter ist nicht Cervantes noch Caballero noch D. Ramón Mesonero Romanes, sondern D. Cipion ist es, der diesen Vierzeiler in einer lyrischen Laune gemacht hat." [48]

„Der Platz [für die sinnliche Liebe] kann leer bleiben" ... welch trauriger, resignierender, das heißt, sich über die Trauer hinwegsetzender Satz. Und das abschließende Gedicht zementiert die Resignation. Die vier Zeilen weisen einen Bruch auf: dreimal wird von der körperlich-sinnlichen Welt gesprochen und einmal von der Wahrheit. „Wahrheit" erscheint hier absolut und von Wahrhaftigkeit (der gegenseitigen Ehrlichkeit) abgetrennt, wie ein Begriff aus einer anderen Welt [49]. Freud meint, Liebe, die nicht voll rational erfaßbar sei, sei nicht möglich. Er hat sich gegen das Sinnliche und für die Wahrheit entschieden, in der Hoffnung, er könne über die Wahrheit zur Liebe kommen. Genau das, was nicht geht. Daß sich Freud gerade hier als „Dichter Don Cipion" bezeichnet, paßt gut: Cervantes Hund Cipio hatte sich auch entschieden, den inneren Dialog zwischen Ängsten und Wunschbildern abzubrechen. Flem kommentierte Freuds Entscheidung mit folgenden Worten:

> „Im Alter der Pubertät drängt sich ihm die Entsagung als die beste Lösung auf; in seiner Reifezeit wird er die Theorie dazu aufstellen und die Idee vertreten, daß das Gebäude der Zivilisation auf dem Prinzip des Triebverzichts beruht." [50]

Aber die Entsagung belastete ihn schwer. Zwar berichtete er am 23. Oktober 1873, daß er den Begrüßungsbesuch bei der Familie Fluß, nachdem diese in Wien eingetroffen war, „ohne viel Beschwerde" abgestattet habe [51], aber die Tatsache, daß sich seine Schwestern mit den Schwestern Fluß bald gut befreundet hatten, setzte ihn immer wieder Stürmen von Gefühlen aus [52]. Zu Silvester 1874 und zum Geburtstag von Freuds Schwester Anna (sie wurde am 31. Dezember 16-jährig) hatte die Familie Freud Gisela und Sidonia Fluß sowie einen Bruder und einen Freund von Freuds Vater zur Feier eingeladen. Sigmund war inzwischen 18-jährig, und es war mehr als ein Jahr vergangen, seit er sich zur Enthaltsamkeit entschlossen hatte. Sigmund zog sich vor Mitternacht traurig von der Festgesellschaft zurück und schrieb seinem Freund Silberstein, der mittlerweile Student in Leipzig war. Silberstein muß diesen Brief mit Anspielungen auf die Verführungskünste Giselas beantwortet haben, denn am 17. Januar schrieb ihm Freud zurück:

> „Streiche ihre Reize, ihre Künste, ihre Schlangenhaftigkeit und ihre Anmut, sie ist noch lange keine Armida. …
> Vom Silvesterabend übrigens zu Deiner Beruhigung noch ein Nachtrag; maßgebenden Orts hat man bemerkt und zu Hause mitgeteilt, daß ich fröhlicher als sonst war. Übrigens muß ein Mensch nicht alles wollen, und wenn mir Damengesellschaft beschwerlich bleibt, so freue ich mich dafür, daß sie Dir umso leichter ist. … Überhaupt hab ich ein Rezept für meine kleine psychologische Hausapotheke daraus abstrahiert. Willst Du in idyllischer Stimmung sein, so zieh Dir einen Frack und weiße Glacéhandschuhe an. Dann wird die Sonne wärmer scheinen, wenn die Bäume kahl stehen, werden ihre Knospen aufbrechen und Du wirst ein glückliches großes Kind. Weh Dir aber, wenn Du keinen Frack und keine Glacéhandschuhe hast, dann bleibt Dir nichts übrig als zu verzweifeln …" [53]

An Silvester 1874 hatte Freud also die Hoffnung auf eine Beziehung mit Gisela längst aufgegeben, und zehn Monate später, im Oktober 1875, nach seinem Besuch in Manchester, gab er im „Hochzeitscarmen" die grundsätzliche Hoffnung auf „Prinzipien" auf.

7.4 Auswirkungen des Traumas der ersten Liebe

Neun Jahre nach der traurigen Silvesternacht mit Gisela stellte der nun 27-Jährige in einem Brief an seine Braut Martha die Gisela-Geschichte als lächerlichen jugendlichen Irrtum dar:

> „Hab' ich Dir einmal erzählt, daß Gisela meine erste Liebe war, als ich sechzehn Lenze zählte? Nein, nun denn lach' mich ordentlich aus, erstlich wegen meines Geschmackes und dann weil ich nie ein neutrales, geschweige liebenswürdiges Wort mit dem Kind gesprochen habe. Wenn ich mir's jetzt überlege, so war ich damals durch das Wiedersehen meiner Heimat weich geworden." [54]

1899, Freud war inzwischen 43-jährig, publizierte er den Aufsatz „Über Deckerinnerungen" [55], in welchem er anonym von der Bedeutung seiner Beziehung zu Gisela erzählte. In der im Aufsatz analysierten Deckerinnerung hatte er als Dreijähriger zusammen mit seinem neun Monate älteren Vetter John dessen kleine Schwester Pauline „untersucht" (das ist die Szene auf der Löwenzahnwiese, die bereits in Kapitel 6.4. beschrieben worden ist). Freud berichtete, daß diese Deckerinnerung ihn nicht schon als Kind, sondern erst als 16-Jährigen (als Alter gab er zwar 17 an) in den Sommerferien in Freiberg beschäftigt habe …

„… und zwar als Gast einer uns … befreundeten Familie. Ich weiß sehr wohl, welche Fülle von Erregungen damals Besitz von mir genommen hat … Ich war siebzehn Jahre alt, und in der gastlichen Familie war eine fünfzehnjährige Tochter [in Wahrheit war sie erst 13; Ko], in die ich mich sofort verliebte. Es war meine erste Schwärmerei, intensiv genug, aber vollkommen geheim gehalten. Das Mädchen reiste nach wenigen Tagen ab in das Erziehungsinstitut, aus dem sie gleichfalls auf Ferien gekommen war, und diese Trennung nach so kurzer Bekanntschaft brachte die Sehnsucht erst recht in die Höhe … Sonderbar, wenn ich sie jetzt gelegentlich sehe – sie hat zufällig hieher geheiratet, – ist sie mir ganz außerordentlich gleichgültig, und doch kann ich mich genau erinnern, wie lange nachher die gelbe Farbe des Kleides, das sie beim ersten Zusammentreffen trug, auf mich gewirkt, wenn ich dieselbe Farbe irgendwo wieder sah." [56]

Weitere Indizien weisen darauf hin, daß sich die Erinnerung Freuds an Gisela als belastende, unbewältigte Narbe in seinem Gedächtnis eingegraben hatte: Zum Beispiel hatte er 1885 in seiner ersten Vernichtungsaktion von Dokumenten nicht einfach alle alten Schriftstücke vernichtet, sondern nur bis zurück zu den Aufzeichnungen aus seinem 16. Lebensjahr, also genau bis zur Zeit seiner Verliebtheit in Gisela. In dem schon zitierten Brief an seine Braut hatte er erklärt, daß alles, was früher gewesen, schon „lang tot" sei und daß er all seine Gedanken und Gefühle seit seinem 16. Lebensjahr bis zu seiner Berufswahl und der Verlobung mit Martha „für unwert erklärt" habe, „fortzubestehen" [57]. Als 1907 ein Patient – der Rattenmann – in einer Sitzung den Namen „Gisela Fluß" aussprach, setzte Freud in seinen Aufzeichnungen drei Ausrufungszeichen hinter den Namen [58]. Vielleicht hatte der Patient sogar nur den Namen „Gisela" erwähnt und Freud den Nachnamen „Fluß" als Fehlleistung ergänzt [59]. Freud hatte später zu verhindern versucht, daß sein Aufsatz „Über Deckerinnerungen" neu aufgelegt würde [60]. Schließlich war eine von mehreren persönlichen Ergänzungen, die Freud 1909 in die zweite Auflage der *Traumdeutung* aufnahm, eine Bemerkung, die seine Gesichtsnarbe betraf, die aber – Freud erkannte es wohl zu spät – die Identität des in den „Deckerinnerungen" beschrieben Patienten – eben Freud selbst – entlarvte. Als dann

„im Jahre 1925 die ‚Gesammelten Schriften' zusammengestellt wurden, konnte Freud den Herausgebern den betreffenden schönen kleinen Aufsatz ‚Über Deckerinnerungen' nicht vorenthalten, ohne ihr Mißtrauen zu erregen. Dafür strich er in der ‚Traumdeutung', die in den ‚Gesammelten Schriften' ebenfalls neu herauskam, die verräterische Stelle, obgleich dadurch der Zusammenhang gestört wurde." [61]

Kurt Eissler beschrieb das Ausmaß der Bedeutung des Gisela-Traumas mit folgenden Worten:

„Die Gisela-Erfahrung stürzte ihn offensichtlich in intensive und extensive Abwehren. Die tragischen Auswirkungen werden von Freud energisch verleugnet, und dort, wo nach einem kurzen Ausbruch von leidenschaftlicher Liebe Mutlosigkeit und Kummer geherrscht hatten, herrschten jetzt Sarkasmus und Verächtlichmachung, jedenfalls an der Oberfläche. ...

... Er verzichtet auf alle im Geheimen aktiven Kräfte und auf alle Poesie und Phantasie, die er so sehr geliebt hat. Er verbannt alle Abkömmlinge des Unbewußten und alle Beschäftigung mit seiner eigenen Vergangenheit. Nur das Hier und Jetzt der äußeren Welt sollen akzeptierbare Gegenstände seiner Aufmerksamkeit sein. Das Hier und Jetzt ist gut definiert und fern von der Welt des ‚Es‘, die das Selbst in Verwirrung und Hilflosigkeit stürzen könnte." [62]

Freud hatte sich aus seiner tiefen Liebesenttäuschung in die Wissenschaft geflüchtet und unter den harten Fittichen des strengen Physiologie-Professors Ernst Brücke Schutz gesucht:

„... der junge Student benötigte eine solche Unterstützung von außen, um die innere Abwehr, die er sich aufgebaut hatte, aufrechterhalten zu können." [63]

Indirekt bestätigte Freud diese innere Dynamik in der *Traumdeutung*, als er ohne weitere Erklärung schrieb, Brückes Labor sei das Institut gewesen,

„... in dem ich meine glücklichsten Stunden als Schüler verbracht, sonst ganz bedürfnislos ..." [64]

Freud bezeichnete 1926 das Zugeständnis unserer psychischen Hilflosigkeit als Kern der Triebgefahr [65], und schon 1915 hatte er festgestellt:

„Im Falle des Triebes kann die Flucht nichts nützen, denn das Ich kann sich nicht selbst entfliehen." [66]

Aber eigentlich ist es ja selbstverständlich, daß Flucht im besten Fall vor äußeren Gefahren schützen kann; Freuds Feststellung scheint deshalb als Ersatz für mangelnde Alternativen zu dienen. Nicht jeder Jugendliche ist jedoch der Triebgefahr nur hilflos ausgeliefert. Auf den jugendlichen Freud traf diese absolute Hilflosigkeit aber zu. Warum? Warum war er so hilflos?

Eine erste Antwort könnte im Märchen **„Die kleine Meerjungfrau"** von Hans Christian Andersen zu finden sein. Dieses Märchen erzählt die traurige Geschichte eines Mädchens, das mit seinem Vater, dem verwitweten Meerkönig, dessen Mutter und fünf älteren Schwestern tief unten im Meer lebte. Als es 15-jährig wurde, durfte es seinen lang ersehnten ersten Ausflug aus der Tiefe des Meeres an die Wasseroberfläche unternehmen. Als die kleine Meerjungfrau kurz vor Sonnenuntergang zum ersten Mal aus dem Wasser aufgetaucht war, sah sie ein großes Schiff vor sich, von dem fröhliche Musik und Gesang zu ihr herüberklangen. Sie näherte sich dem Schiff, blickte durch die Fenster ... und sah den schönen jungen Prinzen mit den großen schwarzen Augen. Was dann geschah, schildert und erklärt Drewermann eindrücklich:

> „Augenblicklich, kaum daß die ‚kleine Meerjungfrau' des ‚Prinzen' ansichtig geworden, entlädt sich über seinem ‚Schiff' ein funkensprühendes *Feuerwerk*, das in seiner Pracht das Mädchen sowohl erstaunt wie erschreckt ... Es ist gerade die seit so langer Zeit aufgesparte *Sehnsucht* der ‚kleinen Meerjungfrau', welche die erste Begegnung mit dem ‚Königssohn' ihrer Träume in eine derartige *Explosion* von ‚über hundert Raketen' verwandelt ... In einer ungeheuren Dichte treffen in diesem Augenblick Faszination und Angst aufeinander und verschränken sich ineinander, indem die Angst alle Wünsche der ‚kleinen Meerjungfrau' so weit aufstaut, daß gerade der Moment ihrer Erfüllung eine eruptive Entladung der zurückgedrängten Triebimpulse befürchten läßt, die ihrerseits wieder im Erleben des Mädchens neue Ängste hervorruft – ein Teufelskreis, der sie fürchten läßt, was sie am meisten ersehnt, und der das am meisten wünschen macht, was sie am meisten befürchtet. Wie soll die ‚kleine Meerjungfrau' diesem Strudel ihrer Gefühle jemals entrinnen?" [67]

Sigmund Freud zog sich in dieser Phase des Erschreckens zurück, resignierte und verschloß sich gegenüber der Leidenschaft der Empfindungen und Gefühle. Die kleine Meerjungfrau harrte länger aus und kam nach weiteren Wirren zur Einsicht, daß der einzige Weg zu ihrem Prinzen darin bestehen konnte, die Wucht ihrer stürmischen Gefühle zu zähmen, indem sie sich „vermenschlichen", ihren Fischschwanz loswerden und lernen würde, auf zwei Beinen zu gehen (was nichts anderes bedeutet als erwachsen, eine Frau zu werden). Da die kleine Meerjungfrau aber keine Mutter hatte, die ihr den Weg zur Frau hätte zeigen und sie „sanft aus dem Schreckenskabinett ihrer sexuellen Angstphantasien in eine Art ‚Erlebnisraum' der Liebe zu ihrem ‚Prinzen'" [68] hätte führen können, wandte sie sich an die Meerhexe. Aber die Meerhexe war eine böse Hexe. Im Austausch gegen das Beste, das die kleine Meerjungfrau besaß – ihre schöne Stimme –, bot sie ihr einen Zaubertrank an, durch den sie ihren Schwanz verlieren und menschliche Beine erhalten würde. Die Meerhexe wußte aber, daß dann, wenn die kleine Meerjungfrau unter ihren hexischen Bedingungen zum Prinzen findet, sie an ihm endgültig zugrunde gehen wird. Das Schicksal der kleinen und jetzt stummen Meerjungfrau nahm seinen weiteren tragischen Lauf, der schließlich dazu führte, daß sie es endgültig verpaßte, dem Prinzen – und sich selbst – ihre Liebe zuzumuten. Sie mußte sterben und wurde zu einer Tochter der Luft.

Auch Sigmund Freud hatte keine Mutter, die ihn sanft „aus dem Schreckenskabinett seiner sexuellen Angstphantasien" hätte hinausführen können. Im Gegenteil: Amalie hatte ihren ersten Sohn durch ihr Verhalten so verwirrt, daß er sich Sexualität nur inzestuös vorstellen konnte. Eissler, der die Erschütterung Sigmunds durch seine Beziehung zu Gisela eindrücklich beschrieben hat [69], muß dies auch geahnt, aber verdrängt haben. Erst auf der 42. seiner 57-seitigen Abhandlung über Freuds Adoleszenz und die Auswirkungen des Gisela-Traumas kam er auf Freuds Mutter zu sprechen, und das nur in Form einer seltsamen Fußnote:

> „Der Leser mag überrascht darüber sein, daß in diesem Essay Freuds Mutter nicht erwähnt wird, ... Die Unterlassung ... ergab sich notgedrungen aus der Nichtverfügbarkeit jeglicher Dokumentation." [70]

Die Vermutung, daß die „kleine Meerjungfrau" und Sigmund Freud unter einem ähnlichen pubertären Schicksal gelitten haben, findet im Vergleich der psychosexuellen Entwicklung des Schöpfers dieses Märchens mit der sexuellen Entwicklung Freuds eine eindrückliche Bekräftigung.

Hans Christian Andersen war als Einzelkind in symbiotischer Beziehung zu seiner Mutter aufgewachsen. Er hatte kaum Kontakt zu Gleichaltrigen und entwickelte während der Schulzeit eine so starke Scheu vor allem Weiblichen, daß er sich angewöhnte, alles, was er nicht gern anfaßte, als „mädchenhaft" zu bezeichnen [71]. Als 25-Jähriger verliebte er sich in eine Frau (Riborg Voigt), die bereits inoffiziell verlobt war und seine Liebe nie erwiderte. Andersen hielt aber an seinem Liebes-Phantasma so unbeirrt fest, daß er auch zwei Jahre später in völliger Verkennung der Realität in einem Brief seine Beziehung zu Riborg mit folgenden Worten beschrieb:

> „Wir schreiben einander nie, es wäre nicht recht, und trotzdem weiß ich, daß sie oft an mich denkt, daß sie mich wirklich liebt, aber ich kann nicht verstehen, wie sie dann einen anderen *heiraten* kann – ich könnte das nicht!" [72]

Sinnlich-körperliche Liebe zog Andersen fast bis zum Zerreißen an, aber gelebt hatte er sie nie. Die Tagebucheintragungen von seiner Neapel-Reise als 29-Jähriger sprechen eine deutliche Sprache [73]:

> „19. Februar: Bei Einbruch der Dunkelheit war ich von Zuhältern umringt, die mir bella donna anpreisen wollten. Ich kann fühlen, daß das Klima sich auf mein Blut auswirkt, ich spürte eine heftige Sinnlichkeit, aber ich widerstand.
>
> 23. Februar: Ich spüre eine furchtbare Sinnlichkeit und kämpfe mit ihr. Ist es wirklich eine Sünde, diese gewaltige Lust zu befriedigen? Dann will ich sie bekämpfen. Soweit bin ich unschuldig, aber mein Blut brennt, und im Traum kocht mein ganzes Selbst. Der Süden fordert sein Recht! Ich bin fast krank davon.
>
> 28. Februar: Erfahrene Leute würden sicher über meine Unschuld lachen, aber es ist eigentlich keine Unschuld, es ist Abscheu vor diesen Dingen, die mir so zuwider sind."

Als 61-Jähriger notierte er von einer Reise nach Paris in seinem Tagebuch:

> „Schon auf der ganzen Reise war ich drauf versessen, Frauenzimmer zu besuchen; so müde ich war, beschloß ich, so etwas zu sehen; ging in ein Haus; eine Dame kam, die Menschenfleisch verkauft, vier Frauenzimmer traten für mich auf, die jüngste war

angeblich achtzehn; ich bat sie, zu bleiben; ... sie tat mir so leid. Ich zahlte der Madame 5 Franken, als sie darum bat, tat aber nichts; betrachtete nur das arme Kind, das sich ganz entblößte und verwundert schien, daß ich es nur ansah." [74]

Die Parallele dieser Erlebnisse zu Sigmund Freuds Berichten über seine Erlebnisse als 20-jähriger Forschungsassistent in Triest, später als Ferienreisender in Italien und schließlich als 29-Jähriger bei Charcot in Paris ist frappant. Aus Triest schrieb Freud seinem Freund Silberstein:

„Am ersten Tag meines Triester Aufenthalts schien es mir ... , als ob lauter italienische Göttinnen Triest bevölkern würden, und ich bekam völlig Angst, aber als ich am zweiten Tag erwartungsvoll die Straßen betrat, konnte ich keine mehr finden und seitdem gehört eine schöne donna zu den seltensten Dingen, die ich auf der Straße sah." [75]

Auf der Suche nach den Geschlechtsorganen der Aale sezierte er in der Forschungsstation Hunderte von Fischen, Nachfahren der Ichthyosauri [76]. Erst auf einem Ausflug nach Muccia „erlaubte" er sich wieder, schöne Frauen zu sehen. Allerdings drängte sich ihm – wie eine Warnung [77] – eine andere Wahrnehmung noch stärker auf: Er sah „drei mächtige Aushängeschilder" von Hebammen und hatte den Eindruck, daß die italienischen Frauen „das ganze Jahr hindurch Früchte tragen" [78]. Über eine spätere Italienreise schrieb Freud:

„Als ich einst an einem heißen Sommernachmittag die mir unbekannten, menschenleeren Straßen einer italienischen Kleinstadt durchstreifte, geriet ich in eine Gegend, über deren Charakter ich nicht lange in Zweifel bleiben konnte. Es waren nur geschminkte Frauen an den Fenstern der kleinen Häuser zu sehen, und ich beeilte mich, die enge Straße durch die nächste Einbiegung zu verlassen. Aber nachdem ich eine Weile führerlos herumgewandert war, fand ich mich plötzlich in derselben Straße wieder, in der ich nun Aufsehen zu erregen begann, und meine eilige Entfernung hatte nur die Folge, daß ich auf einem neuen Umwege zum drittenmal dahingeriet. Dann aber erfaßte mich ein Gefühl, das ich nur als unheimlich bezeichnen kann, und ich war froh, als ich unter Verzicht auf weitere Entdeckungsreisen auf die kürzlich von mir verlassene Piazza zurückfand." [79]

Freud gab diesem „Unheimlichen" in seinem Aufsatz „Das Unheimliche" [80] keinen Namen, weil er offenbar der persönlichen sexuellen Neugier, die ihn immer wieder zur „Gegend mit eindeutigem Charakter" zog, im Bewußtsein keinen Platz einräumen wollte oder konnte. Als er dann als 29-Jähriger Paris beschrieb, war diese Art der Verbannung eigener erotischer Gefühle aus dem Bewußtsein und die dahinter lauernde Angst immer noch vielfältig spürbar:

„Ich habe den vollen Eindruck von Paris und könnte sehr poetisch werden, es mit einer riesigen, geputzten Sphinx, welche alle Fremden frißt, die ihre Rätsel nicht lösen können, vergleichen und noch anderes mehr. ... die Stadt und die Menschen sind mir unheimlich, die Leute scheinen mir von ganz anderer Art als wir, ich glaube sie alle von tausend Dämonen besessen und höre, wie sie anstatt ‚Monsieur' und ‚Voilà l'Echo de Paris' schreien ‚A la lanterne' und ‚A bas dieser und jener'. Ich glaube, sie haben weder Scham noch Grauen, sie drängen sich ebenso – Frauen und Männer – um alle Nuditäten wie um die Leichen in der Morgue ... Es ist das Volk der psychischen Epidemien, der historischen Massenkonvulsionen und hat sich seit Victor Hugos Notre-Dame nicht verändert. ... Das Paris ist einfach ein verworrener Traum, und ich werde mich sehr freuen, aufzuwachen." [81]

Einmal ließ er sich von der Erotik einer Tänzerin – Sarah Bernhardt – doch anstekken, aber bezahlte dies (oder „bestrafte sich" [82]) mit anschließendem starkem Kopfweh:

„... jeder Zoll an dem Figürchen lebte und bezauberte. Dann ihr Schmeicheln und Bitten und Umarmen: es ist unglaublich, was sie für Stellungen annimmt, wie [sie] sich um eine Person schmiegt, wie sie mit jedem Glied und jedem Gelenk agiert ... Tragen wir der historischen Treue gemäß nach, daß ich dies Vergnügen wieder mit einer Migräne bezahle ..." [83]

Sexualangst und Triebunterdrückung waren wesentliche Motive, die Andersen zur Schöpfung wunderschöner Poesie und so bezaubernder Märchen wie „Die kleine Meerjungfrau" führten, mit welchen er vielen Menschen Freude und Besinnung gebracht hat. Freud führten die gleichen Motive (mit anderen zusammen) zunächst zu einer elitären Gesellschaftskritik, später zu einer aufrüttelnden Zivilisationskritik und schließlich zur Psychoanalyse, die bisher vielen Menschen Unterstützung in ihrer persönlichen Entwicklung gebracht hat und die Potenz aufweist, auch in Zukunft Grundstein zur Stärkung unserer Konfliktfähigkeit und zur Pflege unserer Lebendigkeit zu bleiben.

Ein Brief an seine Braut Martha vom 29. August 1883 zeigt seine Phase der elitären Gesellschaftskritik (Freud war 27-jährig) mit aller Deutlichkeit. Er berichtete darin, was er während einer Carmenaufführung gedacht hatte:

„Das Gesindel lebt sich aus und wir entbehren. Wir entbehren, um unsere Integrität zu erhalten, wir sparen mit unserer Gesundheit, unserer Genußfähigkeit, unseren Erregungen, wir heben uns für etwas auf, wissen selbst nicht für was – und diese Gewohnheit der beständigen Unterdrückung natürlicher Triebe gibt uns den Charakter der Verfeinerung. Wir empfinden auch tiefer und dürfen uns darum nur wenig zumuten; warum betrinken wir uns nicht? Weil uns die Unbehaglichkeit und Schande des Katzenjammers mehr Unlust als das Betrinken Lust schafft; warum verlieben wir uns [nicht] jeden Monat aufs neue? Weil bei jeder Trennung ein Stück unseres Herzens abgerissen werden würde ... Die Armen, das Volk, sie könnten nicht bestehen ohne ihre dicke Haut und ihren leichten Sinn ... Die Armen sind zu ohnmächtig, zu exponiert, um es uns gleichzutun ... Es gibt eine Psychologie des gemeinen Mannes, die von der unserigen ziemlich unterschieden ist. Sie haben auch mehr Gemeingefühl als wir, es ist nur in ihnen lebhaft, daß sie einer das Leben des andern fortsetzen, während jedem von uns mit seinem Tod die Welt erlischt." [84]

Neben der zur Überlegenheit rationalisierten Triebangst ist in diesem Brief ein interessantes Detail zu erkennen: Das von den Herausgebern der *Briefe 1873–1939* – Ernst und Lucie Freud – elegant in eckigen Klammern beigefügte Wort „nicht" verdeckt eine Fehlleistung Freuds. Obschon er bewußt dieses „nicht" sicher hätte schreiben wollen, schrieb er seiner Braut: „warum verlieben wir uns jeden Monat aufs neue?" Sein Unbewußtes ließ ihn schreiben, was sonst sorgfältig verschwiegener Wunsch oder stille Realität war.

7.5 Geschwisterliebe als zusätzliche Gefahr

Die Bedeutung von Freuds besonderer Anziehung und gleichzeitiger großer Angst gegenüber der geschwisterlichen Liebe läßt sich aus einigen zur Verfügung stehenden Informationen über die Beziehung zwischen ihm und seiner Schwester Anna erahnen und aus Freuds Werken herauslesen. Die zweite überlieferte Information zur Beziehung zwischen Freud und seiner ältesten Schwester Anna – nach der Szene, als er im Alter von fünf Jahren mit Anna ein Buch „zerpflückte" – betrifft das Klavier der Familie Freud. Als Anna achtjährig war, schafften Freuds Eltern ein Klavier an und gaben es gleich wieder weg, weil sich der noch nicht 11-jährige Sigmund vom Klavierspiel gestört fühlte. Hat ihn die Musik gestört, weil sie – abwechselnd zwischen dem harmonischen Klang des Spiels der musikalischen Mutter und den holprigen Versuchen der kleinen Schwester – Sigmunds Gefühle zu direkt aufreizte? Hat Sigmund schon damals (und erst recht nach seinem traumatischen Erlebnis mit Gisela) versucht, Melodien und Rhythmen, die beide der ungestümen Lebendigkeit, der Triebhaftigkeit so nahe sind, auszusperren, zu verdrängen? Sigmund wachte scharf darüber, daß Anna keine „unpassenden" – das heißt wohl: erotischen – Bücher las. „Anna, es ist zu früh, um dieses Buch schon zu lesen", sagte er [85]. Als sie 15 war, verbot er ihr Balzac und Dumas. Allgemein wird von den Biographen berichtet, daß Freud seine Schwester Anna nie besonders gern gehabt habe. Ob das so war und was es bedeutet hätte, ist nicht so eindeutig. Zwar war sie seine erste Rivalin (nach dem gestorbenen Bruder Julius) im Kampf um die Liebe der Mutter, und Anna war zweifellos eifersüchtig auf ihren größeren Bruder, allein schon wegen der vielen Privilegien, die dieser genoß. Daneben aber schienen auch andere Kräfte zwischen beiden zu wirken. Die Tatsache, daß das Geschwisterpaar auch ein Geschwisterpaar geheiratet hatte, ist wohl mehr als nur Zufall. Die Art, wie Anna im Alter von 82 Jahren von dieser und anderen Erinnerungen berichtete, läßt besonders tiefe emotionale Bindungen erahnen: In einem Zeitschriftenbeitrag, der dem Leben ihres Bruders gewidmet war, schrieb sie so ausführlich vom Brand des Wiener Ringtheaters im Winter 1881, daß man vermuten könnte, sie spreche unbewußt von einer anderen Brandgefahr [86]. Als „letzte Erinnerung" an ihren Bruder bezeichnete Anna dann einen Brief, den Freud ihr als Antwort auf ihre Glückwünsche zu seinem 83. Geburtstag geschickt hatte [87]:

> „Meine liebe Schwester:
> Mit gegenseitigem Einverständnis haben wir aufgehört, einander Geburtstagswünsche zu schicken, denn wir mußten die Erfahrung machen, daß alt zu werden nicht ohne Glück aber eher ein Teil des Schicksals ist, das mit Geduld ertragen werden muß, wie alles andere, was das Leben bringt.
> Doch bin ich froh zu wissen, daß Du Deine Aufgabe als Großmutter magst, und ich hoffe, daß Dir Dein Leben noch viel Glück durch Deine Kinder und deren Kinder bringen wird. Wie immer
> Dein treuer Sigmund."

Annas Kommentar zu diesem Brief war:

> „Das tiefe Gefühl, das in diesem Brief gezeigt wird, ist verständlich angesichts des Schicksals, das ihn in fortgeschrittenem Alter ins Exil geschickt hat. Er wäre viel glücklicher gewesen, wenn er nach Amerika gekommen wäre, so wie ich vor einem halben Jahrhundert." [88]

Der kurze Brief drückt aber gar nicht ein so tiefes Gefühl aus, wie Anna behauptet, eher eine Entschuldigung für nichtausgedrückte Gefühle und noch ein paar höfliche Glückwünsche. In ihr – Anna – löste der Brief ein tiefes Gefühl aus. Annas Haltung gegenüber Sigmunds Lebensweg war symbiotisch: Sie behauptete zu wissen, daß ihr Bruder viel glücklicher geworden wäre, wenn er zu ihr gekommen (bei ihr geblieben) wäre. Könnte man in einer – zugegeben gewagten – Phantasie sogar vermuten, daß das Wort „treu" am Schluß des Briefes („Dein treuer Sigmund") bedeutet: „Wir wissen und schweigen – um unsere Liebe"?

Realität sind Freuds – autobiographisch klingende – Worte in der kurzen Schrift „Der Familienroman der Neurotiker" von 1908 über die Phantasien, die ein kleiner Junge über die Untreue und Liebesverhältnisse seiner Mutter haben kann:

> „Eine interessante Variante dieses Familienromans ist es dann, wenn der dichtende Held für sich selbst zur Legitimität zurückkehrt, während er die anderen Geschwister auf diese Art als illegitim beseitigt. … So beseitigt der kleine Phantast zum Beispiel auf diese Weise die verwandschaftliche Beziehung zu einer Schwester, die ihn etwa sexuell angezogen hat." [89]

Da Freud die Phantasie hegte, daß seine Schwester Anna von Freuds Mutter und dem gleichaltrigen Stiefbruder Philipp gezeugt worden war (was vielleicht sogar den Tatsachen entsprach), dann war Anna nicht seine „ganz richtige" Schwester gewesen und hätte irgendwie außerhalb des Inzestverbots gestanden. Das dadurch sozusagen „durchlöcherte" Inzestverbot würde dann nicht mehr als Schutz vor dem eigenen Begehren genügen und müßte zum Beispiel durch Haßgefühle verstärkt werden. Vielleicht führte eine solche „Haßliebe" zum Eindruck vieler Biographen, daß Freud seine Schwester Anna nie besonders gemocht hatte.

Jedenfalls war es mehr als nur wissenschaftliches Interesse, das Freud dem Thema „sinnlicher geschwisterlicher Liebe" entgegenbrachte. Seine beiden ersten psychoanalytischen Literaturanalysen kreisen nämlich auf sehr persönliche Art um diese Thematik. Die erste umfaßte nur zwei Seiten innerhalb eines Briefes, den Freud im Juni 1898 seinem ärztlichen Kollegen und Freund Wilhelm Fließ schickte. Er analysierte darin die Novelle *Die Richterin* von C. F. Meyer, aber er begann seine Analyse nicht mit der Darstellung der Struktur der Geschichte oder der Charakterisierung der handelnden Personen und Interpretation ihrer Motive, sondern mit seiner Schlußfolgerung bezüglich des Motivs, das den Schriftsteller dazu geführt haben könnte, diese Novelle zu schreiben. Der erste Satz von Freuds Analyse lautet:

„Kein Zweifel, daß es sich um die poetische Abwehr der Erinnerung an ein Verhältnis mit der Schwester handelt." [90]

Im Sommer 1906 erlag Freud dann „der süßen Verführung der *Gradiva*" [91]. Mit „Gradiva" ist die römische Kopie eines griechischen Reliefs gemeint, ausgestellt im Museum des Vatikans. Sie stellt eine junge Frau dar, die auf eine ganz besondere Art – mit fast senkrecht aufgestelltem Fuß – zu schreiten scheint. Der Schriftsteller Wilhelm Jensen verlieh diesem Relief in seiner Novelle *Gradiva – Ein pompejanisches Phantasiestück* [92], publiziert im Jahre 1903, ihren neuen Namen „Gradiva". Sigmund Freud zeigte in der 1907 erschienen Schrift „Der Wahn und die Träume in W. Jensens *Gradiva*" [93], wie Jensens Novelle in poetischer Form „den komplexen Prozeß der Verdrängung von Kindheitserinnerungen, die Symptombildung unter dem Einfluß der verschobenen Aufwallung getarnter sexualisierter Phantasie und die ‚Kur' durch eine Kombination von Liebe, Rekonstruktion und Katharsis wiedergab" [94]. Aber Jensens Novelle hatte für Freud auch eine tiefe autobiographische Bedeutung. Zeichen dafür waren, daß er sich in der Geschichte fast verlor (er kündigte zu Beginn seiner Analyse einen „kurzen Auszug" an und schrieb dann eine 25-seitige Zusammenfassung) und daß er das Bild der Gradiva wie eine liebgewonnene Bekannte erlebte, als er 1907 das Relief im Vatikan erstmals im Original sah. Freud hatte auch eine etwa 70 mal 35 cm große Gipskopie des Reliefs der Gradiva im Behandlungszimmer am Fußende der Couch aufgehängt. Auffällig ist zudem die Tatsache, daß er Jensens *Gradiva* 18 Jahre später in seiner „Selbstdarstellung" abschätzig als „an sich nicht besonders wertvolle Novelle" bezeichnete [95].

Freud schien sich in hohem Maß mit der Novelle identifiziert zu haben. Friedmann schrieb: „Man könnte meinen, die Geschichte der Gradiva sei einer von Freuds eigenen Träumen, mit erstaunlich wenig Verzerrungen" [96]. Die Parallelen zwischen der Geschichte des Autors der *Gradiva*, Wilhelm Jensen, des Romanhelden „Norbert Hanold" und Sigmund Freuds Lebensgeschichte sind tatsächlich außerordentlich vielfältig: Wilhelm Jensen war früh von seiner Mutter im Stich gelassen und dreijährig von seinem Vater zur Adoption freigegeben worden [97], ähnlich wie Freud von seiner Mutter in frühen Jahren innerlich verlassen und einer Ersatzmutter übergeben worden war. Norbert Hanold, die männliche Hauptfigur der Novelle, hatte sich von seiner Jugendfreundin Zoë Bertgang abgewendet, weil er die Lebendigkeit in sich beim Erwachen erotischer und sexueller Gefühle als zu bedrohlich empfand, ähnlich wie sich Freud von Gisela Fluß abgewendet hatte. Norbert Hanold wurde Archäologe mit dem Spezialgebiet Italien, eine Kombination von Interessen, die Freud extrem faszinierte. Und Hanold war wie Freud ein elterlicher Delegierter: Gemäß dem Wunsch seiner Eltern wurde er ein in Büchern vergrabener Wissenschaftler, ein Archäologe, der fast zu vergessen schien, daß es außer den Gegenständen der Vergangenheit auch noch eine Gegenwart gab [98]. Wie Freud spürte Hanold ab und zu schmerzlich, daß ihm irgend etwas fehlte, „wovon sich nicht sagen lasse, was es sei" [99]. Ganz besonders bewegend könnte es für Freud gewesen sei, als er in Jensens *Gradiva* las, daß Zoë Bertgang den „langweiligen, vertrockneten", vergeistigten jugendlichen Norbert, der sich von ihr ganz zurückgezogen hatte, mit einem Archäopterix, einem Flugsaurier verglich. Freud hatte das Objekt seiner ersten, noch durch vielerlei Schranken distanzierten Verliebtheit „Ichthyosaura", Flußsaurier, genannt. Hier ein gefährliches, fremdartiges Lufttier, dort ein gefährliches, fremdartiges Wassertier. Das Tier der Erde dazwischen, der Brontosaurus (mit kleinem Hirn und dickem Bauch), fehlt. Sinnliche Liebe findet am Boden statt. Freuds vermiedene Annäherung an Gisela Fluß hätte auf dem Boden (der inneren und äußeren Realität) stattgefunden, ob Freud von Gisela abgewiesen worden wäre oder nicht.

Friedman [100] erinnerte daran, daß Freuds Mutter während der ersten Jahre von Freuds Leben fast ständig eine „Gra*vida*" war (mit dieser lautlich so nahen Buchstabenverdrehung wird aus der „Schreitenden" eine „Schwangere") und Freud deshalb oft Wut ihr gegenüber empfunden haben muß. In den „Deckerinnerungen" habe er aber keine Feindseligkeit gegenüber Mutterfiguren ausgedrückt ... vielleicht weil diese weniger akzeptierbar gewesen war als gegenüber der kleinen Pauline. Und Pauline repräsentiere vielleicht Freuds Schwester Anna. Neugier, verbotene sexuelle Wünsche und Wut gegenüber der Mutter, verschoben auf die Schwester? Das sind Spekulationen. Tatsache ist aber, daß Freud fast zwanghaft nachzuweisen versuchte, daß hinter der Schöpfung von Jensens *Gradiva* – genau wie er es hinter C. F. Meyers *Die Richterin* entdeckt zu haben glaubte – eine inzestuöse Problematik von Geschwisterliebe auf seiten des Autors stand. Dreimal hatte Freud Jensen schriftlich dazu befragt. Dessen Antworten befriedigten ihn nicht, und er stellte leicht verärgert fest, daß sich der „greise Dichter" für die psychoanalytische Untersuchung nicht interessiere und seine Mitwirkung versagt habe [101]. Das stimmt so aber nicht. Im ersten Antwortbrief schrieb Jensen, daß einiges von Freuds Analyse zutreffe, anderes nicht. Im zweiten Antwortbrief berichtete er über die Entstehungsgeschichte der *Gradiva* und lud Freud mit freundlichen Worten zu einem Besuch zu sich ein. Im dritten Antwortbrief schrieb er betont: „*Nein*. Eine Schwester habe ich nicht gehabt ..." [102]. Doch Freud hielt an seiner Meinung fest: 1912 glaubte er in zwei weiteren Novellen Jensens nachweisen zu können, daß sie „Nachwirkung einer intimen, geschwisterähnlichen Gemeinschaft der Kinderjahre" des Autors seien, und verwies auf einen Zeitungsartikel, in welchem Jensens neuester stark autobiographischer Roman einen Helden darstelle, der „in der Geliebten eine Schwester erkennt" [103].

Insgesamt ist also zu vermuten, daß Freud neben den inzestuösen Impulsen gegenüber seiner Mutter auch die „Geschwisterliebe", insbesondere die Beziehung zu seiner Schwester Anna, als zusätzliche große Gefahr erlebte. Die Sexualangst und Triebunterdrückung, die Freud auf Grund der besonderen Konstellation seiner Herkunftsfamilie schon als Kind erworben hatte, wurden in der Jugend durch sein unglückliches Erlebnis mit Gisela bis ins fast Unerträgliche gesteigert.

8 | Isolation als Erwachsener

Im Zusammenhang mit Freud wird oft von der „splendid isolation" gesprochen, der von Freud so benannten Zeit, in der er sich – nach der Trennung von Breuer (1896) bis zur Begegnung mit den Zürcher Psychiatern (1906) – von der akademischen Welt zurückgezogen und diese ihn gemieden habe. Die Isolation, von der hier die Rede sein soll, ist aber eine andere, nämlich eine Form des „Nicht-in-tiefere-Beziehung-Tretens" mit nahestehenden Menschen. Sie läßt sich am besten vor dem Hintergrund des Begriffs „Dialog" verstehen.

8.1 Dialog und Isolation

Das Wort „Dialog" wird im Griechischen, nur im Passiv benutzt: „dia logo mai" heißt, „das Dazwischen geschieht mir". Dies bedeutet, daß sich Dialog nicht machen läßt. Er entsteht unter bestimmten Bedingungen, sozusagen als (willkommenes oder gefürchtetes) Nebenprodukt einer Kommunikation. „Zwischen den Worten" („dia logo") ist der Raum, wo sich zwei subjektive Wirklichkeiten in einer Art Objektivität treffen können. Martin Buber sagt:

> „Jenseits des Subjektiven, diesseits des Objektiven, auf dem schmalen Grat, darauf Ich und Du sich begegnen, ist das Reich des Zwischen." [1]

Viele Gespräche zwischen Menschen sind technischer Natur und dienen sachlicher Informationsvermittlung und bewußter oder unbewußter gezielter Beeinflussung (Hinweise, Wünsche, Befehle). Eine andere, weit verbreitete Sprechart sind die dialogisch verkleideten Monologe, in welchen jeder für sich allein spricht, aber jeder sich nicht ganz allein fühlt. Im echten Dialog getrauen sich die Dialogpartner ins gemeinsame Zwischen, von dem sie nicht wissen können, welche Wirkung ihr Besuch in diesem Raum auf sie haben wird. Dialog kann entstehen, wenn beide Partner offen gegenüber sich selbst (ihren eigenen Gefühlen, Gedanken, Ängsten, Hoffnungen) und gegenüber der Erscheinung der individuellen Wirklichkeit des Anderen sind. Dialog bedingt also eine Wahrnehmung in zwei Richtungen: in sich hinein und in Richtung des Anderen. Belehrungen und Machtausübungen vertreiben den Dialog; Interesse und Zuneigung ziehen ihn an. Echter Dialog bringt immer ein Stück Verstehen oder Verstandenwerden, etwas, das wir so oft wünschen und genießen, manchmal aber abwehren, weil es auf schmerzliche Wahrheiten weisen kann. Für

8.1 Dialog und Isolation

viele von uns war der erste Dialog – wenn er geglückt ist – derjenige im Mutterleib mit der Mutter. Deshalb ist es nicht verwunderlich, daß die uns vertrauteste Sprache die „Muttersprache" ist.

Auf den ersten Blick gesehen, schien Sigmund Freud im Dialog mit vielen Menschen zu stehen. Mit verschiedenen Schulfreunden und Studienkollegen pflegte er über Jahrzehnte intellektuelle und emotionale Kontakte, mit den Mitspielern seiner wöchentlichen Tarockrunde war er per „Du", die „Mitbrüder" des israelitischen Humanitätsvereins „B'nai B'rith" schätzte er sehr; viele Schüler der Psychoanalyse waren ihm persönliche Freunde, und gegenüber den Mitgliedern seiner engeren und weiteren Familie zeigte er stets Sorge und Hilfsbereitschaft. Er erwies sich zum Beispiel in den wirtschaftlich harten Jahren nach dem 1. Weltkrieg als fleißiger „Bettelbriefschreiber" zum Wohl der ganzen Familie oder sorgte in den dreißiger Jahren für seine drei arbeitslosen Söhne und zwei Schwiegersöhne. Obschon er lange Jahre nicht im Geld schwamm – als 30-jähriger verdiente er umgerechnet 45 Dollar im Monat und lebte mit finanzieller Unterstützung von Gönnern; erst ab etwa 1905 verdiente er gut –, konnte er großzügig sein. Mehrere Patienten behandelte er kostenlos, einem jungen, ausgehungert aussehenden Studenten, der ihn wegen Kopfschmerzen aufsuchte, gab er in einem Kuvert 200 Kronen mit, und einem ihm unbekannten jugendlichen Straftäter bezahlte er die Verteidigung [2]. Freuds intensive Briefwechsel mit Dutzenden von Briefpartnern – insgesamt etwa 20.000 geschriebene und empfangene Briefe, darunter 900 Briefe an Martha, die mit 600 Briefen antwortete, etwa 2000 Briefe an Ferenczi und fast 500 an Abraham [3] – sind weitere eindrückliche Zeichen dafür, wie intensiv Freud in sozialen Beziehungen stand.

Obschon all diese Kontakte und sozialen Handlungen für Freud viel bedeuteten und sich vielfältig auf ihn und seine Partner auswirken konnten, hatten sie nur sehr selten die Form des Dialogs. Freud hatte große Angst vor Dialog. Sobald ihm eine Beziehung oder auch nur eine Begegnung zu persönlich wurde, sobald Dialog hätte entstehen und er darin hätte verändert werden können, mußte er sich abgrenzen. Diese Behauptung soll im Folgenden belegt werden.

Freud tendierte dazu, den Charakter von **Menschen in Polaritäten**, in Schwarzweiß-Manier zu sehen. Er **verabscheute persönliche Auseinandersetzungen** und Streitigkeiten [4,5]. Er war außerordentlich **empfindlich gegen Kritik** [6,7,8], **kannte kaum Kompromisse** [9] und war oft **sehr nachtragend** [10,11]. Ein weiteres Element, das ihm den Dialog – der ja nur unter gleichgestellten Partnern entstehen kann – erschwerte, war seine **Tendenz zur Grandiosität**. Schon während der Matura schrieb er seinem Freund Emil Fluß, daß er Mittelmäßigkeit fürchte [12]. Im Jahr 1911 behauptete er, daß es sein Schicksal geworden sei, den „Frieden dieser Welt zu stören" [13], fügte 1924, nachdem man ihn mit Darwin und Kepler verglichen hatte, selbst noch den Namen „Kolumbus" hinzu [14] und trug an seiner Hand einen Ring mit einem grünen Stein, in welchen das bärtige Haupt Jupiters, des höchsten Gottes der römischen Götterwelt, eingraviert war [15].

Die häufigen **Idealisierungen** von Menschen, die Freud imponierten, bewirkten, daß er sich auch oft extrem enttäuscht fühlte:

„Von Zeit zu Zeit öffnete er sich einem Menschen allzu begeistert und idealisierte ihn. Später machte er es dann dem Betreffenden zum Vorwurf, daß dieser nicht die Eigenschaften besaß, die er ihm zugeschrieben hatte, und nicht dem Phantasiebild entsprach, das er sich von ihm zurechtgelegt hatte." [16]

Idealisierungen behindern den zwischenmenschlichen Dialog, insbesondere wenn man wie Freud vom idealisierten Gegenüber bedingungslose Anerkennung erwartet [17] und sich selbst für tolerant hält [18]. Seinen **Enttäuschungen** gab Freud manchmal deutlichen Ausdruck. 1914 schrieb er seinem Kollegen Abraham:

„Mein ganzes Leben über bin ich auf der Suche nach Freunden, die mich nicht ausbeuten und dann verraten …" [19]

Und 1929 an Binswanger:

„Gewiß, ich habe manches Schöne im Leben gehabt, im Ganzen war es schwer. Ich war gerne bereit, andere lieb zu haben, so wie z.B. Sie, aber viele haben es mir unmöglich gemacht." [20]

Freud fürchtete stets das **Älterwerden**, eine weitere ungünstige Voraussetzung zum Dialog. Bei zu großer Angst vor dem Älterwerden verliert die Gegenwart, die einzige Zeit, in der Dialog möglich ist, an Wert.

Es klang wie ein Witz, war aber tragischer Ernst, als Freud, der Schöpfer der Tiefenpsychologie, 1925 Marie Bonaparte schrieb:

„Ich muß noch hinzufügen, daß ich kein guter Menschenkenner bin … Nein, wirklich nicht. Ich schenke mein Vertrauen und bin dann enttäuscht. Vielleicht werden auch Sie mich enttäuschen." [21]

Freud war ein großer Psychologe, aber tatsächlich **kein guter Menschenkenner**, denn wenn er selbst in einer persönlichen Beziehung stand, begriff er manchmal nicht, was geschah, sah den Anderen nicht, wie er war, das heißt, er erkannte ihn oft nur verzerrt vor dem Hintergrund seiner eigenen Bedürfnisse.

Freuds Vermeidung von Dialog zeigte sich auch in seiner zwiespältigen Haltung gegenüber Anerkennung: Er protestierte oft gegen offizielle Ehrungen im Beruflichen und Privaten (z. B. an Geburtstagen). **Persönliches Lob**, das in ihm Gefühle aufwühlen und so dem Lobenden ein wenig ausliefern, aber damit auch echten Dialog ermöglichen könnte, verunsicherte ihn so sehr, daß er einmal sagte:

„... wenn mich jemand beschimpft, kann ich mich verteidigen; wenn mich aber jemand lobt, bin ich wehrlos." [22]

Das **Wartenkönnen**, eine andere Voraussetzung zum Dialog, war eine von Freuds besonderen Schwächen. Er haßte das Warten (außer am Bahnhof, wo er zur Beruhigung seiner Reiseangst stets bis zu einer Stunde zu früh eintraf). Patienten, die zu spät kamen, waren ihm zuwider, und aus Ungeduld feierte er die Geburtstage seiner Kinder manchmal schon am Vorabend [23]. Obschon er die Natur liebte, konnte er nicht spazieren, nur in hohem Tempo marschieren. Sein Sohn Martin verglich sein Marschtempo mit demjenigen der italienischen Bersaglieri, den Elitesoldaten, die sich im Freien nur im Laufschritt bewegen dürfen [24]. Freud schrieb einmal seinem Freund Fließ aus den Ferien: „... dazwischen bin ich spazieren gerannt und habe Berg und Wald genossen ..." [25], und Sachs berichtete, wie sich Freud 1917 auf langen Ausflügen mit Psychoanalytikern in der Tatra auch nach mehrstündigem Marsch in der Pause nie mit den Kollegen hinsetzte, sondern für sich allein auf kleine Entdekkungsreisen ging [26]. Auch in seinen umfangreichen Briefkontakten war Freud sehr ungeduldig. Er beantwortete fast alle Briefe sofort und forderte von seinen Briefpartnern immer wieder schnelle Antwort. Schon als Jugendlicher hatte er seinen Freund Silberstein gedrängt, auf seine Briefe schneller zu antworten [27], und gegenüber Emil Fluß gelang es ihm nur schwer, seine Schreibwut zu mäßigen:

„Ich habe in meiner Erregung Ihren Brief gleich beantwortet, werde ihn aber 2–3 Tage liegen lassen, um nicht ungelegen zu kommen." [28]

Ähnlich schrieb er später Jung, daß die einzige Kompromißaktion, die er zustande bringe, darin bestehe, „diesen heute geschrieben Brief erst Sonntag abzuschicken" [29]. Er schien die Erfahrung nicht gemacht zu haben, daß ein erhaltener Brief, der ein paar Tage später zum zweiten oder dritten Mal gelesen wird, noch etwas anderes mitteilen kann als das, was man beim ersten Lesen vernimmt. Auch im schriftlichen Kontakt sah er also im Warten, im Reifenlassen, keinen Wert.

Das **Alleinsein**, die Gelegenheit zum inneren Dialog, das heißt, in sich selbst ein Gegenüber zu finden, eine monadische Dyade zu leben, ertrug er schlecht [30]. Als er 1908 allein nach England reiste, schrieb er von dort: „... und weiß, daß dies mein letzter Versuch ist, allein die Freiheit zu genießen. Es war schon in Rom voriges Jahr kaum auszuhalten" [31].

Ein seltsames Verhältnis hatte Freud zum **Sehen**. Ludwig [32] meinte, Freud habe alle wichtigen Beobachtungen nur durchs Hören gemacht, weil seine Fallstudien nie Beschreibungen der äußeren Erscheinung, Physiognomie und Gestik der Patienten enthalte. Zudem schaltete er im analytischen Setting den Blickkontakt zwischen Patient und Analytiker aus, indem er sich hinter das Kopfende der Behandlungscouch setzte. Dieses Unterdrücken des Augenkontakts kann zwar therapeutisch hilfreich sein (läßt freies Assoziieren leichter zu), bekommt aber mit Freuds Erklärung auch eine adialogische Bedeutung:

„Ich kann mich nicht täglich acht Stunden lang anstarren lassen." [33]

Im Gegensatz dazu hält Flem Freud für einen „Augenmenschen", einen „Seher" [34]. An vielen Beispielen zeigte sie, wie bedeutungsvoll das Auge und das Sehen für Freud waren. Den scheinbaren Widerspruch zwischen Unterdrückung und Überbetonung des Sehens erklärte sie einleuchtend:

„Indem er in sich die, wie er hofft, ewigen Gesetze der menschlichen Psyche entdeckt, fürchtet er, für diese Sünde der Erkenntnis büßen zu müssen, denn seit Eden, Ödipus oder Teiresias heißt erkennen immer übertreten. Das *Wissenwollen* wurzelt im Geschlechterunterschied; auf ‚das' will der Blick sich heften. Diese Erkenntnis, dieses libidinös erotisierte Sehen weckt die Furcht vor Strafe. Das Gesetz der Vergeltung schreibt die visuelle Kastration vor, die Blendung …

Sehen, ohne zu berühren … in vorsichtiger Entfernung von der verbotenen Wißbegier und der furchtbaren Strafe … das ist der phobische Kompromiß, den Freud schließt." [35]

Aber Sehen, ohne zu berühren, schränkt den Dialog ein, im Beruflichen oft hilfreich, im Privaten oft behindernd.

Freuds **Zwanghaftigkeit** war ausgeprägt. Er hatte einen Drang zum Zweifeln und meinte selbst, daß dann, wenn er je eine volle Neurose entwickelt hätte, es eine Zwangsneurose gewesen wäre [36]. In seiner Kleidung und in seinem sozialen und ethischen Stil war er ein erzkonservativer Gentleman des 19. Jahrhunderts, der seine altmodischen Manieren nie einer neuen Zeit anpaßte [37]. Seine äußere Erscheinung war so kontrolliert, daß sein Sohn Martin behauptete, daß „nie ein Haar auf seinem Kopf oder an seinem Kinn nicht an seinem Platz war" [38]. Geistige Kontrolle und Leistung bedeuteten ihm sehr viel. An Fließ schrieb er 1896: „Wenn uns beiden noch einige Jahre ruhiger Arbeit vergönnt sind, werden wir sicherlich etwas hinterlassen, was unsere Existenz rechtfertigen kann" [39].

Die Vorstellung, sich gehen zu lassen, war Freud unerträglich. Die „schöne Fassung" bis in den Tod zu bewahren (wie es sein Vater getan habe) und heldenhaft zu sterben, „ohne die Analyse zu entehren" (wie er nach dem Tod von Anton von Freund geschrieben hatte), waren wahrlich zwanghafte Ideale. Auch hinter dem in Freuds Analyse des „Moses des Michelangelo" dargestellten Maximum der Sublimation stehen Zwangsimpulse: Die „höchste psychische Leistung, die einem Menschen möglich ist", sei „das Niederringen der eigenen Leidenschaft zugunsten und im Auftrage einer Bestimmung, der man sich geweiht hat" [40].

Selbstverständlich durfte Freud vor Frauen keine Schwäche zeigen. Schon schwer krank schrieb er:

„Von drei zärtlichen Frauenzimmern umringt und beobachtet, habe ich nicht viel Freiheit zum jammern und gute Gelegenheit, mich in der notwendigen Selbstbeherrschung zu üben. Aber man wird müde dabei." [41]

Im direkten Kontakt verdrängte Freud seine Aggressivität in so hohem Maß, daß Max Schur, der ihn während seinen letzten zehn Jahren als Leibarzt betreute, schrieb: „Ich habe nie ein ärgerliches oder ungeduldiges Wort gegen irgend jemanden in seiner Umgebung gehört ..." [42]. Zu dieser Aggressionsverdrängung paßten Freuds Lieblingsausspruch: „Man darf nicht mit dem Schicksal hadern" [43], und die Tatsache, daß er sich selbst als völlig unaggressiv verstand und sich in diesem Selbstverständnis über andere stellte. In einem Brief an Putnam schrieb er 1915:

„Sie müssen nämlich von mir wissen, ... daß ich mich ... für einen sehr moralischen Menschen halte ... Ich glaube an Rechtsinn und Rücksicht für den Nebenmenschen; an Mißvergnügen, andere leiden zu machen oder zu übervorteilen, kann ich es mit den Besten, die ich kennengelernt habe, aufnehmen. Ich habe eigentlich nie etwas Gemeines und Boshaftes getan und spüre auch keine Versuchung dazu, bin also gar nicht stolz darauf. ... es fehlt mir auch eine deutliche Befriedigung dabei, wenn ich urteile, daß ich besser bin als die Anderen! ... Wenn nur bei den Anderen mehr von dieser wertvollen Anlage zu bemerken wäre!" [44]

Anderseits war sich Freud schon früh seiner Hemmungen bewußt und litt unter ihnen. Als 29-Jähriger schrieb er seiner Braut:

„Ich glaube, es ist ein schweres Unglück für mich, daß die Natur mir nicht jenes unbestimmte Etwas gegeben hat, was die Menschen anzieht. Denke ich an mein Leben zurück, so hat mir kaum mehr als das gefehlt, um mir die Existenz rosig zu machen."

„Glaubst Du wirklich, daß ich von außen so sympathisch bin? Schau, ich zweifle sehr daran. Ich glaube, man merkt mir was Fremdartiges an, und das hat seinen letzten Grund darin, daß ich in der Jugend nicht jung war und jetzt, wo das reife Alter beginnt, nicht recht altern kann. ...
Mir war oft so, als hätte ich den ganzen Trotz und die ganze Leidenschaft unserer Ahnen, als sie ihren Tempel verteidigten, geerbt, als könnte ich für einen großen Moment mit Freude mein Leben hinwerfen. Und dabei war ich immer so ohnmächtig und konnte die glühenden Leidenschaften nicht einmal durch ein Wort oder ein Gedicht zum Ausdruck bringen. So habe ich mich immer unterdrückt, und das, glaube ich, muß man mir ansehen." [45]

Auch noch als 51-Jähriger wies er Jung auf das gleiche Problem hin:

„... ich habe immer gefunden, daß etwas an meiner Person, meinen Worten und Ideen die Menschen wie fremd abstößt, während Ihnen die Herzen offenstehen." [46]

Das Zeigen von Gefühlen war Freud stets peinlich, sogar in einem Kartenspiel mit ungewohnten Partnern, denn als Marie Bonaparte ihn einmal zu einer Tarockpartie überreden wollte, lehnte er mit den Worten ab: „Das ist zu intim" [47]. Freuds Ängste gegenüber Intimität zeigten sich – so beschrieb es Sprengnether [48] – in seinen Schwierigkeiten, offen Bedürfnisse zu äußern, und in der Befürchtung, manipuliert und betrogen zu werden, sobald er seine Wünsche zeigen würde.

Die Zwanghaftigkeit leitete Freud auch in der ersten Phase seines psychoanalytischen Arbeitens, in der er als höchst aktiver, beinahe aggressiver Zuhörer die Bekenntnisse seiner Patienten rasch deutete und intensiv „nach tieferen Schichten" von Schmerz suchte [49]. **Allmählich veränderten sich aber Freuds Kommunikationsstil und Haltung gegenüber seinen Patienten auf eine äußerst bedeutsame Art. Es wurde ihm nämlich mehr und mehr möglich, im geschützten Rahmen des analytischen Settings etwas wahrhaft Dialogisches zuzulassen, eine Art von Dialog, die ihm selbst, aber auch der ganzen damaligen ärztlichen Zunft völlig neu war:** Er getraute sich, den Kranken zuzuhören, wollte Details in Träumen und Assoziationen verstehen, interessierte sich für das Ganze des Lebens seiner Patienten, lachte mit ihnen und konnte schweigen. Maryse Choisy erachtete die Stille als Freuds größte Erfindung auf der Schwelle der unbekannten neuen Welt:

> „Stille, die alle Möglichkeiten umfaßt, ohne eine anzubrechen; Stille, welche Analytiker und Analysand wie zwei Gehilfen aneinanderbindet; Stille, welche den Raum mit eigenartigen Stimmen erfüllt ..." [50]

Freud konnte den Patienten Geborgenheit (auch mit seinen altertümlich eingerichteten Praxisräumen) und seine ganze Lebendigkeit anbieten: Er war gesprächig, manchmal sogar geschwätzig, machte auch einmal einer Patientin ein Kompliment, gab Ratschläge, erwähnte es, wenn gerade eine gute Oper in der Stadt gespielt wurde, oder sagte „das müssen wir feiern" und zündete eine Zigarre an, wenn er mit einem Patienten etwas besonders Wichtiges „ausgegraben" hatte [51]. Im Schutz des analytischen Settings schien sich Freud frei und sicher zu fühlen und vertraute sich selbst. Er vertrat die Ansicht, daß sich die Analytiker während der Sitzungen keine Notizen zu machen brauchen, weil sie ihrem Gedächtnis vertrauen können. Als didaktische Hilfen stellte er zwar Regeln zur Behandlung auf, erlaubte sich aber, sie selbst nicht zu befolgen, wenn er im Dialog mit dem Patienten erkannte, daß etwas anderes besser war. Obschon eine Regel besagt, daß der Analytiker nicht aktiv für seinen Patienten Dinge organisieren soll, meinte er, manchmal müsse man eben zugleich Mutter und Vater sein: „Man tut, was man kann" [52]. Es war diese Atmosphäre, diese Geborgenheit und Freiheit vermittelnde Einstellung Freuds, die bewirkten, daß viele Patienten gern zu ihm in die Stunde gingen und mit ihm lernen konnten.

Um den Rahmen, in welchem Freud es sich erlauben konnte, in den Dialog mit Patienten einzusteigen, stabil zu halten, formulierte er besondere Richtlinien zum Schutz von Patient und Analytiker vor zu viel emotionaler Nähe: Der Analytiker soll eine Haltung der Gefühlskälte einnehmen, nach dem Vorbild des Chirurgen, der all seine Affekte und selbst sein menschliches Mitleid beiseite drängt, um sein einziges Ziel zu erreichen, nämlich die Operation kunstgerecht zu vollziehen [53]. Er soll

> „undurchsichtig für den Analysierten sein und wie eine Spiegelplatte nichts anderes zeigen, als was ihm gezeigt wird." [54]

Die Gegenübertragung (die emotionalen Reaktionen des Analytikers) soll von ihm möglichst vollkommen kontrolliert werden:

> „Was man dem Patienten gibt, soll eben niemals unmittelbarer Affekt, sondern stets bewußt zugeteilter sein ... niemals aus dem eigenen Unbewußten ... Man muß also seine Gegenübertragung jedesmal erkennen, und überwinden, dann erst ist man selbst frei." [55]

Mit solchen Warnungen vor Augen übersah Freud anfänglich wichtige Auswirkungen der Gegenübertragung, weil er sie als Störfaktor betrachtete und schon in ihren Ansätzen zu kontrollieren versuchte. Er meinte, daß der primäre Heilfaktor die verstandesmäßige Einsicht sei, und erkannte nicht, daß das ausschließliche Bearbeiten von infantilem Material auch zu einer Abwehr gegen die Bewußtwerdung von Konflikten zwischen Analytiker und Analysand werden kann [56]. Erst Sándor Ferenczi und Otto Rank bestanden dann darauf, die Gegenübertragung als subtiles Arbeitsinstrument zu nutzen, sich als Analytiker dem Analysanden auch emotional zu zeigen und damit dem Patienten nicht nur rationale Einsichten, sondern auch emotionale Unterstützung anzubieten. Freud ahnte das alles auch schon, aber er fürchtete die Gefahren, die hinter einer zu hohen emotionalen Beteiligung des Analytikers lauern können. Freud benutzte also seine strengen Regeln der emotionalen Enthaltsamkeit zur Sicherung des ihn schützenden Rahmens, so daß es ihm möglich war, innerhalb des analytischen Settings in den Dialog mit dem Analysanden einzutreten. Außerhalb dieses Settings, in Freuds direkter Zusammenarbeit mit Kollegen und in seinem privaten Leben konnte er aber solche „Schutzrahmen" kaum einrichten. Deshalb – das ist unsere Hypothese – mußte er den ihn ängstigenden Dialog außerhalb der direkten analytischen Arbeit weitgehend vermeiden.

8.2 Freud und die Liebe

Wer sich vor dialogischen Beziehungen allzusehr fürchtet, hat es schwer, sich gegenüber anderen Menschen so weit zu öffnen, daß gegenseitige Gefühle von Nähe und eine gemeinsame tiefe Solidarität entstehen können. Eine gestörte Dialogfähigkeit muß sich deshalb auch auf die Liebesfähigkeit auswirken. Aber was ist das überhaupt, die Liebe?

Beim Jahreskongreß der Deutschen Gesellschaft für Psychotherapie mit dem Thema „Psychoanalyse und Liebe" 1996 in Lindau sagte Struck:

> „Über die Liebe ist alles gesagt worden, und doch ist sie uns rätselhaft – eine Sphinx, ein *oiseau rebelle*, ein wilder, bunter Vogel, den wir auch hier nicht fangen werden." [57]

Der uns wohl vertrauteste Ausdruck der Liebe ist **das Gefühl, zu lieben oder geliebt zu werden**:

> „Die Liebe schenkt uns ein Gefühl, daß wir einen bestimmten Platz ausfüllen, auf den es ankommt. Möchte es auch sein, daß jeder beliebige andere den gleichen Platz ausfüllen könnte, – eben indem *wir* es tun, werden wir unvertauschbar, bekommen wir eine bestimmte Wichtigkeit. Und *sie* zu spüren, schenkt uns ein Vertrauen, daß mit unserem Dasein etwas Wesentliches gemeint sei. Nur die Liebe vermag das." [58]

Aber die Liebe ist mehr als ein Gefühl:

> „Gefühle begleiten das metaphysische und metapsychische Faktum der Liebe, aber sie machen es nicht aus; Gefühle werden ‚gehabt'; die Liebe geschieht. Gefühle wohnen im Menschen; aber der Mensch wohnt in seiner Liebe. Das ist keine Metapher, sondern die Wirklichkeit: die Liebe haftet dem Ich nicht an, so daß sie das Du nur zum ‚Inhalt', zum Gegenstand hätte; sie ist *zwischen* Ich und Du. Wer dies nicht weiß, mit dem Wesen weiß, kennt die Liebe nicht, ob er auch die Gefühle, die er erlebt, erfährt, genießt und äußert, ihr zurechnen mag. ... Liebe ist Verantwortung eines Ich für ein Du ..." [59]

Liebe ist auch eine Einstellung und Bereitschaft zum **Handeln für das Wohl eines Anderen und für das eigene Wohl**. Sie ist ein **Geben**. Oft wird sie als „gegenseitiges Geben" bezeichnet, was aber die Tatsache verschleiert, daß die Gegenseitigkeit nicht eine Voraussetzung, sondern eine mögliche angenehme Begleiterscheinung ist [60].

„Liebe" als Wort und als Beschreibung von Gefühlen des Verliebtseins hat in der zweiten Hälfte des 20. Jahrhunderts mit Liebesromanen, Liebesfilmen und Liebesschlagern eine unglaubliche öffentliche Popularität erreicht. 1967, in der ersten weltweiten Fernsehübertragung (Bild und Ton von 300 Kameras an 42 Orten mit drei amerikanischen und einem russischen Satelliten in 31 Länder übertragen), haben die Beatles mit John Lennons eigens für diese Show geschriebenem Song „All you need is love" Millionen von Menschen „angesteckt" [61]. Erich Fromms Büchlein *Die Kunst des Liebens* [62] wurde in 40 Jahren nach seinem Erscheinen allein im deutschen Raum 5 Millionen Mal verkauft [63]. Aber vor nicht allzu langer Zeit hatte die Liebe einen ganz anderen Stellenwert. Sicher war die Anziehung der Geschlechter schon immer ein zentrales und brisantes Thema des Lebens und kam als Ausdruck einer Sehnsucht – zum Beispiel in den mittelalterlichen Minneliedern oder in der Literatur – auch zum Ausdruck. Aber der überwältigend vielfältige, fast alles Wünschenswerte umfassende Inhalt, den die heutigen Menschen mit dem Wort „Liebe" verbinden können, ist neu. Liebe als Leitmotiv für die Bildung von Partnerschaften, die **Liebesheirat**, ist sogar eine „Erfindung" des 20. Jahrhunderts. Für die meisten vergangenen Epochen und für die meisten Gesellschaftsformen galt, daß Verheiratungsweisen mit Liebesweisen nichts zu tun haben [64]. Heiratsgründe waren patriarchale Wünsche nach Ausweitung der Einflußsphäre (durch eine Art von Tochterhandel) oder Schwangerschaften, die einfach dadurch entstanden, daß man in der selben Behausung wohnte [65]. Sigmund Freud war vermutlich der erste Theoretiker, der die Liebeswahl als Paarbildungs- und Heiratsmotiv ins Zentrum stellte [66]. Seine Theorie zur Liebe, die eine Triebtheorie, ein umfassendes Konzept zur Sexualität und die besondere Betonung des Ödipuskonfliktes umfaßte, war aber reduktionistisch: Durch die Rückführung der Phänomene der Liebe auf wenige Gesetzmäßigkeiten ging deren Komplexität unter [67]. Ferenczi hatte 1924 mit seinem *Versuch einer Genitaltheorie* [68] eine wesentliche Erweiterung des psychoanalytischen Verständnisses von Liebe vorgeschlagen: das Konzept der „**Mutterleibsregression**", das auf der Idee beruht, daß das Streben jedes Menschen darauf ausgerichtet sei, in den von Außenreizen geschützten Mutterleib zurückzukehren [69]. Weitere Fortschritte im psychoanalytischen Verständnis von Liebe bewirkte dann Michael Balint mit seinen Begriffen von „**primärer Liebe**", der nicht an erogene Zonen gebundenen gegenseitigen Abhängigkeit von Mutter und Kind, welche alle späteren Liebesbeziehungen mitprägt (Wenn die primäre Liebe fehlt oder mißglückt, nennt Balint dies „Grundstörung") und der „**reifen Erwachsenenliebe**", in welcher eigene Wünsche, Interessen, Empfindlichkeiten, Gefühle und Schwächen gleichrangig mit denen des Partners betrachtet werden [70], ein wechselseitiges Erkennen und Anerkennen der Andersartigkeit des Gegenübers [71]. Erich Fromm hat die „**primäre lebens-liebende Tendenz**" des Menschen betont und mit seiner Unterscheidung von „**produktiver Liebe**" (welche Eigenkräfte aktiviert, die Fähigkeit zu Autonomie und Abgrenzung und das emotionale Bezogensein auf die Wirklichkeit fördert) und „**nicht-produktiver Liebe**" (welche zu Unterwerfung, Selbstlosigkeit, narzißtischer Vereinnahmung und einem Angezogensein vom Leblosen führt) zum sozialpsychologischen Verständnis des Phänomens „Liebe" beigetragen [72]. Ich-Psychologen haben den Schwerpunkt in der Betrachtung der Liebe weg von der Triebnatur auf die **Integrationsleistungen des Ich** verschoben [73], und Kernberg hat in seiner Theorie der Objektbeziehungen die Entwicklung der Liebesfähigkeit detailliert dargestellt. Insbesondere hat er gezeigt, welche Liebesstörungen zu welcher Art von Pathologie führen können [74]:

- **Narzißten** seien wegen Neid und zu stark ausgeprägten destruktiven Tendenzen unfähig zu lieben;
- **Borderliner** seien unfähig zu lieben, weil ihr Ich zerbrechlich und ihr Widerstand gegen die in der Liebe phasenweise unumgängliche Regression zu groß sei, und

- **Neurotiker** seien wegen zu starken Bindungen an Elternfiguren oder weil sie aus einem unbewußten Strafbedürfnis heraus meinen, keinen Anspruch darauf zu haben, geliebt zu werden, nicht fähig, Liebe und Sex miteinander zu verbinden.

In der modernen psychoanalytischen Auseinandersetzung mit der Liebe erscheinen folgende Bereiche als besonders bedeutungsvoll (nach Struck [75]):

- **die Liebe als Ausdruck der Sexualstrebung**
  (Die Liebe greift tief in die Sphäre des Es.)
- **die Liebe als Wiederfinden eines verlorengegangenen Objekts**
  (Jede Objektfindung ist auch eine Wiederfindung der Mutter.)
- **die Liebe als Bedrohung der Sicherheit**
  (Wer liebt, erlebt auch Phasen von Kontrollverlust.)
- **die Mischung von Liebe und Haß**
  (Die Ambivalenz der Gefühle zeigt sich in der Liebe besonderes stark.)
- **die Liebe als Liebesideal**
  (Der Wunsch nach Vereinigung aller Begehren in einem einzigen Objekt ist verlockend.)

Hohage empfiehlt für die therapeutische Arbeit ein dreidimensionales Modell der Liebe, das auch eine differenzierte Beachtung des von der Psychoanalyse bisher vernachlässigten Bereichs der Erotik erlaube [76]:

1. Der **Sexualtrieb**, der gemäß Freuds Erkenntnissen auch die sublimierten Formen der Sexualität umfaßt;
2. Das **Bindungsstreben**, das – wie die traditionelle Objektbeziehungstheorie und die moderne Bindungstheorie nach Bowlby aufgezeigt haben – die frühen emotionalen Bindungserfahrungen als Quelle der Liebe ausweist und
3. Die **Erotik**, die mit Sexualität verbunden sein kann oder auch nicht. Folgende Ausprägungen der Erotik sind sinnvollerweise zu unterscheiden:

   a) die **erotische Sehnsucht**, die ein Bestandteil jeder Verliebtheit ist und ein Verlangen nach äußerer und innerer Nähe, nach Gemeinsamkeit und nach Verschmelzung umfaßt. Sie drückt den Wunsch zur Rückkehr in die „heile Welt der Kindheit" aus. Sie ist letztlich unstillbar.

   b) die **erotische Spannung**, in der die Präsenz des anderen Geschlechts wahrgenommen und das eigene Geschlecht in Abgrenzung dazu bewußt erlebt wird. Ihr Reiz liegt in der erotischen Spannung selbst und sucht keinen Höhepunkt und keine Abfuhr.

8.2 Freud und die Liebe

All die hier verkürzt präsentierten Ausschnitte aus der älteren und neueren psychoanalytischen Erforschung der Liebe zeigen, daß die Liebe eigentlich das zentrale Thema der Psychoanalyse ist: „Psychoanalysen lassen sich im Grunde verstehen als Geschichten über die Schicksale des Liebens", denn: „An der Liebe entscheidet sich letztendlich, ob uns das Leben glückt. Alles andere wird in der Rückschau vom Sterbebette aus verblassen" [77]. Diese fundamentale Tatsache hat auch Freud gewußt oder zumindest geahnt, als er 1906 an Jung zum Thema der psychoanalytischen Behandlung schrieb: „Es ist eigentlich eine Heilung durch Liebe" [78] und 1907 in seinem Beitrag zu Jensens *Gradiva* feststellte:

> „Jede psychoanalytische Behandlung ist ein Versuch, verdrängte Liebe zu befreien, die in einem Symptom einen kümmerlichen Kompromißausweg gefunden hatte." [79]

Freuds Theorien über die Liebe waren aber einerseits seltsam verschwommen, andererseits von Einseitigkeiten und Widersprüchen geprägt. So versuchte er zum Beispiel mit dem Nachweis der allgemeinen Simultaneität von Haß und Liebe die Vorstellung von einer Erlösung oder Heilung durch Liebe als Illusion oder Lüge zu entlarven [80], und auf eine Definition der Liebe hat er sich nie eingelassen [81]. In seinem ersten großen Werk, der *Traumdeutung*, ist eigentlich kaum von Liebe die Rede, höchstens von „infantiler Liebessehnsucht". Die *Drei Abhandlungen zur Sexualtheorie* sowie seine „Beiträge zur Psychologie des Liebeslebens" handeln eher von der Entwicklung der Sexualität und der Objektwahl (Wahl von Sexual- oder Liebespartnern) als von der Liebe. Da Freud insgesamt viel über Sexualität unter dem Namen „Liebe", aber wenig über die eigentliche Liebe geschrieben hat und zudem aus seinem Privatleben – wie noch zu zeigen sein wird – die Liebe fast verbannt hat, wurde er von den einen als „größter Spezialist der Welt für Liebe" [82] und von anderen als „Dilettant der Liebe" [83] bezeichnet.

Um genauer zu klären, was Freud unter Liebe verstanden und wie er Liebe selbst gelebt hat, kann in Anlehnung an obige Ausführungen zum Begriff „Dialog" und gestützt auf die „Liebes"-Konzepte von Balint („reife Liebe") und Fromm („produktive Liebe") ein Stufenschema zum Begriff „Liebe" dienlich sein (Abbildung 7). Die erste darin dargestellte „Stufe der Liebe" ist keine Liebe, die anderen fünf Stufen sind aber alles Varianten von Liebe, in ihrer aufsteigenden Reihenfolge mit der Vertiefung von Liebesfähigkeit zwar verbunden, aber nicht wertend unterschieden. Eine auf Stufe III (blinde Liebe) gelebte Liebe kann so wertvoll (manchmal auch hilfreicher) sein wie eine auf Stufe VI gelebte Liebe (Liebe zum Lebendigen).

Wir alle leben Liebe auf verschiedenen dieser Stufen; hoffentlich möglichst selten auf Stufe I (offene Forderung als „Liebe" getarnt) und mehr auf den anderen. Wenn wir in unserer frühesten Zeit das Glück hatten, Geborgenheit zu erfahren, kennen wir die Stufe IV (symbiotischer Dialog); wenn unser Glück zu früher Zeit zu sehr gestört wurde, suchen wir als Erwachsene vielleicht immer noch Liebe auf dieser Stufe oder vorwiegend auf Stufe II und III. Die Stufe V (interindividueller Dialog) leben wir,

8 Isolation als Erwachsener

	Liebes-Typ	Handlungsebene	Handlungsart	Ziel	Sprache	Gefahr
I	keine Liebe	offene Forderung	bewußte Tarnung als „Liebe"	den Anderen beherrschen	Worte sind nur Mittel zum Zweck	Vermehrung von Unterdrückern + Unterdrückten
II	Sehnsucht nach Liebe	versteckte Forderung	unbewußte Tarnung als „Liebe"	vom anderen die Erfüllung der eigenen Wünsche erwarten	Belehrung „Wenn ich ... sollst du"	Steckenbleiben in Erwartungen an den Anderen
III	sogenannte „selbstlose" Liebe	blinde Liebe	Verliebtsein, „Affenliebe"	für das vermeintliche Wohl des anderen handeln	Altruismus: „Ich tu's nur aus Liebe"	Selbstentwertung; durch's Wohl der anderen leben
IV	Liebe zwischen Mutter und Kind	symbiotischer Dialog	Liebe als Identifikation	beide bleiben eins	„wir"	Abhängigkeit; Verhinderung von Individuation
V	reife Liebe	interindividueller Dialog	Liebe gelebt	beide handeln fürs Wohl von beiden	„Ich Du"	zeitweise Einsamkeit
VI	Seinsliebe	Liebe zum Lebendigen	in Liebe sein	mit Einverständnis Teil des Ganzen sein	„Es"	Fatalismus, politische Ignoranz

Abb. 7 Formen der Liebe hinter dem Wort „Liebe"

wenn es uns gelingt, uns innerlich von Vater und Mutter zu lösen, erwachsen zu werden:

> „Nur die Liebe eines anderen Menschen vermag einen Menschen dem Strom der Zeit zu entreißen; nur sie vermag ihm ein Gefühl für die Ewigkeit seines Daseins zu schenken; nur sie belohnt den ‚Aufstieg' des Bewußtseins, den ‚Abschied' von ‚Vater und Mutter', mit dem Geschenk einer eigenen individuellen Persönlichkeit. .... Immer besteht die Liebe darin, den anderen bei der Hand zu nehmen und ihn herauszuführen aus den ‚ödipalen' Besetzungen im Hause von ‚Vater und Mutter' ... " [84]

„Den anderen bei der Hand zu nehmen", wie Drewermann sagt, bedeutet aber nicht, ihn zu bevormunden oder ihm zu zeigen, welchen Weg er gehen soll. Im Gegenteil: Es bedeutet, ihm auf **seinem** Weg beizustehen, einem Weg, den man nicht kennt, nicht kennen kann. Das heißt,

> „... daß man bedingungslos das Geheimnis des Anderen, seine radikale Andersheit, seinen unbegreiflichen Unterschied akzeptiert ... [Es ist weise], den Mut zu haben, nicht zu verstehen." [85]

Mit der Stufe VI (Liebe zum Lebendigen) ist die auch dialogische Liebe gemeint, die den Liebenden mit allem, was lebt, verbindet: mit Menschen, Tieren und Pflanzen, aber auch mit all dem, was das Leben dieser Wesen ermöglicht: der leblosen Natur, unserem Planeten, dem Universum und den Gesetzen, die in ihm wirken. Diese Stufe der Liebe zu leben, gelingt meist nur den Menschen, welchen die Liebe auf der Ebene des interindividuellen Dialogs (Stufe V) vertraut ist, die sich in ihr lebendig fühlen und sie immer wieder aufsuchen. Doch dies traf auf Sigmund Freud nicht zu. Er ist – so lautet unsere weitere Hypothese – auf Grund der frühen massiven Störung seiner Mutter-Kind-Beziehung **im symbiotischen Dialog steckengeblieben** und konnte seine Fähigkeit zum interindividuellen Dialog (Stufe V) nur in Ansätzen und nur in geschützten „Räumen" (eben vor allem in der analytischen Behandlungssituation) entfalten. Erstaunlicherweise hat er aber doch eine Liebe zum Lebendigen (Stufe VI) entwickelt, eine Lebenskraft und eine Art Lebenslust, auch einen Respekt gegenüber dem Lebendigen, die ihm immer wieder Hoffnung verleihen konnten ... als ob er in der Entwicklung seiner Liebesfähigkeit einfach eine Stufe übersprungen hätte.

Die Vermeidung von interindividuellem Dialog außerhalb der analytischen Behandlungssituation hatte allerdings weitreichende Konsequenzen, in Freuds Werk und in seinen persönlichen Beziehungen.

In der Theorie hatte sich Freud „in Sachen Liebe" auf den Begriff der „Libido" konzentriert, welche er als „Triebkraft des Sexuallebens" bezeichnete. 1921 beschrieb er den Zusammenhang zwischen Libido und Liebe wie folgt:

„Libido ist ein Ausdruck aus der Affektivitätslehre. Wir heißen so die als quantitative Größe betrachtete – wenn auch derzeit nicht meßbare – Energie solcher Triebe, welche mit all dem zu tun haben, was man als Liebe zusammenfassen kann. Den Kern des von uns Liebe Geheißenen bildet natürlich, was man gemeinhin Liebe nennt und was die Dichter besingen, die Geschlechtsliebe mit dem Ziel der geschlechtlichen Vereinigung. Aber wir trennen davon nicht ab, was auch sonst an dem Namen Liebe Anteil hat, einerseits die Selbstliebe, anderseits die Eltern- und Kindesliebe, die Freundschaft und die allgemeine Menschenliebe, auch nicht die Hingebung an konkrete Gegenstände und an abstrakte Ideen." [86]

Die Gesellschaft zwinge die Menschen, die Sexualtriebe zu „sublimieren", das heißt, von ihren sexuellen Zielen abzulenken und auf „sozial höherstehende", nicht mehr sexuelle Ziele zu richten [87]. Freud nahm also an, daß sexuelle Ziele auch sozial tieferstehende seien. Offenbar leitete er diese Annahme aus der Brisanz der Sexualität ab, denn er meinte, daß die Sexualität die Kultur zerstören könnte:

„Die Gesellschaft glaubt an keine stärkere Bedrohung ihrer Kultur, als ihr durch die Befreiung der Sexualtriebe und deren Wiederkehr zu ihren ursprünglichen Zielen erwachsen würde." [88]

Freud sah Liebe aber nicht nur stark mit Sexualität, sondern auch mit dem polaren Gefühl des Hasses verbunden, und noch gravierender: Er behauptete, daß der Haß das der Liebe zeitlich vorgelagerte, also ursprünglichere Gefühl sei:

„Der Haß ist als Relation zum Objekt älter als die Liebe, er entspringt der uranfänglichen Ablehnung der reizspendenden Außenwelt von seiten des narzißtischen Ichs." [89]

Wie stark Freuds eigene, traumatisierende Lebensgeschichte seine Theorien zum Thema Liebe verzerrten, ist vielleicht am deutlichsten an seiner berühmten, verwirrend dichten Schrift von 1914 „Zur Einführung des Narzißmus" zu erkennen. Er hatte diesen Text – den er selbst als „schwere Geburt", die „alle Deformationen einer solchen zeigt", bezeichnet hat [90] – vermutlich als Verteidigung seiner sexuellen Libidotheorie gegen Jungs nicht-sexuelle Ausweitung des Libidobegriffs und Adlers Begriff des „männlichen Protests" geschrieben [91]. Darin gibt er seiner Meinung Ausdruck, daß es keine Liebe gebe, die nicht infantile Vorbilder wiederhole. Jede Objektwahl (Wahl eines Liebes-„Objektes") verlaufe nach einem von nur zwei Typen (oder einem Gemisch der beiden): nach dem **„Anlehnungstypus"** (nach dem Vorbild der Mutter) oder nach dem **„narzißtischen Typus"** (nach dem Vorbild der eigenen Person) [92]. Andere Wahlkriterien, besonders die Wahl nach einem „Ablehnungstypus" (z. B. Linderung von Schuldgefühlen wegen unterdrücktem Haß gegen die Mutter durch Wahl einer Frau, die der ungeliebten Mutter gleicht … und an Stelle der Mutter dann bestraft wird) oder die Objektwahl nach der Position in der Geschwisterreihe (z. B. Erstgeborene, die Erstgeborene wählen), haben in Freuds

Modell keinen Platz [93]. Noch auffälliger sind aber Freuds Vorstellungen von den Differenzen der Objektwahl der Geschlechter: Die volle Objektliebe nach dem Anlehnungstypus sei für den Mann typisch, diejenige nach dem narzißtischen Typus für die Frau. Im „häufigsten, wahrscheinlich reinsten und echtesten Typus des Weibes" [94] steigere sich der ursprüngliche Narzißmus zu einer Selbstgenügsamkeit, „welche das Weib für die ihm sozial verkümmerte Freiheit der Objektwahl entschädigt." Kurz:

> „Solche Frauen lieben, streng genommen, nur sich selbst mit ähnlicher Intensität, wie der Mann sie liebt." [95]

Innerhalb dieses gemäß Freuds Meinung häufigsten, reinsten und echtesten Frauentypus – der aus Narzißmus dem Mann gegenüber kühl bleibe – differenzierte er noch vier Untertypen: die Wahl nach dem, was man selbst ist, was man selbst war, was man selbst sein möchte oder die Wahl nach einer Person, die ein Teil des eigenen Selbst war. Theweleit meint in Freuds vier Untertypen der weiblichen Objektwahl Beziehungsformen zu erkennen, die dem Schöpfer dieser Typologie besonders vertraut und nützlich waren. Freud habe stets Frauen nach diesen Mustern gesucht, wobei jedes Beziehungsmuster eine besondere Nützlichkeit für ihn und sein Werk gehabt habe. Zudem habe er mit einer solchen Aufspaltung von Liebesformen erreichen können, synchron in mehreren relativ unverbundenen „Liebesplateaus" zu leben, ohne die volle Liebe mit einer Frau je riskieren zu müssen [96].

Wenn Freud in der ersten Person von Liebe sprach, also von dem, was er persönlich unter Liebe verstand oder als Liebe erlebt hatte, klang das meist mechanisch bis resignierend. Er meinte, daß wir Menschen mit der Liebe sparen, weil Trennungen zu schmerzhaft seien:

> „... warum verlieben wir uns [nicht] jeden Monat aufs neue? Weil bei jeder Trennung ein Stück unseres Herzens abgerissen werden würde." [97] ... „Niemals sind wir ungeschützter gegen das Leiden, als wenn wir lieben, niemals hilfloser unglücklich, als wenn wir das geliebte Objekt oder seine Liebe verloren haben." [98]

Liebe muß aus Freudscher Sicht stets erkauft werden. Seinen aus dieser Haltung erwachsenen Herzenswunsch formulierte er in der Interpretation eines Traumes: „Ich möchte einmal Liebe kennen lernen, die mich nichts kostet ..." [99]. Die **Nächstenliebe** verstand Freud noch 1930 als egoistisches Tauschgeschäft:

> „Du sollst den Nächsten lieben wie dich selbst ... Warum sollen wir das? Was soll es uns helfen? ... Meine Liebe ist etwas mir Wertvolles, das ich nicht ohne Rechenschaft verwerfen darf. Sie legt mir Pflichten auf, die ich mit Opfern zu erfüllen bereit sein muß. Wenn ich einen anderen liebe, muß er es auf irgend eine Art verdienen." [100]

Im allgemeinen sei der Nächste der Liebe nicht wert; als Fremder erst recht nicht:

> „Dieser Fremde ist nicht nur im allgemeinen nicht liebenswert, ich muß ehrlich bekennen, er hat mehr Anspruch auf meine Feindseligkeit, sogar auf meinen Haß." [101]

Freud hatte eine fast zwanghafte Angst vor der Verletzung durch Verlassenwerden, so daß für ihn galt, was er 1930 mit folgenden Worten beschrieb:

> „Gewollte Vereinsamung, Fernhaltung von den anderen ist der nächstliegende Schutz gegen das Leid, das einem aus menschlichen Beziehungen erwachsen kann." [102]

Gegenüber seiner Familie und seinen Freunden war Freud großzügig und um ihr Wohlergehen besorgt. Die Lebenswidrigkeiten seiner Patienten interessierten ihn, und viele Patienten fühlten sich in seinem Einflußbereich respektiert und angenommen. Andererseits schien Freud aber kein Menschenfreund zu sein. Es ist erschrekkend, wie häufig er das abschätzige Wort „Gesindel" verwendete: In mindestens sieben Briefen hat er verschiedenen Empfängern geschrieben, daß die Menschen – mit wenigen Ausnahmen – nur „elendes Gesindel" seien [103]. Eva Rosenfeld war der Ansicht, daß Freuds traurige Sicht auf die Menschheit nicht depressiv war (ein Depressiver würde die Menschen nicht als an sich wertlos betrachten); sein Pessimismus sei ein versteckter paranoider Zug gewesen [104].

Für Menschen, die Freud als Gegner oder gar Feinde verstand, empfand er kaum je Mitgefühl. Er hatte nie Lust dazu, die persönlichen Motive von Gegnern mit Wohlwollen zu betrachten [105]. Er kämpfte hart, und wenn der Kampf vorbei war, verzieh er selten. Aber er war Arzt geworden, hatte also einen Beruf gewählt, der – wie die meisten Menschen meinen – auch aus Nächstenliebe gewählt wird. Freud sah das ähnlich, war damit aber gar nicht zufrieden. Schon 1896 hatte er seinem Freund Fließ geschrieben, daß er „wider Willen" Therapeut geworden sei [106]. Diese Meinung bekräftigte er 1914 als er schrieb: „... ich war nur ungern Arzt geworden ..." [107], und wiederum 1925 in seiner „Selbstdarstellung":

> „Eine besondere Vorliebe für die Stellung und Tätigkeit des Arztes habe ich in jenen Jugendjahren nicht verspürt, übrigens auch später nicht." [108]

Zwei Jahre danach, im Nachwort zur *Frage der Laienanalyse,* erklärte er:

> „Nach 41-jähriger ärztlicher Tätigkeit sagt mir meine Selbsterkenntnis, ich sei eigentlich kein richtiger Arzt gewesen. Ich bin Arzt geworden durch eine mir aufgedrängte Ablenkung meiner ursprünglichen Absicht und mein Lebenstriumph liegt darin, daß ich nach großem Umweg die anfängliche Richtung wieder gefunden habe. Aus früheren Jahren ist mir nichts von einem Bedürfnis, leidenden Menschen zu helfen, bekannt, meine sadistische Veranlagung war nicht sehr groß, so brauchte sich dieser ihrer Abkömmlinge nicht zu entwickeln." [109]

Hinter der Wahl des Arztberufes können wohl unterschiedlichste Motive stehen, zum Beispiel Neugier gegenüber der Dynamik zwischen Gesundheit und Krankheit,

Angst vor eigener Erkrankung, ein uneingestandenes Bedürfnis nach Hilfe oder der Wunsch nach Macht. Das Helfen jedoch nur als Sublimation von Sadismus zu sehen, ist ein erschreckend kümmerliches Verständnis von Nächstenliebe … Aber Freud meinte, daß sein „Mangel an der richtigen ärztlichen Disposition" seinen Patienten „nicht sehr geschadet" habe, weil es für den Patienten am besten sei, wenn der Arzt kühl und möglichst korrekt arbeite [110].

Emil Ludwig, der frühe unerwünschte Biograph Freuds, der manch oberflächliche und auch bösartige Kritik gegen den Begründer der Psychoanalyse vorgebracht hatte, mag in seiner harten Einschätzung doch auch teilweise Recht haben, wenn er schrieb:

> „Statt eines hingebenden Menschenfreundes, statt eines Beobachters des bunten Lebens finden wir einen starren, auf seine Prinzipien schwörenden Propheten, der aus *seiner* düsteren Kindheit, aus *seinen* Haß- und Inzestgefühlen souveräne Schlüsse machte auf ähnliche Gefühle bei allen anderen Menschen. Wir finden einen suggestiven Dogmatiker, statt eines mitfühlenden Arztes." [111]

Im direkten Kontakt mit Patienten konnte Freud verständnisvoll und liebevoll sein … aber zuweilen und gegenüber bestimmten Patientengruppen auch gar nicht. Anfänglich, gegenüber den ersten Patientinnen, verhielt er sich wie ein „Tyrann der Aufrichtigkeit", indem er jeden Widerstand der Patientinnen brechen und ihnen ihre Geheimnisse entreißen wollte [112]. Später, mit der Entwicklung der Technik des freien Assoziierens, wurde er geduldiger, trennte aber streng zwischen Arbeitshaltung und der oft weniger liebevollen privaten Einstellung. Einige seiner Äußerungen waren:

> „Die Patienten sind ekelhaft und geben mir Gelegenheit zu neuen technischen Studien." [113]

> „… weil meine Geduld mit Neurotikern sich in der Analyse erschöpft. In Kunst und Leben bin ich intolerant gegen sie." [114]

Als Binswanger ihn fragte, wie er zu seinen Patienten stünde, antwortete er: „Den Hals umdrehen könnte ich ihnen allen." [115]

Über eine fast zu Ende analysierte Patientin sagte er: „Analytisch unbrauchbar für jedermann." [116]

Und einen Patienten mit sexuellen Perversionen bezeichnete er als „ein absolutes Schwein." [117]

Auch die Neurotiker konnte er als „Gesindel" bezeichnen, „nur gut, uns finanziell zu erhalten und aus ihren Fällen zu lernen" [118]. Er behauptete, daß leider nur wenige Patienten die Mühe wert seien, welche die Analytiker auf sie verwenden [119]. Im selben Sinn kommentierte er den Bericht über eine Patientin, welche die Behandlung bei ihrem Analytiker abgebrochen hatte:

> „Sie hat zwar recht, denn sie ist jenseits jeder therapeutischen Chance, aber sie bleibt verpflichtet, sich der Wissenschaft zu opfern." [120]

Ferenczi hatte in seinem Tagebuch geschrieben, Freud habe aufgehört, seine Patienten zu lieben, nachdem er entdeckt habe, daß ihn seine Patientinnen angelogen hatten, indem sie ihm Phantasien von sexuellem Mißbrauch als reale Erlebnisse darstellten [121].

Überheblich auftretende Menschen, Psychotiker, Süchtige und Kriminelle waren Freud sowieso zuwider, ebenso Menschen, die er als Schwächlinge empfand. Deshalb wollte er auch kein Verständnis für suizidale Handlungen aufbringen:

> „Selbstmord bedeutete für ihn – mit Ausnahme gewisser extremer Fälle – den Versuch, sich von einer Aufgabe zu drücken, mitten aus dem Kampf zu fliehen. Dieses Gefühl war so stark, daß seine Menschlichkeit durch Verachtung aufgewogen wurde." [122]

Mit der Zeit hatte Freud sein Augenmerk so sehr auf intrapsychische Vorgänge konzentriert, daß er bei seinen Patienten das Interesse an zwischenmenschlichen Vorgängen weitgehend verlor: „Er minimalisierte, was zwischen den Menschen geschah, berücksichtigte es gar nicht mehr ..." [123]. Karen Horney meinte, daß Freud die menschlichen Tragödien, die sich in den Neurosen abspielten, nicht sah [124].

Wenn Freud von Liebe sprach, klang es manchmal zwischen den Zeilen auch so, als ob er von etwas spreche, das so wichtig und so groß sei, weil er es selbst noch nie erlebt hatte und sehnsüchtig darauf wartete, „es" endlich einmal zu erleben ... aber die Sehnsucht war in der Zwischenzeit so riesig geworden, daß sie nur noch ängstigen konnte. Unter solchen Voraussetzungen ist es nicht erstaunlich, wenn das Bedürfnis entsteht, das Phänomen Liebe zur Angstbegrenzung auf rational faßbare Kräfte zu reduzieren. Angstmotivation führt aber leicht zu Wahrnehmungsverzerrungen, und so geschah es Freud zum Beispiel, daß er zur Untermauerung seiner Theorie der Dynamik zwischen Eros und Thanatos – besonders des regressiven Charakters der Triebe – (in *Jenseits des Lustprinzips*) eine Stelle aus Platons *Gastmahl* zwar korrekt zitierte, aber in der Schlußfolgerung verzerrt wiedergab [125]. Platon läßt an der zitierten Stelle Aristophanes folgenden Mythos über den Eros erzählen: Anfangs seien die Menschen Kugelmenschen gewesen, mannweibliche Wesen mit vier Armen und vier Beinen. Diese hätten sich allmählich so stark gefühlt, daß sie den Himmel ersteigen und die Götter angreifen wollten. Da habe Zeus sie jeden in zwei Teile geschnitten, in Mann und Frau:

> „Daher ist jeder von uns das Gegenstück eines Menschen, weil wir wie die Schollen aus einem in zweie geschnitten wurden. Ewig sucht jeder sein Gegenstück ... Nun trägt die Begierde und Jagd nach der Ganzheit den Namen Eros." [126]

Freud behauptete, daß Platon diesem Mythos eine bedeutende Stellung zugewiesen habe, weil er ihm „als wahrheitshältig eingeleuchtet" habe [127]. Aber da täuschte sich Freud. Der Mythos von den Kugelmenschen ist in Platons *Gastmahl*, das auch den Titel „Von der Liebe" trägt, nur eine von sieben Reden zum Lob des Eros, und Platon zeigte in Form eines zusätzlichen Berichts des Sokrates über ein Gespräch mit der Seherin Diotima, daß die Liebe gerade im Mythos von den Kugelmenschen höchst unzureichend beschrieben sei. Die Liebe sei nicht einfach die Begegnung mit der verlorenen Hälfte, sondern erneuernd und fruchtbar: „Sie regt das geliebte Wesen dazu an, zu zeugen und sich selbst zu übertreffen ... Sie öffnet sich dem Neuen, d. h. dem Dritten" [128]. Freud setzte mit seinem „Übersehen" der wirklichen Bedeutung, die Platon dem Eros im *Gastmahl* verlieh, die Liebe der Suche nach der narzißtischen Ganzheit gleich, einer Ganzheit, die den Anderen gar nicht mehr braucht; einer Ganzheit ohne Dialog.

Über den Begriff „Libido" hatte Freud die Phänomene „Liebe" und „Sexualität" fast bis zur Identität verkettet gesehen. Wenn er Liebe im Wesentlichen adialogisch definierte, ist deshalb zu vermuten, daß er Sexualität ähnlich verstand und erlebte. In einzelnen allgemeinen Aussagen verlieh er ihr einen hohen Stellenwert:

> „Unzweifelhaft ist die geschlechtliche Liebe einer der Hauptinhalte des Lebens und die Vereinigung seelischer und körperlicher Befriedigung im Liebesgenusse geradezu einer der Höhepunkte desselben." [129]

In seinem eigenen Leben litt er aber auch nach seiner pubertären Krise um Ichthyosaura und Gisela unter starken Sexualängsten. Zwar könnte man meinen, daß solche zu jener Zeit weit verbreitet und normal waren, weil die viktorianischen Moralvorstellungen mit ihrer sexuellen Verlogenheit noch immer wirksam waren. Doch am Ende des 19. Jahrhunderts wurde die Sexualität eigentlich nicht mehr nur tabuisiert, sondern war zu einem viel diskutierten Thema geworden:

> „Pornographische Bücher und Bilder hat es (mit Ausnahme unserer Gegenwart) nie so viele gegeben wie im späten 19. Jahrhundert. Das Dirnenwesen blühte, vor allem in den Großstädten Paris, Berlin, Wien, Budapest, wie nie zuvor. ... ein deutscher Statistiker, stellte im Jahre 1898 ... fest, daß von den Männern, die bei ihrer Eheschließung über dreißig Jahre alt waren, jeder zweite Gonorrhoe gehabt hatte und jeder vierte oder fünfte syphilitisch war." [130]

Der Kampf gegen die sexuelle Verlogenheit wurde von Schriftstellern wie Tolstoi, Ibsen, Zola oder Gerhard Hauptmann und von Wissenschaftlern offen geführt. Sigmund Freud war keineswegs der erste Sexologe. Mehrere sexualwissenschaftliche Standardwerke erschienen um die Jahrhundertwende: Krafft-Ebings *Psychopathia Sexualis* (1886), Albert Molls *Untersuchungen über die Libido sexualis* (1897) und *Das Sexualleben des Kindes* (1909) sowie Havelock Ellis' *Studies in the Psychology of Sex* (1898). Der Ausdruck „erogene Zonen" wurde seit 1883 von Féré benutzt; Benedikt sprach seit 1868, Meynert seit 1890 von „Libido". Zudem wurde Wien, die Stadt, in der Freud aufwuchs, damals als Ort von besonderer moralischer Freizügigkeit angesehen. Es ist also nicht so, daß die sexuellen Hemmungen Freuds einfach dem damaligen Zeitgeist entsprachen. Sie entstammten vielmehr Freuds Kindheitserfahrungen im Zusammenhang mit der von ihm vermuteten erotischen Beziehung zwischen seiner Mutter und seinem Halbbruder und der von ihm auch erotisch-sexuell erlebten Beziehung zu seiner Kinderfrau. Beide „Urheber" sexueller Verwicklungen waren – so hatte es vermutlich der kleine Sigmund verstanden – bestraft worden: der Halbbruder Philipp war nach England verbannt und die Kinderfrau verhaftet worden. Von Vaters Seite hatten wahrscheinlich auch noch traditionelle Tabus der Sexualität ihre Auswirkungen. Diese Hintergründe konnten mit dazu beitragen, daß Freud später den ihn am meisten interessierenden menschlichen Körperteil, die weiblichen Genitalien, als schrecklich empfand und als „wildes Fleisch", „Wunde" oder als „Haupt der Medusa" bezeichnete. Seine diesbezügliche Abneigung ging so weit, daß er behauptete, daß die menschlichen Genitalien allgemein – im Empfinden aller Menschen – unästhetisch seien:

> „Es ist bemerkenswert, daß die Genitalien selbst ... fast nie als schön beurteilt werden ..." [131]. „Die Genitalien ... haben die Entwicklung der menschlichen Körperformen zur Schönheit nicht mitgemacht, sie sind tierisch geblieben ..." [132]

Solche Wertungen konnte er auch in Therapien einfließen lassen: Als der „Rattenmann" ihm erzählte, wie er seine Freundin auf dem Bauch liegen sah und ihr die Genitalhaare rückwärts vorsahen, bezeichnete dies Freud als „unschön" und drückte sein Bedauern aus, daß die Frauen ihre Schamhaare nicht besser [= züchtiger?] pflegen [133].

1885, als 29-Jähriger, war Freud bei Charcot in Paris in den Bann von Hysterikerinnen hineingezogen worden. „Hinter der schönen Gleichgültigkeit dieser Frauen vermutete er eine ganze Welt verborgener Bedeutungen" [134]. Wäre es möglich, daß Freud schon damals spürte, daß das Geheimnis dieser Frauen sein eigenes Geheimnis war? Da Hysterikerinnen zwar präödipal gestört sind (ihre Beziehungsstörung aus der Zeit vor dem Erwachen ihrer genitalen Sexualität stammt), ihre Symptomatik aber in der Genitalität zeigen, hätte Freud eine enge Verwandtschaft zu sich selbst ahnen können: Die Verschleierung des präödipalen Konflikts durch Erforschung (das ist auch eine Form der Inszenierung) gestörter Genitalität? ... Betrachten wir weitere Elemente aus Freuds Sexualanamnese:

1888 (32-jährig), zwei Jahre nach seiner Heirat mit Martha Bernays schrieb Freud bezüglich seiner hysterischen Patientinnen:

> „Die ersten Jahre einer glücklichen Ehe pflegen in der Regel die Krankheit zu unterbrechen; mit dem Erkalten der ehelichen Beziehungen und der Erschöpfung durch wiederholte Geburten tritt die Neurose wieder hervor." [135]

Nitzschke meinte, daß sich Freud durch den Ehestand auch für seine eigenen sexuellen Nöte Abhilfe versprochen hatte, daß aber seine neurotischen und psychosomatischen Beschwerden, vor allem um Nase und Herz, während der ersten Ehejahre zugenommen hatten [136].

1893 (37-jährig) berichtete Freud seinem Freund Fließ, daß er zur Zeit wegen der Angst vor einer ungewollten Schwangerschaft nicht mehr mit seiner Frau schlafe [137].

1897 (41-jährig) schien Freuds Leidenschaft stark nachgelassen zu haben, einige Biographen meinen, daß er damals impotent wurde [138]. Potenzverlust hätte ein unbewußtes Mittel für ihn sein können, sich daran zu hindern, Martha untreu zu werden [139].

„Auch die sexuelle Erregung ist für einen wie ich nicht mehr zu brauchen" [140],

schrieb Freud im selben Monat, in welchem er sich an die nächtliche Bahnfahrt als Vierjähriger erinnerte, als er seine Mutter nackt gesehen hatte und seine „Libido gegen matrem erwacht" sei.

1899 (43-jährig) berichtete Freud in den „Deckerinnerungen" von der erstmals beim Zusammentreffen mit Gisela wiedererinnerten Szene mit seiner Nichte Pauline und seinem Neffen John auf der Löwenzahnwiese. In der Analyse dieser Erinnerung schrieb er:

„Das Verlockendste an dem ganzen Thema ist für den nichtsnutzigen Jüngling die Vorstellung der Brautnacht; was weiß er von dem, was nachkommt. Diese Vorstellung wagt sich aber nicht ans Licht, die herrschende Stimmung der Bescheidenheit und des Respekts gegen die Mädchen erhält sie unterdrückt. So bleibt sie unbewußt … Und weicht in eine Kindheitserinnerung aus … gerade das Grobsinnliche an der Phantasie ist der Grund, daß sie sich nicht zu einer bewußten Phantasie entwickelt, sondern zufrieden sein muß, in eine Kindheitsszene als Anspielung in verblümter Form Aufnahme zu finden." [141]

Warum soll der Jüngling, der sich die Brautnacht vorstellt, „nichtsnutzig" sein? Und meinte Freud wirklich, die Buben und Mädchen hätten sich damals nie getraut, „grobsinnliche Phantasien" ins Bewußtsein zuzulassen?

1907 (51-jährig) fand die erste persönliche Begegnung Freuds mit C. G. Jung statt. Jung erinnerte sich später daran, wie intensiv und geheimnisvoll Freud damals und in einem Gespräch etwa zwei Jahre später das Thema „Sexualität" zum Ausdruck gebracht habe:

„Es war unverkennbar, daß die Sexualtheorie Freud in ungewöhnlichem Maße am Herzen lag. Wenn er davon sprach, wurde sein Ton dringlich, fast ängstlich, und von seiner kritischen und skeptischen Art war nichts mehr zu bemerken. Ein seltsam bewegter Ausdruck, dessen Ursache ich mir nicht erklären konnte, belebte dabei sein Gesicht. Das machte mir einen starken Eindruck: die Sexualität bedeutete ihm ein Numinosum.

> Ich erinnere mich noch lebhaft, wie Freud zu mir sagte: ‚Mein lieber Jung, versprechen Sie mir, nie die Sexualtheorie aufzugeben. Das ist das Allerwesentlichste. Sehen Sie, wir müssen daraus ein Dogma machen, ein unerschütterliches Bollwerk.' Das sagte er zu mir voll Leidenschaft ... Etwas erstaunt fragte ich ihn: ‚Ein Bollwerk – wogegen?' Worauf er antwortete: ‚Gegen die schwarze Schlammflut –' hier zögerte er einen Moment, um beizufügen: ‚des Okkultismus.' Zunächst war es das ‚Bollwerk' und das ‚Dogma', was mich erschreckte; denn ein Dogma, d. h. ein indiskutables Bekenntnis, stellt man ja nur dort auf, wo man Zweifel ein für alle Mal unterdrücken will." [142]

Eigentlich ist es nicht verwunderlich, daß Freud aus persönlichen Gründen so sehr auf das Thema „Sexualität" fixiert war, denn andere große Sexologen bezogen ihre Motivation für die Wahl ihres Spezialfaches auch aus einschneidenden Kindheitserfahrungen. So fühlte sich zum Beispiel Wilhelm Reich, der leidenschaftliche Kämpfer für sexuelle Freiheit, schuldig am Suizid seiner Mutter, weil er als 12-Jähriger seinem Vater ein Liebesverhältnis zwischen ihr und seinem Hauslehrer verraten hatte [143], und Havelock Ellis hatte sich bereits als 16-Jähriger dafür entschieden, sein Leben der Enthüllung geschlechtlicher Geheimnisse zu widmen, nachdem er als einziger Sohn neben fünf Schwestern und einem Vater, der als Kapitän meist auf hoher See war, über Jahre zu einer erotischen Beziehung mit seiner Mutter gedrängt worden war [144].

1910 (54-jährig) erklärte Freud seine Abscheu vor dem Geschlechtsverkehr mit starken Worten:

> „Es klingt wenig anmutend und überdies paradox, aber es muß doch gesagt werden, daß, wer im Liebesleben wirklich frei und damit auch glücklich werden soll, den Respekt vor dem Weibe überwunden, sich mit der Vorstellung des Inzest mit Mutter oder Schwester befreundet haben muß. Wer sich dieser Anforderung gegenüber einer ernsthaften Selbstprüfung unterwirft, wird ohne Zweifel in sich finden, daß er den Sexualakt im Grunde doch als etwas Erniedrigendes beurteilt, was nicht nur leiblich befleckt und verunreinigt." [145]

1914 (58-jährig) schrieb er in „Zur Geschichte der psychoanalytischen Bewegung":

> „... man darf nicht ... vergessen, daß die vom Joch ihrer Sexualbedürfnisse bedrückte Menschheit bereit ist, alles anzunehmen, wenn man ihr nur die ‚Überwindung der Sexualität' als Köder hinhält." [146]

Und ähnlich an Jones:

> „Jeder, der den Menschen Befreiung von der Bürde der Sexualität verspricht, wird als Held begrüßt werden, welchen Unsinn er auch immer schwatzen wird." [147]

Offenbar rechnete er nicht damit, daß einige Menschen die Sexualität tatsächlich oft genießen und andere, die aus vielerlei Ängsten zu solchem Genuß weniger fähig sind, sich wünschen, die Sexualität endlich so schön und befriedigend zu erleben, wie sie in Dichtung und Liedern seit Jahrtausenden beschrieben und besungen wird. Freud versuchte seine eigene Sexualität zu beherrschen, indem er die Sexualität generell zur unüberwindbaren, aber sublimierbaren Bedrohung erklärte.

1922 (66-jährig) interpretierte Freud das „Medusenhaupt" (den fürchterlichen Kopf mit glühenden Augen, riesigen Zähnen, heraushängender Zunge und Schlangenlocken der Medusa, die von Athene wegen deren Vereinigung mit Poseidon in ein Ungeheuer verwandelt und von Perseus enthauptet worden war) als „Genitale der Mutter". Dazu schrieb er:

> „Dies Symbol des Grauens trägt die jungfräuliche Göttin Athene an ihrem Gewand. Mit Recht, sie wird dadurch zum unnahbaren, jedes sexuelle Gelüste abwehrenden Weib. Sie trägt doch das erschreckende Genitale der Mutter zur Schau ... Noch bei Rabelais ergreift der Teufel die Flucht, nachdem ihm das Weib ihre Vulva gezeigt hat." [148]

Abb. 8
Freud und die Geschlechtlichkeit der Patientin (Martin Kompis, nach einer Idee von Steadman [149])

Zu einem sexuellen Traum notierte Freud in seinem Traumbericht trocken, lieblos: „bezieht sich auf den gut gelungenen Coitus Mittwoch früh" [150]. Es scheint so, als habe Freud Sexualität nie dialogisch erlebt, nie als Austausch in einer Beziehung, deren Offenheit nicht nur Gefahr, sondern auch Chance zu innerem Reichtum und gemeinsamem Wachstum bietet. Seine eigenen Erfahrungen mit der Sexualität umfaßten nur „Sexualstau" und „Spannungslösung". Freud fand Sexualität gar nicht lustig. Sie hatte für ihn keine spielerische Seite; nie hätte er einen schmutzigen Witz erzählt [151]. „Über sexuelle Dinge zu sprechen, bedeutete ihm kein Vergnügen, und er wäre im üblichen Klubzimmer fehl am Platz gewesen." [152].

Während seiner Selbstanalyse nannte er die Fülle analen Materials, das er bearbeitete, „Dreckologie" [153], zu welcher er aber wahrscheinlich nicht nur anale, sondern auch genitale Inhalte zählte. Die verschiedenen von ihm berichteten Urinier-Szenen in seinen Träumen lassen zum Beispiel vermuten, daß sie eigentlich Onanie-Szenen waren und Freud dies bewußt verschleierte, vielleicht weil er – wie Krüll [154] vermutete – unter einem Onaniezwang litt.

Wahrscheinlich lebte Freud streng monogam. Anderslautende Berichte, zum Beispiel derjenige von Jung – erstmals 1969 in einem Artikel von Bilinsky, dann 1982 erneut von Peter Swales kolportiert – über ein sexuelles Verhältnis zwischen Freud und seiner Schwägerin Minna, erscheinen wenig glaubhaft. Allerdings stimmt es natürlich auch nicht, wenn Jones schrieb:

> „Von wenigen Männern kann man sagen, daß sie durch das ganze Leben gehen, ohne je ernsthaft von einer anderen Frau erotisch angezogen zu werden als von der einen, einzigen. Doch scheint dies bei Freud der Fall gewesen zu sein ..." [155]

Zutreffender wäre zu sagen, daß Freud die erotische Anziehung der ihn intellektuell ansprechenden Frauen „mit großer Anstrengung und mit Bewußtsein in eine andere Art von Affektivität umgebaut" hat [156].

Erotisch-sexuelle Regungen waren Freud nicht nur aus seiner Kindheit, sondern auch aus seinem Privatleben als Erwachsener und aus Gegenübertragungsreaktionen in der Therapie persönlich gut bekannt. 1886 zum Beispiel schrieb er seiner Braut über einen amerikanischen Patienten und dessen Frau auf ein Art, die unschwer seinen Kampf gegen seine Verliebtheit erraten läßt:

> „[Dieser Fall] ist kompliziert durch sein Verhältnis zu seiner schönen und interessanten Frau, mit der ich also auch zu tun hatte und wegen welcher ich morgen zu Professor Chrobak [ein Gynäkologe] gehe. Ich bin zu müde, um Dir die heiklen Dinge näher zu beschreiben. Unheimlich war mir, daß während der beiden Male, die sie bei mir war, Dein Bild, das sich sonst nie rührt, vom Schreibtisch herunterfiel. Ich mag solche Andeutungen nicht, und wenn es einer Warnung bedurft hätte – es hat aber keiner bedurft!" [157]

War dies vielleicht sogar die Frau, von welcher Chrobak sprach, als er Freud ein Rezept verriet, das diesen sehr beeindruckt hatte: „Penis normalis – dosim Repetatur!" [158], also wiederholter Geschlechtsverkehr als Therapie?

In Publikationen und Briefen des erwachsenen Freud sind mindestens ein halbes Dutzend weitere Situationen beschrieben, in welchen er sich von einer Frau erotisch-sexuell angezogen fühlte [159].

8.3 Vermeidung von Dialog in der Herkunftsfamilie

Das Vermeiden von interindividuellem Dialog, das heißt, die sofortige Abgrenzung gegenüber jedem Menschen, der so nahe kommt, daß Gefühle durcheinandergewirbelt und eigene Meinungen verändert werden könnten, zieht sich durch Freuds Erwachsenenleben wie ein roter Faden. In jedem Lebensbereich Freuds ist diese Problematik anzutreffen: in der Beziehung zu seinen Eltern und Geschwistern, in seiner eigenen Familie gegenüber seiner Ehefrau und seinen Kindern, wie auch in Freuds Verhältnis zu seinen Schülern, Kollegen und Kolleginnen.

8.3.1 Innerer Kampf mit Vater Jakob

In welcher Art Sigmund Freud als Erwachsener mit seinem Vater in Kontakt stand, wie er mit ihm sprach, ihn liebte, mit ihm stritt, von dem allem ist eigentlich nichts bekannt. Vielleicht hat er ihn einfach in Ruhe gelassen. Jakob wurde im Alter als friedlicher, warmer Mann beschrieben, als Träumer, der sich selbst als Versager sah [160]. Er las zu Hause den Talmud, ging spazieren und ins Kaffeehaus:

> „Freuds Vater lebte irgendwie für sich selbst neben den anderen der Familie, las viel und traf seine eigenen Freunde auswärts. Für die Mahlzeiten kam er nach Hause, nahm aber kaum Anteil am Gespräch der anderen ... nie aufgebracht, nie erhob er seine Stimme." [161]

Er war ein häufiger Besucher bei Sigmunds Familie in der Berggasse [162] und wurde von den Enkelkindern geliebt, weil er ihnen Geschenke mitbrachte und lustige Geschichten erzählte. 1885, als 69-Jähriger (Sigmund war 29), wurde er einer der ersten Patienten der Welt, an dem eine Glaukom-Operation in Kokain-Lokalanästhesie durchgeführt wurde, eine Anästhesiemethode, die dank einer Entdeckung Freuds von anderen Ärzten soeben entwickelt worden war. Sechs Jahre später schenkte Jakob seinem Sohn zu dessen 35. Geburtstag die neu gebundene Familienbibel (von deren Bedeutung in Kapitel 6.2. schon die Rede war), das Geschenk, mit dem Jakob vielleicht seinen Sohn von einer vermeintlichen Schuld befreien wollte. Ein Jahr später erkrankte Jakob und starb nach schwerem Leiden unter abwechselnder Verstopfung und explosionsartigem Stuhl am 23. Oktober 1896 an Darmkrebs [163]. Sigmund kam zu spät zur Beerdigung, angeblich weil er zuvor beim Friseur hatte warten müssen. In der Nacht nach der Beerdigung träumte er von einem Schild in dem Coiffeurladen mit der Inschrift: „Es wird gebeten, die Augen zuzudrücken" [164]. War das eine Mahnung an sich selbst, die Ambivalenz seiner Gefühle gegenüber dem Vater weiter zu unterdrücken?

Neun Tage nach dem Tod seines Vaters schrieb Freud:

> „Auf irgendeinem der dunkeln Wege hinter dem offiziellen Bewußtsein hat mich der Tod des Alten sehr ergriffen. Ich hatte ihn sehr geschätzt, sehr genau verstanden, und er hat viel in meinem Leben gemacht, mit der ihm eigenen Mischung von tiefer Weisheit und phantastisch leichtem Sinn. Er war lange ausgelebt, als er starb, aber im Innern ist wohl alles Frühere bei diesem Anlaß aufgewacht. Ich habe nun ein recht entwurzeltes Gefühl." [165]

Kurze Zeit später begann Freud mit der Rekonstruktion seiner Kindheit und mit dem Sammeln von antiken Gegenständen [166], gerade als ob ihm der Tod des Vaters die Freiheit eröffnet hätte, seine eigene Herkunft und die Geschichte unserer Zivilisation genauer zu erforschen. Freud hatte als Kind seinen Vater wegen dessen geringer Fähigkeit zum Dialog als strenge, fast unangreifbare Autorität erlebt, gegenüber der das verängstigte Kind zu einem Nichts verschwindet, wenn es nicht lernt, die Schwächen des Vaters zu entdecken; so, wie er 1900 in der *Traumdeutung* schrieb:

> „Die Autorität, die dem Vater eigen ist, hat frühzeitig die Kritik des Kindes hervorgerufen; die strengen Anforderungen, die er gestellt, haben das Kind veranlaßt, zu seiner Erleichterung auf jede Schwäche des Vaters scharf zu achten; aber die Pietät, mit der die Person des Vaters besonders nach seinem Tode für unser Denken umgeben ist, verschärft die Zensur, welche die Äußerungen dieser Kritik vom Bewußtwerden abdrängt." [167]

Freud hatte einige Schwächen seines Vaters erkannt (z.B. in der Geschichte mit der in den Dreck geworfenen Pelzmütze oder in der Tatsache, daß Jakob die Familie in Wien materiell nicht mehr gestützt hatte), empfand auch die nach seiner eigenen Theorie dazugehörenden Schuldgefühle, unterdrückte diese aber (wenn er sie nicht unterdrückt hätte, wäre es zum Dialog in Form von Streit gekommen) und suchte sich statt dessen Ersatzväter. Samuel Hammerschlag, sein Religionslehrer, Josef Breuer, ein 12 Jahre älterer Arztkollege, und mehrere seiner akademischen Lehrer (Brücke, Meynert, Charcot) erfüllten diese Funktion. Er verehrte sie, kämpfte mit ihnen und gegen sie, immer mit dem Ziel, sie zu übertreffen. Sein Ehrgeiz schien stets darauf ausgerichtet – so verstand es Freud selbst spätestens seit seiner „Erinnerungsstörung auf der Akropolis" im Jahre 1904, über die er 1936 berichtete [168] –, endlich den Sieg über den Vater zu erringen. Auch in seinem letzten großen Werk *Der Mann Moses* schien er noch von diesem Ziel geleitet, denn er vertrat darin die These, daß Moses kein Jude, sondern der Sohn eines vornehmen ägyptischen Edelmannes gewesen sei, „als wollte Freud sagen, auch er sei gleich Moses nicht der Sohn jüdischer

Eltern von niederem gesellschaftlichem Rang, sondern ein Mann von königlicher Abkunft" [169].

Jakobs Unvermögen, sich seinem Sohn im Dialog realistisch mit seinen Stärken und Schwächen zu zeigen, ließ diesen in einem chronischen inneren Kampf zwischen der Angst vor dem Vater und dem Wunsch, ihn zu übertreffen (eigentlich war es der Wunsch, ein eigenständiger, vom Vater unabhängiger Mensch zu werden, was Freud selbst aber nicht wußte), verharren. Der „nie endende Ringkampf mit Jakob Freud" [170] hinterließ Spuren in der *Traumdeutung*, wie Freud selbst im Vorwort zur 2. Auflage von 1909 festgestellt hatte:

> „Für mich hat dieses Buch nämlich noch eine andere subjektive Bedeutung ... Es erwies sich mir als ein Stück meiner Selbstanalyse, als meine Reaktion auf den Tod meines Vaters, also auf das bedeutsamste Ereignis, den einschneidendsten Verlust im Leben eines Mannes." [171]

Nachdem Freud 1912 in *Totem und Tabu* beschrieben hatte, wie der Urvater von den eifersüchtigen Söhnen getötet wurde, fühlte er sich sehr niedergeschlagen. Gefragt, warum der Mann, der die *Traumdeutung* geschrieben hatte, nun solche Zweifel haben könne, antwortete er:

> „Damals beschrieb ich den Wunsch, den Vater zu töten, jetzt habe ich das wirkliche Töten beschrieben; es ist immerhin ein großer Schritt vom Wunsch zur Tat." [172]

Freud war also noch so stark im Konflikt zwischen der Angst vor seinem Vater und verdrängten Feindseligkeitsgefühlen ihm gegenüber gefangen, daß er in dieser Zeit Schwierigkeiten hatte, seine eigene Grenze zwischen Wunsch und Tat zu erkennen. Noch 1920, als 64-Jähriger, schrieb Freud über den Tod seines Vaters: „Er revolutionierte meine Seele" [173]. Statt sich dialogisch zu einem eigenständigen Erwachsenen durchzuringen, orientierte sich Freud stets nach der Paternalität jüdischer Prägung – die Vaterverehrung kann als Grundlage der jüdischen Tradition betrachtet werden [174] – oder wissenschaftlich-politischer Prägung [175]. Allen drei Söhnen verlieh er Vornamen nach bewunderten Führern: Jean-Martin Charcot, Oliver Cromwell und Ernst Brücke. Und er selbst wurde zum Übervater, dem Vater der Psychoanalyse mit dem Wunsch, seine Vaterschaft immer wieder zu bestätigen [176]. Allmählich entdeckte er zwar seine „tief verschüttete Feindseligkeit gegenüber seinem Vater" [177]. In einem eigenen Traum identifizierte er sich mit einem Patienten, von dem er wußte, daß feindselige Impulse gegen dessen Vater eine Wurzel seiner Erkrankung gewesen waren. Dazu schrieb er:

> „Indem ich mich also mit ihm identifizierte, wollte ich mir etwas Analoges eingestehen." [178]

Trotzdem verdrängte er zeitlebens das kritische Thema der väterlichen Verantwortung, die Frage nach der Schuld seines Vaters und nach der Schuld anderer Väter.

In Freuds berühmtem Bericht über den „Rattenmann" steht zwar, daß dessen psychische Störungen an dem Tag begannen, als er durch eine Andeutung eines Onkels erfahren hatte, daß sein Vater wahrscheinlich seine Mutter betrogen hatte, aber Freud schenkte diesem Punkt keine besondere Beachtung [179]. Ross hielt allgemein fest, daß alle Fallstudien von Freud auch das Versagen von Vätern zeigen, ihren Kindern elterliche Liebe, Unterstützung und angemessene Hilfe zur Loslösung zu geben [180]. Aber Freud habe diese Realität kaum je analysiert.

Wallace [181], Krüll [182] und Balmary [183] sind sich einig, daß Freuds Vaterkonflikt die wichtigste Sache in Freuds Leben war. Balmary sieht das Zentrum des Freudschen Vaterkonflikts in seiner Unmöglichkeit, die Schuld des Vaters auszusprechen [184], welche im Unterdrücken des Andenkens an Rebekka und im Verschieben des Geburtsdatums Freuds bestanden habe [185] (vgl. Kap. 6.2, 6.3 und „Argument 3"). Krüll erkannte in Freuds Vaterkonflikt die Auswirkungen einer Verführung durch den Vater in Form einer Delegation [186]: Jakob habe unter einem Schuldgefühl wegen sexueller Verfehlungen gelitten und dieses Schuldgefühl durch den Einsatz seines ersten Sohnes zu überwinden versucht: Freud habe nicht begriffen, daß Jakob ihn zu seinem „gebundenen Delegierten" gemacht hatte:

„Er sollte ein besserer, ein treuerer Sohn sein, als Jakob selbst meinte gewesen zu sein, zugleich aber sollte er den Weg aus der Enge der Tradition weitergehen und in der bürgerlichen Gesellschaft Erfolg haben. Meines Erachtens bestand die Ambivalenz des Auftrags darin, daß der Sohn einerseits die Tradition überwinden sollte, sie andererseits jedoch in einem zentralen Aspekt nicht antasten durfte, nämlich in dem der Vaterverehrung, auf der letztlich die jüdische Tradition begründet ist.

Mit diesem Auftrag an seinen Sohn Schlomo Sigmund befreite sich Jakob – so scheint es mir – von seiner Schuld dem Vater Schlomo gegenüber." [187]

Krüll ist überzeugt davon, daß Freud aus diesem Konflikt heraus einen zentralen Ankerpunkt seiner Lehre falsch konstruiert hatte. Im Oktober 1895 hatte er nämlich – beeindruckt durch die Berichte seiner Patientinnen und Patienten – die Verführungstheorie errichtet, die besagt, daß hinter der Hysterie sexuelle Mißbrauchserlebnisse, Erlebnisse des realen sexuellen Mißbrauchs der Kinder durch Erwachsene oder ältere Kinder stehen. Als Freud dann aber im Rahmen der Erforschung seiner eigenen Herkunft auf Anzeichen stieß, daß sich sein eigener Vater auch des Mißbrauchs seiner Kinder schuldig gemacht haben könnte ...

„Leider ist mein eigener Vater einer von den Perversen gewesen und hat die Hysterie meines Bruders ... und einiger jüngerer Schwestern verschuldet ..." [188],

habe er nach intensivem inneren Kampf die Verführungstheorie widerrufen [189] und statt dessen über die Einführung der Ödipustheorie das Opfer zum Täter gemacht: Die Ursache der Hysterie seien nicht reale Verführungen, sondern die kindlichen Verführungsphantasien [190].

„Fast ein Jahr nach dem Tod Jakobs bis zum Widerrufsbrief rang Freud noch darum, die Verführungstheorie zu retten. Dann aber hatte der Vater gesiegt. Freud nahm den Auftrag Jakobs in all seiner Widersprüchlichkeit an: Er gab es auf, nach der Schuld des Vaters zu suchen, er widerrief die Verführungstheorie und nahm stattdessen als treuer Sohn die Schuld allein auf sich, indem er die Ödipustheorie an ihre Stelle setzte. ... Wichtig war nur, daß er das fünfte Gebot nicht brach und dem Vater Ehrerbietung erwies." [191]

Die Tatsache, daß Freud nur eine Woche, nachdem er seinem Freund Fließ den Widerruf der Verführungstheorie mitgeteilt hatte, Mitglied der „B'nai B'rith", des jüdischen „Humanitätsvereins Wien", wurde [192], unterstützt Krülls Hypothese.

8.3.2 Unüberbrückbare Nähe zu Mutter Amalie

Kobler beschrieb Amalie als schöne, anziehende Frau, weiblich eitel, die schöne Kleider und Schmuck liebte. Sie sei lebensfreudig und gesellig gewesen, habe das Kartenspiel geliebt und gut und viel gegessen [193]. Martin Freuds Beschreibung seiner Großmutter – als diese über 60-jährig war – klingt problematischer [194]: Sie sei sehr emotional gewesen mit einer großen Vitalität und viel Ungeduld. Sie habe einen unbezähmbaren Lebenshunger gezeigt, und niemand habe die Tante Dolfi beneidet, deren Schicksal es war, ihr Leben der Sorge für eine alte Mutter, die ein Tornado gewesen sei, zu widmen. Judith Bernays Heller, die Tochter von Sigmunds Schwester Anna, lebte als Siebenjährige ein Jahr lang bei ihren Großeltern, als ihre Eltern nach den USA ausgewandert waren. Sie beschrieb ihre Großmutter mit scharfen Worten:

„Ich hielt sie für eine selbstsüchtige alte Lady und schätzte sie nicht, wie sie auch mich nicht ... Sie war stets daran interessiert, sich gut zu präsentieren ... Sie war charmant und lächelte, wenn Fremde anwesend waren, aber – so fühlte ich es immer – ein Tyrann und selbstsüchtig im privaten Kreis. ... Meine Großmutter, die ich wirklich fürchtete ... [war] schrill und dominierend ... vielleicht spürte ich, daß sie die männlichen Mitglieder der Familie den weiblichen vorzog ... Sie benutzte ihre zunehmende Schwerhörigkeit, um nur noch zu hören, was sie hören wollte." [195]

Amalie war eine autoritäre Persönlichkeit [196], paßte sich den anderen kaum an (sie behielt auch zeitlebens ihren ostjüdischen Akzent) und wurde im Alter ein kontrollierender, herrsch- und selbstsüchtiger Familientyrann [197], kaltherzig ihre Tochter Adolfine (Dolfi) ausbeutend [198]. Ihre alljährlichen Kuraufenthalte (zuerst in Roznau, dann in Ischl, dem berühmten österreichischen Alpenkurort, der auch kaiserliche Sommerresidenz war) genoß sie als gesellschaftliche Ereignisse: Der Bürgermeister von Ischl überbrachte ihr stets an ihrem Geburtstag, der – von ihr selbst so gewählt – auch der Geburtstag des Kaisers Franz Josef war, persönlich Glückwünsche und Blumen. Sie haßte das Altwerden: Mit 89 Jahren wies sie im Kleidergeschäft einen Hut mit der Bemerkung zurück „Ich sehe ja darin aus wie hundert!", ein

Jahr später lehnte sie einen geschenkten Schal mit dem Kommentar ab, daß sie damit zu alt aussehen würde, und über ein Foto, das zu ihrem 95. Geburtstag in der Zeitung erschienen war, sagte sie: „Ein schlechtes Bild; ich sehe aus, als sei ich hundert" [199]. Faßt man alle Beschreibungen von Amalie zusammen, erscheint sie insgesamt als Frau, die nach außen eine dynamisch-attraktive Seite zeigte, im Familienkreis aber narzißtisch-unberührbar blieb ... eine Borderline-Struktur.

Amalie vergötterte ihren ältesten Sohn. Er war und blieb für sie ihr „goldener Sigi" [200]. Einmal träumte sie, daß sie bei Sigmunds Begräbnis war und um den Sarg seien die Staatsoberhäupter der großen europäischen Nationen versammelt gewesen [201]. Amalie sprach oft und gern von Freuds gutem Aussehen als junger (!) Mann [202] und versuchte sich so oft wie möglich in Sigmunds (goldenem) Schein zu sonnen. Sie drängte darauf, Freuds Schüler und Anhänger kennenzulernen ... und lernte sie auch kennen. Einige der wichtigsten Analysanden machten Amalie regelmäßig ihre Aufwartung. Margolis fragt:

> „Wie kann man diese höchst unübliche Gewohnheit erklären? Machten sie es auf Vorschlag ihres Analytikers? Oder vielleicht aus einer Identifikation mit der übermäßigen Mutterbindung ihres Analytikers heraus?" [203]

Am Abend vor seinem 70. Geburtstag besuchte Freud seine 89-jährige Mutter, um ihr die Mühe eines Besuchs am nächsten Tag in seiner Wohnung zu ersparen. Doch die erste Besucherin am Geburtstag war Amalie in einem speziell für diesen Tag gekauften Kleid. Sie hatte sich zu Hause hinuntertragen und an der Berggasse wieder hinauftragen lassen, um dabeizusein [204].

Wie hat nun Sigmund Freud als Erwachsener die Beziehung zu seiner Mutter gelebt und erlebt? Die früheste zuverlässige Information stammt aus dem Jahre 1897, als Freud als 41-Jähriger in seiner Selbstanalyse mit der Erforschung seiner eigenen Vergangenheit begann und seinem Freund Fließ berichtete, wie er seine Mutter nach seiner Kinderfrau befragt hatte [205]. Die Mutter erzählte ihm von Monika Zajic und wie sich herausgestellt habe, daß diese eine Diebin war. Statt diese mütterliche Information in Frage zu stellen – er selbst hatte sich nämlich daran erinnert, daß er für seine Kinderfrau „Zehner" weggenommen hatte [206] –, berichtete er im nächsten Brief an Fließ, daß er „die Verliebtheit in die eigene Mutter und die Eifersucht gegen den Vater" auch bei sich gefunden habe und sie „für ein allgemeines Ereignis früher Kindheit" halte. Dann sprach er zum ersten Mal von der packenden „Macht des Königs Ödipus", womit er meinte, daß die griechische Ödipus-Sage einen Zwang aufgreife, „den jeder anerkennt, weil er dessen Existenz in sich verspürt hat" [207]. Freud interpretierte den Ödipus-Mythos jedoch auf eine Art, die zu der ihm bewußten eigenen Geschichte paßte, und schien die Elemente, die er in seinem Leben verdrängte, auch im Mythos zu „übersehen" [208]. Der Mythologie-Experte Ranke-Graves bezeichnete Freuds Theorie über den Ödipuskomplex einfach als Mißverständnis, weil die Taten des Ödipus nicht aus einem Instinkt heraus, sondern aus einer gesellschaftlichen Veränderung erwuchsen: aus dem Übergang vom Matriarchat zum Patriarchat [209].

Die Ödipus-Sage von Sophokles – ganz besonders in ihrer Erweiterung zur Trilogie (mit den Werken *Antigone* und *Ödipus auf Kolonos*) berichtet von grundsätzlichen Dimensionen des Vater-Sohn-Konflikts. Sophokles selbst war in seinem persönlichen Leben von dieser Art Konflikt schmerzlich betroffen, denn sein Sohn Jophon hatte (vergeblich) versucht, ihn im Alter gerichtlich bevormunden zu lassen [210]. Aus dieser Sicht ist der Mythos des Ödipus

> „… nicht als Symbol der inzestuösen Liebe zwischen Mutter und Sohn, sondern als Rebellion des Sohnes gegen die Autorität des Vaters in der patriarchalischen Familie zu verstehen… [Die] Heirat von Ödipus und Iokaste [ist] nur ein sekundäres Element; nur eines der Symbole für den Sieg des Sohnes …, der den Platz des Vaters mit allen seinen Privilegien einnimmt." [211]

Die Tragödie gibt auch nirgends einen Hinweis auf inzestuöse Gefühle von Ödipus gegenüber Iokaste. Er war nicht in sie verliebt, begehrte sie nicht; die eheliche Verbindung mit ihr war einfach zwingend mit dem Ergreifen der Königswürde in Theben verbunden [212]. Hingegen zeigt das Drama eindrücklich die Schuld beider Eltern: Um sich selbst zu retten, haben sie versucht, ihren Sohn umzubringen. Als Ödipus die Hintergründe seines Schicksals zu erahnen begann, unternahm Iokaste, seine Mutter und Ehefrau, viele Versuche, um ihn vor der Entdeckung der Wahrheit abzubringen: Sie log, verharmloste und entwertete die Quellen seiner Informationen [213]. Ein Blick in die komplizierten Zusammenhänge der griechischen Mythologie erhellt den Hintergrund der Handlungen von Ödipus' Eltern: Laios, der Vater, hatte sich in seiner Jugend in Chrysippos, den schönen jungen Sohn des Pelops, verliebt und ihn gewaltsam nach Theben entführt. Da verfluchte ihn Pelops: Laios soll nie einen Sohn erhalten, wenn aber doch, so soll dieser ihn töten. Aus Angst vor dem Fluch verstieß Laios seine Frau Iokaste, ohne ihr den Grund seines Entschlusses anzugeben. Dies verärgerte sie so sehr, daß sie ihn trunken machte und in ihre Arme lockte [214]. Neun Monate später gebar Iokaste einen Sohn. Laios entführte ihn aus den Armen der Amme, verstümmelte seine Füße und ließ ihn auf dem Berg Kithairon aussetzen. Aber Laios war wegen seiner Entführung des schönen Knaben Chrysippos nicht nur von Strafe bedroht, sondern durch Hera auch direkt bestraft worden: Aus Äthiopien hatte sie die Sphinx zur Bestrafung Thebens entsandt, das vielleicht fürchterlichste Ungeheuer des Götterhimmels, denn ihre Halbgeschwister waren Kerberos, der dreiköpfige Höllenhund, Hydra, eine vielköpfige Wasserschlange, Orthros, der zweiköpfige Hund, und Chimaira, eine feuerspeiende Ziege mit dem Haupt eines Löwen und dem Schwanz einer Schlange. Laios war gezwungen, die Sphinx anzubeten, bevor er ihre Priesterin, Iokaste, heiratete [215].

Iokaste, die Mutter von Ödipus, als Priesterin der Sphinx: Ein deutlicheres Bild der Hexenseite der Mutter ist kaum denkbar. Freuds schneller Schluß von einer persönlichen Erfahrung (der ihn tief ängstigenden erotisch-sexuellen Anziehung, die er gegenüber seiner Mutter empfand) zur Meinung, eine allgemeingültige Gesetzmäßigkeit entdeckt zu haben, wirkt so, als habe er damit jede weitere Frage nach Einzelheiten der Beziehung zu seiner Mutter abwürgen wollen. Ähnliche Bewegungen der Unterdrückung von Fragen zu seiner Mutter-Kind-Beziehung sind auch in Freuds Berichten über die Träume, in denen seine Mutter vorkam, zu erkennen. Die Analyse des Traums „von den drei Parzen" – einen Traum, den er als sexuellen Hungertraum verstand – brach er einfach ab und erklärte dann, daß er das fehlende Stück der Analyse dieses Traumes voll aufklären könne, dies aber unterlasse, „weil die persönlichen Opfer, die es erfordern würde, zu groß sind" [216]. Den ebenfalls genital-sexuell verstandenen Angsttraum von den „Personen mit Vogelschnäbeln", den Freud als etwa Siebenjähriger träumte und der auch von seiner Mutter handelte (siehe Kapitel 6.6), analysierte Freud dann als letzten persönlichen Traum in der *Traumdeutung* [217], ohne den latenten Todeswunsch gegenüber seiner Mutter, der im Traum auch enthalten ist, zu erwähnen.

Darüber, wie Freud als Erwachsener in der Realität mit seiner Mutter umging, sind nur einige, allerdings vielsagende Elemente bekannt: Er besuchte sie fast jeden Tag [218], sicher jeden Sonntagmorgen, zusammen mit den Geschwistern und Großkindern. Und jeden Sonntag litt er an Verdauungsstörungen oder Magenverstimmung. Er besuchte auch alle Familienfeste bei Amalie, aber kam regelmäßig zu spät:

> „Amalie wußte dies, aber es war eine Realität, die sie nie akzeptieren konnte. Bald sah man sie ängstlich zur Türe rennen und am Geländer des Treppenhauses runterstarren. Kam er? Wo war er? Wurde es nicht sehr spät? Dieses Hinaus- und Hineinrennen konnte eine Stunde andauern, aber alle wußten, daß jeder Versuch, sie aufzuhalten, einen Wutausbruch bewirken würde, welchen man besser vermied, indem man so tat, als bemerke man nichts. Und mein Vater kam immer zu seiner normalen Zeit, aber nie in einem Moment, wenn Amalie ihn auf dem Treppenabsatz erwartete." [219]

Margolis bezeichnet diese von Martin Freud beschriebene Szene als „äußerst instruktive Beschreibung der Art der Liebe, die Amalie für ihren Sohn empfand. Es war eine Mischung der Forderung nach sofortiger Befriedigung ihrer Wünsche und der Wut über die unvermeidliche Frustration" [220].

Sigmund war ein „guter Sohn" [221]. Er kümmerte sich pflichtbewußt um seine Mutter und war oft um ihre Gesundheit besorgt. Mit seinem Bruder Alexander bestritt er ihren Unterhalt und umgab sie „mit allem nur möglichen Komfort" [222]. Um sie nicht unnötig aufzuregen, verschwieg er ihr Todesfälle in der Familie und andere beunruhigende Ereignisse. Der Brief, in welchem er 1925 Samuel, dem Sohn seines Halbbruders Emanuel, von solcher Zensur berichtete, enthielt aber einen Erinnerungsfehler, der gewichtig scheint. Er schrieb:

„Wir verheimlichen ihr alle Todesfälle in der Familie, meine Tochter Sophie, ihr zweiter Sohn Heinele, Teddy in Berlin, Eli Bernays und Deine Eltern ... Wir mußten viele Vorsichtsmaßnahmen treffen, um nicht entdeckt zu werden ..." [223]

Der erste erwähnte Todesfall war für Freud wahrscheinlich der schlimmste Verlust in seinem Leben: der Tod seiner 27-jährigen Lieblingstochter Sophie in der Grippeepidemie von 1920. Bereits einen Tag nach dem Tod hatte Freud seiner Mutter einen kurzen Brief geschrieben, der mit folgenden Worten begann:

„Liebe Mutter
Heute habe ich eine traurige Nachricht zu geben. Unsere teure, blühende Sophie ist gestern früh an einer rasch verlaufenden Grippe mit Lungenentzündung gestorben ..." [224]

Warum hatte Freud fünf Jahre später vergessen, daß seine Mutter von ihm selbst über Sophies Tod unterrichtet worden war? War Amalies Reaktion auf diese Nachricht so verletzend gewesen, daß er sie vergessen mußte, vielleicht weil Amalie auf die Nachricht gar nicht reagiert hatte? Hatte auch eine der tiefsten Verletzungen ihres Sohnes sie nicht bewegt? Im Bericht von Judith Bernays Heller über ihre Großmutter [225] findet sich eine indirekte Bestätigung dieser Vermutung: Als sich 1922 Amalies Enkelkind Cäcilie, die Tochter von Rosa Graf-Freud, als 23-Jährige das Leben genommen hatte, habe Amalie nichts davon wissen wollen. Wenn die trauernde Mutter sie besuchte, habe sie nie von Cäcilie gesprochen, obschon gerade diese Enkelin früher oft bei ihr gewesen war. Erst zehn Jahre später habe sie „die arme Cäcilie" wieder erwähnt, was gezeigt habe, daß sie die ganze Zeit genau wußte, was geschehen war. Eine Mutter, die nie vom verstorbenen Großkind spricht, kann ihrer Tochter oder ihrem Sohn im großen Kummer nicht beistehen, läßt sie in ihrem Kummer im Stich.

Wie hat Amalie wohl auf die andere schmerzliche Nachricht reagiert, die Freud ihr in diesen Jahren nicht vorenthalten konnte: daß er 1923 an Krebs erkrankt war? Die verfügbaren Quellen geben auf diese Frage keine Antwort. Hingegen ist ein Brief, den Freud seiner Mutter eine Woche nach seiner großen Operation geschrieben hatte – so harmlos er auf den ersten Blick erscheinen mag –, ein erschütterndes Zeugnis: Einerseits klingt seine Erklärung, daß er die Mutter in nächster Zeit wegen der Auswirkungen einer Kieferoperation nicht besuchen wird, nicht nur wie eine Entschuldigung, sondern wie eine Verteidigung vor Gericht, bei der unter Angabe von Zeugen um Glaubwürdigkeit gekämpft werden muß, und andererseits gesteht Freud seiner Mutter indirekt zu, daß nur ihr Wohlergehen oder sogar nur der Schein ihres Wohlergehens wichtig ist. Hier der Wortlaut [226]:

„Liebe Mutter
Alle die Du fragst, werden Dir bestätigen, daß ich mich hier am Vierten und Elften die-

ses Monats einer Operation am Oberkiefer habe unterziehen lassen [müssen], die dank der Geschicklichkeit des Operators und der Vortrefflichkeit der Pflege einen sehr guten Verlauf nimmt. Ich brauche einige Zeit, um mich an ein Stück künstliches Gebiß zu gewöhnen, das ich tragen soll. Wundere Dich also nicht, daß Du mich noch nicht siehst und sei recht fesch, wenn wir uns wiedersehen.
Herzlich Dein Sigm."

Eine ganz besondere Art von Rücksicht war Freuds große Sorge darüber, daß er vor seiner Mutter sterben könnte. 1918 schrieb er an Abraham:

„Meine Mutter wird heuer 83 Jahre alt und ist nicht mehr recht solid. Manchmal denke ich, es wird ein Stück Freiheit mehr für mich sein, wenn sie stirbt, denn die Annahme, daß man ihr mitteilen muß, ich sei gestorben, hat etwas, wovon man zurückschreckt." [227]

Und 1923, als der Verdacht einer Krebserkrankung plötzlich drängend wurde, dachte er in gleicher Art als erstes an seine Mutter, als er Felix Deutsch sagte:

„Für das, was ich vorhabe, brauche ich einen Arzt. Wenn Sie es für Krebs halten, muß ich ein Mittel finden, mit Anstand aus dieser Welt zu verschwinden. Es gibt nur eine Schwierigkeit. Sie wissen vielleicht nicht, daß meine Mutter noch lebt – sie ist 87 Jahre alt. Es wäre nicht leicht, das der alten Dame anzutun." [228]

Sechs Jahre später schrieb er an Eitingon:

„Der Verlust der Mutter muß etwas ganz Merkwürdiges, mit anderem Unvergleichbares sein und Erregungen erwecken, die schwer zu fassen sind. Ich habe selbst noch meine Mutter, und sie sperrt mir den Weg zur ersehnten Ruhe, zum ewigen Nichts; ich könnte es mir gewissermaßen nicht verzeihen, daß ich vor ihr sterben sollte." [229]

Warum durfte Freud nicht vor seiner Mutter sterben? Slipp meinte, er habe die Mutter vor der Realität schützen und ihr gegenüber so tun müssen, als sei er unsterblich, damit sie ihre Illusion von „ewiger Jugend" aufrechterhalten konnte. Es sei sein Auftrag gewesen zu verhindern, daß sich die Mutter mit einem Verlust auseinandersetzen mußte [230]. Das dynamische Motiv für Freuds dringenden Wunsch, erst nach seiner Mutter zu sterben, war aber eher Angst, so wie es Margolis beschrieben hat [231]: Die Vorstellung, daß ihn die Mutter tatsächlich verlassen würde, war so schrecklich für ihn, daß er ihn projektiv abwehrte, indem er wünschte, Amalie zu ersparen, seinen Tod betrauern zu müssen. In einfacherer Sichtweise könnte man auch sagen: Freud hat sich sein Leben lang nach echter Zuwendung von seiner Mutter gesehnt. Solange die Mutter lebte, war seine Hoffnung auf ihre Liebe noch berechtigt. Deshalb, um auch die letzte Chance nutzen zu können, durfte er nicht vor ihr sterben.

Erstaunlich ist, daß auch ein gegenüber der Psychoanalyse und den Freud-Biographen so kritischer Mann wie Erich Fromm sich täuschen ließ, denn er meinte, daß

Freud von der Liebe seiner Mutter überzeugt war [232]. Das Erstaunen schwindet jedoch, wenn man realisiert, daß Fromm in einem ähnlichen Konflikt gefangen war: Die Beziehung seiner Eltern war von Haß von seiten seiner Mutter, Naphtali Fromm-Krause, geprägt, so daß an Erich alles gut war, was „Krause" war, und alles schlecht, was „Fromm" war. Sein Biograph schrieb:

> „Derart zum Ausdruck des unbewußten Hasses zwischen den Eltern gemacht, lassen die Bilder aus der Kindheit leicht erkennen, daß Erich Fromm sich der narzißtisch vereinnahmenden Art seiner Mutter kaum entziehen konnte. Sie wollte aus ihm einen Pianisten machen ... Mit Beginn des Ersten Weltkriegs endete der Klavierunterricht, und die religiöse Welt des Vaters gewann ... einen größeren Einfluß, der ihn auch etwas mehr von der stark depressiven Mutter befreite." [233]

Erich Fromm sehnte sich wie Sigmund Freud lange nach der unerreichbaren Liebe seiner Mutter. Im Unterschied zu Freud fand er eine Art Ersatz im Transzendenten, aber das Zugestehen des Nichtgeliebtwerdens durch die Mutter schien für ihn genau so schmerzlich geblieben zu sein wie für Freud.

Freud versuchte, die Liebesunfähigkeit Amalies zu ertragen, indem er seine Mutter maßlos idealisierte, eine Idealisierung, die über sein ganzes Leben bestehen blieb [234]. Direkt erkennbar ist diese Einstellung in einem Brief, den er als 28-Jähriger an seine Schwägerin Minna Bernays richtete. Darin schrieb er über seine Mutter:

> „Ich weiß nicht eine Handlung von ihr, mit der sie über das Interesse oder das Glück eines ihrer Kinder hinweg ihre Launen oder ihre Interessen verfolgt hätte." [235]

Indirekt erkennbar ist Freuds Idealisierung seiner Mutter an verschiedenen Stellen seines Werks. Beispiele dafür sind:

1916 in den *Vorlesungen*:

> „Das [Verhältnis zwischen Mutter und Sohn] gibt die reinsten Beispiele einer durch keinerlei egoistische Rücksicht gestörten, unwandelbaren Zärtlichkeit." [236]

1921 in *Massenpsychologie*:

> „Nach dem Zeugnis der Psychoanalyse enthält fast jedes intime Gefühlsverhältnis zwischen zwei Personen von längerer Dauer ... einen Bodensatz von ablehnenden, feindseligen Gefühlen ... Vielleicht mit einziger Ausnahme der Beziehung der Mutter zum Sohn ..." [237]

1930 in *Das Unbehagen in der Kultur*:

> „... die Aggression ... bildet den Bodensatz aller zärtlichen und Liebesbeziehungen unter den Menschen, vielleicht mit alleiniger Ausnahme der einer Mutter zu ihrem männlichen Kind." [238]

Und 1933 in „Die Weiblichkeit":

> „Nur das Verhältnis zum Sohn bringt der Mutter uneingeschränkte Befriedigung; es ist überhaupt die vollkommenste, am ehesten ambivalenzfreie aller menschlichen Beziehungen." [239]

Wut- oder gar Haßgefühle gegen seine Mutter hatte Freud nie offen gezeigt und sich selbst nie oder erst in hohem Alter eingestanden. Die Hexenseite seiner Mutter, ihr rücksichtsloser Egoismus, ihre Mißachtung der Bedürfnisse ihrer Kinder, ihre Verweigerung des Dialogs oder ihre Unfähigkeit zum Dialog hat Freud nicht erkennen wollen. So blieb er genau in den Anteilen im Wirkungsbereich seiner Mutter gefangen, von denen sich zu befreien nur möglich ist, wenn die durch sie bewirkten Wut- oder Haßgefühle ins Bewußtsein zugelassen werden können. Diese Behauptung läßt sich durch eine Analyse seiner Reaktion auf den Tod der Mutter überprüfen. Die ausgeprägte Hexenseite Amalies, von der er nichts wissen wollte, die ihn aber über Jahre gefesselt hielt, drohte im aufrüttelnden Moment von Amalies Tod das oberflächliche Bild ihrer Liebenswürdigkeit zu durchbrechen, so, daß nur wenige Reaktionen möglich schienen: Zur Beerdigung einer Hexe geht man entweder triumphierend („Die Hexe ist tot!") oder als Schauspieler („Die Frau geht mich nichts an, aber alle erwarten von mir, daß ich dabei bin") oder man geht nicht hin. Zu triumphieren getraute Freud sich nicht, als Schauspieler eignete er sich nicht, also wählte er die dritte Lösung.

Amalie starb am 12. September 1930 in ihrer Wohnung in Anwesenheit von Freuds Schwester Dolfi und Freuds Bruder Alexander, dessen Frau und Sohn. Freud weilte in Gundelsee in den Ferien und blieb dort. Am Begräbnis ließ er sich wie kurz zuvor bei der Verleihung des Goethepreises in Frankfurt von seiner Tochter Anna vertreten. Einen Tag nach dem Begräbnis schrieb er aus Gundelsee an Jones:

> „Aber ich will Ihnen nicht verheimlichen, daß meine Reaktion auf dies Ereignis infolge besonderer Umstände auch eine besondere gewesen ist. Gewiß, there is no saying, was ein solches Erlebnis in tieferen Schichten anstellen mag, oberflächlich verspüre ich nur zweierlei, den Zuwachs an persönlicher Freiheit, den ich erworben habe, denn es war mir immer ein abschreckender Gedanke, daß sie von meinem Tod erfahren sollte, und zweitens die Befriedigung, daß ihr endlich die Befreiung geworden ist, auf die sie sich in einem so langen Leben ein Recht erworben hatte. Keine Trauer sonst, wie sie mein um zehn Jahre jüngerer Bruder so schmerzlich zeigt. Ich war nicht beim Leichenbegängnis, wiederum hat mich Anna vertreten, wie in Frankfurt. Ihre Bedeutung für mich ist kaum mehr zu steigern." [240]

Wieder einen Tag später an Ferenczi:

> „Es hat merkwürdig auf mich gewirkt, dies große Ereignis. Kein Schmerz, keine Trauer, was sich wahrscheinlich aus den Nebenumständen, dem hohen Alter, dem Mitleid mit ihrer Hilflosigkeit am Ende, erklärt, dabei ein Gefühl der Befreiung, der Losgespro-

chenheit, das ich auch zu verstehen glaube. Ich durfte ja nicht sterben, solange sie am Leben war, und jetzt darf ich. Irgendwie werden sich in tieferen Schichten die Lebenswerte merklich geändert haben.

Ich war nicht beim Begräbnis, Anna hat mich auch dabei vertreten. Sie ist heute mit ihrer Freundin Dorothy auf eine schweizer-italienische Tour gegangen, zu der ich ihr nur besseres Wetter wünschen muß." [241]

Dieses Nichttrauern, verbunden mit dem Gefühl der Befreiung und mit dem im Brief an Ferenczi so lockeren Übergang vom Tod seiner Mutter zum Wetter, signalisiert eine große Menge Wut und bekräftigt die Interpretation von Hardin, daß Freuds Fernbleiben von der Beerdigung seine Vergeltung war: Er hatte Anna als Ersatzsohn zum Begräbnis geschickt, so wie seine Mutter ihn während einer entscheidenden Phase seiner Kindheit der Obhut einer Ersatzmutter überlassen hatte [242].

Freuds Idealisierung seiner Mutter war ein Schutz, eine Reaktionsbildung. Er hatte alle Ärger- und Wutgefühle gegenüber seiner Mutter vom Bewußtsein ausgesperrt, abgespalten. Stolorow und Atwood bezeichneten dies als „zentralen Konflikt" in Freuds Gefühlsleben:

„... nämlich der Konflikt zwischen einem intensiven possessiven Bedürfnis nach der Liebe seiner Mutter und einem genauso intensiven, magisch potenten Haß. Indem Freud die enttäuschenden und verhaßten Eigenschaften des Mutterbildes abspaltete, unterdrückte und verschob, ... schützte er sie vor der überwältigenden Macht seiner Wut und bewahrte sich selbst vor der drohenden Katastrophe, sie zu verlieren." [243]

Da Freud die Intensität dieser Ambivalenz naturgemäß nicht bewußt war und er in seiner Selbstanalyse als Hilfe zum Verständnis seiner Übertragungen nur den einseitigen „Spiegel" seines Freundes Fließ zur Verfügung hatte, stieß er nicht bis zu seinem Mutterbild vor, so daß seine Analyse unvollständig bleiben mußte [244,245]. „Eine Steinmauer des Widerstands" [246] versperrte ihm den Weg zur Erforschung seiner Beziehung zu seiner frühen Mutter. Der ungelöste präödipale Konflikt führte ihn zur Aufgabe der Verführungstheorie [247]: Um Vater und Mutter von Schuld freizusprechen, verschob er die Quelle des Bösen ins Kind [248]. Als er in *Totem und Tabu* 1912 darstellte, wie sich in der Zeit der Urhorde und des Totemismus die Brüder zusammenschlossen, den Vater erschlugen und ihn verzehrten, verdeckte er die Brisanz der Mutterbeziehung eindrücklich. Ethnologische Studien belegen nämlich, daß sich kannibalische Wünsche weit häufiger auf die Mutter als auf den Vater richten und daß der Totemismus eine kulturelle Abwehr der feindlichen oralen Wünsche des Kindes gegenüber seiner Mutter darzustellen scheint [249]. Freud hatte seine emotionale Ambivalenz in eine Feindseligkeit gegenüber dem Vater und eine Idealisierung der Mutter aufgespalten [250]. Seine Postulierung des Todestriebs in *Jenseits des Lustprinzips* 1920, durch welche Feindseligkeit mehr zu einer inneren biologischen Notwendigkeit als zu einer Reaktion auf Bedrohung, Betrug und Enttäuschung erklärt wird, kann dann als „letzter Triumph" von Freuds Wunsch, die Mutter von aller Schuld freizusprechen, gesehen werden [251].

Für die Verzerrung von Freuds Blick in Bezug auf die Bedeutung von Müttern gibt es viele Beispiele. Mütter traten in seinen Fallstudien selten als Beschützerinnen und kaum je als Erzieherinnen auf [252]. Die Mutter sei zwar erstes Liebesobjekt und biete dem Kind anfänglich auch Schutz, werde aber bald vom stärkeren Vater abgelöst, der dann über die ganze Kindheit seinen „Schutz durch Liebe" biete [253]. Freud verbannte die Mütter seiner Patienten meist an den Rand seiner Krankengeschichten, was besonders gut in den berühmten Fällen von „Dora", dem „Kleinen Hans", dem „Rattenmann", dem „Wolfsmann" und im „Fall Schreber" zu beobachten ist [254]. Andererseits hat Freud doch immer wieder die Bedeutung der Mütter betont und mit zunehmendem Alter auch wichtige Einsichten in Mutter-Kind-Konflikte – inklusive seine eigenen – angedeutet. Schon 1905 hatte er in den *Drei Abhandlungen zur Sexualtheorie* erklärt: „Vor allem sucht der Mann nach dem Erinnerungsbild der Mutter, wie es ihn seit den Anfängen der Kindheit beherrscht" [255]. Nach dem Tod seiner Mutter und der dadurch geänderten „Lebenswerte in tieferen Schichten" [256] näherte er sich dem Thema der Mutterbeziehung weiter an. In „Über die weibliche Sexualität" von 1931 stellte er zuerst fest, „daß man ... die Zeitdauer [der] Mutterbindung stark unterschätzt hatte" [257], denn sie reiche bis ins vierte oder fünfte Jahr. Dann gestand er ein, daß es ihm schwer falle, die frühe Mutterbeziehung klar zu erkennen:

> „Alles auf dem Gebiet dieser ersten Mutterbindung erschien mir so schwer analytisch zu erfassen, so altersgrau, schattenhaft, kaum wiederbelebbar, als ob es einer besonders unerbittlichen Verdrängung erlegen wäre." [258]

Schließlich revidierte er im selben Aufsatz seine in *Totem und Tabu* so stark auf den Vater ausgerichteten Vorstellungen vom Ursprung der Aggressivität: Die Knaben hätten die Möglichkeit, ihre Ambivalenz gegen die Mutter zu ertragen (er sagt allerdings – noch wenig einsichtig – „zu erledigen"), „indem sie all ihre feindseligen Gefühle beim Vater unterbringen" [259], und das Ziel des kannibalischen Wunsches sei eher die Mutter als der Vater: Die Angst, gefressen zu werden, sei

> „wahrscheinlich das Verwandlungsprodukt der auf die Mutter gerichteten oralen Aggression. Man will die Mutter auffressen, von der sich genährt hat; beim Vater fehlt für diesen Wunsch der nächste Anlaß." [260]

1932 korrigierte Freud in einem Brief an Stefan Zweig eine Stelle in dessen Freud-Biographie [261]: Breuer habe damals die Therapie der Anna O. erschreckt abgebrochen, als diese sich in Bauchkrämpfen windend ausgerufen habe: „Jetzt kommt das Kind, das ich von Dr. B. habe!" Und Freud kommentierte: „In diesem Moment hatte er den Schlüssel in der Hand, der den Weg zu den Müttern geöffnet hätte, aber er ließ ihn fallen" [262]. Der Ausdruck „den Weg zu den Müttern" war eine Anspielung auf eine Stelle im zweiten Teil von Goethes *Faust*, wo Mephisto dem Doktor Faust einen goldenen Schlüssel überreicht, der diesem ermöglichen soll, in das Reich zu gelangen, das sogar dem Teufel verschlossen bleibt: Es ist die Mütterregion, „ein abgründiger Urbereich der Natur, in dem, rational nicht greifbar, die Urbilder des Schönen wie überhaupt alles natürlich Seienden angesiedelt sind" [263]. Freud sah zu dieser Zeit offenbar die Möglichkeit, daß die ganze Psychoanalyse eigentlich eine Suche nach den Müttern war.

1933 zeigte Freud sogar Einsicht in mütterliche Delegationsprozesse:

„Auf den Sohn kann die Mutter den Ehrgeiz übertragen, den sie bei sich unterdrücken mußte, von ihm die Befriedigung all dessen erwarten, was ihr von ihrem Männlichkeitskomplex verblieben ist." [264]

Freud war damals auch in der Lage, die Mutterübertragung einer Patientin – es war die Dichterin H.D. – zu analysieren [265] und die fehlende Würdigung der Mutterbeziehung in einem Werk der Weltliteratur (in Shakespeares *König Lear*) zu kritisieren [266]. Die größte Anerkennung der Bedeutung des Mütterlichen gelang ihm jedoch in der nicht bewußt durchdachten, aber genialen Schöpfung des analytischen Raumes, der Sphäre, in welcher Analyse stattfindet:

„Das analytische Setting mit der Couch für buchstäbliches Erleben von ‚holding', die Vorhersagbarkeit und der Rhythmus der festen täglichen Termine mit einem meist zuhörenden, empfänglichen und empathischen Analytiker, das Aussetzen der gewohnten Skepsis, die Befreiung von sozialen Ritualen und die Betonung des Phantasierens …" [267]

Der fehlende Augenkontakt im analytischen Setting (mit dem hinter dem Kopfende der Couch sitzenden Analytiker) verlagerte die Kommunikation zwischen Patient und Therapeut ein wesentliches Stück von der optischen zur sonoren Sphäre, die schnell in Erinnerungen zur mutterleiblichen Klangwelt und zur „akustischen Nabelschnur" der Mutter unmittelbar nach der Geburt führt [268]. Die nicht wertende Offenheit, das Zeitlassen, das auch Schweigenkönnen, das mütterliche Handeln ohne Regression zur präödipalen Mutter (die Verhinderung der Symbiose durch zuerst vorsichtige Distanz, dann durch Analyse der Gegenübertragung) bildeten die therapeutischen Grundbausteine der psychoanalytischen Methode.

In seinem persönlichen Leben hatte Freuds ungelöster Mutterkonflikt aber vielfältige negative Auswirkungen. Einerseits übertrug er die Abhängigkeit von seiner Mutter – den Wunsch nach bedingungsloser Liebe, Bestätigung und Bewunderung – auf andere Beziehungen (zu seiner Frau, seinen Schülern, Kollegen und Kolleginnen), andererseits zeigte er ein fast zwanghaftes Bedürfnis nach Unabhängigkeit [269], haßte Protektion und nahm sie gelegentlich doch in Anspruch. Sein unruhiges Getriebensein, seine besondere Leistungsorientierung, die Überzeugung, daß er eine Mission zu erfüllen habe, und der Ehrgeiz, eine ruhmreiche Entdeckung zu machen, wurden wesentlich durch den unbewußten Mutterkonflikt genährt. Er verhielt sich so, als ob nur die Erkenntnis der Wahrheit zur Sicherheit führen könnte, die man hätte, wenn man die Mutter besäße [270]. Eine weitere Auswirkung der mütterlichen Abhängigkeit war eine Verstärkung seiner homophilen Neigung, die in seinen Beziehungen zuerst zu seinem Neffen John [271], dann zum Schulfreund Silberstein („ich glaube, wir sind soweit gekommen, daß der eine im anderen schon die bloße Person liebt" [272]) und am stärksten zu seinem Freund Fließ zum Ausdruck kam. Schließlich ist es wahrscheinlich, daß mehrere Beschwerden und psychosomatische Störungen Freuds auf die Wurzel des ungelösten Mutterkonflikts zurückzuführen sind, angefangen bei Freuds Hunger- und Verarmungsphantasien [273] und der Eisenbahnphobie [274] über die Ängste vor Alter und Tod [275] bis zur Sucht des Rauchens und den herzphobischen Beschwerden [276]. Freud verharrte als Erwachsener im „negativen Mutterkomplex" [277], in der Rolle eines „gebundenen Delegierten" [278]. Solange ein Mensch gebundener Delegierter ist, kann er zum Delegierenden keinen Dialog finden, da dialogischer Austausch gewissermaßen die Antithese zur Delegation, zur Machtausübung, darstellt.

8.3.3 Pflichtgefühl gegenüber den Geschwistern

Wie Freuds Beziehung zu seiner ältesten Schwester Anna – wir haben darüber in Kapitel 7.5 spekuliert – in seinem Erwachsenenleben wirklich war, läßt sich kaum klären. Freud selbst schrieb 1900:

> „Ich habe nie ein besonderes Verhältnis zu ihr gehabt wie etwa zu Rosa, und die Heirat mit Eli B[ernays] hat es nicht gerade verbessert." [279]

Gegenüber Dolfi, der Schwester, die sich dann für die Betreuung ihrer Mutter aufopferte, empfand er zärtliche Gefühle. 1883 hatte er sie in einem Brief an Martha als „die liebste und beste von den Schwestern" [280] bezeichnet. Sicher war er gegenüber allen Schwestern pflichtbewußt und sorgte für sie, wenn es erforderlich war, zum Beispiel in der wirtschaftlichen Not in der Zwischenkriegszeit. Als er 1938 aus Österreich nach England emigrierte, hätte er gerne seine vier in Wien lebenden Schwestern mit in die Freiheit genommen. Da es schon sehr schwierig war, für die Mitglieder seiner eigenen Familie Bewilligungen zu Ausreise und Einreise zu erhalten, blieben die vier Schwestern in Wien, und Freud ließ ihnen einen großen Geldbetrag zum Lebensunterhalt zurück. Als er in London allmählich erfuhr, wie schlimm die Nazis in Wien herrschten, versuchte er erfolglos über seine einflußreiche Vertraute, Marie Bonaparte, den vier Frauen doch noch zur Ausreise zu verhelfen. Aber alle vier Schwestern – Freud mußte es nicht mehr erleben – kamen in Konzentrationslagern um.

Zu seinem 10 Jahre jüngeren Bruder Alexander hatte Freud immer ein nahes Verhältnis. Martin, Freuds Sohn, verglich die Brüder mit folgenden Worten:

8.3 Vermeidung von Dialog in der Herkunftsfamilie

„Die beiden Brüder ... hätten in ihrer Ansicht übers Leben nicht unterschiedlicher sein können, aber sie waren immer gute Freunde. In starkem Gegensatz zu Sigmund war Alexander hoch musikalisch. Er konnte eine ganze Oper perfekt nachpfeifen. Zudem war er ein hervorragender Geschichtenerzähler, der die verschiedenen Akzente der Personen seiner Geschichten imitieren konnte." [281]

In frühen Erwachsenenjahren hatten Sigmund und Alexander mehrere Reisen gemeinsam unternommen und sich später regelmäßig getroffen, um Lösungen für die finanziellen Probleme von Mutter und Schwestern zu besprechen. Aber nirgends erwähnte Freud persönlich wichtige Gespräche mit seinem Bruder. Zum Beispiel ist es verwunderlich, daß kein einziges Wort darüber berichtet wird (weder von Freud noch von seinen Biographen), daß Freud in seiner Selbstanalyse vor der Jahrhundertwende – er war damals um die 40, sein Bruder um die 30 – mit Alexander die gemeinsame Familiengeschichte diskutiert hätte. Vielleicht hatte Alexander ein ganz anderes Bild von seinen Eltern als Sigmund, und Freud hätte in einer Auseinandersetzung mit ihm zu diesem Thema viel lernen können. Wollte er das nicht oder fand diese Auseinandersetzung statt, ohne je beschrieben zu werden? Freud erwähnte seinen Bruder in der Korrespondenz mit Fließ oft (innerhalb sechs Jahren in 27 Briefen), aber nur als angenehmen Reisebegleiter oder als erfolgreichen Transportfachmann. Alexander wurde Dozent an der Wiener Exportakademie. Er heiratete im Alter von 43 Jahren und emigrierte später mit seiner Frau Sophie und ihrem gemeinsamen Sohn Harry nach Kanada.

Nur ein einziges Mal hat Freud einen direkten Einfluß von einem seiner erwachsenen Geschwister auf sein Denken erwähnt: als er in der *Psychopathologie des Alltagslebens* berichtete, wie sein Halbbruder Emanuel ihn mahnte, daran zu denken, daß er wegen des großen Altersunterschieds seiner Eltern vom Vater aus gerechnet „eigentlich" nicht der zweiten, sondern der „dritten Generation" angehöre [282]. Emanuel war vielleicht dasjenige Geschwister, zu dem Freud die wärmsten Gefühle hegte. Seine Besuche bei ihm in Manchester in den Jahren 1875 und 1908 nährten seinen Wunsch, einmal nach England auszuwandern, ja sogar Engländer zu werden. Insgesamt vermitteln aber die wenigen zur Verfügung stehenden Informationen über Freuds Beziehung zu seinen Geschwistern den Eindruck, als habe da im Erwachsenenleben kaum Dialog stattgefunden: Der Austausch mit den Geschwistern scheint im erwachsenen Freud keine großen emotionalen oder intellektuellen Wellen geworfen zu haben.

Und die anderen Geschwister unter sich? Darüber ist wenig bekannt. Es lohnt sich jedoch, an dieser Stelle zu versuchen, noch einen Blick auf die Dialogfähigkeit von Freuds Schwestern, insbesondere in deren Rolle als Mütter, zu werfen. Wenn nämlich Freuds Mutter so sehr unter Dialogunfähigkeit litt, wie in diesem Buch behauptet wird, müßte das doch auch Auswirkungen auf ihre anderen Kinder und deren Verhalten gegenüber eigenen Kindern gehabt haben. Natürlich läßt sich diese Frage kaum klären, aber einige Anzeichen sprechen dafür, daß diejenigen Schwestern Freuds, die Mütter wurden, große Schwierigkeiten in ihrer Mutterrolle gehabt haben könnten:

> **Anna** hatte fünf Kinder, drei wurden in Wien geboren, zwei in New York. Als sie und ihr Mann Eli Bernays (der Bruder von Freuds Frau Martha) 1892 nach den USA auswanderten, nahmen sie ihren damals einjährigen Sohn Edward mit, ließen aber die siebenjährige Judith und die sechsjährige Lucy für ein Jahr lang in Wien zurück. Judith lebte in dieser Zeit bei ihren Großeltern (bei der Großmutter, die sie „wirklich fürchtete") und Lucy bei der Familie Sigmund Freuds. Kinder in diesem Alter über eine so lange Zeit wegzugeben, weil man auswandern will, ist eine harte Handlung.
>
> **Rosa** hatte zwei Kinder. Sie wurde vom Schicksal hart geprüft: 12 Jahre nach ihrer Heirat starb ihr Ehemann. Neun Jahre später fiel ihr Sohn Hermann an der italienischen Front und fünf Jahre danach nahm sich ihre 23-jährige Tochter Cäcilie (Mausi) wegen einer unehelichen Schwangerschaft das Leben. Es ist unwahrscheinlich, daß die uneheliche Schwangerschaft der einzige Faktor war, der zum Suizid geführt hatte.
>
> **Maria** („Mizi") hatte fünf Kinder. Die beiden jüngsten, Theodor und Georg, waren Zwillinge, aber Georg kam tot auf die Welt, und Theodor starb im Alter von 19 Jahren. Das mittlere Kind, Martha, wollte schon früh ein Junge, dann ein Mann sein. Sie nannte sich „Tom", wurde zu einer Kinderbuchautorin (das erste psychoanalytische Bilderbuch *Das Buch der erfüllten Wünsche* stammt von ihr) und heiratete einen Journalisten, der sich aber 8 Jahre später das Leben nahm. Vier Monate nach dem Suizid ihres Mannes nahm auch Tom sich das Leben; ihre einzige Tochter Angela war noch nicht ein Jahr alt.
>
> **Adolfine** („Dolfi") blieb ledig, ohne Kinder, lebte in voller Abhängigkeit von ihrer Mutter Amalie und sorgte bis zu deren Tod für sie.
>
> **Pauline** („Paula") hatte ein Kind, Beatrice („Rosi"). Mit 17 Jahren geriet Rosi in eine schwere schizophrene Phase; mit 27 Jahren heiratete sie den Dichter Ernst Waldinger und gebar zwei Kinder. Als diese acht- und fünfjährig waren, verlor sich Rosi erneut in einer schizophrenen Phase.

8.4 Vermeidung von Dialog in der eigenen Familie

Sigmund Freud sorgte zeitlebens besonders gut für seine Familie, für Ehefrau, Kinder und Großkinder. Er stand jedem Familienmitglied mit Rat und mit materieller Unterstützung bei, so oft er um solche Hilfe angefragt wurde. Aber er trat auch in der eigenen Familie kaum je in ein dialogisches Verhältnis zweier gleichwertiger Partner. Diese Behauptung soll am Beispiel seiner Beziehung zu Martha, seiner Braut und

Frau, am Stil der gemeinsamen Erziehung der Kinder und speziell an den Entwicklungen von Freuds ältestem Sohn Martin und Freuds jüngster Tochter Anna nachgewiesen werden.

8.4.1 Abhängigkeiten zwischen Sigmund und Martha

Im April 1882 ist Sigmund Freud als knapp 26-Jähriger auf die fünf Jahre jüngere Martha Bernays aufmerksam geworden, als er sie als Besucherin seiner Schwestern im Elternhaus angetroffen hatte. Zwei Monate später waren die beiden verlobt. In den zehn Jahren zwischen Freuds unglücklicher erster Verliebtheit in Gisela Fluß und dieser schnellen Verlobung hatte Freud offenbar keine nahe Freundin gehabt und keine Phase der Verliebtheit ausgelebt. Und jetzt diese schnelle Entscheidung. Welche Motive der „Objektwahl" haben ihn instinktiv geleitet?

Für Margolis ist es offensichtlich, daß die in ihrer Jugend sanfte und geduldige Martha diametral anders als Freuds launisch fordernde Mutter war, so daß es die Flucht vor Amalie war, die ihn zu Martha führte. Freud habe gespürt, daß Martha die innere Stärke hatte, seine Launen zu ertragen, denn sie konnte ihre Gefühle genau so gut kontrollieren wie er seine, eine Fähigkeit, die Amalie nicht besessen hatte [283]. Auf unbewußter Ebene sei seine Objektwahl aber darauf gerichtet gewesen, einen Ersatz für die Verschmelzung mit der frühen Mutter zu finden. Martha entsprach auf subtile Art Freuds maßlosen Bedürfnissen nach Zuwendung und wurde so zu einer neuen Mutter für ihn. Theweleit vermutete aber noch eine ganze Reihe weiterer Motive hinter Freuds Partnerwahl [284], darunter den unbewußten Wunsch, die partnerschaftliche Sexualität durch die Wahl einer Freundin seiner Schwestern zur Partnerin auf einer Kind-Kind-Ebene zu fixieren und Freuds Wunsch nach einer „Verbesserung" seines familiären Hintergrundes: Statt nur Sohn eines gescheiterten Händlers zu bleiben, konnte er Mitglied einer Akademikerfamilie werden. Marthas Großvater Isaac war Rabbiner in Hamburg gewesen, und zwei ihrer Onkel waren Professoren. Michael Bernays war als Professor für Literatur Goethe- und Shakespeare-Forscher, und Jacob Bernays hatte als Professor für klassische Philologie besonders das aristotelische Konzept der „Katharsis" erforscht (die Methode, die Freud später als Vorstufe zur Entwicklung der analytischen Technik dienen sollte).

Ein weiterer Hinweis auf hintergründige Motive der Objektwahl ergibt sich aus der Analyse des frühen Beziehungsstils zwischen Martha und Sigmund: Schon zu Beginn von Freuds Werbung verhielt sich Martha emotional zurückhaltend bis abweisend und behielt eine gewisse Kühle und Reserviertheit über die ganze Verlobungszeit. Interessanterweise lobte Freud Martha mehrmals gerade wegen dieser emotionalen Zurückhaltung und noch mehr: Er provozierte Martha immer wieder, um die Wohltat zu genießen, trotz seines ruppigen Verhaltens von ihr nie ganz verlassen zu werden. Sein Bedürfnis, über bewältigte Hindernisse in der Beziehung zu Martha zu triumphieren, glich einem Wiederholungszwang. Er selbst stellte fest:

> „… ich glaube wirklich, ich habe Dich immer viel lieber gehabt als Du mich … daß ich mich Dir aufgedrängt und Du mich ohne Neigung angenommen hast …
> Weißt Du noch, wie Du mir oft sagtest, daß ich die Kunst besitze, Dich jedesmal zum Widerstand zu reizen? … und Du warst hart und spröde, und ich hatte keine Macht über Dich. Du bist mir nur immer teurer geworden durch den Widerstand, aber sehr unglücklich war ich dabei, und als wir uns am Anfang der Alserstraße die Hand gaben zum Abschied für dreizehn Monate, war meine Hoffnung sehr winzig, und ich ging davon wie ein Soldat, der weiß, daß er einen verlorenen Posten verteidigt." [285]

Warum verliebte sich Freud in eine Frau, die ihm gegenüber so offensichtlich kühl blieb, und warum bestand er darauf, sie zur Lebenspartnerin zu machen? Sprengnether vermutet, daß Freud hinter dem Widerstand seiner Braut eine Belohnung durch bedingungslose Liebe phantasierte und er diese Phantasie durch immer neue Kreise von Vorwürfen und Versöhnung überprüfen mußte [286]. Dieser Prozeß habe ihm zur Bewältigung eines frühen Trennungstraumas gedient:

> „Freuds Bedürfnis, in der Liebesbeziehung zu Martha Widerstände zu überwinden, weist auf eine frühe Struktur von Frustration hin, eine Frustration, die ich als einen Verlust beschreiben würde, den Freud nicht als solchen erkannt hatte und deshalb unfähig war, ihn zu betrauern." [287]

Freuds Probleme mit der Bewältigung von Trauer waren so groß, daß er auch nach 30 Jahren tiefenpsychologischer Studien verallgemeinernd behaupten mußte, daß man vom Phänomen der Trauer und dem es begleitenden Schmerz noch gar nichts verstehe:

> „Dem Psychologen … ist die Trauer ein großes Rätsel … Warum … [die] Ablösung der Libido von ihren Objekten ein so schmerzhafter Vorgang sein sollte, das verstehen wir nicht und können es derzeit aus keiner Annahme ableiten." [288]

In der vierjährigen Verlobungszeit schrieb Freud seiner Braut mehr als 900 Briefe. Schon im ersten der veröffentlichten Brautbriefe – zwei Tage nach der Verlobung geschrieben – deutete Freud an, daß er vom Moment der Verlobung an totalen Besitzanspruch an Martha stellte [289]. Drei Monate später beschwerte er sich sogar darüber, daß Martha immer noch Martha war und noch nicht ganz nur seiner Vorstellung einer Verlobten entsprach:

> „Glaube nicht, Du Süße, Gute, daß ich Dich gerne tadeln möchte. Nein, ich will nur, daß es keine Empfindlichkeit und kein Verschweigen zwischen uns geben soll. Du weißt ja, von dem Augenblick an, da Du mit mir den Bund schlossest, mußten wir beide etwas anderes werden, um füreinander zu sein, was wir sein wollten, und ich darf vielleicht den Anspruch erheben, zu sagen und zu deuten, wenn das alte Marthchen meinem geliebten Mädchen nicht ganz den Platz geräumt zu haben scheint." [290]

Anlaß dieses Tadels sei eine „tiefe Kränkung" gewesen, als Martha nicht vollständig bereit gewesen war, eine alte Freundschaft, diejenige zu Fritz Wahle, für Sigmund zu opfern. Freud war maßlos eifersüchtig. Als er an einen Brief Marthas an Fritz Wahle dachte, schrieb er:

> „… wenn mir diese Erinnerungen kommen, … verliere ich die Herrschaft über mich und wenn ich die Macht besäße, die ganze Welt, uns inbegriffen, zu zertrümmern, um sie von Neuem spielen zu lassen, auf die Gefahr hin, daß sie nicht wieder mich und Martha hervorbringt, ich täte es unbedenklich." [291]

So groß konnte seine narzißtische Wut sein. Freud ließ spezielles Briefpapier mit den eng ineinander verschlungenen Initialen „M" und „S" drucken, so daß jeder Bogen „für jeden anderen Verkehr als zwischen Marthchen und mir untauglich" gemacht wurde [292]. Seine Eifersucht richtete sich auch auf die Familie Marthas. Er verlangte von seiner Verlobten, daß sie sich gegen ihre Mutter Emmeline („die rücksichtsloseste Feindin unserer Liebe" [293]) und gegen ihren Bruder Eli richte, ja sogar mit ihnen breche. Und wenn sie das nicht befolge,

> „… so bist Du mein Feind … Kannst Du mich nicht so lieb haben, daß Du für mich ganz auf die Deinigen verzichtest, so mußt Du mich verlieren, mich zu Grunde richten, aber auch an den Deinigen nichts mehr haben." [294]

Der kindliche Wunsch nach Exklusivität ist ein Motiv, „das wie ein wilder Strom durch alle Brautbriefe fließt. Martha darf nur ihm gehören" [295]. Die Art, wie Freud Martha vom Suizid seines Freundes Nathan Weiß berichtete – dessen Tod das direkte Resultat der leidenschaftlichen Werbung um eine Frau sei, die ihm gegenüber kühl geblieben war –, kam einer Erpressung gleich: Zwischen den Zeilen, in welchen von Nathans „Wut abgewiesener Leidenschaft" und seinem Zorn, die ganze wissenschaftliche Laufbahn geopfert zu haben, die Rede ist [296], kann man lesen, daß Freud sich auch umbringen könnte, wenn Martha ihn verlassen würde [297].

Freud idealisierte seine Braut in den höchsten Tönen, belehrte sie aber auch oft und war übertrieben um ihre Gesundheit besorgt. „Schon das leichteste Unwohlsein Marthas beunruhigte ihn" [298]. Stolorow erkannte in diesem Muster die gleiche unterdrückte Feindseligkeit, wie Freud sie gegenüber seiner Mutter gezeigt hatte:

> „Wir meinen, daß Freud um Martha ein idealisiertes Bild der Perfektion bauen mußte, einen Mutterersatz, der ausschließlich ihn liebte, mit totaler Loyalität und Hingabe, um eine Wiederholung des traumatischen Verrats seiner Mutter zu vermeiden und – sehr wichtig – um das drohende Aufsteigen des abgespaltenen Bildes der verhaßten Mutter und seiner unterdrückten allmächtig destruktiven Wut gegen sie abzuwehren." [299]

Sigmunds Besorgnis um die Gesundheit Marthas, die auch in der Formulierung „Bleib gesund für Deinen Sigmund" zum Ausdruck kam, entstammte der kindlichen Angst vor Verlust von Mutterliebe und Mutterschutz [300]. In den Brautbriefen hatte Freud nämlich alle Wünsche zum Ausdruck gebracht, deren Erfüllung ein Kind von der Mutter erwartet: Sie soll ihm Ziel und Richtung weisen, Hoffnung und Sicherheit des Erfolgs, ihn selbstbewußt und mutig machen und ihn zu so viel Glück führen, daß er mit der harten Realität nicht unzufrieden sein könne [301].

Am 14. 9. 1886 heirateten Sigmund und Martha. Es wäre nicht erstaunlich, wenn Sigmund in der Hochzeitsnacht mit Impotenz reagierte hätte, so wie es Paton und Llobregat in ihrem erfundenen Tagebuch Marthas mit viel Zartgefühl beschrieben haben [302]. Zwischen 1887 und 1895 gebar Martha sechs Kinder, in ähnlich schneller Folge, wie damals Freuds Mutter Amalie. Martha wurde eine treusorgende Ehefrau und mustergültige Hausfrau. Sie bestand auf Regelmäßigkeit, Pünktlichkeit, Ordnung und war streng, wenn jemand von der Mittelstandsmoral abwich. Die Wünsche ihres Mannes versuchte sie zu erfüllen, meist ohne daß er sie aussprechen mußte. Esti, eine von Freud nicht so geschätzte Schwiegertochter und durch ihr Schicksal hart geprüfte Frau – von ihr wird noch zu berichten sein –, beschrieb diese Unterwürfigkeit Marthas mit ungeschminkten und doch seltsam bewundernden Worten:

> „Während den ganzen 50 Jahren, die Freuds in Wien lebten, gab es keinen Tag, an dem die Suppe nicht genau auf die Minute auf dem Tisch stand. Bei jeder Mahlzeit hatte Frau Freud einen Krug mit heißem Wasser und eine spezielle Serviette bei ihrem Platz, so daß sie herbeieilen konnte, sobald jemand einen Flecken auf das Tischtuch machte. Nur ihr Ehemann durfte so viele Flecken machen, wie er wollte. ... Er durfte nicht mal eine Krawatte oder ein Handtuch aus einer Schublade nehmen: alles wurde für ihn bereitgelegt. Frau Freud verstand es, den Haushalt – Kinder, Familie, Gäste, Dienstboten – mit solcher Liebe, Bewunderung und Respekt für den großen Mann, der ihr Ehemann war, zu durchtränken, daß alle mit Vergnügen all ihre Lebensumstände Freuds Werk und seinem Wohlergehen unterordneten." [303]

Freud mußte im Haushalt kaum je etwas berühren [304], und als der Arzt Ernst Simmel als Gast im Freudschen Haus gesehen hatte, wie Frau Professor ihrem Mann die Zahnpasta auf die Zahnbürste strich, habe er trocken gesagt: Wenn *er* eine solche Frau gehabt hätte, hätte er auch all diese Bücher schreiben können [305].

Freud verhielt sich gegenüber Martha ebenfalls rücksichtsvoll, aber schon bald nach ihrer Heirat auch mehr und mehr distanziert. Marthas Interesse an der Psychoanalyse war zurückhaltend; Reik meinte, daß sie starke emotionale Widerstände gegen die psychoanalytische Arbeit hatte [306]. Dem französischen Analytiker Laforgue habe sie erklärt:

> „Ich muß gestehen, wenn ich nicht merken würde, wie ernst mein Mann seine Behandlungen nimmt, ich denken würde, daß Psychoanalyse eine Form von Pornographie ist." [307]

Doch die Idee von fachlichen Diskussionen mit Martha könnte für Freud allein schon deshalb ein fremdartiger Gedanke gewesen sein, weil seine emotionale Beziehung zu ihr teilweise eine Mutter-Kind-Beziehung war [308]. Jedenfalls ließ Freud seine Frau an wichtigen Bereichen seines Lebens allmählich nicht mehr teilnehmen [309]. In ihrem achten Ehejahr, einem Jahr, in welchem Freud mit stark ängstigenden Herzbeschwerden zu kämpfen hatte, berichtete er seinem Freund Fließ:

> „Fratzen und Frau sind wohl, letztere ist nicht die Vertraute meiner Sterbedelirien. Wohl für alle Fälle überflüssig." [310]

Ein Jahr später schrieb er seinem Freund:

> „Der Jacobsen (N.L.) hat mir tiefer ins Herz geschnitten als irgendeine Lektüre der letzten neun Jahre." [311]

Nitzschke wies darauf hin, daß Freud „neun Jahre" vor diesem „tiefen Schnitt ins Herz" geheiratet hatte und daß die Lektüre, die Freud so verletzend beeindruckt hatte, der Roman *Niels Lyhne* war, die Geschichte eines Jungen, dessen Mutter von ihrem Mann enttäuscht war:

> „Kurz vor ihrem Tod erinnert die Mutter Niels Lyhne noch einmal an *ihre* Wünsche, die der Sohn hätte erfüllen sollen: Wenigstens er sollte dem Bild gleichen, das die Mutter hatte, bevor sie ihren Mann kennenlernte, dessen reale Erscheinung ihrem idealen Bild vom Mann so wenig entsprach. Also werden die Wünsche der Mutter zur Verpflichtung für Niels Lyhne, der zeitlebens *Sohn* bleiben soll." [312]

Fromm beschrieb Freuds Verarmung an erotischer Leidenschaft gegenüber seiner Frau: Kein einziges Mal habe er die Beziehung zu seiner Frau als wichtige Quelle von Glück erwähnt. Auf seine geliebten Italienreisen habe er stets andere Reisebegleiter mitgenommen (nur einmal war Freud mit seiner Frau in Italien, aber Martha erkrankte auf der Reise) und sein in der *Traumdeutung* mitgeteilter Traum von der „botanischen Monographie" [313], der von Zyklamen, den Lieblingsblumen seiner Frau, handelt, beschreibe das Absterben seiner Liebe zu Martha:

> „Eine Blume ist Sinnbild der Liebe und Freude, erst recht die Lieblingsblume seiner Frau ... Was macht Freud mit Blumen und – mit der Liebe? Er trocknet und preßt sie und tut sie in ein Herbarium. Das heißt: Er läßt die Liebe verdorren und macht sie zum Gegenstand wissenschaftlicher Untersuchungen. So stellt es sich im Traum dar, und so hat sich in der Tat Freud verhalten." [314]

Ab 1896 wurde Freud noch von einer zweiten Frau umsorgt: Marthas vier Jahre jüngere Schwester, Minna Bernays, war – bevor Freud um Martha zu werben begann – mit Ignaz Schönberg verlobt gewesen, einem Freund von Sigmund, und schon in Freuds Verlobungszeit waren Minna und Freud vertraute Gesprächs- und Briefpartner. Ignaz Schönberg erkrankte an Tuberkulose, und als er spürte, daß er nicht mehr zu retten war, löste er die Verlobung mit Minna auf. Minna arbeitete eine Zeitlang als Gouvernante in Frankfurt, kam dann 1895 nach der Geburt von Anna, der jüngsten Freud-Tochter, für einige Monate als Hilfe in den Freudschen Haushalt und zog schließlich 1896 endgültig in die Freudsche Wohnung ein. Das ihr zugewiesene Schlafzimmer war ein gefangenes Zimmer und konnte nur durch das Schlafzimmer von Sigmund und Martha erreicht werden. Trotz dieses auffälligen Arrangements und trotz einiger anderslautender Biographen-Stimmen ist es vor dem Hintergrund von Freuds psychosexueller Entwicklung unwahrscheinlich, daß er und Minna eine sexuelle Liebesbeziehung lebten. Minna interessierte sich aber für Freuds Patienten und die Psychoanalyse, so daß die beiden oft lange Diskussionen führten, was Freud zusätzlich von Martha entfremdete.

Warum hat Martha sich mit einer so sehr unterordnenden, aufopfernd dienenden Rolle abgefunden und auf eine dialogische Partnerbeziehung verzichtet? Xenakis hat in ihrer phantasierten Biographie Marthas [315] (die allerdings im Gegensatz zum erfundenen Tagebuch Marthas von Paton und Llobregat [316] auf miserabel recherchierten „Fakten" beruht) vermutet, daß Martha es seit der Kindheit besonders gut verstanden habe, bei unwichtigen Dingen nachzugeben und sich bei Dingen, die ihr wirklich am Herzen lagen, durchzusetzen. Diese Einschätzung entspricht Jones' Aussage, daß alle Versuche Freuds, Martha eifersüchtig für sich zu behalten und ihr vorzuschreiben, wie sie sich anderen Menschen gegenüber zu verhalten habe, an der „kompakten" Persönlichkeit Marthas scheiterten [317]. War das tatsächlich so, oder hat sich Martha aus irgendwelchen Gründen doch stets nur angepaßt? Antworten auf solche Fragen sind schwer zu finden. Bekannt ist lediglich, daß Martha ihren Vater verehrt hatte und ihre Mutter eine dominierende Frau war. Vielleicht hatte Martha in Freud den schutzspendenden Vater gesucht – ihren leiblichen Vater hatte sie kurz vor dem Kennenlernen Freuds verloren – , einen Vater, den man nicht durch Dialog herausfordert; vielleicht aber hatte sie sich nie von ihrer Mutter lösen können, denn diese konnte scharf werden, wenn es um ihre Interessen ging. Als Marthas Mutter Freud 1885 klarmachte, warum es noch zu früh zum Heiraten sei, schrieb sie ihm – einem immerhin fast 30-jährigen Mann – überheblich:

> „Laß erst wieder Ruhe und Frieden in Dein jetzt vollkommen zerstörtes Gemüt eintreten ... und werde vor allem wieder ein vernünftiger *Mann*, augenblicklich bist Du wie ein verzogenes *Kind*, dem nicht sein Wille geschieht, da weint es, und glaubt dadurch alles zu erreichen." [318]

Martha wurde nie eine wirkliche Wienerin. Sie behielt ihre etwas steife Hamburger Aussprache bei [319]. Sie wirkte verschlossen, manchmal stolz, zeigte kaum je eine Gefühlsregung und hatte mit zunehmendem Alter häufig Migräneanfälle [320]. Nach seinem 50. Lebensjahr sprach Freud immer noch lobend, aber eigentlich nur noch resigniert von seiner Frau. Er bezeichnete seine Ehe als „längst amortisiert" [321] und schrieb an Tochter Mathilde 1908:

> „Ich weiß, daß es für meine Wahl entscheidend war, bei meiner Frau einen ehrenvollen Namen und eine warme Atmosphäre im Hause zu finden ..." [322]

und an Max Halberstadt, den zukünftigen Schwiegersohn, 1912:

> „Mit meiner Frau bin ich wirklich gut ausgekommen, vor allem bin ich ihr dankbar für viele vornehme Eigenschaften, für die geratenen Kinder und dafür, daß sie weder sehr abnorm noch viel krank war." [323]

Der frühe Tod ihrer zweitältesten Tochter Sophie in der Grippeepidemie von 1920 hatte beide Eltern tief getroffen, aber sie konnten vermutlich ihr Leid nicht miteinander teilen. Drei Jahre später wurde Freuds Krebserkrankung diagnostiziert. Es existieren kaum Informationen darüber, wie sich dieses Ereignis mit seinen 16 Jahre währenden Folgen auf das Zusammenleben von Sigmund und Martha ausgewirkt hat (eine lesenswerte Beschreibung von Marthas möglichen Gedanken und Gefühlen zur Zeit der Entdeckung von Freuds Krebserkrankung findet sich im erfundenen Tagebuch Marthas von Paton [324]). Bekannt ist, daß nicht Martha, sondern Freuds damals 28-jährige Tochter Anna zur „mütterlichen" Pflegerin ihres leidenden Vaters wurde.

Zehn Jahre später war Martha pedantischer und gereizter geworden. Schur schrieb 1955 in einem Brief an Jones:

> „Soweit ich sehen konnte, verbrachte [Freud] immer weniger Zeit mit ihr. Es gab eine Art verständnisvoller Vergebung ihrer zunehmend pedantischen Haltung ... von der großen Liebe war so wenig übrig ..." [325]

Einem Patienten sagte Freud in diesen Jahren: „Wenn eine Frau zu altern beginnt, wird sie ein schreckliches Beispiel für Boshaftigkeit und Intoleranz, kleinlich, reizbar und so weiter" [326]. Mutter und jüngste Tochter wurden durch Eifersucht gegeneinander geplagt, und beide litten damals an Hautkrankheiten, Anna an einem Gesichtsekzem und Martha an Ekzemen an Händen und Füßen [327]. Anläßlich der Goldenen Hochzeit 1936 sagte Freud seiner Vertrauten Marie Bonaparte: „Es war wirklich keine üble Lösung des Eheproblems" [328]. In London, am Ende seines Lebens, als Freud nur noch leiden mußte und er seinen Leibarzt bat, vom Leiden erlöst zu werden, sagte er: „Besprechen Sie es mit der Anna, und wenn sie es für richtig hält, machen Sie ein Ende" [329]. Auch die Entscheidung zum letzten Abschied hat er nicht mehr mit seiner Frau geteilt.

Nach Freuds Tod schrieb Martha an Ludwig Binswanger [330]:

> „... wie furchtbar schwer ist es, ihn entbehren zu müssen. Ohne so viel Güte und Weisheit neben sich, weiterzuleben! Ein schwacher Trost ist für mich das Bewußtsein, daß in 53 Jahren unserer Ehe kein böses Wort zwischen uns gefallen und daß ich immer nach

Möglichkeit getrachtet habe, ihm die Misère des Alltags aus dem Weg zu räumen. Nun hat mein Leben Sinn und Inhalt verloren."

Nach dem Tod ihrer Schwester Minna im Jahre 1941 war Martha oft einsam. Sie beantwortete Anfragen von Biographen, stellte den Stammbaum zusammen, schrieb Gedichte für Familienfeste und ... entwertete sich selbst. An Aichhorn schrieb sie:

„Was liegt ... schon daran, ob so ein altes Mütterchen noch zwischen Kindern und Enkeln herumtrippelt? Sie werden mir Recht geben, wenn ich meine, das Gnadengeschenk hohen Alters sollte vor allen Dingen denen beschieden sein, die den Menschen Wertvolles, ja Unersetzliches zu leisten im Stande sind." [331]

Martha starb am 2. November 1951 in London. An ihrer Beerdigung ließ Anna einen Rabbi sprechen, weil sie dachte, daß ihre Mutter das so gewollt hätte [332].

8.4.2 Erstaunliche Selbstverständlichkeiten in der Freudschen Kindererziehung

Freud war ein kompetenter Versorger der Familie, stolz auf seine sechs Kinder, die er liebevoll „mein Gesindel" zu nennen pflegte, und erweckte so den Eindruck eines guten, fast idealen Vaters. Unter der Oberfläche der Familie erstreckte sich aber ein durch Freuds Dominanz, Marthas Unterwürfigkeit und eine ihnen gemeinsame Leibfeindlichkeit gewobenes Geflecht von Erwartungen, Forderungen und Selbstverständlichkeiten, über das man nicht sprach. Für die Mitglieder der Freudschen Familie war es deshalb oft schwierig, sich ihre je eigenen inneren Welten zu erhalten, zu pflegen und weiterzuentwickeln, weil jeder sich schnell ertappt fühlen konnte, gegen irgendeines der unausgesprochenen oder nicht besprechbaren Gesetze verstoßen zu haben. Diese Behauptung, die im Folgenden belegt werden soll, deckt sich mit einer Vermutung von Paton und Llobregat (1989), die in ihrem erfundenen Tagebuch Martha schreiben lassen: „Jeder Bewohner dieser Wohnung ist von einer unsichtbaren Grenze umgeben, die ihn vor der Neugier der anderen schützt. Nur so läßt sich zusammenleben" [333].

Die Freudschen Kinder wuchsen – wie Freud – unter einer doppelten mütterlichen Autorität auf: Minna, die geistige Gefährtin ihres Vaters, und Martha, die Hausfrau, teilten sich in die Erziehungsarbeit. Die dadurch besser beaufsichtigten Kinder profitierten von dieser „doppelten Mutterschaft", litten aber auch unter den damit verbundenen unvermeidlichen emotionalen Verwirrungen und waren zuweilen auch eifersüchtig auf die enge geschwisterliche Bindung zwischen Martha und Minna, die ihnen Aufmerksamkeit entzog. Mit im Haushalt arbeiteten bis zu fünf Bedienstete: Köchin, Hausmädchen, Gouvernante (für die älteren Kinder), Amme und eine stundenweise angestellte Putzfrau [334].

Freud zeigte schon in der Wahl der Vornamen seiner Kinder, daß er sie von Anfang an in die ihm wichtigen Denkstrukturen einordnen wollte: Seine Söhne sollten mit christlichen Namen weltliche Männer und seine Töchter mit jüdischen Namen jüdische Mütter werden [335], und alle zusammen sollten den Namen „Freud" in die Unendlichkeit weitertragen. Freud schrieb:

> „Ich hielt darauf, daß ihre Namen nicht nach der Mode des Tages gewählt, sondern durch das Andenken an teure Personen bestimmt sein sollten. Ihre Namen machen die Kinder zu ‚Revenants'. Und schließlich, ist Kinder haben nicht für uns alle der einzige Zugang zur *Unsterblichkeit*?" [336]

Im Zentrum der Familie standen Freud und seine Arbeit, wie Sachs schrieb:

> „Das Leben der Familie drehte sich um den Vater, so wie sein Leben sich um sein Werk drehte. Über diese Dinge wurde nie gesprochen; Worte waren überflüssig, da die Tatsachen als selbstverständlich angesehen wurden … Es ist bemerkenswert, daß sich seine Familie, Frau, Schwägerin, Kinder, mit größter Bereitwilligkeit, ohne Murren in die von ihm gesetzte Ordnung fügten." [337]

Martin bestätigte, daß alles im Freudschen Heim so arrangiert wurde, daß es den Wünschen seines Vaters entsprach [338], und Ernst, ein Enkel, ergänzte, daß sein Großvater als äußerst menschlich, aber auch als unfehlbar galt und daß dies alle als selbstverständlich hingenommen hatten [339].

Äußerlich schien der Erziehungsstil von Sigmund und Martha sanft zu sein – es wurde nie geschrien, und selten wurde etwas verboten – , war aber unterschwellig sehr autoritär. Martin beschrieb dies mit eindrücklichen Worten:

> „Die Erziehung war liberal. … Uns wurde nie befohlen, dies zu tun oder jenes nicht zu tun … Aber Disziplin fehlte nie. Meine Mutter leitete den Haushalt mit großer Freundlichkeit und mit ebenso großer Strenge. Sie glaubte an Pünktlichkeit in allen Dingen, etwas damals im gemächlichen Wien Unbekanntes. Es gab nie ein Warten vor den Mahlzeiten. Punkt ein Uhr saß jeder des Haushaltes am langen Eßzimmertisch und im selben Moment öffnete sich eine Tür, um das Dienstmädchen mit der Suppe hereinzulassen, während sich eine andere Tür öffnete, durch die mein Vater von seinem Studierzimmer hereinschritt, um seinen Platz am Kopf des Tisches einzunehmen, gegenüber meiner Mutter am anderen Ende des Tisches." [340]

Puners Urteil klingt hart, ist aber wahrscheinlich zutreffend:

> „[Freud] konnte seinen Kindern das Privileg der Selbstbestimmung nicht gewähren. … Papas Art, die Dinge zu tun, war der richtige und einzige Weg, wie Dinge getan werden können. Papas Diktat mußte ausgeführt werden. Papa war ein so unfehlbarer Mann … daß wie immer sich die Kinder auch drehten und wendeten, sie den gigantischen Schatten, den er erzeugte, nicht umgehen konnten." [341]

So herrschte in der Familie Freud immer Friede und Ruhe, und das emotionale Klima schien spannungsfrei. Auch „schlechte Laune gab es nicht" [342]. Ernst, der Enkel, schrieb:

> „Es war selbstverständlich, daß man bemüht war, einer Meinung zu sein. Ich kann mich nicht erinnern, daß ein Familienmitglied je laut sprach, daß man sich anschrie, mit der Faust auf den Tisch schlug, vor Wut auf den Boden stampfte, die Tür zuknallte oder fluchte. All dies war undenkbar, dazu war die Familie viel zu gutmütig, stolz und kontrolliert." [343]

Freuds Beherrschung seiner Gefühle war groß. Seine perfekte Selbstkontrolle – so drückte sich Martin aus – „erlaubte ihm selten oder nie, Gefühle zu zeigen" [344]. Die Tatsache, daß er auch gegenüber den Kindern Ärger meist nicht ausdrückte, die Kinder nicht „ausschimpfen" konnte, erklärte er damit, daß er sie gernhabe und sie ihm dabei leid tun würden [345]. Gefühle von Ratlosigkeit, Trauer oder gar Verzweiflung scheint Freud im mittleren Erwachsenenalter gar nicht und auch im Alter nur selten gezeigt zu haben. Nur als seine Tochter Sophie und drei Jahre später deren kleiner Sohn Heinele starben und als seine Tochter Anna 1938 von der Gestapo zum Verhör abgeholt worden war, hatten ihn Gefühle übermannt.

Der Familienalltag wurde durch die strengen Gefühlskontrollen beider Eltern bestimmt. Zärtlichkeiten in Form von Berührungen, Umarmungen oder Küssen zwischen den Eltern und den Kindern gab es nicht oder waren äußerst selten. Dies mag zu jener Zeit in vielen Familien des Mittelstandes üblich gewesen sein. Bei Freuds fanden aber auch kaum Gespräche statt, denn oft wurde wenig gesprochen oder – weil alle die Regeln kannten – nur stumm kommuniziert. Symptomatisch für diese adialogische Stimmung war Freuds Verhalten, wenn er am Mittagstisch feststellte, daß ein Stuhl nicht besetzt war:

> „Er pflegte mit seinem Messer oder seiner Gabel stumm auf den freien Stuhl zu weisen und seine Frau am anderen Ende des Tisches fragend anzusehen. Sie erklärte dann gewöhnlich, daß das Kind nicht zum Mittagessen nach Hause komme oder daß dies oder jenes es vom Essen abhalte, worauf Freuds Wißbegierde befriedigt war und er schweigend sein Mahl fortsetzte." [346]

In Situationen, in welchen die Kinder offensichtlich litten, zeigten beide Eltern oft kein Mitgefühl. So erklärte Freud:

> „Wenn eines der Mitglieder meiner Familie sich beklagt, jetzt habe es sich auf die Zunge gebissen, die Finger gequetscht usw., so erfolgt anstatt der erhofften Teilnahme von meiner Seite die Frage: Wozu hast du das getan?...
>
> ... Einer meiner Knaben, dessen lebhaftes Temperament der Krankenpflege Schwierigkeiten zu bereiten pflegte, hatte eines Morgens einen Zornanfall gehabt, weil man ihm zugemutet hatte, den Vormittag im Bette zuzubringen, und gedroht sich umzubringen,

wie es ihm aus der Zeitung bekannt geworden war. Abends zeigte er mir eine Beule, die er sich durch Anstoßen an die Türklinke an der Seite des Brustkorbes zugezogen hatte. Auf meine ironische Frage, wozu er das getan und was er damit gewollt habe, antwortete das elfjährige Kind wie erleuchtet: Das war mein Selbstmordversuch, mit dem ich in der Früh gedroht habe." [347]

Ähnlich die Mutter: Als Martin von der Schaukel fiel, die im Türrahmen zwischen den Bubenzimmern angebracht war, und sich an der Kante eines Möbelstückes verletzte, reagierte Martha unbeteiligt. Martin berichtete:

„Meine Stirn wurde ernsthaft aufgeschlitzt, einige Zentimeter lang, und Blut begann alarmierend zu fließen. Meine Mutter, die daneben ruhig nähte, legte ihre Arbeit nicht zur Seite. Sie unterbrach sie nur, um der Gouvernante zu sagen, daß sie den Doktor anrufen soll ... Ich war durch die Menge Blut beeindruckt, aber ich kam ohne Hilfe wieder auf die Füße, ganz verwundert, daß der Unfall überhaupt keine Aufregung verursacht hatte, nicht die Spur einer Panik, nicht mal einen erschreckten Aufschrei." [348]

Die Freudschen Kinder wurden nicht in die öffentliche Grundschule geschickt, sondern von einer Lehrerin zu Hause unterrichtet. Hauptgrund dieser Maßnahme war das Bemühen der Eltern, die Kinder vor der Ansteckung durch Krankheiten (die wie z.B. Grippe oder Tuberkulose damals sehr gefährlich waren) zu bewahren. Dies hatte aber auch den Effekt, daß die Kinder wenig Kontakt zu Gleichaltrigen außerhalb der Familie hatten. Als Martin dann als erster das letzte Jahr der Volksschule besuchen durfte, wurden seine täglichen Berichte über seine Schulerlebnisse zu Abenteuerstories, denen die Geschwister gebannt zuhörten.

Das Besprechen persönlicher Themen innerhalb der Familie war schwierig. Freud erzählte seinen Kindern nie von seiner eigenen Kindheit oder Jugend, so daß sie davon erst als Erwachsene durch Jones' Biographie erfuhren [349]. Obschon Freud seine Forschung weitgehend der Sexualität gewidmet hatte, gelang es ihm nicht, über den Schatten seiner eigenen prüden Erziehung zu springen und mit seinen Kindern über Sexualität zu sprechen. Er schickte seine Söhne wie andere Eltern zu jener Zeit zur Aufklärung zum Hausarzt. Sexuelle Anspielungen oder gar vulgäre Witze gab es auch unter den Erwachsenen nie [350]. Innerhalb der Familie schien Sexualität ein Tabuthema zu sein. Ein Indiz dafür ist eine von Martin berichtete Begebenheit aus den Ferien, als Mathilde 16, Sophie 10 und Anna achtjährig war. Neben dem Ferienhaus, das die Freuds gemietet hatten, wohnte eine Bauernfamilie mit einem „süßen und hübschen kleinen Mädchen", mit dem die drei Freud-Mädchen anfänglich spielten, sich dann aber zurückzogen. Als sie gefragt wurden, warum sie nicht mehr mit dem Bauernmädchen spielen wollten, antworteten sie, daß sie beim Spiel mit ihr auf der Schaukel die schockierende Entdeckung gemacht hatten, daß sie keine Unterhosen trug [351]. Vielleicht wären andere Kinder in dieser Situation auch etwas schockiert gewesen. Aber deshalb den Kontakt zur Spielgefährtin abzubrechen,

8 Isolation als Erwachsener

ist eine starke Reaktion. Zusammen mit anderen Hinweisen läßt sich vermuten, daß Sigmund und Martha ihren Kindern eine wesentliche Leib- und Genußfeindlichkeit vermittelt haben. Zum Beispiel hätten die Freud-Kinder (die alle schlank waren) beleibte Menschen verachtet und verspottet. Oder die Geschichte von der Schokolade, die unter dem Deckmantel des Altruismus deutlicher nicht sein könnte:

> „Wir waren so ungezogen, wie es alle anderen Kinder zuweilen sind; aber es gab eine Unart, die wir uns nie zuschulden haben kommen lassen: Egoismus. Das war nicht etwa das Ergebnis von Ermahnungen, es entstand einfach aus der Hausatmosphäre, die durch Vater und Mutter geschaffen wurde. Es wurde wie ein Spiel. Zum Beispiel, wenn wir eine Schachtel Schokolade bekamen, sagte meine Mutter: ‚Teilt es euch!' und meine älteste Schwester Mathilde nahm ein scharfes Messer, um ein einzelnes Schokoladestück – nicht größer als eine Haselnuß – in so viele Teile zu schneiden, wie sie konnte, und uns diese zu verteilen. Das Spiel hatte den Vorteil, daß eine Schachtel Schokolade viel länger hielt. Wir glaubten, daß jede andere Methode der Verteilung undenkbar wäre. Ich weiß noch, daß dann, als ich einmal ein junges Mädchen an einer Kinderparty eine ganze Schachtel Schokolade auf einmal verschlingen sah, ich sehr schockiert war und mir die Szene in meinem Gedächtnis eingeprägt blieb ... Ich habe auch nie mehr mit diesem Mädchen gesprochen." [352]

Martin reagierte – wie einige Jahre zuvor seine drei Schwestern gegenüber ihrer Ferienfreundin – mit Kontaktabbruch, nur weil er es als unerträglich erachtete, daß ein Kind seine Lust an Schokolade so ungehemmt zeigen konnte.

Die Freud-Kinder waren sehr oft krank [353]. Außer der Ältesten, Mathilde, litten auch alle – wie früher Freud – an einem Lispeln. Anna berichtete darüber [354]:

> „Unser Lispeln war ganz schrecklich, so daß sich alle unsere Lehrer beschwerten und sagten, es müsse etwas dagegen unternommen werden, weil wir im übrigen recht kluge Kinder waren. Aber es beeinträchtigte alle unsere Schulleistungen."

Ein Logopäde wurde engagiert, und das Lispeln hörte auf. Das einzige, was in den Augen der Öffentlichkeit davon blieb – so schrieb Young-Bruehl [355] –, war Sigmund Freuds klinisches Postulat: Stottern und Lispeln sind Verschiebungen nach oben von Konflikten über Ausscheidungsfunktionen.

Die Sommerferien, in welchen Freud stets ganz für seine Kinder dagewesen sei, waren – hört man bei den Schilderungen genauer hin – nicht nur idyllisch. Martha und die Kinder verließen mit Bediensteten Wien im Juni. Der Vater folgte erst einen Monat später, blieb ein paar Wochen bei der Familie, bis er mit einem seiner Freunde auf Auslandreise, meist nach Italien, weiterreiste. Wenn man liest, was Freud seinem Freund Fließ aus den Ferien am Thumsee 1901 geschrieben hatte, fragt man sich, wie sehr er die Familie wirklich genießen konnte:

> „Ich versprach, Dir noch vom ‚Vergnügen' zu schreiben. Thumsee ist wirklich ein kleines Paradies, besonders für die Kinder ... Mich hat der Umgang mit den Fischen bereits gehörig verdummt, ... und mir ahnt, 8–12 Tage Öl und Wein werden nicht zu entbehren sein. Mein Bruder wird vielleicht Reisegefährte." [356]

Aber für die Familie bildete die Ankunft Freuds den „Höhepunkt der Ferien" und „Auftakt zu einem allgemeinen Wandern, Bergsteigen, Pilzesammeln und Blumensuchen" [357]. Alle Unternehmungen waren gut geplante Expeditionen, die immer einen bestimmten Zweck hatten: die Suche nach etwas oder die Erforschung eines bestimmten Ortes [358]. Für das Bergsteigen galten strikte Regeln: Man soll nicht sprechen, nicht oft rasten und sich beim Rasten nie hinsetzen [359]. Martins humorvoll gemeinte Schilderung des gemeinsamen Pilzsuchens klingt wie eine narzißtische Inszenierung des Vaters:

> „Unser Angriff auf die Pilze wurde nie dem Zufall überlassen. Vater rekognoszierte vorher, um eine fruchtbare Gegend zu finden. ... Wenn die Gegend bestimmt war, bereitete Vater seine kleine Truppe vor. Jeder junge Soldat mußte zu Beginn des Gefechts eine bestimmte Position im richtigen Abstand zu den anderen einnehmen, wie ein gut trainierter Infanterie-Zug, der durch einen Wald angreift ... und es war immer ein Wettbewerb, um den besten Jäger zu küren. Vater gewann immer. .... Wenn Vater ein perfektes Pilzexemplar entdeckt hatte, rannte er zu ihm, schleuderte seinen Hut über ihn und gab dann aus seiner flachen Silberpfeife ... ein schrilles Signal, um seine Truppe zu sammeln. Wir rannten alle in Richtung des Pfeiftons und erst, wenn alle da waren, entfernte Vater den Hut und erlaubte uns, die Beute zu besichtigen und zu bewundern." [360]

Hatte Freud bei seiner Rekognoszierung den großen Pilz, den er später „fand", bereits entdeckt? Und was wäre geschehen, wenn einer seiner Buben oder gar ein Mädchen auch mal ein „Pfeifchen" (!) mitgenommen hätte und Freud nach dieser Pfeife hätte tanzen sollen? Freud war ein schlechter Verlierer. Als er in den Ferien einmal von Martha zu einem Kegelspiel mit jungen Männern überredet wurde, spielte er zwar gut, wurde aber nur Zweiter.

> „Der junge Mann, [der gewann,] breitete seine Arme aus und rief: ‚Hört alle her! Ich bin der Sieger. Jetzt darf Europa meine Hand küssen!' Vater gefiel das gar nicht. Er entschuldigte sich höflich, bot Mutter seinen Arm an und ging mit ihr auf einen Abendspaziergang." [361]

Martins Idealisierung der Familienferien führte so weit, daß er das, was ihn und seine Geschwister wahrscheinlich auch brennend interessiert hätte, vom Vater aber als uninteressant erklärt wurde, selbst auch deklassierte:

> „Da wir fast die ganze Zeit mit Vater die Wälder durchstreiften, hat uns das Musikpavillon, in welchem ein Orchester meist lustige Polkas und Ländler spielte, nicht im geringsten interessiert." [362]

Freuds innerlich harte Haltung gegenüber seinen Kindern kam auch in Reaktionen auf Geschehnisse in anderen Familien zum Ausdruck. Als er mit den Kindern in den Ferien in einem Biergarten saß und sie dort einem Knaben zuschauten, der mit viel Eifer, aber sehr ungeschickt, drei Gläser Wasser für sich und seine Eltern holte, unterwegs ein Glas fallen ließ und das Wasser der anderen Gläser verschüttete, aber trotzdem seine Eltern mit Stolz erreichte (zwei Gläser hatte er ja erfolgreich transportiert), da

> „bemerkte Vater mit einer kalten Stimme, laut genug, damit die Eltern des Jungen es hören konnten, er hoffe, daß keiner von uns je eine so peinliche Vorstellung geben würde, wenn er auf einen Botengang geschickt werde. Für einen Moment war ich alarmiert, weil ich befürchtete, daß er jetzt einen von uns, vielleicht mich, bitten könnte, sechs Glas Wasser zu holen." [363]

Und diese harte Haltung wurde auch von den Kindern übernommen: Als in den Italienferien auf einem kleinen Dampfer bei stürmischer See einige italienische Frauen so stark seekrank wurden, daß sie von Panik ergriffen niederknieten und beteten, lachten die Kinder nur:

> „Wir Freud-Kinder waren gute Seeleute und ich befürchte, der geistige Todeskampf der armen italienischen Frauen erweckte nicht unser Mitleid, sondern amüsierte uns nur." [364]

Auch als die Kinder älter wurden, mußten sie Freuds Unerbittlichkeit ab und zu schmerzlich spüren. Martin war als 21-Jähriger bereits ein guter Bergsteiger. In den letzten Ferien mit der ganzen Familie ergab es sich, daß er mit einem anderen jungen Mann in die Berge einstieg, um einen verletzten Wanderer zu retten. Es gelang ihnen aber nicht, diesen zu erreichen, und sie mußten umkehren. Martin berichtete:

> „Ich war sehr überrascht zu entdecken, wie stark enttäuscht mein Vater über meinen Mißerfolg war. Er machte mir keine Vorwürfe, sondern erwähnte nur, daß dann, wenn wir den [Verletzten] erreicht hätten, die Familie dies mit einer Flasche Champagner gefeiert hätte. Das war etwas ganz Besonderes. Die einzige Gelegenheit, an die ich mich erinnere, daß die Freuds mit Champagner gefeiert hatten, war die Silberne Hochzeit der Eltern. ... Ich sah, daß er bezüglich seiner Kinder sehr ehrgeizig war." [365]

Als es um die Berufswahl ging, war klar, daß Freud mit sanftem Druck bestimmte, welcher Sohn welches Studium zu wählen hatte.

„Vater hatte keine Schwierigkeit zu entscheiden, welche Berufe meine beiden jüngeren Brüder lernen sollten." [366]

Medizin zu studieren hatte Freud strikt verboten, und so wurde Martin Rechtsanwalt, Oliver Tiefbauingenieur und Ernst Architekt. Mathilde lernte keinen Beruf, arbeitete später aber als Modedesignerin; Sophie wurde jung Hausfrau und Mutter. Anna wurde Lehrerin und später Psychoanalytikerin.

Sigmund und Martha pflegten gute Beziehungen zu ihren Schwiegersöhnen und -töchtern und liebten ihre Enkel. Allerdings ist nicht klar, ob Freud als Großvater durch die Weisheit des Alters warmherziger geworden war. Harry, der Sohn seines Bruders Alexander, schrieb:

„Onkel Sigmund war zu Kindern immer freundlich. Allerdings war er irgendwie formell und reserviert gegenüber ihnen, so wie auch zu anderen Verwandten." [367]

Auf Fotos, auf denen ihm ein Enkel auf dem Schoß sitzt, wirkt seine Körperhaltung distanziert und starr [368]. Auch die Tatsache, daß er 1926, drei Jahre nachdem sein geliebter Enkel Heinele gestorben war, an Binswanger schrieb, daß er seit Heineles Tod die Enkel nicht mehr möge [369], wirkt befremdend.

8.4.3 Martin, der delegierte Eroberer

Martin Freud, geboren im Dezember 1889 als zweites Kind und erster Sohn von Sigmund und Martha, hat im Alter von 67 Jahren ein Buch über sein Leben geschrieben, das als „humorvoll", „amüsant" und „außerordentlich bezaubernd" beschrieben wird [370], dessen trauriger Inhalt aber von Sigmund Freuds Biographen – ähnlich wie bei Marie Bonapartes *Topsy* – kaum zur Kenntnis genommen worden ist. Als Titel des Buches hatte Martin *Glory Reflected* gewählt, weil er damit ausdrücken wollte, daß er es sehr genossen habe, sich als Sohn des Gründers und Führers der psychoanalytischen Bewegung im gespiegelten Ruhmeslicht seines Vaters zu sonnen [371]. Allerdings sei ihm kaum etwas anderes übriggeblieben, denn:

„Der Sohn eines Genies bleibt der Sohn eines Genies und seine Chance, menschliche Anerkennung für irgend etwas, das er tut, zu erhalten, besteht fast nicht, wenn er versucht, für etwas Ruhm zu beanspruchen, das abgelöst vom Ruhm des Vaters ist." [372]

Als ob die Hypothek, ältester Sohn eines berühmten Mannes zu sein, nicht genügen würde, wurde Martin (genau: Jean-Martin) auch noch der Vorname des von seinem Vater bewunderten, berühmten französischen Arztes Jean-Martin Charcot verliehen. Diese Startbedingungen und ähnlich einengende Erziehungseinflüsse führten dazu, daß Martin als reifer erwachsener Mann seinen Vater nur in den allerhöchsten Tönen idealisieren konnte: Sigmund Freud sei schon als Kind „nicht nur hübsch, sondern schön" gewesen, als Vater dann „fröhlich und heiter" mit „gütiger und freundlicher Natur". Er, Martin, sei „Zeuge der warmen Atmosphäre bei Freuds zu Hause" gewesen (eine seltsame Formulierung, wenn man vom eigenen Elternhaus spricht), und alle Freud-Kinder hätten von ihren Eltern ein wertvolles Geschenk geerbt: Angstfreiheit. Und weiter:

> „Wenn es so etwas wie eine total glückliche Kindheit gibt, die Kinder von Sigmund Freud haben eine genossen." [373]

> „In den Sommerferien ... waren wir Kinder in vollem Besitz des Vaters. Er legte dann alle seine beruflichen Sorgen zur Seite und war nur noch Lachen und Zufriedenheit. Er hatte ein fröhliches Herz." [374]

> „Er bleibt in meinem Gedächtnis mit Lächeln und einem glücklichen Gesicht verbunden. Familienwitze waren willkommen ..." [375]

Und um die Idealisierung endgültig zu festigen, schrieb Martin noch:

> „Ich glaube, nur undankbare Kinder suchen nach Fehlern in der Art, wie ihre Eltern sie erzogen haben, besonders dann, wenn sie nur tiefste Liebe und Verständnis erhalten haben." [376]

In seinen Erinnerungen überschätze Martin Freud die pädagogischen Fähigkeiten seines Vaters in hohem Maß: Als Martin auf der Eisbahn einmal von einem Herrn geohrfeigt wurde und er diese kränkende Geschichte seinem Vater erzählt hatte, habe dieser großartig reagiert:

> „Mein Vater hatte gesehen, daß ich meinen Weg, mich zu befreien, nicht allein finden konnte." [377]

Wegen einer Ohrfeige! ... Aber für Martin war es eben etwas Großartiges, wenn sein Vater „von seinen olympischen Höhen herunter" stieg, um eines der Kinder zu retten [378]. Freuds olympische Größe bedeutete aber für Martin auch Horror:

> „Er schaute einem gerade in die Augen und konnte die Gedanken, die man sich gerade machte, lesen. So war es absolut unmöglich zu versuchen, etwas zu sagen, was nicht genau die Wahrheit war: Nicht daß ich je in der Situation gewesen wäre zu versuchen, ihm etwas anderes als die Wahrheit zu sagen." [379]

Der Umgang mit anderen Kindern war Martin wenig vertraut. Als 14-Jähriger erstmals mit Schulkameraden zusammen, war er recht hilflos: Auf Kinder, die ihn quälten, reagierte er wegen seiner „ziemlich beschützenden Erziehung" sanftmütig [380]. Auch Erwachsene außerhalb der Familie und des Freundeskreises seiner Eltern waren ihm fremd. So habe er zum Beispiel große Schwierigkeiten gehabt, die Erwachsenen voneinander zu unterscheiden – „Für mich schauten alle gleich aus" [381] –, und als ihm sein Lehrer lobend sagte: „Freud, ich wünsche Dir, daß Du immer der bleibst, der Du bist", erschreckte ihn das, weil er es als Verwünschung verstanden hatte [382].

8.4 Vermeidung von Dialog in der eigenen Familie

Es war auch etwa in seinem 14. Lebensjahr, als er im Sommer mit einem Ferienfreund über die spärlich bekleideten Frauenskulpturen aus Bronze oder Marmor auf den Plätzen der großen Städte diskutierte. Martin meinte, daß die Nacktheit dieser Skulpturen nur ein Schwindel sei, denn keine wirkliche Dame würde sich so zeigen. Die beiden Freunde beschlossen dann, diese Frage zu klären und sich an das Badehäuschen am See anzupirschen, wo gerade zwei Mädchen dabei waren, sich umzuziehen. Inhalt und Art, wie Martin das, was dann geschah, mehr als 50 Jahre später erzählte, ist auf doppelte Weise auffällig: In einem ersten Versuch wurden die Buben vom Bademeister erwischt, was Martin wie folgt beschrieb:

„Wir hatten … nicht mit dem ausgezeichneten Wissen des Bademeisters über die morbide Neugier von Jugendlichen gerechnet." [383]

Warum soll Neugier nach dem Leben, nach dem Unterschied der Geschlechter „morbid", also krankhaft sein? Dann der zweite, erfolgreiche Versuch:

„Die Mädchen standen unbekleidet auf dem Holzboden, aber das Bild, das sie boten, war in meinen Augen nicht faszinierend. Sie waren lang, dünn, weiß und eckig, sogar knochig, dachte ich, ohne Spur verführerischer Kurven. … Ich sagte zu meinem Freund, ‚Ich hab sie gesehen: es ist alles ein Schwindel. Mädchen ohne Kleider sind genau wie Jungs ohne Kleider. Es ist nichts als ein Schwindel', wiederholte ich. … [Es war ein] ziemlich schockierendes Erlebnis …" [384]

Martin hatte also in seinen ersten 13 Lebensjahren nie eine seiner Schwestern oder ein anderes weibliches Wesen nackt gesehen. Welche Informationen er über Geschlechtsunterschiede damals hatte, mitgeteilte oder erahnte – vielleicht nur Erinnerungen an Stimmungen –, ist nicht zu erfahren. Was war wohl Martins Erwartung gewesen, unmittelbar bevor er diese beiden Mädchen nackt gesehen hatte? Hatte er gedacht, daß das Erblicken des weiblichen Geschlechts ihm eine neue Möglichkeit eröffnen würde, ein Gegenüber, einen dialogischen Partner zu finden? Dann wäre dies der Schwindel gewesen: Die Erfüllung des Wunsches nach dialogischer Begegnung ist nicht in den Äußerlichkeiten des Weiblichen zu finden.

Nach der Matura erhielt Martin ein eigenes Zimmer in der Berggasse und begann seinen „schwachen und unterentwickelten Körper" jeden Abend zu trainieren [385]. Sándor Ferenczi, der Kollege seines Vaters, nahm sich seiner ein wenig an, um ihm auf seinem „Weg durch die Adoleszenz zum Mann zu helfen" [386].

Vom Höhepunkt der Lavarone-Ferien von 1906, einer mehrtägigen Tour mit seinem Vater, berichtete Martin eindrücklich:

„Meine wenigen Tage, allein mit Vater, der sonst mit so vielen geteilt werden mußte, bleiben meine stolzesten und kostbarsten Erinnerungen." [387]

Schon die ersten 24 Stunden waren gewaltig: Nach einem fast 50 km langen Marsch durch die Wälder von Lavarone, dann über heiße Landstraßen, folgte eine Fahrt, stehend in einem von Militär gefüllten Zug bis Treno. Es war schon Nacht, als sie das Hotel erreichten, aber sie stellten nur schnell die Rucksäcke ab und gingen sofort auf eine Stadtbesichtigung („Vater wurde offensichtlich nie müde"). Dann gab es doch noch ein Nachtessen in einem guten Restaurant. Danach kam die Dombesichtigung, wo Sigmund seinem Sohn die Architektur und die an dem Dom ablesbare stilistische Entwicklung erklärte. Statt seinem Vater zu sagen, daß er jetzt wirklich erschöpft sei, verharrte Martin im Bann seines allmächtigen Vaters:

> „Als ich ihm zuhörte, muß meine Aufmerksamkeit vielleicht ein wenig abgewichen sein, weil ich mich erinnere, daß ich an den Schatten, welche die Straßenlampe hinter uns an die Mauern der Kathedrale warf, interessiert war. Da war Vaters Schatten – ein breitschultriger, gut proportionierter Schatten; und dort war meine Silhouette, sehr lang, sehr dünn, aber – und das erfreute mich – die Formen unserer Köpfe schienen einander sehr ähnlich: eine jugendliche Identifikation, natürlich; aber sogar damals, mit sechzehn, dachte ich nur über äußere Formen nach. Es wäre mir nie möglich gewesen, ihre Inhalte zu vergleichen." [388]

Früh am nächsten Tag brachen die beiden auf, um zu Fuß den 1800 Meter hohen Monte Gazza zu besteigen. Unterwegs erlitt der starke Vater einen Hitzschlag. Martin, der gerade ein Stück vorausmarschiert war, fand ihn sitzend gegen einen Felsblock gelehnt mit fast violettem Gesicht, unfähig zu sprechen. Sein Vater habe aber auch in diesem Moment nie die Selbstkontrolle verloren. Er entfernte seine Krawatte und knöpfte den Kragen auf, sei aber nicht so weit gegangen, auch noch seine Jacke auszuziehen [389].

Als 18- bis 20-Jähriger – er hatte ein Jura-Studium begonnen – verliebte sich Martin oft, manchmal auch in Patientinnen seines Vaters. Indem er sich mit Patientinnen seines Vaters einließ, erlaubte Martin, daß sein Vater in deren Analysen auf das Intimste über sein Sexualleben informiert wurde. Martin lebte weiter bei den Eltern – wobei sein Vater sein Zimmer durchquerte, wenn er vom Studierzimmer direkt in das elterliche Schlafzimmer wollte –, finanziell vom Vater so gut unterstützt, daß er sich manchmal beschämt fühlte [390]. Er lebte in Saus und Braus, wurde ein hervorragender Kletterer und Skifahrer, verwickelte sich in Schlägereien, verletzte sich bei einem Duell und wurde verurteilt, weil er sich öffentlich für das Recht des Duellierens einsetzte.

> „In diesen Tagen war für mich jeder Sport, in dem man sich nicht selbst töten konnte, ohne moralischen Wert." [391]

Martin erhielt von niemandem Hilfe, um sich endlich aus dem Schatten des großen Mannes lösen zu können. Gewalt und amouröse Affären waren die einzigen Wege, die er als Möglichkeiten erkannte, um endlich zum Gefühl einer eigenen Existenzberechtigung zu kommen. Aber auf diesen Wegen konnte keine echte Beziehung zwischen ihm und anderen entstehen. Wie sehr ihm das Dialogische verschlossen, ja gar

8.4 Vermeidung von Dialog in der eigenen Familie

zuwider war, zeigen seine Gedanken anläßlich der versuchten Rettung eines Berggängers als 21-Jähriger, auf die sein Vater so enttäuscht reagiert hatte. Seine Gefühle beim Aufbruch vom Hotel beschrieb Martin mit folgenden Worten:

„Insgeheim dachte ich, daß ich weniger Angst davor hatte, ihn ernsthaft verletzt zu finden, als davor, daß er nur durch eine leichte Verletzung wie einen verstauchten Knöchel im Gehen behindert wäre. Der Gedanke war mir unangenehm, die Nacht allein mit einem zu verbringen, der überheblich und arrogant war und der mich während einer langen Nacht mit seiner höflichen Herablassung behandeln würde." [392]

Als Sohn des berühmten Sigmund Freud landete Martin immer wieder in der Tagespresse. In den Augen seiner Mutter war er das schwarze Schaf der Familie.

„Und es ist wahr, daß ich öfter in Schwierigkeiten geriet als meine Brüder und Schwestern. Dies hatte jedoch einen wichtigen Vorteil, weil ich dadurch häufiger durch den Vater gerettet wurde." [393]

Was hätte wohl Martin gedacht, wenn er erfahren hätte, daß sein Vater C. G. Jung „als ältesten Sohn adoptierte", wie er Jung 1909 geschrieben hatte [394]?

Den Ersten Weltkrieg erlebte Martin als Erfüllung von Kinderträumen. Als berittener Einzelspäher rückte er während Monaten immer wieder in Richtung Feind vor, stets so weit, bis auf ihn geschossen wurde. Dann machte er eine Pause, zeichnete seine Position auf der Karte ein und kehrte zum Rapport zur Einheit zurück. Martin erzählte später, daß sein Vater wegen den Gefahren, denen er ausgeliefert war, tief besorgt gewesen sei, aber:

„Die Wahrheit ist, daß ich damals die glücklichste Zeit meines Lebens genossen habe." [395]

Die Narben mehrerer kleiner Kriegsverletzungen und eine Sammlung von Beuteschwertern und -pistolen blieben ihm liebe Andenken an den Krieg.

1919 heiratete Martin Esti Drucker, deren Vater ihm eine Stelle auf einer Bank vermittelte. Als die Bank in der Wirtschaftskrise bankrott ging, gründete er eine Autokreditanstalt, die aber auch nur eine gewisse Zeit florierte. 1921 kam Martin und Estis Sohn Anton auf die Welt und 1924 ihre Tochter Sophie. Martins Wahl der Namen seiner Kinder war ein Versuch, seinem Vater den schmerzlichen Doppelverlust, den dieser 1920 durch den Tod von Anton von Freund und den Tod von Freuds Tochter Sophie erlitten hatte, zu kompensieren. Die Ehe der Eltern verlief aber nicht glücklich; die Entfremdung der Ehepartner begann bereits 1922. Um 1930 herum verbrachte Martin mehr Zeit in der Berggasse als mit seiner Familie [396]. Sein Vater hatte damals alle seine Ersparnisse verloren. Martin bot sich als juristischer Berater an, übernahm 1932 die Leitung von Vaters Verlag und war stolz:

"Vater unternahm alles, um wieder zu Geld zu kommen, und ich, als sein ältester Sohn und sein Vertrauter, konnte ihm dabei helfen und ihn beraten." [397]

Martin führte den Verlag erfolgreich und konnte 1938 auch rechtzeitig Geld und wichtige Dokumente vor den Nazis in Sicherheit bringen. Er emigrierte dann mit seinem Sohn Anton nach London. Seine Frau, von der er seit 1934 meist getrennt lebte, und seine Tochter Sophie emigrierten in die USA.

Wenn man die Memoiren Martin Freuds als Ganzes betrachtet, so fällt – neben dem großen Anteil an Ferienerinnerungen – einiges auf. Von 27 im Buch reproduzierten Fotos sind viele übliche Familienfotos; zehn davon sind nur dem Vater gewidmet, und drei sind ganzseitige Fotografien von Martin selbst, alle in Uniform: 1914 als Schütze, 1934 als Leutnant der Artillerie (betitelt mit: „Ich, in der Uniform als ...") und 1941 als Freiwilliger im Londoner Pioniercorps mit Helm und Axt (distanzierter betitelt mit: „Martin Freud als ..."). Ein Foto zeigt Martins Sohn Anton in der Uniform als Offizier eines britischen Fallschirmspringerregiments. Martin war stolz auf seinen Sohn, und dieser enttäuschte ihn nicht: Anfang 1945 sprang Anton mit dem Fallschirm über Österreich ab und befreite den Flugplatz von Zeltweg im Alleingang. An über einem Dutzend Stellen berichtete Martin in seinem Buch von seinem bewunderten Sohn. Von seiner Ehefrau Esti erzählte er praktisch nichts, und seine Tochter Sophie erwähnte er im ganzen Buch nie mit Namen. Nur in einem unwichtigen Nebensatz verriet er, daß er überhaupt eine Tochter hatte [398]. Diese Tochter, Sophie Freud (Loewenstein), schrieb 1988 ein autobiographisches Buch [399], das wiederum – zum dritten Mal taucht hier dieses Phänomen auf – als „wunderschönes Buch über Liebe, Leidenschaft" gilt [400] und sich bei näherer Betrachtung als hilfloser Versuch einer tief verletzten und verwirrten Frau erweist, ihr schweres Kindheitstrauma dadurch zu überwinden, daß sie sich zur Spezialistin für Leidenschaften erklärt, obschon sie ihr Leben lang Leidenschaft nur einseitig erlebt und sich – aus einleuchtenden Gründen – nie geliebt gefühlt hatte. Die Analyse ihres Buches zeigt die Logik, nach der sich Sigmund Freuds Dialogstörung bis zu seinen Urenkeln ausgewirkt hatte. Ähnlich wie Sigmund Freud innerlich sein Leben lang nach der Liebe seiner Mutter suchte, war seine Enkelin ihr Leben lang äußerlich auf der Jagd nach einer Mutter, von der sie geliebt werden könnte. Sophies Kindheit war von „Streitigkeiten, Tränen und gewalttätigen, hysterischen Szenen" [401] geprägt. Esti, ihre Mutter, suchte stets Trost gegen die täglichen Kränkungen des Lebens in den Armen ihrer Tochter. Als Sophie achtjährig war, probte die Mutter ihre Vorträge als Logopädin unter Sophies Leitung, und beide sorgten sich darum, ob genügend Publikum zu Estis Dichterlesungen kommen würde, ob sich genügend Privatpatienten zur Sprachtherapie melden und ob man die Mutter zu wichtigen gesellschaftlichen Anlässen einladen werde. Die Mutter war so ängstlich um die Bewahrung ihrer Schönheit bemüht, daß sich Sophie heimlich schwor, sich niemals zu schminken, nie die Haare zu färben und nie Parfüm zu benutzen [402]. Der emotionale Mißbrauch der Tochter durch die Mutter und die zum Überleben notwendige Versteinerung der Gefühle Sophies ihr gegenüber hinterließen so große Verwirrung, daß Sophie auch als 64-jährige Frau nur in absoluten Widersprüchen von ihrer Mutterbeziehung schreiben konnte:

> „Obwohl ich eine sie vernachlässigende und lieblose Tochter geworden war, hat mir meine Mutter, glaube ich, verziehen, weil ich auf irgendeiner Ebene ihre Missionen erfüllt habe. Ich bin die gebundene Delegierte meiner Mutter – sie erlaubte mir, in die Welt hinauszuziehen, aber ich mußte bestimmte Aufträge für sie erfüllen. Und auf dieser anderen, vielleicht wichtigeren Ebene bin ich eine loyale und pflichtbewußte Tochter gewesen. [403] ... Vor allem muß gesagt werden, daß meine Mutter nur Gutes für mich wollte. Sie hat mein Leben nicht durch bösartige Missionen vergiftet." [404]

Mit höchster Intensität hatte Sophie über Jahrzehnte Ersatzmütter erobert: zuerst die Schwester ihrer Mutter, dann eine amerikanische und eine englische Ersatzmutter und schließlich ihre Tante Anna, Sigmund Freuds jüngste Tochter:

> „Als ich 55 Jahre alt war, ging ich ein Jahr nach London, offenbar, um diese dritte Mutter für meine mittleren Jahre zu gewinnen ... meine berühmte Tante Anna Freud. ... In diesem Winter war ihre Lebensgefährtin gestorben, und es gelang mir, in diese Lebenslücke hineinzuschlüpfen ... Erst rückblickend bin ich imstande, meine raffinierten Strategien, die Hartnäckigkeit, die List und die Bestechung zu bewundern, die ich während dieses Jahres entfaltete ... Doch Sportler trainieren auch jahrelang, um eine olympische Medaille zu gewinnen ... Ich weine immer noch vor Sehnsucht, wenn ich an ihre Bereitschaft denke, mich kennenzulernen ... Die Briefe meiner dritten Mutter trug ich wie Talismane mit mir herum, um sie in ruhigen Momenten immer wieder zu lesen. Ich meinerseits schrieb ihr leidenschaftliche Liebesbriefe: ‚Es muß doch unbequem für Dich sein', schrieb sie zurück, ‚in eine so alte Tante verliebt zu sein'." [405]

Ihren Vater, Martin Freud, beschrieb Sophie als „charmanten Ritter, dessen funkelnde Rüstung schnell rostete" [406]. Als junge Frau hatte sie tiefes Mitleid mit ihm empfunden, das dann aber in äußere Gleichgültigkeit verblaßte. Ihre verdrängte Wut gegenüber dem Vater ließ es aber nicht einmal zu, als 64-jährige Frau in ihrer Autobiographie (und einem Literaturverzeichnis von über 250 Titeln) die Biographie ihres Vaters zu erwähnen. Auch über ihren Bruder Anton schrieb sie keinen ganzen Satz und nannte ihn nicht mit Namen, sondern sagte nur, daß er 15 wuterfüllte Jahre nicht mit seiner Mutter gesprochen habe [407].

Sophie blieb als Erwachsene unfähig, starke Gefühle direkt zu zeigen. Ihre Ehe ging sie mit dem Vorsatz ein, niemals zu streiten. Die Sorgen ihrer Kinder konnte sie kaum ertragen. Wenn ihre Töchter die Leiden des Alltags mit ihr teilen wollten, wurde sie gleichgültig oder aggressiv [408]. Sophie empfand ihren Mangel an Leidenschaft wie eine schleichende chronische Krankheit, versuchte in mittleren Jahren diese Krankheit dadurch zu überwinden, daß sie sich leidenschaftlich an Männer hängte, die sie nur ausnutzten, und entschied sich dann als Dozentin für Sozialarbeit, Expertin für Leidenschaften zu werden. Am Ende erkannte sie, daß die einzige Leidenschaft ihres Lebens die Arbeit sei, eine Arbeit, die sie aber nicht so sehr wegen ihrer Inhalte liebte, sondern wegen des Lobes, das sie ab und zu von den Studenten zu hören bekam.

Sophie hat vor der Leidenschaft genauso kapituliert wie ihr Großvater. Und ähnlich wie bei ihm bewegte sich ihr Sehnen in einer inzestuösen Welt. Es ist geradezu unheimlich zu erkennen, wie sich Sophies und Sigmund Freuds Wege trafen. Er fand seine engste Beziehung in der Verkettung seines Lebens mit demjenigen seiner Tochter Anna (was im nächsten Kapitel detailliert aufgezeigt wird), und Sophie fühlte sich nach der Hölle, die ihr die Mutter bereitet hatte, erst richtig „zu Hause" in der Illusion, endlich Tochter ihrer Tante Anna geworden zu sein. Freud hatte innerlich sein Leben lang nach seiner Mutter gesucht. Sophies äußerliche Suche nach Müttern wirkt wie eine Fortsetzung von Freuds Suche „mit anderen Mitteln". Und beide haben ihre „Mütter" nicht gefunden.

Eine Geschichte, die Sophie in ihrem Buch erzählt, trägt Wesentliches zum tieferen Verständnis ihres Vaters, Martin Freud, bei: Unter den vielen Büchern ihres Großvaters, die sie über ihre Mutter von ihrem Vater geerbt hatte, befand sich ein ganz besonderes,

> „ein abgegriffenes, in blaugrünes Leinen gebundenes Exemplar, ... das den Namen ihres Großvaters und den Titel *Vier Krankengeschichten* trug. Die ersten paar Seiten beschäftigten sich mit der Geschichte des Falles Schreber, aber die übrigen Seiten waren leer und mit Fotografien schöner Frauen vollgeklebt. Es war das Buch, in dem ihr Vater seine Geliebten sammelte. Vielleicht konnte ihr Vater als Herausgeber der Bücher seines Vaters eine solche Buchattrappe herstellen." [409]

Tatsächlich war 1932 im Internationalen Psychoanalytischen Verlag, dessen Leitung Martin damals gerade übernommen hatte, eine Reprintausgabe vier früherer Krankengeschichten (Dora, der kleine Hans, der Rattenmann und der Fall Schreber) erschienen [410]. Martin hatte sich offenbar ein Exemplar speziell zu seinem „Schatzkästchen" umgearbeitet. Die Parallele oder Komplementarität ist umwerfend: Da hatte Sigmund Freud 1873 als 17-Jähriger seinem Freund Silberstein geschrieben, daß er auf die Neigung zu seiner heimlichen Liebe Gisela verzichte, „nicht weil eine andere ihren Platz eingenommen hätte, **sondern der Platz kann leer bleiben**" [411], und sein ältester Sohn bastelt sich 59 Jahre später als 43-Jähriger aus einem Werk seines Vaters ein Buch, in welchem er leeren Platz für all seine Geliebten schafft!

Sophie war davon überzeugt, daß ihr keuscher und asketischer Großvater die Erfüllung sexuellen Vergnügens an seinen ältesten Sohn delegiert hatte [412]. Die Bedeutung von Martins Verhalten hat aber noch tiefere Wurzeln: Wenn man sich von einem Vater abgewertet fühlt, „der alles weiß und immer recht hat" – Sophie spricht so von Martin, ihrem Vater [413], hätte aber mit gleicher Berechtigung so von ihrem Großvater sprechen können –, dann ist es schwierig, einen eigenen Platz, einen eigenen Wert in dieser Welt zu finden. Es schien für Martin kaum ein Gebiet zu geben, in welchem der Vater nicht der Größte war ... außer einem: die Sphäre der erotisch-sexuellen Liebe. Dies war der einzige Bereich, in dem sich der Vater nicht einmischen konnte, weil er darin nur theoretisch ein Experte, praktisch aber ein verängstigter, unerfahrener Laie war. So blieb Martin auch als Ehemann und Vater der jugendliche Liebhaber vieler Frauen und wich dialogischer Partnerschaft und wirklicher (innerer) Vaterschaft aus. Angesicht der Ängste seines Vaters vor Entthronung und Vatermord ist es nur logisch, daß Martin vor dem Erwachsenwerden zurückschreckte. Wenn er zu partnerschaftlichem Dialog und zu echter Vaterschaft gefunden hätte, wäre er in Konkurrenz zu seinem Vater geraten, eine Position, die zu fürchten er schon in frühesten Jahren gelernt hatte.

8.4.4 Anna, die entfremdete Statthalterin

Die innere Gefangenschaft, in die Martin Freud durch die weitgehende Dialogunfähigkeit seiner Eltern geraten war, erscheint schicksalhaft, von niemandem gewollt, wie unvermeidlich. Sigmund und Martha hatten das Beste für ihren ältesten Sohn im Sinn, aber konnten ihn nicht in eine innere Freiheit entlassen. Bei ihrer jüngsten Tochter Anna war dies jedoch anders. Zwar wuchs auch sie in den speziellen Verhältnissen der Familie eines berühmten Mannes auf, aber sie wurde von ihren Eltern aus egoistischen Gründen auch in eine Rolle gedrängt, die ihre Entwicklung zu einem nicht nur verantwortungsvollen, sondern auch genußfähigen, manchmal glücklichen Menschen massiv behinderte. Appignanesi zitierte die härteste Kritik:

> „Anna, ... verstümmelt durch die väterliche Macht, [die] im Schatten des Vaters lebt, weil sie nichts Eigenes besitzt, ... das heilige Ungeheuer, die heimliche Lesbierin, die unerbittliche Zensorin." [414]

Das Wort „Verstümmelung" mag zutreffen, aber Anna hatte auch gute Seiten entwickeln können, die über ihre enorme Leistungsfähigkeit für viele Menschen (zum Beispiel für englische Kriegswaisenkinder) segensreich wirkten, und es war natürlich nicht nur die väterliche Macht, sondern auch die mütterliche „sogenannte Ohnmacht", das heißt, die wiederholte Entscheidung Marthas, die Auseinandersetzung – wenn nötig Streit – mit Sigmund immer wieder zu vermeiden, die zu der besonderen Art des väterlichen Mißbrauchs von Anna durch ihren Vater führte. Marthas Schuld an der traurigen Seite des Schicksals ihrer Tochter war nicht kleiner, wegen der Passivität ihrer Rolle nur unauffälliger als diejenige Sigmunds.

Sigmund Freud hat das Wohl seiner jüngsten Tochter in mindestens acht entscheidenden Situationen zwar kaum bewußt, aber gezielt mißachtet. Zweimal wäre es der Tochter fast gelungen, sich von der unheilvollen Umklammerung zu befreien, aber der Wille ihres Vaters und die besonderen Umstände waren stärker. Diese Behauptungen sollen in den folgenden Ausführungen belegt werden.

Anna war ein nicht erwünschtes Kind gewesen. Schon 1893 hatte sich Freud bei seinem Freund Fließ über die damals so unzulänglichen Verhütungsmaßnahmen beklagt, welche die sexuelle Lust behinderten, und im Frühjahr 1895 traf ein, was die Freuds nicht wollten: Martha wurde ein sechstes Mal schwanger. Eva Rosenfeld meinte, Martha habe ihr sechstes Kind nicht nur nie gewollt, sondern auch nie geliebt [415]. Freud hatte sich – wenn ein neues Kind kommen mußte – einen Buben gewünscht, den er dann nach seinem damals engsten Freund „Wilhelm" genannt hätte. Da Martha aber ein Mädchen zur Welt brachte, bekam es den Namen „Anna", benannt nach ihrer Patin, der Tochter von Freuds verehrtem Religionslehrer Samuel Hammerschlag. „Anna" war aber auch der Name von Freuds haßgeliebter ältester Schwester und hat eine gewisse Klangähnlichkeit zum Namen von Freuds Mutter Amalie, manchmal auch „Malka" genannt [416]. Die Wahl von Anna Hammerschlag als Patin war besonders bedeutungsträchtig, denn diese Anna war nicht nur die Tochter eines von Freud verehrten Mannes, sie war auch Patientin Freuds gewesen, eine Patientin sogar, die in Freuds fünf Jahre später veröffentlichter *Traumdeutung* eine wichtige Rolle im psychoanalytischen Schlüsseltraum von „Irmas Injektion" spielt.

Anna wurde am 3. Dezember 1895 geboren. Eigentlich hatte sie mit Martha und Minna schon zwei „Mütter", aber es wurde für sie – wie damals für den kleinen Sigmund – eine katholische Kinderfrau als dritte „Mutter" angestellt.

> „Martha Freud und Minna Bernays – ‚die beiden Mütter', wie Freud sie nannte – führten den Haushalt gemeinsam, aber keine von ihnen übernahm die volle Verantwortung für die Bedürfnisse des jüngsten Kindes. Die Frau, die die ‚primäre Bezugsperson' oder ‚psychologische Mutter' wurde, wie es ... Anna Freud später formulierte, war Josefine Cihlatz, eine katholische Kinderfrau, die nach Annas Geburt angestellt worden war." [417]

Josefine blieb bis zum Ende von Annas erstem Schuljahr bei der Familie Freud. Dann heiratete sie und gründete selbst eine Familie. Anna suchte sich aber zeitlebens – unheimlich ähnlich wie Sophie, ihre Nichte – Ersatzmütter, gutaussehende kinderlose Frauen, von denen Anna gleichsam adoptiert wurde [418]: Loe Kann, Kata Levy, Lou Andreas-Salomé und im Alter Alice Colonna und Manna Friedmann.

Anna war ein aufgewecktes Mädchen und in ihrem zweiten Lebensjahr bereits sehr unternehmungslustig, furchtlos, aber auch ordentlich und pedantisch. Sie litt jedoch unter der Konkurrenz der Geschwister und fühlte sich zunehmend ausgeschlossen, verlassen, als ungeliebtes Anhängsel in ihrer Familie [419]. Sie beklagte sich so oft darüber, daß ihre Familie ihr ein Geschenk versprach, wenn sie einen ganzen Tag nicht jammere [420]. Sigmund hatte viel Freude an seiner kleinen Tochter, gab ihr zärtliche Spitznamen („Annerl", „schwarzer Teufel"), fand sie „köstlich frech" und liebte ihre Unartigkeit. Die Zuneigung ihres Vaters war ihr sehr wichtig. Als sie sich einmal nicht beklagte, daß sie auf einen Ausflug nicht mitgehen konnte, habe ihr Vater sie gelobt und getröstet, und das habe sie so glücklich gemacht, daß alles andere unwichtig geworden sei [421]. Das Zwischenreich der Phantasie war ihr aber schon früh unheimlich:

> „In der Zeit vor dem selbständigen Lesen, in der man Kindern Geschichten erzählt oder vorliest, wollte ich nur Geschichten hören, die ‚wirklich passieren' konnten. Das bedeutet nicht, daß sie im engeren Sinne wahr sein mußten, aber sie durften keine Züge enthalten, die ihr Geschehen in der Realität ausschlossen. Sobald Tiere zu reden begannen oder Feen und Hexen oder Gespenster erschienen – kurz, bei allen unrealistischen und übernatürlichen Vorkommnissen –, ließ mein Interesse nach und schwand." [422]

Als Anna als 12-Jährige unter akuten Bauchschmerzen litt, wurde ein Spitalaufenthalt und eine Blinddarmoperation organisiert, ohne dies aber dem Kind zu sagen: „Das einzige, was ich wußte, war, daß ich zu einer Untersuchung ging" [423]. Nach ihrer Genesung konnte Anna in eine Privatschule eintreten, das Cottage Lyceum, wo sie als 16-Jährige dann die Matura bestand. Aber auch während der Schulzeit fanden Täuschungen statt: Die Termine für Schulprüfungen, welche die Schulleitung den Eltern regelmäßig mitteilte, hielt Martha vor ihrer Tochter geheim, angeblich damit sie sich nicht unnötig Sorgen machen müsse [424]. Anna versuchte weiterhin mit verschiedensten Mitteln, ihren Vater für sich zu gewinnen. Als Sigmund mit ihren Brüdern Ernst und Oliver 1910 allein in Holland war, quälte sie die Eifersucht. Um ihrem Vater trotzdem nahe zu sein, las sie ein Buch von ihm: *Der Wahn und die Träume in W. Jensens ‚Gradiva'*. Ihre Briefe an den „Papa" wurden leidenschaftlicher, mit Sorgen um Papas Gesundheit und mit Küssen unterzeichnet. Freud begann, ihr von der Psychoanalyse zu erzählen. Brill erinnerte sich, wie Anna als 15-Jährige ihren Vater fragte, ob sie sein eben erschienenes Buch über Leonardo da Vinci lesen dürfe und Freud sie freundlich anschauend gesagt habe: „Natürlich darfst du es lesen" [425]. Annas größte Rivalin um die Gunst des Vaters war ihre schöne, zweieinhalb Jahre ältere Schwester Sophie, mit der sie das Zimmer teilte. Sophie versuchte Anna vom Familienstrickzirkel – Leiterin Minna – zu vertreiben, aber Anna strickte wie eine Wilde, und als ihr Vater sie um Mäßigung bat, begann sie ebenso leidenschaftlich mit Weben. Als Belohnung für die Matura wurde Anna eine achtmonatige Reise nach Italien mit Minna versprochen. Aber ihre Rivalin Sophie verkündete unmittelbar vorher, daß sie einen jungen Fotografen aus Hamburg heiraten wolle, und Minna blieb für die Hochzeitsvorbereitungen in Wien. Statt der Italienreise wurde für Anna ein Urlaub in Meran organisiert. Dort sollte sie sich auch erholen können, denn seit ihrer Blinddarmoperation hatte sie immer wieder an Rückenschmerzen gelitten und war untergewichtig. Von Meran aus schrieb Anna ihrem Vater fast jeden Tag. Dieser schrieb ihr zurück, daß sie jetzt doch die Sonne genießen solle und nicht so oft schreiben müsse und daß es sowieso besser wäre, wenn sie den ganzen Winter in Meran bleiben würde: Sophies Hochzeit im Januar könne ganz gut ohne sie stattfinden. Freud war zu dieser Zeit 56 Jahre alt und fühlte sich manchmal schon alt. Er hatte drei Töchter, von denen die älteste, Mathilde, vor drei Jahren geheiratet hatte und die zweitälteste, Sophie, gerade im Begriff war zu heiraten. Dachte er an Anna, als er in diesem Winter im Aufsatz „Das Motiv der Kästchenwahl" von König Lears liebend aufopfernder Tochter Cordelia schrieb? In der Tat war dies so, denn im Juli 1913 schrieb er Ferenczi:

> „Mein nächster Verkehr wird meine kleine Tochter sein, die sich jetzt so erfreulich entwickelt (diese subjektive Bedingung der ‚Kästchenwahl' haben Sie gewiß längst erraten)." [426]

Und fünf Monate später teilte er Binswanger mit, daß seine Familie in voller Auflösung sei, weil seine drei Söhne für ihre Berufsausübung von Wien wegziehen, „Dann behalte ich nur die eine Tochter (Anna) ..." [427]. Freud wußte, daß er seine Jüngste zu Hause behalten wollte [428]. Zwar war es damals nicht unüblich, die jüngste Tochter als Versorgerin für die alternden Eltern zu Hause zu behalten, und Freuds Vater Jakob wurde in seiner Alterskrankheit auch von einer unverheiratet gebliebenen Tochter gepflegt, obwohl seine Frau Amalie die Pflege hätte übernehmen können [429]. Trotzdem war es Freuds erste gezielt egoistische Entscheidung gegen das Wohl seiner Tochter. Anna war für Freud auch als 18-Jährige die „kleine, jetzt einzige Tochter" [430], und er begann sie abzuschirmen und zu kontrollieren. Vor Annas Englandreise schrieb er Jones:

> „Sie verlangt nicht, als Frau behandelt zu werden, ist noch weit entfernt von sexuellem Verlangen und lehnt Männer eher ab." [431]

Als während Annas Abwesenheit ein Brief von einem befreundeten Mann ankam, hatte Freud ihn geöffnet und ihr mit der Bemerkung nachgeschickt, daß sie ihm den Brief ja sowieso gezeigt hätte [432]. Anna verehrte ihren Vater, träumte von ihm als König und von sich als Prinzessin, die durch politische Intrigen von einer Trennung bedroht sind [433], identifizierte sich in Träumen und Phantasien oft mit männlichen Personen und litt darunter, nicht weiblich genug zu sein. Oft entwickelte sie Phantasien, die sie und ihr Vater später als „Schlagephantasien" bezeichnen werden, welche den Wunsch „Vater liebt nur mich" verschlüsselt ausdrücken. Darin wird ein schwacher junger Mann geschlagen, und diese Erniedrigungsszene ist mit der Lust am Onanieren verbunden. Als sie ihrem Vater wieder einmal von einer solchen Phantasie berichtete, schrieb sie, daß sie nach dem Aufwachen aus dem Traum „ganz habtacht im Bett gelegen, mit den Händen vorschriftsmäßig an der Nachthemdnaht" [434].

Anna war Volksschullehrerin geworden, mußte aber wegen ihrer angegriffenen Gesundheit (sie erkrankte 1917 an einer Tb und litt über fünf Jahre lang immer wieder an Infektionen) 1920 ihre Tätigkeit als Lehrerin aufgeben [435]. In dieser Zeit

8.4 Vermeidung von Dialog in der eigenen Familie

reduzierter Gesundheit geschah Entscheidendes. 1918 durfte Anna ihren Vater zum internationalen psychoanalytischen Kongreß in Budapest begleiten, wo sie bei Freunden von Sándor Ferenczi, Lajos und Kata Levy, wohnte und als Lehrerin einige Wochen in einem Schulprojekt arbeitete, nebenbei aber auch Berufskollegen ihres Vaters kennenlernte. Im Herbst dieses Jahres nahm Freud Anna zu sich in Analyse, täglich eine Stunde, sechs Tage pro Woche, während mehr als drei Jahren und ab 1924 noch ein weiteres Jahr. Diese Entscheidung Freuds, seine jüngste Tochter zu sich in Analyse zu nehmen, war seine zweite gezielte Handlung gegen das Wohl seiner Tochter. Zwar war es damals nicht ungewöhnlich, Familienmitglieder oder Freunde zu analysieren, und Freud meinte zu dieser Zeit auch noch, daß allein die Bewußtwerdung von Konflikten diese bereits aufzulösen vermöge ... trotzdem muß er gewußt haben, daß er als Übervater seine von ihm seit Jahren massiv abhängige Tochter nicht noch selbst in Analyse nehmen durfte, wenn er ihr Wohl, ihre Individuation, ihr Selbständigwerden hätte unterstützen wollen. Ein Indiz für dieses Bewußtsein Freuds ist die Tatsache, daß Annas Analyse bei ihrem Vater lange streng geheim gehalten wurde: Außerhalb der Familie wußten in den ersten Jahren nur Eitingon und Lou Andreas-Salomé davon. Als Analytiker band Freud Anna „unauflöslich" [436] an sich. Anna erlebte in der Phantasie viele gewalttätige Nächte, träumte von Umbringen, Schießen und Sterben, einmal auch davon, wie die Braut von Freuds Schüler Tausk (der sich in der Realität drei Wochen vorher das Leben genommen hatte) ihren Vater erschießen wollte.

Die dritte wiederum nicht bewußt, aber gezielt getroffene Entscheidung Freuds, seine jüngste Tochter gegen ihr eigenes Wohl an sich zu ketten, war die Publikation des Artikels „Ein Kind wird geschlagen" im Jahre 1919. Darin „verwertete" er die Schlagephantasien seiner Tochter. Zwar erwähnte er natürlich Annas Namen nicht, sondern schrieb allgemein über Schlagephantasien und der mit ihnen verbundenen Onanie. Bei fünf von den sechs Mädchen, über die er angeblich berichtete, nannte er die psychiatrische Diagnose, beim sechsten sagte er auffälligerweise nichts. Vielleicht handelte der ganze Artikel vom sechsten Mädchen, Anna (Freuds sechstem Kind), und die anderen „Fälle" gab es gar nicht oder Anna war mit dem 5. Fall („Neurasthenie") gemeint. Jedenfalls mußte Anna – sie war ja schon 24 – in Freuds Artikel lesen, wie sie ihr Leiden verstehen sollte:

> „Das kleine Mädchen ist zärtlich an den Vater fixiert, der wahrscheinlich alles getan hat, um seine Liebe zu gewinnen, und legt dabei den Keim zu einer Haß- und Konkurrenzeinstellung gegen die Mutter ... der Wunsch, vom Vater ein Kind zu bekommen, ist beim Mädchen konstant ... [Die Vorstellung des Geschlagenwerdens] ist nun ein Zusammentreffen von Schuldbewußtsein und Erotik; *es ist nicht nur die Strafe für die verpönte genitale Beziehung, sondern auch der regressive Ersatz für sie*, und aus dieser letzteren Quelle bezieht [sie] die libidinöse Erregung, die [ihr] von nun anhaften und in onanistischen Akten Abfuhr finden wird. ... Das Mädchen ... phantasiert sich zum

Manne ... Das Mädchen, das selbst sein Geschlecht aufgegeben und im ganzen gründliche ... Verdrängungsarbeit geleistet hat, wird doch den Vater nicht los ..." [437]

Das Unheimliche an dieser Publikation – übrigens publizierte Freud im selben Jahr seine Arbeit „Das Unheimliche", in welcher er auch von seiner eigenen unverstandenen Sexualität berichtete (vgl. Kapitel 7.4) – ist nicht nur die Tatsache, daß Freud die Schwierigkeiten seiner Tochter zum Inhalt einer wissenschaftlichen Publikation nahm, sondern vor allem die darin ausgedrückte Kaltherzigkeit in seiner Rolle als Vater. Obschon seine Aussage deutlich war, daß der Vater „wahrscheinlich alles getan hat", um die Liebe der Tochter zu gewinnen, verliert er keinen einzigen Gedanken über die Verantwortung des Vaters und die Möglichkeiten, die ein Vater hätte, seine so „gewonnene" Tochter wieder freizugeben. Dieser implizite Mangel an Verantwortung fiel Anna als Leserin wahrscheinlich nicht auf, mußte in ihr aber die Vorstellung zementieren, daß das Vater-Tochter-Verhältnis so bleiben mußte, wie sie es erlebte – letztlich durch ihre Schuld; genauso, wie andere mißbrauchte Kinder ein solches Verhältnis auch interpretieren.

Anna dachte viel an ihren Vater und war sehr um seine Gesundheit besorgt. Aus den Ferien schrieb sie ihm 1920:

> „Versprichst Du, wenn Du einmal krank werden solltest und ich nicht da bin, daß Du es mir sofort schreibst, damit ich kommen kann?" [438] „Du kannst Dir sicher gar nicht vorstellen, wie viel ich immer an Dich denke." [439]

Anna hatte in den frühen Zwanzigerjahren einige kurze Beziehungen zu jungen Männern, Verehrer, für die sie auch etwas empfand. Zuerst zu ihrem amerikanischen Cousin Edward Bernays (der Sohn von Freuds Schwester Anna), der 1920 auf Urlaub in Europa war, dann zu Siegfried Bernfeld, den Anna in einem sie faszinierenden Kinderheim-Projekt kennengelernt hatte und der mit ihr zu einem psychoanalytischen Arbeitskreis gehörte. Die ernsthafteste Beziehung Annas war aber die zu Hans Lampl, einem Mitschüler Martins, mit dem Anna und ihre Geschwister auch bei Abendgesellschaften waren. Sigmund Freud war anfänglich sehr freundlich zu ihm, gab ihm Geld für Ausflüge und schenkte ihm teure Geschenke, aber als seine Werbung für Anna deutlicher wurde, „wollte Freud ihn nicht als Schwiegersohn haben" [440]. Lampl beschloß, Psychoanalyse zu studieren, und begleitete Sigmund und Anna 1920 zum Kongreß in Den Haag, aber bereits als „abgeschriebener Verehrer". Anna blieb mit ihm per „Sie", traf ihn noch ab und zu, schrieb aber im Sommer 1921 ihrem Vater die folgenden verschwörerischen Worte:

> „Ich bin häufig und sehr freundschaftlich mit ihm beisammen, habe aber auch täglich Gelegenheit, unser vorjähriges Urteil über ihn zu bestätigen und mich darüber zu freuen, daß wir so richtig geurteilt haben." [441]

8.4 Vermeidung von Dialog in der eigenen Familie

Freud hat also seiner Tochter auf eine so raffinierte Weise klar gemacht, daß Hans Lampl der Falsche für sie sei, daß diese sich sogar darüber freuen konnte, den Entschluß, sich von Lampl zu distanzieren, mit ihrem Vater gemeinsam getroffen zu haben. Dies war die vierte gezielte Entscheidung Freuds gegen das Wohl seiner Tochter.

Durch den tragischen Tod ihrer Schwester Sophie, Annas großer Rivalin um die Gunst des Vaters (sie war im Jahr zuvor in einer Grippeepidemie gestorben), waren Anna und ihr Vater einander noch nähergekommen. Jetzt ergriff Anna Besitz von ihm. Nachdem sie aus gesundheitlichen Gründen ihre Stelle als Lehrerin aufgegeben hatte, widmete sie sich der Übersetzung von Beiträgen zu psychoanalytischen Zeitschriften und beschloß, Psychoanalytikerin zu werden. Sie reagierte empfindlich auf jede Art von Kritik an der Psychoanalyse und weitete ihre Eifersucht auf die Schülerinnen ihres Vaters aus, vor allem auf Ruth Mack Brunswick, Jeanne de Groot und Joan Riviere.

Nach Sophies Tod war der Psychoanalytiker Max Eitingon für die schon erwachsenen Freud-Kinder eine Art „hilfreicher Onkel aus Berlin" geworden, und aus dieser stützenden Beziehung ergab sich für Anna allmählich die Aussicht einer vom Vater abgelösten eigenständigen Entwicklung. 1922 reiste sie zweimal nach Berlin, um mit Eitingon die Möglichkeit einer eigenen Praxis in Berlin zu diskutieren. Zwei Gründe verhinderten aber das Ergreifen der Berliner Chance: der zwiespältige Einfluß von Lou Andreas-Salomé und im April 1923 die Entdeckung von Freuds Krebserkrankung. Lou war 1912 als bereits berühmte Frau (Tochter eines russischen Generals, Buchautorin und ehemalige Gefährtin von Nietzsche, dann Geliebte von Rilke) zur Schülerin Freuds und zu einer Freundin der Familie geworden. Freud hatte Lou 1921 für sechs Wochen nach Wien eingeladen, mit der Hoffnung, daß sie und Anna sich befreunden würden und daß ihn Lou vielleicht als Analytiker von Anna ablösen könnte. Denn Freud war zu dieser Zeit selbst besorgt über die Abhängigkeit Annas von ihm. Er berichtete Eitingon von seinem Wunsch, daß Anna ihre Bindung an den alten Vater gegen eine dauerhafte Beziehung eintauschen würde [442], und in einem Brief an Lou hatte er geschrieben, daß er Anna bedaure, weil sie noch im Haus der Alten sitze, aber:

> „... wenn sie wirklich fortginge, würde ich mich so verarmt fühlen, wie ... wenn ich das Rauchen aufgeben müßte." [443]

In der Wahl von Lou als „Entwicklungshelferin" für Anna ließ sich Freud von seinen egoistischen Bedürfnissen leiten (seine fünfte Entscheidung gegen das Wohl Annas), denn Lou schien entschlossen, Freuds Auftrag so zu verstehen, daß sie dafür zu sorgen habe, Anna ihrem geliebten Lehrmeister als treue Tochter für alle Zeiten zu erhalten.

> „Lou Andreas-Salomé zog Anna Freuds Bewunderung für ihren Vater (und sogar ihre Identifikation mit ihm) niemals in Zweifel; im Gegenteil, sie förderte Annas Wunsch, zu Hause zu bleiben und sich ihrem Vater und der Psychoanalyse zu widmen." [444]

Freud bezeichnete in einem Brief an Lou seine Tochter sogar als ihre gemeinsame „Annatochter", und Anna spürte gut, wie sie mit Lou in eine Verdoppelung ihrer Fesseln geriet, konnte aber nicht erkennen, wie destruktiv dies für ihre eigene Entwicklung war. An Lou schrieb sie:

> „Mir tut jetzt immer wieder ärgerlich leid, daß ich nicht um 30 oder 40 Jahre früher auf der Welt war; dann hätte ich doch nicht nur so ein verspätetes Anhängsel an Dich und an Papa sein brauchen." [445]

Anna wollte unbedingt den psychoanalytischen Kongreß in Berlin im September 1922 als Mitglied einer psychoanalytischen Vereinigung besuchen, aber um in die Wiener Vereinigung aufgenommen zu werden, mußte sie dort wie alle anderen Bewerber einen Vortrag halten. Dieser Vortrag, den sie in intensiven Diskussionen mit Lou erarbeitete, war dem Thema der Schlagephantasien gewidmet. Sie behauptete darin, über eine ihrer Patientinnen zu berichten, da sie aber erst ein halbes Jahr später eigene Patientinnen behandelte, war es klar, daß sie ihre eigenen Schlagephantasien beschrieben hatte [446]. Nach dem Vorbild ihres Vaters verwertete sie also nun ihr eigenes Leiden selbst. Wie in Freuds Artikel von 1919 wurde in Annas Vortrag die Verantwortung des Vaters der „Patientin" nicht thematisiert und die Mutter gar nicht erwähnt. Der Vortrag endete ohne jeden hoffnungsvollen Hinweis auf eine mögliche Form eines befriedigenden Sexuallebens der „Patientin" [447].

Im April 1923 wurde die ganze Familie durch die Diagnose der Krebserkrankung Freuds erschreckt. Anna war sofort bereit, alle notwendige Pflege für ihren Vater allein zu übernehmen, schickte ihre Mutter schon am ersten Abend im Spital vom Krankenbett nach Hause, verdrängte auch ihre Tante Minna als Gesprächspartnerin Freuds und kümmerte sich um Freuds berufliche Verpflichtungen. Jones schrieb:

> „Vom Beginn seiner Krankheit bis zum Ende seines Lebens weigerte sich Freud, eine andere Pflegerin als seine Tochter Anna um sich zu haben. Er schloß mit ihr gleich zu Anfang einen Pakt, daß kein Gefühl zur Schau getragen werden dürfe; alles Nötige sollte sachlich, ohne emotionale Beteiligung, wie es für den Chirurgen charakteristisch ist, ausgeführt werden." [448]

Dies war die sechste gezielte Entscheidung Freuds gegen das Wohl seiner Tochter. Der Pakt, den Jones erwähnt, bedeutete zusätzlich, daß Freud seine Tochter unausgesprochen dazu verpflichtete, über Gefühle, die sie in seiner Nähe empfand – und die ja auch einmal gegen den Vater gerichtet sein könnten –, zu schweigen. Er wollte von ihr kein Mitleid hören und stellte damit sicher, daß er von ihr auch keine Bedürfnisse nach Distanzierung hören mußte. Freud habe die ihn pflegende Anna nie anders als mit einem glücklichen Gesichtsausdruck gesehen und ihr nie ein Wort des Dankes ausgesprochen, wie Lucie Freud nach Freuds Tod von Anna direkt erfahren hatte [449]. Lou, Annas Vertraute und Beraterin, bekräftigte sie in ihrer Aufopferung für den Vater. Anna profilierte sich als „Sekretärin" und erste Mitarbeiterin Freuds und wandte sich scharf gegen alle, die der Psychoanalyse ihres Vaters schaden könnten, besonders gegen Rank mit seinem soeben erschienen Buch über das Geburtstrauma. Ihr Weg „von der Jüngsten zur Einzigen" hatte sie zum „Rebell für den König" und schließlich zum „Statthalter des Vaters in ihr" [450] gemacht. Als Rank sich zurückzog und 1924 aus Wien abreiste, nahm Anna seine Stelle als sechstes Mitglied des geheimen Komitees ein. Sie arbeitete jetzt mit eigenen Patienten und begann ihre zweite Phase der Analyse bei ihrem Vater, die neun Monate dauern sollte.

In der ersten Jahreshälfte 1925 schrieb Freud die Arbeit „Einige psychische Folgen des anatomischen Geschlechtsunterschieds". Wiederum verwendete er darin viel „Material" aus der Analyse seiner Tochter und – was die siebente, vielleicht größte Mißachtung des Wohls seiner Tochter war – ließ zu, daß Anna diese Arbeit stellvertretend für ihn am Kongreß in Bad Homburg vortrug. So las also Anna vor den versammelten Analytikern aus ihrer eigenen, vom Vater gedeuteten Problemgeschichte vor, daß Knaben gegenüber Mädchen regelmäßig „Abscheu vor dem verstümmelten Geschöpf oder triumphierende Geringschätzung desselben" empfinden, daß Mädchen sich weigern, „die Tatsache ihrer Kastration anzunehmen" und sich deshalb so benehmen, als seien sie Knaben. Die „Entdeckung der Minderwertigkeit der Klitoris" führe zum Wunsch nach dem Penis. Da dieser aber nicht erfüllbar sei, gebe das Mädchen diesen Wunsch auf, „um den Wunsch nach einem Kinde an die Stelle zu setzen", und nehme *„in dieser Absicht* den Vater zum Liebesobjekt" [451]. Die von Anna vorgelesenen Worte ihres Vaters gipfeln in der peinlichen Erklärung der moralischen Minderwertigkeit des Weibes:

> „Man zögert es auszusprechen, kann sich aber doch der Idee nicht erwehren, daß das Niveau des sittlich Normalen für das Weib ein anderes wird. ... Charakterzüge, die die Kritik seit jeher dem Weibe vorgehalten hat, daß es weniger Rechtsgefühl zeigt als der Mann, weniger Neigung zur Unterwerfung unter die großen Notwendigkeiten des Lebens, sich öfter in seinen Entscheidungen von zärtlichen und feindseligen Gefühlen leiten läßt, fänden in der oben abgeleiteten Modifikation der Über-Ichbildung eine ausreichende Begründung." [452]

Vermutlich war Anna stolz, ihren krankheitsbedingt abwesenden Vater als Rednerin vertreten zu dürfen, und bemerkte nicht, wie demütigend dieses ganze Unternehmen für sie war. Sie mußte als Frau, die schon genug mit ihrer Identität zu kämpfen hatte, der analytischen Welt mit Überzeugung erklären, daß Frauen minderwertig seien. Wie ein kleines Mädchen schrieb die 30-jährige Anna an Eitingon:

„Ich weiß schon, Herr Doktor, warum ich immer gleich ein schlechtes Gewissen habe, wenn ich unvernünftig bin. Weil Papa immer zeigt, daß er mich so gerne vernünftiger und klarer wissen möchte als die Mädchen und Frauen, die er in seinen Analysen mit allen ihren Stimmungen, Unzufriedenheiten und leidenschaftlichen Eigenheiten kennen lernt. So möchte ich also auch wirklich sein wie er es meint, erstens ihm zuliebe und zweitens, weil ich selber weiß, daß es die einzige Chance ist, die man hat, einigermaßen brauchbar zu sein und keine Last und Sorge für die anderen." [453]

Zwei weitere wichtige Ereignisse fielen in dasselbe Jahr. Anna befreundete sich mit Eva Rosenfeld, einer jungen Mutter mit traurigem Schicksal (Ende des 1. Weltkrieges hatte sie zwei Kinder durch Krankheit verloren, und 1927 wurde ihre 15-jährige Tochter bei einem Bergunfall getötet), und mit Dorothy Burlingham, einer reichen Amerikanerin, die mit ihren Kindern nach Wien gekommen war, um sich und die Kinder psychoanalytisch behandeln zu lassen. Anna nahm die Kinder Dorothys in Analyse, während die Mutter zu Theodor Reik (später zu Freud) in Analyse ging. Annas Beziehung zu Dorothy wurde immer enger und ließ die Beziehung zu ihrem Vater ein wenig in den Hintergrund rücken. Anna blühte auf, hielt 1926 ihre erste Vorlesung am psychoanalytischen Lehrinstitut und publizierte 1927 das Buch *Einführung in die Technik der Kinderanalyse*. Mit Dorothy zusammen gründete sie eine alternative Schule, und die beiden Frauen verbrachten viel Freizeit miteinander. Sie fuhren in ihren ersten gemeinsamen Urlaub nach Italien, und Anna war in diesen Ferien so frei, daß sie ihren Vater – der in dieser Zeit ja auf seine einzige akzeptierte Pflegerin verzichten mußte – telegrafisch anfragte, ob sie dringend benötigt werde, ansonsten sie gerne noch länger mit Dorothy in Urlaub bleiben würde. Freud ließ dies zwar zu, aber die Möglichkeit, daß sich Anna jetzt von ihm lösen könnte, wußte er (und auch seine Ehefrau Martha) zuverlässig zu sabotierten: Dorothy und Eva Rosenfeld wurden mitsamt ihren Kindern in die Freudsche Familie aufgenommen – Martha sei es sogar leichter gefallen, Dorothy liebevoll zu begegnen als ihrer eigenen Tochter [454]. Beide Freundinnen, Dorothy und Eva, gingen zu Freud in die Analyse, die manchmal nicht einmal in den gemeinsamen Ferien unterbrochen wurde. So wurde es Anna praktisch verunmöglicht, Fragen ihrer Liebe zu Dorothy mit ihrer Freundin Eva zu besprechen, und kritische Gedanken über Freuds Handeln konnten in den Gesprächen zwischen den drei Frauen keinen Platz finden. Dorothy blieb zwar ihr Leben lang Annas Lebensgefährtin, aber bis zu Freuds Tod neben Annas Vater immer nur als Nummer zwei. Freud konnte seine Anna nun „meine treue Anna-Antigone" nennen [455] und sich ganz darauf verlassen, daß sie wie ihr griechisches Vorbild ihren „blinden" Vater bis in den Tod begleiten wird. In Freuds *Kürzester Chronik* seiner zehn letzten Lebensjahre taucht der Name seiner Ehefrau „Martha" 14 Mal auf, der Name seiner Tochter „Anna" 50 Mal [456]. Die Gefühle, die Freud in seiner Tochter weckte und nährte, waren diejenigen einer Mutter, die an den möglichen Tod ihres Kindes denkt. Als 34-Jährige hatte sie einer Freundin geschrieben:

„Was werde ich tun, wenn ich alleingelassen werde und so alles verliere, was meinem Leben Sinn gibt? Ich habe mir immer gewünscht, daß mir dann erlaubt würde, zu sterben." [457]

In Annas 1936 erschienenem Buch *Das Ich und die Abwehrmechanismen*, das als Begründung der Ich-Psychologie gesehen werden kann, stellte sie neben den zehn „klassischen" Abwehrmechanismen zwei weitere vor, die sie an sich selbst hautnah kennengelernt hatte: die „Identifizierung mit dem Angreifer" und die „altruistische Abtretung". Letztere ist die neurotische Wahl, durch die Anteilnahme am Leben anderer Menschen zu leben, statt eigenes Erleben zu riskieren ... genauso, wie Anna es für sich gewählt hatte.

In den Wirren nach dem Einmarsch der Nazis in Wien und den schwierigen Emigrationsvorbereitungen erwies sich Anna als mutige und umsichtige Frau, die sich fast bis zur Erschöpfung für das Wohl ihrer ganzen Familie und für andere Analytiker einsetzte. In London blieb die immer aufwendiger werdende Pflege ihres Vaters ganz in ihren Händen. Während der letzten sechs Monate von Freuds Leben mußte sie jede Nacht mehrmals aufstehen, um seinen Kiefer mit Orthoform zu betupfen [458]. Am letzten Tag seines Lebens entschied sich Freud noch einmal, das Wohl seiner Tochter massiv zu mißachten. Er bat seinen Leibarzt um Erlösung von seinen Leiden, delegierte aber diese letzte Entscheidung an seine Tochter:

„Besprechen Sie es mit der Anna, und wenn sie es für richtig hält, machen Sie ein Ende." [459]

So wurde Anna durch die Entscheidung über Leben und Tod ihres Vaters für die Zeiten nach seinem Tod zusätzlich an ihn gekettet. Sie trug daran auch entsprechend schwer, machte sich Vorwürfe, weil sie zuletzt dem Wunsch des Vaters zugestimmt hatte [460], und behauptete sogar, daß ihr Vater noch nicht hätte sterben müssen, wenn die Familie in Wien bei Pichler, dem vertrauten Chirurgen, geblieben wäre [461].

Nach Freuds Tod stürzte sich Anna in die Arbeit. Zusammen mit Dorothy gründete sie die „Hampstead Nurseries", ein Heim für Kriegskinder, und übernahm die Hauptverantwortung für den Nachlaß ihres Vaters. Ende Dezember 1945 erkrankte sie jedoch an einer schweren Grippe mit doppelter Lungenentzündung und wurde von einer Flut von Bildern aus der Vergangenheit überwältigt. Ihre Träume schrieb sie in Briefen an eine Frau nieder, welche in Freuds letzten 14 Lebensjahren **seine** engste Vertraute gewesen war: Marie Bonaparte. Die Träume beschreiben in märchenhafter Sprache ganz direkt die Art des narzißtischen Mißbrauchs durch den Vater:

> „Ich träume wie schon oft, daß er wieder da ist. Alle diese Träume haben in der letzten Zeit den gleichen Charakter: die Hauptrolle darin spielt nicht meine Sehnsucht nach ihm sondern seine Sehnsucht nach mir. Eine Hauptszene im Traum ist immer seine Zärtlichkeit zu mir, die immer ganz die Form meiner eigenen früheren Zärtlichkeit annimmt. In Wirklichkeit hat er beides nie gezeigt mit Ausnahme von ein oder zwei Gelegenheiten, die mir immer in Erinnerung geblieben sind. ... In dem ersten Traum dieser Art sagt er ganz offen: ‚Ich habe mich so nach Dir gesehnt.' ... Im gestrigen Traum ist das Hauptgefühl, daß er herumwandert (auf den Bergen, Hügeln) während ich andere Dinge tue. Ich habe dabei eine innere Unruhe, ein Gefühl, daß ich das lassen sollte, was ich tue und mit ihm herumgehen. Er ruft mich schließlich zu sich und verlangt es selbst. Ich bin sehr erleichtert und lehne mich an ihn und fange zu weinen an in der Art, die wir beide kennen. Zärtlichkeit. Ich denke dunkel, er hätte mich nicht rufen sollen, so als wäre damit ein Verzicht oder Fortschritt rückgängig gemacht. Wundere mich. Im Traum ist das Gefühl sehr stark, daß er allein und ‚verloren' herumgeht. Mitleid und schlechtes Gewissen." [462]

In ihren vielfältigen Aufgaben war Anna sehr erfolgreich. 1948 organisierte sie den „Monsterkongreß" in London mit 2500 Delegierten aus 42 Ländern und reiste mit 55 Jahren das erste von 12 Malen in die USA. Sie arbeitete ununterbrochen, ohne Erbarmen mit sich selbst, war oft sehr müde und sprach von ihrem Körper, „als wäre er nicht Teil ihrer selbst", der wegen seiner Revolten von ihr zu verachten war [463]. Sie dachte an ihren eigenen Tod und daran, ob sie im Tod endlich mit ihrem Vater vereint sein würde. In einem Traum versuchte sie, den Vater im Tod zu erreichen, aber:

> „Diesmal waren Mama und Tante Minna dort, so wie sie es auch im Leben gewesen waren. Das ist das enttäuschende Ende: Nach all meinen Bemühungen finde ich genau dieselbe Situation, die schon im Leben meine Eifersucht entfacht hat. So nützt der Tod auch nicht viel." [464]

Tante Minna war 1941 gestorben, Mutter Martha lebte bis 1951 im selben Haus wie Anna, aber die beiden hatten wenig miteinander zu tun. Martha machte ab und zu Bemerkungen über Annas unhübsches Aussehen und langweilige Kleidung oder schlechte Haltung. Anna ignorierte ihre Mutter weitgehend. Mit dem Tod ihrer Mutter konnte endlich Dorothy in Maresfield Gardens einziehen, und so erlebte Anna mit 56 Jahren zum ersten Mal in ihrem Leben eine Partnerschaft im eigenen Haushalt. In ruhigen Momenten konnte Anna ihre zärtliche Seite zeigen, auf gemeinsamen Ausflügen, beim Häkeln zauberhafter Sachen, beim Genießen klassischer Musik und vor allem im offenen, sanften, heiteren Zusammensein mit Kindern [465]. Aus den War Nurseries wurde die Hampstead-Klinik, die einige Jahre später (1965) einen Staff von 43 TherapeutInnen und 30 Kindergärtnerinnen, Sozialarbeiterinnen und Sekretärinnen umfaßte. Ständig auf Trab war sie auch als Verwalterin des väterlichen Erbes.

Während der Vorbereitungen zu den Feiern für Freuds 100. Geburtstag brachte Anna auch persönliche Gegenstände in Ordnung: Die Pelzmäntel von Martha und Minna wurden verkauft, und Freuds Lodenmantel wurde instandgesetzt und sorgfältig in Annas eigenen Kleiderkasten eingeräumt [466].

In den siebziger Jahren verwendete Anna viel Energie im Kampf um die Reinhaltung der Lehre ihres Vaters. Kritische und kritisierende Biographen wie Sulloway, Roazen oder Masson wurden von ihr mit allen Mitteln bekämpft (sie sympathisierte sogar mit der Idee der Gründung einer „Verteidigungsliga"), und zusammen mit ihren Verwandten und dem Sekretär des Sigmund-Freud-Archivs, Kurt Eissler, wachte sie immer schärfer über die Herausgabe jeglichen Quellenmaterials. Ab Ende des Jahres 1975 hatte sich Anna aber zunehmend erschöpft und mutlos gefühlt. Während eines ganzen Jahres konnte ihre offensichtliche Krankheit nicht diagnostiziert werden, bis sie schließlich als chronische Eisenmangelanämie mit unklarer Genese taxiert wurde. 1980 starb Annas Freundin Dorothy. Erst ein kleiner Chow – benannt „Jofi" nach dem ersten Chow, den damals Dorothy ihrem Vater geschenkt hatte – vermochte Annas Schmerz ein wenig zu lindern. Als sie im Juli 1981 zu einer weiteren Bluttransfusion ins Spital aufgenommen wurde, hätte sie auf dem Formular, in welchem man den nächsten Verwandten eintragen mußte, fast „Jofi" geschrieben [467]. Am 1. März 1982 erlitt Anna einen Hirnschlag, der sie in Artikulationsfähigkeit und Motorik schwer behinderte.

> „Als sich ihre Hände weigerten zu stricken, wie sie es von ihnen wollte, verspottete sie sich selbst wegen der perfekten Sublimierung, die sie von ihnen in ihrer Jugend verlangt hatte: ,Schauen Sie, was diese Hand getan hat. Sie ist böse, weil ich sie so lange unter Kontrolle gehalten habe'." [468]

Im Spital las Anna in dem von ihrem Vater übersetzten *Topsy* von Marie Bonaparte. Auf einem Spaziergang im Rollstuhl während der Rehabilitation bat sie ihre Betreuerin, die fast ihre Kinderfrau war, auf dem Weg zurück ins Spital noch bei ihr zu Hause vorbeizugehen:

> „… dort hing im Schrank in ihrem Schlafzimmer der Lodenmantel des *Professors*, der seit Ende des Krieges in einem alljährlichen Ritual geputzt und instandgehalten worden war. Als sie dann in den Park gingen, die *Kinderfrau* und Anna Freud, saß sie, klein wie ein Schulmädchen, im Rollstuhl, eingehüllt in den großen, warmen Mantel ihres Vaters." [469]

Die Tragik hinter diesem starken „Mantelbild" wird durch Eva Rosenfelds einfache Worte über die Beziehung zwischen Anna und ihrem Vater unterstrichen: „Weder Anna noch Freud wußten, wie sehr sie vor ihrem Vater Angst hatte" [470]. Allerdings gibt es auch Anzeichen für ein Wissen Annas, daß die Kraft hinter ihrem zwanghaften

Bewahren eines idealen Vaterbildes ihre eigene „endlose Aggression" gewesen war [471].

Im Herbst war Anna so müde, daß sie kaum mehr essen konnte, und das ständige Zittern ihres Kopfes und ihrer Hände ließ sie fast verzweifeln. Am 7. Oktober war es so arg geworden, daß Anna stöhnte „Ich kann es nicht länger ertragen" und ein Neurologe ein Opiat verschrieb. Anna starb am 9. Oktober 1982 unruhig im Schlaf [472]. An ihrer Beerdigung wurde auf ihren Wunsch dieselbe Musik von Gustav Mahler wie schon zu Dorothys Beerdigung gespielt: „Das Lied von der Erde".

8.5 Vermeidung von Dialog mit Männern und Frauen außerhalb der Familie

Sigmund Freud stand während seines ganzen Lebens mit vielen Menschen außerhalb seiner Familie in persönlichen Beziehungen; im frühen Erwachsenenleben in Freundschaften mit Männern aus der Mittelschul- und Studienzeit, später vor allem mit Menschen, die sich ihm über die Psychoanalyse angeschlossen hatten. Über mehrere seiner beruflichen Beziehungen – insbesondere zu Fließ, Adler, Jung, Ferenczi sowie zu Lou Andreas-Salomé und Marie Bonaparte – ist schon so viel geschrieben worden, daß es nicht sinnvoll wäre, hier auf jede wichtige Beziehung Freuds detailliert einzugehen. Drei Dinge sollten im vorliegenden Rahmen jedoch möglich sein: eine übersichtartige Darstellung der wichtigsten außerfamiliären Beziehungen Freuds (was in Abbildung 9 versucht wird), dann eine Darstellung der Struktur von Freuds Dialogstörung in seinen Berufs- und Freundschaftsbeziehungen und schließlich der exemplarische Nachweis des gestörten Dialogs in Freuds Beziehung zu seinem Leibarzt Max Schur und zu seiner berühmten Schülerin Marie Bonaparte.

8.5.1 Alte Freundschaften

Einige Freundschaften aus der Mittelschul- und Studienzeit endeten früh, weil die Freunde früh starben (Schönberg, Weiß, Paneth, Fleischl-Marxow) oder weil sich ihre Lebenswege von denen Freuds trennten (Silberstein, Koller). Andere frühe Freundschaften mit Männern blieben Jahrzehnte bis zum Alterstod der Freunde bestehen. Die wohl engsten Freunde waren die drei ältesten Mitspieler in Freuds Tarock-Gruppe, der Augenarzt Professor Leopold Königstein, der Kinderarzt Ludwig Rosenberg und der Kinderarzt (und frühere Assistent Freuds) Oskar Rie. Über Freundinnen von Martha, aber auch über Kontakte mit Familienangehörigen früherer Gönner Freuds (Hammerschlag, Breuer, Paneth) entwickelten sich für Freud auch Freundschaftsbeziehungen zu Frauen. Die meisten von Freuds frühen Freunden waren Juden, und viele waren miteinander verwandt und auch im Alltag eng verbunden:

8.5 Vermeidung von Dialog mit Männern und Frauen außerhalb der Familie

„Freundschaft und Judentum überlagern sich oft, und was lediglich das Zeichen einer Epoche und eines Milieus ist, verleiht den Freundeskreisen und den ersten Gestalten der Psychoanalyse einen Hauch von Endogamie: während seines Studiums trifft Freud jede Woche im Café Kurzweil seine Freunde des Bundes, um zu plaudern, Karten oder Schach zu spielen. Dort befinden sich Eli Bernays, der Bruder seiner künftigen Frau, Ignaz Schönberg, der früh verstorbene Verlobte von Minna Bernays, die Brüder Richard, Alfred und Emil Fluß, die wie er aus Freiberg stammen. Breuer und Hammerschlag, seine väterlichen Stützen, wohnen im selben Gebäude und verheiraten den Sohn des einen mit der Tochter des anderen. Anna O., Breuers berühmte Patientin (mit wirklichem Namen Bertha Pappenheim) war eine alte Freundin von Martha. Die Emma-Irma aus dem Traum von der Injektion war sowohl Freuds als auch Fließ' Patientin, gleichzeitig eine Freundin der Familie Freud. Wilhelm Fließ heiratete Ida Bondy, eine Bekannte von Breuer, und Oscar Rie, Freuds Tarockpartner, langjähriger Freund und gleichzeitig Arzt seiner Kinder, heiratete die Schwester von Ida Fließ, und so fort." [473]

Anna O. (Bertha Pappenheim), Breuers berühmte Patientin, war nicht nur eine Freundin von Freuds Verlobten und späteren Ehefrau Martha. Berthas Vater hatte nämlich nach dem Tod von Marthas Vater die Vormundschaft für die Bernays-Kinder übernommen [474], starb dann jedoch bereits ein halbes Jahr später. Wenn man weiß, wie bedeutungsvoll das Sterben und der Tod ihres Vaters für Anna O. und damit auch für die erste Phase der Entwicklung der Psychoanalyse war [475], kann man erahnen, wie vielfältig verschlungen die persönlichen Einflüsse waren, welche Freuds frühe Erforschung der menschlichen Seele prägten.

Für die Anfangsphase der Entwicklung der Psychoanalyse waren Freuds Beziehungen zu zwei Männern besonders bedeutungsvoll: zu Josef Breuer und Wilhelm Fließ. **Breuer**, den Freud im physiologischen Labor von Professor Ernst Brücke kennengelernt hatte, war ein hochangesehener Allgemeinarzt und ein väterlicher Freund und Gönner Freuds geworden. Aber nach 15 Jahren enger Freundschaft hatten sich Freuds Gefühle für Breuer in Wut und Haß verwandelt. Was war geschehen? Breuer hatte Freud – noch vor Freuds Studienaufenthalt bei Charcot in Paris – von der hysterischen Patientin Anna O. (Bertha Pappenheim) erzählt, die nach langer Therapie bei ihm in einer Sitzung phantasiert hatte, daß sie jetzt gleich ein Kind von ihm gebären werde. Erschreckt habe Breuer danach die Therapie abgebrochen. Nach der Sensibilisierung für das Phänomen der Hysterie durch seinen Aufenthalt bei Charcot motivierte Freud seinen Freund Breuer, die Patientengeschichte der Anna O. zusammen zu analysieren. 1895 publizierten sie gemeinsam die *Studien über Hysterie*. Aber Breuer schien der so stark auf das Sexuelle ausgerichteten theoretischen Orientierung Freuds nicht mehr weiter folgen zu können oder zu wollen. Freud fühlte sich gekränkt und behauptete voller Wut, daß Breuer ihn persönlich fallengelassen habe. Die Intensität der Wutreaktion Freuds haben Biographen damit erklärt, daß

8 Isolation als Erwachsener

Abbildung 9 **Die wichtigsten persönlichen Beziehungen Freuds außerhalb der Familie zu Männern**

Rolle für Freud	1880	1890	1900	1910	1920	1930	1939	Trennungsgrund; Reaktionen
der engste Jugendfreund	Silberstein E							Lebenswege getrennt
Freund und Minnas Verlobter	Schönberg I							† (Tb)
eitler Kollege	Weiss N							† (Suizid)
großzügiger, ehrgeiziger Kollege	Paneth J							† (Tb)
bewunderter, großzügiger Kollege	Fleischl E							† (Kokain); Freud: Schuldgefühle
Studienfreund, Augenarzt	Koller K							Entfremdung
Augenarzt, Prof., BBB, TaP		Königstein L						† Freud: Trauer
Schulfreund, Archäologe		Loewy E						† Freud: Trauer
Schulfreund, BBB		Knoepfmacher W						†
Kinderarzt, TaP		Rosenberg L						†
Religionslehrer, väterlicher Freund		Hammerschlag S						† Freud: Trauer
Arzt, Gönner, „talking cure"		Breuer J						**Freud brach wütend ab**
Arzt von Freuds Kindern, TaP, BBB		Rie O						† Freud: Trauer
HNO-Arzt, Übertragungsobjekt		Fliess W						Entfremdung; Freud erleichtert
Schriftsteller, Freud-Biograph			Zweig S					Freuds †
Mitglied Mittwoch-Gesellschaft			Kahane M					† (Suizid) Freud trennte sich zuvor
Patient, dann Analytiker, MMG			Stekel W					**Freud brach wütend ab; dann „eSch"**
1. wichtigster Schüler, MMG			Adler A					**Freud brach wütend ab; dann „eSch"**
1. Analytiker nach Freud, MMG			Reitler R					†
„Apostel Paulus", ganz loyal			Federn P					Freuds †
Musikwiss., Vater d. kleinen Hans			Graf M					Graf: Freud sei zu autoritär
Hausarzt Freuds; Leiter Ambulat.				Hitschmann E				Freuds †
Patient, dann Analytiker, TaP				Jekels L				Freuds †
„Adoptivsohn", „Kronprinz", MgK				Rank O				**Freud brach wütend ab; dann „eSch"**
hart, verhinderter Freud-Biograph				Sadger I				Freud ließ ihn fallen
unwillkommener Freud-Biograph				Wittels F				verfasste eine verzerrte Freud-Biographie
der „treue Ritter" in Berlin, MgK				Abraham K				† Freud: Trauer
zuverlässiger Freund, Gönner, MgK				Eitingon M				Freuds †
der Schweizer „Kronprinz"				Jung CC				**Freud brach wütend ab; dann „eSch"**
engster Freund, dann abweisend				Ferenczi S				† Freud: Trauer (+Erleichterung?)
die Stütze in England, MgK				Jones E				Freuds †
Begründer der „Daseinsanalyse"				Binswanger L				Freuds †
brillanter Schüler, fast Bedrohung				Tausk V				† (Suizid) Freud: Erleichterung

218

8.5 Vermeidung von Dialog mit Männern und Frauen außerhalb der Familie

zu Männern

Rolle für Freud	Name	Zeitraum	Trennungsgrund; Reaktionen
Pfarrer und Analytiker	Pfister O		Freuds †
unterwürfiger Diener, Biogr., MgK	Sachs H		Freuds †
Traumsymbolik, Freud Stekels	Silberer H		Freud ließ ihn fallen; 9 Mte später: Suizid
Schützling und Sekretär, BBB	Reik T		Freuds †
Verehrer Annas, dann Analytiker	Lampl H		
eigenwilliger Psychosomatiker	Groddeck G		Entfremdung †
Patient, finanziert Verlag, MgK	von Freund A		† (Krebs) Freud: große Trauer
Übersetzer der Standard-Werke	Strachey J		Freuds †
1. Leibarzt, Analytiker	Deutsch F		Krebs-Diagnose verheimlicht
Freud Ferenczis, Redakteur	Radó S		Freud ließ ihn fallen
französischer Schriftsteller	Rolland R		Freuds †
Kunsthistoriker, dann Analytiker	Kris E		Freuds †
Schriftsteller	Zweig A		Freuds †
2. Leibarzt, Analytiker	Schur M		Freuds †

Legende:
MM = Mitglied Mittwoch-Gesellschaft
TaP = Tarock-Partner
BBB = B'nai-B'rith-Bruder
MgK = Mitglied geheimes Komitee
eSch = eigene Schule gegründet

zu Frauen

Rolle für Freud	Name	1880	1890	1900	1910	1920	1930	1939	Trennungsgrund; Reaktionen
Freundin Marthas, Patientin Freuds	Lichtheim-Hammerschlag A								†
Freundin Marthas, Patin v. Sophie	Schwab Paneth S								Freud hatte sie gekränkt
„Adoptivmutter", Patin v. Mathilde	Breuer M								†
Jungs Patientin + Geliebte	Spielrein S								Lebenswege getrennt
„ein Schatz von einer Frau"	Kann Jones L								Lebenswege getrennt
Freundin, „Dichterin der PA"	Andreas Salomé L								† (Krebs) Freud: Trauer
„Adoptivschwiegertochter"	Rank B								Freuds †
die „Schöne Helena"	Deutsch H								Freuds †
Freundin von Tochter Anna	Levy K								Freuds †
Übersetzerin der Standard-Werke	Kris M								Freuds †
Freundin der ganzen Familie	Strachey A								Freuds †
	Mack Brunswick R								Freuds †
	Lampl-de Groot J								Freuds †
„Adoptivtochter"	Riviere								sie wurde Kleinianerin; Freud empört Analyse bei M. Klein; Freud nachsichtig
brillante Übersetzerin	Rosenfeld E								
französische Sängerin	Guilbert Y								Freuds †
Gönnerin, enge Vertraute	Bonaparte M								Freuds †
Lebenspartnerin von Tochter Anna	Burlingham D								Freuds †
amerikanische Dichterin	H.D.								

= nicht Psychoanalytiker(in)
= Psychoanalytiker(in)

Freud zu dieser Zeit ein neues Vorbild – Wilhelm Fließ – gefunden hatte und jetzt seinen alten Vaterersatz schlechtmachen mußte. Wahrscheinlicher ist aber – so erklärt es Margolis [476] –, daß Freuds Wut auf früheste Gefühle gegenüber seiner Mutter zurückreichten. Breuer war ein Mutterersatz für ihn gewesen (Drei Monate nach Publikation der *Studien* hatte Breuer in einem Brief geschrieben: „Freud ist im vollsten Schwung seines Intellekts; ich schaue ihm schon nach wie die Henne dem Falken" [477]). Die mütterliche Seite von Breuers Persönlichkeit wurde für Freud um so mehr zur Bedrohung, als für Breuer selbst das Thema „Mutter" emotional belastet war. Dies hat Freud aber nie erwähnt. Er hat sich nie differenziert darüber geäußert, welche Motive Breuer gehabt haben könnte, sich von seiner Patientin Anna O. zurückzuziehen. Tatsache war nämlich:

> „Breuers Mutter, Bertha, eine schöne junge Frau wie Bertha Pappenheim, war gestorben, als ihr Sohn Josef drei- oder vierjährig war, auf dem Höhepunkt seiner ödipalen Entwicklungsphase. Bertha Pappenheims Phantomschwangerschaft könnte seine unterdrückten sexuellen Gefühle für seine Mutter erweckt haben, so daß er vor seiner Patientin fliehen mußte." [478]

Wilhelm Fließ, den Berliner Hals-, Nasen- Ohrenarzt, leidenschaftlicher Erfinder einer wissenschaftlich fragwürdigen Periodenlehre, hatte Freud auf Empfehlung von Josef Breuer kennengelernt. Freud benötigte Fließ offensichtlich auch als Mutterersatz [479]: Er beklagte sich bei ihm über all seine Beschwerden, seine Einsamkeit, seine Zurückweisung aus der Gemeinschaft der Akademiker, seine Armut und über das Elend, in Wien leben zu müssen. Freud brauchte Fließ als sein Publikum, war hungrig und durstig nach ihm („Nektar und Ambrosia ist mir Dein Lob" [480]), behauptete, daß er ohne ihn nicht schreiben könne, litt darunter, wenn er ihn lange Zeit nicht gesehen hatte, und machte sich um dessen Gesundheit große Sorgen („Dein Kopfschmerz verursacht mir ohnmächtige Kränkung" [481]). Als Freud dann seine *Traumdeutung* publizieren konnte und neue Bestätigungen seiner Theorien durch Patienten erfahren und so zu mehr Selbstvertrauen gefunden hatte, erlaubte er sich, Fließ' Periodenlehre in Frage zu stellen, beging auch einen wissenschaftlichen Vertrauensbruch gegenüber Fließ (er leugnete zuerst, daß er Fließ' Theorie zur Bisexualität „weitergegeben" hatte) und ließ zu, daß der Kontakt zwischen den beiden Männern einschlief.

Auf welche Art Freud seine anderen frühen Freundschaftsbeziehungen als Erwachsener lebte, ist aus Mangel an Informationen schwer abzuschätzen. Ob er zum Beispiel während des ihm über Jahrzehnte so wichtigen Kartenspiels mit seinen Tarockpartnern auch persönliche Probleme diskutiert und sich in dialogische Auseinandersetzungen gewagt hat (Professor Königstein und die Familie von Oskar Rie waren mit der ganzen Familie Freud eng befreundet; Marianne Rie wurde später Psychoanalytikerin und beide Töchter von Oskar Rie heirateten Psychoanalytiker), ist nicht bekannt. Etwa ab 1900 waren jedoch praktisch alle neuen Freundschaften Freuds mit der Psychoanalyse verbunden.

8.5.2 Der Kampf um, mit und gegen psychoanalytische Schüler und Freunde

Helen Puners Behauptung, daß Freud seinen geistigen Kindern der Psychoanalyse keinen höheren Grad an Selbstbestimmung gewähren konnte als seinen leiblichen Kindern [482], muß geschlechtsspezifisch überprüft werden, denn einerseits waren unter den ersten Schülern der Psychoanalyse fast nur Männer (die erste Frau, Margarete Hilferding, trat 1910 in die Wiener Vereinigung ein, zu einem Zeitpunkt, als diese bereits 30 männliche Mitglieder umfaßte), und zweitens war Freuds Beziehung zu männlichen Kollegen von sehr anderer Art als diejenige zu weiblichen Mitstreiterinnen.

Freud besaß extreme Intoleranz für intellektuelle Mittelmäßigkeit [483] und habe einmal gesagt, daß sein Vorsprung in der Psychoanalyse von etwa 15 Jahren von anderen Analytikern nicht einzuholen sei [484]. Er war „der Professor", der Führer der psychoanalytischen Bewegung, als solcher auf Gefolgschaft und „Jünger" angewiesen, aber nur auf solche, die ihm paßten. Sie durften nicht nur anpasserisch sein, aber allzu selbständig auch nicht:

> „Seine Schüler mußten vor allem passiv verständnisvolle Zuhörer sein; nicht Ja-Sager, aber Projektionsobjekte, durch welche er seine eigenen Ideen prüfte, manchmal korrigierte oder verwarf." [485]

Kritik ertrug Freud schlecht. Sachs meinte zwar, daß ihm die Kritik anderer willkommen war, aber

> „fast nie überzeugte ihn etwas von dem, was gesagt wurde, so weit, daß er eine Änderung für nötig hielt. Diese Argumente waren nichts Neues für ihn." [486]

Sogar bei Meinungsverschiedenheiten sachlicher Natur, wenn also kein Widerstand gegen seine Person oder sein Werk vorhanden war, habe er scharf werden können [487]. Extrem empfindlich war er gegenüber ödipalen Tendenzen seiner Jünger: Schon anläßlich Jungs erstem Besuch bei ihm im Jahre 1907 habe er einen Traum Jungs dahingehend gedeutet, daß Jung ihn entthronen und an seine Stelle treten wolle [488], und über ein jüngeres Mitglied der Wiener Gruppe sagte er: „Ich kann den vatermörderischen Ausdruck in seinen Augen nicht ertragen" [489]. Als Häberlin ihn 1913 fragte, warum gerade seine ältesten und vielleicht begabtesten Schüler von ihm abgesprungen seien, antwortete Freud: „Sie wollten eben auch einmal Papst werden" [490]. Freuds wenig kollegiale Haltung gegenüber seinen ersten Schülern war zu einem Teil verständlich, weil er spürte, daß einige aus einem allzu neurotischen Drang zu seiner Lehre stießen und statt mühsam zu erwerbende Erkenntnis eine Art von Erlösung suchten. Allerdings zeugten seine Aussagen zu diesem Problem von wenig Respekt gegenüber seinen Mitstreitern. 1911 schrieb er Karl Abraham: „Aus all meinen Wienern wird nichts werden" [491], und 1913 erklärte er Häberlin:

> „Ich habe mir immer gedacht, daß auf meine Lehre sich zunächst Schweine und Spekulanten werfen würden." [492]

Noch 1932 schrieb er in genau so respektlosem Ton an Eitingon:

> „Ärgerlich, eigentlich mehr als das, ist die Häufung der Erfahrung, daß mit immer mehr Leuten nichts zu machen ist. Bald der bald jener stellt sich als unbrauchbar oder unlenkbar heraus. Ferenczi's Beharren auf seiner bedenklichen Technik, Reich's und Fenichel's Versuch die Zeitschriften für bolschew. Propaganda zu mißbrauchen ... alles zeigt, daß unter dem ätzenden Einfluß dieser Zeiten sich die Charaktere rasch zersetzen." [493]

Einerseits hatte Freud immer Angst vor Gedankendiebstahl [494], andererseits habe er gesagt, daß er alles freigebe, was er mitteile, Freuds Gedanken also verwendet werden können, ohne die Quelle nennen zu müssen. Wittels verstand diese Freizügigkeit dahingehend, daß Freud so sehr dagegen war, wenn seine Schüler eigene Gedanken entwickelten, daß er ihnen lieber von seinem Überfluß abgab [495]. Jedenfalls betrachtete Freud die Psychoanalyse als seinen persönlichen Besitz. Er nannte sie „die Bewegung zu meinen Gunsten" [496] und schrieb 1937 an Stefan Zweig: „Die nächste Zukunft sieht trübe aus auch für meine Psychoanalyse" [497]. Auch sein üblicher Eröffnungssatz in der Wiener Gruppe hatte diesen possessiven Unterton: „Nun lassen Sie mich hören, was Sie mir zu erzählen haben" [498]. Am deutlichsten zeigte er diese Haltung aber im verärgerten Vergleich seiner Schüler mit Hunden: „Sie nehmen einen Knochen vom Tisch und kauen unabhängig in einer Ecke auf ihm herum. Aber es ist mein Knochen!" [499].

Freuds Auseinandersetzung mit Andersdenkenden innerhalb und außerhalb der Psychoanalyse glich oft einem Krieg, wie der von ihm dabei verwendete Wortschatz deutlich machte: „Verteidigung", „Kampf", „Schlachtfeld", „Festungen des Feindes", „Eroberung" [500], „ins Herz der feindlichen Stellungen", „sich vom Schlachtfeld zurückziehen" [501], „Feldzug gegen die Schweizer" [502]. Er war stolz auf seine Feinde außerhalb der Psychoanalyse: „die intolerante römisch-katholische Kirche, die heuchlerische Bourgeoisie, das stumpfsinnige psychiatrische Establishment, die materialistischen Amerikaner" [503] und trotzig gegen Abweichler innerhalb „seiner" Psychoanalyse. Freuds Gesprächsstil mit seinen Schülern war stets klar, auf den Punkt gebracht, ohne Redundanz [504]. In seinen Vorträgen war er subtil, aber direkt darauf aus, seine Zuhörer zu überzeugen und für sich zu gewinnen:

> „Er brachte alle notwendigen Tatsachen und untersuchte alle Grundlagen ... auf das sorgfältigste. Auf diesem festen Fundament baute er bedachtsam seine Schlüsse auf.

8.5 Vermeidung von Dialog mit Männern und Frauen außerhalb der Familie

Bevor er den nächsten Schritt tat, überblickte er alle Einwände, die etwa erhoben werden konnten, formulierte sie klar und beantwortete sie vollständig ..." [505]

Manchmal unterbrach er sich selbst, um Fragen zu stellen, aber sein Wortfluß war zu schnell, um der Hörerschaft Zeit zum Überlegen zu gestatten [506].

„Die spärlichen Einwendungen wurden dann von Freud mit viel Witz und Schlagfertigkeit erledigt." [507]

Er machte sich als Vortragender fast unangreifbar, indem er die Hörer nicht offen provozierte, sondern stets mit weicher, leiser Stimme sprach [508].

„Im liebenswürdigen und einschmeichelnden Tone eines Plauderers drehte er der angestammten Psychologie den Kragen um." [509]

Bei der Widerlegung einer Aussage eines Gesprächspartners blieb Freud streng sachlich, ohne die Position des Gegenübers zu beachten, so daß er zum Beispiel nie sagte „Ich verstehe Ihren Standpunkt" [510]. Er verhielt sich so, als gäbe es nicht verschiedene Arten von psychoanalytischer Denkweise, auf den einen (einzig richtigen) psychoanalytischen Standpunkt wies er aber bei jeder Gelegenheit hin, „in jedem Vorkommnis des wirklichen Lebens" [511]. Sofern er sich nicht angegriffen oder herausgefordert fühlte, konnte Freud auch gütig und humorvoll sein [512]. Aber das fachliche Gespräch mit ihm war eigentlich immer unpersönlich:

„... immer lag in seiner Intoleranz gegenüber unnötigen Einleitungen und in seinem gebieterischen Interesse etwas merkwürdig Unpersönliches. Man hatte stets den Eindruck, daß er nicht für sich selbst so entschieden danach verlangte, die Dinge zu verstehen, sondern aus Gründen außerhalb seiner Person." [513]

Helene Deutsch berichtete, daß jeder um Freud herum von ihm geliebt werden wollte, daß Freud aber nur Augen für die intellektuellen Leistungen seiner Anhänger gehabt und ihn wahrscheinlich jeder Impuls, der anderen Zwecken als objektiven diente, verärgert und ungeduldig gemacht habe [514]. Brill erzählte, daß er sich am Anfang seiner Leitung der New Yorker Gesellschaft einmal bei Freud über die Last seines Amtes beklagt und ein wenig Mitgefühl von Freud erwartet habe. Dieser habe ihn aber nur angeschaut und gesagt: „Nun, Sie sind jung, Sie sollten sich nicht beklagen, sondern handeln." Danach habe Brill ihn nie mehr um Mitgefühl gebeten. [515]

Freuds Kampf um die Loyalität seiner Schüler war dadurch geprägt, daß er stets dem Austragen von Konflikten auswich. Entweder versuchte er, Konflikte im Keim zu ersticken (wenn erforderlich auch mit unfairen Mitteln), und wenn dies nicht mehr möglich war, brach er die Kontakte ab. Als 1907 in der Mittwoch-Gesellschaft starke Meinungsverschiedenheiten aufgetreten waren, löste er sie einfach auf und gründete sie neu, so daß die Mitglieder, die andere Meinungen als seine eigenen vertraten, ohne weitere Auseinandersetzung ausgeschlossen wurden. Freuds sachlich klingende Ankündigung dieses Schrittes läßt ein nicht geringes Maß an mühsam beherrschter Wut, Konfliktunfähigkeit und Arroganz erahnen:

> „Ich mache Ihnen die Mitteilung, daß ich mich entschlossen habe, die kleine Vereinigung, die sich jeden Mittwoch abend bei mir zu treffen pflegte und der auch Sie angehörten, mit Beginn dieses Arbeitsjahres aufzulösen und sie unmittelbar darauf von neuem ins Leben zu rufen." [516]

Die Gründung des „geheimen Komitees" 1912/13, das Freud ein „geheimes Konzil" nannte [517] – gerichtet gegen C. G. Jungs zunehmenden Einfluß –, war ein Schachzug, „der das Machtzentrum der Psychoanalyse von den demokratisch gewählten Gremien auf eine informelle und geheime Gruppe unter Freuds Kontrolle verlagerte" [518]. Freud war kein Demokrat. Noch 1933 schrieb er in seinem offenen Brief an Einstein mit dem Titel „Warum Krieg?":

> „Es ist ein Stück der angeborenen und nicht zu beseitigenden Ungleichheit der Menschen, daß sie in Führer und in Abhängige zerfallen. Die letzteren sind die übergroße Mehrheit, sie bedürfen einer Autorität, welche für sie Entscheidungen fällt, denen sie sich meist bedingungslos unterwerfen. ... man müßte mehr Sorge als bisher aufwenden, um eine Oberschicht selbständig denkender ... Menschen zu erziehen, denen die Lenkung der unselbständigen Massen zufallen würde." [519]

Als die Differenzen mit den Zürchern nach dem Münchner Kongreß 1913 offensichtlich waren, versuchte Freud keine Konfliktlösung mehr zu erreichen, sondern stellte „die Nutzlosigkeit aller Diskussionen" fest und erklärte unversöhnlich:

> „Es ist gut, wenn wir konstatieren, daß unsere Wege zu divergieren beginnen, um sich nicht wieder zu treffen." [520]

Unehrlich war Freud zum Beispiel, als er im Frühling 1911 Wilhelm Stekel wegen seines Buches *Die Sprache des Traumes* gegenüber Jung mit einem Schwein verglich und dessen Buch als „Schweinerei ... mit einer unglaublichen Schlamperei gemacht" bezeichnete, im Sommer desselben Jahres aber Stekel schrieb: „Ich kann mir nicht vorstellen, daß jemals etwas zwischen uns treten sollte" [521]. Ähnlich unfair handelte Freud, als er sich 1924 über einen Brief von Otto Rank und über dessen Zusammenarbeit mit Sándor Ferenczi ärgerte und einfach den an ihn gerichteten persönlichen Rankschen Brief an Ferenczi schickte, worauf dieser den Kontakt mit Rank abgebrochen habe [522]. Jeder, der um 1920 die Rolle des Vaters in der Psychoanalyse in Frage stellte, wurde mit Ausschluß bedroht [523]. Über seine Gegner konnte sich Freud lustigmachen, aber seine Hauptreaktion gegen sie war Haß. Er war cholerisch, nachtragend und unversöhnlich [524]. Jeder Bruch mit einem früheren Freund war für ihn endgültig. Er selbst zitierte gerne Heine: „Man muß seinen Feinden verzeihen, aber nicht früher, als bis sie gehenkt werden" [525]. Sachs beschrieb diese unerbittliche Härte Freuds mit folgenden Worten:

> „Er hielt es für die ihm anvertraute heilige Aufgabe, [die Psychoanalyse] rein und frei von allen minderen Zutaten zu bewahren. In der Erfüllung dieser Pflicht war er unermüdlich und unbeugsam, hart und scharf wie Stahl, ‚ein guter Hasser', nicht weit von dem Punkt, wo Rachsucht beginnt ... nie habe ich ihn geneigt gesehen, einen Schritt auf dem Wege zur Versöhnung zu tun." [526]

In seinem Haß hängte er seinen Feinden regelmäßig Schimpfworte an, aber nie direkt, sondern nur, indem er in Briefen an andere seine Verwünschungen – nicht selten auch psychiatrische „Diagnosen" – mitteilte:

Über Adler: „geringe Begabung", „kleinliche Bosheiten", „unbändige Prioritätssucht", „Schädling", „Giftigkeit und Gemeinheit", „ein abnormales, vor Ehrgeiz wahnsinniges Individuum" mit „Terrorismus und Sadismus", „Armseligkeit", „Gesindel", „ekelhafter Mensch", „Paranoiker", „Adler-Pest", „Adlerrotte", „wie der dumme August im Zirkus, der unaufhörlich grimassiert". Den Materialismus in den USA bezeichnete Freud als „eine verrückte anale Adlerei"; zum Hinauswurf der Adlerianer schrieb er: „... teile ich Ihnen mit, daß ich gestern die ganze Adlerbande (6 Stück) zum Austritt aus dem Verein genötigt habe" und nach Adlers Tod: „Für einen Judenbub aus einem Wiener Vorort ist ein Tod in Aberdeen, Schottland, eine unerhörte Karriere ..."

Über Stekel: „unerträglicher Mensch", „weitgehender Defekt an Selbstkritik und Wahrheitsliebe", „Hinterhältigkeit", „ein Fall von moralischem Schwachsinn", „völlig verwahrlost", „ein verzweifelt schamloser Lügner", „aufgeblasener Frosch", „ohne Skrupel mit den schäbigsten Ambitionen, mit kleinlichen Größenideen", „von der Größe einer Erbse", „unerziehbares Individuum", „ein Schwein", „seine Eifersüchtelei kannte kein Maß mehr und seine Selbstüberschätzung ging ins Groteske", „die Abstoßung einer so zweifelhaften Persönlichkeit wie Stekel bleibt ein Segen", „Stekels Verlust wird allgemein als großer Gewinn eingeschätzt".

Über Rank zunächst: „Er ist ein anständiger Mensch und feiner Kopf", „Warum kann es diesen reizenden Menschen nicht sechsmal anstatt einmal in unserer Vereinigung geben?", „er ist – in jedem Teil der Arbeit – der unentbehrliche Helfer und höchst intelligente Gefährte". **Später:** „ödipaler Sohn", „gieriger Unternehmer", „eine Ratte, die das sinkende Schiff verläßt", „mit einem schwer neurotischen Komplex", „der kleine Rank", „ein Hochstapler", „ein Schuft", „ein ungezogener Junge", „wir dürfen ein Kreuz über ihn machen", „Nun, da ich alles vergeben habe, bin ich fertig mit ihm".

Über Jung zunächst: „Wenn ich Moses bin, dann sind Sie Joshua und werden das gelobte Land der Psychiatrie in Besitz nehmen, das ich nur von Ferne erblicken kann", „Wenn das von mir gegründete Reich verwaist, soll kein anderer als Jung das Ganze erben", „mein Kronprinz". **Später:** „unangenehmer Charakter", „Lügen, Brutalität und antisemitische Überhebung gegen mich", „ein schlechter Kerl", „Jung ist verrückt, aber ich lege es nicht auf Trennung an, ich möchte ihn erst abwirtschaften lassen", „der brutale heilige Jung und seine Nachbeter", „unaufrichtig und manchmal unehrlich", „rücksichtslose Verfolgung der eigenen Interessen", „scheint völlig den Verstand verloren zu haben", „äußerste Frechheit", „Jungs Freundschaft ist nicht die Tinte wert", „starke neurotische und egoistische Motive", „krummer Charakter", „unsere Hoffnung ist immer noch, daß er sich selbst zugrunde richtet".

Über Tausk: Es mache einen „unheimlichen" Eindruck auf ihn, Tausk in der Vereinigung zu haben, wo er einen Gedanken Freuds aufgreifen und ihn weiterentwickeln konnte, bevor Freud ihn ganz zu Ende gedacht hatte; er sollte wie die Schweine behandelt werden, die wegen ihres feinen Geruchsinns zum Auffinden von Trüffeln verwendet werden, sie aber mit der Schnauze nicht berühren dürfen. „Er bringt mich um!", „Ich hätte ihn längst fallen lassen …" Nach dem Suizid von Tausk: „Ich gestehe, daß er mir nicht eigentlich fehlt; ich hielt ihn seit langem für unbrauchbar, ja für eine Zukunftsbedrohung".

Noch 1931 teilte Freud Eitingon mit, daß er eine „Haßliste" mit sieben oder acht Leuten zusammengestellt habe. Eva Rosenfeld meinte, daß ihm die Liebe zur Kinderfrau verboten worden war und er deshalb ständig Beziehungsabbrüche inszenieren mußte [527]. Sie nannte Freud einen „finisher". Heute würde man wohl „Terminator" sagen.

Warum mußte Freud so sehr hassen und besonders frühere enge Freunde hassen? Fromm erklärte die Psychodynamik dieses Verhaltens in einleuchtenden Worten:

„Für Freud war es … kennzeichnend, von Menschen abhängig zu sein, sich jedoch gleichzeitig dieser Abhängigkeit zu schämen und sie zu verabscheuen. … [Er war] stolz auf seine Unabhängigkeit … Dieser Stolz ließ ihn das Bewußtsein seiner Abhängigkeit verdrängen und sie dadurch demonstrativ negieren, daß er Freundschaften abrupt abbrach, sobald er spürte, daß der Freund in der totalen Erfüllung der mütterlichen Rolle versagte. … Nachdem er Hilfe und Zuneigung eines anderen Menschen angenommen hatte, verneinte er die Abhängigkeit, indem er die Beziehung zu diesem Menschen abbrach, ihn aus seinem Leben entfernte und ihn haßte." [528]

Meist fühlte sich Freud selbst als Opfer, was er aus familiendynamischen Gründen auch war, aber nicht aus denjenigen, die er sich selbst zurechtlegte. Er beklagte sich oft über Freunde, die ihn verraten hätten; Breuer, Fließ, Adler, Jung – alle hätten sie versprochen, ihm zu helfen, und ihn dann im Stich gelassen [529]. An Putnam schrieb er 1915:

„Wenn ich mich frage, warum ich immer gestrebt habe, ehrlich, für den Anderen schonungsbereit und womöglich gütig zu sein, und warum ich es nicht aufgegeben, als ich merkte, daß man dadurch zu Schaden kommt, zum Amboß wird, weil die Anderen brutal und unverläßlich sind, dann weiß ich allerdings keine Antwort. Vernünftig war es natürlich nicht. Einen besonderen ethischen Ansporn habe ich in der Jugend auch nicht empfunden; es fehlt mir auch eine deutliche Befriedigung dabei, wenn ich urteile, daß ich besser bin als die Anderen!" [530]

In *Jenseits des Lustprinzips* beschrieb Freud den Wiederholungszwang in Worten, die stark autobiographisch klingen:

„So kennt man Personen, bei denen jede menschliche Beziehung den gleichen Ausgang nimmt: Wohltäter, die von jedem ihrer Schützlinge nach einiger Zeit im Groll verlassen werden, ... denen also bestimmt scheint, alle Bitterkeit des Undankes auszukosten; Männer, bei denen jede Freundschaft den Ausgang nimmt, daß der Freund sie verrät ..." [531]

Und im selben Jahr schrieb er Oskar Pfister:

„Was man von persönlicher Befriedigung aus der Analyse schöpfen kann, habe ich schon zur Zeit, da ich allein war, genossen, und seit der Anschluß anderer gekommen ist, mich mehr geärgert als gefreut." [532]

Die Analytiker, deren Freundschaft Freud aufrechterhalten konnte und nie mit Wut abbrechen mußte, waren Männer, die Freud treu ergeben waren (wie **Federn**, **Hitschmann**, **Abraham**, **Eitingon**, **Pfister**, **Sachs** und **Reik**) oder aus äußerer Distanz oder innerer Sicherheit eigene abweichende Meinungen bewahren konnten (wie **Binswanger** oder **Groddeck**). **Jones** war sehr diplomatisch, getraute sich manchmal, an abweichenden Meinungen festzuhalten, paßte sich aber immer wieder so weit an, daß er Berater Freuds bleiben und nicht selten angeblich zum Wohl Freuds und „der Bewegung" versteckt gegen Kollegen intrigieren konnte. **Ferenczi**, jahrelang der engste Freund Freuds, entwickelte in den frühen dreißiger Jahren eine Erweiterung der Psychoanalyse, in welcher er der Gegenübertragung und der mütterlichen Funktion des Analytikers so viel Gewicht verlieh, daß Freud sich heftig dagegen wehren mußte. Wäre Ferenczi nicht 1933 an perniziöser Anämie gestorben, wäre es gut möglich gewesen, daß Freud auch mit ihm hätte brechen müssen.

Ein Mann, der in den letzten Lebensjahren Freuds besonders bedeutungsvoll war und der zudem zu einem von Freuds maßgebenden Biographen wurde, war sein Leibarzt Max Schur. Aber auch ihm gegenüber hat Freud den Dialog vermieden:

8.5.2.1 Max Schur, der überforderte Leibarzt

Marie Bonaparte hatte 1928 Freud dazu gedrängt, sich einen neuen Leibarzt zu suchen und ihm den 31-jährigen Internisten Max Schur empfohlen, der seit 1925 bei Ruth Mack Brunswick in einer Lehranalyse war. Schur war ein netter, rücksichtsvoller, extrem freundlicher Mann und habe, als Freud ihn dann anfragte, seine Hochzeitsreise unterbrochen, um seinen berühmten Patienten kennenzulernen [533]. Freud erklärte ihm bei der ersten Begegnung, daß er von seinem Leibarzt erwarte, daß dieser ihm „immer die Wahrheit und nichts als die Wahrheit" [534] sage, und verlangte von Schur auch noch das Versprechen, daß er, wenn es mal so weit sei, ihn – Freud – nicht unnötig quälen lassen werde. Freud band also seinen neuen Arzt vom ersten Tag an in zwei Verpflichtungen ein, die – näher betrachtet – respektlos und eine Art von Nötigung waren: Ohne selbst entscheiden zu dürfen, was und wie er es seinem Patienten sagen werde, sollte er wie ein Angeklagter vor Gericht „immer die Wahrheit und nichts als die Wahrheit" sagen und sich schon jetzt per Handschlag verpflichten, später bei Bedarf Sterbehilfe leisten zu müssen. Immer nur die ganze Wahrheit sagen zu müssen und erst recht Euthanasie als Versprechen auf Zukunft hin sind grundsätzliche Überforderungen, und es sollte sich mehrfach zeigen, daß Schur massiv überfordert war. Wie weit seine Folgsamkeit ging, beschrieb er selbst:

> „Als ich meine Laufbahn als Freuds Arzt begann, bot er mir, dem eingefleischten Nichtraucher, immer eine Zigarre an. Da ich zu schüchtern war, abzulehnen, paffte ich tapfer darauf los. Freud muß das bald bemerkt haben. Einmal schaute er mich forschend an und fragte amüsiert: Sagen Sie mir, Schur, sind Sie Zigarrenraucher? Als ich zugab, daß ich das nicht war, antwortete er: Und Sie rauchen meine kostbaren Zigarren?" [535]

Schur wagte es auch nicht, Freud angemessen Rechnung zu stellen, so daß dieser schriftlich um eine nach oben korrigierte Rechnung bat [536]. Auf eine erste Probe wurde Schur dann im Frühsommer 1938 gestellt, als er Freud bei der Emigration, der Fahrt von Wien über Paris nach London, begleiten sollte. Aber genau in diesem Moment erkrankte er an einer Blinddarmentzündung und mußte operiert werden. An seiner Stelle begleitete die junge Kinderärztin Josephine Stroß die Familie Freud nach England. Nachdem Schur auch in London angekommen war, blieb er zwar Freuds Leibarzt, aber zusätzlich wurden viele andere Ärzte als Berater und behandelnde Ärzte beigezogen. Trotzdem empfand Schur die Last seiner Verantwortung als drückend:

> „Die schwere Verantwortung, die jetzt ganz auf meinen Schultern lag, machte mir sehr zu schaffen." [537]

Welche Verantwortung meinte er da genau? Es gab damals in London kaum einen zweiten Patienten, der von so vielen Ärzten betreut wurde wie Freud. War es die vermeintliche Verpflichtung, Freud weitere Jahrzehnte am Leben zu erhalten? Keinen Fehler zu machen? Von Freud zur Sterbehilfe aufgefordert zu werden?

In London bemühte sich Schur um ein Einwanderungsvisum für die USA. Im Dezember 1938 erhielt er die Nachricht, daß er jetzt an der Reihe sei. Er erklärte, daß er dieses Visum nehmen müsse, weil er sonst seine Quotennummer verlieren und dies ein endloses Hinausschieben seiner Auswanderung bedeuten würde. Am

21. April 1939 – Freud litt zu diesem Zeitpunkt unter starken Schmerzen und den schwer erträglichen Nebenwirkungen der täglichen Bestrahlungen (Blutungen, Erschöpfung, Schwindel) – reiste Schur mit seiner Familie für 10 Wochen nach Amerika. Schur selbst wußte, daß Freud seinen Entschluß nicht ganz billigte und wahrscheinlich das Gefühl hatte, sein Leibarzt lasse ihn im Stich oder, schlimmer noch, gebe ihn auf [538]. Zur Entlastung Schurs ist anzumerken, daß er sich Amerika nicht nur für sich allein, sondern für seine Familie sichern wollte. Dennoch hat Peters recht, wenn er schreibt: „In psychoanalytischen Kreisen ist man nicht so leicht geneigt, in solchen Ereignissen ausschließlich Realzwänge zu sehen" [539].

Über die Art, wie Schur die letzte Aufgabe als Leibarzt Freuds löste, die Begleitung seines Patienten in den Tod, herrscht aus zwei Gründen Unklarheit. Einerseits hatten Schur, Anna Freud und Ernest Jones nach Freuds Tod verständlicherweise miteinander abgesprochen, in ihren Berichten über Freuds Tod bestimmte medizinische Maßnahmen Schurs leicht verändert darzustellen, um Schur vor einem etwaigen Vorwurf der Euthanasie zu schützen. Andererseits blieb bis heute unklar, ob Schur tatsächlich bis zu Freuds Tod bei diesem geblieben war. Paula Fichtl, die Haushälterin, die 1929 gleichzeitig mit Schur in Freuds Leben getreten war, behauptete in ihren nicht in allen Details glaubwürdigen Memoiren, daß Schur Freud nur eine leichte Dosis Morphium injiziert habe und dann in panischer Angst vor einer deutschen Invasion mit dem nächsten Schiff England verlassen habe [540]. Als Stellvertreterin sei wiederum – wie schon bei der Emigration – die junge Kinderärztin Josephine Stroß eingesprungen. Josephine Stroß war auch tatsächlich anwesend, als Freud starb. Schur und Jones erwähnten sie aber im Zusammenhang mit Freuds Sterben mit keinem Wort (so wie sie auch die Tatsache verschwiegen, daß Schur nicht an Freuds Begräbnis war). Als Schur 1964 in New York einen Vortrag über Freuds letzte Tage gehalten und Anna Freud eine Kopie davon gelesen hatte, erschien ihr die erneute Unterdrückung des Namens ihrer ärztlichen Freundin zu viel. Sie schrieb Schur:

> „Sollte Dr. Stroß nicht auch darin vorkommen? Sie war sehr unentbehrlich, auf der Reise und in den letzten Nächten, die sie ganz geteilt hat." [541]

Nitzschke versuchte Klarheit über Josephine Stroß' Rolle an Freuds Totenbett zu erlangen. Er fragte sie 1988 schriftlich an und erhielt folgende Antwort:

> „Ja, ich wachte mit Anna Freud am Totenbett Freuds ... Schur war aber auch im Haus, denn ich erinnere mich nicht, einen Totenschein ausgestellt zu haben, so tat es wohl Schur. Er reiste dann gleich nach Freuds Tod ab." [542]

Diese noble Antwort läßt vieles offen: Wenn Frau Stroß den Totenschein nicht ausgefüllt hat, ist das kein Beweis dafür, daß Schur es getan hat, denn es ist gut möglich, daß auch ein anderer der betreuenden Ärzte im Haus war. Warum mußte Schur so schnell abreisen, und warum haben Schur und Jones dies in ihren ausführlichen Biographien verschwiegen? Die Feststellung einer Unehrlichkeit in Schurs Bericht über

Freuds Sterben bleibt berechtigt. Ist diese Unehrlichkeit ein Effekt von Schurs Überforderung von allem Anfang an und schließlich auch von Freuds Vermeidung von Dialog mit seinem Leibarzt? Offensichtlich ist, daß Schur in seiner Freud-Biographie verschiedene Bereiche ausgespart hat. Es wäre eine Bereicherung des Buches gewesen, wenn er sich getraut hätte, seine Gefühle und eigenen Gedanken über Freud zu verraten oder zum Beispiel auch zu berichten, wie er mit seiner Frau über Freud gesprochen hatte. Schließlich hatte auch sie Analyseerfahrung, denn sie war wie ihr Mann Analysandin von Ruth Mack Brunswick gewesen [543]. War sie meist gleicher Meinung wie er? War sie manchmal zornig über Freud oder eifersüchtig?

Freud schien Schur eher wie ein Instrument als wie einen ganzen Menschen behandelt zu haben. Obschon er ihm zu jeder Veröffentlichung ein Autorenexemplar geschenkt hatte, schrieb er erst im letzen (dem *Mann Moses*) eine Widmung für Schur hinein, eine Widmung, die jedoch jedes Gefühl vermissen läßt: „Seinem Doktor – Verf. März 1939" [544]. War es Schurs Zurücksetzung durch Freud, also die Tatsache, daß Freud ihm nie seine Freundschaft angeboten hatte, die seinen Leibarzt zu einigen trotzigen, unpsychologischen oder überheblichen Interpretationen gedrängt hatte? In der Frage der Herzbeschwerden Freuds hatte Schur seinen Kollegen Jones zurechtgewiesen, weil es „sorglos" sei, diese als „neurotisch" zu bezeichnen [545]. Die Vorsicht, die Felix Deutsch, der erste Leibarzt Freuds, 1923 dazu geführt hatte, gegenüber Freud nicht schon im ersten Moment von „Krebs" zu sprechen (er hatte einen Satz Freuds als Suizidandeutung verstanden und zudem befürchtet, die offen ausgesprochene Diagnose könnte bei Freud einen Herzanfall auslösen), interpretierte Schur als reine Projektion: „Es war Deutsch, der der Wirklichkeit nicht ins Gesicht sehen konnte, als er die häßliche Wunde in Freuds Mund sah ..." [546]. Schur behauptete, daß Freud aus Pflichtgefühl nicht an Selbstmord gedacht haben konnte:

> „Der Gedanke an Selbstmord kam ihm nie in den Sinn, nicht einmal während der schlimmsten Qualen der folgenden Jahre ..." [547]

Als ob er Freuds Gedanken gekannt hätte. Schur hätte sich wohl gewünscht, daß Freud ihm seine geheimsten Gedanken anvertraut hätte. Selbst weniger geheime private Gedanken teilte Freud aber viel eher anderen Kollegen mit. Eine Tatsache, die Schur vermutlich dermaßen kränkte, daß er von der Mehrzahl seiner älteren Kollegen überheblich behauptete, sie hätten ihr Leben nicht im Griff:

> „Von allen Analytikern der ersten Generation, von denen keiner eine Lehranalyse absolviert hatte – mit Ausnahme von Jones –, waren wahrscheinlich nur Abraham und Eitingon in der Lage, ihre individuellen Konflikte zu meistern." [548]

In Schurs Buch blieben alle psychoätiologischen Gedanken zur Krebserkrankung ausgeschlossen. Sein ausführlicher Bericht über Freuds Krankheit widerspiegelt eine „kalte Objektivität", eine, die nur den äußeren Tatsachen gerecht wird, die innere Realität der Phantasien und Gefühle aber abspaltet. Damit blieb Schur seinem

Patienten über dessen Tod hinaus gehorsam. Denn genau das wollte Freud: einen Arzt, der nicht Dialogpartner, sondern Instrument für seine Zwecke ist. Freud hatte damals offenbar schnell gemerkt, daß Schur bereit war, diese Rolle zu erfüllen, und Marie Bonaparte, die Schur dafür empfohlen hatte, hatte auch sofort gespürt, daß dieser Mann für Freud „verwendbar" war – was nicht erstaunlich ist, wie aus dem noch darzustellenden Verhältnis zwischen Freud und Bonaparte erkennbar sein wird.

8.5.3 Schülerinnen, die zu Kolleginnen und engen Vertrauten wurden

Lydia Flem stellte fest, daß man die harmonischsten, treuesten und dauerhaftesten Freundschaften von Freud dort findet, wo man sie am wenigsten vermutet, nämlich bei den Frauen [549]. Freuds Beziehungen zu Frauen waren tatsächlich nur selten von Gefühlen des Mißtrauens, des Betrogenwerdens oder der Enttäuschung geprägt, mit denen so viele seiner Männerfreundschaften endeten [550], so daß Eissler mit einiger Berechtigung sagen konnte, daß Freud zu den wenigen Großen gehört, deren Beziehungen zu Frauen vom Glück begünstigt waren [551]. Allerdings trifft das natürlich auf den jungen Freud überhaupt nicht zu und auf den Freud in mittleren und späteren Jahren auch nur begrenzt, denn nach seiner Heirat hatte Freud eine besondere innere Schranke gegenüber Frauen errichtet, die ihm erlaubte, Frauen, die auf ihn erotisch-verführerisch wirkten, auf innere Distanz zu halten und sich nur gegenüber Frauen, die ihn intellektuell faszinierten, zu öffnen. Wenn gesagt wird, daß Freud schöne Frauen liebte [552], so ist damit diese sonderbare, nicht-erotische, gewissermaßen „entkörperlichte" [553] Anziehung zu maskulin-intellektuellen Frauen gemeint, die Freud ermöglichte, ausgesprochen monogam zu leben [554] und daneben die Faszination des weiblichen Denkens und Fühlens immer wieder in gleichzeitig nahen und distanzierten Frauenbeziehungen zu suchen. Kurz nach Freuds Heirat war die erste solche Beziehung diejenige zu seiner Schwägerin Minna, die offenbar beiden Partnern jahrzehntelang wertvoll blieb. Vor der „Geburt" der Psychoanalyse gab es weitere Frauen, für die Freud besonderes Interesse gezeigt hatte, zum Beispiel die drei Patinnen von Freuds Töchtern (Anna Lichtheim-Hammerschlag, Sophie Schwab Paneth und Mathilde Breuer), wobei aber wenig darüber bekannt ist, wie Freud diese Freundschaften lebte. Die späteren Frauenfreundschaften Freuds waren – wie die Männerfreundschaften – praktisch alle mit der Psychoanalyse verbunden. Sie sollen hier in der Reihenfolge ihres Auftretens nur erwähnt werden, mit einer Ausnahme: In der ausführlicheren Darstellung von Freuds Beziehung zu Marie Bonaparte kann besonders gut gezeigt werden, in welcher Art von Nähe und gleichzeitig Abgrenzung Freud Frauenbeziehungen lebte.

Sabina Spielrein, eine junge Russin, war 1904 als Patientin von C. G. Jung dessen Geliebte geworden. Freud verteidigte zunächst Jungs Grenzüberschreitung, erkannte aber später mit Jung zusammen, daß mit der Gegenübertragung nicht gespielt werden darf, und respektierte dann Sabina Spielrein als besonders kreative Schülerin in der Mittwoch-Gesellschaft.

Loe Kann, eine Holländerin, war ursprünglich Patientin von Ernest Jones und später seine Geliebte gewesen. 1912 kam sie wegen Morphiumabhängigkeit zu Freud in die Therapie, trennte sich dann von Jones und heiratete 1914 in Budapest einen anderen Mann namens „Jones". Von Loe hatte Freud gesagt, daß er gerne seine Phantasien über sie weitergesponnen hätte, wenn sie nicht seine Patientin gewesen wäre [555], ein „Schatz von einer Frau" [556].

Lou Andreas-Salomé, die verführerische Russin, wurde bereits in ihrer zwiespältigen Rolle als „Beraterin" von Freuds Tochter Anna vorgestellt. Freud hatte sich 1912 in die damals 51-jährige Schülerin der Analyse verliebt. Er sagte später von ihr, daß sie in der Vertrautheit gleich nach seiner Tochter käme [557], und als es ihr im Alter schlechter ging, schickte er ihr mehrmals Geld.

Helene Deutsch, eine junge Psychiatrieassistentin in Wien, wurde nach Beginn ihrer Lehranalyse 1918 bald zu einer Lieblingsschülerin Freuds. Man nannte sie „die schöne Helene", sie wurde von anderen beneidet, aber war selbst auch eifersüchtig, besonders auf Ruth Mack Brunswick. 1925 wurde sie Leiterin des neu eröffneten psychoanalytischen Lehrinstituts in Wien.

Ruth Mack Brunswick kam 1922 als 25-jährige amerikanische Ärztin zu Freud in die Lehranalyse. Sie war bald mit der ganzen Familie Freud befreundet, besonders mit Freuds ältester Tochter Mathilde, nach der sie auch ihre eigene Tochter benannte [558]. Freud schenkte Ruth einen seiner Ringe und überwies ihr als besondere Anerkennung den „Wolfsmann" zur Analyse [559]. Ruth litt aber unter verschiedenen körperlichen Beschwerden, nahm immer stärkere Medikamente dagegen ein und geriet ab etwa 1933 in eine schwere Drogenabhängigkeit. Dies kränkte Freud, denn er verurteilte eine solche Abhängigkeit als Versagen. Obschon er sich von Ruth zu distanzieren versuchte, führte er die Analyse mit ihr über Jahre weiter, ein Verhalten, daß von beiden Seiten aus betrachtet auch Suchtcharakter hatte [560].

Jeanne Lampl-de Groot, eine junge holländische Ärztin, war ebenfalls 1922 zu Freud in die Lehranalyse gekommen. Freud hatte sie sehr gern und nahm sie als eine Art Adoptivtochter in die Familie auf [561]. Ihr Mann, Hans Lampl, der frühere Verehrer von Anna Freud, war zeitweise eifersüchtig auf die Beziehung zwischen Jeanne und ihrem Analytiker, und Freud gab Jeanne „gute" Ratschläge, wie sie ihren Mann behandeln solle [562].

Freud stand zu weiteren Frauen in freundschaftlicher Verbindung, so zu **Beata Rank**, die um 1918 als Ehefrau des von Freud damals als „Kronprinz" ausersehenen Otto Rank auch in die Familie Freud aufgenommen wurde, und zu den Freundinnen von Freuds jüngster Tochter Anna: **Kata Levy**, **Marianne Kris**, **Eva Rosenfeld** und **Dorothy Burlingham**. Alle diese Frauen wurden von Freud analysiert und lebten zeitweise in großer Nähe zur Familie Freud; die Familie Burlingham jahrelang sogar im selben Haus in der Berggasse 19. Eva Rosenfeld hatte Freud auch mit ihrer Tante **Yvette Guilbert** persönlich bekannt gemacht, der französischen Sängerin, von der Freud kein Konzert in Wien ausließ. **Alix Strachey** und **Joan Riviere**, die beiden

Freud-Übersetzerinnen, waren auch zu persönlichen Freundinnen Freuds geworden. Eine späte zärtliche Beziehung fand Freud noch zu der amerikanischen Dichterin **Hilda Doolittle** (Freud nannte sie „H.D."), die 1933 zu ihm in Analyse kam. Sie war von Freud so begeistert, daß sie ihn mit Jesus Christus verglich, und er fühlte sich in der Arbeit mit ihr – als 77-Jähriger – wieder jung.

Die wichtigste Frauenbeziehung in Freuds späten Jahren war jedoch – neben der zu seiner Tochter Anna – die Freundschaft mit **Marie Bonaparte**.

8.5.3.1 Marie Bonaparte, die sichernde Freundin

Marie war die Urenkelin von Napoleons Bruder Lucien. Ihre Mutter war vier Wochen nach Maries Geburt gestorben, so daß Marie unter dem strengen Regime ihrer Großmutter, der Mutter ihres Vaters, aufwachsen mußte. Ihr Vater, Roland Bonaparte, war Offizier und Naturforscher, aber verarmt, ein eigenbrötlerischer und nie erwachsen werdendes „Muttersöhnchen". Wenn er nicht auf Reisen war, blieb er innerlich abwesend, nicht erreichbar, obschon Marie ihre ganze Energie darauf ausrichtete, die Liebe dieses kalten Mannes zu erringen [563]. Im Alter entdeckte Marie Briefe, die ihr Vater von ihr erhalten hatte (in denen sie „ihr Herz sprechen ließ"), als sie 11 war. Der Vater hatte auf jedem Brief das Empfangsdatum notiert, aber keinen einzigen geöffnet! [564]. Marie fürchtete ihre Großmutter sehr und glaubte an das Gerücht, daß sie und ihr Sohn Maries Mutter umgebracht hatten. Dieser verbrecherische Akt des Vaters wertete seine blasse Persönlichkeit in ihrer Vorstellung auf, und Marie blieb ihr Leben lang von Mördern fasziniert, setzte sich für sie ein und schrieb Bücher über sie. Im Alter von 23 Jahren war Marie mit Prinz Georg von Griechenland verheiratet worden. Dieser war aber homosexuell und hing nur an seinem Onkel Waldemar. Aus der Ehe, die Marie als Unterdrückung erlebte – sie bezeichnete diese als „eine universelle, so unabwendbare Krankheit" [565] –, gingen zwei Kinder hervor, Prinz Pierre und Prinzessin Eugénie. Marie bewegte sich bald elegant in den vornehmen Kreisen des griechischen Königshofes und in Frankreich, wo sie vom Arzt und Soziologen Gustave Le Bon mit „tout Paris" bekannt gemacht wurde. Im Ersten Weltkrieg wurde sie zur Volksheldin, weil sie Lazarettschiffe organisiert, finanziert und selbst als Krankenschwester auf ihnen gedient hatte [566]. Marie hatte mehrere Liebesaffären, darunter eine langandauernde mit dem französischen Außenminister Aristide Briand. Allerdings war Marie frigide und verweigerte sich zeitweise körperlich ihren Liebhabern. Aber sie war von der Sexualität besessen. Um ihre Frigidität zu „besiegen", vertiefte sie sich in das Studium der weiblichen Anatomie, untersuchte die Geschlechtsteile weiblicher Leichen [567] und führte 1923 mit 200 Frauen Gespräche über deren Sexualleben, in deren Verlauf sie auch bei jeder dieser Frauen den Abstand zwischen Klitoris und Vagina vermaß. In ihrem unter dem Pseudonym „A.-E. Narjani" veröffentlichten Artikel über ihre Forschungsergebnisse empfahl sie für einen bestimmten Typ der Frigidität die Operation nach dem Wiener Chirurgen Halban: die Verringerung der Distanz zwischen Klitoris und Harnröhre [568].

Im April 1923 erkrankte Maries Vater an Prostata-Krebs. Marie umsorgte ihn, bis er ein Jahr später starb. Sie wiegte sich in der Illusion, ihn nun endlich doch zu besitzen:

> „Er wird mein bleiben wegen dieser Krankheit, noch lange, immer, ohne wieder weggehen zu können, ohne zu fliehen und mich zum Weinen zu bringen – wie damals, als ich klein war und er zum Dîner ausging oder verreiste ..." [569]

Am Krankenbett des Vaters las sie ihr erstes Buch von Freud: *Einführung in die Psychoanalyse*. Diese Lektüre war für sie das, was sie später „l'appel du père", den Ruf ihres zweiten Vaters, nannte [570]. Nach dem Tod ihres leiblichen Vaters litt sie unter psychosomatischen Störungen und begab sich mehrmals unters Messer: Eine Zyste an einem Eierstock wurde ihr entfernt, dann ließ sie die Form ihrer Brüste korrigieren und unterzog sich zum dritten Mal einer Korrektur der Narbe auf ihrer Nase [571]. Zur selben Zeit schrieb sie einen Kriminalroman, in welchem sich die – ihr sehr ähnliche – Heldin aus Verzweiflung über das Leben ertränkte [572]. Nach einem Nachtessen mit den Analytikern Rank und Laforgue bei Marie zu Hause (das Dîner wurde an ihrem Bett serviert, weil sie noch rekonvaleszent war) schrieb Laforgue an Freud, Marie doch zu sich in Analyse zu nehmen. Nach einer ersten Ablehnung akzeptierte Freud, und Marie fuhr Ende 1925 nach Wien. Zwischen den beiden entstand sofort ein Vertrauensverhältnis, so daß Freud bereits nach kurzer Zeit auch über seine Krankheit sprach und Marie davor warnte, sich zu sehr an ihn zu binden.

> „Als Antwort fing Marie zu weinen an und sagte ihm, daß sie ihn liebe. ‚Das noch mit 70 Jahren hören zu dürfen!' rief er froh. Ein anderes Mal sagte er: ‚Sehen Sie, ich kenne Sie erst seit drei Wochen, und ich erzähle Ihnen mehr als anderen nach zwei Jahren ... Ich muß noch hinzufügen, daß ich kein guter Menschenkenner bin ... Nein, wirklich nicht. Ich schenke mein Vertrauen und bin dann enttäuscht. Vielleicht werden auch Sie mich enttäuschen' ... ‚Ich streckte meine Hand über die Kissen nach hinten, und er nahm sie.' ..." [573]

Marie versuchte Freud sexuell auf die Probe zu stellen, indem sie ihm ihren gelifteten Busen zeigte und ihn zu intimen Bekenntnissen herausforderte. Anfänglich war sie auf Anna, Freuds damals 30-jährige Tochter, eifersüchtig, aber bald wurden die beiden Frauen Freundinnen. Ihre Analyse bei Freud dauerte im ersten Jahr sechs Monate (mit vielen Unterbrechungen) und wurde bis zu Freuds Tod jährlich für ein bis zwei Monate weitergeführt. Marie wurde für Freud eine großzügige Helferin, enge Vertraute und bald auch seine Lieblingsschülerin. Wenn sie in Wien war, wohnte sie meist bei einer anderen Lieblingsschülerin Freuds, Ruth Mack Brunswick, verbrachte aber fast jeden Abend in Freuds Familie. Freud nannte sie „den Energieteufel" und vor allem „die Prinzessin", so wie er früher seine Braut genannt hatte [574]. Marie nannte Freud manchmal „lieber Vater" [575].

Marie war fest entschlossen, eine der besten Schülerinnen Freuds zu werden [576]. Tatsächlich wurde sie bald Freuds französische Botschafterin. 1926 gründete sie die Pariser Vereinigung, und man bezeichnete sie bald als „facteur de la vérité" oder frech nur als „Freud-a-dit". Ihre Frigidität war aber immer noch eine ihrer größten Sorgen, so daß sie sich 1927 in Wien von Professor Halban ihre Klitoris zum ersten Mal versetzen ließ. Freud kritisierte Marie wegen dieser Operation und auch, weil Marie ihn zu sehr beanspruchte, aber seine Abgrenzung war nur von kurzer Dauer. Marie bereute ihre „Dummheit" mit der Operation, die auch keinen Erfolg gebracht hatte, und ließ diese 1930 und 1931 von Halban zweimal wiederholen, ohne daß Freud dieses Verhalten groß in Frage gestellt hätte. 1927 brannte Marie so sehr darauf, endlich eigene Patienten behandeln zu dürfen, daß sie ihrem französischen Kollegen Laforgue schrieb:

> „… wann werde ich endlich selbst lebendige Menschen analysieren – ich hätte beinahe ‚ermorden' geschrieben?" [französisch: „analyser" – „assassiner"]. [577]

1928 war es so weit. Sie hatte in Saint Cloud drei Analysanden, und Freud supervidierte ihre Analysen per Post.

> „Von Anfang an … übte Marie Bonaparte ihren Beruf als Analytikerin auf wenig orthodoxe Weise aus. Ihren Patienten schickte sie einen Chauffeur in einem ihrer Luxusautos und ließ sie nach Saint-Cloud fahren. Wenn das Wetter es erlaubte, fand die Sitzung im Garten statt. Sie legte sich auf die Chaiselongue hinter die Couch und häkelte die ganze Zeit. … Später nahm sie so viele Patienten, wie sie unterbringen konnte, nach Saint-Tropez oder Athen mit und war gleichzeitig Gastgeberin und Analytikerin." [578]

Marie sorgte sich sehr um Freud. Sie empfahl ihm, Max Schur als Leibarzt zu engagieren, und besuchte Freud auch bei seinem Berliner Aufenthalt bei Professor Schroeder. 1929 schenkte Freud ihr einen seiner Gemmenringe.

Zu ihren Kindern fand Marie nie einen ungezwungenen Kontakt. Ihre Unfähigkeit als Mutter hätte sie nicht besser ausdrücken können als in dem schrecklichen Satz, der nur ihre eigenen Sorgen gelten ließ: „Meine Kinder sind zur Hälfte ich selbst, zur anderen Hälfte meine Ketten" [579]. Als Marie 1925 für ein halbes Jahr zu Freud nach Wien fuhr, war Pierre 17 und Eugénie 15. Pierre schrieb ihr, „um sie daran zu erinnern, daß es ihn gab" [580], aber es nützte nichts. Fünf Jahre später, als Pierre gerade eine unglückliche Liebesgeschichte hinter sich hatte, entschloß er sich, zum Analytiker Loewenstein in Analyse zu gehen, obschon er wußte, daß dieser damals der Liebhaber seiner Mutter war. Aber er war eifersüchtig, und Loewenstein war gerade auch durch dessen Beziehung zu seiner Mutter eine Vaterfigur für ihn. Marie, innerlich zerrissen von Symbiosedrang und Trennungsangst gegenüber ihrem Sohn, erwog, mit ihm Inzest zu begehen, und fragte Freud um Rat. Dieser riet ihr nur sehr milde davon ab, denn er schrieb: "... es wäre denkbar, daß sich jemand ohne Schaden den Inzest gestattet ..." [581]. Pierre verliebte sich dann in eine Russin, was Marie überhaupt nicht akzeptieren konnte. Sie beklagte sich darüber, daß er „unser ganzes Privatleben der Russin erzählt", und tat alles, um eine Heirat zwischen den beiden zu verhindern. Eugénie hatte auf die häufigen Abwesenheiten und die Dialogunfähigkeit der Mutter mit jahrelangen Erkrankungen reagiert. Sie hatte nie das Gefühl gehabt, daß sich ihre Mutter für sie interessiere [582]. Marie sagte, daß die ganze Menschheit sie ankle, einschließlich der Kinder. Dies war die Zeit, als ihre Chow-Chow-Hündin „Topsy" an einem Lymphosarkom unter der Lippe erkrankte. Dank guter Beziehungen konnte sie Topsy durch eine Strahlentherapie heilen lassen. Aber die Art, wie Marie darüber in ihrem kleinen Büchlein schrieb, ist erschreckend. Sie versuchte sich selbst zu beweisen, daß Topsy sie so sehr liebte, daß die Hündin ihr zuliebe sogar ihre Natur ablegte:

> „... für Topsy, die mich liebt, bedeutet der Garten trotz Sonnenschein, Gebüsch und Wiese vielleicht nichts, wenn ich nicht dabei bin. ... Denn Topsy zieht das Zimmer des Hauses mit meiner Gegenwart allem Zauber des Gartens vor, der doch das Paradies der Hunde ist." [583]

Sie beneidete ihren Hund, weil er sich keine Gedanken über das Sterben machen müsse [584]. Als sie dann im Sommer für zwei Monate in den Süden reiste, entschuldigte sie sich bei Topsy mit folgenden Worten:

> „Sei nicht bös, Topsy, daß ich weggehe und dich verlasse. Du mußt dort bleiben, wo man dich behandeln kann, sonst nähme ich dich mit mir. Natürlich, wenn es eine menschliche Person wäre, die mir so nahe steht wie du, dann würde die Pflicht, verstehst du, die Pflicht, mich nötigen, bei dir zu bleiben. Darum verzeih mir, wenn ich gehe." [585]

Die Tragik, die in dieser Erklärung liegt, ist erschütternd: Die einzige Kraft, die Marie dazu verführen könnte, bei einem ihr nahestehenden leidenden Menschen zu bleiben, wäre „die Pflicht".

Als sich zeigte, daß Topsy geheilt wurde, konnte sich Marie nicht freuen. Sofort ersetzte sie die Sorge um die Gesundheit des Hundes mit ihren Ängsten vor dem Altwerden:

> „Aber wenn Topsy auch nicht stirbt, so muß sie doch altern. Und dann vergeht ihre Anmut vor ihr. Sie wird ihre Zähne verlieren ... vielleicht werden eines Tages ihre Augen nicht mehr sehen. Ihr Körper wird schwerfällig werden ... Ja, wenn Topsy nicht stirbt, wird sie unvermeidlich altern müssen." [586]

Maries Gefühle im Kontakt mit dem Hund waren nur bei ihr selbst. So verglich sie ihre Enttäuschung über die Ablösung ihrer Kinder von ihr mit der „Treue" ihres Tieres:

„Topsy ist ... meine Freundin, eine Freundin, die, unähnlich meinen groß gewordenen Kindern, kein Bedürfnis hat, mich zu verlassen, um auf Reisen zu gehen ... Hunde sind Kinder, die nicht erwachsen werden und nicht von uns weggehen." [587]

„Ich weiß ... daß du meine treue Gefährtin geblieben bist, während meine Kinder heranwuchsen und sich immer weiter von mir entfernten. Denn so will es ein tragisches Gesetz des normalen Lebens, gerade wenn die Eltern zu altern beginnen und der Kinder am meisten bedürftig sind, sollen sie von ihnen im Stich gelassen werden. Solange sie jünger waren, hatten die Eltern noch andere Gefühlsbeziehungen unterhalten als nur zu ihren Kindern, und die Kinder hatten sich schweigend darüber gekränkt, später aber zieht sich das Leben von uns zurück, unsere Kinder kommen in die Lage, Vergeltung zu üben, und unter dem Einfluß ihrer eigenen ungestümen Lebensansprüche wenden sie sich von uns ab." [588]

Maries Engagement für die Psychoanalyse und für Freud war auch in den dreißiger Jahren ungebrochen. 1931 sprach sie anläßlich Freuds 75. Geburtstags vor 500 Zuhörern an der Sorbonne, 1932 wurde sie Geschäftsführerin des Internationalen Psychoanalytischen Verlags, hielt einen Vortrag über „Die erotische Funktion der Frau", unterstützte Bronislaw Malinowski finanziell in seinen psychoanalytisch-anthropologischen Studien und begann mit viel Schuldgefühlen gegenüber Freud (obschon dieser nicht beleidigt schien) eine eigene zweite Analyse bei ihrem früheren Geliebten Loewenstein. 1934 wurde in Paris das von Marie finanzierte „Institut de Psychanalyse" eingeweiht. Als die Nazis 1938 in Österreich einmarschierten, reiste Marie sofort nach Wien und setzte ihre ganze Energie dafür ein, Freud und seine Familie in die Freiheit zu retten. Sie organisierte die Emigration, bezahlte die Reichsfluchtsteuer und beherbergte die Flüchtenden auf der Reise nach London bei sich in Paris. Sie besuchte Freud oft in London und bot ihre Hilfe an, wo immer sie konnte. Für Freud war Marie die wichtigste Briefpartnerin geworden: Ihr schrieb er bis zum Ende seines Lebens ungeschminkt über sein Leiden und seine Ängste.

Marie Bonaparte hatte ihr ganzes Leben lang die schweren Erlebnisse ihrer Kindheit nicht überwinden können, war unfähig geblieben, in wirklich dialogische Beziehung zu treten, und stellte ziemlich genau das Gegenteil von dem dar, was man sich unter einer vertrauenswürdigen Psychotherapeutin etwa vorstellt. Wie konnte es dazu kommen, daß Freud im Alter gerade zu dieser Frau das engste und persönlichste Verhältnis gefunden hatte und ihr mehr anvertraute als allen anderen Menschen? Appignanesi vermutet, daß es die Furcht vor der dunklen und wilden weiblichen Natur war, welche die beiden verbunden hatte [589]. Freud hielt die Prinzessin für bisexuell und lobte ihre Männlichkeit [590], und als Marie einmal sagte: „Der Mann fürchtet sich vor der Frau", habe Freud ausgerufen: „Er hat recht" [591]. Marie Bonaparte war eine Hysterika, eine der Frauen, mit der Freuds berufliches Interesse an der Psychologie damals – zu den Zeiten bei Charcot in Paris – ihren Anfang genommen hatte. Das Dauerthema der Hysterischen ist das Ringen um den Vater, also darum, die Liebe des Vaters endlich ganz zu erlangen. Die Frigidität paßt perfekt zu diesem Ziel. Marie Bonaparte wollte ständig ihre Frigidität loswerden, aber deren Hintergründe wollte sie nicht erkennen. Deshalb reduzierte sie sie zu einem organischen Problem, was nichts anderes bedeutet, als daß Marie unbewußt entschlossen war, Hysterikerin zu bleiben. Hysterie und Anorgasmie verkörperten in ihr die Unerfüllbarkeit der Bedürfnisse nach Begegnung. Sie lebte nach dem Lustprinzip, aber erlebte keine Lust. Freud förderte Maries Übertragung auf ihn und sorgte damit dafür, daß sie in ihrer hysterischen Rolle bleiben konnte. Im Kontakt mit Marie konnte Freud seine zwanghafte Seite beruhigen und sich ein wenig gehen lassen, weil er spürte und wußte, daß hysterische Menschen keine kritischen Fragen stellen und keine Hintergründe ausleuchten wollen. Sie vermeiden den gefährlichen Dialog, der plötzlich zu inneren Veränderungen oder gar Umwälzungen führen könnte, und bleiben mit Selbstverständlichkeit beim Ödipalen, genießen es, die gute Tochter zu sein, und stellen den Vater nie in Frage. Diese Versicherung hatte Freud im Alter gesucht und in Marie Bonaparte gefunden.

9 | Die Umkreisung des „Es"

1923 waren von drei verschiedenen Autoren drei Bücher mit ähnlichem Titel und verwandtem Inhalt erschienen: *Das Buch vom Es* von Georg Groddeck, *Das Ich und das Es* von Sigmund Freud und *Ich und Du* von Martin Buber.

Martin Bubers kleines Buch *Ich und Du* verkörpert die Wiederentdeckung des Dialogischen im ersten Viertel des 20. Jahrhunderts [1]. Er beschreibt darin, wie das Wortpaar „Ich – Du" die Welt der Beziehung stiftet:

„Wenn Du gesprochen wird, ist das Ich des Wortpaars Ich-Du mitgesprochen ... Das Grundwort Ich-Du kann nur mit dem ganzen Wesen gesprochen werden ... Stehe ich einem Menschen als meinem Du gegenüber, spreche das Grundwort Ich-Du zu ihm, ist er kein Ding unter Dingen und nicht aus Dingen bestehend ... nachbarlos und fugenlos ist er Du und füllt den Himmelskreis. Nicht als ob nichts andres wäre als er: aber alles andre lebt in *seinem* Licht. ... Ich werde am Du; Ich werdend spreche ich Du. Alles wirkliche Leben ist Begegnung." [2]

Eine Wurzel von Bubers tiefer Einsicht in das Wesen der Begegnung war die Tragik seiner Kindheit. Seine Mutter war nach der Trennung von seinem Vater einfach verschwunden, als Martin dreijährig war. Buber prägte für dieses Schicksal das Wort „Vergegnung". Es paßt gut zu dem tief religiösen jüdischen Gelehrten Martin Buber, daß er auch gegenüber dem chinesischen taoistischen Denken offen war und daß bei seinem Begräbnis 1965 arabische Studenten Blumen auf den mit der israelischen Staatsflagge geschmückten Sarg legten.

Georg Groddecks *Buch vom Es* ist eine frisch-freche Sammlung von freien Assoziationen zum Erleben des Körpers, die der Autor in die Form „psychoanalytischer Briefe an eine Freundin" (an seine zweite Frau) gegossen hat. Für Groddeck entwickelt sich Dialog (mit sich selbst oder mit anderen) immer nur dann, wenn der Mensch mit dem Es Groddeckscher Prägung in Kontakt ist. Groddeck hatte seinen Begriff vom „Es" bei Nietzsche (den er persönlich kannte) entlehnt und erstmals 1909 – bevor er die Psychoanalyse kennengelernt hatte – verwendet. Damals schrieb er:

„Es gibt gar kein Ich, es ist eine Lüge, eine Entstellung, wenn man sagt: ich denke, ich lebe. Es sollte heißen: es denkt, es lebt. Es, nämlich das große Geheimnis der Welt." [3]

Später erklärte er, wie sein „Es" eigentlich aus der Integration der spaltenden Konzepte „Körper" und „Seele" entstammt, weil er eingesehen hat,

„daß hinter der Psyche und Physis noch etwas existiert, was Driesch ‚Entelechie' im Anschluß an Aristoteles nennt und was ich *im Anschluß an Nietzsche* und aus Bequemlichkeitsrücksichten *das Es* genannt habe." [4]

Im *Buch vom Es* beschreibt Groddeck „sein" Es mit folgenden Worten:

„Ich bin der Ansicht, daß der Mensch vom Unbekannten belebt wird. In ihm ist ein Es, irgendein Wunderbares, das alles, was er tut und was mit ihm geschieht, regelt ... Der Mensch wird vom Es gelebt. ... wir können tief in das Unbewußte eindringen, wenn wir uns entschließen, nicht mehr wissen zu wollen, sondern zu phantasieren ..." [5]

Und in einem Brief an Freud:

„Das Es, das in geheimnisvollem Zusammenhang mit der Sexualität, dem Eros oder wie man es sonst nennen will, steht, formt ebenso die Nase wie die Hand des Menschen wie es seine Gedanken und Gefühle formt, es äußert sich ebenso als Lungenentzündung oder Krebs wie als Zwangsneurose oder Hysterie." [6]

Sigmund Freud hatte in seinem Buch *Das Ich und das Es* den Begriff „Es" bei Georg Groddeck entlehnt, verwendete ihn teilweise ähnlich wie Groddeck, in einem fundamentalen Punkt aber völlig anders. Während Groddeck sich vertrauensvoll und staunend in den Gesetzmäßigkeiten des Es bewegen lernen wollte, sah Freud im Es eine Bedrohung. Es sei der dunkle, unzugängliche Teil unserer Persönlichkeit, und von dem wenigen, was wir von ihm wissen, habe das meiste negativen Charakter und lasse sich nur im Gegensatz zum Ich beschreiben:

„Wir nähern uns dem Es mit Vergleichen, nennen es ein Chaos, einen Kessel voll brodelnder Erregungen ... Von den Trieben her erfüllt es sich mit Energie, aber es hat keine Organisation, bringt keinen Gesamtwillen auf, nur das Bestreben, den Triebbedürfnissen unter Einhaltung des Lustprinzips Befriedigung zu schaffen. Für die Vorgänge im Es gelten die logischen Denkgesetze nicht ... Im Es findet sich nichts, was der Zeitvorstellung entspricht ... Eindrücke, die durch Verdrängung ins Es versenkt worden sind, sind virtuell unsterblich ..." [7]

Freud führte in *Das Ich und das Es* seine zweite Topik ein (eine Topik ist eine Lehre von den Orten der psychischen Instanzen; in der ersten Topik hatte er zwischen Unbewußtem, Vorbewußtem und Bewußtem unterschieden). Dem Es stellte er das Über-Ich, die Kraft der sozialen Forderungen, gegenüber und fügte dazwischen die steuernde Instanz „Ich" ein.

Freuds von Mißtrauen geprägte Vorstellung vom „Es" stand aber nicht nur in fundamentalem Gegensatz zur vertrauensvollen Haltung Groddecks gegenüber dem „Es", sondern schloß auch das „Es"-nahe Grundwort „Ich-Du", also das, was Martin Buber unter Beziehung verstand, aus.

9.1 Die Angst vor dem „Es"

Freud interessierte sich für das „Es", weil er eine neue Möglichkeit erahnte, die bedrohliche Seite dieses Unbestimmten und Unbekannten zu entschärfen. Vor Freud hatte man versucht, die irrationalen Affekte der Menschen durch die Vernunft zu beherrschen, ohne daß man aber ihre tieferen Quellen gekannt hatte. Freud glaubte nun, in den libidinösen Strebungen und den Verdrängungsmechanismen diese Quellen bloßgelegt zu haben [8], und erkannte dadurch die Möglichkeit, die im Unbewußten verdrängten gefährlichen Triebregungen hervorzulocken, „um sie anschließend abermals zu disziplinieren", nun aber unter der Herrschaft des Ichs [9]. Da Freud das Unbewußte und damit das Es als hauptsächlich bedrohlich wahrnahm, war es ihm selbstverständlich, daß er und alle anderen Menschen – eine sehr gewagte Generalisierung – nur zwei Möglichkeiten hatten: entweder sich den dunklen Kräften des Es auszuliefern oder aber diese zu unterdrücken. Der Sinn des Freudschen Unternehmens bestand also keineswegs darin, das Es oder das Unbewußte zu feiern (diese Art von Feier war Groddecks Ziel), sondern das Es zu zähmen [10]. Statt eine lebendige Dynamik zwischen Primär- und Sekundärprozessen anzustreben, erklärte Freud das Es zum Gegner von Über-Ich und Ich und verlor dadurch den Blick für einen großen Teil des Es als Quelle der Lebendigkeit schlechthin.

Wie stark Freuds Theorie der zweiten Topik (mit Es, Ich und Über-Ich) von Freuds eigenen Ängsten gegenüber dem Primärprozeßhaften geprägt war, soll hier an verschiedenen Beispielen gezeigt werden:

In der römischen Kirche San Pietro in Vincoli befindet sich auf dem Grab von Papst Julius II. ein von Michelangelo in Auftragsarbeit geschaffenes Monument, das drei Figuren umfaßt: Moses mit den Gesetzestafeln in der Mitte, links von ihm Lea und rechts Rahel, die zwei Schwestern, die nacheinander mit dem biblischen Jakob verheiratet waren. Moses hatte – so berichtet das Alte Testament – vor mehr als 3000 Jahren das jüdische Volk in einem generationenlangen Marsch aus ägyptischer Gefangenschaft in das Gelobte Land geführt und versucht, seinen Schülern die biblischen Gesetze zu vermitteln. Als er aber sehen mußte, daß die Kinder Israel das Goldene Kalb verehrten, also die heidnischen Bräuche pflegten, habe er die Gesetzestafeln im Zorn zerschlagen.

Freud war von Michelangelos Moses so stark beeindruckt wie von keinem anderen „Bildwerk", wie er sagte [11]. Im September 1913 stand er drei Wochen lang jeden Tag vor der Statue, studierte sie, maß sie aus, skizzierte sie, versuchte „dem väterlich-zürnenden Blick des Heros standzuhalten", und manchmal habe er sich dann „behutsam aus dem Halbdunkel des Innenraumes geschlichen", als gehöre er selber „zu dem Gesindel, auf das sein Auge gerichtet ist …" [12]. 1914 veröffentlichte Freud die Ergebnisse seiner Studien anonym (nur mit der Signatur „[von ***]" versehen) unter dem Titel „Der Moses des Michelangelo". Erst zehn Jahre später bekannte er sich zur Autorschaft mit der Begründung, daß seine Beziehung zu dieser

Arbeit „wie etwa zu einem Kind der Liebe" sei und er dieses „nicht analytische Kind" erst viel später „legitimiert" habe [13]. In seiner Studie versuchte Freud nachzuweisen, daß Michelangelo den Moses anders dargestellt habe, als die historische Überlieferung berichtet: Im Monument komme zum Ausdruck, daß Moses die Gesetzestafeln **nicht** zerschmettert habe, sondern seinen Zorn unterdrücken und sich im letzten Moment beherrschen konnte. War das eine gewagte neue Interpretation? Keineswegs, denn in dem in Freuds Nachlaß gefundenen Reiseführer für Italien von Gsell Fells (1912), den Freud wahrscheinlich in Rom mit sich geführt hatte (und in dem nur eine einzige Stelle, die über die Moses-Statue, blau angestrichen war), betont der Autor, daß Michelangelo seinen Moses nicht in einem Zornesausbruch, sondern in einem Moment der Beherrschung dargestellt habe [14]. All diese Zusammenhänge weisen darauf hin, daß Freuds „Der Moses des Michelangelo" eine vorwiegend autobiographische Auseinandersetzung darstellt. Das ist auch gut verständlich, denn das Grabmal von Julius II. enthält zahlreiche Elemente, die Freud zu einer persönlichen Auseinandersetzung geradezu herausfordern mußten: Papst Julius konnte die Erinnerung an seinen früh gestorbenen Bruder Julius wecken und die Figuren Lea und Rahel an den biblischen Jakob gemahnen, dessen Sohn Josef wie Freud zum Traumdeuter geworden war. Moses und Michelangelo waren beide Kinder zweier Mütter, und die beiden Mütter von Moses gehörten zwei Kulturen an, so wie Amalie (deutsch-jüdisch) und Monika (tschechisch-katholisch). Moses war der jüdische Gesetzgeber, und Freud sah in ihm seinen Vater; beides Personen, welche auch definieren, was Pflicht und was Schuld ist [15]. Andererseits identifizierte sich Freud direkt mit Moses, denn er hatte seinem Kronprinzen Jung geschrieben: „Sie werden als Joshua, wenn ich der Moses bin, das gelobte Land der Psychiatrie, das ich nur von der Ferne erschauen darf, in Besitz nehmen" [16]. Genau zu der Zeit, als Freud sich so tief mit dem Moses des Michelangelo identifizierte, wogte in ihm aber bitterer Zorn über die Enttäuschung, die er durch Adler, Stekel und – brennend aktuell – Jung erfahren hatte. In Freuds Augen waren alle drei vom reinen Pfad der Psychoanalyse abgewichen und zu Heiden geworden. Durch das Zusammentreffen all dieser Faktoren hatte Freud wahrlich Grund genug, erschüttert zu sein und mit der Klärung von brennenden persönlichen Fragen neue Sicherheit zu suchen. Deshalb ist es naheliegend, seine Aussagen im „Moses des Michelangelo" direkt autobiographisch zu verstehen, als „Projektionen von Freuds inneren Konflikten" [17]. Die zentrale Stelle, die so zu lesen ist, lautet:

> „Michelangelo ... hat das Motiv der zerbrochenen Gesetzestafeln umgearbeitet, er läßt sie nicht durch den Zorn Moses' zerbrechen, sondern diesen Zorn durch die Drohung, daß sie zerbrechen könnten, beschwichtigen oder wenigstens auf dem Wege zur Handlung hemmen. Damit hat er etwas Neues, Übermenschliches in die Figur des Moses gelegt, und die gewaltige Körpermasse und kraftstrotzende Muskulatur der Gestalt wird nur zum leiblichen Ausdrucksmittel für die höchste psychische Leistung die einem

Menschen möglich ist, für das Niederringen der eigenen Leidenschaft zugunsten und im Auftrage einer Bestimmung, der man sich geweiht hat." [18]

Das bedeutete, daß Freud die Unterdrückung des Es für sich zum edelstes Ziel erklärte. Aber er erklärte dies nicht nur, sondern er handelte sogar in seiner Analyse des Grabmals danach. Blum weist darauf hin, daß Freud im Bericht die mörderische, rachsüchtige Seite des biblischen Moses unterdrückt hat [19], und Puner machte darauf aufmerksam, daß Freud eine der auffälligsten Eigenschaften des Moses von Michelangelo verdrängt hat [20]: Der Künstler hat nämlich seinen Moses mit Hörnern versehen, die typisch für die klassischen Darstellungen von Satyr, Pan und heidnischen Göttern waren. Puner meinte, daß Michelangelo durch die Hörner – ein Symbol der tiefen Leidenschaften des Menschen – den Dank ausdrücken wollte, den sogar der nobelste aller Männer seinen animalischen Vorfahren schuldig ist [21]. Freud erwähnte diese Hörner nie, nur in einem Nebensatz ließ er durchblicken, daß er sie wohl gesehen hatte, als er vom „Moses mit dem Pan-Kopf" sprach.

Freud hatte 1923 die Psychoanalyse als „Werkzeug" zur „Eroberung des Es" definiert [22], eine Festlegung, die eine tiefe Leibfeindlichkeit zum Ausdruck bringt. Freud war sich bewußt, daß er damit in die Fußstapfen der alten jüdischen Kultur trat, aber er wollte es so:

> „Die Juden sind aus vielen Gründen in ihrer Entwicklung einseitig geworden und legen mehr Wert auf den Verstand als auf den Körper. Aber wenn ich selbst zwischen beiden wählen müßte, würde auch ich den Intellekt an erste Stelle setzen." [23]

Das Leben fordert eine dialogische Dynamik zwischen den Sphären des Körpers und des Intellekts, aber verlangt kein Entweder-Oder, keine Entscheidung zwischen beiden. Freuds Tragik war, daß er selbst zu verängstigt war, um zu lernen, sich in dieser Dynamik zu bewegen (sich ihr „auszuliefern", wie er wohl gesagt hätte). Deshalb wich er dem Körperlichen, dem Unbewußten, dem Es immer wieder aus:
- Die **menschlichen Triebe** – die ihn zeitlebens in Atem hielten – erklärte er 1910 (in einem Zusatz zu den *Drei Abhandlungen zur Sexualtheorie*) als minderwertig: Im Vergleich des Liebeslebens „der alten Welt" mit seiner Vorstellung von der modernen Zivilisation hatte er geschrieben:

> „Die Alten feierten den Trieb und waren bereit, auch ein minderwertiges Objekt durch ihn zu adeln, während wir die Triebbetätigung an sich geringschätzen und sie nur durch die Vorzüge des Objekts entschuldigen lassen." [24]

- **Gerüche** sind neurologisch gesehen die am direktesten mit dem Hirn verbundenen Sinnesreize. Ein Geruch kann uns in Sekundenbruchteilen zu reflexartigen Reaktionen, aber auch zu intensivsten Erinnerungen führen. Ein Wohlgeruch hat ein großes Verführungspotential; ein Gestank eine gewaltige Aversionskraft. Aber die Psychoanalyse scheint geruchlos. In den Fallbeschreibungen von Freud wie auch in denjenigen anderer Analytiker werden Gerüche kaum je erwähnt. Früh in der Entwicklung der Psychoanalyse hatte Freud sich über das Riechen geäußert: Durch den Erwerb des aufrechten Gangs habe sich der Mensch (über die Natur) erhoben,

> „Er trägt die Nase hoch = Er hält sich für etwas besonders Edles" [25],

so daß das Riechvermögen ihm nicht mehr wichtig sei und nur noch in den Perversionen zu besonderer Bedeutung gelange. Als Freud 1909 die Vermutung äußerte, daß die Ablösung des Menschen von der Erde (durch die Aufrichtung des Ganges und die Verkümmerung des Geruchssinnes) „einen guten Anteil an seiner Befähigung zu neurotischen Erkrankungen haben kann" [26], hätte er eigentlich daraus schließen müssen, daß die „Erdung" und damit auch der „riechende Kontakt" zur Umwelt therapeutisch wirkungsvoll sind. Aber er zog diese Schlußfolgerung nicht.

- **Psychotiker** sind Menschen, die in akuten Krankheitsphasen Durchbrüche ihrer Triebhaftigkeit erleben. In diesen Momenten sind sie dem Diktat des Es, des Unbewußten weitgehend ausgeliefert. Freud verspürte eine generelle Abscheu gegenüber psychotischen Menschen. Ursprünglich war er an der „Paranoidfrage" noch interessiert gewesen [27], aber als ihm Jung in Zürich eine psychotische Patientin vorgestellt hatte, habe Freud gefragt, wie Jung es bloß habe aushalten können, „mit diesem phänomenal häßlichen Frauenzimmer Stunde und Tage zu verbringen" [28]. Jung habe geantwortet, daß sie für ihn „ein freundliches altes Ding" mit „schönen Wahnideen" sei und daß auch bei ihr aus einer Wolke von Unsinn die menschliche Gestalt hervortrete [29]. Freud war es nicht möglich, in der Regression der Psychose auch positive, manchmal lebenserhaltende Aspekte zu sehen, so wie es Jung und später noch deutlicher dem Antipsychiater R. D. Laing gelang. Mit der Zeit mied Freud alle Psychotiker – er erklärte sie als „nicht analysierbar", weil sie zur Übertragung unfähig seien – und vermied auch engen Kontakt zu Kollegen, die zum psychotischen Erleben eine persönliche oder berufliche Affinität zeigten: In aller Deutlichkeit formulierte Freud 1928 sein Problem mit Psychotikern in einem Brief an Istvan Hollós selbst:

> „Ich gestand mir endlich, es komme daher, daß ich diese Kranken nicht liebe, daß ich mich über sie ärgere, sie so fern von mir und allem Menschlichem empfinde. ... Benehme ich mich dabei wie frühere Ärzte gegen die Hysteriker, ist es die Folge einer immer deutlicher gewordenen Parteinahme für den Primat des Intellekts, den Ausdruck einer Feindseligkeit gegen das Es?" [30]

- Ähnlich starre Abneigungen zeigte Freud gegen „**Perverse**" (worunter er auch, sogar vor allem, die **Homosexuellen** zählte), „**Süchtige**" und „**Kriminelle**". Nach Freuds Meinung (die bis 1950 praktisch unangefochten blieb) bildete latente Homosexualität die Disposition zur Paranoia, und Freud weigerte sich, Homosexuelle in die Therapie zu nehmen [31]. Im ungünstigsten Fall, so schrieb er einmal grob einem Kollegen, soll man „solche Leute" über den Ozean schicken und sie dort ihr Schicksal suchen lassen [32], und über einen Patienten mit Perversionen, von dem Federn wohlwollend berichtet hatte, urteilte er: "... [ein] absolutes Schwein, ein Fall infantiler und dementsprechend aufgeblähter Sexualität" [33]. Auch mit Drogensüchtigen und Kriminellen hatte Freud meist keine Geduld. Er verachtete ihre reduzierte Selbstverantwortung mit den Worten: „Wo kein Ich ist, hat die Analyse ihre Rechte verloren" [34].

- Das grenzüberschreitende **Reich der Phantasie** schien ihm so gefährlich, daß er fast triumphierend erzählen konnte, daß seine Kinder Märchen immer verachtet hätten. Der sanfte, nicht-zynische Humor, der spielerische „Tanz der Gedanken" und die „Verschwendung von Gefühlen" waren ihm nicht geheuer [35]. Freud behauptete, daß sich Erwachsene allgemein für ihre Phantasien schämen und eher ihre Vergehen eingestehen als ihre Phantasien mitteilen würden [36]. Phantasie erkannte er nicht als eigenständige wertvolle geistige Fertigkeit des Menschen, sondern nur als Ersatz für die unbefriedigende Wirklichkeit: „Man darf sagen," schrieb er „der Glückliche phantasiert nie, nur der Unbefriedigte" [37]. Auch die phantastischen Reiche von Musik, Religion und Weiblichkeit waren in seinen Augen zu stark mit dem Primitiven und dem Irrationalen verknüpft [38].

- Die Lehren von den übernatürlichen Phänomenen (**Okkultismus**) und der Beschwörung von Geistern (**Spiritismus**) hatten für Freud zu verschiedenen Zeiten besondere Anziehungskraft. In seinem Briefwechsel mit Fließ gegen Ende des 19. Jahrhunderts – eine Zeit, in welcher der Spiritismus vor allem in England von anerkannten Wissenschaftlern gefördert wurde – beschäftigte sich Freud oft mit ihm unheimlichen Zusammenhängen von Zahlen und möglichen Schicksalsschlägen und verband sie mit den durch Fließ entdeckten biorhythmischen „Gesetzen". Er anerkannte „himmlische Einflüsse" in Form bestimmter Phantasien als „symbolische Vorahnung unbekannter Realitäten" [39]. Um 1910 herum unterstützte er die Erforschung des Okkulten durch seine Freunde Jung und Ferenczi und ließ sogar zu, daß bei ihm zu Hause unter Leitung des Wahrsagers „Professor Roth" eine spiritistische Sitzung durchgeführt wurde. Aber zwei Gründe hielten ihn immer wieder davon ab, sich selbst tiefer in die Erforschung des Okkulten zu wagen: die Sorge um den wissenschaftlichen Status der Psychoanalyse und eine persönliche Scheu davor, in einen Strudel von Eindrücken gezogen zu werden, die für seinen Verstand nicht mehr genügend greifbar wären. Daß das zweite Motiv ein starkes war, deutete Jones an, als er mitteilte, daß Freud seine eigenen okkultistischen Untersuchungen unbewußt mit Fehlleistungen durchkreuzte [40].

- Besondere Angst hatte Freud vor „**Doppelgängern**", Menschen, die er auf einer tiefen Ebene als ihm so ähnlich erahnte, daß er aus solch „unheimlicher Vertrautheit" diese Menschen mied, wie der Teufel das Weihwasser, möchte man fast sagen. Der Physiker und Philosoph Josef Popper-Lynkeus und der Begründer des modernen Zionismus, Theodor Herzl, waren für ihn solche „Doppelgänger", allen voran aber Arthur Schnitzler: Die Parallelen in den Lebensläufen von Schnitzler und Freud sind in der Tat frappierend. Beide hatten einen Bruder namens Julius, beiden starb ihr jüngster Bruder in frühen Jahren, beide hegten eine frühkindliche Deckerinnerung, welche die Angst vor dem weiblichen Genitale symbolisiert, beide wurden Ärzte, und beide wurden Tiefenpsychologen, Freud der Begründer der Psychoanalyse, Schnitzler der Autor von Romanen, die sich durch außerordentlich tiefgehendes Verständnis der menschlichen Psyche auszeichnen [41]. Freud selbst hatte das Thema des Doppelgängers 1919 in seinem Aufsatz „Das Unheimliche" behandelt. Der Autor der Monographie *Der Doppelgänger* war aber – wen wundert's – der psychosenahe Otto Rank. Ein Doppelgänger repräsentierte für Freud stets die „Personifikation der eigenen schlummernden Möglichkeiten" [42], also eigentlich das persönliche Es.

- Schließlich gehörte zu Freuds Angst vor dem Es auch seine **Angst vor jeglicher Passivität**, seine (in Kap. 8.1. schon dargestellte) **Zwanghaftigkeit** und seine **Possessivität**. Triebhaftigkeit und sexuelle Begegnung bedrohten Freuds Autonomie [43]. Er wollte alles „in Ordnung halten" und war ein leidenschaftlicher Sammler (von Antiquitäten, Büchern, Pilzen, Witzen). Er haßte es, die Kontrolle zu verlieren. Die Hauptaufgabe der Kultur sah er darin, „uns gegen die Natur zu verteidigen" [44]. Das Bezwingen der Natur erklärte er als erstrebenswertes Ziel und beklagte sich über „das schmerzliche Rätsel des Todes, gegen den bisher kein Kräutlein gefunden" worden sei [45]. Freuds Besitzansprüche – weniger die materiellen, umso mehr die geistigen und zwischenmenschlichen – konnten immens sein. Eva Rosenfeld meinte, daß sie sich nicht vorstellen könne, daß Freud gegenüber etwas nicht besitzergreifend gewesen wäre [46].

Aber wieder gilt die schon einmal verwendete Floskel „Freud wäre nicht Freud", wenn er vor dem Es nur geflohen wäre. Immer wieder umkreiste er das Es, blieb intellektuell ständig in dessen Gravitationsfeld. Während seiner Selbstanalyse getraute er sich so entschieden, in sich hineinzuhorchen, daß er sich wie in einer Puppenhülle empfand, von der er sagte: „weiß Gott, was für Vieh da herauskriecht" [47]. Zu einigen Zeiten erlaubte er sich den berauschenden Einflüssen von „Barolo" [48], „Freund Marsala" [49] oder Kokain auszuliefern, und den „Dämon" in sich konnte er zuweilen sogar als „das beste am Menschen" bezeichnen [50]. Seine Fallgeschichten sind in einer primärprozeßnahen literarischen Sprache geschrieben [51], „wie man sie vom Dichter zu erhalten gewohnt ist" [52], durch vielerlei Metaphern bereichert, oft verbunden mit dem Körper, mit Hand, Fuß und immer wieder mit dem Geschlecht [53]. Freud hat öfter auf die „Zauberkraft der Worte" hingewiesen [54], und in seiner Arbeit *Der Mann Moses* stellte er fest, daß ihm das Es in die Hand diktiert, denn er schrieb da:

„Die Schöpferkraft eines Autors folgt leider nicht immer seinem Willen; das Werk gerät, wie es kann, und stellt sich dem Verfasser oft wie unabhängig, ja wie fremd, gegenüber." [55]

In den griechischen Mythen, ja in der ganzen griechischen Götterwelt fühlte Freud sich zu Hause, also in einer Welt projizierter Phantasien, die vom Es berichtet und immer wieder auffordert, sich mit dem Es auseinanderzusetzen. „Es-nahe" Kollegen wie Groddeck oder Rank faszinierten ihn, und in einigen wichtigen Entscheidungen ließ er sich sogar ganz von Kräften des „Es" leiten. So zum Beispiel, als er 1885 die einmalige Möglichkeit, erster Sekundararzt zu werden, ausschlug und statt dessen auf ein Stipendium für Paris hoffte [56] oder als er sich auf einem Spaziergang gegen vernünftige Erwägung plötzlich für die neue Familienwohnung in der Berggasse 19 entschieden hatte (Die Wohnung war in einer armen Gegend, die Treppen dunkel und steil und die Räume kaum ausreichend, aber das Haus war zuvor von einem Arzt bewohnt worden, den Freud bewunderte: dem Begründer der österreichischen Sozialdemokratie, Viktor Adler). Freud ahnte nicht nur, wie weise das „Es" als Führer sein kann, sondern wußte es auch. Der entscheidende Text, in welchem er dieses Wissen kundgab, ist allerdings besonders interessant konstruiert: Er schrieb darin zuerst, wie er weniger wichtige Entscheidungen stets nach logischen Erwägungen treffe (also in der ersten Person), leitete dann aber durch das Wort „sollte" in die sprachliche Form der dritten Person über. Es scheint, daß er mit dieser Formulierung ungewollt ausgedrückt hat, daß er sich gerne öfter vom „Es" hätte leiten lassen wollen … wenn es nicht so gefährlich gewesen wäre, wie es (das Es) ihm schien. Hier sein Text:

„Wenn ich eine Entscheidung von geringerer Bedeutung traf, fand ich es immer vorteilhaft, alle Für und Wider reiflich zu überlegen. In lebenswichtigen Dingen dagegen, bei der Wahl eines Partners oder eines Berufs, sollte die Entscheidung aus dem Unbewußten kommen, von irgend woher in uns selbst. Bei den wichtigen Entscheidungen unseres persönlichen Lebens sollten wir, meine ich, von den tiefen inneren Bedürfnissen unserer Natur geleitet werden." [57]

Freud blieb der Bekämpfung des Es bis an sein Lebensende verhaftet. 1931 schrieb er in seinem Aufsatz „Über libidinöse Typen", daß der narzißtisch-zwanghafte Typus der kulturell wertvollste sei, und schien sich selbst zu diesem Typus zu rechnen [58]. In der *Neuen Folge der Vorlesungen zur Einführung in die Psychoanalyse* von 1933 steigerte er sogar die Intensität seiner Aufforderung zum Kampf gegen das Es mit dem Ausruf: „Wo Es war, soll Ich werden" und der Ergänzung: „Es ist Kulturarbeit etwa wie die Trockenlegung der Zuydersee" [59]. Das Sinnbild der Trockenlegung meint zwar nicht „austrocknen", sondern die Urbarmachung von Neuland, so wie an der Zuydersee 1932 durch einen 30 km langen Deich dem Wattenmeer Land abgewonnen werden konnte und Goethes Faust dem Meer Land abgetrotzt hatte. Trotzdem trägt das von Freud gewählte Wort „Trockenlegung" die Angst vor dem Nassen, der Schlammflut, dem Schlüpfrigen, der Schleimhaut (!) und vor der Frau in sich, genau so, wie sie im Kultbuch von Klaus Theweleit (*Männerphantasien: Frauen, Fluten, Körper, Geschichte* [60]) meisterlich beschrieben wird. Freud blieb bei der Meinung, daß der ideale Zustand der menschlichen Gemeinschaft derjenige wäre, in welchem die Menschen „ihr Triebleben der Diktatur der Vernunft unterworfen haben" [61]. Der Mensch blieb für Freud die „wilde Bestie, der die Schonung der eigenen Art fremd ist" [62]. Das Unbewußte blieb ein hauptsächlich feindliches „Es" und – wie Neumann schrieb – „eigentlich immer ein überwältigend Negatives" [63]. Das Unbewußte oder das Es blieb für Freud „das Böse".

9.2 Das sogenannte Böse

Freud stellte 1914 fest, daß die Psychoanalyse „das Schlechteste eines jeden Menschen zum Vorschein bringt" [64]. Damit war seine Annahme klar: in der Tiefe jedes Menschen lauert das Böse. Wenn man das Böse nach außen dringen läßt, ihm Raum zur Entfaltung bietet, handelt man böse. Wenn man böse handelt, ist man schuldig. Wenn man die Idee hat oder das Gefühl verspürt, böse gehandelt zu haben, fühlt man sich schuldig. Doch was ist das Böse und was ist Schuld?

Offenbar geht es beim „Bösen" um ein Übel, an dem wir oder andere leiden können. Aber es gibt viele Arten von Übel: Krankheit, Tod, Angst, Schmerz, auch Irrtümer, Unwissenheit und Dummheit können als Übel bezeichnet werden [65]. Das Wort „böse" ist jedoch nur auf eine besondere Art von Übel bezogen, nämlich auf das Übel im Bereich des Sittlichen. Gut und Böse wohnen in der „Dimension der Verantwortlichkeit" [66], und beide, das Sittliche und der Sinn der Verantwortlichkeit, können nur in einem Raum von Freiheit existieren:

> „Das Böse ist ... beim Einzelnen immer das, was er für Unrecht hält, es ist das, was sein Gewissen ihm verbietet; dies aber genau dann und nur dann, wenn er es auch lassen könnte." [67]

Die enge etymologische Verwandtschaft des germanischen Wortes „böse" mit dem norwegischen „baus", das „aufgeblasen", „geschwollen" bedeutet [68], zeigt an, daß derjenige, der sich in der Angst größer macht als er ist, böse werden kann. Es war genau diese Art von Bösem, die Zeus bewogen hatte, die ursprünglichen Kugelmenschen (in dem von Platon im *Gastmahl* berichteten Schöpfungsmythos; vgl. Kap. 8.2) mit einer Spaltung zu bestrafen: Die Kugelmenschen hatten versucht, gottähnlich zu werden und die Götter zu stürzen. (Es fragt sich, warum Freud in seiner Erzählung des Mythos den Grund der Spaltung der Menschen verschwiegen hat [69]).

Als Symbol des Bösen wird oft die Gestalt des Mephistopheles aus Goethes *Faust* gesehen, so auch von Freud, der Mephisto als Repräsentant des Destruktionstriebs und als Gegner des Eros versteht [70]. Ist das so? Eine genauere Analyse der Figur des Mephisto im *Faust* ergibt ein anderes Bild: Zwar weist der Name „Mephistopheles", abgeleitet aus „mephis" = „Verderber, Zerstörer" und „tophel" = „Lügner", nur auf zerstörerische Eigenschaften hin, aber wenn Mephisto sagt, er sei „ein Teil von jener Kraft, die stets das Böse will und stets das Gute schafft" [71], wird man verunsichert. Die Verunsicherung wird bereits vorbereitet, wenn zu Beginn des Stückes der „Prolog im Himmel" zeigt, daß Mephisto gar nicht ein Gegner Gottes, sondern einer seiner Diener ist. Mephisto hatte behauptet, daß die Schöpfung des Menschen ein göttlicher Irrtum war, weil die Menschen mit ihrer Doppelnatur als Sinneswesen und Vernunftwesen überfordert seien. Er, Mephisto, wolle Gott beweisen, daß jeder Mensch nur ein Tier sei [72]. Auf diesen Vorschlag hin erlaubte Gott seinem Mephisto, den Doktor Faust, einen Menschen, der vielleicht Gottes Schöpfung am reinsten verkörperte [73] oder einfach für das Streben des Menschen nach Selbstverwirklichung steht [74], in Versuchung zu bringen. Denn er, Gott, war überzeugt, daß die Menschen zwar irren können, sich aber „des rechten Weges wohl bewußt" seien [75]. Gott selbst benötigte keinen Beweis für seine Überzeugung, aber er wußte auch, daß das Wirken von Kräften, die Mephisto verkörperte, unerläßlich ist: Ohne deren Einfluß würde die Tätigkeit der Menschen zu schnell erschlaffen; sie brauchen die diabolische Energie, um zur „Erlösung" gelangen zu können [76].

Doktor Faust war verzweifelt darüber, daß er als Arzt und Wissenschaftler auf der Suche nach der Wahrheit immer wieder auf die gleichen unerbittlichen Grenzen der Erkenntnis gestoßen war. Auch die Magie half nicht weiter, und so blieb nur noch Verzweiflung und als letzte Möglichkeit zur Grenzüberschreitung der Selbstmord übrig. Doch da trat Mephisto auf. In welcher Gestalt? Als Hund: Nachdem sich Faust am Ostermorgen durch die zur Frühmesse rufenden Glocken von den Vorbereitungen zum Selbstmord hatte abhalten und sich sogar zu einem Osterspaziergang mit seinem Gehilfen Wagner bewegen lassen, bemerkte er einen schwarzen Pudel, der sich ihnen in immer enger werdenden Kreisen näherte. Faust ließ sich verführen und lud den Hund zu sich ein. Im Studierzimmer zeigte sich dann „des Pudels Kern", denn der Hund verwandelte sich allmählich in Mephisto.

Also ist das Tierische das Böse. Nein, sagt der Verhaltensforscher und exzellente Hundekenner Konrad Lorenz: Die tierische Natur ist nicht böse. Sie ist nur „sogenannt böse" [77]. Zum Beispiel die Aggression, auf die das Böse in Biologie und Psychologie allzu oft eingeschränkt wird [78], ist bei Tier und Mensch „ein Instinkt wie jeder andere und unter natürlichen Bedingungen auch ebenso lebens- und arterhaltend" [79]. „*Vernunftwidriges ergibt sich nur bei der Fehlfunktion eines Instinktes*" [80]. Genau das betonen auch Neoanalytiker und Humanistische Psychologen:

> „[Der] innerste Kern der menschlichen Natur, die am tiefsten liegenden Schichten seiner Persönlichkeit, die Grundlage seiner tierischen Natur ist von Natur aus positiv – von Grund auf sozial, vorwärtsgerichtet, rational und realistisch." [81]

> „Nach unserer Meinung wendet der Mensch sich nur dann unkonstruktiven oder destruktiven Verhaltensweisen zu, wenn er nicht zur Selbstverwirklichung gelangen kann." [82]

Allerdings gaukeln so positive Haltungen auch ein wenig vor, daß die Natur, wenn sie nicht gestört würde, nur sanft und harmonisch sei. Das ist sie nicht. Sie ist manchmal stürmisch, brutal und rücksichtslos. Sie bewirkt Wohlergehen und Leiden, manchmal nach leicht erkennbarer Logik, manchmal nach scheinbarem Zufall. Aber sie ist – das ist der entscheidende Punkt – kein mit dem Intellekt zu bekämpfender Feind! Das reflektierende Bewußtsein unterscheidet zwar den Menschen vom Tier, eröffnet ihm einen größeren Freiheitsspielraum und entsprechende Verantwortung [83]. Natur und Sein ist beim Menschen nicht identisch, und ihr Verhältnis muß deshalb immer wieder mit Hilfe der Vernunft in Harmonie gebracht werden. Ein chronischer Kampf zwischen Instinkten und Intellekt führt aber zu einer Spaltung des menschlichen Seins mit verheerenden Folgen. Die Worte „gut" und böse" generieren dabei – wenn sie nicht nur auf eine Handlung, sondern auf das ganze Wesen vom Menschen bezogen werden – diese Spaltung immer wieder.

> „Die Frage, ob der Mensch von Natur aus gut oder böse sei, ist als solche schon hybrid, weil sie die menschliche Natur unter Kriterien stellt, die nicht aus ihr selber stammen. Sie kommen aus dem Willen, sich über sie hinwegzusetzen." [84]

Zur Überbrückung oder Auflösung der Spaltung der verallgemeinerten Vorstellungen von Gut und Böse werden im Taoismus Gegensätze als identisch erklärt. Nietzsche schlägt zum selben Zweck vor, „unser Böses als unser Bestes umzutaufen" [85]. Aber je weniger Urvertrauen wir als Kinder und später im Erwachsenenleben erfahren durften, desto stärker schrecken wir davor zurück, uns mit den vitalsten Kräften in uns zu verbinden, weil wir die Stürme des Lebens fürchten und uns nicht getrauen, die Illusion eines Lebens ohne Leiden aufzugeben. Mephisto, der Teufel, Luzifer, Diabolo (derjenige, der durcheinanderwirft) und alle „bösen Dämonen" sind im Prinzip Projektionen, mit welchen wir unsere Ängste gegenüber den Naturkräften in uns selbst binden und „auszustoßen" versuchen. Freud kannte diesen Mechanismus gut, denn er schrieb 1923:

> „Der böse Dämon des christlichen Glaubens, der Teufel des Mittelalters, war nach der christlichen Mythologie selbst ein gefallener Engel und gottgleicher Natur. Es braucht nicht viel analytischen Scharfsinns, um zu erraten, daß Gott und Teufel ursprünglich identisch waren, eine einzige Gestalt, die später in zwei mit entgegengesetzten Eigenschaften zerlegt wurde. In den Urzeiten der Religionen trug Gott selbst noch alle die schreckenden Züge, die in der Folge zu einem Gegenstück von ihm vereinigt wurden. Es ist der uns wohlbekannte Vorgang der Zerlegung einer Vorstellung mit gegensinnigem – ambivalentem – Inhalt in zwei scharf kontrastierende Gegensätze." [86]

Aber letztlich vermied Freud die entschiedene Annäherung an das Teuflische oder das Tierische in ihm (an das Es) doch immer wieder, so daß er zum Beispiel die Hörner des Moses von Michelangelo „übersehen" mußte (Goethe nannte Mephisto auch „Fliegengott", was im Alten Testament ein Name für den auch gehörnten Götzen Baal war). Andere Psychoanalytiker, die dem Es näher standen als Freud, sahen natürlich im Teufel einen willkommenen Vertreter der Es-Kräfte, allen voran Georg Groddeck. Die Zeitschrift, die er in kleiner Auflage für die Patienten seines Sanatoriums produzierte, nannte er „**Satanarium**" und beschrieb deren Ziel mit folgenden Worten:

> „Mit der Herausgabe dieser Blätter bezwecke ich dem Menschen Gelegenheit zu geben, seine Qual unbehindert, ohne Scham und Scheu hinauszuschreien. Der einzige Ort, wo man so schreien kann, scheint mir die Hölle zu sein; deshalb nenne ich diese Zeitschrift ‚Satanarium'. ... Das Satanarium ist das Reich der Lüge. Der Herausgeber hat die Ansicht, daß nur Lügen wahr sind ... Denn über der Pforte des Satanariums steht: Laßt alle Logik schwinden." [87]

Der Teufel und alle bösen Dämonen sind Bilder, welche von Erwachsenen für das „sogenannte Böse" geprägt wurden. Kinder erwerben die Vorstellung vom Bösen auf anderen Spuren, nämlich auf dem Boden von erlebter Bestrafung und ihr angeblich zugeordneter Schuld. Wenn die für das kindliche Wohl zuständigen Erwachsenen aus ihrer eigenen Lebensgeschichte heraus zu schnell an die Grenzen ihrer inneren Belastbarkeit stoßen, verhalten sie sich so, als ob bestimmte Bedürftigkeiten des Kindes schlecht, eben „böse" seien, und weisen in diesen Momenten das Kind in seiner Ganzheit zurück, statt ihm zu helfen, Wege zur Befriedigung der die Erwachsenen überfordernden kindlichen Bedürfnisse zu finden. Das Kind erlebt die Zurückweisung als Strafe für ungehörige Bedürfnisse, beginnt sich schuldig zu fühlen und ein Bild seiner eigenen „Bosheit" zu entwickeln.

Das Kind spürt aber noch eine andere, eine eigene Verpflichtung, nämlich die gegenüber seinem Inneren, seinem eigenen „Plan". Damit beginnt eine Dynamik, die wir alle kennen, welche aber bei benachteiligten Kindern eine beängstigende Schärfe annehmen kann: die Dynamik zwischen der Individuation – dem inneren Ziel, ein eigenständiger Mensch zu werden – und der Angst vor Zurückweisung, vor Liebesverlust.

Zwei Alltagsbeispiele sollen diese Dynamik konkretisieren:

> Ein Säugling, der in einem bestimmten Moment nach mehr Milch verlangt, als die mütterliche Brust gerade anzubieten vermag, kann in die Brust beißen (klemmen), um doch noch zu erreichen, was er begehrt. Der dadurch ausgelöste Schmerz veranlaßt die Mutter reflexartig, dem Säugling die Brustwarze zu entziehen. Die dialogische Mutter ist danach aber fähig, dem Säugling zu zeigen, wie er die restliche Milch gewinnen kann, ohne der Mutter Schmerzen zuzufügen. Zudem prüft sie erneut alle Möglichkei-

ten, um ihre Milchproduktion zu steigern. Die Mutter jedoch, welche auf Grund ihrer eigenen Lebensgeschichte den vom Säugling zugefügten Schmerz als Kränkung erlebt, kann mit einem totalen Rückzug reagieren: Das Kind wird nur noch mit der Flasche und dann mit dem Löffel ernährt. Es fühlt sich zurückgestoßen, alleingelassen mit der Botschaft, daß etwas mit ihm nicht in Ordnung sei, daß es „böse" sei, auch wenn niemand das Wort, das es noch gar nicht verstehen kann, ausspricht.

Ein einjähriges Kind, das die ersten selbständigen Schritte gehen gelernt hat, kann sich über die neu gewonnene Bewegungs- und Entdeckungsfreiheit quietschend freuen. Eine dialogische Mutter, die weiß, daß das Gehenkönnen dem Kind vor allem dazu dient, die Welt, die außerhalb der engen Sphäre seiner Mutter existiert, zu erobern, wird sich mit ihrem Kind darüber freuen, wenn es auf seinen Entdeckungsmärschen auf Neues stößt. Eine Mutter, die in ihren eigenen ungestillten Bedürfnissen nach Zuwendung steckengeblieben ist, wird sich immer nur dann freuen, wenn das Kind seine Fähigkeiten zum Gehen dazu benutzt, zu ihr zurückzukommen. Sie wird auch lange überhören, wenn ihr Kind das abgrenzende Wort „Ich" zu benutzen beginnt, und stur zu ihrem Kind in der dritten Person sprechen (auch das „Du" muß sie meiden, denn es provoziert leicht das Gegenüber, das „Ich").

Wenn es dem Individuum als Kind und Erwachsenem nicht gelingt, die Balance zwischen beiden Anforderungen – der Individuation und der liebevollen Verbundenheit mit anderen Menschen – zu finden, wird es auf die eine oder andere Art „böse". Entweder wird es von der menschlichen Umwelt als „böse" (= zu fordernd, weil zu bedürftig) beurteilt und zurückgewiesen oder es verhält sich „böse" gegenüber seinem eigenen inneren Plan, indem es ihn mißachtet und zuläßt, daß Teile seines Inneren (zum Beispiel aggressive Impulse, Angst oder Trauer) von seinem Bewußtsein abgespalten und andere Teile (zum Beispiel Leistungsfähigkeit oder Gehorsam) zur Stabilisierung dieser Abspaltung ins Groteske vergrößert werden. Das ist dann „das Böse" im Sinn des norwegischen Wortstamms „baus", der „aufgeblasen" bedeutet. Wenn der „Grat der Balance" sehr schmal ist, geschieht es leicht, daß das Individuum zwischen der einen und der anderen Form des „Bösen" hin- und herpendelt.

Sigmund Freud hat die Bedeutung dieser Individuationsproblematik nicht sehen wollen oder können; er war selbst zu sehr in sie verstrickt. Es war C. G. Jung, der früh auf diesen Mangel in Freuds Lehre hinwies, was schließlich – mit anderen abweichenden Haltungen zusammen – zur Trennung zwischen Freud und Jung führte. Otto Rank, der später die Thematik weiter erforschte, machte Freud zum Vorwurf, daß dieser sich der Auseinandersetzung mit der „Individuations-Schuld" entzog, indem er Fragen von Schuld und Schuldgefühlen auf rein sexueller Ebene abhandelte, also eigentlich das tiefere Thema der Individuation mit dem Thema der Sexualität überdeckte [88].

Freuds unaufgelöste starke Mutterbindung war – wie bei jedem anderen Menschen in ähnlich gebundener Situation – mit großen Ängsten gegenüber der Individuation verbunden, und seine unterdrückte Wut gegenüber der Mutter mußte ihm starke Schuldgefühle verursachen. Er wagte nicht, sich aus dieser persönlichen emotionalen Gefangenschaft zu befreien, und konnte deshalb auch kein adäquates theoretisches Verständnis für die Dynamik der Aggression entwickeln. Nach seinem 60. Lebensjahr meinte er dann aber für beides eine „Lösung" gefunden zu haben, die er 1920 in *Jenseits des Lustprinzips* formulierte. Angelehnt an die Erkenntnis der Physik, daß sich in geschlossenen Systemen alle Prozesse von geordneteren Strukturen hin zu weniger geordneten bewegen (sich die Entropie, die Unordnung, stets erhöht), postulierte er, daß auch im einzelnen Lebewesen, das ja in seiner Entstehung ein hohes Maß an Ordnungszunahme zeigt, eine zweite, komplementäre Kraft, die Kraft der Unordnung, der Entropie, wirksam sein müsse. Die erste Kraft, die auch zur Entstehung von Lebewesen führt, nannte er „Vereinigungstendenz" oder „Eros" (eine Erweiterung der bereits zuvor schon weitgefaßten Begriffe von „Sexualität" und „Libido"), die zweite „Trennungstendenz", „Todestrieb" oder „Destruktionstrieb", in Gesprächen auch „Thanatos". Der Destruktionstrieb sei die Ursache von Aggression. Freud würde zwar sagen, er sei nur die Ursache von *destruktiver* Aggression, aber die Unterscheidung zwischen konstruktiver und destruktiver Aggression ist so sehr abhängig vom Standpunkt des Unterscheidenden (welche Freiheitskämpfer sind böse Terroristen und welche Terroristen verzweifelte Freiheitskämpfer?), daß Freuds Begriff des „Thanatos" eben doch alles Trennende und alle Machtausübung umfaßt.

Freuds Argumentationsfehler in diesem Verständnis der Dynamik zwischen Leben und Sterben, Aufbau und Destruktion ist der, daß Leben gerade nicht in geschlossenen Systemen, sondern in einem offenen System stattfindet und in diesem der zweite Hauptsatz der Thermodynamik nicht zur Anwendung kommt. Lebewesen als kleine Kringel von hoher Ordnung und Biotope als Vernetzungen solcher Kringel in Geweben des Lebendigen entstehen unter bestimmten Bedingungen immer wieder an verschiedenen Stellen im Weltall, lösen sich nach einer gewissen Zeit wieder auf und bilden mit ihren Bruchstücken Bausteine für die Bildung neuer Kringel und neuer Gewebe des Lebendigen. Diese Gesetzmäßigkeit liegt außerhalb des Individuums. Mit seinem Begriff „Destruktionstrieb" verlegte sie Freud aber in das Individuum hinein. Diese „Fehlplazierung" hat drei markante Folgen: Sie tendiert dazu, die stille Hoffnung zu nähren, daß dann, wenn wir den Todestrieb gut genug beherrschen könnten – er steckt ja in uns – , wir ihn doch noch in den Griff bekommen, Leiden, Alter und Tod abschaffen könnten und unsterblich würden. Zweitens fördert die Annahme eines in uns steckenden Todestriebes ahistorische und apolitische Haltungen, denn allzu leicht lassen sich mit ihm jede Art von sozialen Konflikten als Folge von mangelhafter persönlicher Eigenkontrolle verstehen. Schließlich löst sich die Ethik auf, denn unter der Annahme eines Todestriebes scheint die Freiheit, für oder gegen das Wohl von anderen oder von uns selbst zu handeln, verloren zu gehen;

höchstens eine begrenzte Bekämpfung des „bösen Handelns" wäre noch möglich. Die Aufteilung des Lebens in Eros und Thanatos ist eine Spaltung, und zwar die genau gleiche, welche die Bilder vom Teufel und seinen Gehilfen hervorgebracht hat: Statt das Aggressive als wesentlichen Aspekt des Lebens, des Eros, zu betrachten, malt Freud erneut den Teufel an die Wand und stellt ihn als Feind des Lebens dar. Diese Projektion kann Angst und Schuldgefühle besänftigen, aber behindert die Lebendigkeit.

Freuds Konzept vom „Todestrieb" ist selbst „böse" im Sinn von „aufgeblasen". Sie ist respektlos gegenüber den menschlichen Grenzen und lähmt, denn wer die eigenen Grenzen nicht respektieren kann (wer sich aufbläst), verliert an Macht, an der begrenzten Mächtigkeit, die jedes Lebewesen besitzt, wenn es sich innerhalb seiner Grenzen bewegt.

Daß Freuds Versuch, mit der Einführung des Todestriebs Aggression aufzuklären, gleichzeitig sein persönlicher Versuch war, Schuld und Angst abzuwehren [89], hatte er in *Jenseits des Lustprinzips* selbst als Möglichkeit beschrieben:

> „… vielleicht ist [der] Glaube an die innere Gesetzmäßigkeit des Sterbens auch nur eine der Illusionen, die wir uns geschaffen haben, ‚um die Schwere des Daseins zu ertragen'." [90]

Freud war mit seinem Konzept des Todestriebs selbst nicht zufrieden: „Der Todestrieb ist mir kein Herzensbedürfnis", hatte er im Februar 1930 Pfister geschrieben [91]. Wahrscheinlich hatte er gespürt, daß er sich mit diesem Konzept letztlich vor allem gegen das Bewußtwerden seiner aggressiven Gefühle gegen die frühe Mutter verteidigte [92].

Gibt es denn keine andere Möglichkeit, um sich mit der Realität des Destruktiven, des Leidens, des Alterns und der Sterblichkeit zu versöhnen, um Angst und Trauer besser ertragen zu lernen? Vielleicht gibt es viele Wege, aber ein ganz wichtiger war Freud nur schwer zugänglich: der Weg der Liebe. Große Werke der Weltliteratur zeigen, daß der Weg durch die Hölle – der als Projektion der Ängste vor dem Unbewußten verstanden werden kann – nur in liebevoller Verbundenheit mit einem Gegenüber überlebt werden kann: Dante hätte in der *Göttlichen Komödie* seinen Gang durch das Inferno nicht gewählt, wenn ihn nicht die Beziehung zu Beatrice getragen hätte, und auch Orpheus wagte sich nur wegen Eurydike in die Unterwelt. Freud kannte diese Rolle von Frauen auch aus zwei Romanen von Rider Haggard, die er zu einem eigenen Traum (der „Präparation am eigenen Leib") assoziiert hatte: *She* und *Heart of the World*.

> „In beiden Romanen ist eine Frau die Führerin, in beiden handelt es sich um gefährliche Wanderungen, in ‚She' um einen abenteuerlichen Weg ins Unentdeckte, kaum je Betretene." [93]

Freud zitierte dazu den Schluß des zweiten Teils des *Faust*, „das ewig Weibliche", das uns „hinanzieht", aber eben: Das Weibliche – das Freud an dieser Stelle auch mit der „Unsterblichkeit unserer Affekte" verbindet – war für ihn so bedrohlich stark mit der Sexualität verbunden, wie es Ayesha in *She* nicht deutlicher symbolisieren könnte: Tief im Schlund des Vulkans stirbt sie nackt badend im Feuer des Lebens [94].

Freud hat die fundamentale Gemeinsamkeit von Eros und Thanatos nicht verstanden. Beide sind nämlich auf die Auflösung von Grenzen ausgerichtet: Eros sucht die Fusion durch Liebe, Thanatos durch Haß:

> „Haß hat viele ähnliche Qualitäten wie die Liebe, denn er errichtet eine Verbindung zwischen dem Hassenden und seiner Umwelt, gibt ihm Lebenssinn und ermöglicht ihm die Erfahrung von Transzendenz, eines in ein höheres, reineres Reich Gehobenwerdens. ... Haß schafft Geschichte, eine Geschichte, welche das Selbst definiert und ihm Struktur und Sinn verleiht." [95]

Die Möglichkeit zum „bösen Handeln", zu Gewalt, Sadismus und Masochismus gehört zu uns Menschen, wie wir manchmal selbst erfahren, täglich in den Zeitungen lesen und wie das berühmte Milgram-Experiment Ende der sechziger Jahre auf doppelte Weise gezeigt hatte: Versuchspersonen, die von einer wissenschaftlichen Autorität angewiesen wurden, einen „Lernenden" bei auftretenden Fehlern mit Elektroschocks von zunehmender Stärke zu bestrafen (die Stromstöße waren nur simuliert, aber das wußten die Versuchspersonen nicht), gingen in ihrem Gehorsam so weit, daß sie selbst glaubten, sie hätten schließlich den „Lernenden" schwer verletzt oder sogar getötet. Doch es war nicht nur Gehorsam, der sie so weit getrieben hatte, sondern auch die Erlaubnis, ihren Sadismus (die Freude daran, nicht selbst Opfer sein zu müssen) auszuleben, zwar durch Schuldgefühle gehemmt, aber doch wirklich auszuleben. Auf den Videoaufnahmen zum Experiment sind in den Gesichtsausdrücken vieler Versuchspersonen und in seltsam verzerrten Ansätzen von Gelächter eindeutig Elemente von Vergnügen oder Lust zu erkennen [96].

Normalerweise entsteht die Lust am „bösen Handeln" aber nur dann, wenn „liebes Handeln", die Suche nach liebevoller Verbundenheit mit anderen, scheitert. Dies geschieht dann regelmäßig, wenn die persönliche Lebensgeschichte eine Erfahrung zementiert hat, die besagt, daß Liebe zu riskant sei, daß sie zu sehr ängstigt, um noch gewagt zu werden. Beziehungen des Hasses können in diesem Fall wie die Liebe den Einzelnen aus seiner Einsamkeit befreien, weil sie – anders als die Liebe – keine Auseinandersetzung mit der ängstigenden ambivalenten Komplexität unserer Gefühle erfordert. Deshalb bezeichnet Alford den Haß als „simulierte Liebe im Reich des Bösen" [97].

9.3 Verpaßte Auswege

Es ist nicht schwierig, sich vorzustellen, daß sich Freud mit seiner tiefen Angst vor dem Es einmal konfrontiert und dadurch zu einer freundschaftlicheren Beziehung zur instinkthaften Seite seines Wesens gefunden hätte. Mehrere Wege zu einer solchen Konfrontation wären denkbar gewesen. Jeder einzelne davon trug die Potenz in sich, zu mehr Befriedigung, Liebe und Liebesfähigkeit zu führen, aber jeder hätte ihn unweigerlich auch mit etwas konfrontiert, womit er nicht konfrontiert werden wollte: mit dem mit seiner Mutter verbundenen Anteil seiner unbewußten Gefühle von Wut und Haß. Wäre Freud nur einen der nachfolgend angeführten Wege konsequent weitergegangen, wäre er vermutlich glücklicher geworden. Hätte er einen solchen Schritt bereits früh in seinem Leben gewagt, wäre die Psychoanalyse wahrscheinlich nie entstanden; hätte er ihn erst spät gewagt, wäre uns der Schatz der Psychoanalyse, ihm aber auch ein glücklicheres Leben geschenkt worden. Leider wagte er es nicht.

9.3.1 Rhythmus und Musik

Wenn Hitschmann schrieb, daß Freud sich nicht für Musik interessierte, weil er sie als unverständliche Sprache betrachtete [98] und Martin Freud seinen Vater einfach als unmusikalisch bezeichnete [99], dann ließen sich wahrscheinlich beide von Freud täuschen, wenn dieser ab und zu mit seinem angeblich schlechten musikalischen Gehör fast prahlte [100]. Er liebte Opern, vor allem diejenigen von Mozart, bewunderte den Gesang von Yvette Guilbert und schätzte auch die Wiener Volkslieder, die er manchmal bei Manuskriptarbeiten mitsummte [101]. Der Musiker Mark Brunswick, Ehemann der Analytikerin Ruth Mack Brunswick, äußerte sich bewundernd über Freuds Gefühl für Opern: In den „Meistersingern von Nürnberg" habe Freud auf Details hingewiesen, die Mark nicht aufgefallen wären. Mark meinte, daß es unmöglich sei, Opern zu lieben und Musik nicht zu lieben [102].

Als Schriftsteller zeigte Freud ein ausgeprägtes Gefühl für Rhythmik, eine „klangliche und rhythmische Sensibilität", wie ihm Walter Muschg attestierte [103]. Freud setzte in seinem „Wortzauber" [104] Rhythmen und Muster so, daß sie mit den innersten Erfahrungen und der tiefen körperlichen Intuition von jedermann harmonieren [105]. Margolis meint, daß die Schönheit von Freuds Gebrauch der Worte einer Inkorporation der Musikalität seiner Mutter entstamme [106]. Freud verwendete gerne mit Musik verbundene Metaphern, so zum Beispiel 1914, als er Adler und Jung mit den Worten kritisierte, daß sie „aus der Symphonie des Weltgeschehens ein paar kulturelle Obertöne herausgehört und die urgewaltige Triebmelodie wieder einmal überhört" hätten [107].

Freuds Verhältnis zur Musik war aber hochambivalent. Er hatte schon als Jugendlicher dafür gesorgt, daß das Klavier seiner Schwester wieder aus dem Haus geschafft wurde, und als Vater lehnte er es ab, daß in seinem Haus musiziert wurde: Keines seiner Kinder lernte ein Instrument zu spielen – was im damaligen Wien ungewöhnlich war [108]. Freud fürchtete nämlich die Musik. Das ist auch nicht verwunderlich, denn von allen Künsten steht sie dem Es vielleicht am nächsten. Das Gehör ist in der menschlichen Entwicklung das erste funktionierende Sinnesorgan. Takt und Rhythmus sind kommunikative Verbindungen des werdenden Kindes im Mutterleib, und im ersten Lebensjahr sind Geräusche, Laute und Melodien – die musikalische Sprechart zwischen Erwachsenem und Kind – wichtiger als der Inhalt von Worten. Rhythmen und Musik können rasch in frühkindliche Gefühle und Stimmungen führen, eine Art von Verführung, die Freud fürchtete, weil sie zu Kontrollverlust und zur Auflösung von sichernden Grenzen führen können [109]. Freud hat selbst einmal gesagt, wer Musik gerne höre, befriedige ein tiefes Verlangen nach Rhythmus. Margolis fragte dazu: „Gibt es ein tieferes Verlangen nach Rhythmus als das, in den Armen der Mutter gewiegt oder sogar in ihrem Bauch getragen zu werden?" [110]. Reik spach von Freuds Angst, sich der „dunklen Macht" der Musik zu ergeben [111], eine Wortwahl, die stark an Freuds Bezeichnung des Weiblichen als „dark continent" erinnert.

Stefan Zweig erklärte Freuds Zurückhaltung gegenüber der Musik intellektuell: Freud habe Platons Meinung geteilt, daß die Musik dazu tendiere, die Reinheit der Gedanken zu stören [112]. Freuds eigene Erklärung war persönlicher:

> „... in der Musik, bin ich fast genußunfähig. Eine rationalistische oder vielleicht analytische Anlage sträubt sich in mir dagegen, daß ich ergriffen sein und dabei nicht wissen solle, warum ich es bin, und was mich ergreift." [113]

Und an Romain Rolland, den Mystiker, schrieb er:

> „Die Mystik ist mir ebenso verschlossen wie die Musik." [114]

Die Musik war ihm aber nicht verschlossen; er **hielt** sie unter Verschluß.

9.3.2 Tierliebe

Wie die meisten Juden seiner Generation war Freud wenig in Berührung mit Tieren gekommen, denn in der alten jüdischen Tradition wurde der Mensch weit über das Tier gestellt [115]. Sigmund hatte in jungen Jahren einmal auf einem Pferd gesessen, und es habe ihm nicht behagt [116]. Als Jugendlicher hatte er sich zwar über eine längere Zeit gerne mit einem Hund identifiziert (den „Cipio" aus Cervantes' Novelle), allerdings in einer stark anthropomorphisierten Version.

Im Juli 1925 kaufte Freud seiner Tochter Anna einen Schäferhund, „Wolf", damit sie ohne Gefahr allein in Wien spazierengehen konnte. Freud selbst gewann den Hund lieb, freute sich an seinen Possen und verwöhnte ihn tüchtig [117]. Wolf wurde zum ersten von mehreren Familienhunden, und im Mai 1926 begann Anna die alljährlich wiederholte Tradition, ihrem Vater zum Geburtstag ein Gedicht der Hunde (befestigt am Hundehalsband) zu überreichen [118]. Freuds Bindung an

Wolf wurde so stark, daß er nach dem tragischen Verlust seines Enkels Heinele (der nur drei Jahre nach seiner Mutter Sophie an Tuberkulose gestorben war) in einem Brief schrieb, daß ihm Wolf „fast das verlorene Heinele ersetzt" [119]. Im Jahre 1928 bekam er von Dorothy Burlingham (die damals mit ihren Kindern nur eine Etage höher im selben Haus wie die Freuds wohnte) einen eigenen Hund geschenkt: „Lün", ein Chow-Chow, „eine reizende chinesische Hündin", wie Freud Eitingon schrieb. Ein Jahr später, im August 1929, wollte Eva Rosenfeld Lün von Berchtesgaden nach Wien bringen, aber Lün riß sich los und wurde drei Tage später auf den Geleisen des Bahnhofs von Salzburg überfahren aufgefunden. Freuds Trauer war groß. Er schrieb: „Es ist der Qualität, wenn auch nicht der Intensität nach wie der Schmerz um ein verlorenes Kind" [120]. Anna hatte ihrem Vater sofort wieder „eine neue Lün" verschaffen wollen, aber Freud wollte das vorläufig nicht (vielleicht gab es einen Ersatzhund namens „Adda", der aber im Dezember 1929 auch gestorben wäre [121]). Im Frühjahr 1930 erhielt Freud jedoch einen neuen Chow-Chow: „Jofi", eine Schwester der verstorbenen Lün. Einen Monat später schrieb er Lou aus Berlin, wo Freud zur Anpassung neuer Prothesen weilte, während Jofi in einem Tierheim in Wien war:

> „Vor einigen Wochen (am 9. März) war Jo-Fi, eine Schwester von meiner verlorenen Lün, angekommen. Sie fehlt mir heute fast so wie die Zigarre, sie ist ein entzückendes kleines Geschöpf, so interessant, auch als Frauenzimmer, wild, triebhaft, zärtlich, intelligent und doch nicht so abhängig, wie andere Hunde sein können. Man wird den Respekt vor solchen Tierseelen nicht los." [122]

Jofi wurde ein wichtiger Teil in Freuds Leben und begleitete ihn überall hin. Martin Freud schrieb:

> „Jofi war Vaters Liebling und verließ ihn nie, nicht mal während er Patienten behandelte. Da lag sie bewegungslos neben dem Pult ... Vater behauptete ... daß er nie auf die Uhr schauen mußte, um festzustellen, wann die Behandlungsstunde zu Ende war. Wenn Jofi aufstand und gähnte, wußte er, daß die Stunde vorbei war ..." [123]

In den folgenden Jahren kamen noch weitere Hunde hinzu: Tatoun, Tatoun II, Fo, Lün (II). Drei Hunde starben, Lün, die Hündin, mußte weggegeben werden, weil sie sich mit Jofi nicht vertragen hatte, und als 1936 Annas „Wolf" eingeschläfert werden mußte, lebte nur noch Jofi in der Familie. Im Dezember schrieb Freud an Marie Bonaparte, als diese ihm ihr Manuskript des Büchleins über ihren Chow „Topsy" geschickt hatte [124]:

> „Es sind wirklich die Gründe, weshalb man ein Tier wie Topsy (oder Jofi) mit so merkwürdiger Tiefe lieben kann, die Zuneigung ohne Ambivalenz, die Vereinfachung des Lebens von dem schwer erträglichen Konflikt mit der Kultur befreit, die Schönheit einer in sich vollendeten Existenz. Und bei aller Fremdartigkeit der organischen Entwicklung doch das Gefühl einer innigen Verwandtschaft, einer unbestrittenen Zusam-

mengehörigkeit. Oft, wenn ich Jofi gestreichelt, habe ich mich dabei ertappt, eine Melodie zu summen, die ich ganz unmusikalischer Mensch als die Arie aus dem ‚Don Juan' erkennen mußte:

> Ein Band der Freundschaft
> Bindet uns beide ..."

Doch Jofi erkrankte, mußte im Januar 1937 wegen Zysten an beiden Eierstöcken operiert werden und starb einige Tage später. Freud schrieb:

> „Es ist ein höchst merkwürdiges Gefühl, sie war immer so selbstverständlich da und mit einem Mal ist sie nicht mehr da. Von aller Trauer abgesehen, ist es sehr unwahrscheinlich und man fragt sich, wann man sich daran gewöhnen wird. ... Aber natürlich, über 7 Jahre Intimität kommt man nicht so leicht hinweg." [125]

Jofi wurde sofort durch Lün, die Halbschwester Jofis, die einige Jahre vorher wegen Jofis Eifersucht weggegeben worden war, ersetzt [126]. Lün begleitete Freud 1938 in die Emigration, blieb seine treue Gefährtin und überlebte Freud um viele Jahre.

Wie kam es dazu, daß Freud, der auf Grund seiner Erziehung während der längsten Zeit seines Lebens kaum Beziehung zu Tieren entwickeln konnte, im Alter (ab seinem 69. Lebensjahr) eine so enge Freundschaft zu Hunden fand? Die zitierten Briefstellen haben die Antwort auf diese Frage schon angedeutet, eine Erklärung Freuds gegenüber seiner Tochter Anna verdeutlichte sie:

> „Hunde lieben ihre Freunde und beißen ihre Feinde, ganz anders als die Menschen, die reiner Liebe unfähig sind und jederzeit Liebe und Haß in ihren Objektbeziehungen mischen müssen." [127]

Freud war damals enttäuscht über die Menschen [128], weil er alles Menschliche stets auch als von Haß durchtränkt empfand, und sehnte sich nach der Begegnung mit Formen von Leben, die dem Konflikt mit der Kultur nicht ausgeliefert waren und deshalb Beziehungsmöglichkeiten ohne die verwirrenden emotionalen Ambivalenzen der Menschen zu versprechen schienen. In diesem Sinn hatte er seine Freude an Blumen einem Freund einmal mit den Worten erklärt: „Sie haben weder Charakter noch Komplexe" [129]. Tiere, besonders Hunde, aber auch Kinder repräsentierten für ihn diese Freiheit von der verfremdenden Kultur. In *Totem und Tabu* hatte er schon 1912 geschrieben:

> „Das Kind zeigt noch keine Spur von jenem Hochmut, welcher dann den erwachsenen Kulturmenschen bewegt, seine eigene Natur durch eine scharfe Grenzlinie von allem anderen Animalischen abzusetzen. Es gesteht dem Tiere ohne Bedenken die volle Ebenbürtigkeit zu; im ungehemmten Bekennen zu seinen Bedürfnissen fühlt es sich wohl dem Tiere verwandter als dem ihm wahrscheinlich rätselhaften Erwachsenen." [130]

Freuds Meinung, daß die Gefühle, die wir gegenüber Tieren und speziell gegenüber Hunden haben, von gleicher Qualität seien wie diejenigen gegenüber Kindern [131], bedeutete auch eine Hochschätzung der Kräfte des Es, denn diese entfalten sich frei, wenn die Kultur nicht oder noch nicht hemmend einwirkt. Waren Kinder und Hunde also diejenigen Geschöpfe, denen Freud auf einer tiefen emotionalen Ebene begegnen konnte? Konnte er im Kontakt mit ihnen seine eigenen Kräfte des Es angstfrei wahrzunehmen? Es scheint nicht so. Denn Freud hatte zwar Kinder gern, aber sie blieben ihm – wie in Kapitel 8.4.2 beschrieben – irgendwie fremd [132]. Und auch in Freuds Beziehungen zu seinen Hunden blieb eine Distanz bestehen. Clark schien das auch zu ahnen, wenn er seiner Beschreibung von Freuds Hundeliebe ohne weitere Erklärung anfügte: „Und doch fehlte etwas in seinem Empfinden für Tiere" [133]. Ein Zeichen für Freuds Distanz zu seinen Hunden war die Tatsache, daß in der Freudschen Familie die Hundenamen an spätere Generationen weitergegeben wurden: Lüns wurden durch Lüns, Jofis durch Jofis ersetzt, und die Namen der Hunde wurden auch unterschiedlich geschrieben [134]. Freud hat den Hunden kaum Individualität zugestanden. Sie waren für ihn eine Art „idealer Menschenersatz", aber nicht eigentlich individuelle Lebewesen. So könnte man in Anlehnung an Goethes *Faust* sagen, daß Freud in seinen letzten Jahren stets seinen „Pudel" mit sich geführt, die Chance aber verpaßt hat, sich auf dessen „Kern" einzulassen und aus dem Pudel einen Mephisto werden zu lassen.

9.3.3 Der Nabel des Traumes

Für Freud war der Traum, das menschliche Träumen, nicht das ihn am meisten faszinierende Objekt, sondern nur ein Instrument, das zu dem, was ihn anzog, führen könnte. Sein Interesse galt dem Unbekannten hinter dem Traum. Mit der von ihm geschaffenen Form der Traumdeutung fand er eine Möglichkeit zu erahnen, was hinter dem Traum verborgen sein könnte, und wichtige Teile der Bedeutung des Traumes für den Träumer zu entschlüsseln. Dies aber nur bis zu einer gewissen Grenze, denn häufig blieb die Traumdeutung unvollständig:

> „In den bestgedeuteten Träumen muß man oft eine Stelle im Dunkel lassen, weil man bei der Deutung merkt, daß dort ein Knäuel von Traumgedanken anhebt, der sich nicht entwirren will, aber auch zum Trauminhalt keine weiteren Beiträge geliefert hat. Dies ist dann der Nabel des Traums, die Stelle, an der er dem Unerkannten aufsitzt." [135]

Freud wußte aber genau, wohin die Schnur führte, von dem ein Nabel zeugt: vom Embryo zur Plazenta und zur Mutter. Der zum Säugling werdende Fötus verliert durch die Geburt seine Plazenta, einen Teil seiner selbst (die Plazenta wird aus embryonalem und nicht aus mütterlichem Gewebe gebildet), den Teil, der ihn zur Zweiheit, zum Sein mit einem Gegenüber befähigt und ihm – wie Sloterdijk sagt – als „Urbegleiter" eine erste Sphäre ermöglicht hatte [136]. Die Mutter ist deshalb nach der Geburt des Kindes vor die Aufgabe gestellt, dem Kind einen Ersatz für die verlorene Plazenta anzubieten: eine Beziehung und das Lernen von Beziehungsfähigkeit. Wenn das Kind diesen Ersatz nicht finden kann, richtet sich seine Sehnsucht nach dem Verlorenen immer wieder – oft lebenslang – auf die Person, die für die Vermittlung des Ersatzes verantwortlich war: auf die Mutter. Freud ahnte das, denn er selbst hatte ja Breuers Flucht vor der Einsicht in die Gesetze der Übertragung in dessen Behandlung von Anna O. mit den Worten kommentiert, daß Breuer den Schlüssel fallengelassen habe, der ihm den „Weg zu den Müttern" geöffnet hätte (vgl. Kapitel 8.3.2). Aber Freud konnte sich nicht erlauben, in den von ihm analysierten Träumen über den Nabel hinaus zur Geschichte von Nabelschnur und Plazenta vorzustoßen, weil ihn die Hexenseite seiner Mutter zu sehr ängstigte. Deutlichstes Beispiel dafür ist die Antwort, die er einer Patientin gab, als diese ihm erzählt hatte, wie sie durch einen Angsttraum rechtzeitig geweckt wurde, um ihr Kind aus einer lebensgefährlichen Lage zu befreien. Er sagte: „Was ist da verwunderlich? Die Nabelschnur zwischen einer Mutter und ihrem Erstgeborenen wird nie durchschnitten" [137]. Eine nie durchschnittene Nabelschnur bedeutet ewige Symbiose und ist das Bild der Angst vor der Individuation, eine Angst, die den Nabel, das Zeichen der durchschnittenen (oder abgefallenen) Nabelschnur, zum Tabu macht.

9.3.4 Der dunkle Kontinent der Frauen

Sigmund Freud war sein ganzes Leben lang besonders eng von Frauen umgeben. Eva Rosenfeld meinte, daß sich Freud mit den Frauen um sich herum immer wieder seine Kindheitssituation, in welcher er von fünf Schwestern umgeben war, erschaffen hatte [138]. Äußerlich gesehen schien sich Freud im Umgang mit Frauen sicherer zu fühlen als mit Männern, solange er ihnen mit der Galanterie des 19. Jahrhunderts begegnen konnte [139]. Wenn man aber daran denkt, wie unmöglich es ihm war, die Symbiose mit seiner Mutter aufzulösen, als wie schrecklich er den Anblick weiblicher Genitalien empfand, wie verstört er auf seine erste Verliebtheit reagierte und wie possessiv er die Beziehung zu seiner Ehefrau gestaltet hatte, dann wird schlagartig klar, daß seine Einstellung zu Frauen unter der Oberfläche brodeln mußte. Die Weiblichkeit, insbesondere die weibliche Sexualität, war das Zentrum von Freuds Interesse gewesen, lange bevor er die Psychoanalyse entwickelt hatte. Es waren hysterische Frauen, also genau die Patientinnen, die ihre sexuellen Nöte besonders provokativ zeigen, in deren Bann Freud die ersten Ansätze zu einer neuen Psychologie suchte [140]. Mit seinem von der weiblichen Sexualität ähnlich besessenen Freund Fließ tauschte er wildeste Phantasien über die Weiblichkeit aus –

[Es wimmelt] „im Briefwechsel zwischen den beiden Männern in Permanenz von Perioden und Menstruationsblut, von Wehenschmerz und Zyklusfragen, von Geburtsentwürfen ... Fruchtbarkeit und Empfängnisbereitschaft ..." [141]

– und fand schließlich zu einer Theorie über die psychosexuelle Entwicklung von Mädchen, die erschreckend ist: Wenn das Mädchen entdecke, daß es keinen Penis habe, verstehe es diesen Geschlechtsunterschied als Kastration, erlebe sich also als verstümmelt und entwickle Minderwertigkeitsgefühle, einen Penisneid und allgemein große Eifersucht gegen seine Brüder. Im Alter von etwa drei Jahren sei das Mädchen dann durch die ödipalen Kräfte gezwungen, seine erotische Bindung von der Mutter auf den Vater zu übertragen und:

> „Die Abwendung von der Mutter geschieht im Zeichen der Feindseligkeit, die Mutterbindung geht in Haß aus. Ein solcher Haß kann sehr auffällig werden und durchs ganze Leben anhalten, er kann später sorgfältig überkompensiert werden, in der Regel wird ein Teil von ihm überwunden, ein anderer Teil bleibt bestehen." [142]

Solche Beschreibungen klingen so unglaubwürdig, daß Krüll den Verdacht aussprach, Freud habe darin seine eigene, sehr spezifische sexuelle Traumatisierung verallgemeinert und die Erfahrungen anderer Menschen nicht einmal wahrgenommen [143]. Auch Stolorow [144] hält es für offensichtlich, daß Freud in seiner Beschreibung der psychosexuellen Entwicklung von Mädchen seine eigene unbewußte Feindseligkeit gegenüber seiner Mutter zum Ausdruck brachte:

> „Die Abwehrmechanismen, die Freud verwandte, um sein idealisiertes Bild der Mutter gegen das Aufsteigen eines tiefen unbewußten Ambivalenzkonfliktes zu bewahren, hinterließen ihre Zeichen in Freuds Theorie der psychosexuellen Entwicklung, in der die Quellen des Bösen internalisiert, Feindseligkeit auf den Vater verschoben und das abgespaltene Bild der bösen Mutter weitgehend in die Psychologie des Mädchens verbannt wurde." [145]

So verwundert es nicht, daß Freud auch die erwachsene Frau als Mangelwesen sah: ohne Penis, mit geringerem Intellekt, weniger Sinn für Gerechtigkeit, schwächeren sozialen Interessen [146], einfach „gegen den Mann zurückgeblieben" [147]. Die genitale Sexualität der Frau entwertete er, indem er behauptete, die Entwicklung der Frau erfordere, daß die Empfindlichkeit der Klitoris und damit ihre Bedeutung an die Vagina abgetreten werden soll [148]. Von der Gleichberechtigung der Frau hielt Freud nicht viel. Die Hauptfunktion der Frau bestand für ihn darin, für die Bedürfnisse des Mannes da zu sein [149], eine sanfte, tüchtige Hausfrau [150], „in jungen Jahren ein angebetetes Liebchen, und in reiferen ein geliebtes Weib" [151]. Karen Horney war die erste Psychoanalytikerin, die öffentlich – auf dem Kongreß 1922 in Berlin – gegen Freuds Frauenbild Stellung bezog und die Vermutung äußerte, daß es männlicher Narzißmus sei, wenn Psychoanalytiker meinen, daß Frauen mit ihrem Geschlecht unzufrieden seien [152]. Unterstützung erhielt Karen Horney von Melanie Klein und „etwas unerwartet" [153] von Ernest Jones. Die Wiener Analytikerinnen (Ruth Mack Brunswick, Jeanne Lampl-de Groot, Helene Deutsch) und später auch Marie Bonaparte unterstützten eher das Verständnis der Weiblichkeit ihres Meisters [154].

Freud hatte die meisten seiner frühen psychosexuellen Einsichten aus der therapeutischen Arbeit mit weiblichen Patienten gewonnen: Fünf seiner sechs ersten „Hauptfälle" waren Frauen, und bis zum Jahre 1900 umfaßten die von ihm publizierten Fälle 40 Frauen, 15 Männer und 22 weitere Patienten, deren Geschlecht nicht bekannt ist [155]. Unter diesen Umständen ist es erstaunlich, wie hilflos Freud sich in der Psychologie der Frau bewegte und fühlte:

> 1905 schrieb er, daß allein das Liebesleben des Mannes der Erforschung zugänglich sei, weil dasjenige der Frau (er sagt: des Weibes) „zum Teil infolge der Kulturverkümmerung, zum anderen Teil durch die konventionelle Verschwiegenheit und Unaufrichtigkeit der Frauen in ein noch undurchdringliches Dunkel gehüllt ist." [156]

> 1924 schrieb er zur psychosexuellen Entwicklung der Mädchen: „Im ganzen muß man aber zugestehen, daß unsere Einsichten in diese Entwicklungsvorgänge beim Mädchen unbefriedigend, lücken- und schattenhaft sind." [157]

> 1926 schrieb er: „… ist doch auch das Geschlechtsleben des erwachsenen Weibes ein **dark continent** für die Psychologie" [158], und kurze Zeit später an Marie Bonaparte: „Die große Frage, die nie beantwortet worden ist und die ich trotz dreißig Jahre langem Forschen in der weiblichen Seele nicht habe beantworten können, ist die: ‚Was will das Weib?'" [159]

Freuds berühmter Vergleich des Geschlechtslebens der Frau mit einem „dunklen Kontinent" hat einen interessanten Hintergrund: Als junger Mann hatte er Bücher über afrikanische Entdeckungsreisen verschlungen, darunter auch dasjenige von Henry M. Stanley mit dem Titel *Through the Dark Continent* [160]. Wenn man nun bedenkt, daß Stanley erst in späteren Jahren zu einem ernstzunehmenden Afrika-Forscher wurde, seine Berühmtheit aber in den siebziger Jahren als Sensations-Reporter des „New York Herald" erlangte, muß man sich fragen, von welchem Afrika-Bild Freud damals geprägt wurde. Stanley war 1869 von seinem Verleger beauftragt worden, den berühmten Afrika-Forscher und Arzt David Livingstone zu suchen, der seit drei Jahren verschollen war. Mit fast unbegrenzten Mitteln und einer riesigen Karawane bewegte sich Stanley durch den schwarzen Kontinent, bis er den Gesuchten im November 1871 in Ujiji, im heutigen Tansania fand. Das Buch, das Stanley danach schrieb (*Wie ich Livingstone fand*), wurde das bis heute vielleicht meistgelesene Buch der Entdeckungsgeschichte. Aber

> „… es ist ein eher dürftiges Buch. Vom Zauber Afrikas, von der Schönheit der Natur, vom Reiz der Fremde … schreibt Stanley kaum ein Wort. Und man wird den Eindruck nicht los, er sei stets außerordentlich mißmutig durch die Gegend gezogen, allzu bereit, an murrenden, schlappmachenden oder kranken Trägern ‚die vorzüglichen Eigenschaften einer guten Peitsche' zu erproben und dies dann auch noch lang und breit zu beschreiben." [161]

War Freuds Afrika-Bild das Bild der gewaltsamen Disziplinierung der Urkräfte? Hat er sein Frauenbild davon abgeleitet, so daß seine Erforschung des sexuellen Begehrens der Frau auf das Ziel ausgerichtet war, dieses zu „kolonialisieren" [162]? Jedenfalls hat Freud schon ganz früh die für ihn dunkle weibliche Sexualität zum Hauptobjekt seiner neuen Psychologie ausgewählt, aber bis zum Ende seines Lebens auch immer wieder betont, daß er gerade davon, von der weiblichen Sexualität, wenig verstehe. Den „dunklen Kontinent" der Frauen hielt er bis zuletzt im Dunkeln. Im „Abriß der Psychoanalyse" schrieb er 1938 ähnlich wie in seinen Worten zum Phänomen „Trauer" (vgl. Kap. 8.4.1) in voreiliger Verallgemeinerung:

> „In großer Rätselhaftigkeit erhebt sich vor uns die biologische Tatsache der Zweiheit der Geschlechter, ein Letztes für unsere Kenntnis, jeder Zurückführung auf Anderes trotzend." [163]

Die übertriebenen Erklärungen Freuds über die „Schattenhaftigkeit" des Weiblichen waren ein Selbstschutz:

> „Freuds Beteuerungen seiner Unwissenheit klingen beinahe gewollt, so als gäbe es, was Frauen anging, Dinge, die er auch gar nicht wissen wollte". [164]

Diese Dinge gab es: Die ambivalenten Gefühle gegenüber seiner Mutter und wie sich diese auf sein Leben ausgewirkt hatten, wollte Freud nicht näher kennenlernen.

Eigentlich wären bei Freud alle Bedingungen erfüllt gewesen, um aus ihm einen versteckten oder offenen Frauenfeind zu machen. Das war er aber nicht, denn er konnte Frauen – besonders intellektuelle und kultivierte Frauen – auch bewundern und ehrlich respektieren. 1908 hatte er in einer Zeitschrift der bürgerlichen Frauenbewegung einen Artikel publiziert, in welchem er offen die vor allem gegen Frauen gerichtete repressive Sexualmoral kritisierte [165]. Gegenüber der Berufstätigkeit von Frauen vertrat er liberale Ansichten [166], und in „seiner" Psychoanalyse konnten Frauen bis an die Spitze des Berufsstandes aufsteigen [167]. Die erste offizielle Analytikerin, Margarete Hilferding, war 1910 auf Freuds Vorschlag mit 12 gegen zwei Stimmen in die Wiener Vereinigung aufgenommen worden. 1930 waren international etwa 30 % aller psychoanalytischen Fachleute Frauen; in England betrug der Anteil der Analytikerinnen um 1940 herum sogar 40 % [168]. Obschon Freud in seinem privaten Leben ein Patriarch des 19. Jahrhunderts blieb, unterstützte er die Rechte von Frauen ... und viel mehr als das: Mit seiner Lehre gelang es ihm, eine Haltung in die von Männern dominierte Psychopathologie und Psychologie einzuführen, die man „feminin" nennen könnte, eine Haltung, die dem Subjektiven und Emotionalen gleich große Bedeutung beimißt wie der sachlichen Objektivität und der Vernunft. Freud hat mit seinem „Rekurs auf das Psychische und die Subjektivität des Menschen" und „mit seiner Privilegierung von Introspektion und Empathie" ein starkes antipatriarchales Element in die Psychoanalyse eingebaut [169]. Es gelang ihm, im Widerspruch zwischen seiner patriarchalen privaten Welt und seinem nicht-patriarchalen Handeln in der analytischen Praxis zu leben, aber nur zu einem doppelten Preis: einer inneren Spaltung, die ihm verunmöglichte, persönlich glücklich zu werden, und einem verlorenen Kampf um eine Theorie der Weiblichkeit. Er ahnte es, aber konnte es nicht verstehen: Nicht die Frauen sind verstümmelte Wesen, sondern Freuds Theorie der Weiblichkeit blieb verstümmelt. Freud hatte Angst vor den Frauen. Diese Angst läßt sich auf seine massive innere Abhängigkeit von seiner Mutter zurückführen. Aber ihre Ursache war weniger seine Abhängigkeit von der Mutter, sondern vor allem seine Entscheidung, seine Angst nicht genauer verstehen zu wollen, das heißt, den Schmerz zu vermeiden, dem er ausgesetzt worden wäre, wenn er sich diesem Thema gestellt hätte.

9.3.5 Ozeanische Gefühle

Sigmund Freuds ursprüngliche Einstellung zur Welt des Religiösen war vermutlich vorwiegend positiv geprägt: Seine Kinderfrau hatte ihn die aufregende, strenge, aber zuweilen auch versöhnliche Welt des Katholizismus erfahren lassen, sein bewunderter Vater hatte ihn mit Hilfe der Philippsonschen Bibel in eine aufgeschlossene Variante des Judentums eingeführt, und sein Religionslehrer Samuel Hammerschlag wurde für Freud zu einem bewunderten Lehrer, Freund und Wohltäter. Auch Freuds Erklärung, daß ihn ein Vortrag des (fälschlicherweise Goethe zugeschriebenen) Aufsatzes „Über die Natur" dazu bewogen habe, Medizin zu studieren, deutet auf eine Neigung zum Religiösen hin, denn dieser Aufsatz zeigt ein romantisches Bild der Natur als schöne, gütige Mutter, die ihren geliebten Kindern das Privileg der Erforschung ihrer Geheimnisse erlaubt [170]. Freuds emotionale Verhärtung in Folge der Verwirrung seiner erotischen Gefühle in der Beziehung zu Gisela Fluß führte dann aber zu einer immer stärker werdenden Distanzierung gegenüber dem Religiösen. Um die Jahrhundertwende hatten die damals prominentesten Soziologen, Max Weber und Emile Durkheim, maßgebende Werke über die Bedeutung der Religion veröffentlicht. Freud aber verschloß sich. Er erklärte 1907 in „Zwangshandlungen und Religionsübungen" die Religion zur „universellen Zwangsneurose" und die Neurose zur „individuellen Religiosität" [171]. Freud sah in der Religiosität nur noch die Aspekte der Angst und der Abwehr; die Aspekte der Liebe entgingen ihm [172]. Er betrachtete die Religion als Illusion (1927 publizierte er *Die Zukunft einer Illusion*). Er blieb Atheist, ein „in der Welt heimatloser Atheist", wie von Weizsäcker einmal sagte [173]. 1936 bezeichnete Freud die Religion immer noch als „Menschheitsneurose" [174], und noch im Jahr vor seinem Tode schrieb er:

> „Ich mache weder im Umgang noch in meinen Schriften ein Geheimnis daraus, daß ich ein durchaus Ungläubiger bin." [175]

Freuds jüdische Wurzeln hatten es ihm allerdings nicht leicht gemacht, sich in das symbiotische romantisch-mystische Denken, das von so vielen Menschen in Ost und West als Tor zur Religiosität benutzt wird, einzufühlen. Im orthodoxen Judentum ist das Prinzip der Trennung außerordentlich wichtig. Es gibt da viele „verbotene Mischungen", wie Chasseguet-Smirgel [176] – in Anlehnung an den Analytiker Woolf – am Beispiel des jüdischen Verbots, gleichzeitig Milch und Fleisch zu verzehren, erklärt. Der Grund dieses Verbots sei der heidnische Brauch gewesen, das Jungtier in der Milch seiner Mutter zu kochen, um es dadurch in den mütterlichen Schoß zurückzulegen. Dieses „Mutterrecht" habe das orthodoxe Judentum nicht dulden können. Alle biblischen Verbote beruhen auf dem Prinzip der Teilung und Trennung („nomos", das griechische Wort für „Gesetz", bedeutet: „das, was in Teile geteilt ist"), und in der jüdischen Religion umfaßt das Gesetz auch eine Trennung zwischen Gott und Mensch:

> „Gott darf nicht gesehen werden … Sein Name darf nicht ausgesprochen werden. Er darf nicht dargestellt werden. Er darf nicht erkannt werden. Die Vorstellung einer ‚Kommunion' mit Gott ist undenkbar. Mystische Verzückung oder Ekstase laufen dem Geist der jüdischen Religion zuwider, denn sie beinhalten die Vereinigung mit Gott. Es gibt kein natürliches Band zwischen Gott und den Menschen, nur einen Bund." [177]

Das Judentum ist eine patriarchale Religion und so kann alles Trennende als Repräsentant des Vaters betrachtet werden, der das Kind daran hindert, in den Mutterleib zurückzukehren [178]. Diese jüdische Tradition zusammen mit Freuds tiefer persönlichen ödipalen Angst vor der „mütterlichen Welt" wären Grund genug, daß Freud sich ganz und für immer vom Mystizismus abgewendet hätte. Aber Freud wäre nicht Freud – zu Ehren Freuds darf diese Formulierung oft wiederholt werden –, wenn er die Annäherung nicht doch immer wieder gesucht hätte. 1923 begann er eine intensive Brieffreundschaft mit dem französischen Schriftsteller Romain Rolland, der den Begriff „ozeanisches Gefühl" geprägt hatte. Im 1930 erschienenen Buch *Das Unbehagen in der Kultur* erklärte Freud den Begriff Rollands mit folgenden Worten.

> „Ein Gefühl, das er die Empfindung der ‚Ewigkeit' nennen möchte, ein Gefühl wie von etwas Unbegrenztem, Schrankenlosem, gleichsam ‚Ozeanischem'. Dies Gefühl sei eine rein subjektive Tatsache, kein Glaubenssatz; keine Zusicherung persönlicher Fortdauer knüpfe sich daran, aber es sei die Quelle der religiösen Energie, … ein Gefühl der unauflösbaren Verbundenheit, der Zusammengehörigkeit mit dem Ganzen der Außenwelt." [179]

Zwar hatte Rolland mit seinem Begriff „ozeanisches Gefühl" nicht etwas Neues beschrieben, sondern nur einen packenden Begriff für Erfahrungen geprägt, die in der deutschen Romantik allgegenwärtig waren. Freud wollte aber in Distanz zur Romantik bleiben (er behauptete, sein Bedürfnis nach Synthetischem sei gering [180]) und bestritt, je so etwas wie das „ozeanische Gefühl" selbst erlebt zu haben [181].

Freud zweifelte daran, daß das „ozeanische Gefühl" eine Erklärung für Religiosität sei; er sah in ihm nur das Ergebnis einer Regression in den kindlichen Narzißmus. Und davor hatte er Angst. Düe schrieb dazu:

„Ich vermute, daß sich für Freud der regressive Charakter des narzißtischen Erlebens mit dem Unheimlichen paart ... Fülle kann in Entmächtigung umschlagen und umgekehrt. In dieser Tiefe ist es nicht geheuer; man weiß nicht recht, auf was alles man dort stoßen kann. Es ist die Nächtlichkeit an der Ekstase, ... in der sich die Grenzen vermischen und in der die Einheit mit allem als Entmächtigung und als Tod erlebt werden kann. ... was Freud so zu fürchten scheint: den ‚Liebes-Tod' des Subjekts im ekstatischen Erleben." [182]

Was Freud nicht verstehen konnte, weil er es nie erfahren durfte – vielleicht die größte Tragik in Freuds Leben –, ist die Tatsache, daß symbiotische Gefühle und Gedanken intensivste Erlebnisse konstruktiver Art sein können und keineswegs zur Grenzauflösung der tatsächlichen Symbiose führen müssen: Die ‚symbiotischen Phantasien' von einigermaßen normalen Erwachsenen sind eine Sehnsucht nach Momenten innigster Bezogenheit mit höchstem Verständnis für und durch den anderen, höchste Übereinstimmung im Denken und Fühlen, nicht passiv, sondern von intensiver Aktivität geprägt: alles fließt, die Affekte, die Verbalisierungen, die Gebärden. Das Gefühl der Ich-Grenzen bleibt dabei intakt [183].

Ein kleines Stück „ozeanisches Gefühl" erlebte Freud allerdings gerade in seinem Kontakt zum Schöpfer dieses Begriffs, verursacht durch die äußerliche Verschiedenheit und die innerliche Ähnlichkeit der Kindheit der beiden Männer. Rolland war natürlich nicht zufällig Mystiker geworden. Eine symbiotische Verbindung zu seiner Mutter ließ ihn als Kind oft unter schweren Atembeschwerden leiden. Anders als Freud, der sein Mutter-Kind-Trauma durch Aversion zu überwinden suchte, fand Rolland eine Überlebensstrategie durch Anpassung, so daß er sich als Erwachsener in völliger geistiger Harmonie mit seiner Mutter fühlte:

„Man könnte sagen, daß Rolland die präödipale ‚böse Mutter' in einer lebenslangen Umarmung über seinen Mystizismus verleugnete, und zwar als halluzinierte, formlose, göttliche Mutter, die seinen verlorenen primären Narzißmus repräsentierte, während Freud die am stärksten traumatisierenden Aspekte seines frühen Lebens mit expliziter Aversion einfach isolierte." [184]

Freud schrieb 1931 Rolland einen Brief, der berührt:

„So nahe dem unvermeidlichen Lebensende, durch neuerliche Operation daran gemahnt, und da ich Sie kaum je wiedersehen werde, darf ich Ihnen gestehen, daß ich die geheimnisvolle Anziehung von Mensch zu Mensch kaum je so lebhaft verspürt habe, wie bei Ihnen, vielleicht mit der Erkenntnis all unserer Verschiedenheiten irgendwie verknüpft. Leben Sie wohl!" [185]

1936 widmete Freud den Aufsatz „Eine Erinnerungstäuschung auf der Akropolis" ausdrücklich seinem Freund Romain Rolland. Diese Handlung scheint gleichzeitig ein Dank an Rolland für dessen Einführung ins Ozeanische und ein letztes Eingeständnis zu sein, daß das Vertrauen in die auch konstruktiven Kräfte des Irrationalen für Freud nicht erreichbar war.

9.3.6 Hilfreiche Verführung

Freuds Denken war von einem fast zwanghaften Dualismus geprägt [186]. Jeder seiner gedanklichen Wege führte zu einer dualistischen Auffassung „zuerst der Seele, dann des Lebens und endlich des Universums" [187]. Jones schrieb: „Es ist, als ob Freud jedes Thema erst dann hätte bearbeiten können, wenn er es in zwei Gegensätze – und nie mehr als zwei – zerlegt hätte" [188]. Hinter diesem Drang zum Dualismus stand offensichtlich Freuds eigene ödipale Problematik, denn er vermied damit den Einfluß des Dritten, die „Triangulierung". Die Öffnung der Erfahrung auf den Dritten hin findet in der Entwicklung des Kindes nicht – wie Freud noch gemeint hatte – erst im Alter von zwei bis drei Jahren mit der „ödipalen Triangulierung", sondern schon vorher in der „frühen Triangulierung" statt, wenn ein Dritter, meist der Vater, hinzutritt und dem Kind die Möglichkeit bietet zu lernen, sich von seiner Mutter auch zu distanzieren [189]. Der Erfahrungsschritt von der Zwei zur Drei ist – wie Kierkegaard sagt – auch die Eröffnung des Zweifels und der Beginn der Ambivalenz. In der Zweiheit gibt es nur das Entweder-Oder; sobald man in die Dreiheit oder ins Mehrfache kommt, ist immer auch anderes möglich. Die Fähigkeit zum Zweifel stellt somit auch eine Grundbedingung der Freiheit dar. Freud blieb theoretisch wie in seinem privaten Leben irgendwie in der Zweiheit stecken. Es schien, als ob ihm die Erfahrung des Übergangs von der Zweiheit zur Dreiheit fehlte, denn er thematisierte diesen entscheidenden Schritt nicht klar und war ja auch gegenüber der Freiheit des Menschen äußerst mißtrauisch. Was fehlte denn da? Wessen bedarf es, um den Schritt von der Zwei zur Drei zu vollziehen? Was führt dazu, daß ein neues Gegenüber (neben der Mutter oder der Erinnerung an sie) entstehen kann, daß man mit dem Gegenüber Neues (auch neues Leben) schaffen kann? Die Sehnsucht der Menschen zur Vollständigkeit, so wie sie in dem von Platon berichteten (und von Freud einseitig verstandenen) Schöpfungsmythos der geteilten Kugelmenschen zum Ausdruck kommt, genügt nicht, um diesen Schritt zu vollziehen. Sehnsucht (oder Libido) allein bleibt intrapsychisch. Sie muß durch ein interpersonales Element ergänzt werden, damit die Öffnung zum Dritten möglich wird. Dieses zusätzliche Element kann mit den Worten „Verführung" und „Verführtwerden" bezeichnet werden.

Verführung ist etwas anderes als Mißbrauch. Schon im Zusammenhang mit Freuds „Verführungstheorie", aber auch heute mit der gesteigerten Wachsamkeit gegenüber dem sexuellen Mißbrauch von Kindern wurde und wird leider das Wort „Verführung" oft mit „Mißbrauch" gleichgesetzt. Diese Gleichsetzung führt zu lebensfeindlichen Haltungen, wie sie zum Beispiel in der modernen amerikanischen Gesetzespraxis zum Ausdruck kommt, wo alle Ansätze erotischer Verführung am Arbeitsplatz als „Belästigung" taxiert werden können, sofern nur jemand klagt. Auch Alice Miller, die sich vehement gegen den Mißbrauch von Kindern einsetzt, plädiert dafür, nicht von „Verführung", sondern von „Mißbrauch" zu sprechen, wenn man über den sexuellen und nicht-sexuellen Mißbrauch von Macht sprechen will [190]. Verführung ist ein wesentliches Element jeden Dialogs. Sie zu verbieten, wäre der Versuch, Dialog zu verbieten. Deshalb müßte wohl auch unser Standardbild von der „bösen Verführung", die Verführung von Adam und Eva durch die Schlange im Paradies, korrigiert werden: Der paradiesische Vorschlag, „nicht vom Baum der Erkenntnis zu essen", war eine Empfehlung und kein Verbot. Seine Bedeutung war: „Wenn ihr davon eßt, gibt es kein Zurück mehr, dann seid ihr ins Leben geworfen – mit dem ganzen Zweifel, der ganzen Ambivalenz und all den Schmerzen und Freuden des Lebens – und die Rückkehr ins Paradies ist nicht mehr möglich."

Wie geschieht Verführung? Offenbar entsteht sie aus einer Verlockung zur Auflösung von Zweiheit. Die Zahl zwei scheint die Potenz der Krise (chinesisch: „Gefahr" und „Chance") in sich zu tragen, vielleicht an der Schwelle zur Spaltung, Öffnung oder Wiedervereinigung. In der Natur sind Lippenformen, also zwei eine Öffnung umschließende wulstige Falten – eine Zweiheit, welche durch ihre Anordnung zur Dreiheit einlädt –, weit verbreitet und tragen durch ihre Farben und Lockstoffe zur Empfindung von Schönheit und Attraktivität der Quelle bei: Viele Blumen, aber auch die weiblichen Geschlechtsorgane von Tier und Mensch verlocken durch Lippenformen (beim Menschen auch durch andere doppelt angelegte Geschlechtsmerkmale wie Brüste, Gesäß, Oberschenkel, Bizeps und Hoden) zur Annäherung, sind eine Einladung zur Regression, zum Sich-Fallenlassen, zur Verführung. Andere sexuelle und nicht-sexuelle Eigenschaften des Gegenübers – wahrgenommene Ähnlichkeiten oder Komplementaritäten zu uns oder uns wichtigen frühen Bezugspersonen – bewirken während der Verführung wunderliche Mischungen von Idiosynkrasien und Generalisierungen:

„Was an einem Wesen entzückt, ... mag eine Gebärde betreffen, eine Gangart, Nackenlinie, einen Augenaufschlag, Tonfall, oder noch viel Äußerlicheres: immer scheint es *alles* zu sagen. Was es aussagt, enthält irgendwie mit in sich die besondere *Kontur* dieses Wesens ..." [191]

Freud wußte von der Existenz dieses Zwischenreichs der Verführung, nicht nur weil er sehr belesen war. Er ahnte, daß Verführen und Verführtwerden genuin zum Leben gehören, wies darauf hin, daß die Mutter durch die Körperpflege des Kindes zu dessen erster Verführerin wird [192], und hatte schon 1905 in seinem Werk *Der Witz und seine Beziehung zum Unbewußten* die Mechanismen sprachlicher Verführung (zum Lachen) aufgezeigt. Auch als Therapeut wurde er im Zusammenhang mit der Thematik von Übertragung und Gegenübertragung immer wieder mit der Verführung konfrontiert (in Form der Möglichkeiten der Verführung zwischen Therapeut und Patient und der Gefahr des Mißbrauchs von Patienten). Seine persönliche Auseinandersetzung mit dem Reich der Verführung hatte Freud aber nach den traumatischen Erlebnissen in seiner Beziehung zu Gisela als Jugendlicher weitgehend abgebrochen. Aus diesem Grund – so ist zu vermuten – hat er die Erotik, das direkteste Feld der Verführung, als Psychologe nie richtig zum Thema gemacht. Sloterdijk meint, daß Freud zwar die Sexualität „entdämonisiert", ihr aber zugleich auch allen erotischen Zauber ausgetrieben habe [193]. Tatsächlich hat Freud die Attraktivität von Patientinnen und Patienten nie lebendig beschrieben, weder optisch noch akustisch oder zum Beispiel olfaktorisch: Gerüche hat Freud in Fallbeschreibungen kaum je erwähnt, obschon seine Patienten und Patientinnen – und übrigens auch sein von Zigarrenqualm parfümiertes Behandlungszimmer – oft markant anziehend oder abstoßend gerochen haben mußten. Auch Körperhaltung, Bewegungsmuster oder nur schon die oft so vielsagende Art des Händedrucks waren für ihn keine berichtenswerten Merkmale seiner Begegnungen mit Patienten.

Freud wußte, daß Verführung stets in der Gegenwart, mit direktem Kontakt zur Vielfalt der eigenen Empfindungen und zu den Kräften des Es geschieht. Die Verführung (verführt zu werden) lockte ihn stets, aber er fürchtete den Schmerz der Enttäuschung. Eros ist tatsächlich nicht harmlos, sondern muß – so drückt es Rollo May aus – in der Gestalt des Dämonischen auftreten, um den Sieg davonzutragen [194]. Aber das Dämonische findet nur Einlaß, wenn Menschen sich ihm zeitweise anvertrauen. Daß das vermehrte „Sich-Gehenlassen", das „Sich-durch-das-Es-Führenlassen" nicht einfach Chaos bedeutet, sondern in neue Ordnungen führen kann, hat Freud genau gewußt, denn die von ihm in die analytische Technik eingeführte „freie Assoziation", die Grundregel, daß der Analysand ohne Zensur aussprechen soll, was ihm einfällt, ist auf diesem Wissen aufgebaut. Aber außerhalb der analytischen Situation hat Freud nie richtig Vertrauen in die Kräfte des „Es" gewinnen können. Verführung bedeutete für ihn seit der Kindheit Ausgeliefertsein und letztlich Mißbrauch. Deshalb machte er sich weitgehend „blind" gegenüber allen Arten von Verführung, so daß er nach dem Tod der erotischen Lou fast erstaunt feststellen mußte, daß er Lou „sehr gern gehabt" habe, aber „merkwürdigerweise ohne Spur sexueller Anziehung" [195].

Freuds Haltung gemahnt an Raphael, die Hauptfigur in dem Roman von Balzac, den Freud als letzte Lektüre vor seinem Tod gelesen hatte: Raphael wußte, daß er sich nie mehr von einer Frau verführen lassen durfte, weil jeder weitere empfundene Wunsch seine schon bedrohlich geschrumpfte Schicksalshaut (den mitgeführten Talisman) endgültig schrumpfen lassen und er sterben würde:

> „Raphaels Leben hing von einem bis dahin noch unverletzten Gelübde ab, das er sich selbst abgelegt; er hatte sich gelobt, nie eine Frau aufmerksam zu betrachten, und um sich gegen jede Versuchung zu schützen, trug er ein mikroskopisch genau und künstlich

geschliffenes Augenglas, das die Harmonie der schönsten Züge vernichtete und ihnen ein häßliches Aussehen gab." [196]

Als sich aber im Theater eine Unbekannte neben ihn setzte, zu welcher er sich natürlich nicht umdrehte, deren Marabufedern oder Haare aber ab und zu Raphaels Kopf berührten, regte sich in ihm ein wollüstiges Gefühl, gegen das er mutig ankämpfte:

„… bald empfand er die sanfte Berührung der Spitzenrüschen, die ihr Kleid einfaßten, bald ließ das Kleid wieder jenes frauliche Rauschen der Falten vernehmen, in dem ein sanfter Zauber liegt. Endlich teilte sich die unmerkliche Bewegung, in die das Atmen den Busen, den Rücken und die Kleider dieser hübschen Frau versetzt hatte, ihr ganzes anmutiges Leben Raphael mit, einem elektrischen Funken gleich … Ein durchdringendes Blütenparfüm berauschte Raphael vollends." [197]

Raphael konnte der Versuchung nicht widerstehen, Freud blieb standhaft.

10 | Tödlicher Ausgang

10.1 Warum Freud an Krebs erkrankte

Mit den vielen in den bisherigen Kapiteln erklärten Zusammenhängen zwischen Freuds Erleben und Verhalten kann nun versucht werden, seine Krebserkrankung in Beziehung zu den Erkenntnissen der modernen Psychoonkologie zu setzen. (Die Geschichte der Psychoonkologie ist mit ihren zentralen Theorien im Anhang unter „Argument 2" dargestellt). Die psychoonkologische Analyse von Freuds Leben soll hier in drei Schritten erfolgen: Zuerst wird Freuds psychosoziale Entwicklung auf dem Hintergrundraster eines Amalgams der wichtigsten tiefenpsychologisch orientierten onkologischen Theorien dargestellt. Danach wird die dabei wirksame zentrale Psychodynamik diskutiert, und schließlich soll versucht werden, die Frage zu beantworten, was Freud zu einer solchen Interpretation seiner Erkrankung wohl gesagt hätte.

10.1.1 Freuds psychosoziale Entwicklung vor dem Hintergrund tiefenpsychologischer Theorien der Psychoonkologie

Wenn man die zentralen Erkenntnisse der tiefenpsychologischen Pioniere der Psychoonkologie (vor allem Bahnson, LeShan, Kissen und Booth) zu einem Amalgam zusammenfaßt, präsentiert sich die Krebserkrankung psychosozial gesehen als ein mehrstufiger Prozeß mit – je nach Differenzierung – vier bis acht Stufen. Für die folgende Gegenüberstellung von Sigmund Freuds psychosozialer Entwicklung mit diesen Erkenntnissen wurde eine siebenstufige Darstellung gewählt, die es erlaubt, dem Ausgangspunkt der pathologischen Entwicklung – nämlich dem Narzißmus der das Kind betreuenden nächsten Bezugspersonen – und dem zentralen Prozeß der Selbstentfremdung genügend Gewicht zu verleihen.

1 *Narzißtische, wenig beschützende Eltern*
Eltern (oder ihre Ersatzpersonen), die aus eigener Selbstentfremdung heraus und wegen besonders belastender Lebensumstände so sehr mit sich selbst beschäftigt sind, daß sie das Kind wenig und wenig genau wahrnehmen, erkennen nicht, welche Art von Zuwendung das Kind zu welcher Zeit benötigt. In Momenten, in denen das Kind Bedürfnisse äußert, die sich von den Wünschen und Erwartungen der Eltern unterscheiden, erinnern sich solche Eltern sofort an ihre eigene Bedürftigkeit, sehen

im Kind einen Konkurrenten und unterlassen es deshalb, auf dessen Bedürfnisse einzugehen. Beim Kind entstehen Gefühle von Verlassenheit und Einsamkeit.

Freuds Eltern waren beide für den kleinen Sigmund wenig erreichbar. Amalie wegen ihrer eigenen Tuberkulose, der Krankheit ihres Bruders Julius, ihrer vermutlich belastenden Beziehung zum Stiefsohn Philipp, ihrer Entscheidung, einen doppelt so alten Mann zu heiraten, ihrem erst kürzlichen Umzug von der Stadt aufs Land, den engen Wohnverhältnissen und vielleicht auch wegen der Vorehelichkeit ihrer Schwangerschaft mit Sigmund; Jakob wegen beruflicher Verpflichtungen, wegen der Sorgen um die vermutlich intime Beziehung zwischen seinem Sohn Philipp und Amalie und vielleicht wegen des Schicksals seiner zweiten Frau Rebekka. Daß beide Eltern zugelassen (sogar veranlaßt) haben, daß Monika, die Kinderfrau, welche Sigmund liebgewonnen hatte, ihm weggenommen (angezeigt und verhaftet) wurde, zeigt, wie wenig sie sich in den kleinen Jungen hineinfühlen konnten oder wollten.

2 Selbstentfremdung

Als Selbstschutz gegen die schmerzliche Erfahrung, von den Eltern zurückgewiesen zu werden, beginnt das Kind seine nach Ausdruck drängenden Gefühle zurückzuhalten, besonders die Gefühle von Angst, Trauer und Wut, da diese Gefühle von narzißtischen Eltern stets als Bedrohung (als „unnötige Komplikation" würden sie sagen) erlebt werden. Da das Kind noch nicht fähig ist zu verstehen, was geschieht, insbesondere noch keine Vorstellung von der Begrenztheit (dem Narzißmus) der Eltern entwickeln kann, schreibt es die fehlende elterliche Wärme eigenem Versagen zu. In ihm entstehen quälende Schuldgefühle, weil es meint, die Liebe der Eltern nicht verdient zu haben. Statt Urvertrauen entstehen Gefühle der Verzweiflung. Um die Liebe der Eltern doch noch zu erringen, werden Vernunft und Leistung überbetont und das Bedürfnis nach Kontrolle jeglicher Art stark entwickelt, denn alles, was nicht unter Kontrolle ist, kann die verdrängten Gefühle wecken. Die Sehnsucht nach Liebe und die Angst vor der eigenen Wut werden zunehmend unbewußt.

Auf die frühe Selbstentfremdung Freuds muß aus den elterlichen Delegationsprozessen und aus Freuds späterem Beziehungsverhalten geschlossen werden. Seine unüberwindbare Hemmung als Jugendlicher gegenüber Gisela, seine allgemein große Angst vor der Sexualität, seine possessive Haltung gegenüber seiner Braut und später gegenüber seinen Schülern, seine geringe Fähigkeit, Kritik zu ertragen, seine Art des Versagens als Erzieher der eigenen Kinder und natürlich auch seine Einstellung als Erwachsener gegenüber seiner Mutter weisen auf eine frühe Verdrängung schwieriger Gefühle wie Wut, Angst, Schuld und Trauer hin.

3 Früher Objektverlust

Bei schwerer Erkrankung oder Tod eines Elternteils oder eines Geschwisters sowie bei Trennung der Eltern (oder wenn das Kind von den Eltern weggegeben wird) empfindet das kleine Kind Wut über das Im-Stich-gelassen-Werden. Gleichzeitig entwickelt es eine Angst vor der „Allmacht böser Gedanken", denn es weiß, daß es den Eltern oder dem Rivalen schon oft Böses gewünscht hat, und befürchtet, daß seine bösen Wünsche den Verlust der nahen Bezugsperson bewirkt haben. Wenn die das Kind umgebenden Erwachsenen von ihm Trauer und nicht Wut erwarten, ist es gezwungen, seine Wut noch besser zu verbergen. Wenn ihm das gelingt, verstärkt es damit seine Angst vor der eigenen unterdrückten Wut; wenn es ihm nicht gelingt, wird es als „böse" bezeichnet, glaubt bald selbst auch an diese Zuschreibung, und das Resultat ist dasselbe: Die Selbstentfremdung wird starrer und führt zur tieferen Verdrängung von „schwierigen" Gedanken und Gefühlen. Ab dem zweiten oder dritten Lebensjahr, mit der sich bildenden Möglichkeit, durch sprachliche Strukturierung Beziehungsobjekte genauer voneinander zu unterscheiden, werden Gefühle von Wut zielgerichteter: Wenn die nahen Bezugspersonen die Bedürfnisse des Kindes weiterhin mißachten, steigt Haß gegen sie auf. Gleichzeitig beginnt das Kind aber die Wut oder den Haß – weil es immer noch sein eigenes „fehlerhaftes" Verhalten als Ursache der zu wenig erhaltenen Zuwendung versteht – auch gegen sich selbst zu richten: Es bestraft sich für seine vermeintliche Unfähigkeit, liebenswürdig zu sein. Das Kind entwickelt die Überzeugung, daß zwischenmenschliche Beziehungen grundsätzlich gefährlich sind. Die Fähigkeit, enge Beziehungen einzugehen, wird geschädigt. Isolation und Einsamkeit nehmen zu.

> Unmittelbar vor Sigmunds Geburt war sein Großvater väterlicherseits gestorben. Als Sigmund dann knapp eineinhalbjährig war, kam sein Bruder Julius zur Welt. Fünf Monate später starb sein Onkel gleichen Namens (Amalies geliebter Bruder Julius), und nur einen Monat später starb Sigmunds Bruder Julius. Sigmund fühlte sich schuldig, weil er befürchtete, daß seine bösen Wünsche gegen den kleinen Bruder dessen Tod verursacht haben könnten. Er entwickelte eine große Angst vor der „Allmacht der Gedanken", der Macht der eigenen Wut. Der für ihn unerklärliche Verlust der geliebten Kinderfrau (für den er sich auch schuldig fühlte) und die rasch hintereinander geborenen jüngeren Geschwister verstärkten seine Gefühle von Wut, Schuld, Eifersucht und Einsamkeit. Als Jugendlicher und junger Erwachsener fühlte er sich anders als andere, ohne „leichten Sinn", einsam, teilweise orientierungslos.

4 Objektfixierung

Im frühen oder mittleren Erwachsenenleben kann es geschehen, daß der sich selbst entfremdete Mensch in einer Beziehung zu einem „Objekt" (einer Verbundenheit zu einem anderen Menschen, einer sozialen Karriere, einer Aufgabe) plötzlich die Chance erkennt, seine Einsamkeit zu beenden. Er macht dann diese Beziehung zum Zentrum seines Lebens, denn sie allein scheint das Gefühl des Angenommenwerdens durch andere zu versprechen, sie allein scheint zur ersehnten Liebe zu führen. Die Überkompensation der zuvor gespürten Leere (durch Flucht in Arbeit oder durch Aufopferung für ein edles Ziel) ermöglicht ein relativ stabiles Gleichgewicht. Die Entfremdung wird zur inneren Spaltung. Angst, Trauer und Wut, aber auch das Genießen, Freude, Lust, Liebe und Ekstase werden nicht mehr oder nur schattenhaft, in sublimierten Abstraktionen erlebt, denn auch die willkommenen und ersehnten Emotionen sind nur erlebbar, wenn die Kontrolle gelockert wird, und tragen deshalb die Potenz in sich, gefürchtete Emotionen zu wecken. Damit gerät das Individuum nach der oralen Deprivation (dem Mangel an emotionaler „Nahrung") in eine anale Fixierung, in Zwanghaftigkeit. Orale Deprivation und anale Fixierung ergeben zusammen mit der durch Ängste gelähmten Aufmerksamkeit für die Bedürfnisse des eigenen Körpers auch eine „ideale" Basis für die Entwicklung von Suchtverhalten (Nikotin, Alkohol, Opiate …).

> Schon früh zeigte Freud einen Drang dazu, Weltbewegendes leisten zu müssen. Sein Bedürfnis nach Kontrolle (seiner eigenen Emotionen, der Objekte seiner Wißbegierde, aber auch der Menschen, mit denen er in naher Beziehung stand) war in allen Lebensabschnitten ausgeprägt. Glücklich fühlte er sich selten, einsam oder von einem „Dämon" getrieben oft. Er entwickelte die Sucht des Rauchens. In seinem fünften Lebensjahrzehnt fand er dann das „Objekt", für das es sich lohnte sich aufzuopfern: die Arbeit an der Entwicklung „seiner" Psychoanalyse.

5 Zweiter Objektverlust

Wenn die zentrale „fixierte" Objektbeziehung bis zum Ende des Lebens fortbestehen kann, bietet sie ausreichend Stabilität, um dem Individuum zu erlauben, in dem von ihm kontrollierten Spielraum weiterzuleben, ohne je in den Strudel seiner abgespaltenen Gefühle gerissen zu werden. Wenn die fixierte Objektbeziehung aber einmal zusammenbricht, wird das Individuum in eine Situation geworfen, die als Auslöser der Entwicklung eines malignen Tumors betrachtet werden kann. Als Ursachen für das Zusammenbrechen der fixierten Objektbeziehung treten folgende Faktoren einzeln oder kombiniert auf:

- **realer Verlust des Objektes**: Tod des Menschen, an welchen die zentrale Beziehung geknüpft war, oder Scheitern in der gesetzten hohen Aufgabe (oder die Mission für die alles geopfert wurde, wird durch unbestritten kompetente Leute entwertet oder durch andere Kräfte – zum Beispiel politische Entwicklungen – behindert);
- Verlust der Objektbeziehung durch **abnehmende Vitalität**: Der Prozeß des Alterns kann zu einer Situation führen, in welcher das betroffene Individuum nicht mehr fähig ist, seine eigenen Leistungserwartungen zu erfüllen;

- Verlust der Objektbeziehung durch **erkannte reale Schuld**: Wenn der innere Druck, alles und alle weitgehend kontrollieren zu müssen, zur Manipulation anderer Menschen geführt hat und dies dem Manipulierenden allmählich oder plötzlich bewußt wird, entstehen starke Schuldgefühle, welche die fixierte Objektbeziehung entwerten.

Nach dem Verlust des fixierten Objekts steht nicht die Trauer über das verlorene Objekt, sondern die narzißtische Kränkung über den Kontrollverlust im Vordergrund.

Sigmund Freud hat das Objekt, an das er sich fixiert hatte – die Entwicklung der Psychoanalyse –, nicht in dem Sinne verloren, daß die Psychoanalyse untergegangen wäre. Nach dem Ersten Weltkrieg sorgte er sich aber sehr um den Fortbestand seiner Lehre, sah keinen idealen persönlichen Nachfolger (mit allen möglichen Kandidaten hatte er sich nacheinander zerstritten) und wurde 1920 durch den Tod von Anton von Freund, einem entscheidenden Gönner, auch von der Hoffnung enttäuscht, die finanzielle Bedrängnis „seiner" Bewegung zu überwinden. Nur fünf Tage nach Antons Tod erlitt Freud den schwersten Verlust seines Lebens: Seine geliebte Tochter Sophie starb in der Grippeepidemie. Eine Woche später schrieb Freud:
„Ganz tief unten wittere ich das Gefühl einer tiefen, nicht verwindbaren narzißtischen Kränkung." [1]

Allmählich begann er auch zu realisieren, wie unglücklich und unlösbar er seine Tochter Anna an sich gebunden hatte. 1922 schrieb er Lou:
„Ich bedaure sie längst, daß sie noch im Hause bei den Alten sitzt ..., aber andererseits, wenn sie wirklich fortginge, würde ich mich so verarmt fühlen wie z.B. jetzt, wie wenn ich das Rauchen aufgeben müßte. ... Und darum bei all diesen unlösbaren Konflikten ist es gut, daß das Leben irgendwann ein Ende nimmt."[2]

Zusätzlich spürte er, daß es seinem Sohn Martin nicht gelungen war, befriedigende zwischenmenschliche Beziehungen aufzubauen. Die Summe all dieser Traumata und Belastungen ab 1920 kann als Auslöser des malignen Tumorwachstums bei Sigmund Freud verstanden werden.

6 Hilflosigkeit und Hoffnungslosigkeit

Wenn es nicht gelingt, eine neue zentrale Objektbeziehung zu errichten, weil die Kraft dazu nicht mehr ausreicht oder weil sich kein neues Objekt anbietet, steigen Gefühle von Hilflosigkeit auf und wecken die verdrängten frühkindlichen Gefühle von Verlassenheit und Verzweiflung. Die tief vergrabene Wut gegen die frühen wachstumshemmenden Kräfte richten sich – gemäß der kindlichen Logik, wonach man selbst verschuldet hat, woran man leidet – in noch stärkerem Ausmaß gegen sich selbst. Unbewußter Selbsthaß und Hilflosigkeit führen zu Gefühlen der Hoffnungslosigkeit. Die subjektive Lebensenergie nimmt weiter ab, und die Sehnsucht nach dem Tod nimmt zu.

Sigmund Freud gelang es nicht, eine neue zentrale Objektbeziehung zu errichten. Er begann sich hoffnungslos zu fühlen. Die Angst vor dem Alter, insbesonders vor altersbedingtem intellektuellem Kontrollverlust, hatte ihn schon in früheren Lebensphasen stark beschäftigt. Sie wurde neu aktiviert und paarte sich mit einer Sehnsucht nach dem Tod. 1922 leitete er den Brief, in welchem er Arthur Schnitzler seine Doppelgängerscheu bekannte, mit folgenden Worten ein:
„Verehrter Herr Doktor. Nun sind Sie auch beim sechzigsten Jahrestag angekommen, während ich, um sechs Jahr älter, der Lebensgrenze nahe gerückt bin und erwarten darf, bald das Ende vom fünften Akt dieser ziemlich unverständlichen und nicht immer amüsanten Komödie zu sehen." [3]

7 *Selbstdestruktion*
Das Tumorwachstum beginnt als Konsequenz der gegen sich selbst gerichteten Aggression (u.a. in Form der Selbstschädigung durch Suchtverhalten), der durch die Hoffnungslosigkeit reduzierten Immunabwehr und der Sehnsucht nach dem Tod, vielleicht sogar als letzter Versuch, die individuelle Identität durch ein neues, paralleles Wachstum zu retten.

Die Krebserkrankung Sigmund Freuds wurde im April 1923 diagnostiziert.
Freuds Immunsystem war durch die mehrfachen schweren Enttäuschungen (narzißtischen Verletzungen) drei Jahre zuvor, Freuds Unfähigkeit zum Aufbau einer neuen zentralen Objektbeziehung und die danach folgende Steigerung der Gefühle von Bedrükkung und Hoffnungslosigkeit entscheidend geschwächt worden. Die dadurch reduzierte Aktivität der DNS-Reparaturenzyme reichte dann nicht mehr aus, um die von krebsauslösenden Substanzen – bei Freud vor allem Schadstoffe des Zigarrenrauches – bewirkten Fehler in der DNS einiger Zellen der Mundschleimhaut zu beheben, so daß sich der maligne Tumor allmählich vergrößerte.

10.1.2 Die entscheidende Kausalkette
Die zentrale Psychodynamik in dem oben dargestellten mehrstufigen psychosozialen Modell der Entwicklung einer Krebserkrankung basiert einerseits auf dem zweiphasigen Objektverlust und andererseits auf der Wirkkette „Selbstentfremdung – verdrängter Haß – Selbsthaß – Selbstdestruktion". Der ursprünglich soziologisch verwendete Begriff **„Entfremdung"** bedeutet „Verlust der Bindung zu natürlich Zugehörigem". In der Psychologie wurde der Begriff durch Karen Horneys Arbeiten über die Entfremdung vom eigenen Selbst bedeutungsvoll. Sie beschrieb den Prozeß zur Selbstentfremdung mit folgenden Worten:

> „Durch mancherlei ungünstige Einflüsse kann es ... einem Kind verwehrt sein, sich in Übereinstimmung mit seinen individuellen Bedürfnissen und Möglichkeiten zu entwickeln. ... Faßt man [diese Einflüsse] zusammen, so ergibt sich als Kernpunkt immer die Tatsache, daß die Menschen in der Umgebung des Kindes zu sehr in ihren eigenen Neurosen befangen sind, um das Kind lieben oder sogar als das besondere Individuum, das es doch ist, begreifen zu können. Ihre Haltung dem Kind gegenüber wird von den eigenen neurotischen Bedürfnissen und Reaktionen bestimmt. ... Die Eltern können herrschsüchtig, überängstlich, reizbar, übermäßig anspruchsvoll oder unberechenbar sein; sie können andere Kinder bevorzugen, heuchlerisch oder gleichgültig sein ... Als Folge entwickelt das Kind kein Zusammengehörigkeitsgefühl, kein Gefühl des ‚wir', sondern eine tiefe Unsicherheit und vage Furcht, für die ich den Ausdruck ‚Grundangst' verwende. Diese Grundangst ist das Gefühl des Kindes, isoliert und hilflos in einer Welt zu sein, die es als latent feindlich empfindet." [4]

Dadurch, daß Sicherheit für das Kind so zum drängendsten Bedürfnis wird, verlieren seine innersten Gedanken und Gefühle an Wichtigkeit, werden zum Schweigen gebracht und verstummen. Es kommt nicht mehr darauf an, was das Kind fühlt und denkt – Hauptsache ist, es ist sicher. Befriedigung wird damit aber nur noch durch die Phantasie möglich. Das Kind schafft sich ein idealisiertes Bild seines Selbst, während sein wahres Selbst am Wachstum gehindert wird. Oft enthält das idealisierte Selbstbild alle Werthaltungen, „welche die zwanghafte Mutter implantiert hat":

> „Es ist, als ob die narzißtische Mutter ihrem Kind gesagt hätte: ‚Du hast zwei Freunde, nämlich dich selbst und mich, und nun mußt du zwischen beiden wählen, weil Du nicht beiden dienen kannst!' ... Das Kind muß in seiner Hilflosigkeit die Mutter wählen. Da es damit sein wahres Selbst verliert, muß es einen Ersatz finden, ein ‚falsches', ein ‚idealisiertes Selbst' erschaffen, abgestimmt auf die Bedürfnisse der Mutter." [5]

Alle Kräfte, die nach Selbstverwirklichung drängen, werden nun auf das Streben verlagert, das idealisierte Selbst zu verwirklichen. Horney nennt dies **„die Suche nach Ruhm und Ehre"** [6]. Benette weist darauf hin, wie die Verarmung der tieferen Identität des Selbst zur Hypertrophie der Ichfunktionen führt, und zitiert dazu den Philosophen Kierkegaard, der aufzeige, daß diese Hypertrophie zu Hoffnungslosigkeit, Sinnlosigkeit und Schuld führe [7]. Die „Schuld der Entfremdung" sei dabei das „Scheitern an der Liebe". Der Entfremdungsprozeß, der zum „idealisierten Selbst" und später – weil dieses mit der Zeit nicht mehr als Phantasiebild erkannt wird – zum „falschen Selbst" führt, zeigt spezielle orale und anale Aspekte, die bei Krebskranken oft besonders gut erkennbar sind, ähnlich wie Boss vom Magengeschwür geschrieben hat:

„Das Geschwür *verweist* auf Aggression, Ansprüche und ein ‚verstimmtes In-der-Welt-Sein', das in Gestalt von Hunger und Gier die innere Einsamkeit übertönen will und damit an sich selbst und an den Mitmenschen gleichsam vorbeilebt." [8]

Auch der Alltagsausdruck vom „Krebs, der frißt" verweist auf den oralen Hintergrund, auf die Dynamik von Fressen und Gefressenwerden (Jones hatte von Freuds Krebs geschrieben, daß er „sein Leben wegfraß" [9]). Booth stellt die anale Fixierung in den Vordergrund: Der zwanghaften analen Persönlichkeitsstruktur, welche „zur Krebserkrankung disponiere", entspreche eine besonders intensive Individualisierung der Lebensführung und ein geringes Maß an Offenheit für Einflüsse von anderen Menschen [10]. Grunberger sieht im analen Aspekt der Selbstenfremdung eine Weiche in der Ausrichtung tiefer Pathologie: Narzißmus ohne reale triebhafte Elemente führe zum Wahn, narzißtische nicht integrierte Analität zur Somatisation [11]. Das mögliche fatale Ende einer solchen Entwicklung vollzieht sich – so meint Booth – manchmal auch unter Einverständnis des Betroffenen, nämlich dann, wenn dieser sich bewußt geworden ist, daß sein Kampf um Kontrolle auch zu realer Schuld geführt hat: Wenn die anale Objektbeziehung bewußte, reale Schuld erzeugt hat, sterben die Patienten eher, als daß sie die Ursprünge ihrer Schuldgefühle aufdecken würden, besonders dann, wenn nichts sie aus der Zwangslage führen könnte [12].

Das dynamische Zentrum der neurotischen Selbstentfremdung wird durch die Unterdrückung aggressiver Impulse gebildet. Da sie vom selbstentfremdeten Menschen als nur destruktiv (und deshalb „böse") beurteilt werden, genügt die bewußte Kontrolle über sie nicht; sie müssen aus dem Bewußtsein verdrängt werden. Im Unbewußten bleiben sie aber nicht nur existent, sondern entwickeln eine Eigendynamik. Ihr Ziel, das Individuum zu befähigen, zuzupacken (aggredi = heranschreiten) oder Distanz zu schaffen, kann wegen der Verdrängung kaum mehr erreicht werden. Die so zielgehemmten aggressiven Impulse verwandeln sich dadurch in ihre extremste Form, den **Haß**, genauer: in das (unbewußte) Bedürfnis zu hassen [13]. Dieser Haß ist zunächst auf andere gerichtet. Der Entfremdungsschritt der „Suche nach Ruhm und Ehre" lenkt ihn aber allmählich um auf das Individuum selbst. Das „idealisierte Selbst" besteht ja aus einer großen Menge von Geboten und Verboten, aus vielen „Solls", die unter Mißachtung aller äußeren und inneren Gegebenheiten befolgt werden müssen:

„Die Voraussetzung, unter der die Solls wirken, ist, daß nichts für den Betreffenden unmöglich sein sollte oder unmöglich ist. Wenn das so ist, müssen gegebene Bedingungen logischerweise nicht untersucht und geprüft werden. … Was geschieht [aber] einem Menschen, wenn er erkennt, daß er seinen inneren Geboten nicht genügt? … Er beginnt, sich selbst zu hassen und zu verachten." [14]

Der so entstandene **Selbsthaß** kann der Beginn zur Selbstzerstörung sein und scheint ein psychodynamisches Zentrum der Karzinogenese darzustellen [15]. Selbstschädigende Verhaltensweisen, insbesondere Süchte (Nikotin, Alkohol) tragen zum Selbstzerstörungsprozeß bei. Die narzißtische Verletzung, die nie überwunden werden konnte, wird definitiv zum Zentrum des Lebens gemacht, indem nach der verlorenen Schlacht die Identifikation mit dem Feind durch Inkorporation als scheinbar letzte mögliche Existenzweise bleibt.

Die Einverleibung des Objekts entspricht nach Freud der frühesten vertrauten Sexualorganisation, die „oral" oder auch „kannibalisch" genannt wird [16]. Booth erkannte die Tendenz zu diesem Rückschritt im Beziehungsstil vieler Krebskranker:

„Krebspatienten zeichnen sich durch das Vorherrschen autistischer Objektbeziehungen aus. Der Organismus strebt dabei vorwiegend nach Situationen, in welchen er belebte und unbelebte Objekte in seine eigene Existenzform einverleiben kann. Die Verdauungssphäre ist für diese Tendenz besonders bedeutsam, weil sie externes Material chemisch so auflösen kann, daß es in den eigenen Organismus aufgenommen werden kann. Gleichzeitig wird Material, das nicht aufgenommen werden kann, ausgeschieden. Auf der Ebene des psychischen Funktionierens wurde dieser psycho-biologische Typus von Freud als ‚analer Charakter' bezeichnet. In menschlichen Beziehungen bestehen diese Personen auf ihren Rechten und erlauben sich selbst nicht, von anderen beeinflußt zu werden. Die Sexualität [dient ihnen nur] zum Selbstausdruck. Da der Geschlechtsakt, biologisch gesehen, unumgänglich auf gegenseitiger Abhängigkeit beruht, erleben sie ihn als Bedrohung des Ichs." [17]

Sigmund Freuds Kindheit, seine Züge von Zwanghaftigkeit, seine Art der dialogischen Beziehungsstörung, seine persönliche Einstellung zur Sexualität und nicht zuletzt auch seine chronischen Verdauungsprobleme passen gut in dieses Muster.

Das Wachstum einer bösartigen Geschwulst ist keine Krankheit im üblichen Sinn. Es ist eher ein zum normalen Leben parallel ablaufendes Leben eines Zellverbandes [18]. Die Krebszellen verhalten sich wie Keimzellen, welche über die Keimbahn die Kontinuität des Lebens, also eine relative (über das Individuum hinausreichende) Unsterblichkeit garantieren. Das maß- und grenzenlose Wachstum von Krebsgewebe, das keine Rücksicht auf die Abhängigkeit zu seinem Wirt nimmt (und schließlich mit und letztlich durch ihn stirbt), erscheint wie eine Ansammlung grandioser, sich unsterblich haltender Einzelwesen, so daß es gar nicht so abwegig scheint, die Krebszelle auch als Individuum zu betrachten, wie das zum Beispiel Groddeck [19] und Dethlefsen [20] tun. Dethlefsens poetisch-magische Beschreibung des „Denkfehlers", den der moderne Mensch und die Krebszelle gemeinsam haben, beeindruckt jedenfalls durch ihre irgendwie einleuchtende Verbindung der Phänomene „Grandiosität", „Krebs" und „Liebe":

„Der Denkfehler liegt in der Unterscheidung zwischen Ich und Du. So entsteht die Illusion, man könne als Ich gerade dadurch besonders gut überleben, daß man das Du opfert und als Nährboden benützt. In Wirklichkeit läßt sich aber das Schicksal von Ich und Du, von Teil und Ganzem nicht trennen. Der Tod, den die Krebszelle dem Organismus einbrockt, wird auch zu ihrem eigenen Tod, so, wie beispielsweise der Tod der Umwelt unseren eigenen Tod mit einschließt. Doch die Krebszelle glaubt an ein von ihr getrenntes Außen, wie die Menschen an ein Außen glauben. Dieser Glaube ist tödlich. Das Heilmittel heißt Liebe. Liebe macht heil, weil sie die Abgrenzung öffnet und das andere hereinläßt, ... Liebe fürchtet auch den Tod nicht – denn Liebe ist Leben. Wer diese Liebe im Bewußtsein nicht lebt, schwebt in Gefahr, daß seine Liebe in die Körperlichkeit sinkt und hier ihre Gesetze als Krebs zu verwirklichen sucht: Auch die Krebszelle überwindet alle Grenzen und Schranken. Der Krebs hebt die Individualität der Organe auf. Auch der Krebs dehnt sich auf alles aus und macht vor nichts halt (Metastasierung). Auch die Krebszelle fürchtet den Tod nicht. ... Krebs ist das Symptom der mißverstandenen Liebe. Krebs hat nur Respekt vor der wahren Liebe. Symbol der wahren Liebe ist das Herz. Das Herz ist das einzige Organ, das vom Krebs nicht befallen werden kann!" [21]

Die Krebserkrankung ist eine Regression, eine „Entdifferenzierung" auf psychischer und somatischer Ebene [22]. Der in der frühesten Kindheit errungene Entwicklungsschritt der Desomatisierung (vgl. „Argument 1"), durch welchen mehr und mehr vegetative Entladungen und willkürliche Handlungen durch Gedanken ersetzt werden (Denken als Probehandeln), wird in einer Resomatisierung rückgängig gemacht [23]. Zellen, die zu Krebszellen werden, regredieren, indem sie ihre Differenzierung verlieren. Sie lassen sich in vielen ihrer Stoffwechselvorgänge mit frühen Embryonalzellen vergleichen [24] und entsprechen in ihrer ungebremsten Reproduktion und Verbreitung dem Muster der nichtsexuellen (oder vorsexuellen) Fortpflanzung, „einer längst überwundenen phylogenetischen Vergangenheit" [25]. Diese Parallele weckt die Idee, daß der Krebs für den Kranken neben der bewußt erlebten Zerstörung unbewußt auch eine letzte Hoffnung auf Rettung bedeuten kann: die Hoffnung, weiter als in den Mutterleib [26] bis ins Meer [27] oder auch noch darüber hinaus bis ins Anorganische zu einer Existenzform zu regredieren, in welcher sich individuelle und phylogenetische Sehnsucht „Jenseits des Lustprinzips" [28] treffen. Bahnson meinte, viele Antworten von Krebspatienten in Rorschach-Studien hätten die Hypothese gestützt,

> „... daß Krebspatienten den Tumor zur gleichen Zeit, in der sie ihn als Katastrophe und Zerstörung fürchten, unbewußt als einen phylogenetisch alten, regenerativen Prozeß erleben." [29]

Aus der Sicht der Analytischen Psychologie von C. G. Jung entsteht die Krebserkrankung, wenn das Persönlichkeitswachstum, die Individuation, zum Stillstand kommt, so daß sich – vermutete Grinker [30] – das Wachstumspotential der in der psychischen Entwicklung blockierten Menschen nur noch auf eine isolierte Zellgruppe ausrichtet. In diesem Sinn wäre die Krebserkrankung der Versuch zum ultimativen Individuationsschritt.

Die Selbstentfremdung, welche am Anfang der entscheidenden psychosozialen Kausalkette zur Krebserkrankung steht, hat nicht nur Freuds Leben, sondern auch sein Werk geprägt. Denn seine Metapsychologie war selbst eine „Anthropologie des entfremdeten Menschen" [31], in welcher die Existenz von „progressiven" Tendenzen teleologischer Natur geleugnet wird [32].

10.2 Warum erkrankte Freud an einem Tumor der Mundhöhlenschleimhaut?

Sigmund Freud erkrankte an einem Plattenepithelkarzinom der Mundhöhlenschleimhaut am Oberkiefer rechts. Vom Zellaufbau her gesehen war dies keine ungewöhnliche Art von Krebs, denn 85 % aller Malignome sind Haut- und Schleimhautkrebse. Allerdings könnte die Häufigkeit dieser „Gewebewahl" auch auf eine psychologische Ähnlichkeit vieler Krebskranken hindeuten: Die Tatsache, daß die meisten Tumore Epithelialtumore sind, könnte darauf hindeuten, daß es sich bei diesen Erkrankungen um Kontakt- und Abgrenzungsphänomene handelt, denn die Haut ist unser bedeutendstes Schutz- oder Abgrenzungsorgan und zugleich unser größtes Kontaktorgan. Die Haut schützt uns vor Verletzungen, vor Wärme- und Flüssigkeitsverlust und enthält ein hochdifferenziertes Netz von Informationsempfängern: eine Million Druck- und Berührungspunkte, eine Million Schmerzpunkte, 250.000 Kältepunkte und 30.000 Wärmepunkte. Die hervorragende psychische Bedeutung der Haut ist uns allen bewußt: Zärtliche Berührungen können bei Kindern und Erwachsenen kleine Wunder bewirken, und für den Säugling ist das In-den-Armen-Gehaltenwerden, wenn möglich mit Kontakt zur stillenden Brust, eine Voraussetzung zum Gedeihen. Montague, der die Haut neben dem Gehirn als das wichtigste unserer organischen Systeme bezeichnet, spricht von „der Seele der Haut" [33], Morris übertitelte eines seiner Bücher mit *Liebe geht durch die Haut* [34] und Anzieu widmete ein Buch dem „Haut-Ich", das er als Bild versteht, mit dessen Hilfe das Ich des Kindes während früher Entwicklungsphasen – ausgehend von der Erfahrung der Körperoberfläche – eine Vorstellung von sich selbst entwickeln kann [35]. **Hautkrankheiten** wie Akne (Talgdrüsenerkrankung), Ekzeme (Juckflechten), Herpes (als Reizbläschen oder Gürtelrose) oder Urtikaria (Nesselfieber) stehen in engem Zusammenhang zu Lebensstreß und zu Gefühlsäußerungen, sind oft Resultat von Konversionsmechanismen [36] oder Zeichen von narzißtischen Konflikten und mangelhafter Ich-Strukturierung [37]. Schnelles Erröten oder zwanghaftes Kratzen bis zur schweren Selbstschädigung der Haut können im Zusammenhang mit unterdrückter oder gegen sich selbst gewendeter Aggressivität verstanden werden. Die heute große Verbreitung der Hautkrankheiten, insbesondere der allergischen, welche auf einer unangepaßten Immunreaktion beruhen, muß als Zeichen der Bedrohung des Gleichgewichts zwischen den Menschen und zwischen Mensch und Umwelt in unserer modernen Welt betrachtet werden.

Die Schleimhaut (Mucosa) ist nun noch eine ganz besondere Art von Haut: Sie besteht aus oberflächlichem Epithel mit darunterliegendem Bindegewebe – im Magen-Darm-Trakt noch mit einer dünnen Muskelschicht ergänzt – und kleidet alle Hohlorgane aus. Ihr Epithel enthält Drüsen, deren Schleim die Oberfläche gleitfähig macht und vor mechanischen, thermischen und chemischen Reizen schützt. Sie hat antimikrobiellen Effekt für Fremdkeime und dient außer dem Schutz auch der Stoffaufnahme und -abgabe. Da alle Wege, die von außen ins Innere des Individuums führen (oder umgekehrt), durch Schleimhäute ausgekleidet sind, kann in ihnen leicht die Verbindung zu unseren Ursprüngen erkannt werden: Alles Leben ist ursprünglich aus dem Meer entstanden, ein Milieu, das den damaligen Lebewesen alle Geborgenheit bieten konnte und auch die Fortpflanzung ohne spezielle „Einrichtungen" ermöglichte (Fische benötigen keine äußeren Sexualorgane). Als die Tiere dann vor 400 Millionen Jahren aufs Land kamen, verloren sie das freundliche Meeresmilieu und mußten gegen die drohende Austrocknung Schale, Hornhaut oder Panzer und für die Überbrückung der Isolation Sexualorgane entwickeln. Die mit Schleimhäuten ausgekleideten Verbindungen zur Außenwelt ermöglichten ihnen, daß ihre inneren Lebensprozesse immer noch in wäßrigem Milieu stattfinden konnten, so wie es noch heute ist, auch bei uns Menschen (unser Körper besteht zu 60 – 65 % aus Wasser). Phylogenetisch gesehen ist also die Heimat allen Lebens das Wasser, ontogenetisch gesehen (aus der Sicht der Entwicklung des Einzelwesens) ebenfalls, auch für den Menschen. Befruchtung findet im wäßrigen Milieu zwischen schützenden Schleimhäuten statt, die befruchtete Eizelle vermag sich nur in einem ausgewogenen Sekret in der Gebärmutter einzunisten („Nidation", ein schönes Wort [38]), und der Embryo gedeiht nur im Schutz des Fruchtwassers. Ernst Haeckel hatte 1866 erstmals auf diese Parallele aufmerksam gemacht: „die Ontogenesis [ist] eine kurze und schnelle Wiederholung der Phylogenesis" [39]. Sigmund Freud war ein großer Anhänger dieser Sichtweise und ergänzte sie durch ein eigenes Element, in welchem er die Erwerbung des aufrechten Gangs mit der Veränderung der Bedeutung des Geruchssinnes verband [40]. Daß die Schleimhäute den Weg zum Ursprung des Lebens – phylogenetisch zum Meer, ontogenetisch zum Fruchtwasser – repräsentieren, ist vielleicht der tiefere Grund, warum der zwischenmenschliche Kontakt zwischen Schleimhäuten emotional so intensiv wirken kann, bei Abstoßung als Ekel und bei Anziehung als Lust beim Küssen (insbesondere beim Zungenkuß) und bei der geschlechtlichen Vereinigung. Eros habe deshalb – so sprach Georg Groddeck [41] – die höchste Leistung des Menschen, die Vereinigung von Mann und Weib und die Schöpfung des Neuen, an das Naßwerden zwischen den Schenkeln gebunden.

Die Mundschleimhaut ist nun unter den Schleimhäuten wiederum eine ganz besondere Schleimhaut. Sie hat neben den sekretorischen, protektiven und resorptiven Aufgaben auch für die Lebensqualität des Individuums bedeutungsvolle sinnesphysiologische Aufgaben zu erfüllen und nimmt an zentralen motorischen Funktionen teil (Sprechen, Kauen, Schlucken). Die Funktionen anderer Teile des Mundes (der Lippen, Zähne und der muskulösen Zunge) ergänzen die hervorragenden Eigenschaften der Mundschleimhaut zu einem komplexen Funktionsmechanismus, der dem Mund eine einzigartige Bedeutung verleiht. Zur Zeit der Geburt ist der Saugreflex eine der sichersten Reaktionen des Säuglings, und das Saugen ist seine erste aktiv koordinierte Muskeltätigkeit. Die **Mundhöhle** (Spitz nennt sie „**Urhöhle**") ist für den Säugling das Zentrum einer ersten Annäherung an das Leben auf dem Weg der Einverleibung [42], eine Wahrnehmungszone, in der sich die Elemente der inneren und der äußeren Wahrnehmung vereinigen:

> „Hier beginnt vermutlich alle Wahrnehmung, und die Mundhöhle erhält damit die Funktion einer Brücke vom primären ‚Empfangen' der aus dem Körperinnern stammenden Reize zum äußeren Wahrnehmen." [43]

Eine besondere Rolle in dieser Entdeckung des Unterschieds von Innen und Außen spielt die **Zunge**. Neben ihren sensorischen Qualitäten (der Wahrnehmung von Druck, Temperatur und der verschiedenen Geschmacksrichtungen) zeichnet sie sich als beweglichster Muskel unseres Organismus aus (der Repräsentanzbereich der Zunge in der menschlichen Hirnrinde ist besonders groß), wirkt aber als Tast- und Prüforgan zum großen Teil indirekt, indem sie das zu prüfende Material an die Schleimhaut der Mundhöhle preßt, welche dann durch ihre Signale zum Erlebnis von Wahrnehmungen der Mundhöhle führt. Diese Vermittlerrolle der Zunge könnte eine Erklärung für den häufigen Mangel an bewußter Aufmerksamkeit gegenüber der Zunge sein [44]. Zur Unterscheidung von Innen und Außen trägt die Zunge dadurch bei, daß sie durch Lecken der Lippenregion zum Gefühl des sich abkühlenden Speichels führt [45].

Der **Wechsel zwischen Feuchtigkeit und Trockenheit in der Mundhöhle** muß für den Säugling größte Bedeutung haben, denn in der Gebärmutter war seine Mundhöhle wie auch sein Kehlkopf ständig von Fruchtwasser umspült. Nach der Geburt trocknet der dauernde Luftstrom die Schleimhäute aus (die Speicheldrüsen funktionieren erst verspätet), so daß die Trockenheit des Mundbereichs vermutlich eines der ersten Unlusterlebnisse des Säuglings ist [46]. In der Dynamik zwischen lustvoller Entspannung bei der Aufnahme flüssiger Nahrung und der Bedürfnisspannung in relativer Trockenheit lernt der Säugling die „Toleranz der Versagung" [47], die Fähigkeit zu warten und Spannungen zu ertragen.

Das kleine Kind hält den Mund für den Eingang der Seele – und glaubt, der Arzt könne dort alle Geheimnisse sehen [48]. Von allem Anfang an ist der Mund ein

Werkzeug und eine Schutzwehr, wie Groddeck in seinem Beitrag „Vom Mund und dessen Seele" schreibt:

> „Von vornherein mache ich ... aufmerksam, daß das Wort Mund im Deutschen auch Schutz bedeutet (Vormund) ... Die Verteidigungswerke des Mundes und der Mundteile werden nach beiden Seiten hin gebraucht. Sie prüfen, was von außen in das Innere des Menschen hineingeht und was von innen nach außen drängt ... Zusammenpressen der Lippen oder der Zähne tritt schon im frühesten Kindesalter ein, wenn die Nahrungsaufnahme verweigert wird, ebenso bekannt ist es aber, daß es Empfindungsäußerungen, vor allem solche der Wut, verhindern soll." [49]

Eine wesentliche Erweiterung der Bedeutung des Mundes ergibt sich dann durch den Erwerb der Sprachfähigkeit: Die vielfältigen Bewegungsmöglichkeiten des Mundes erlauben die Bildung hochdifferenzierter und individueller Geräusch- und Klangmuster. Weiter ist der Mund auch Quelle von optischer Stimulation: Die rote Ausstülpung der Mundschleimhaut zu der Form der Lippen wird mit ihrer Umschließung einer zentralen Öffnung sowie ihrer Schwellung und Rötung bei Erregung als Nachahmung der Schamlippen empfunden [50] – durch Auftragen von Rouge manchmal noch betont. Gemäß Volksmeinung kann man nach der Größe des Mundes der Frau sogar die Größe ihres Scheideneingangs beurteilen [51]. Jedenfalls hat unter den Erwachsenen vieler Völker die Oralerotik einen hohen Stellenwert [52]. Ebenfalls weit verbreitet ist eine den Mund betreffende Gewohnheit, die bei vielen zur Sucht führt: das Rauchen. Es wird unter Tiefenpsychologen oft als Zeichen einer fixierten oralen Sexualität verstanden, hat vermutlich aber als „orale Intimität" [53] meist eine noch tiefergehende Bedeutung, wie Sandler einleuchtend erklärt: Es gibt auch ein ‚Geborgenheits-Saugen', das nicht der Nahrungsaufnahme dient. Es ist sinnlich genußvoll, aber nicht oral-sexuell: Unter Streß kann Zuflucht zu einer Tätigkeit genommen werden, die wie ein Vorgang von (sexueller) Triebbefriedigung erscheint, aber deshalb geschieht, weil dabei die Wiederholung eines früheren Geborgenheitsgefühls vermittelt wird.

> „Allzu rasch bringt man Rauchen und Daumenlutschen in Verbindung mit oralen sexuellen und aggressiven Triebäußerungen, obwohl es sich dabei ebensogut um Versuche handeln kann, gefühlsmäßig und phantasiehaft die Sicherheit bietende psychische Beziehung zum Geborgenheit spendenden Objekt der frühesten Kindheit wiederherzustellen." [54]

Sigmund Freuds Worte nach wenigen Wochen Nikotinabstinenz im Jahre 1894 klingen stark nach diesem Geborgenheitssaugen:

> „... habe ich tatsächlich von damals an (es sind heute drei Wochen) nichts Warmes mehr zwischen den Lippen gehabt ..." [55]

Die tiefere Bedeutung des Rauchens bezieht sich auf die „vor-orale" Welt, auf den Übergang zwischen dem Leben im Fruchtwasser und dem Leben in der Luft. Bei der Geburt begegnen wir als erstes der Luft, erst danach kommen die Milch und die Zärtlichkeit. Die Luft ist aber kein Objekt, sondern ein Medium, das Nachfolge-Element des verlorenen Fruchtwassers, eine nicht einverleibbare Nahrung (Thomas Macho [56]). Deshalb scheint es so, als drücke das süchtige Rauchen ein tiefes Mißtrauen aus, als wolle man sich mit der durch den inhalierten Rauch markierten Luft vergewissern, daß die Luft, die man lebensnotwendig braucht, auch da ist.

Freuds Rauchleidenschaft war der Zigarre gewidmet, der

> „Superwarze des Geschäftsmannes, deren Mundstück schön rund und glatt geformt ist. Mit stiller Andacht wird diese glatte ‚blinde' Warze unter Verwendung eines Spezialinstruments gekappt und eingeschnitten, damit der behaglich warme Strom der Rauch-Milch noch besser fließe." [57]

Die Zigarre läßt sich durch ihre Form besonders leicht auch als Penissymbol erkennen, und tatsächlich wird dem Rauchen auch genitale Bedeutung zugesprochen, wie kürzlich der amerikanische Präsident demonstrierte und früher in den einschlägigen Etablissements von Paris zu erfahren war: Es gehörte zum „bon goût", die Zigarre vor dem Rauchen durch eine Vulva zu ziehen. Eine Mischung von Genitalität und präoraler Geborgenheit stellten früher die Herren- und Raucherzimmer dar, kleine Kultursphären, die durch die breiten Anti-Raucher-Feldzüge so weit geächtet wurden, daß ihre modernen Varianten in einigen Flughäfen zu hermetisch abgeschlossenen, klimatisierten Kammern wurden, vollverglast, damit die rauchenden Sünder an diesem zeitgemäßen Pranger auch öffentlich erkannt werden können. Noch nicht ausgestorben sind jedoch die immer noch verrauchten (gemütlichen oder verruchten?) Spelunken.

Wie schon erwähnt hat sich Freud nie differenziert über die Hintergründe seines Rauchens geäußert. Über die Bedeutung der Mundhöhle hat er allerdings Markantes mitgeteilt. Ausgehend von der Beobachtung des von ihm als „Perversionsneigung" bezeichneten Sexualverhaltens von Hysterikerinnen, hatte er 1905 in den *Drei Abhandlungen zur Sexualtheorie* den Begriff „erogene Zonen" eingeführt und erklärt:

> „Bei den Perversionsneigungen, die für Mundhöhle und Afteröffnung sexuelle Bedeutung in Anspruch nehmen, ist die Rolle der erogenen Zone ohneweiters ersichtlich. Dieselbe benimmt sich in jeder Hinsicht wie ein Stück des Geschlechtsapparates. Bei der Hysterie werden diese Körperstellen und die von ihnen ausgehenden Schleimhauttrakte in ganz ähnlicher Weise der Sitz von neuen Sensationen und Innervationsänderungen – ja von Vorgängen, die man der Erektion vergleichen kann – wie die eigentlichen Genitalien unter den Erregungen der normalen Geschlechtsvorgänge." [58]

10.2 Warum erkrankte Freud an einem Tumor der Mundhöhlenschleimhaut?

Freud erkannte die Existenz erogener Zonen beim Säugling und beschrieb, wie sich der Autoerotismus aus dem Lutschen, der lustvollen Berührung mit dem Mund, entwickelt:

> „Es ist ... deutlich, daß die Handlung des lutschenden Kindes durch das Suchen nach einer – bereits erlebten und nun erinnerten – Lust bestimmt wird. Durch das rhythmische Saugen an einer Haut- oder Schleimhautstelle findet es dann im einfachsten Falle die Befriedigung. Es ist auch leicht zu erraten, bei welchen Anlässen das Kind die ersten Erfahrungen dieser Lust gemacht hat, die es nun zu erneuern strebt. Die erste und lebenswichtigste Tätigkeit des Kindes, das Saugen an der Mutterbrust (oder an ihren Surrogaten), muß es bereits mit dieser Lust vertraut gemacht haben. Wir würden sagen, die Lippen des Kindes haben sich benommen wie eine *erogene Zone*, und die Reizung durch den warmen Milchstrom war wohl die Ursache der Lustempfindung." [59]

> „Das *Ludeln* oder *Lutschen*, das schon beim Säugling auftritt und bis in die Jahre der Reife fortgesetzt werden oder sich durchs ganze Leben erhalten kann, besteht in einer rhythmisch wiederholten saugenden Berührung mit dem Munde (den Lippen), wobei der Zweck der Nahrungsaufnahme ausgeschlossen ist. ... Nicht selten kombiniert sich mit dem Wonnesaugen die reibende Berührung gewisser empfindlicher Körperstellen, der Brust, der äußeren Genitalien. Auf diesem Wege gelangen viele Kinder vom Ludeln zur Masturbation." [60]

Solche Textstellen bringen in Erinnerung, daß der Ort, wo bei Sigmund Freud ein Krebsgeschwür zu wuchern begann, schon am Anfang der Entwicklung der Psychoanalyse im Zentrum von Freuds Interesse stand: Die von ihm erkannte Bedeutung der kindlichen Mundschleimhäute war Ausgangspunkt seiner Lehre zur infantilen Sexualität. Schon fünf Jahre früher, in der *Traumdeutung*, hatte er in einer Fußnote eine Andeutung gemacht, die zeigt, daß er den Mund als die Stelle erkannt hatte, die „zu den Müttern", also zu der Sphäre führt, die für ihn sein Leben lang so anziehend und gleichzeitig so furchterregend bleiben sollte. In der Analyse des Irma-Traumes war Irmas Mund für Freud nämlich der Auslöser seiner Idee vom „Nabel des Traumes" (vgl. Kapitel 9.3.3.):

> „Ich habe ... meine Patientin Irma mit zwei anderen Personen verglichen, die sich gleichfalls der Behandlung sträuben würden .... Ich halte nämlich Irma für unklug, weil sie meine Lösung nicht akzeptiert. Die andere wäre klüger, würde also eher nachgeben. *Der Mund geht dann auch gut auf;* sie würde mehr erzählen als Irma.[1]
>
> [1] Ich ahne, daß die Deutung dieses Stücks nicht weit genug geführt ist, um allem verborgenen Sinn zu folgen. Wollte ich die Vergleichung der drei Frauen fortsetzen, so käme ich weit ab. – Jeder Traum hat mindestens eine Stelle, an welcher er unergründlich ist, gleichsam einen Nabel, durch den er mit dem Unerkannten zusammenhängt." [61]

Freuds bösartiger Tumor, die Hypertrophie der Schleimhaut (mit Entdifferenzierung der Zellen und destruierendem Tiefenwachstum) in Freuds Mundhöhle könnte einer Hypertrophie von Freuds Schleimhautbedürfnis entsprechen, dem Bedürfnis nach der allerfrühesten Form von Begegnung, phylogenetisch beschrieben als Begegnung auf der Ebene der „Meereshaut". Daseinsanalytiker vertreten die Ansicht,

> „... daß immer nur solche leiblichen Daseinsbereiche Störungen zeigen, die dem jeweils in krankhafter Weise steckengebliebenen Weltbezug ... unmittelbar zugehören ..." [62]

Übereinstimmend mit Mitscherlichs Konzept der „zweiphasigen Abwehr" [63] hatte Freud sein frühes Kindheitstrauma zunächst durch neurotische Symptombildung zu bewältigen versucht: durch Abspaltung von Gefühlen und durch Leistungszwang, insbesondere aber auch durch eine Tendenz, alles, was ihm (an Informationen und Wissen) dargeboten wurde, aufzunehmen und zu verschlingen [64]. Nach dem Zusammenbruch dieser Stütze innerer Stabilität (um 1920 herum) mußte der Abwehrvorgang dann auf der dem Konflikt zugeordneten körperlichen Ebene einsetzen. Das verbindende Glied zwischen den beiden Phasen der Abwehr ist nach Freuds eigenem libidotheoretischem Modell die Erotisierung des betreffenden Körperteils. Damit ist ein Rückzug der Libido vom früheren Objekt auf ein Körperorgan und die Errichtung einer Beziehung zu diesem Organ gemeint, die der Beziehung zum früheren Objekt entspricht [65]. Das Ziel solcher Erotisierung ist es, nach dem Verlust der Hoffnung auf die Neugestaltung von befriedigenden Außenbeziehungen den Schmerz und den Haß erträglich zu machen, wenn möglich sogar Unlust in Lust zu verwandeln [66]. Freud hatte diesen Mechanismus selbst genau beschrieben, allerdings im Zusammenhang mit der Depression: Der Depressive verwandle einen Teil seines Selbst in das verlorene Objekt und richte die früher dem Objekt geltenden ambivalenten Gefühle nun gegen sich selbst [67]. Booth stellte fest, daß diese psychodynamische Beschreibung unverändert auf Krebspatienten angewendet werden könne [68] und der Tumor deshalb das internalisierte verlorene Objekt repräsentiere [69].

Verwirrenderweise wird der Tumor aber gleichzeitig auch als „tote Zone" im Körperselbst erlebt [70], ähnlich wie bei den Artefaktpatienten (Patienten, die sich selbst verletzen oder Krankheiten aktiv provozieren), und wird deshalb – wie ein artifiziell eingebrachter toter Fremdkörper – auch als zu bekämpfender Feind betrachtet. Freuds Schwanken zwischen den Ausdrücken „mein liebes Karzinom" und „der unheimliche Prozeß" kann als Ausdruck dieser Doppelbedeutung verstanden werden. Die abspaltende Bedeutung des Tumors als „tote Zone" nährt zusammen mit der Todesangst und den vernunftmäßigen Überlegungen zu den Überlebenschancen die Motivation des Krebspatienten, sich „Opferungsszenarien" unterziehen zu lassen, in welchen „der böse Tumor" durch Chirurgie entfernt oder durch Radio- und Chemotherapie zerstört wird [71]. Zudem erlaubt das Verständnis des Tumors als „tote

10.2 Warum erkrankte Freud an einem Tumor der Mundhöhlenschleimhaut?

Zone" und „zu bekämpfender Feind", die durch die Krebserkrankung und die invasive Therapie entstandenen oft großen Körperschäden [72] dem als negativ phantasierten Körperteil zuzuschreiben (als ob er selbst die Destruktionen angerichtet hätte). **Die chirurgische Bekämpfung des Tumors** kann vor diesem Hintergrund selbst symbolische Bedeutung erlangen und zu einer positiven psychotherapeutischen Wirkung führen, indem sie die Erotisierung des betreffenden Organs reduziert und den Patienten dadurch befähigt, befreiter zu einer gesunden postoperativen Orientierung beizutragen [73]. Anderseits reaktivieren Hautläsionen im Kopfbereich – unabhängig von ihrer ursprünglichen Ätiologie – immer wieder auch unbewußte erotische Konflikte [74] und werden dadurch leicht zum Ort für künftige Konversionsreaktionen [75], so daß sich die Bilanz der durch die Chirurgie bewirkten psychischen Belastungen und Entlastungen in hohem Maß interindividuell unterscheidet.

Wie weit Sigmund Freud seinen Tumor als „tote Zone" und seinen Körper als „gespalten" erlebt hat, läßt sich nicht feststellen. Vielleicht spürte aber Kobler, der bewundernde Biograph von Freuds Mutter, etwas von dieser Spaltung, als er den Satz schreiben wollte:

„Von dem Augenblick an, da die Familie Freud nach Wien zog ... bis zu Amalies Tode in hohem Greisenalter teilten sie ihr Leben miteinander...",

aber – wie schon zitiert – tatsächlich schrieb:

„... teilte sie das Leben ihres Sohnes ..." [76]

Eine interessante Parallele zwischen Freuds Namen und der Lokalisation seiner Krebserkrankung diskutierte Helen Puner [77]: Der Vorname „Sigmund" verbindet „Sieg" und „Mund". Stimme und Sprache seien Erweiterungen des Mundes, und Sigmund Freud sei wirklich siegreich in der Sprache gewesen. Puners Schlußfolgerung lautete deshalb:

„... wenn sein Mund symbolisch das Instrument seines Sieges war, war es auch das Instrument seines Scheiterns. In seiner größten Stärke liegt die Saat seiner Schwäche." [78]

Vielleicht wäre die umgekehrte Schlußfolgerung noch zutreffender: In seiner größten Schwäche lag die Saat seiner Stärke.

Von Diersburg nannte es „eine seltsame Tatsache", daß Freud durch die von ihm oft abgekürzte Schreibweise seines Vornamens „Sigm." den sieghaften Mund selber unbewußt von Anfang an verstümmelt hatte [79]. Interessant wäre es zu erfahren, warum alle Bände von Sigmund Freuds *Gesammelten Werken* noch heute mit „Sigm. Freud" beschriftet sind.

Luigi Pirandello hat ein kurzes Theaterstück für drei Personen mit dem Titel *Der Mann mit der Blume im Mund* geschrieben [80]. Darin trifft „der Mann", dessen

„Blume" ein Mundhöhlenkarzinom ist, einen Fremden, kurz nach Mitternacht in einem Straßenkaffee an einer zu dieser Zeit sonst menschenleeren Dorfstraße. Der Fremde, beladen mit Paketen, war im Dorf zum Einkaufen für seine „Frauen", das heißt, für seine Ehefrau und seine Töchter, mit denen er in einem nahen Ort in den Ferien weilt. Er hat aber den letzten Zug verpaßt und wartet nun auf den Morgen. Der Mann mit der Blume im Mund setzt sich zu ihm und beginnt zu erzählen, wie er sich mit seiner Phantasie ans Leben klammere, indem er fremde Menschen genau beobachte. Er schaue stundenlang den Verkäuferinnen beim Schnüren von Päckchen zu und mache sich Gedanken über die „Erlebnisse" eines Stuhls im Wartezimmer eines Arztes; alles genaue Beobachtungen über Abgrenzungen und wohl abgegrenzte Dinge, die wie Versuche scheinen, das Geheimnis der Abgrenzung – die ein Schlüssel zur eigenen Dialogfähigkeit (zum Dyadisch-Werden) wäre – zu ergründen. Von sich selbst und seiner tödlichen Krankheit sagt er nicht viel, nur daß seine Frau – sie schaut schnell hinter einer Häuserecke zu den beiden Männern herüber – ihn mit ihrer übertriebenen Fürsorge verfolge und er Lust hätte, sie mit Fußtritten zu verjagen. Der Fremde kann nur noch zuhören. Es entwickelt sich über das ganze Stück hinweg kein eigentliches Gespräch zwischen den beiden Männern, und zeitweise wird der Leser unsicher darüber, wer was sagt. Der Fremde erscheint dann wie ein Teil des Mannes mit der Blume im Mund, oder anders ausgedrückt: Der Mann mit der Blume im Mund macht aus dem Fremden genau das, was er aus jedem Gegenüber, auch aus seiner Frau, macht: einen eigenen Schatten. Er merkt nicht, daß sein Interesse am Beobachten von Abgrenzungen eine ständige Aufforderung dazu ist, sich endlich selbst abzugrenzen, sich als Individuum mit schützender Hülle, einer manchmal weichen, halbdurchlässigen Membran, manchmal starren Kapsel mit eckigen Kanten, immer aber als eigenständige Einheit empfinden zu lernen. Sein Interesse an den Abgrenzungen anderer vermag ihn nicht aus der symbiotischen Wahrnehmungsweise herauszulocken. In seiner Welt sind alle potentiellen Gegenüber nur Schatten seiner selbst, die – wie der Fremde – ihm nichts zu sagen haben oder vor denen er, wenn sie ihm zu lästig werden – wie seine Frau – fliehen muß. Nur ein einziges Gegenüber gab es für ihn, vor dem alle Flucht sinnlos ist: den Tod – sein Mundhöhlenkrebs mahnte ihn schmerzlich daran. Aber für den Mann mit der Blume im Mund war es zu spät zu lernen, im Leben Abschiede zu wagen. Der Zug des Fremden (auch sein Krebs war der Fremde, der ihm nichts zu sagen hatte oder eher: dessen Sprache er nicht verstand) war abgefahren. Er war schon zu erschöpft, um dem „Zug" des Fremden in sich selbst entgegenzuhalten, so daß dieser zu einer eigenständigen Schöpfung, einer Neoplasie werden mußte. Zudem fehlte dem Fremden (im Stück) das Vertrauen – er dachte gar nicht an die Möglichkeit –, daß der Zug anderswohin führen könnte als nur zu den in seinen Augen stets maßlos anspruchsvollen Frauen seiner Familie.

Auch Sigmund Freud versuchte dem Tod zu entfliehen, aber auch für ihn war der Zug abgefahren. Eine Lieblingsgeschichte Freuds war „Der Tod in Isfahan":

„Einst lebte ein Mann in Persien, der eines Tages, als er die Straße entlangging, den Tod auf der anderen Straßenseite sah. Der Tod winkte ihm zu. Das jagte ihm einen furchtbaren Schrecken ein, und er lief zu einem Freund und bat ihn: ‚Bitte leih mir Dein schnellstes Pferd, damit ich nach Isfahan reiten kann und mich dort verbergen. Ich habe heute auf der Straße den Tod getroffen, er winkte mir zu, und das muß bedeutet haben, daß er mich holen kommt. Vielleicht kann ich ihm entkommen.'
Also lieh ihm der Freund das Pferd, und er ritt nach Isfahan. Aber am Abend kam ihn der Tod dort abholen. Er war zutiefst erschrocken und sagte: ‚Ich dachte, ich wäre Dir entkommen. Warum hast Du mir heute zugewinkt?' Und der Tod antwortete: ‚Ich habe Dir nicht zugewinkt. Es war eine Geste der Überraschung, da ich den Befehl erhalten hatte, Dich am Abend in Isfahan zu holen, und Du warst am Morgen noch so weit entfernt von diesem Ort." [81]

Der Tod auf der anderen Straßenseite entspricht Freuds Bild von Amalie, von dem er glaubte, daß es ihm immer wieder zuwinke und vor dem er ein Leben lang floh, statt einmal stehenzubleiben und zu sagen: „Ich weiß, Du bist dort gegenüber und ich bin hier. Eine Straße trennt uns, und das ist gut so. Einmal werden wir uns wieder treffen, aber jetzt sind wir zwei." Statt dessen rannte er (so wie er „spazierenrennen" mußte), bis er ausgerannt war und Amalie ihn wieder in ihren Schoß aufnahm, so wie Ödipus auf Kolonos im Hain der Eumeniden im Schoß der Mutter Erde Aufnahme gefunden hatte.

10.3 Freuds Bestätigung

Wie weit die oben dargestellte Psychodynamik der Krebserkrankung mit dem zweiphasigen Objektverlust, der Wirkkette ‚Selbstentfremdung – Kontrollzwang – unterdrückter Haß – Selbsthaß – Selbstdestruktion' und den Ausführungen zur „Organwahl" zentrale Aspekte des Lebens und Sterbens von Sigmund Freud zutreffend beschreibt, läßt sich natürlich nicht mit Sicherheit beurteilen. Ein zusätzliches Entscheidungskriterium kann jedoch durch die Überprüfung einer besonders interessanten Hypothese gewonnen werden. Diese wird hier in Form einer Behauptung – der unverschämtesten Behauptung in diesem Buch – als Antwort auf folgende Frage formuliert: Was hätte Sigmund Freud wohl zu den oben dargestellten psychoonkologischen Gedanken gesagt? Antwort: Er hätte ihnen zugestimmt!
Zwar verstand Freud den Haß, das zentrale Gefühl in der diskutierten Wirkkette, auf eine Art, die den obigen Erklärungen völlig zu widersprechen scheint. Für ihn war Haß die primäre Gefühlsbeziehung zwischen den Menschen und der Vorläufer von Liebe [82]. Liebe und Haß sah er immer aufs Engste miteinander verbunden:

> „... indem die Natur mit diesem Gegensatzpaar arbeitet, nötigt sie uns, die Liebe immer wach zu erhalten und zu erneuern, um sie so vor dem hinter ihr lauernden Haß zu sichern. Man darf sagen, die schönsten Entfaltungen des Liebeslebens verdanken wir der *Reaktion* gegen den Stachel der Mordlust, den wir in unserer Brust verspüren." [83]

Freud mußte das so sehen, denn seine Liebesbedürfnisse und Liebesfähigkeit waren von unbewußtem Haß und Selbsthaß überdeckt. Er hatte die Erfahrung nie gemacht, daß ausgedrückte Wut verstanden wird und etwas zum Wohl des Erzürnten wie zum Wohl der Beziehung zu dem die Wut auslösenden Gegenüber verändern kann. Er kannte die Zwischentöne der Aggressivität nicht. Neben diesem persönlichen Erfahrungsmangel entsprang Freuds theoretischer Irrtum über das Wesen des Hasses zusätzlich seinem in einem wichtigen Punkt falschen Verständnis vom Wesen des Säuglings. 1915 hatte Freud geschrieben:

> „Der Haß ist als Relation zum Objekt älter als die Liebe, er entspringt der uranfänglichen Ablehnung der reizspendenden Außenwelt von seiten des narzißtischen Ichs." [84]

Aber der Säugling ist – wie die „neuen psychoanalytischen Theorien über den Säugling" bestätigen (vgl. Kapitel 5.4.2) – nicht passiv, sondern höchst aktiv, ein „Reizsucher", mit hoher Aufmerksamkeit und Appetenz für Reize unterschiedlichster Art. Als „kompetenter Säugling" [85] ist er darauf ausgerichtet, Beziehung, die Grundlage der Liebe, zu schaffen. Mit drei bis vier Monaten ist das kleine Kind zwar auch zu Ärgergefühlen fähig, zu Haß wahrscheinlich aber erst mit dem Erwerb der Sprachfähigkeit, denn erst sie ermöglicht ihm, Objekte so konturiert zu erkennen, daß es seine Wut gebündelt auf die Ganzheit eines Gegenübers richten kann.

Haß ist also nicht ein angeborenes Grundgefühl und erst recht nicht eine Voraussetzung der Liebe. Ärger und Wut sind angeborene Gefühle: Im menschlichen Hirn wurde nahe der hypothalamischen Region für sexuelle Erregung ein Wut-Zentrum gefunden, ein Haß-Zentrum aber nicht [86]. Haß ist ein Gefühl, das dann entsteht, wenn die angeborene Fähigkeit zur Aggression, die Fähigkeit zuzupacken oder Distanz zu schaffen, nicht genügt, um zu einem Gefühl der Mächtigkeit zu gelangen. Clara Thompson bringt dies in ihrer „Interpersonalen Psychoanalyse" mit folgenden Worten zum Ausdruck:

> „[Die Aggression] entspringt einer angeborenen Neigung zu wachsen und das Leben zu meistern, die für alles Lebendige charakteristisch zu sein scheint. Nur wenn diese Lebenskraft in ihrer Entwicklung gehemmt wird, mischen sich ihr Elemente wie Zorn, Wut oder Haß bei." [87]

Durch Aggression erwerbbare Macht steht mit Liebe in einer Wechselbeziehung, aber in einer anderen, als Freud gemeint hat: Man muß zuallererst in sich selbst Macht besitzen, um lieben zu können [88]. Der Haß ist eine Form von Aggressivität, die aus Machtlosigkeit und aus gescheiterter Liebe erwächst. Menschen sind Bindungsstifter. Wenn ihr Wunsch nach liebender Verbindung mit anderen Menschen immer wieder enttäuscht wird, suchen sie dringend nach einer anderen Bindungsform. Haß ist eine solche Alternative: Haß erzeugt selbstverständliche Gemeinschaft mit jenen, die das Gleiche hassen, oder er betäubt intensive Ängste vor Verlassenwerden durch das gewaltsame Einwirken auf ein symbiotisch gebundenes Objekt. So ist es kein Zufall, daß Affektmörder in Tests die stärksten Abhängigkeitsbedürfnisse zeigen, denn ihre Tat war meist der ultimative Versuch, das Verlassenwerden zu verhindern, indem der Andere zerstört wird (und danach niemanden mehr verlassen kann), sogar – oder besonders dann – wenn der Hassende selbst das Opfer verlassen möchte [89]. Haß ist die heißeste Beziehung und in gewisser Hinsicht auch die zuverlässigste. Haß verleiht dem Selbst Energie und hält Gefühle von Hilflosigkeit und Hoffnungslosigkeit in Schach [90]. Aber im Gegensatz zur Liebe zersetzt der Haß das Ich, weil er auf einer Lüge aufgebaut ist – auf der Illusion, daß Haß uns so befriedigend mit anderen verbinden kann wie die Liebe, ohne daß wir uns der Verletzlichkeit und Abhängigkeit als Liebende aussetzen müssen [91].

Allerdings ist Haß auch heute weit verbreitet, und manchmal scheint es so, als ob die Menschheit irgend einmal an ihrer zunehmenden Unfähigkeit zu lieben und geliebt zu werden zu Grunde gehen werde. Die brutale Unterdrückung von Völkern in der Dritten Welt und von Minderheiten erzeugt generationenübergreifenden Haß in Millionen von Menschen und die sich immer weiter öffnende Schere zwischen Reichen und Armen ebenso. Getarnt als Liebe, korrumpiert Haß politische Tugenden oft schleichend, so daß zum Beispiel in der Liebe zum Vaterland plötzlich nur noch Fremdenhaß zu erkennen ist [92]. Dies alles geschieht nicht, weil der Mensch so schnell zu Haß neigt, sondern weil die gesunde Aggressivität vieler Menschen unter zu harten Einschränkungen pervertieren muß:

„Wenn die Gesellschaft in Gefahr ist, so kommt das nicht daher, daß der Mensch aggressiv ist, sondern daher, daß die persönliche Aggressivität des Individuums unterdrückt wird." [93]

Das Verständnis von Haß als Reaktion auf das Gefühl von Ohnmacht, das heißt, als Reaktion auf die Angst, die eigene Mächtigkeit zu verlieren (oder nie zu gewinnen), war auch zu Freuds Zeiten durchaus vertraut, wie die Definition im Brockhaus von 1909 zeigt:

„**Haß**, die entschiedene Abneigung einer Person gegen andere, ist der Liebe als der entschiedenen Zuneigung entgegengesetzt. ... Im engern Sinne des Wortes schließt der Haß die Begierde in sich, seinem Gegenstande Schaden zuzufügen. ... Der Haß entspringt gewöhnlich aus zugefügtem Unrecht, aus Neid, Eifersucht oder gekränktem Ehrgeiz ..." [94]

Deutlich wird in dieser Definition die Quelle des Hasses im „zugefügten Unrecht" oder in einem Zukurzgekommensein (das Neid, Eifersucht und gekränkten Ehrgeiz verursacht) lokalisiert; eine Sicht, die Freud nicht übernehmen konnte, weil er seinen eigenen Haß nicht verstehen konnte. Deshalb wollte er auch möglichst nichts mit Kriminellen, Psychotikern und anderen Ich-schwachen Menschen, die Haß offen zeigen, zu tun haben. Er konnte in ihnen das leidende, zu kurz gekommene Wesen zu wenig erkennen, weil er sich nicht erlauben konnte, mit solchen Menschen mitzufühlen. Er ahnte, daß ihn solches Mitgefühl zu den Quellen seines eigenen verdrängten Hasses führen würde.

Freuds verzerrtes Verständnis des Phänomens „Haß" steht zur oben aufgestellten Behauptung, daß er der psychoonkologischen Erklärungslinie „Selbstentfremdung – Kontrollzwang – unterdrückter Haß – Selbsthaß – Selbstdestruktion" zugestimmt hätte, nicht gerade in Widerspruch (seine Verdrängung der wahren Dynamik von Haß hat nämlich einen gewissen Affirmationscharakter), kann aber auch nicht als Argument für das Zutreffen der Behauptung betrachtet werden. Schon eher trifft dies aber auf Freuds Verständnis des Selbsthasses zu, das er – wen wundert es – auf den Vater bezieht:

> „Er mag in der Art zustande kommen, daß man seinen Vater intensiv haßt und sich doch mit ihm identifiziert; das ergäbe den Selbsthaß und die auffällige Zerrissenheit." [95]

Im Folgenden sollen fünf weitere Argumente angeführt werden, welche die Behauptung, daß Freud den in diesem Buch entwickelten Hypothesen zur Entstehung seiner Krebserkrankung zugestimmt hätte, stützen:

1) Freuds selbst eingestandene Neigung zur Zwanghaftigkeit und zur Unterdrückung von Haß:
Freuds ausgeprägtes Bedürfnis, sich selbst und die Menschen um sich herum zu kontrollieren, wurde schon ausführlich dargestellt. Freud unterlag der Nikotinsucht, also einem Rauchzwang, und kämpfte über viele Jahre gegen funktionelle Beschwerden des Dickdarms, die als Ausdruck eines psychischen Konflikts [96] auf der Ebene der Analität auch von Freud als mit Zwanghaftigkeit verbunden verstanden worden waren. Freud selbst sagte von sich, daß, wenn er je an einer Neurose erkranken würde, es eine Zwangsneurose wäre [97]. Die große Bedeutung von Haß und Analerotik in der Symptomatologie der Zwangsneurose hielt er allgemein für erwiesen [98].

Freud wußte, daß sein Aberglaube, vor allem seine Fixierung an Todesdaten, wie bei Zwangskranken „aus unterdrückten feindseligen und grausamen Regungen" [99] hervorging, und erkannte bei sich deren Quelle in seiner „Suche nach Ruhm und Ehre":

> „Mein eigener Aberglaube hat seine Quelle in unterdrücktem Ehrgeiz (Unsterblichkeit) und nimmt in meinem Fall die Stelle jener Todesangst ein, die von der normalen Unsicherheit des Lebens herrührt ..." [100]

Tatsächlich war Freuds Ehrgeiz, seine Neigung zur Grandiosität, von früh an ausgeprägt. Als 18-Jähriger berichtete er, wie er einige Tage mit soviel Ungeduld lebte,

„... als ginge diese Welt in 14 Tagen zu Grunde und erwartete mich auf der andern ein Professorenstuhl ..." [101]

Später schrieb er an Fließ: „Gebt mir noch ein paar Jahre und diese Erde wird ein anderes Gesicht haben" [102], und als 57-Jähriger identifizierte er sich mit dem Moses von Michelangelo, dessen „Niederringen der eigenen Leidenschaft" er selbst als „übermenschlich" empfunden hatte [103]. Auch seine Tendenz zur psychischen Abspaltung unerträglicher Bewußtseinsinhalte – Stolorow sprach von der „Aufspaltung seines Mutterbildes" [104], Gedo von einer „chronischen Spaltung in Freuds Persönlichkeit" [105] – scheint ihm teilweise bewußt gewesen zu sein, wenn er als 72-Jähriger zu René Laforgue in einer Abspaltung seiner Altersidentität sagen konnte, der echte Freud sei ein großer Mann gewesen, aber der sei jetzt tot [106]. Bernfeld meinte, daß Freud die sadistischen Elemente seiner Persönlichkeit in seinem späteren Leben so erfolgreich verdrängt habe, daß man von einer eigentlichen „Ich-Veränderung" sprechen müsse [107].

2) Freuds Weg zum Erkenntnisgewinn:
Die Art und Weise, wie Freud Erkenntnis suchte, war verständlicherweise von der objektivistischen Sicht der Naturwissenschaft Ende des 19. Jahrhunderts geprägt. Er versuchte den von ihm als Wissenschaftler untersuchten Gegenstand so sehr von sich als Person abzutrennen, daß er 1935 in einem Nachtrag zu seiner „Selbstdarstellung" behauptete, daß neben seinen Beziehungen zur Wissenschaft nichts, was ihm „persönlich begegnet" sei, „Interesse verdient" [108]. Sein Drang nach Objektivität zeichnete sich allerdings zusätzlich noch durch eine besondere Art von Destruktivität aus. Das „Auseinandernehmen", die Analyse, war ihm viel vertrauter und wichtiger als die Synthese, so daß er 1923, kurz vor seiner ersten Krebsoperation, in einem Brief an Romain Rolland selbst feststellen mußte:

„... habe ich wirklich einen großen Teil meiner Lebensarbeit ... dazu verwendet, eigene und Menschheitsillusionen zu zerstören." [109]

3) Eine Erklärung zu Narzißmus, Liebe und Krankheit:
1914 hatte Freud geschrieben:

„Ein starker Egoismus schützt vor Erkrankung, aber endlich muß man beginnen zu lieben, um nicht krank zu werden, und muß erkranken, wenn man infolge von Versagung nicht lieben kann." [110]

Daß er diese Einsicht in die Zusammenhänge von Krankheit und Liebe nicht nur auf neurotische oder funktionelle, sondern auch auf organische Erkrankungen bezog –

besonders bei analen Konfliktkonstellationen –, zeigt seine Erklärung aus späteren Jahren, daß das Auftauchen analen Materials in der Analyse oft von funktionellen oder gar strukturellen pathologischen Veränderungen begleitet sei [111].

4) Die Aussagen Freuds zur Genese von Krebserkrankungen:
Freuds Art, über seinen Krebs zu sprechen, ihn als „liebes Neugebilde" oder „mein liebes altes Carcinom" anzusprechen – sie wurde bereits im 3. Kapitel diskutiert –, könnte das oben erwähnte Element der Hoffnung auf einen ultimativen Individuationsschritt enthalten. Eine von zwei weiteren Aussagen Freuds bekräftigt diese Vermutung, die andere zeigt eine frappante Phantasie (oder Einsicht) Freuds über die Psychodynamik der Krebserkrankung.

In *Jenseits des Lustprinzips* hatte Freud 1920 die Keimzellen ähnlich individualisiert beschrieben, wie oben von den Krebszellen gesprochen wurde, und festgestellt, daß diese ihre Libido für sich selbst als Vorrat für ihre spätere großartig aufbauende Tätigkeit brauchen. Dann fügte er an:

> „Vielleicht darf man auch die Zellen der bösartigen Neugebilde, die den Organismus zerstören, für narzißtisch in demselben Sinne erklären." [112]

Die Überlieferung der zweiten erwähnten Aussage Freuds über die Krebserkrankung hat eine besondere Vorgeschichte: Thornton Wilder schrieb in einer Passage seines Tagebuchs über die Grenzen von Schriftstellern und berichtete, daß in einem Roman von Dostojewski der Satz stehe: „Das Problem mit mir ist, daß ich nicht alles genug hasse." Zwei Seiten später bezog Wilder diese Sichtweise auf einen anderen Dichter und meinte, daß dessen Brille, durch die er die Welt sehe, nicht „durchschauend" genug sei:

> „Er haßt nicht genug, so das er nicht genügend tief in die Quellen der Illusion eindringen kann. ... Er hat das intellektuelle Feuer nicht, um tief genug zu sondieren; er haßt nicht (was selbstvergessend wäre), er verachtet nur, was ihm eine Art träge Selbstbefriedigung verleiht." [113]

Die Idee des Eindringens „in die Quellen der Illusion" und die Verbindung von „intellektuellem Feuer" und „hassen" könnten direkt an Freud erinnern. Wahrscheinlich dachte Wilder bei diesen Worten an Sigmund Freud, denn er hatte ihn 1935 in Wien und 1938 in London besucht. Tatsächlich erwähnte er Freud zwischen den zitierten Textstellen: Er berichtete da von einem seiner Romanprojekte der sechziger Jahre („High Noon"), in welchem er zu zeigen plante, daß Todesangst zur Veränderung einer egoistischen Selbstgenügsamkeit führen kann. Als Auslöser der Todesangst dachte er an eine Krebserkrankung. Doch einen Tag später begrub er das Projekt, unter anderem mit der Begründung, daß die Ursachen des Krebses wohl tiefer liegen als nur in übertriebener Selbstgenügsamkeit. Dann schrieb er:

„Ich habe lang genug mit Freuds Bemerkung mir gegenüber gelebt, daß eines Tages gezeigt werden könnte, daß Krebs mit unbewußtem Haß verbunden ist." [114]

Die Vermutung, daß Freud davon ausging, daß auch seine eigene Krebserkrankung mit unbewußtem Haß verbunden war und sogar, daß dieser mit seiner Mutter zu tun hatte, wird durch einen Brief an Arnold Zweig bekräftigt, in welchem Freud 1933, drei Jahre nach dem Tod seiner Mutter und *genau an ihrem Geburtstag*, am 18. August, beschrieben hatte, was in ihm seit Mutters Tod vorging:

„Ich füge mich der Natur, die mich altern läßt, in Eile jetzt, in den letzten drei Monaten mehr, als in den letzten drei Jahren. Alles herum ist trüb und zum Ersticken dumpf. Die Wut speichert sich auf und zehrt am Gehäuse. Wenn man etwas Befreiendes tun könnte! ..." [115]

5) Freuds Fallstudie zum „Rattenmann":
Der „Rattenmann" war Ernst Lanzer, ein 29-jähriger Jurist, der im Herbst 1907 wegen einer schweren Zwangsneurose zu Freud in Analyse gekommen war. Da sich ein zentraler Zwangsgedanke dieses Patienten um eine chinesische Rattenfolter drehte, hat ihn Freud in Briefen selbst „den Rattenmann" genannt (Bei der Rattenfolter wird dem Opfer ein Topf ans Gesäß gebunden, in welchem eine Ratte mit einem durch ein kleines Loch im Topf eingeführten glühenden Eisenstab so sehr in Raserei versetzt wird, daß sie sich durch den Anus in das Opfer hineinfrißt und beide qualvoll sterben). Die Berichte Freuds über die Behandlung des Rattenmanns (mündlich am 1. Internationalen Psychoanalytischen Kongreß 1908 in Salzburg, schriftlich 1909 in „Bemerkungen über einen Fall von Zwangsneurose" [116]) gelten zu Recht als Meilensteine in der Entwicklung der Psychoanalyse, denn Freud hat darin die Qualen von Zwangsneurotikern, die bei ihnen vorherrschende Dynamik zwischen Haß und Liebe, den Zusammenhang zwischen Zweifel und Zwang, die Bedeutung der Idee von der Allmacht der Gedanken und den Krankheitsgewinn eindrücklich beschrieben. Erstmals hat er darin auch den Ödipuskomplex dargestellt, zwar noch nicht unter dieser Bezeichnung, aber als „Kernkomplex der Neurosen"; ein theoretisches Konstrukt, dessen Wurzeln – wie in der *Traumdeutung* beschrieben [117] – auf Assoziationen zu einem früheren Zwangskranken beruhten.

Die Bedeutung, die der Rattenmann für Freud persönlich hatte, geht aber weit über die in seinen Berichten dargelegten Erkenntnisse hinaus. Dafür gibt es eine Menge Indizien. Da sind zunächst die Ähnlichkeiten der beiden Männer zu nennen [118,119]: Beide waren Juden, und ihre Eltern kamen aus slawischen Regionen nach Wien. Ihre Mütter waren beide viel jünger als ihre Väter (Freuds Mutter 20, diejenige des Rattenmanns 19 Jahre jünger). Beide Männer haben den frühen Verlust eines Geschwisters erlitten: Der Rattenmann hatte als 3½-Jähriger seine neunjährige Schwester verloren, Freud als knapp Zweijähriger seinen kleiner Bruder Julius. Beide

Männer machten sich später Sorgen um die mögliche „Allmacht der Gedanken", ihre Eifersucht, die zum Tod ihrer ambivalent geliebten Geschwister geführt haben könnte. Beide erlebten die Kindheit in einer Familie mit vielen Schwestern (Rattenmann vier, dann drei Schwestern; Freud fünf Schwestern). Beide hatten durch ihre akademische Bildung ihre Väter übertroffen und machten sich zuweilen Vorwürfe deswegen. Bei soviel Übereinstimmungen ist es gut möglich, daß Freud im Rattenmann einen „Doppelgänger" sah, eine Person, die ihn durch ihre psychische Ähnlichkeit tief in sein eigenes Unbewußtes entführen könnte. Diese Konstellation, Mahony nannte sie „Gegenübertragungskomplex" [120], mußte sich in Freuds Therapie mit dem Rattenmann und in seiner Art, darüber zu berichten, äußern.

Für den Internationalen Kongreß 1908 in Salzburg hatte Freud geplant, den Fall des „Kleinen Hans" zu präsentieren. Weniger als eine Woche vor dem Kongreß entschied er sich aber für den Rattenmann und war so gezwungen, „aus dem Bauch" zu sprechen. Und das gelang ihm phänomenal: Ohne Notizen begann er um acht Uhr morgens und sprach drei Stunden. Als er seine Fallvorstellung abschließen wollte, baten ihn die Zuhörer fortzufahren, und er sprach eine weitere Stunde. Freud hatte den Fall als „erfolgreich abgeschlossen" präsentiert, aber das war übertrieben. Der Rattenmann hatte seine quälendsten Symptome verloren, aber seine Zwangsneurose war nicht geheilt [121]. Auch den zeitlichen Verlauf der Therapie scheint Freud in der Darstellung manipuliert zu haben: Er wollte den Eindruck erwecken, daß sie länger gedauert hatte, wahrscheinlich weil er sie der früher berichteten Behandlung von „Dora" (die als Mißerfolg geendet hatte) als qualitativ überlegen darstellen wollte [122]. Freud stand nämlich mehrfach unter Druck: Zwei seiner ersten Zwangspatienten waren ihm aus der Behandlung weggelaufen [123], er brauchte verzweifelt einen vollständigen und erfolgreichen Fall, um seine eben erst gewonnenen internationalen Anhänger zu beeindrucken [124], und der Fall des Rattenmanns eignete sich besonders gut dazu, weil dieser Patient vorher erfolglos bei Wiens berühmtestem Psychiater, Wagner-Jauregg, in Behandlung gewesen war [125].

Die besondere persönliche Bedeutung, die der Rattenmann für Freud hatte, kam in seinen schriftlichen Berichten deutlich zum Ausdruck. Zwar hatte Freud nur **einen** Bericht über diesen Patienten publiziert, aber er hat seltsamerweise einen großer Teil seiner Therapienotizen zum Fall aufbewahrt, was er sonst nie getan hat. Warum hat er gerade die Notizen des Rattenmanns als einzige aufbewahrt? Kann dieses Verhalten als Ausdruck einer Hoffnung, vielleicht sogar als stummer „Schrei nach Liebe" [126], also danach, doch noch einmal verstanden zu werden und sich selbst zu verstehen, gesehen werden?

Die publizierte Fallstudie des Rattenmannes ist ein Lehrstück über Freuds eigene Psychodynamik und darüber – wie Kestenberg spitz kommentierte [127] –, wie viele Fehler man als Analytiker machen kann, ohne die Analyse des Patienten zu gefährden. Welche Fehler hatte Freud in der Behandlung des Rattenmanns begangen? Damit ist nicht danach gefragt, was aus heutigen analytischen Erkenntnissen heraus als Fehler beurteilt würde, sondern danach, wo Freud aus persönlichen Gründen entgegen seinen bereits vertrauten Einsichten gehandelt hatte. Für die Bezeichnung des bei dieser Frage entscheidenden Phänomens der „Gegenübertragung", der Aktivierung der konflikthaften Gefühle des Analytikers durch die Interaktion mit dem Patienten, stand zur Zeit der Analyse des Rattenmannes zwar noch kein Begriff zur Verfügung (er wurde durch Freud erst ein Jahr später, vermutlich provoziert durch seine Erfahrungen mit dem Rattenmann, eingeführt), aber das Phänomen kannte Freud schon gut. Einige seiner von Gegenübertragung geleiteten verwirrenden therapeutischen Aktionen mögen ihm wohl unbewußt „passiert" sein; andere aber ließ er trotz besserer Einsicht bewußt zu. Darauf weist bereits die auffälligste Besonderheit in seinen beiden Texten über den Rattenmann hin: Im publizierten Text wird der Vater des Patienten auf jeder zweiten Seite erwähnt und scheint praktisch der einzige Elternteil zu sein [128]. Die Mutter findet nur an fünf Stellen und in Form eher unbedeutender Bemerkungen Erwähnung. Dieses Ungleichgewicht mag zunächst nicht erstaunen, weil doch bekannt ist, daß Freud die Bedeutung der Mütter lange Zeit unterschätzt hat. Aber dies trifft auf Freud in der Analyse des Rattenmanns nicht zu: Seine Therapienotizen sind nämlich gespickt von Erkenntnissen über die Mutter dieses Patienten. An über 40 Stellen notierte Freud wichtige Informationen über sie, zum Beispiel:

– Ernst Lanzer war von seiner sparsamen Mutter [129] finanziell ganz abhängig. Er hatte ihr sein väterliches Erbe übergeben und bezog – als 29-Jähriger – von ihr ein knappes Taschengeld. Am Schluß des ersten Gesprächs mit Freud hatte er diesem mitgeteilt, daß er mit seiner Mutter sprechen müsse, ob unter den von Freud genannten Bedingungen eine Therapie für ihn möglich sei [130].

– Die Mutter habe nach dem Tod des Vaters dessen Rolle als „Hindernis der Sexualbetätigung" für den Rattenmann übernommen [131], die Familie seiner Freundin Gisela schlecht gemacht und ihm verboten, an die Beerdigung der Großmutter Giselas zu gehen [132].

– Die Mutter hatte einmal eine Bemerkung über das mögliche „Fremdgehen" des Vaters gemacht [133], ein anderes Mal hatte sie ihrem Mann „beim Leben der Kinder" widerwillig schwören müssen, daß sie ihm nie untreu gewesen sei [134].

– Sie sei oft entsetzt gewesen über die derbe Sprache ihres Mannes [135], habe ihn einen „ordinären Kerl" genannt [136] und ihn ausgelacht, weil er einmal in eine Metzgerstochter verliebt gewesen sei und dann doch das Geld geheiratet habe [137].

– Ernst Lanzer sei übersauber aufgezogen worden, aber seine Mutter habe aus Sparsamkeit zu wenig gebadet. Dies sei fürchterlich gewesen, weil ihre Genitalien wegen einem Unterleibsleiden üble Gerüche entwickelt hätten [138].

Freud hatte in der Therapie des Rattenmanns die Bedeutung, welche die Mutter für diesen hatte, nicht übersehen – wie z. B. Weiß [139] meinte – , sondern sich entschlossen, diese nicht zu analysieren ... und deshalb im publizierten Bericht einfach zu unterdrücken. Indiz für diese Manipulation ist auch die wie eine Rechtfertigung klingende Fußnote im Text zum Rattenmann, in welcher Freud die grundsätzliche Überlegenheit der männlichen Logik vor dem weiblichen Fühlen erklärte:

> „Es war ein großer Kulturfortschritt, als die Menschen sich entschlossen, den Schluß [das logische Schlußfolgern] neben das Zeugnis der Sinne zu stellen und vom Mutterrecht zum Vaterrecht überzugehen." [140]

Hinter einer so krampfhaften Verfälschung eines Therapieprotokolls müssen starke Kräfte wirken, die sich auch direkt in der Analyse des Rattenmanns ausgewirkt haben müssen. Bereits zu Beginn der Behandlung, als sich der Rattenmann verzweifelt sträubte, die fürchterliche Rattenfolter zu beschreiben, übernahm Freud aktiv die Führung, indem er als erster die Analität erwähnte: „Ob er etwa die Pfählung meine?" [141]. Freud versuchte in einer „rattenähnlichen" Art, in den Patienten einzudringen, mit „intellektueller Indoktrination" [142] und vielem Agieren: Er forderte vom Rattenmann Namen und Bild der Freundin, gab ihm Zolas *Joie de vivre* zu lesen, schickte ihm eine zu persönliche Postkarte und ließ ihm bei einer Gelegenheit ein Mahl servieren. Diese Formen der aktiv gesuchten Nähe verursachten im Patienten intensive Ängste. Er empfand sie als gefährliche homosexuelle Verführung, gegen welche er sich mit großer Wut wehren mußte.

In seiner Publikation zum „Rattenmann" stellte Freud – wie gesagt – den Vater des Patienten ganz ins Zentrum. Von diesem berichtete er, daß er lebenslustig sein konnte, ein Spieler, generös, aber auch grob und jähzornig, so daß er in seiner Wut nicht mehr wußte, was er tat [143]. Der Patient habe im Alter von sechs Jahren „irgend eine sexuelle Missetat im Zusammenhange mit der Onanie begangen" [144] und sei deshalb vom Vater empfindlich gezüchtigt worden. Diese Bestrafung habe einerseits der Onanie ein Ende gemacht, andererseits aber einen unauslöschlichen Groll gegen den Vater hinterlassen „und dessen Rolle als Störer des sexuellen Genusses für alle Zeiten fixiert" [145]. In diesem Ereignis sah Freud den Ausgangspunkt der schweren Zwangsneurose seines Patienten:

> „In der Verdrängung des infantilen Hasses gegen den Vater erblicken wir jenen Vorgang, welcher alles weitere Geschehen in den Rahmen der Neurose zwang." [146]

Freud hat in seiner Schrift über den Rattenmann aber nicht nur eine Fallbeschreibung geliefert, sondern allgemeine Erkenntnisse zur Psychodynamik zwangsneurotischer Patienten dargestellt. Da Freud diese theoretischen Schlußfolgerungen aus einer Therapie heraus entwickelt hatte, in der seine Wahrnehmung und sein Handeln aus persönlichen Gründen stark verzerrt waren, kann man vermuten, daß Freud in seinen Verallgemeinerungen auch von sich selbst sprach. So zum Beispiel im folgenden Text:

> „Steht einer intensiven Liebe ein fast ebenso starker Haß bindend entgegen, so muß die nächste Folge eine partielle Willenslähmung sein, eine Unfähigkeit zur Entschließung in all den Aktionen, für welche die Liebe das treibende Motiv sein soll. ... So breitet sich die Entschlußlähmung allmählich über das gesamte Tun des Menschen aus. ... Der Zweifel entspricht der innern Wahrnehmung der Unentschlossenheit, welche, infolge der Hemmung der Liebe durch den Haß, bei jeder beabsichtigten Handlung sich des Kranken bemächtigt. Er ist eigentlich ein Zweifel an der Liebe, die ja das subjektiv Sicherste sein sollte ... Wer an seiner Liebe zweifelt, darf, muß doch auch an allem andern, geringeren, zweifeln?" [147]

Freuds Beschreibung der möglichen Auswirkung solcher Konfliktsituationen auf die Aneignung von Wissen scheint auf Freud selbst präzis zuzutreffen:

> „... wo der Wißtrieb in der Konstitution des Zwangskranken überwiegt, da wird das Grübeln zum Hauptsymptom der Neurose. Der Denkvorgang selbst wird sexualisiert, indem die sexuelle Lust, die sich sonst auf den Inhalt des Denkens bezieht, auf den Denkakt selbst gewendet wird, und die Befriedigung beim Erreichen eines Denkergebnisses wird als sexuelle Befriedigung empfunden." [148]

Freud hatte mit dem Rattenmann das Wesentliche der Zwangsneurose jedoch noch nicht entdeckt: die Regression aus ödipalen Konflikten in die anale Erotik. Er konnte die Symptomatologie des Erwachsenen nicht auf die Manifestationen in der Jugend und schließlich nicht auf Kindheitskonstellationen zurückführen [149]. Die Schuld der Mutter mußte er ausblenden, und auch die wahre Schuld des Vaters blieb verdeckt, so wie Freud stets die heimliche Schuld der Väter übersprungen hatte [150]: Die Zwangsstörung des Rattenmannes war nämlich genau an dem Tag akut geworden, als er der Andeutung eines Onkels entnommen hatte, daß sein Vater seine Mutter betrogen haben könnte [151].

Der Rattenmann hatte seit der Kindheit schwere Belastungen zu bewältigen, Belastungen, die Freud kannte – wie seine Therapienotizen verraten –, die er aber in der publizierten Fallbeschreibung nicht erwähnt hat: Ernst Lanzer hatte während langer Zeit stets bei seinen Eltern geschlafen und war damit als Zeuge wiederholter Primärszenen wesentlich überstimuliert. 18 Monate nach seiner Geburt mußte sich seine Mutter einem neuen Geschwister zuwenden. In seiner Einsamkeit wandte sich Ernst seiner sechs Jahre älteren Schwester Camilla zu [152]. Aber Camilla starb schon als Neunjährige an einem Karzinom. Der dreijährige Ernst war entsetzt. Der katastrophale Verlust seines Mutterersatzes ließ ihn in die anale Phase und die oral-sadistische Wut regredieren [153]. Dies war genau die Zeit, in welcher er jemanden gebissen hatte, der Vater ihn deswegen hart bestraft und er seinen Vater mit einer solch grenzenlosen Wut beschimpft hatte, daß dieser beeindruckt stoppte und sagte: „Das Kind wird entweder ein großer Mann oder ein großer Krimineller." Ernst war also nicht einfach wütend, weil ihm sein Vater die Onanie verboten hatte – wie Freud interpretierte – , sondern er war außer sich vor Wut, weil er im schmerzlichen Verlust seiner Schwester alleingelassen, von beiden Eltern im Stich gelassen worden war [154]. Die Wucht seiner Wut machte Ernst nachträglich große Angst. In ihr ist auch die Bedeutung der zwanghaften Beschäftigung des Patienten mit der chinesischen Rattenfolter zu finden. Diese Folter besteht nämlich aus einer Verbindung von Überstimulation und Wut [155]: Wenn die Ratte im Topf am Gesäß des Opfers durch den glühenden Eisenstab gefoltert wird, so wird sie so verrückt, wie Ernsts Vater und Ernst selbst werden konnten. Zudem hatte der Gegenstand des Topfes in der Folter für Ernst eine besondere sexuelle Bedeutung: Er hatte den Geschlechtsunterschied nämlich erstmals beobachtet, als seine geliebte Schwester Camilla auf dem Topf saß [156]. Die Geschichte der Rattenfolter rüttelt die Analerotik auf, auch weil schon die Tiere selbst, die Ratten, an Analerotik denken lassen: „Sie sind mit Dreck (Fäkalien, Geld), Infektion (Geschlechtskrankheiten) und mit Grausamkeit und Sadismus verbunden" [157]. Ratten erschrecken durch ihre Zähne (ihre Schneidezähne wachsen jährlich 12 cm) und gelten als Symbol des Kannibalismus, denn Ratten verschiedener Rasse zerreißen und fressen einander bei Territoriumskämpfen. Menschen, die sich offen oder heimlich von Ratten angezogen fühlen, benutzen das Ratten-Bild, um das Zusammenwirken von Überstimulation und Kannibalismus auszudrücken. Shengold weist darauf hin, daß Erwachsene, die als Kinder traumatische Erfahrungen der Überstimulation gemacht haben, oft kannibalische Manifestationen zeigen. Um dem traumatischen Status des „Zuviel" endlich zu entfliehen, suchen diese Menschen in wiederholten Steigerungen von Überstimulierung die lang ersehnte Entladung [158]. Shengold nennt diese Menschen „Rattenmenschen". Diese zeigen oft – wie der Rattenmann – eine „peristaltische Sprache" (ein Abwechseln von Sprudeln und Stocken) und leiden sowohl unter einer vertikalen Ich-Spaltung als auch unter einem gespaltenen Über-Ich, das gleichzeitig nach Wiederholung der Überstimulation und der Bestrafung für die kannibalischen Wünsche drängt. Rattenmenschen seien in ihrer Liebesfähigkeit schwer behindert. Der Rattenmann war ein Rattenmensch … war Sigmund Freud auf seine Art auch ein Rattenmensch?

Ernst fühlte sich nach dem schrecklichen Tod seiner Schwester betrogen … und wurde als Jugendlicher erneut betrogen, als ihm ein älterer Student seine Bewunderung zeigte und so sein Selbstvertrauen stärkte, bis er feststellen mußte, daß dieser junge Mann nur an einer seiner Schwestern interessiert war – eine Erfahrung, die er in der ersten Sitzung bei Freud als „die erste große Erschütterung seines Lebens" bezeichnet hatte [159]. Gisela, seine Freundin, die er eher als „die Dame" bezeichnete, wurde für Ernst dann ein Ersatz für seine gestorbene Schwester [160] und damit auch eine idealisierte Mutter [161]. Sie war psychosexuell ähnlich gestört wie er, war oft krank und war steril [162]. Die Sterilität seiner Freundin und späteren Frau schien eine besondere Bedeutung zu haben: Wenn der mächtige ödipale Vater sieben

Kinder hatte und Ernst eine Frau wählte, die ihm keine Kinder gebären würde, könnte er damit den Vater bestrafen (indem sein Geschlecht aussterben würde), und zudem hätte er damit vermieden, mit der Zeugung eines eigenen Sohnes die Rivalität mit dem Vater erneut zu provozieren [163]. Andererseits scheint Ernsts positive Objektbeziehung zum Vater ebenso wichtig gewesen zu sein wie die feindselige ödipale [164]: Die zwanghaften inneren Dialoge des Rattenmannes waren oft solche mit dem vorgestellten Vater, stets mit dem Ziel, vom Vater gezeigt zu bekommen, wie man leben kann [165]. Dies war vielleicht auch das tragende Element in seiner – trotz gravierender Fehler des Analytikers letztlich hilfreichen – Analyse bei Freud [166].

Zweifellos war der Rattenmann ein feinfühliger Mensch, dessen zwischenmenschliche Wahrnehmungsfähigkeit groß war (nur die von Angst geprägten Interpretationen seiner Wahrnehmungen verwirrten ihn immer wieder). Im Kontakt mit Freud war er auch auf seine präzise Wahrnehmungsfähigkeit angewiesen, denn nur durch sie wurde es ihm möglich, Freuds Grenzüberschreitungen zu erkennen und zurückzuweisen. So muß man annehmen, daß nur einige der Phantasien, die er über Freuds Person entwickelt und seinem Analytiker mitgeteilt hatte, intrapsychisch determinierte Übertragungsphantasien waren, andere aber Bilder von unverzerrten unbewußten Wahrnehmungen der unbewußten persönlichen Realität seines Therapeuten darstellten [167]. Freud selbst scheint geahnt zu haben, daß ihn sein Patient viel weiter durchschaut hatte, als ihm lieb war, denn einige Jahre nach der Behandlung des Rattenmannes hatte er in „Die Disposition zur Zwangsneurose" (!) geschrieben,

> „daß jeder Mensch in seinem eigenen Unbewußten ein Instrument besitzt, mit dem er die Äußerungen des Unbewußten beim anderen zu deuten vermag; ..." [168]

In den Träumen und Phantasien des Rattenmanns, die von seinem Analytiker handelten, spielten drei Frauen die wichtigsten Rollen: Amalie (Freuds Mutter), Martha (Freuds Frau) und Anna (Freuds jüngste Tochter). Wenn man sich erinnert, wie zentral diese drei Personen in Freuds vor- und unbewußtem Konfliktleben waren, und dazu noch bedenkt, daß der Rattenmann nicht ein so starkes Tabu um seine Mutter errichten mußte, wie das bei Freud der Fall war, ist es nicht allzu verwegen, seine „Freudschen Familienphantasien" als mindestens teilweise korrektes Abbild der inneren Realität Freuds zu betrachten. 12 solcher „Familienphantasien" sind in Freuds Therapienotizen erwähnt. Drei davon sollen hier vorgestellt werden:

> Der Rattenmann sah in der Phantasie den Leib von Freuds Mutter nackt, mit zwei Schwertern seitlich in ihrer Brust steckend. Der Unterleib und besonders die Genitalien waren von Freud und seinen Kindern ganz aufgefressen worden. [169]

Spielten hier nur kannibalische Impulse des Rattenmanns oder auch die unterschwellige Wahrnehmung entsprechender Impulse bei Freud eine Rolle?

Traum: Freuds Mutter ist gestorben. Der Patient möchte seinem Therapeuten schriftlich kondolieren. Statt aber auf der Karte „p.c." (pour condoler) zu schreiben, verschreibt er sich zu „p.f." (pour féliciter). [170]

Vielleicht drückte der Rattenmann damit aus, wie heilsam es für Freud wäre, wenn er sich endlich innerlich von seiner Mutter trennen (die Hexe verbrennen) könnte.

Phantasie: Zwischen Freuds Mutter und Freuds Frau ist ein Hering ausgespannt, der aus dem Afterloch der einen in das der anderen reicht, bis Freuds Tochter Anna ihn in zwei Stücke schneidet und die beiden Hälften wie ausgeschält entfallen. Anna verkörpere dabei Freuds Wissenschaft, die Psychoanalyse. [171]

Freud tritt in diesem Bild dreimal auf: als „Anna", die als sein Kind auch sein Produkt war, als „Psychoanalyse" – Jones hatte geschrieben, daß in Freuds Unbewußtem „sein psychoanalytisches Werk letzten Endes ein Produkt seines Körpers, also ein Kind, bedeutete" [172] – und als „Hering", der entzweigeschnitten werden muß, wenn er sich von den Frauen loslösen will (die Frauen scheinen beide ihn nicht endgültig ausscheiden zu wollen). Anna ist dabei die Spalterin, das Instrument zur verstümmelnden „Befreiung" Freuds. Die Beziehung Freuds zwischen den Frauen ist somit in den Fäzes (dem Abfall = den unehrlichen Manipulationen durch die Frauen?) begründet, einer „Drecksverbindung" die sich auch durch Wühlen im Dreck – Freud hatte in drei Briefen an Fließ seine analytischen Forschungen als „Dreckologie" bezeichnet [173] – nicht verändert, sondern nur in konfrontativer Auseinandersetzung aufgelöst oder zum Preis einer (Ich-)Spaltung still verlassen werden kann.

Diese letzten Gedanken zur Bedeutung des „Rattenmannes" für das Leben Freuds mögen allzu spekulativ sein. Aber insgesamt unterstützt unsere Analyse des Falles vom „Rattenmann" wie auch die vier anderen zuvor angeführten Argumente unsere Vorstellung von der Psychodynamik der Krebserkrankung Sigmund Freuds.

Eine weitere Bestätigung unserer Hypothesen liefert zusätzlich die Art, wie Freud die letzten Momente seines Lebens gestaltet hat.

10.4 Wie Freud starb

Im letzten Jahrzehnt seines Lebens hat Freud die Einsicht nicht vermeiden können, daß er zu keiner erfolgreichen Lösung seiner persönlichen Probleme gekommen ist: „Es muß für ihn offensichtlich gewesen sein, daß er ein unglücklicher alter Mann war" [174]. 1935 äußerte er in der Nachschrift zu seiner „Selbstdarstellung" die Meinung, daß er seit dem Beitrag *Das Ich und das Es* von 1923 keine entscheidenden Beiträge mehr zur Psychoanalyse geliefert habe:

„… und was ich später geschrieben habe, hätte schadlos wegbleiben können oder wäre bald von anderer Seite beigebracht worden …
Hier darf ich mir gestatten, meine autobiographischen Mitteilungen abzuschließen. Was sonst meine persönlichen Verhältnisse, meine Kämpfe, Enttäuschungen und Erfolge betrifft, so hat die Öffentlichkeit kein Recht, mehr davon zu erfahren. Ich bin ohnedies in einigen meiner Schriften – Traumdeutung, Alltagsleben – offenherziger und aufrichtiger gewesen, als Personen zu sein pflegen, die ihr Leben für die Mit- oder Nachwelt beschreiben. Man hat mir wenig Dank dafür gewußt; ich kann nach meinen Erfahrungen niemand raten, es mir gleichzutun." [175]

Er hatte das Leben als geistiges Rätsel verstanden, das er mit seinem überragenden Intellekt und übersteigertem Ehrgeiz zu entschlüsseln versuchte, bis seine Ahnung immer stärker wurde, daß der Erfolg zu teuer erkauft worden sei [176]. Freud war tief enttäuscht. Im Mai 1937 schrieb er Marie Bonaparte:

„Im Moment, da man nach Sinn und Wert des Lebens fragt, ist man krank, denn beides gibt es ja in objektiver Weise nicht; man hat nur eingestanden, daß man einen Vorrat von unbefriedigter Libido hat, und irgend etwas anderes muß damit vorgefallen sein, eine Art Gärung, die zur Trauer und Depression führt. Großartig sind diese meine Aufklärungen gewiß nicht. Vielleicht weil ich selbst zu pessimistisch bin. Mir geht ein ‚advertisement' im Kopf herum, das ich für das kühnste und gelungenste Stück amerikanischer Reklame halte: ‚Why live, if you can be buried for ten Dollars?'" [177]

Im *Mann Moses*, der letzten Arbeit, deren Publikation er noch erlebte, blickte er in einer Art Hilflosigkeit auf seinen Lebensweg als Schriftsteller und Psychologe zurück:

„Nach wie vor fühle ich mich unsicher angesichts meiner eigenen Arbeit, vermisse ich das Bewußtsein der Einheit und Zusammengehörigkeit, das zwischen dem Autor und seinem Werk bestehen soll." [178]

1938, Im Jahr vor seinem Tod, zitierte Freud in einem Brief an „Time und Tide" einen traurigen französischen Vers [179]:

> „Der Lärm ist für den Ehrgeizigen,
> Das Jammern für den Dummen,
> Der ehrliche Mann, der betrogen worden ist,
> Verschwindet und sagt kein Wort."

Im letzten Buch, an dem er geschrieben hatte, das aber unvollendet blieb, dem *Abriß der Psychoanalyse*, sprach Freud so intensiv wie nirgendwo sonst von der Liebe des Kindes zur Mutter. Die ernährende Mutterbrust sei das erste erotische Objekt des Kindes, das sich später zur Person der Mutter vervollständige, die das Kind nicht nur nähre, sondern auch pflege. Darauf folgt eine Bemerkung, die wie ein Stachel wirkt: In der Körperpflege werde die Mutter dann auch zur ersten Verführerin des

Kindes (als „Verführerin zum Leben" verstanden, würde die Mutter zum Urvertrauen des Kindes beitragen; Freud verstand sie aber als „narzißtische Verführerin" und deshalb als mißbrauchende Verführerin). Dann erklärte er weiter, wie schon zitiert:

> „Hierbei hat die phylogenetische Begründung so sehr die Oberhand über das persönliche akzidentelle Erleben, daß es keinen Unterschied macht, ob das Kind wirklich an der Brust gesaugt hat oder mit der Flasche ernährt wurde und nie die Zärtlichkeit der Mutterpflege genießen konnte." [180]

Von der Liebe der Mutter zum Kind sprach Freud also auch jetzt nicht; und noch trauriger: Er stellte die Behauptung auf, daß es sich hier um ein Naturgesetz handle und es keine Rolle spiele, ob das Kind je zärtliche Mutterpflege erlebt habe oder nicht. Dies war sein letzter Versuch der Verleugnung seines persönlichen Schicksals nach außen. Nach innen, gegenüber sich selbst, hatte er schon längst begriffen, wovor er kapituliert hatte. Er hatte darauf verzichtet, seine früh gestörte Beziehungsfähigkeit unter Schmerzen tiefer verstehen zu lernen, um so zu mehr Freiheit zu gelangen und neue Möglichkeiten der Verbundenheit (einen neuen Nabel mit einer neuen Plazenta) zu finden. Der Preis dieses Verzichts war seine große Einsamkeit.

Vom Thema der Einsamkeit handelte auch eines der letzten Bücher, das Freud gelesen hatte: *Der Kaiser, die Weisen und der Tod* von Rachel Berdach. Die führende Gestalt in der Geschichte dieses Buches aus der Zeit der Kreuzzüge im 13. Jahrhundert ist der Rabbi Ben Aron, um den die Autorin „schöne Parabeln, Allegorien und Erzählungen von Leiden, Schwäche und Größe des Menschen" gewoben hatte.

> „Das Buch endet mit der Schilderung von Ben Arons Tod. Eines Nachts wacht er auf, und eine unheimliche Stille umgibt ihn. Er läuft durch die Stadt und das umliegende froststarre Land und entdeckt, daß alles, was lebte, gestorben ist. Nur ihn allein hat der Todesengel zurückgelassen. Er stirbt, unfähig, den letzten verzweifelten Ruf auszustoßen, der Engel solle ihn wie die andern mitnehmen." [181]

Freud war von diesem Buch so berührt, daß er der Autorin im Dezember 1938 folgenden Brief schrieb [182]:

> „Sehr geehrte Frau (oder Fräulein)
> Ihr geheimnisvoll-schönes Buch hat mir in einem Maße gefallen, das mich meines Urteils unsicher macht ... daß ich schon lange nichts so Gehaltvolles und poetisch Gelungenes gelesen habe! ... Wer sind Sie? Woher haben Sie all das genommen, was Ihr Buch ausdrückt? Nach dem Vorrang, den Sie dem Problem des Todes einräumen, sollte man erraten, daß Sie sehr jung sind.
> Wollen Sie mir nicht einmal einen Besuch schenken? Ich hätte Zeit an Vormittagen."

Rachel Berdach war damals zwar schon 60 Jahre alt, aber sie hatte – entsprechend Freuds Vermutung – ihr Buch schon konzipiert, als sie noch jung war (sie hatte früh in ihrem Leben einen ihr lieben Menschen verloren) und war später eine Zeit lang bei Reik in Analyse gewesen. Jedenfalls spürte Freud eine tiefe innere Verwandtschaft und ... das ist der zarte, hoffnungsvolle Lichtblick in den sonst so leiderfüllten letzten Lebensjahren Freuds: Kurz vor seinem Tod getraute sich Freud mit dem zärtlichen Brief an eine ihm unbekannte Autorin seine tief versteckte Sehnsucht nach Beziehung direkt und – vielleicht zum ersten Mal in seinem Leben als Erwachsener – nicht fordernd, sondern vertrauensvoll leise wünschend auszudrücken ... und wurde belohnt. Anfang 1939 besuchte Rachel Berdach Freud in London. Zwei Experten für Einsamkeit, die sich die Hand reichen, sind für einen Moment nicht mehr einsam.

Die letzte Phase von Freuds Sterben begann – so schreibt Max Schur [183] –, als es ihm schwer wurde zu lesen. Das allerletzte Buch, in welchem Freud bis drei Tage vor seinem Tod gelesen hatte [184], war **Das Chagrinleder** (franz. Original: *La Peau de Chagrin*, 1831) von Balzac [185], das auch mit den Titeln „Die Schicksalshaut" und „Die tödlichen Wünsche" in deutscher Übersetzung erschienen ist. Der Titel trägt eine Doppelbedeutung: Ein Chagrinleder ist die Haut eines Esels, wörtlich übersetzt bedeutet „Peau de Chagrin" aber auch „Sorgenhaut", und Freuds Mundhöhlenschleimhaut war tatsächlich eine Sorgenhaut. Diese sinnträchtige Assoziation sowie das vieldeutige, schon in Kapitel 3.2 zitierte dramatische Ende des Romans und Max Schurs Bemerkung, daß Freud in seinen letzten Lebenswochen nicht aufs Geratewohl, sondern nur sorgfältig ausgewählte Bücher aus seiner Bibliothek gelesen hatte [186], fordern geradezu zu einer tieferen Analyse der Bedeutung dieser Schlußlektüre Freuds auf. Diese kann beim Autor beginnen, denn *Das Chagrinleder* ist nicht nur eine „phantastische Erzählung" und diejenige von Balzacs „philosophischen Studien", die dem Autor zu Weltruhm verhalf (erst nach ihrer Veröffentlichung nannte sich Balzac nobel „*de* Balzac"), sondern ist in hohem Maß autobiographisch: Viele biographische Grunddaten von Raphael, dem Helden des Romans, stimmen mit Balzacs wirklichem Leben überein [187]. Wenn nun Freud von Balzacs *Chagrinleder* so fasziniert war, daß er sich dieses als Schlußlektüre auswählte, dann fragt es sich, ob er nicht auch in dessen Autor eine „Schicksalsbruderschaft" vermutet hatte.

Honoré de Balzac war 1799 als erstes von vier Kindern einer 21-jährigen Mutter und eines 53-jährigen Vaters ungewollt empfangen, geboren und sofort nach der Geburt bis zu seinem vierten Lebensjahr an eine Pflegefamilie abgegeben worden. Danach nahmen ihn die Eltern in die größer werdende Familie zurück, fanden aber keine Liebe für ihn. Abgeschnitten von aller Zärtlichkeit wurde er oft für die Fehler seiner Geschwister bestraft. Er selbst schrieb über diese Zeit:

„Da ich immerzu neues Leiden erwartete, so wie Märtyrer den nächsten Schlag erwarten, drückte mein Wesen eine traurige Resignation aus, unter der alle Anmut und Lebhaftigkeit des Kindes erstickt waren." [188]

Als dummer und widerspenstiger Junge wurde er im neunten Lebensjahr in ein strenges römisch-katholisches Erziehungsinstitut gegeben. Die Eltern besuchten ihn nie, und die Ferien durfte er auch nicht zu Hause verbringen. Er wurde „ein dicker, langweilig dummer Junge, zum Spielen ebenso unbegabt wie zum Lernen". Tanzunterricht führte nur dazu, daß er sich lächerlich machte [189]. Als 14-Jähriger geriet er in eine so starke Krise mit äußerster Abmagerung, daß er vom Internat nach Hause geschickt wurde. Honoré erholte sich, aber kurz danach zog die Familie nach Paris, und er wurde erneut in ein Internat gesteckt. Dort arbeitete er kaum etwas und wurde oft bestraft. Ein Brief, den ihm seine Mutter in dieses Internat schickte – er war jetzt 16-jährig –, läßt die ganze Traurigkeit, Verwirrung und Verzweiflung erahnen, die dieser junge Mensch gegenüber seiner maßlos narzißtischen Mutter und ihrer Form des Mißbrauchs ihres Jungen empfunden haben muß. Sie schrieb:

> „Ich kann Dir nicht sagen, wie Du mich quälst. Ausgerechnet Du hast die schlechteste Note in diesem Aufsatz. Du wirst verstehen, daß ein Junge wie Du nicht an einem Fest teilnehmen kann. Ich hatte vor, Dich morgen schon früh zu holen, und wir hätten mittags und abends zusammen essen können. Denke morgen an meinen Kummer." [190]

Wenn Sigmund Freud diesen biographischen Hintergrund des *Chagrinleders* nicht gekannt hatte, so mußte er ihn gespürt und die Parallele zu seiner Kindheit geahnt haben, als er am Ende seines Lebens gerade zu diesem Buch gegriffen hatte.

Das philosophische Märchen *Das Chagrinleder* beginnt mit **Raphael**, einem jungen Italiener, der so sehr vom Leben enttäuscht war und eben gerade in einem Spielsalon seinen letzen Franc verspielt hatte, daß er plante, sich in der Seine zu ertränken. Noch nicht ganz entschlossen schlenderte er absichtslos durch die Gassen von Paris und betrat schließlich ein Antiquariat. Dieses schien menschenleer, aber so geheimnisvoll, daß sich Raphael langsam in die oberen Stockwerke vorwagte. Die alten Gegenstände und die Stille verführten ihn zu Träumereien. Als die Nacht hereingebrochen und die toten Gegenstände in völliges Dunkel gehüllt waren, schreckte er durch eine furchtbar klingende Stimme und einen grellen Lichtstrahl auf. Der Antiquar, ein 102-jähriger Greis, hatte das Licht einer Lampe auf ihn gerichtet und lenkte Raphaels Aufmerksamkeit auf ein Stück Chagrinleder, nicht größer als eine Fuchshaut, das an der Wand hing und plötzlich hell zu strahlen schien. Raphael untersuchte das Leder mit den Augen, befühlte es neugierig und las die ins Leder eingeritzten Schriftzeichen [191]:

> „Wenn du mich besitzest, wirst du alles besitzen.
> Aber dein Leben wird mir gehören. Gott hat
> es so gewollt. Wünsche etwas, und deine
> Wünsche werden erfüllt werden. Aber
> regle deine Wünsche nach deinem
> Leben. Es verfließt. Bei jedem
> Verlangen werde ich abneh-
> men wie deine Tage.
> Willst du mich?
> Nimm mich!
> Gott wird dich
> erhören.
> Amen!"

Raphael wandte sich fragend dem Greis zu. Dieser schüttelte den Kopf und erklärte:

> „Ich habe die furchtbare Gewalt, die dieser Talisman verleiht, Menschen angeboten, die mit mehr Energie ausgerüstet waren, als Sie zu besitzen scheinen; aber trotz spöttischer Witzeleien über den fragwürdigen Einfluß, den es auf ihr künftiges Schicksal ausüben müßte, wollte keiner wagen, auf diesen von einer unbekannten Macht so verhängnisvoll angebotenen Vertrag einzugehen. Ich denke wie Sie, ich hege Zweifel, ich habe es vermieden und …" [192]

Raphael fühlte sich von der Eselshaut mächtig angezogen. Er preßte den Talisman krampfhaft in der Hand zusammen und stellte sich vor, wie die unheimliche Macht, ihn alle Freuden in einer einzigen empfinden lassen würde, „ein königlich glänzendes Mahl … glühende Frauen … priapische Feste und Gesänge … endlose Küsse, deren Klang über Paris hintönt wie das Prasseln einer Feuersbrunst". Der Greis unterbrach Raphaels Phantasien und stellte klar, daß er keine Verantwortung für Raphaels Handeln übernehme:

> „Den Vertrag haben Sie geschlossen; damit ist alles gesagt. Jetzt werden Ihre Wünsche gewissenhaft befriedigt werden, aber auf Kosten Ihres Lebens". [193]

Dabei hatte Raphael gar keinen Vertrag unterschrieben und nichts zugesagt; er hatte die Haut nur in die Hände genommen und zügellos Wünsche geäußert. Ayoun interpretiert diesen scheinbaren Sprung in der Geschichte so, als sei Raphael schon immer Besitzer der Haut gewesen, sie also nur eine Art Spiegel seiner selbst darstellte, eine Metapher des Lebens und der Wünsche [194].

Der Antiquar, bei dessen Anblick Raphael an Mephisto gedacht hatte, erklärte dann seinem Besucher in eindringlichen Worten, warum er selbst immer der Versuchung des Chagrinleders widerstanden hatte. Diese Erklärung soll hier wörtlich wiedergegeben werden, weil sie genau so gut von Sigmund Freud stammen könnte.

Freud hätte sie nicht so persönlich formuliert, aber die darin ausgedrückte Haltung entsprach – mit Ausnahme der fatalistischen Passivität, die von Freud mit teilweise genialer Aktivität überbaut worden war – vermutlich weitgehend Freuds innersten Gefühlen und Einstellungen:

„[Ich] habe mein Leben nicht in das Herz, das bricht, nicht in die Sinne, die stumpf werden, sondern in das Gehirn verlegt, das sich nicht abnutzt und alles überlebt. ... Inzwischen habe ich die ganze Welt gesehen. Meine Füße sind auf den höchsten Bergen Asiens und Amerikas gewandelt, ich habe alle menschlichen Sprachen gelernt ... ich habe alles erlangt, weil ich alles verschmähen konnte. Mein einziger Ehrgeiz war, zu sehen! Heißt sehen nicht wissen?... [Wer] die Quellen des Glückes in seine Seele versetzt und daraus tausend ideale Genüsse zieht, [ist] frei von allem irdischen Schmutze ... nie hab ich etwas gewollt, alles abgewartet ... Was die Menschen Kummer, Liebe, Ehrgeiz, Unglück, Traurigkeit nennen, sind für mich Vorstellungen, die ich in Träumereien verwandle; anstatt sie zu empfinden, schildere und erkläre ich sie; anstatt sie mein Leben verzehren zu lassen, dramatisiere und entwickle ich sie, freue ich mich daran wie an Romanen, die ich durch inneres Schauen lese. ... Ich habe einen eingebildeten Harem, wo ich alle Frauen, die nie mein waren, besitze." [195]

Als der Greis die Ambivalenz der Gefühle in Raphael, dem neuen Besitzer der Eselshaut, zu sehr reizte, indem er spöttisch feststellte, daß Raphael jetzt seinen Selbstmord wohl verschoben habe, rächte sich dieser mit einem Wunsch, der des Greises ganze Lebensphilosophie zum Umsturz bringen konnte:

„... so wünsche ich, um mich für einen so verhängnisvollen Dienst zu rächen, daß Sie sich in eine Tänzerin verlieben. Sie werden dann das Glück einer Ausschweifung begreifen und vielleicht alle Schätze verschwenden, die Sie so philosophisch aufgespart haben." [196]

Raphael entfernte sich, ohne den tiefen Seufzer zu hören, den der Greis ausstieß.

Für Raphael gingen in der Folge tatsächlich alle Wünsche in Erfüllung. Er lebte in Saus und Braus. Sein Talisman, die Eselshaut, wurde zwar stets ein wenig kleiner, was ihn aber zunächst nicht beunruhigte. An einem rauschenden Fest hatte er sich halbbetrunken an die früheren Jahre erinnert, in welchen er von einer großen Sehnsucht nach einer schönen reichen Frau gelebt und nicht bemerkt hatte, daß eine andere Frau, die arme Tochter seiner Zimmerwirtin, ihn schon lange liebte.

Die Schöne war **Foedora**, eine Frau ohne Herz mit Augen wie zwei Metallfolien. Ihr Name hatte die Bedeutung von „fortune'or", das Glück des Goldes, und „foedus", was „Vertrag", „Pakt" heißt, aber als Adjektiv auch für „gräßlich, schändlich und gemein" steht. Raphael hatte sich darin erschöpft, das Geheimnis ihrer Persönlichkeit zu entdecken, aber er hatte nichts gefunden, denn Foedora war nur Hülle ohne Seele. Das einzige, was sie belebte, war, beachtet zu werden. Sie war sehr verführerisch, aber ein Monstrum des Egoismus und benutzte jeden [197].

Die Liebende war **Pauline** (ein Name, mit dem Freud die Erinnerung an seine kleine Nichte auf der Löwenzahnwiese und vielleicht auch an seine Jugendliebe Gisela verband). Das Handeln Paulines gegenüber Raphael wirkte anfänglich kindlich und mütterlich [198]: Sie brachte ihm Milch in sein Zimmer, kümmerte sich um seine Wäsche, steckte ihm ab und zu Geld zu, war gleichzeitig Vertraute, Mutter, Schwester und Schülerin [199]. Aber Raphael dachte nur an Foedora und schien Pauline kaum wahrzunehmen; erst recht nicht, daß er von Pauline geliebt wurde.

Nachdem Raphael nun Besitzer der Eselshaut geworden war, änderte sich vieles. Er wurde reich, aber er begann sich auch allmählich vor dem Schrumpfen seines Talismans zu fürchten. Um nicht in Versuchung zu kommen, sich allzu viel zu wünschen, zog er sich in seine Villa zurück und versuchte Worte wie „wünschen" oder „wollen" nie mehr auszusprechen. Er besaß alles, was er sich gewünscht hatte, war unglücklich und hatte Angst. Als er sich eines Abends doch wieder einmal ins Theater wagte, fiel ihm im Foyer ein dürrer alter Mann mit einem furchterregenden, unnatürlichen Gesicht auf; aufgetakelt, auf jung geschminkt, mit falschen Zähnen. Raphael erkannte in ihm den Antiquitätenhändler wieder, den Mann, dem er sein Unglück verdankte. Raphaels damalige Verwünschung war in Erfüllung gegangen: Der Greis hatte lüstern nach jedem möglichen sinnlichen Vergnügen gesucht und machte sich im Theater am Arm einer jungen Kurtisane vor aller Augen lächerlich, ohne es selbst zu merken.

Karen Horney, die Analytikerin, die das Phänomen der Selbstentfremdung erforscht hatte, sah im Antiquitätenhändler des *Chagrinleders* das Symbol des Bösen, mit dem sich ein Mensch in psychischer Not verbindet, dabei seine Seele verliert und schließlich durch seinen Selbsthaß Höllenqualen erleidet [200]. Raphael litt unter Höllenqualen und war erfüllt von Haß. Sigmund Freud war Raphael und der Antiquar gewissermaßen in einer Person. In seiner persönlichen Auswegslosigkeit und Wut glich Freud dem Balzacschen Raphael; sein zügelloses Sammeln von Antiquitäten, die häufigen Illustrationen seiner Texte mit Hinweisen auf die Arbeit von Archäologen und Antiquaren [201], die antiquarische Qualität „seiner" Psychoanalyse (mit der sorgfältigen Pflege alter Erinnerungen) und seine Art von Flucht vor der Gegenwart des „Es" machten ihn zum Balzacschen Antiquar.

Beide, Freud und der Antiquar, hatten ursprünglich eine ähnlich defensive Haltung gegenüber dem Leben eingenommen: Mit dem Intellekt sperrten sie die tiefen Gefühle aus dem Bewußtsein aus und gewannen damit eine gewisse Unverletzlichkeit und Überlegenheit. Dann aber, im Alter, verliefen ihre Wege anders: Der Antiquar wurde durch den beiläufigen rachsüchtigen Wunsch Raphaels (der sich vom Greis verspottet fühlte) in seine Bedürfnisse zurückgedrängt und mußte schließlich seine Geilheit zum Spott der anderen ausleben. Freud starb an Krebs. Doch waren diese Wege so verschieden? Sind nicht beides Abspaltungen? Schließlich lebten die abgespaltenen Bedürfnisse des Antiquars auch für sich weiter, wie ein Tumor.

10 Tödlicher Ausgang

Nachdem Raphael die Rachegefühle gegenüber dem lächerlich gewordenen Antiquar genossen hatte, betrat er den Theatersaal, setzte sich und entdeckte in einer Loge gegenüber die herausgeputzte Foedora, die von allen bewundert wurde, ihn jedoch kalt ließ. Allmählich spürte er neben sich aber die Anwesenheit einer verführerischen Frau. Er versuchte krampfhaft, nicht hinzusehen, konnte aber schließlich den Impuls dazu nicht mehr unterdrücken (das ist die bereits beschriebene Szene mit dem verführerischen Parfüm): Es war Pauline, die inzwischen auch reich geworden war und jetzt im Theater die Blicke aller Männer von Foedora weg auf sich gezogen hatte. Für Raphael wurde Pauline in diesem Moment zur Frau seiner Träume. Pauline hatte Raphael immer geliebt, und so lebten sie fortan zusammen als Liebespaar. Die Eselshaut aber schrumpfte weiter. Eines Tages warf Raphael sie voller Wut weg – der Gärtner brachte sie zurück. Nun suchte Raphael den Rat von Gelehrten: Drei Wissenschaftler, ein Zoologe, ein Physiker und ein Chemiker scheiterten am Versuch, die geschrumpfte Eselshaut wieder zu dehnen. Raphael wurde krank. Drei Ärzte, Vertreter verschiedener Schulen, versuchten ihn zu heilen, aber seine Tuberkulose schritt weiter fort. Raphael floh allein aufs Land und versuchte bescheiden wie eine Pflanze zu leben. Er fand Unterstützung bei einer armen Bauernfamilie, aber er litt unter deren Mitleid und fuhr zurück nach Paris. Die Eselshaut hatte jetzt nur noch die Größe eines Eichenblatts. Er schloß sich ein und wollte Pauline nicht mehr sehen. Jonathan, sein treuer Diener, organisierte jedoch ein Fest, um seinen Meister aufzumuntern. Raphael floh in sein Zimmer, wo ihn aber Pauline erwartet hatte. Der Sterbende erzählte ihr alles über den Talisman und gestand ihr erneut seine Sehnsucht nach ihr. Pauline flüchtete und sperrte sich in ein Zimmer ein. Sie versuchte sich mit einem Schal zu erwürgen, weil sie dachte, daß durch ihren Tod Raphaels Begehren verschwinden müßte und sie so ihren Geliebten retten könnte. Raphael brach die Türe auf, zerriß Paulines Schal und versuchte sie zu umarmen. Das Verlangen hatte aber alle seine Kräfte aufgezehrt, ein ersticktes Röcheln schien sein Inneres auszuhöhlen. Dann biß er Pauline in die Brust und starb.

Diese letzte Handlung Raphaels war eine doppelte Regression: Sein Wunsch, geliebt zu werden, verschob sich in den Wunsch, an der Brust gefüttert zu werden [202, 203], und da dieser unerfüllbar war, wandelte er sich in Gier, welche die Aggression verstärkte, so wie Melanie Klein dies bei Kindern beschrieben hatte:

> „Die Hypothese, daß die frühesten Erfahrungen des Säuglings beim Gestilltwerden und die Nähe der Mutter eine Objektbeziehung zu ihr einleiten, ist eines meiner Grundkonzepte. Diese Beziehung gilt zuerst einem Teilobjekt, denn oral-libidinöse und oral-destruktive Triebe sind von Anfang an besonders auf die mütterliche Brust gerichtet. … Man kann sich vorstellen, daß in Perioden, die frei von Hunger und Spannung sind, ein optimales Gleichgewicht von libidinösen und aggressiven Trieben besteht. Dieses Gleichgewicht wird gestört, wenn infolge Versagungen durch innere oder äußere Ursachen aggressive Triebe verstärkt werden … [was] zu dem Gefühl der Gier, die

hauptsächlich oraler Natur ist, führt. Jede Steigerung der Gier verstärkt das Gefühl von Versagung und damit wiederum die aggressiven Triebe." [204]

Was Klein hier als gestörtes Gleichgewicht der Mutter-Kind-Beziehung beschreibt, hat Freud unter dem unbewußten Einfluß seiner traumatisierten Kindheit als normale Entwicklungsstufe jedes Kindes betrachtet und als „Vorstufe des Liebens" bezeichnet:

> „Vorstufen des Liebens ergeben sich als vorläufige Sexualziele, während die Sexualtriebe ihre komplizierte Entwicklung durchlaufen. Als erste derselben erkennen wir das sich *Einverleiben* oder *Fressen*, eine Art der Liebe, welche mit der Aufhebung der Sonderexistenz des Objekts vereinbar ist, also als ambivalent bezeichnet werden kann. Auf der höheren Stufe der prägenitalen sadistisch-analen Organisation tritt das Streben nach dem Objekt in der Form des Bemächtigungsdranges auf, dem die Schädigung oder Vernichtung des Objekts gleichgültig ist." [205]

Der Kannibalismus ist eine Extremform des Habens, des Besitzens durch Einverleiben [206], die vielleicht „früheste Form des Beziehungsmodus", so wie es auch vertraute Redewendungen ausdrücken: „Jemanden appetitlich oder unappetitlich finden", „jemanden zum Fressen gern haben" [207].

Sigmund Freud hatte große Angst vor dem Verarmen und dem Verhungern. Im September 1899 hatte er seinem damaligen Freund Fließ von seiner Furcht des Verarmens geschrieben („Geld ist Lachgas für mich" [208]), seinen Traum „von den drei Parzen" hatte er als Hungertraum verstanden [209], und 1910 hatte er in einer Vorbesprechung am Nürnberger Kongreß ausgerufen: „Meine Feinde wären froh, mich verhungern zu sehen …" [210]. Freuds Hunger nach narzißtischer Versorgung – durch Tabak, Antiquitäten, Briefe, Reisen – war unersättlich [211].

Erwachsene, die als Kinder wenig liebevolle Geborgenheit erfahren durften und in ihrem späteren Leben auch keinen befriedigenden Weg zu Liebe und Liebesfähigkeit finden konnten, bleiben in ihren frühen symbiotisch-ambivalenten Wunschgefühlen stecken. Sie neigen dann zur Gier, welche den Wunsch nach Nahrung zum Wunsch nach kannibalischer Einverleibung fehlleitet. Ganz besonders trifft dies auf solche Menschen zu, die in ihrer Kindheit unter Überstimulation, unter einem „Zuviel" an verwirrenden Reizen (und einem „Zuwenig" an elterlicher Unterstützung) gelitten haben, auf „Rattenmenschen" eben, wie Shengold [212] sie nennt.

Raphaels Biß in Paulines Brust war ein letztes Aufbäumen im immer wieder mißglückten Versuch, die Liebe festzuhalten. Schon das Chagrinleder war eine „Brust", die sich erschöpft hatte (geschrumpft war), und nun führte Raphaels Verzweiflungstat noch die letzte für ihn erreichbare Brust zu deren Verletzung. In den letzten Sekunden seines Lebens wurden Raphaels Ängste und seine entfremdete Wahrnehmung noch einmal bestätigt: Seine Wünsche machen alles kaputt. Zur Einsicht, daß die Ernährung an der Brust nicht zur Befreiung führt, war keine Zeit mehr.

Balzac hatte mit dem *Chagrinleder* versucht, seine frühkindliche Frustration und seine Beziehungsstörung als Erwachsener zu verstehen und zu überwinden. Michelangelo hatte dasselbe mit Bildhauerei versucht: Der „gezähnte Meißel" (cesello dentato), mit welchem er den weißen Marmor (der Mutterbrust) bearbeitete [213], hat eine ähnliche Funktion wie die brustbeißenden Zähne von Raphael. Sigmund Freuds Versuch, zu einem glücklichen Leben zu gelangen, bestand darin, daß er die Auseinandersetzung mit seiner frühkindlichen Frustration übersprang und sein Leben der Entschleierung der Prozesse widmete, die nach den frühesten Verletzungen das Schicksal der Menschen mitbestimmen. Wie stark Freuds Wunsch, wie ein kleines Kind endlich ganz geliebt zu werden, auch im Alter noch unter der Oberfläche brodelte, zeigt eine Begebenheit, von welcher die Schriftstellerin H.D. berichtete: Aus Unzufriedenheit über die geringen Fortschritte, die sie in ihrer Analyse gemacht hatte, warf Freud ihr vor: „Weil ich ein alter Mann bin, denken Sie, daß es sich nicht lohnt, mich zu lieben", und schlug dabei mit Nachdruck die Faust auf den Tisch. Hilda Doolittle war fassungslos:

> „Die Wucht seiner Worte war so bedrohlich – ich fühlte einfach nichts. Irgendwie war er ein schrecklicher alter Mann, zu alt und zu sehr über den Dingen stehend, zu weise und zu berühmt, um auf diese Weise mit der Faust zu schlagen, wie ein Kind, das seinen Porridge-Löffel auf den Tisch hämmert." [214]

Sechs Jahre vor seinem Tod hatte Freud geschrieben:

> „Alles herum ist trüb und zum Ersticken dumpf. Die Wut speichert sich auf und zehrt am Gehäuse. Wenn man etwas Befreiendes tun könnte! ..." [215]

Möhring ist zuzustimmen, wenn er schreibt, daß Freud etwas abschütteln wollte [216]. Aber Möhrings Ergänzung „und fand nicht heraus, was" traf nicht zu. Freud wußte, was er vermieden hatte. Wahrscheinlich war sein Entschluß weise, sich nicht intensiver um das Thema seiner Mutterbeziehung zu kümmern, denn es ist gut möglich, daß er an dessen Erforschung zerbrochen wäre. Nur wer sich – um in Sloterdijks Bildsprache zu sprechen [217] – außerhalb des Mutterleibs eine neue Plazenta (Beziehungsfähigkeit) erworben hat, kann ganz in die Höhle und Hölle des Unbewußten hinuntersteigen und unbeschadet wieder daraus auftauchen.

Gardner hatte in seiner Analyse der Lebensläufe verschiedener Genies festgestellt:

> „[U]nentbehrlich ist Hilfe und Unterstützung dann, wenn man zur Erschließung neuen geistigen Territoriums äußerste Kräfte einsetzt; zumindest teilweise bietet sich als Modell die Zeit nach der Geburt an, in der Bezugspersonen dem Säugling den ersten Zugang zu einer neuen Welt vermitteln". [218]

Freud fand den Weg nicht, sich diese Hilfsbedürftigkeit einzugestehen. Die letzten Sätze von Helen Puners einfühlsamer Freud-Biographie verdeutlichen dies in poetischen Worten:

10.4 Wie Freud starb

„Freud ... war ein unersättlicher Mann. Er glaubte, daß er fähig wäre, alles zu verstehen. ... Das Licht, das Freud über die Probleme der Menschheit verbreitete, war ein stechendes, kaltes Nordlicht. Weder Frieden noch Barmherzigkeit war darin. Und während es die dunkelsten und furchterregendsten Winkel des menschlichen Geistes ausleuchtete, vermittelte es keinen Trost. ... Niemand war im Grunde ein größerer Humanist. Und kein Humanist war schließlich weniger human.

... Er hat als Bildhauer seiner selbst Teile seiner Seele abgetragen: hier meißelte er den Wunsch nach Freude und Vergnügen weg, dort schlug er das Bedürfnis nach Entspannung und Mitleid ab. Und der Glaube verschwand in einem Schauer von Marmorstaub. Weg waren die Emotionen, das Fühlen, die impulsiven Handlungen, die Wünsche und die Phantasien. Die Statue, die er aus sich selbst meißelte, war heldenhaft. Er stand schließlich als einer der größten intellektuellen Helden unserer Zeit da, und jeder Satz, den er schrieb, ist mit dem Heldentum seiner Anstrengung, alles zu sehen und

Abb. 10 Bildnis Sigmund Freuds, von Salador Dalí 1938 in London gezeichnet [220] (© Demart pro Arte B.V./VG Bild-Kunst, Bonn 2000)

zu verstehen, durchtränkt. Aber für diesen Gewaltakt büßte er mit seiner Menschlichkeit. Am Ende glich er als menschliches Wesen ... dem starren, unbeweglichen Marmorgiganten [Michelangelos Moses], in den er sich 1913 ... verliebt hatte." [219]

Der Mahnfinger von Freuds Hand in Salvador Dalís 1938 in London skizziertem Portrait weist direkt auf Freuds krebskranke Wange (Abb. 10). Er könnte bedeuten: „Schaut her, was geschieht, wenn man den Weg der Unterdrückung aller Leidenschaft geht!"

Angenommen, Dalí habe wirklich mit Freuds Unbewußtem mitgeschwungen, so könnte eines seiner Bilder aus Freuds Todesjahr als erschreckend genaue Beschreibung eines zentralen Elements des psychodynamischen Hintergrundes von Freuds Schicksal verstanden werden. Dieses 40 mal 35 cm große Werk zeigt das Foto-Porträt eines Kleinkindes, in welches mittels Gouache-Technik eine tote, blutüberströmte schwarze Ratte so ins Gesicht eingefügt ist, daß der Betrachter das kleine Kind als rattenreißendes Wesen erkennen muß. Die unschuldigen Kinderaugen signalisieren dabei, daß kannibalische Lust ein Gefühl ist, das ein kleines Kind als natürlich empfinden kann und nur dann zum Problem wird, wenn sie angstvoll radikal unterdrückt werden muß. Das Werk trägt den Titel: „Le Pervers Polimorphe de Freud".

Freud starb nicht wie ein „römischer Held" [221], nicht in Freiheit, und es war nicht er, der dem Tod die Tür öffnete, wie Cremerius meinte [222]. Er starb auf die gleiche Art, wie er gelebt hatte, ruhig, „die qualvollen Schmerzen und die Schmach seines langsamen Todes einsteckend, so wie er die Schmerzen des Lebens ertragen hatte" [223]. Freuds letzter großer Wunsch war – wie er 1938 dem Medizinhistoriker Charles Singer sagte –, als britischer Staatsbürger zu sterben [224]. Doch dieser Wunsch ging nicht in Erfüllung. Freud starb im Status eines „enemy alien", eines „feindlichen Ausländers" [225].

11 | Freuds Verdienst

Es gibt viele Möglichkeiten um auszudrücken, was Sigmund Freuds Werk den Menschen seiner Zeit und den heute lebenden Menschen gegeben hat und vielleicht – hoffentlich – den Menschen der Zukunft weiterhin geben wird. Er hat als Analytiker einigen hundert Menschen direkte therapeutische Hilfe bieten können, hat viele Dutzend Therapeuten ausgebildet, hat mehr als 150 Texte, Aufsätze, Bücher und etwa 20.000 Briefe geschrieben und vier neue theoretische Systeme geschaffen: eine wissenschaftliche Methode, eine therapeutische Methode, eine Neurosentheorie und eine Theorie des normalen Seelenlebens [1-3]. Er hat eine versteckte Welt psychischer Realität aufgedeckt – eine Wirklichkeit, in welcher Erinnerungen nicht nur Abbilder vergangener äußerer Realität, sondern Elemente einer eigenständigen inneren Realität sind [4] – und er hat nachgewiesen, daß „normale" und „krankhafte" Erscheinungen des Seelenlebens denselben Gesetzen gehorchen [5]. Das Erleben seiner Patienten, ihre Gefühle, Erinnerungen und Phantasien hat er so weit ernst genommen, daß es ihm wert schien, ihren Berichten und Assoziationen mit wenigen Unterbrechungen stundenlang zuzuhören und dadurch aus zuvor von der Medizin mißachteten „Nebenprodukten des Geistes" [6] – nämlich Träumen, Fehlleistungen und Phantasien – neue Wahrheiten zu entdecken.

Die Medizin um die Jahrhundertwende hatte Krankheiten behandelt und den Patienten höchstens von außen beschrieben. Freuds konsequente Einbeziehung der Subjektivität des Leidens jedes einzelnen Kranken machte die Krankheitsbehandlung zur Behandlung von Patienten [7]. Die Wand, die den Arzt vom Patienten trennte, wurde durchbrochen [8] und dem Patienten eine Partnerrolle [9], manchmal sogar eine Lehrmeisterrolle [10] zugestanden. Das analytische Setting, die Sphäre, in welcher analytische Arbeit stattfindet, eröffnete dem Patienten einen geschützten Freiraum, der ihn mehr in Kontakt mit sich selbst bringen konnte als in allen anderen therapeutischen Konstellationen. Durch Freud wurden „Krankheitsbilder" zu „Krankengeschichten", aber diese – so mußte Freud als ausgebildeter Naturwissenschaftler gleichzeitig schmerzlich und fasziniert entdecken – ließen sich nicht mehr allein mit naturwissenschaftlichen Begriffen beschreiben. Vielleicht war dies die allermutigste Entscheidung Freuds, daß er sich getraute, über die Grenzen der naturwissenschaftlichen Sprache – die ihm bisher selbstverständliche berufliche Heimat war – hinauszugehen und sich auf die Hoffnung zu verlassen, daß eine seinem Gegenstand angepaßte primärprozeßhafte, literarische Sprache auch als wissenschaftlich anerkannt werden könnte. Er selbst hatte dieses Wagnis bereits 1895 bescheiden mit folgenden Worten beschrieben:

> „… es berührt mich selbst noch eigentümlich, daß die Krankengeschichten, die ich schreibe, wie Novellen zu lesen sind, und daß sie sozusagen des ernsten Gepräges der Wissenschaftlichkeit entbehren. Ich muß mich damit trösten, daß für dieses Ergebnis die Natur des Gegenstandes offenbar eher verantwortlich zu machen ist als meine Vorliebe; …" [11]

Äußerungen des Unbewußten lassen sich noch von außen beobachten. Um sie verstehen zu lernen, ihre Bedeutung vor dem Hintergrund einer individuellen Lebensgeschichte zu erkennen, muß sich der Beobachter aber von ihnen forttragen lassen, das heißt: Nur wenn sich der Beobachter getraut, die Äußerungen des Gegenübers auf sein eigenes Unbewußtes wirken zu lassen, kann er einen Schlüssel zu deren Verständnis finden. Das wußte Freud zu Beginn seiner psychologischen Forschungen noch nicht:

> „Er meinte, eine Erkundung des Unbewußten durchzuführen, aber es ist das Unbewußte, das ihn führt. Den Gesetzen, die er aufdeckt, kann er sich nicht entziehen … Die Trennung zwischen dem Gegenstand der Beobachtung und dem Beobachter ist nicht mehr am Platze. Freud kann das Unbewußte nicht abhandeln, ohne mit ihm zu verhandeln. Er wird von seiner Entdeckung überrumpelt." [12]

So mußte Freud in all seinem beruflichen Denken und Schreiben auch einen persönlichen Kampf ausfechten, wie die selbstanalytischen Briefe an Fließ eindrücklich zeigen und wie er 1910 in einem Brief an den Pfarrer Oskar Pfister selbst feststellte:

> „Also ich bewundere Sie, daß Sie so schreiben können, so milde, human, voll Nachsicht, so sachlich, so viel eher für den Leser als gegen den Feind … Allein, ich könnte so nicht schreiben, lieber schriebe ich gar nicht, d. h. ich schreibe ja gar nicht. Ich könnte nur schreiben, um *meine* Seele zu befreien, *meinen* Affekt anzubringen." [13]

Freuds Forschung war also direkter mit seinem persönlichen Leben verbunden, als das bei anderen Forschern der Fall ist. Dies wurde ihm seit 1901, als Fließ ihm geschrieben hatte, daß der Gedankenleser (oder Traumdeuter) bei den anderen nur seine eigenen Gedanken lese [14], immer wieder vorgeworfen: Er habe seine eigenen psychischen Traumen in angeblich allgemeingültige Gesetze übersetzt. Diese Kritik ist teilweise – dort, wo Freud an seine persönlichen Grenzen stieß – berechtigt, aber sie ließ sich nicht vermeiden. Wenn Gay schreibt, daß dieser Vorwurf bis heute „nicht zum Schweigen gebracht worden" sei [15], dann geht er implizit von einer Erwartung aus, die unrealistisch ist: Die vorübergehende Grenzverwischung zwischen Subjekt und Objekt, zwischen Forscher und Erforschtem ist für tiefenpsychologische Studien absolut unumgänglich. Sie kann höchstens durch präzise Analyse von Übertragungs- und Gegenübertragungsphänomenen (z. B. in Supervisionen) kontrolliert und in einer gesunden Mischung gehalten werden. Sie ganz auszuschalten, käme dem Abschied von der Tiefenpsychologie gleich. Dies mußte Freud selbst lernen und hat es andere gelehrt.

Durch Freuds neuen, mutigen Ansatz, Menschen zu verstehen, stieß er bald auf die überragende Bedeutung der Kindheit für den Menschen. Mit seinem Nachweis, wie intensiv Kindheitserfahrungen das Erwachsenenleben bis ins hohe Alter prägen können, revolutionierte er die Kinderpsychologie. Seine „Durchleuchtung der infantilen Wünsche" und sein Verständnis für die Hilflosigkeit des Kindes gegenüber den Ansprüchen der Erwachsenenwelt und der eigenen Triebsphäre „haben eine bisher unerreichte Einfühlung in die kindliche Seele ermöglicht" [16].

Freuds Entdeckung der Wirkungsweisen des Unbewußten (in Träumen, Symptomen, Charakterzügen, Mythen) und seine Aufklärung über die Bedeutung der frühen Kindheitserlebnisse für die Charakterbildung haben Psychologie, Pädagogik, Sozialarbeit, Psychiatrie und Psychotherapie „auf ein neues Fundament gestellt" [17], das auch in der Anthropologie (z. B. von Bronislaw Malinowski und Margaret Mead), der Soziologie (z. B. von Erich Fromm und John Dollard) sowie der Kriminologie und der Jurisprudenz (als Bewegung weg vom Strafprinzip hin zum Rehabilitationsprinzip) tiefgreifende Veränderungen bewirkte. Allein von den Fachbegriffen, die Freud bis 1895 (also noch vor der *Traumdeutung*) geprägt hatte, sind heute viele noch immer im Alltagsgebrauch, so zum Beispiel „Verdrängung", „Abreagieren", „psychischer Konflikt", „psychische Abwehr", „Projektion", „Widerstand" und „Zwangsneurose" [18].

> „Wir alle ‚sprechen' Freud, ob korrekt oder nicht. Er ist und bleibt unvermeidlich, als ein überragender Gestalter des modernen Geistes, eine so allgegenwärtige und umstrittene Autorität, wie es Plato im klassischen Altertum gewesen ist." [19]

Außerordentlich starken Einfluß hatten Freuds Entdeckungen auf viele Künstler, auf Maler (z. B. Chagall, Picasso und Dalí), allgemein besonders auf Expressionisten und Surrealisten, auf Musiker und Komponisten (z. B. Mahler und Schönberg) und besonders auf Schriftsteller. Berühmte Autoren von psychoanalytischen Romanen sind James Joyce, Thomas Mann, Hermann Hesse und Franz Kafka. Linguistisch experimentierende Autoren wie Virginia Woolf, William Faulkner oder André Breton, der Begründer des literarischen Surrealismus, ließen sich ebenso stark von der Psychoanalyse beeinflussen wie die Autoren von Liebes-, Ehe-, Familien- und Kriminalromanen, Novellen oder Comics und die Journalisten von Magazinen, Zeitschriften und Zeitungen. Moderne populäre Formen der Musik wie Musicals, Rock-Opern und die hoch emotionalen Texte von Liedermachern sind oft wesentlich von psychoanalytischen Einsichten geprägt wie viele der seriösen modernen Spielfilme auch. Filme von Federico Fellini, Ingmar Bergman, François Truffaut, Jean-Luc Godard, Rainer Werner Fassbinder oder Volker Schlöndorff transportieren tiefenpsychologische Einsichten auf eine so eindrückliche Art, daß sie nicht nur die

Herzen der Zuschauer bewegen, sondern durch ihre Tiefe – die nicht analysiert werden muß – die Erfahrung vermitteln, Teilnehmer einer Expedition ins faszinierende Reich der Geheimnisse des menschlichen Lebens geworden zu sein. Die Filme von Woody Allen machen durch ihre humorvolle Art, den Zuschauer und Zuhörer in seine eigene verwickelte Welt von Gefühlen und Phantasien zu verführen, besonders deutlich, wie stark die Psychoanalyse unsere Kultur durchdrungen hat [20].

Eine andere Art von Verführung, in die heute Geldsummen in Milliardenhöhe investiert werden, profitiert aber leider auch von der Psychoanalyse: die marktwirtschaftliche Werbung. Sie ist mitverantwortlich für die moderne Vermischung der Begriffe „Verführung" und „Mißbrauch", weil sie meist auf der Manipulation der Bedürfniswelten der Konsumenten beruht, so wie es Dieter Franke, Chef einer Marketing-Firma prägnant ausgedrückt hat: „Wer die unbewußten Motive kennt, kann das Konsumverhalten besser steuern" [21].

Von Anbeginn an wurde der Psychoanalyse Einseitigkeit vorgeworfen. Kritiker spotteten, daß man am besten dran sei, wenn man als Analysand

> „gleich in der ersten Stunde zugibt, daß man mit seiner Mutter geschlafen und daß man Versuche angestellt hat, den Vater zu vergiften." [22]

Freuds Überbetonung der Sexualität kann als eine mikroskopische Sicht auf einen Ausschnitt des Ganzen verstanden werden, ohne das Ganze bei dieser Teilbetrachtung zu zerteilen, ähnlich einer Holographie oder einem Zellkern: Bei der Holographie ist in jedem ihrer Teile das Ganze enthalten, und die Gene im Zellkern jeder einzelnen Zelle tragen den Bauplan des ganzen Organismus in sich. Nicht die Tatsache, daß Freud ausschließlich die Sexualität so tiefgehend betrachtet hat, sondern die Tatsache, daß es ihm nicht gelungen ist, den Anschein zu vermeiden, daß eine solche Tiefe nur im Bereich des Sexuellen existiert, ergab ein Verstehens- oder Verständigungsproblem.

Freud war oft extrem einseitig – Binswanger sprach von einer „grandios konsequenten Einseitigkeit" [23] – und war sich seiner Einseitigkeit und ihrer Notwendigkeit manchmal auch bewußt:

> „Ich muß wohl diese Einseitigkeit gebraucht haben, um das Verborgene sehen zu können, das sich den anderen zu entziehen weiß." [24]

> „Die Menschheit hat ja gewußt, daß sie Geist hat; ich mußte ihr zeigen, daß es auch Triebe gibt. Aber die Menschen sind immer unzufrieden, sie können nicht warten, wollen immer etwas Ganzes und Fertiges; irgendwo fängt man aber doch an und schreitet nur langsam vorwärts." [25]

Freuds konsequente Einseitigkeit führte manchmal zum paradoxen Ergebnis der Aufhebung gerade dieser Einseitigkeit (so wie es im paradoxen Denken, zum Beispiel im Taoismus, oft geschieht), am besten erkennbar in seiner Hochschätzung des rationalen Denkens, wie Fromm erklärt [26]:

> „Freud stellt einen Höhepunkt des Rationalismus dar. Zugleich war er aber auch derjenige, der dem Rationalismus einen vernichtenden Schlag zugefügt hat. Er war es, der gezeigt hat, daß die Quellen menschlichen Handelns im Unbewußten liegen … und daß das Verhalten des Menschen von seinem bewußten Denken nur in geringem Masse gelenkt wird. Damit zerstörte er das rationalistische Bild von einem menschlichen Intellekt, der unbeschränkt und unangefochten die Bühne beherrscht."

Wie jeder andere Mensch konnte aber auch Freud nicht alle seine inneren Widerstände gegen die Selbsterkenntnis überwinden. Sein stärkster Widerstand (gegen das Bewußtwerden seiner frühkindlichen narzißtischen Wut) war für ihn auch deshalb unberührbar, weil er in seinen Bemühungen um Selbsterkenntnis nie Unterstützung durch einen dialogischen Partner gefunden hatte. Während seiner Selbstanalyse war Wilhelm Fließ zwar sein unersetzlicher Gesprächspartner, aber ein Dialogpartner war auch er nicht, denn beide benutzten sich gegenseitig als narzißtisch bestätigendes Echo und konnten einander nicht das bieten, was Neumann als „schicksalsmäßige Erfahrung des Du als eines Gegenübers" bezeichnet [27]. „Für ihn gab es niemanden, mit dem er etwas teilen konnte … Er war so weit über jedem anderen", sagte Eva Rosenfeld [28], die als Freundin Annas und Analysandin Freuds im Kreis der Familie Freud gelebt hatte.

Wohl kann man spekulieren: Wenn Freud bis in die tiefsten Tiefen seines Unbewußten, bis auf den Grund seines Hades gestiegen wäre, wäre er auf die Lieblosigkeit seiner Mutter gestoßen. Wenn er durch diesen Schmerz hindurchgegangen wäre, hätte er die Türen zu vielen weiteren Wegen finden können, zum Beispiel zu den Wegen, die seine selbständig gewordenen Jünger – Adler, Jung, Reik, Rank, Ferenczi, Horney, Fromm – beschritten haben, und seine Lehre hätte ihre heute oft störende Einseitigkeit verloren. Aber es ist kaum denkbar, daß es einem einzelnen Menschen möglich wäre, mit ganzem Herzen in mehrere Räume des Hades als erster und allein hinunterzusteigen. Deshalb ist es viel wahrscheinlicher, daß dann, wenn sich Freud allein ganz in die Tiefe begeben hätte, er daran zerbrochen wäre. Wenn er einen Weg gefunden hätte, sich früh von der Fessel seiner starken Mutterbindung zu lösen, wäre sein unbändiger Leistungsdruck langsam zur Ruhe gekommen. Er hätte sich vermehrt nach seinem eigenen Glück und dem Glück seiner Nächsten ausgerichtet, und die Psychoanalyse wäre niemals entwickelt worden. Aber diesen Weg hatte er nicht gefunden. Statt dessen wählte Freud die Entwicklung der Psychoanalyse zu seinem Ersatzobjekt, das ihm half, ihn vor der vollen Entdeckung seiner schmerzlichen familiären Wahrheit zu bewahren [29]. Aus diesem Grund blieb Freuds wissenschaftliche Auseinandersetzung immer ein Kampf und er ein ruheloser Kämpfer, so wie er sich schon 1900 beschrieben hatte:

„Ich bin nämlich gar kein Mann der Wissenschaft, kein Beobachter, kein Experimentator, kein Denker. Ich bin nichts als ein Conquistadorentemperament, ein Abenteurer, wenn Du es übersetzt willst, mit der Neugierde, der Kühnheit und der Zähigkeit eines solchen." [30]

Eigentlich stößt jedes Individuum durch die Wahl eines Ersatzobjekts einen verzweifelten Schrei nach Hilfe aus, aber es denkt und verhält sich so, als wolle niemand diesen Schrei hören [31]. So erging es Freud, und tatsächlich wurde sein Hilfeschrei kaum gehört. Wenn Eissler schreibt, daß „im Leben eines Genies … die Realisierung seiner Mission zur Erschaffung unvergleichlicher Werte wichtiger [sei] als Objektbeziehungen" [32], dann stimmt das nur aus der Sicht derer, die vom Werk des Genies profitieren.

Freud war ein Genie. Er war eine jener Heilerfiguren, die sich selber nicht helfen, der Menschheit aber sehr viel geben konnten, wie Christus oder Sokrates. So wie alle genialen Werke eine unfreiwillige Autobiographie darstellen [33], war Freuds Werk tief mit seiner Geschichte – eigentlich müßte man sagen „mit seinem persönlichen Unglück" – verbunden. Um dieses Unglück ertragen zu können, ist Freud einen Pakt mit dem Intellekt eingegangen, einen Vertrag des Ichs gegen das Es. Auch darin glich er exakt anderen Genies. Gardner hatte die Lebensläufe von sieben „Meistern der Kreativität" (darunter Freud, Einstein, Picasso, Strawinski und Mahatma Gandhi) studiert und bei allen das gleiche Muster gefunden:

„Meine Untersuchungen ergaben, daß alle auf die eine oder andere Weise einen Pakt oder Handel, eine faustische Wette, eingegangen waren, um sich den dauernden Erhalt ihrer außerordentlichen Begabung zu sichern. In der Regel verschrieben sie sich uneingeschränkt der Erfüllung ihrer missionarischen Arbeit und opferten ihr alles, auch die Möglichkeit eines abgerundeten persönlichen Lebens." [34]

Freud bot uns aber noch etwas an, das über die Leistung anderer Genies hinausgeht, etwas, das hoffentlich gerade im vorliegenden Buch deutlich zum Ausdruck kommt: Obschon Freuds Sicht in verschiedenen Bereichen (Mutter, Ödipuskomplex, Aggressivitäts- und Verführungstheorie, Frauen, Liebe, Religion) aus persönlichen Gründen stark verzerrt war, finden wir – wenn wir Freuds eigene Erkenntnisse anwenden – in seinen manchmal höchst auffälligen Abwehrbewegungen nicht nur einige Schlüssel zum tieferen Verständnis seines Lebens, sondern gerade auch zu den von ihm selbst verzerrt dargestellten Bereichen. **Und das ist einzigartig:** Wer liefert schon mit der Entfaltung seiner Abwehr gleichzeitig auch die Mittel, diese Abwehr zu verstehen und letztlich die Potenz, die in der Abwehr schlummernden konstruktiven Kräfte zum Wohl der Menschen nutzen zu lernen?

Woher nahm Freud all seine Kraft und Energie? Eine erste Antwort ergibt sich wie bei vielen Genies aus der Stärke seines persönlichen Leidens. Ohne die „Schubkraft schweren eigenen Leidensdrucks" hätte Freud seinen „revolutionären Durchbruch

Bitte als Postkarte freimachen

Antwort

**Klett-Cotta
Leser-Service
Postfach 10 60 16**

70049 Stuttgart

Absender:

Vorname, Name

Straße

PLZ/Ort

e-mail-Adresse

Ich habe diese Karte folgendem Buch entnommen:

Ich wurde auf dieses Buch aufmerksam durch:

Mit der Rücksendung dieser Karte erkläre ich mich damit einverstanden, daß ich in Ihre Informationskartei aufgenommen werde.

Sehr geehrte Leserin,
sehr geehrter Leser,

mit dem Kauf dieses Buches haben Sie Interesse an unserem Programm gezeigt. Wenn Sie auch in Zukunft unverbindlich über unsere Neuerscheinungen informiert werden möchten, dann senden Sie uns diese Karte ausgefüllt zurück.

Selbstverständlich gibt Ihnen auch Ihr Buchhändler gerne Auskunft über unser Programm.

Verlosung:

Einmal im Jahr verlosen wir unter den Einsendern folgende Preise:

1. Preis: Klett-Cotta-Bücher im Wert von DM 200,–
2.–10. Preis: Klett-Cotta-Bücher im Wert von je DM 50,–

An der Verlosung nehmen nur ausreichend frankierte Karten teil.

Ich interessiere mich besonders für:

☐ Belletristik
☐ Sachbücher/Ratgeber
☐ Geschichte
☐ Philosophie

Klett-Cotta im Internet:
www.klett-cotta.de

P 902727

im Wissen des Menschen über sich selbst" nicht erreicht, sagt Grubrich-Simitis [35]. Wallace bezeichnet Freuds „Psychoneurose" als unabdingbar für die Entwicklung der Psychoanalyse [36], und Möhring betont die Bedeutung des elterlichen Delegationsprozesses [37]:

> „Er hat ... als gebundener Delegierter seiner Eltern wohl ein größeres Werk geschaffen, als ihm dies als von einem solchen Auftrag freier Mensch möglich gewesen wäre."

Freud war aber durch seine große Angst vor dem Dialogischen eigentlich in der Liebesform des „symbiotischen Dialogs" (Stufe IV, vgl. Kapitel 8.2) steckengeblieben. Wie konnte er dann unter dieser inneren Bedingung eine so sehr dialogische Form der Therapie und der Erforschung psychischer Phänomene entwickeln, wie sie die Psychoanalyse ist? Und wie konnte er trotz der deutlichen Einschränkung seiner Liebesfähigkeit eine Liebe zum Leben finden (Stufe VI), die er auch gegenüber Patienten immer wieder ausgestrahlt hat? Wieso wurde er nicht, wie andere Menschen mit schweren Kindheitsschicksalen, zu einem entmutigten, depressiven, passiven oder entfremdet aktiven oder destruktiven Menschen? Zwei Antworten – sie können natürlich nicht mehr als nur Hypothesen sein – bieten sich an. Die erste bezieht sich auf den **Einfluß von Monika, Freuds Kinderfrau**. Sie hat ihm die Liebe zum Leben vermittelt. Sie hat dem kleinen Sigmund dazu verholfen, das Leben als faszinierenden Prozeß zu akzeptieren. Es war ein kleiner Tod, als Sigmund seine Monika verloren hatte, und bedeutete vielleicht auch Freuds Verlust des Vertrauens in die Religiosität. Aber die Erfahrungen mit ihr waren seine Rettung gewesen (vielleicht wäre Freud sogar wie der kleine Bruder Julius ohne seine Kinderfrau auch jung gestorben) und blieben der Kern seiner Hoffnung.

Der andere Faktor, der Freud zu seiner erstaunlichen Mischung von privater Unfähigkeit zum Dialog und beruflicher Dialogfähigkeit geführt haben könnte, war eine besondere Haltung des Respekts. Er spürte (oder meinte), daß der Haß auf seine Mutter eine so starke Kraft in ihm war, daß eine Konfrontation mit ihr ihn überfordert hätte. Er respektierte dies als seine persönliche Grenze **und machte deshalb die Beziehung zu seiner Mutter für sich zum Tabu ... und die Genese seiner Krebserkrankung auch**; ein Entschluß, in welchem „vielleicht tiefe Weisheit" war [38].

War Freud ein Held, ein Vorbild für uns alle, „ein Mann der Wissenschaft, wie ein junger Mensch sich ihn als Vorbild träumen konnte", wie Stefan Zweig [39] schwärmte? Nein, das war er nicht. Er war ein Guru, aber nicht ein Meister, denn zu einem Meister gehört – wie Nietzsche sagte [40] –, daß er Wege findet, seine Schüler auch vor sich selbst zu warnen, so wie es Buddha meisterlich verstanden hatte. Sigmund Freud als Vorbild zu sehen, würde bedeuten, den Verzicht auf persönliches Glück durch Unterdrückung wichtiger Primärprozesse als oberstes Lebensziel zu erklären und andere Menschen direkt oder indirekt auch zu einem solchen Verzicht zu drängen. Diese Einschränkung der Bedeutung Freuds schmälert Freuds Leistung nicht, aber sie mahnt daran, den Menschen Sigmund Freud nicht zur Heldenverehrung auf ein Podest zu stellen. In diesem Sinn hatte Erich Fromm Freuds Leben mit folgenden Worten gewürdigt:

> „... seine Gaben, seine Ehrlichkeit, sein Mut und die Tragik seines Lebens erfüllen uns nicht nur mit Achtung und Bewunderung, sondern auch mit Liebe und Mitgefühl für einen wahrhaft großen Menschen." [41]

Diese mitfühlende Bewunderung ist die Ehrfurcht vor einem Lebensweg, eigentlich vor der „Logik" des Lebens. Sie bedeutet, daß wir dem Leben dankbar sein können, daß es solche Gestalten wie Sigmund Freud hervorbringen kann [42].

Freud war es nicht vergönnt, die Errungenschaften seiner Lehre in den für ihn wesentlichen Punkten für sich selbst zu nutzen. Er starb unglücklich, in Disharmonie, unbefriedet. Die Tragik seines Lebens ist erschütternd: Er stellte uns Instrumente zur Verfügung, die uns zu mehr Harmonie und Glück führen können, konnte diese Instrumente aber nur entwickeln, solange er selbst sie nicht in der für ihn persönlich wesentlichen Art benutzte. Leider fand er bis zu seinem Lebensende keinen Zeitpunkt, in dem er seine verbissene Suche nach der Wahrheit zu Gunsten einer bescheideneren Suche nach ein wenig mehr Liebe abgelöst hätte. Freud in angemessener Weise zu würdigen und zu ehren, bedeutet deshalb nicht, ihn zu imitieren, sondern Respekt gegenüber seinem Leidensweg und seiner Leistung zu empfinden und vor allem seine wertvollen Erkenntnisse heute weiter zu verwenden. Freuds Suche nach einem glücklichen Leben führte ihn durch schlimmste Kämpfe und zu wenig Glück, hat aber Spuren hinterlassen, die heute – und hoffentlich auch noch in weiter Zukunft – äußerst hilfreiche Wegweiser zu erfülltem Leben sein können. Es wäre schön, wenn die Erkenntnisse, deren Grundlagen Freud geschaffen hat und die von anderen Psychotherapeuten weiterentwickelt worden sind, möglichst vielen Menschen dienen könnten, mit weniger verbissenem Kampf zu einem bißchen mehr Glück zu finden, als es Freud vergönnt war.

12 | Einsichten

In der vorliegenden Arbeit wurden einige neu entdeckte Zusammenhänge zwischen Freud und seinem Werk dargestellt und einige bereits bekannte Zusammenhänge mit neuen Interpretationen versehen. Nun soll nachgefragt werden, welche Auswirkungen diese neuen Betrachtungsweisen auf die Wissensbereiche von Psychoanalyse, Psychotherapie, Psychoonkologie, Psychohygiene und Politik haben könnten.

12.1 ... für die Psychotherapie

Auch ohne ausdrückliche Betonung der subjektiven Bedingungen, unter welchen die Psychoanalyse erschaffen worden ist, haben während Sigmund Freuds Leben und nach seinem Tod viele Psychoanalytiker und andere Tiefenpsychologen die Erkenntnisse der Psychoanalyse in praktisch-klinischer und theoretischer Arbeit weiterentwickelt. Die Hauptentwicklungslinie der Psychoanalyse verlief von der Analyse der Antriebskräfte (des „Es") über das Studium der steuernden Funktionen (des „Ich" mit seinen Abwehrmechanismen gegen Ansprüche von „Es" und „Über-Ich") zur Auffächerung in verschiedene Schulen, die unterschiedliche Aspekte des Menschen in den Vordergrund stellen, aber alle zur Psychoanalyse im engeren Sinn gerechnet werden können; mit Betonung des Ichs, des Über-Ichs, des Selbst, der Sprache, der präödipalen inneren Welt des Kindes oder der zwischenmenschlichen Beziehungen. Andere tiefenpsychologische Schulen haben vieles vom Gedankengut Freuds und seinen Nachfahren übernommen und eigenständige neue theoretische und therapeutische Elemente entwickelt. Bedeutungsvolle gemeinsame Weiterentwicklungen der meisten tiefenpsychologischen Schulen sind:

- die **Verlagerung der Aufmerksamkeit von der Ödipalität** (des 3–4-jährigen Kindes) **auf die frühe Präödipalität** (des 0–1-jährigen Säuglings oder sogar des intrauterinen Lebens). Die Betonung der Bedeutung der Säuglingsentwicklung führte auch zu einem veränderten Verständnis von Störungen in späteren Entwicklungsphasen (der analen oder genitalen Phase), denn diese verlaufen je nach Art der präödipalen Grundstörung in unterschiedlicher Dynamik.
- Die **Entwicklung der „Verführungstheorie" zur „Mißbrauchstheorie"**. Heutige Tiefenpsychologen wissen, daß sexueller Kindesmißbrauch leider häufig geschieht und oft schwerste Schädigung des Kindes zur Folge hat. Andererseits ist ihnen bewußt geworden, wie verheerend und weitverbreitet auch andere (nicht-sexuelle) Formen des Kindesmißbrauchs sind. Dazu gehört jede „Verwendung" von Kindern durch narzißtisch gestörte Erwachsene.

- Die **Bedeutung des Ödipuskomplexes** erfuhr dahingehend eine Veränderung, daß der Ödipus*konflikt* (die Triangulierung, das heißt, der Schritt von der Zweipersonenbeziehung Kind-Mutter zur Dreipersonenbeziehung Kind-Mutter-Vater) als obligatorische Entwicklungsanforderung verstanden wird [1]. Zum pathogenen Komplex wird der Ödipuskonflikt nur dann, wenn dessen Austragung entgleist.

- Die von Freud „**Kastrationskomplex**" genannte Angst vor Bestrafung durch (bei Knaben) drohende oder (bei Mädchen) schon erfolgte Entmannung wurde als Konzept erkannt, das durch Freuds eigene Kindheitserfahrungen zu einer verzerrten Bedeutung gelangt war: Die frühkindliche Beobachtung des Geschlechtsunterschieds muß nicht zur Angst vor Bestrafung durch Kastration führen. Das Erkennen des Geschlechtsunterschieds kann aber mit einer vorbestehenden Angst zusammentreffen und dann als eine Art Beweis dafür verstanden werden, daß man auch so bestraft werden könnte.

- Die Sicht auf die **Weiblichkeit** blieb für Freud wegen seiner Verdrängung der Traumatisierung in seiner Mutter-Kind-Beziehung verdunkelt. Es gibt keinen Grund, warum eines der beiden menschlichen Geschlechter dem anderen überlegen sein sollte, hingegen viele Anzeichen dafür, daß sie sich ergänzen und wesentliches voneinander lernen können. Freud wurde wegen seiner frauenfeindlichen Theorien schon früh von einigen Analytikerinnen angegriffen und in den sechziger und siebziger Jahren als „Frauenhasser" von den Feministinnen geradezu „zerfetzt" [2]. Heute haben viele junge Feministinnen verstanden, daß nach der Korrektur von Freuds verzerrtem Frauenbild die Tiefenpsychologie auch ein hilfreiches Instrument zur Erforschung der Psychologie der Frau ist und für die sozialpolitische Auseinandersetzung in Lebensbereichen, in welchen Frauen immer noch benachteiligt sind, überzeugende Argumente bieten kann.

- Die **Revision der Libido- und Triebtheorie** Freuds führte von der deterministischen Idee der Spannungsabfuhr zu einer Vorstellung des Antriebslebens, das verschiedenartige Kräfte umfaßt. Konstruktives menschliches Verhalten ist zwar oft das Ergebnis von Sublimation, der Steuerung der Kräfte des „Es" durch Abwehrmechanismen, kann aber auch direkt aus konstruktiven Kräften wie dem Bedürfnis nach Beziehung oder dem Wunsch nach Selbstgestaltung entstehen, aus Kräften, welche Phänomene wie Neugier, Phantasie, Schönheitssinn, Mut, Mitleid und Liebe direkt hervorbringen [3]. Menschen streben nur zeitweise nach Ruhe, immer wieder aber auch nach dem Gebrauch ihrer zahlreichen Fähigkeiten und Fertigkeiten [4].

- Die überragende Bedeutung, die Freud der **Sexualität** zugesprochen hatte, wurde **relativiert**. Die emotionale Kraft hinter neurotischen und psychotischen Entwicklungen ist stets starke Angst, und diese kann potentiell von jeder Art von Trieb hervorgerufen werden, „vorausgesetzt, daß seine Entdeckung oder Verfolgung eine Verletzung anderer vitaler Interessen oder Bedürfnisse bedeutet und daß er gebieterisch und leidenschaftlich genug ist" [5]. Sexuelle Triebe sind auch heute noch machtvoll (müssen es sein, wenn das Leben nicht aussterben soll), damit oft Quelle von großem Genuß oder von Angst und manchmal Ausgangspunkt von schmerzlichen Verwirrungen und pathogenen Entwicklungen. Neben dem Widerstand gegen die Ausdrucksformen sexuellen Begehrens scheinen aber heutzutage andere Widerstände gewichtiger geworden zu sein, vor allem die Widerstände „gegen die Liebe und die mit ihr verbundenen Erfahrungen von Sehnsucht, Abhängigkeit, Risiko und Begrenzung" [6].

- Freuds lineares Konzept der **psychosexuellen Entwicklung** (von der oralen über die anale und die genitale zur ödipalen Phase) wurde durch eine mehrdimensionale Vorstellung ersetzt, so daß verschiedene psychosexuelle Motive gleichzeitig (das eine oder andere auch übersprungen oder in anderer Reihenfolge erlebt) verstanden werden können. Kernberg nennt dies das „Oszillieren" zwischen „individualisierten Sequenzen verdichteter ödipaler und präödipaler Strukturen" [7].

- In der therapeutischen Technik wurden die Begriffe **„Widerstand"**, **„Übertragung"** und **„Gegenübertragung"** erweitert. Der ursprünglich rein intrapsychische Begriff des Widerstandes wurde durch die Beziehungsdimension ergänzt [8]. Die nonverbale Kommunikation und die Wahrnehmung, die der Patient von der Haltung des Analytikers hat, auch die Gegenübertragung des Patienten (dort, wo er mit dem Unbewußten des Analytikers mitschwingt) werden zunehmend berücksichtigt. Anstelle von „Übertragung" und „Gegenübertragung" sprechen einige Therapeuten nur noch vom „primären Aspekt der therapeutischen Beziehung", der auch ein gewisses „Ausagieren" beider Partner erfordert [9].
- Die therapeutischen Handlungen der **„Deutung"** und des **„Holdings"** wurden als gleichwertig, aber auf unterschiedliche Ziele ausgerichtet anerkannt. Besonders Kernberg und Kohut haben gezeigt, daß tiefe, präödipale Störungen wie z. B. die Psychosen und die in unserer Zivilisation zahlenmäßig zunehmenden narzißtischen Persönlichkeitsstörungen auch psychoanalytisch behandelt werden können. Dies gelingt aber nur, wenn die Erwartung der Entwicklung einer Übertragungsneurose (die dann durch Deutung aufgelöst werden soll) aufgegeben werden kann. Jeder Patient benötigt seine eigene zu ihm passende Mischung von „Holding" und „Deutung", von Beziehung und Einsicht.

Diese hier dargestellten Entwicklungen der Tiefenpsychologie nach Freuds Tod haben sich aus den klinischen Erfahrungen vieler Männer und Frauen ergeben, die in den letzten Jahrzehnten tiefenpsychologische Methoden angewendet haben. Daraus kann man folgern, daß die genauere Kenntnis der Psychodynamik Sigmund Freuds – zu deren Vertiefung im vorliegenden Buch viele Informationen zusammengetragen wurden – keine neuen Erkenntnisse für die Psychoanalyse selbst bringt. Diese Schlußfolgerung ist weitgehend zutreffend, jedoch mit zwei gewichtigen Ausnahmen: Erstens sind in den letzten Jahrzehnten mehrere wertvolle Erweiterungen der Theorie nur deshalb geglückt, weil schon immer einige Analytiker bestimmte Einseitigkeiten Freuds genauer verstehen wollten und dadurch – durch eine punktuelle Analyse von Freuds Biographie – zu einem umfassenderen Verständnis der sie interessierenden Phänomene gekommen sind. Die zweite Ausnahme betrifft die Bedeutung, die der Tiefenpsychologie heute zugesprochen wird. Es scheint nämlich so, als ob das Bild, das heute noch in den Köpfen und Herzen vieler Fachleute und der meisten Laien vom Schöpfer der Psychoanalyse existiert, ein positiv oder negativ verzerrtes Idealbild ist, das zu einem mächtigen Faktor **gegen die Tiefenpsychologie** geworden ist. Durch die Zementierung eines verzerrten Freud-Bilds ist es einfacher, sich als Gegner oder Anhänger des tiefenpsychologischen Denkens zu erklären, statt sich mit den wichtigen, potentiell befreienden, aber auch schmerzlichen Erkenntnissen der Tiefenpsychologie und mit ihren Grenzen auseinanderzusetzen. Diese Tatsache verleiht der modernen Freud-Biographik ihre besondere Bedeutung: Je besser es den zukünftigen Biographen gelingt, Freud als realen Menschen darzustellen, desto häufiger werden ihre Aussagen als Einladung verstanden werden, Freuds Erkenntnisse und deren Weiterentwicklungen kennenzulernen. Trotz der natürlichen Widerstände gegen tiefere Einsichten werden sich so mehr Menschen dem tiefenpsychologischen Denken annähern können, ohne durch die Flucht in ein positives oder negatives Idealbild des Schöpfers der Psychoanalyse vorschnell abgelenkt zu werden.

Freuds Gegner (die „negativen Idealisten") sagen noch heute, er wühle die schlummernden Dämonen auf, so daß sich unsere sittlichen Werte zersetzen. Sie bezeichnen Freud als „selbststilisierten tragischen Helden" (Sulloway), „Kulturzersetzer" (Bumke), „Paranoiden" (Farrell) und behaupten von ihm, daß er ein „Kokainsüchtiger" (Thornton) und „Mörder" (Scagnelli; E. Miller) war. Die Psychoanalyse bezeichnen sie als „Irrweg" (Clemen), „Aberglauben des Jahrhunderts" oder „Tiefenschwindel" (Zimmer), „Werbung für Unmoral" (Pickney), „ideologisches Überbleibsel der Aufklärungsphilosophie" (Hemminger), „Pathologisierung des Normalen" (Will), „ideale Weltanschauung der ‚modernen' Konsumenten, die ohne innere Bindung an Elternhaus, Kulturkreis, Vaterland und Religion" seien (Kretschmer), oder als Zynismus, für dessen moralischen Schaden man die Freudianer zur Rechenschaft ziehen sollte (Jurevich). Neue Totalkritiken sind aus bestimmten naturwissenschaftlichen Kreisen zu hören: Einige Gehirnforscher, Schlafphysiologen und Biophysiker verurteilen die Freudschen Theorien als „Primitivkonstruktionen", die an den simplen Gesetzen der Hydraulik orientiert seien. Diese Kritiker seien dabei, meint der Journalist Klaus Franke,

> „das überlebensgroße Freud-Denkmal zu stürzen und das Lehrgebäude des Tiefenpsychologen endgültig in Trümmer zu legen." [10]

E. Fuller Torrey behauptete in seinem 1992 erschienenen Buch *Freudian Fraud* („Freuds Betrug"), es sei jetzt erwiesen, daß Kindheitserlebnisse nur geringen Einfluß auf die Entwicklung der Persönlichkeit haben, beschrieb die „malignen Effekte", welche Freuds Theorien auf die amerikanische Kultur haben, und nannte die auf tiefenpsychologischen Einsichten basierenden Aktivitäten, Schulen und Organisationen eine „Psychotherapie-Industrie" oder in Anlehnung an eine Hamburger-Kette kurz „McFreud" [11]. Frederick Crews, der schärfste moderne Kämpfer gegen die Psychoanalyse, hat in seinem 1998 erschienenen Buch *Unauthorized Freud* 18 Experten eingeladen, mit ihm zusammen dem Mythos Freud „den Rest zu geben" [12].

Freuds Bewunderer (die „positiven Idealisten") sagen, er (allein) weise den Weg zum besseren (verbesserten) Menschen. Über Freuds Tod hinaus verhielten sie sich wie die „Mitglieder einer mächtigen Sekte" [13] mit Ausbildungsrichtlinien, die zu „Anpassungs- und Unterwerfungsritualen" und zu einer „bürokratischen Selbstverstümmelung" führten [14]. Kernberg beschrieb die institutionalisierte Ausbildung in Psychoanalyse als „Kombination von Technikschule und Religionsseminar" und meinte, daß sie doch eher der Kombination einer Kunstschule mit einem Universitäts-College entsprechen sollte [15]. Nicht wenige Psychoanalytiker bezeichnen sich noch heute als „Freudianer", so z. B. die meisten Psychoanalytiker der New York University, wie ihr jüngstes Buch über psychoanalytische Technik schon im Titel ausweist [16] (keinem modernen Physiker käme es in den Sinn, sich heute „Newtonianer" zu nennen). Sie formulieren ihr Ziel nicht als „Weiterentwicklung der Psychoanalyse", sondern als „Fortsetzung von Freuds Denken in der Gegenwart" [17]. Einer von ihnen bittet in seinem Beitrag sogar um Freuds Segen, weil Freud neben seinem eigenen Vater doch die Person gewesen sei, die ihn am tiefsten beeinflußt habe, die sein Ich-Ideal war und gegenüber der er auch ab und zu den vatermörderischen Impuls verspüre, die Krone, die Freud hinterlassen habe, auf seinen eigenen Kopf zu setzen [18].

Freuds zwiespältige politische Haltung hat Generationen von Analytikern beeinflußt: Innenpolitisch war Freuds Machtanspruch so groß, daß viele potentiell fruchtbare Kontroversen unterdrückt und Andersdenkende verdrängt wurden. Das schon von Freud benutzte Mittel der Zensur unerwünschter Meinungen wurde nach Freuds Tod durch seine Erben so konsequent angewendet, daß noch heute nur etwa 90 % aller Materialien der Sigmund-Freud-Archive der Forschung zugänglich sind [19]. Die Transkripte der Interviews, die Eissler mit Schülern Freuds geführt hatte, werden bis in die Jahre 2008 oder 2013 [20], einige andere Materialien noch bis 2102 gesperrt bleiben [21].

Außenpolitisch hatte Freud – angeblich zum Schutz „seiner Bewegung" – selten klar Stellung bezogen, so daß es zum Beispiel einer besonderen Gruppe bedurfte (der die „Psychoanalyse des Faschismus" untersuchenden Wiener Arbeitsgruppe in Prag unter Leitung von Otto Fenichel), um das „politische Gewissen" der Wiener Vereinigung zu vertreten [22]. Die Auseinandersetzung mit marxistischen Analytikern (wie Reich, Fenichel, Bernfeld, Marcuse, Fromm) hatte Freud stets gemieden; mit sozialdemokratischen Kräften hatte er oft geliebäugelt, sich aber nie direkt mit ihnen verbunden. Freuds zögerliche Haltung gegenüber gesellschaftspolitischen Prozessen nährt noch heute immer wieder die Vermutung, daß es sich bei der Tiefenpsychologie letztlich doch nur um eine Methode handle, die Patienten an eine schlechte Wirklichkeit anzupassen.

Die Einseitigkeiten Freuds, die auf dem Weg der (positiven oder negativen) Idealisierung seiner Person das Bild der Tiefenpsychologie auch heute noch beeinflussen, ergeben zusammengenommen den Eindruck, daß die Tiefenpsychologie in einer Macht mißbrauchenden Welt selbst machtbesessen sei, also eine Lehre darstellt, gegenüber der jeder gut beraten wäre, sich ihr nicht so schnell anzuvertrauen.

Wäre es deshalb klug, Freud endlich zu begraben? ... oder ihn sogar zu vergessen? 1993 wurde durch einen Artikel im „Time"-Magazin unter dem Titel „Ist Freud tot?" und durch eine Veröffentlichung von Frederick Crews in der „New York Review of Books" unter dem Titel „The unknown Freud" ein scharfes Streitgespräch eröffnet, das zu einer Bewegung des „Freud-bashing" (zu deutsch etwa „Freud schlagen") oder gar, wie Elliot meint, zu „Freud-Kriegen" [23] anwuchs. Das 700-seitige Buch von Richard Webster mit dem Titel *Why Freud was wrong* und ein 1996 im „Lancet" publizierter Artikel mit dem Titel „Burying Freud" führte zu einer Flut von Leserbriefen und schließlich zur Einrichtung einer Internet-Seite (die „Burying Freud Web Page" [24]), die Mitte 1999 bereits 73 teilweise mehrseitige Beiträge umfaßte. Freud, der Mann, der 16 Jahre lang unter seiner Krebserkrankung gelitten hatte, muß jetzt offenbar mehrmals sterben und noch häufiger begraben werden, bis er Ruhe finden kann. Dieses Schicksal hat er sich allerdings auch selbst eingebrockt: Als Thomas Mann den Festvortrag anläßlich Freuds 80. Geburtstag mit dem Titel „Freud und die Zukunft" versehen hatte, meinte er sicher „Freuds Werk" und die Zukunft. Aber Freud hatte den Titel tatsächlich so personalisiert verstanden, wie dieser klang, denn er hatte Brill einige Tage vor der Feier geschrieben, daß Thomas Mann einen Vortrag „über mich und die Zukunft" halten werde [25].

Die Kritiker, die Freuds Identifizierung mit der (damaligen) Psychoanalyse übernehmen und in Büchern, Artikeln, Leserbriefen und Internetbeiträgen Freud immer wieder töten und begraben wollen, scheinen in einem seltsamen Wiederholungszwang zu stehen: Statt sich mit denjenigen Ausprägungen der Tiefenpsychologie, die ihnen – aus unterschiedlichsten Motiven – in die Quere kommen, auseinanderzusetzen, verhalten sie sich so, als ob die Person Freuds unsterblich sei. Streng orthodoxe Analytiker verstärken diese Vorstellung, indem sie die Psychoanalyse als „das, was mit Freuds Grundgedanken übereinstimmt", definieren. Aufgeschlossenere Analytiker definieren die Analyse eher als „das, was von Freuds Gedanken ausgegangen ist und sich über Jahrzehnte weiterentwickelt und weitgehend verändert hat". Sobald man aber der Psychoanalyse diese Offenheit zugesteht, gerät man leicht in den Strudel der unterschiedlichen, teilweise auch widersprüchlichen Strömungen der psychoanalytischen Weiterentwicklungen und ist verunsichert. Was ist nun Psychoanalyse heute wirklich? Was kann sie uns bieten? In welchem Verhältnis steht sie zu anderen Formen der Tiefenpsychologie und der Psychotherapie? Die Antworten, die man auf solche Fragen erhalten kann, sind so unterschiedlich, daß sie keine echte Orientierungshilfe bieten. Gibt es denn keinen Grundstock von tiefenpsychologisch-psychotherapeutischem Wissen, der genau beschreibbar ist? Nein, den scheint es nicht zu geben.

Andererseits ist es für jeden Fachmann und jeden Laien, der sich über eine längere Zeit mit tiefenpsychologischen Sichtweisen beschäftigt hat – sei es durch die Lektüre fachlicher Abhandlungen und tiefenpsychologisch geprägter Literatur (Romane, Zeitschriftenartikel zu Erziehung, Liebe u.s.w.) oder dadurch, daß er sich im Alltag tiefenpsychologische Fragen stellt und solche mit anderen diskutiert – eine außerordentlich eindrückliche Erfahrung, wie viele Gemeinsamkeiten in diesen Denkweisen stecken. Das Potential an Gemeinsamkeit der verschiedenen tiefenpsychologischen Ausrichtungen oder Schulen ist immer wieder fast physisch zu spüren. Die immer noch bestehenden positiven und negativen Idealisierungen Freuds scheinen aber zu verhindern, daß aus diesen Gemeinsamkeiten eine lehr- und lernbare Basis für tiefenpsychologisches Verstehen werden könnte (eine Basis, die natürlich auch stets weiterentwickelt würde). Freud blieb bis heute das Maß der meisten Dinge der Tiefenpsychologie. So lange man aber den gemeinsamen Nenner der Tiefenpsychologie im Rückgriff zu den Meinungen Freuds sucht, sind gewisse Fortschritte und vor allem ein gemeinsamer Fortschritt kaum möglich. Der gemeinsame Nenner verschiedener psychoanalytischer Schulen und anderer Formen tiefenpsychologisch fundierter Psychologie und Psychotherapie muß sich aus den heutigen tiefenpsychologischen Erkenntnissen und den modernen sozialen und sozialpolitischen Gegebenheiten und Anforderungen herleiten lassen. Heißt das, daß man Freud jetzt vergessen sollte?

12.1.1 Ein konstruktiver Abschied von Sigmund Freud

Der berühmte Satz des britischen Philosophen Alfred North Whitehead – „Eine Wissenschaft, die zögert, ihren Gründer zu vergessen, ist verloren" – mag im ersten Moment brüskieren, leuchtet aber ein. Statt Freud immer neu umzubringen und ihn wieder und wieder zu beerdigen oder ihn auf einen Sockel zu stellen, müßte man ihn also loslassen, manchmal betrauern, manchmal sich in Dankbarkeit an ihn erinnern ... aber ihn nicht weiter als autoritären Vater in die Gegenwart wirken lassen. „Freud verstehen, heißt über ihn hinausgehen" meint Bally. Meyer ergänzt trocken: „Die Individuation-Separation von unserem Gründervater ist notwendig" [26], und Laforgue erklärt in diesem Zusammenhang, daß es einem Gesetz des Lebens entspreche, daß wir die Vergangenheit, die uns als Stütze gedient hat, überwinden müssen [27]. Natürlich hätte Freud an solchen Haltungen keine Freude gehabt: Er war 1912 in München kurzerhand in Ohnmacht gefallen, als ihm Jung erklärt hatte, daß der ägyptische Herrscher Amenhotep IV. ein großer Religionsgründer war, auch wenn er den Namen seines Vaters auf dessen Denkmalplatten habe auskratzen lassen [28]. Sich als Tiefenpsychologe von Freud zu verabschieden und selbständig zu werden, bedeutet deshalb auch zu akzeptieren, daß sich Freud darüber nicht hätte freuen können. Anzeichen für einen solchen Emanzipationsschritt sind zu erkennen: Viele junge Analytiker lesen Freud nicht mehr so intensiv, weil sie sich von den Konzepten und der Sprache von Klein, Kohut, Kernberg, Balint, Winnicott oder Lacan stärker angezogen fühlen [29].

Der Prozeß der Verabschiedung Freuds, der den Ausgangspunkt einer neuen Solidarität aller Tiefenpsychologen konstituieren könnte, wird aber immer wieder durch die positiven und negativen Idealisten gestört, die Freud nicht verabschieden, weil sie aus persönlichen oder politischen Gründen das tiefenpsychologische Denken monopolisieren oder verdrängen möchten. Eindrückliches Beispiel dafür war die Kontroverse um die für den Herbst 1996 an der Library of Congress in Washington geplanten Eröffnung einer großen Freud-Ausstellung. Unter dem Titel „Sigmund Freud: Konflikt und Kultur" hätte die Ausstellung ausgehend von Freuds Leben und Werk viele Aspekte der heutigen Psychoanalyse, aber auch andere tiefenpsychologische Theorien und die Meinungen von Freud-Kritikern dargestellt. Im Juli 1995 verlangten 47 Freud-Biographen (alle haben Beiträge zur Freud-Biographik oder zum Status der Psychoanalyse publiziert) in einer Petition, daß die Ausstellung durch einen sie vertretenden Anwalt mitgestaltet würde. Unter den Unterzeichnern waren so prominente Freud-Kritiker wie Eschenröder, Roazen, Sulloway, Swales und Sophie Freud (die Tochter von Freuds Sohn Martin). Obschon sie in ihrer Petition nicht präzisiert hatten, welche inhaltliche Kritik sie gegenüber dem Ausstellungskonzept hegten, war klar, welche Interessen sie verfolgten. Schoofs beschrieb nach der Ausstellungseröffnung im Oktober 1998 (Die Ausstellung war also um zwei Jahre verschoben worden) die Motivation der damaligen Petitionäre mit folgenden Worten:

> „Biographen hätten gezeigt, daß Freud gelogen hatte, als er behauptet hatte, daß er Patienten geheilt habe, bei denen dies nicht zutraf. Die Freudschen Konzepte wie das vom Ich, Es und Über-Ich würden von den meisten Hirnforschern zurückgewiesen und die Idee, daß psychische Erkrankungen aus Kindheitstraumen entstehen – das Zentrum der Freudschen Theorie – sei, um es freundlich auszudrücken, nicht validiert worden." [30]

Allerdings ist nicht so klar, ob es die Kritiker waren, welche die Ausstellungseröffnung verzögert hatten, oder eher die gekränkten Organisatoren. Die Kritiker hatten nur Mitsprache verlangt, die Kritisierten ihnen aber „infantile ödipale Rebellion" vorgeworfen [31].

Im Ausstellungkatalog schrieb der Psychiater Peter Kramer: „In unseren Alltagsgedanken sind wird alle Freudianer", und die Ausstellung zeigte konkret mit Hilfe vieler Videoclips, wie alltäglich tiefenpsychologisches Denken in unserer Kultur geworden ist. Der Kurator der Ausstellung verriet dem Journalisten Schoofs aber auch, daß sein Sohn zwar auch psychologische Witze mache, aber keine psychoanalytischen mehr. Wenn sich jemand danebenbenehme, frage er: „Was ist los, hast du heute etwa vergessen, deine Medis zu nehmen?" Diese Anekdote führte Schoofs zu einer Einsicht von großer Tragweite:

> „Freud wurde mit seinen Theorien von Libido, Es und Verdrängung gezwungen, der Prozac-Philosophie Platz zu machen, welche die Seele zur Suppe von Neurotransmittern erklärt." [32]

Prozac ist der amerikanische Handelsname einer neuen Gruppe von Antidepressiva auf der Wirkbasis der Serotonin-Aufnahme-Hemmung. Therapeutisch verantwortungsvoll verwendet, können diese Mittel über eine Verbesserung der Verbindung zwischen Groß- und Zwischenhirn während einer psychotherapeutischen Behandlung die Stimmung des Patienten aufhellen, ohne ihn zu dämpfen, und die therapeutischen Gespräche fruchtbarer machen. Großflächig von Hausärzten, nicht psychotherapeutisch arbeitenden Fachärzten und ohne psychotherapeutische Begleitung verschrieben, wurden sie zur „Happy Drug": Sie scheinen „dem Schüchternen Selbstvertrauen zu geben, den Sensiblen unbekümmert zu machen und dem Introvertierten die sozialen Fertigkeiten eines Verkäufers zu verleihen" [33]. Zusammen mit der

"Smart Drug" Ritalin oder dessen Nachfolgeprodukt Adderal (einem Mix von vier Amphetaminen), die unruhige Kinder zu mehr Aufmerksamkeit und Leistungsfähigkeit trimmen – vier Millionen amerikanische Kinder und Jugendliche werden heute mit Ritalin behandelt [34] –, und der zum Jahresende 2000 von Novartis vorgesehenen Einführung eines neuen Medikaments gegen Verdauungsstörungen – dem zweitwichtigsten Grund für Arbeitsabsenzen in den USA [35] – ist Huxleys normierte, technisierte „Schöne neue Welt" [36] fast schon realisiert. Diese Aussichten und das dahinterstehende biologische Modell passen einerseits gut zur politischen Forderung nach allgemeiner Kosteneindämmung im Gesundheitswesen (die so behandelten Menschen bleiben kurz- bis mittelfristig einsatzfähig und sogar zufrieden), andererseits aber auch

> „... in die Marketingpläne einer der profitabelsten Industrien der Welt, der pharmazeutischen Branche, welche die akademische Forschung schwer subventioniert und stark zu staatlicher Forschung drängt, die zum nächsten Medikamenten-Knüller führen soll. Für Gesprächstherapie existiert keine vergleichbare Finanzierung, was zur Folge hat, daß die ganze Forschungsgemeinschaft dazu neigt, über Psychologie nur in Begriffen der Biologie zu denken." [37]

Die Auswirkungen dieser Entwicklung sind verheerend:

> „... das Individuum wird von aller Schuld freigesprochen: ‚Es ist nicht mein Fehler, es ist ein chemisches Ungleichgewicht.' Gesellschaft und Kultur werden damit ganz aus der Verantwortung entlassen [Nelkin]. ... ‚So können sich die Menschen fühlen, als ob die Welt sie schlecht behandle, und dabei gar nicht merken, wie aktiv sie bei der Gestaltung der Dramen sind, in denen sie sich selbst als Opfer fühlen' [Lear]. Das ist ein Sinn-Problem, nicht ein biologisches. Dadurch, daß wir es als rein biologisches Problem verstehen, verleugnen wir selbst die Macht, unser Schicksal zu gestalten. Paradoxerweise führt die Reduktion unserer Seele auf das Körperliche zur Entfremdung von unserem Körper." [38]

Wer sich der Logik des „Glücks durch Pillen" nicht unterwirft, wird schon von vielen als dumm betrachtet, ärztlich subtil als „noncompliant" bezeichnet, so daß ein Schweizer Experte für Depressionsbehandlung kürzlich seinen Vortrag an einer Fortbildungsveranstaltung ernsthaft mit folgendem Satz beginnen konnte: „Die Depressionsbehandlung könnte so einfach sein, wenn da nicht die Patienten wären" [39].

Natürlich leiden die Menschen nicht nur unter Depressionen, sondern auch unter anderen psychischen Problemen, unter Ängsten, Zwängen, Süchten und anderen selbstdestruktiven Verhaltensweisen. Dagegen gibt es teilweise auch Medikamente, aber zusätzlich (auch bei Depressionen anwendbar) eine kostengünstige Alternative: die CVTH, das heißt: die „Cognitive Verhaltenstherapie". Sie steht in der Tradition der aus dem Behaviorismus Skinners entwickelten amerikanischen Verhaltenstherapie und hält deren wissenschaftstheoretische Position aufrecht: Subjektive Forschungsinteressen werden nicht reflektiert, die historisch-biographische Dimension wird vernachlässigt und die vorübergehende Aufhebung der Trennung von Forschungssubjekt und -objekt als unwissenschaftlich erklärt [40]. Die „kognitive Wende" der sechziger Jahre hatte der Verhaltenstherapie eine gewisse Öffnung gebracht, so daß die CVTH in einigen wohldefinierten Situationen (z. B. in bestimmten Phasen der Therapie mit Süchtigen) therapeutisch hilfreich sein kann. Breitflächig und für die Patienten als einzige Methode angewandt, reduziert sie den Menschen aber zum elektrobiologischen Funktionsträger. Wenn ein Neurobiologe die Psychotherapie „nur einen anderen Weg, das Hirn neu zu verkabeln", nennt [41], dann mag dieser überspitzte Reduktionsmus noch amüsieren. Wenn aber ein Facharzt für Psychiatrie für die CVTH wirbt, indem er fast stolz auf seine Ignoranz der Tiefenpsychologie verweist, dann stimmt das nachdenklich. Wyss beschrieb die behavioristischen Anfänge der CVTH mit folgenden Worten:

> „Ursprüngliches Anliegen der Behaviouristen war, sämtlichen theoretischen Ballast abzuwerfen und sich in Forschung und Behandlung lediglich auf direkt Beobachtbares zu stützen." [42]

Unter dem weggeworfenen Ballast befand sich natürlich auch der Begriff des „Unbewußten" und noch viele weitere Begriffe und Erkenntnisse:

> „So wenig sich die CVTH für die übrige Metapsychologie interessiert, so wenig auch für Verdrängung." [43]

Mit dem Konzept der Verdrängung zu arbeiten sei nutzlos oder zu gefährlich, denn aufgedeckte verdrängte Erinnerungen seien manchmal nur Phantasien und die Auflösung von Verdrängung führe oft zu einer Verschlechterung des Zustands [44]. Psychodynamik, oft auch Paar- und Familiendynamik und die sozialpolitische Umgebung des Kranken verschwinden in der CVTH häufig ganz aus dem Blickfeld: Die Möglichkeit, daß ein psychisch leidender Mensch mit der von ihm „gewählten" Art der Symptomatik eine kreative Lösung zur Aufrechterhaltung eines Gleichgewichts in einem Problemfeld, das teilweise von anderen aufgespannt wird, gefunden hat, wird wenig respektiert. Die vermeintlich a-theoretischen offiziellen Klassifikationen von psychischen Störungen nach ICD (International Classification of Diseases) und DSM (Diagnostic and Statistical Manual of Mental Disorders) folgen der gleichen impliziten Verleugnung psychodynamischer Prozesse [45]. So kann eine Mitarbeiterin der Universitären Psychiatrischen Dienste der Universität Bern [46] in ihrem Vortrag an einem Kongreß 1997 die ganze Psychopathologie problemlos auf folgende Aussage reduzieren:

> „Psychische Störungen werden durch unlogische subjektive Schlußfolgerungen und irrationale Ideen verursacht und aufrechterhalten."

12.1 ... für die Psychotherapie

Sie kann dies behaupten, weil sie weiß, daß der diensthabende Bischof der CVTH des Bistums des deutschsprechenden Europa seinen Sitz auch in Bern hat: Klaus Grawe, ein Psychologieprofessor, hat 1994 eine 885-seitige Analyse von 915 empirischen Studien zur Wirkungsforschung von Psychotherapien veröffentlicht. In 13-jähriger Arbeit hatte er in seiner Metaanalyse mit einem 18-Personen Team und der finanziellen Unterstützung durch den Schweizerischen Nationalfonds 3,5 Millionen Einzeldaten zu 41 Therapieverfahren verarbeitet. Die beiden Hauptbefunde seines Monumentalwerks lauten:

> „Kognitive-behaviorale Therapie ist im Durchschnitt hochsignifikant wirksamer als psychoanalytische Therapie und Gesprächspsychotherapie." [47]

> Und: „Therapeuten, die für sich selbst feststellen müssen, daß die Mehrzahl ihrer Therapien länger als 40 Therapiesitzungen dauert, müssen über die Bücher. Sie sind Opfer einer falschen Ausbildung und/oder einer selbst produzierten Realitätsverzerrung ..." [48]

Die von Grawe und seinen Mitarbeitern selber ausgeübte und gelehrte „Kognitive Verhaltenstherapie", die in höchstens 40 Therapiesitzungen die Mehrzahl aller psychotherapeutischen Ziele erreichen könne, sei also allen anderen Psychotherapiemethoden weit überlegen [49]. Dieser für Grawes eigene therapeutische Schule vorteilhafte Befund lag für ihn allerdings schon zu Beginn seiner Studie fest, was er in seltsamer Naivität gleich selbst verriet: Ergebnis der Studie sei die Einsicht in die Notwendigkeit, das Denken in den Begriffen der bisherigen Therapieformen endgültig zu begraben, und Ausgangspunkt der Studie sei die Frage danach, was da begraben werden soll:

> „Damit wir ... wissen, was wir begraben und warum wir es begraben, ist zuvor eine zusammenfassende Bestandsaufnahme erforderlich, gewissermaßen eine wissenschaftliche Leichenschau. Einige Leichen werden sich zwar in besserem Zustand präsentieren als andere, aber der Tod war für sie alle unvermeidlich, denn sie alle litten am ‚Scheuklappensyndrom' und starben schließlich an einer Überdosis unverdaulicher Fakten." [50]

Tatsächlich ist Grawes Monumentalwerk von gravierenden Einseitigkeiten verzerrt: Die Kriterien, die Grawe zur Beurteilung der Therapieformen benutzte (mit metrischen „Güteprofilen" und Maßen für „Effektstärke"), bevorzugten von vornherein behavioristische Therapien [51]. Die 915 von ihm analysierten empirischen Studien zur psychotherapeutischen Wirkungsforschung waren eine Auswahl von etwa 3500 aus dem analysierten Zeitraum existierenden Studien [52], und die Personen, welche die Beurteilung der einzelnen Therapieformen schließlich vornahmen, verstanden von Therapie herzlich wenig, denn es waren 16 als Beurteiler trainierte Studenten. In der Auswertung der riesigen Datenmenge verwendete Grawe einfachste und oft nicht zulässige statistische Verfahren [53] in einem Forschungsansatz – der Metaanalyse empirischer Arbeiten – , der in der psychotherapeutischen Wirkungsforschung grundsätzlich als fraglich oder gar als überholt gilt: Die Wirksamkeit von Therapiemethoden ist viel eher durch komparative Kasuistik überprüfbar [54]. Aus all diesen Gründen erscheint Grawes große Studie weniger als wissenschaftliche Arbeit und mehr als „eine tagespolitisch motivierte, wissenschaftlich verbrämte Kampfschrift zugunsten der Verhaltenstherapie" [55]. Als Mitarbeiter des „Forschungsgutachtens" zur Deutschen Krankenkassenzulässigkeit psychotherapeutischer Methoden hatte Grawe seine Forschungsergebnisse schon 1991 dargestellt [56] und auch in der Öffentlichkeit (z. B. in „Psychologie heute", „Spiegel", „Stern" und „Zeit") verbreitet [57]. So schrieb Mertens mit Berechtigung:

> „Man gewinnt als Leser sehr rasch den Eindruck, daß eine bestimmte Art von Empirie dazu mißbraucht werden soll, unliebsame Konkurrenten zu einem Zeitpunkt aus dem Feld zu drängen, an dem die berufspolitischen Weichen für die Zukunft der psychotherapeutischen Versorgung gestellt werden." [58]

Grawe ist davon überzeugt, daß er die „Allgemeine Psychotherapie" erfunden hat, obschon er in seinem Wirken nur drei verschiedene Interessen miteinander vermengt hat: eine Zusammenfassung vieler Daten quantitativer Psychotherapieforschung, ein Auftritt als Psychotherapie-Polizist und die Promotion einer neuen Variante der Verhaltenstherapie [59]. Trotzdem wurde ihm 1999 die Hugo-Münsterberg-Medaille des Berufsverbandes Deutscher Psychologen „wegen der unmittelbaren Anwendbarkeit seiner wissenschaftlichen Forschung zum Wohle des Menschen" verliehen [60].

Psychoanalytiker und andere tiefenpsychologisch orientierte Therapeuten haben auch berufs- und gesundheitspolitische Interessen, die sie aber bisher vorwiegend als Konglomerat von einzelkämpferischen Angehörigen verschiedener tiefenpsychologischer Schulen ohne ein gemeinsames politisches Bewußtsein vertreten haben. Die Psychoanalyse selbst hat als internationale Organisation noch eine gewisse Stärke: Die IPA hat heute etwa 9000 Mitglieder. In Frankreich genießt die Psychoanalyse als Behandlungsmethode immer noch ein hohes Prestige [61], und in Rußland hatte Boris Jelzin 1996 ein Dekret unterschrieben, das die Psychoanalyse als Heilmethode offiziell anerkennt [62]. In den USA wurden aber die vor 10 Jahren noch dominierenden, von der Psychoanalyse inspirierten psychodynamischen Therapien [63] zunehmend von den an Biochemie, Neurophysiologie und Pharmazie orientierten biologischen Therapieformen und verhaltenstherapeutischen Methoden verdrängt [64, 65, 66]. Ähnliches gilt wohl auch für Deutschland und die Schweiz. Die Bedeutung der anderen tiefenpsychologisch orientierten Therapieformen ist wegen der Aufsplitterung in immer mehr und immer weniger klar definierte „Schulen" schwer abzuschätzen.

12.1 ... für die Psychotherapie

Zweifellos sind aber die Vertreter der biologisch-verhaltenstherapeutisch ausgerichteten Schulen politisch aktiver als diejenigen der psychoanalytisch-psychodynamischen. Diese höhere Aktivität und dadurch auch wirksamere Solidarität verdanken sie drei besonderen Kräften: erstens dem Wunsch aller Menschen, bei Unbehagen und Leiden möglichst schnell zum Wohlergehen zurückzufinden, den diese Therapieformen mit kurzen, chirurgisch präzis anmutenden „Eingriffen" zu versprechen scheinen; zweitens den über diese (kostensparende) Präzision begeisterten, stets zu kurzfristig rechnenden Vertreter der Kostenträger der Gesundheitssysteme und drittens der direkten und indirekten finanziellen Unterstützung durch die Pharmaindustrie.

Zu dieser durch unbewußte Ängste und durch die Selbstverständlichkeiten des modernen Materialismus genährten zunehmenden politischen Kraft der biologisch-verhaltenstherapeutischen Methoden in der Psychotherapie sollte dringend ein Gegengewicht geschaffen werden. Tiefenpsychologen aller Schattierungen sollten sich über die Entwicklung eines gemeinsamen Nenners aller tiefenpsychologischen Schulen zu einer wohldefinierten politischen Kraft entwickeln. Die Entwicklung ihres gemeinsamen Nenners würde sie nicht nur politisch stärken, sondern in neuer Unabhängigkeit vom Erbe Sigmund Freuds zu weiteren Fortschritten befähigen. Bei der Entwicklung eines solchen gemeinsamen Nenners ginge es nicht um die Entwicklung einer neuen Einheitstherapie à la Grawe, sondern „nur" darum, zu klären und zu stärken, was alle Tiefenpsychologen miteinander verbindet. Keine bestimmte Form tiefenpsychologisch fundierter Therapie soll dabei favorisiert werden: Psychoanalytiker sollen die Möglichkeit bewahren, weiterhin „Langzeit-Hochfrequenz-Analysen" (drei bis fünf Stunden pro Woche während einiger Jahre), „analytische Psychotherapie" (ein bis zwei Stunden pro Woche während etwa zwei Jahren) oder „Psychotherapie mit psychodynamischer Orientierung" durchzuführen (Wenn die Indikationsstellungen stimmig sind, können die zeit- und kostenaufwendigen Langzeit-Hochfrequenz-Analysen auch ökonomisch sein). Eher orthodoxe Analytiker dürften dabei auch Freuds Meinung aufrechterhalten, daß das „reine Gold der Analyse" nicht mit dem „Kupfer der direkten Suggestion" vermischt werden soll [67], müßten sich allerdings bewußt sein, daß es auch andere Edelmetalle gibt und daß Legierungen zuweilen hochwillkommene Eigenschaften besitzen. Auch die Vertreter anderer tiefenpsychologisch fundierter Therapien müßten nicht von ihrer Spezialisierung abweichen; im Gegenteil: Ihre Spezialisierung dient der Bereicherung dessen, was tiefenpsychologisches Denken als Ganzes zu sein und zu bewirken vermag.

Vorstöße in Richtung Vergrößerung der Synergie verschiedener tiefenpsychologischer Schulen wurden schon öfters initiiert, so zum Beispiel durch Leopold Szondi, der zu einer „geeinigten Psychotherapie" aufgerufen hatte [68], oder durch Wilhelm Bitter, der sich mit der Gründung einer „Internationalen Gesellschaft für Tiefenpsychologie" für eine Synopse verschiedener Methoden eingesetzt hatte [69].

Die konkrete Akkumulation der tiefenpsychologischen Kräfte könnte in heute bestehenden Organisationen und Gremien vorangetrieben werden, zum Beispiel im WCP („World Council for Psychotherapy"), der 1999 den 2. Weltkongreß für Psychotherapie mit etwa 800 Vorträgen, Workshops und Poster Sessions in Wien durchgeführt hat.

12.2 ... für die Psychoonkologie

Wenn man die Befunde der empirischen Studie unserer Mundhöhlenkarzinompatienten (siehe Kapitel 5) mit denjenigen aus der Analyse von Freuds Leben vergleicht, stößt man auf folgende Gemeinsamkeiten:
- In beiden Sätzen von Befunden sind Anzeichen „emotionaler Überforderungen in Kindheit und Jugend" unter anderem wegen „hilflosen Elternreaktionen oder verwirrenden Formen der elterlichen Unterstützung" zu finden. In Freuds Kindheit spielte Überstimulierung sicher eine wichtige Rolle, vielleicht auch in den frühen Jahren unserer Patienten (dies ist durch unser empirisches Material jedoch nicht nachgewiesen). Früh erfahrene Überstimulierung könnte die Brisanz unterdrückter Haß- und Wutgefühle erklären, denn es ist bekannt, daß aus ihr „kannibalische Wut" resultieren kann [70].
- Obschon Freud dominierend, ja herrschsüchtig sein konnte, entwarf er von sich selbst – wie das unsere Patienten getan haben – ein Selbstbild von Sanftheit und Anpassung. Zusammen mit der bei beiden – Freud und unseren Patienten – ausgeprägten Idealisierung der Eltern, besonders der Mutter, entspricht dies einer starken Tendenz zur Unterdrückung von Aggressivität.
- Den eindrücklichen Befund in unserer empirischen Studie, daß 67 % der Mundhöhlenkarzinompatienten ledig blieben oder, wenn sie verheiratet waren, kein oder nur ein Kind hatten, während dies auf nur 30 % der Gruppe „ohne Karzinom" zutraf, haben wir als „Angst vor der Gründung einer eigenen Familie" interpretiert und vermutet, daß diese Patienten als Erwachsene vermeiden wollten, eigene Kinder der emotionalen Verwirrung auszusetzen, welche die Kindheit gemäß ihrer Erfahrung bedeutet. Eine weitere Möglichkeit der Erklärung einer „Zurückhaltung gegenüber der Gründung einer eigenen Familie" ist nun aus der Freudschen Fallstudie erwachsen; zwar nicht direkt aus Freuds eigenem Leben (er wurde ja Vater einer großen Familie), aber aus der Analyse des Freud so sehr „verwandten" und seine Lehre stark prägenden „Rattenmannes": Die Zurückhaltung könnte auch aus „Rache gegen den Vater" (durch das Aussterbenlassen seines Geschlechts) oder aus einem Verzicht, mit der Zeugung eines eigenen Sohnes die Rivalität mit dem Vater erneut zu provozieren, erfolgen [71].
- Die von Shengold beschriebene „vertikale Ich-Spaltung" [72], bei der Verbindungen zwischen dem kognitiv und dem emotional wahrnehmenden Ich unterbro-

chen sind – ähnlich dem „Zwiedenken" in Orwells *1984* [73] –, ist bei Freud wie bei allen wesentlich selbstentfremdeten Menschen aufzufinden. Zu dieser psychodynamischen Eigenschaft liegen aber auch noch keine empirischen Daten von unseren Klinikpatienten vor. Es wäre interessant – und wahrscheinlich mit einem vernünftigen Maß an Validität und Reliabilität möglich –, entsprechende Daten zu gewinnen.

Die vorliegende psychoonkologische Analyse von Freuds Leben und die Befunde aus der empirischen Untersuchung mit unseren eigenen Mundhöhlenkarzinompatienten zeigen hohe Übereinstimmung zu den zwischen 1950 und 1975 geschaffenen tiefenpsychologischen Konzepten der Psychoonkogenese (vgl. Kapitel 10.1. und „Argument 2" im Anhang), haben uns aber auch zur Formulierung einiger Detailvorschläge für die Erweiterung dieser Konzepte zu einer **„Prozeßhypothese der Psychoonkogenese"** geführt. Diese Prozeßhypothese umfaßt die folgenden sieben obligatorischen Entwicklungsschritte:

1. **Narzißtische, wenig beschützende Eltern** in einer verwirrenden, eventuell überstimulierenden Familiensituation.

2. **Selbstentfremdung**: Da sich narzißtische Eltern durch die Äußerung von schwierigen Gefühlen des Kindes bedroht fühlen und sofort mit grober oder subtiler Zurückweisung reagieren, verdrängt das Kind seine Gefühle von Gier, Wut und Angst, vorzugsweise mit Hilfe von Zwangsmechanismen. Besonders stark unterdrückt werden Haßgefühle gegenüber derjenigen Person, von der das Kind Geborgenheit erwartet. Eine extrem gesteigerte Leistungsorientierung, oft verbunden mit elterlichen Delegationsprozessen, ist häufig zu beobachten.

3. **Früher Objektverlust mit Selbstbeschuldigung**: Verlust eines nahen Familienmitglieds oder eines anderen wichtigen Bezugs (z. B. Verlust der Heimat) in den ersten Lebensjahren. Die kindliche Illusion der „Allmacht der Gedanken" führt zur Überzeugung, daß der Verlust selbstverschuldet war. Unbewußter Haß und Selbsthaß entstehen, und die Gefühle von Einsamkeit nehmen zu.

4. **Exklusive Objektfixierung**: Bindung an ein einziges neues Objekt (einen Menschen, eine Aufgabe), welches ein Ende der Einsamkeit und die lang ersehnte individuelle Anerkennung zu versprechen scheint.

5. **Zweiter Objektverlust**: Das einzig wichtige Objekt geht verloren (indem es stirbt oder an Bedeutung verliert) oder die Einsicht beginnt zu quälen, daß jahrelanges Verharren in der Objektfixierung zu Schuld gegenüber anderen Menschen und gegenüber sich selbst geführt hat.

6. **Hilflosigkeit und Hoffnungslosigkeit**: Wenn die Kraft zur Errichtung einer neuen exklusiven Objektbeziehung nicht mehr ausreicht, steigen Gefühle von Hilflosigkeit auf, welche die verdrängten frühkindlichen Gefühle von Verlassenheit und Verzweiflung wecken. Die Sehnsucht nach Erlösung nimmt zu.

7. **Selbstdestruktion**: Die durch die Hoffnungslosigkeit reduzierte Immunabwehr vermag nicht mehr die körperlichen Belastungen zu neutralisieren, welche durch selbstschädigendes Verhalten (z. B. Sucht) erzeugt worden sind.

Diese Prozeßhypothese unterscheidet sich nicht grundsätzlich von den frühen tiefenpsychologisch-onkologischen Konzepten, wohl aber in vier Einzelheiten:

> a) Die **Betonung des Narzißmus der Eltern** von Kindern, die später an Krebs erkranken könnten, weist darauf hin, daß nur eine besondere Form der Verwirrung durch die Eltern potentiell karzinogen wäre. Vernachlässigte (verwahrloste) Kinder scheinen eher zu einer psychotischen Entwicklung zu neigen, wogegen Entfremdung eher aus der Bindung an eine narzißtische Mutter entsteht [74].
>
> b) Der Beginn der **Selbstentfremdung** wird in der Prozeßhypothese **zeitlich vor dem frühen Objektverlust situiert**, da nur dadurch befriedigend erklärbar wird, wie früher Objektverlust ohne schädigende Auswirkung auf die Persönlichkeitsentwicklung bleiben kann: Kinder, welche keine wesentliche Selbstentfremdung erleiden mußten und von genügend verständnisvollen, nicht allzu narzißtischen Eltern getragen werden, sind fähig, unbeschadet über einen großen Verlust hinwegzukommen.
>
> c) Im Prozeß der Selbstenfremdung wird die Bedeutung der elterlichen **Delegationsprozesse**, des **Leistungsstrebens**, der **Zwangsmechanismen** (Kontrollmechanismen), der besonders strengen **Unterdrückung von Haßgefühlen** gegenüber der Mutter und der **vertikalen Ich-Spaltung** betont. Ein wesentliches Element der spezifischen Selbstentfremdung könnte in einer kindlichen **Überstimulation** bestehen, von der bekannt ist, daß aus ihr oft „kannibalische Wut" resultiert.
>
> d) Die wichtigste Auswirkung des frühen Objektverlusts wird darin gesehen, **daß sich das Kind die Schuld für den Verlust selbst zuschreibt**. Seine Überzeugung, daß seine früheren Wut- oder Haßgefühle, die es – im Rahmen der Ambivalenz aller Gefühle – gegenüber dem Objekt auch gehegt hatte, Ursache des Objektverlusts gewesen war (die Illusion der Allmacht der Gedanken), veranlaßt es einerseits, sich wegen seines vermeintlichen Mißverhaltens selbst zu hassen und andererseits Wut und Haß noch stärker zu unterdrücken.

Die Bezeichnung „Prozeßhypothese" soll deutlich machen, daß es sich bei der präsentierten siebenstufigen theoretischen Vorstellung tatsächlich um eine chronologische Anordnung von aufeinanderfolgenden obligatorischen Entwicklungsschritten handelt. Nur wenn eine Entwicklung über alle sieben Stufen und in der dargestellten Reihenfolge verläuft, wird sie als kanzerogen verstanden. Diese Eigenschaft hervorzuheben ist deshalb wichtig, weil in der Geschichte der psychoonkologischen Forschung oft behauptet wurde, daß die tiefenpsychologischen Krebstheorien nicht stimmen können, weil verschiedene Studien zu „Entfremdung", „Aggressionshemmung", „Depression", „Hoffnungslosigkeit" oder „frühkindlichem Objektverlust" keine Korrelationen zur Krebserkrankung aufgezeigt hätten. Selbstverständlich gibt es vielfältige Auswirkungen all dieser Arten psychischer Belastungen, und erst eine bestimmte psycho-logische Ablaufsordnung schränkt die Vielfalt möglicher weiterer Entwicklungswege ein. Genau diese Tatsache ist ja auch der Grund, warum psychoonkologisches Verstehen nur im biographischen Kontext möglich ist.

Die präsentierte psychoonkologische Prozeßhypothese läßt aber auch wichtige Fragen unbeantwortet, darunter die folgenden:

- Wie weit paßt die aus den frühen psychoonkologischen Hypothesen, aus Erfahrungen mit eigenen Mundhöhlenkarzinompatienten und aus der Analyse des Lebens von Sigmund Freud abgeleitete Prozeßhypothese auch auf Patienten mit andersartigen Krebserkrankungen?
- Ist das zentrale dynamische Element des unbewußten Hasses stets vor allem auf die Mutter oder zum Beispiel bei krebskranken Frauen eher auf den Vater gerichtet? Die besondere Bedeutung der Mütter für Kinder beiderlei Geschlechts in den ersten Lebensjahren läßt eher vermuten, daß der unbewußte Haß stets vor allem auf die Mutter oder den Mutterersatz gerichtet ist.
- Wie läßt sich unbewußter Haß sozialwissenschaftlich erfassen? Ist er psychometrischen Methoden irgendwie zugänglich?
- Wie lassen sich die wenigen, aber eindrücklichen Fälle von Spontanregression erklären? Welche Art von Einflüssen unterbrechen die psychopathogene Entwicklung auf welcher Stufe der Erkrankung?
- Kann die Prozeßhypothese auch auf Krebserkrankungen von kleinen Kindern zutreffen, eventuell mit auf Eltern und Kind aufgeteilten Entwicklungsschritten?

In ihren Grundzügen kann die psychoonkologische Prozeßhypothese trotz solch ungeklärter Fragen heute als ernst zu nehmende Hypothese betrachtet werden, die mit der gebotenen Vorsicht in die praktische klinische Arbeit mit krebskranken Menschen integriert werden kann. Die sich aus ihr ergebenden **therapeutischen Schlußfolgerungen** sind gravierend: Krebs wird mit ihr nicht mehr als Eindringling, sondern als Reaktion auf einen persönlichen Verlust betrachtet, so daß sich – wie es Booth als Hoffnung formuliert hatte – „der Schwerpunkt der Krebstherapie von der physischen Zerstörung des Tumors zur Rekonstruktion der Beziehungen des Patienten zu seiner menschlichen Umwelt verschieben" würde [75]. Das psychotherapeutische Ziel wäre dabei die Begleitung des Patienten von der unbewußten pathogenen Beziehung mit dem verlorenen Objekt weg zu einem Objekt, mit dem er bewußt in Beziehung treten kann [76]. Wie solche Begleitprozesse aussehen können, hat LeShan in seinen packenden Büchern *Psychotherapie gegen den Krebs* [77] und *Diagnose Krebs. Wendepunkt und Neubeginn* [78] am deutlichsten beschrieben. In seiner Arbeit mit Krebspatienten fragt er nicht wie in der traditionellen Psychotherapie zuerst danach, was dem Patienten fehlt, und dann nach den dahinterliegenden Ursachen, sondern danach, was dem Patienten gut tut. Wie äußert sich seine Kreativität? Was steht seiner individuellen Art zu leben entgegen? LeShans Therapieziel sind psychische Veränderungen, die das gefährdete Immunsystem des Patienten stärken, und seine Therapiemethode entwickelt sich aus der folgenden, an sich selbst gerichteten Frage:

„Wie kann ich eine Beziehung zu diesem Menschen errichten, die er zum Zwecke seines eigenen inneren Wachstums nutzen kann?" [79]

Das aufrichtige Bestreben des Therapeuten, den Patienten (oder die Patientin) vor dem Hintergrund von dessen Lebensgeschichte verstehen zu lernen, macht diesen allmählich auf sich selbst neugierig, so daß er mit der Zeit entdeckt – und auszusprechen wagt –, wie sehr er sich angewöhnt hat, unfreundlich zu sich selbst zu sein.

> „Wenn der Patient erst erkannt hat, wie sehr er sein inneres Selbst verachtet und wie heftig er es zurückgewiesen hat, dann ist es manchmal von Nutzen, dieses ganze Geschehen so mit ihm durchzusprechen, als ginge es um eine Gerichtsverhandlung. Tatsächlich hat ja der Patient in seiner Kindheit einen Prozeß geführt, in dem er zugleich Richter, Geschworener und Angeklagter war. Das Kind, das noch keinen rechten Überblick über die Dinge besaß und dem das vorgetragene Beweismaterial nur in Teilen verständlich war, sprach sich am Ende schuldig. Heute hat der Patient natürlich längst vergessen, daß dieser Prozeß jemals stattgefunden hat, aber sein gesamter Umgang mit sich selbst ist in all den Jahren durch jenen falschen Urteilsspruch bestimmt gewesen. Die Therapie ist eine Wiederaufnahme des Prozesses, in dem heute auch ein Verteidiger auftritt. Das heißt also, zwei erwachsene Menschen beschäftigen sich erneut mit dem Beweismaterial und suchen herauszufinden, welches Verbrechen, das eine so schwere Zurückweisung rechtfertigt, von dem Kind denn wohl begangen worden sein könnte.
> Im Rahmen dieses nun wieder aufgerollten Prozesses ist es wichtig, daß man den Patienten immer wieder danach fragt, was er denn in seinem Leben wirklich anstrebt und erhofft. Die wichtigste Frage in der Krisentherapie lautet: ‚Was möchten *Sie* mit ihrem Leben anfangen?' Der Therapeut muß diese Frage immer wieder und auf immer wieder neue Art stellen, bis der Patient in bezug auf ihre Bedeutsamkeit schließlich hellhörig wird." [80]

Die Ergebnisse von LeShans Krisentherapie mit Krebspatienten sind unterschiedlich: Die Tumore einiger seiner Patienten und Patientinnen sind unter schulmedizinischen Behandlungen und der Psychotherapie verschwunden, und die Genesenen haben ihr Leben in befriedigenderen Sinnzusammenhängen weiterführen können. Andere Patienten haben mit bereits fortgeschrittener (metastasierter) Erkrankung noch über Jahre in neu entdeckter Lebensqualität weitergelebt; wiederum andere sind relativ kurz nach Beginn der psychotherapeutischen Behandlung gestorben. Aber:

> „Wenn einem Menschen noch eine einzige Stunde zu leben bleibt und er in dieser Stunde zum ersten Mal sich selbst und sein Leben wirklich entdeckt – ist das nicht ein wirkliches und bedeutsames Wachstum?" [81]

Die Bedeutung, welche die psychoonkologische Verlaufshypothese auf die Therapie mit krebskranken Menschen haben könnte, ist weitreichend, wird aber vermutlich durch die potentiellen Auswirkungen im Bereich der Prophylaxe noch übertroffen. Im schulmedizinischen Denken besteht Prophylaxe vorwiegend aus der Aufklärung über die Wirkung karzinogener (Sucht-)Stoffe und aus der Früherfassung. Die gemäß psychoonkologischer Verlaufshypothese sinnvolle Prophylaxe setzt aber zeitlich vor der Korrektur von Suchtverhalten und weit vor der in den letzten Jahren so stark propagierten Früherfassung an. Frederic Vester schrieb dazu schon vor 25 Jahren, daß Früherkennung bedeutungsvoll, aber letztlich auch Augenwischerei sei,

> „[d]enn selbst die früheste Früherkennung, die sich ja stets nur an bereits erfolgten Wucherungen orientiert, kommt bereits viel zu spät, nämlich wenn in dem untersuchten Gewebe schon Hunderttausende, ja Millionen von Zellen auf den Krebsstoffwechsel umgeschwenkt sind. Vorher läßt sich mit unseren heutigen direkten Untersuchungsmethoden einfach nichts feststellen. Um so bedeutender ist die indirekte Vorsorge. Also die Erhaltung der körpereigenen Abwehrkräfte, die Vermeidung ihrer Schwächung, die Beobachtung der hormonellen Situation, ein aktives Sexualleben, die Behandlung von Depressionen und die Verarbeitung von Verlusterlebnissen – und, wenn Sie wollen, bereits die Vorsorge für unsere Kinder, indem wir es nicht an Liebe und Wärme fehlen lassen." [82]

Moderne Ergebnisse empirischer Krebsforschung lassen vermuten, daß der Einfluß von psychosozialen Variablen auf die Krebserkrankung im Vorfeld der Erkrankung sogar wesentlich stärker ist als im weiteren Verlauf [83]. Solche Einsichten haben aber wenig Wirkung, wenn ihrer Umsetzung in prophylaktische Handlungen wirtschaftliche Interessen entgegenstehen: In der Gentechnologie locken Patente (zum Beispiel zur Herstellung von modifizierten Brustkrebsgenen), die Milliardengewinne versprechen; mit Präventionsforschung ist hingegen kaum Geld zu verdienen. Dabei spüren vermutlich alle, daß die rein materialistische Sicht auf die Phänomene von Gesundheit und Krankheit – „materialistisch" im doppelten Sinn: den Menschen fast ausschließlich als Materie verstehen und finanziellen Shareholder-Gewinn aus dieser Sichtweise ziehen – eine sehr beschränkte Sichtweise ist, hinter welcher tiefere und wertvollere Einsichten versteckt bleiben. Manchmal blitzen die tieferen Einsichten auch bei streng positivistisch denkenden Menschen hervor, sei es auch nur in selbst nicht bemerkten Äußerungen aus dem Unbewußten heraus: Marcia Angell, die Herausgeberin des „New England Journal of Medicine", war 1985 über Barrie Cassileths „Nachweis", daß psychosomatische Krebstheorien nicht nur falsch, sondern auch schädlich seien, so begeistert, daß sie feststellte, es sei jetzt erwiesen, daß das Benutzen der Psychologie zur Bekämpfung von Krankheiten das Gleiche sei, als wenn man einen Regentanz aufführen würde (vgl. „Argument 2"). Als Angells Haltung dann in vielen Leserbriefen massiv angegriffen wurde, verteidigte sie sich in der „New York Times" mit den Worten:

> „Alle regen sich auf, als hätte ich so heilige Werte wie die Mutterrolle angegriffen!" [84]

Sie, die verschworene materialistische Naturwissenschaftlerin, scheint gespürt zu haben, daß das Hinterfragen der Mutterrolle einer der zentralen Schlüssel zu den Geheimnissen von Gesundheit und Krankheit ist, genauso wie Goethe und Freud vom Schlüssel gesprochen haben, der „den Weg zu den Müttern" öffnet (vgl. Kap. 8.3.2).

12.3 ... für die Psychohygiene ... und die Politik

In etwa fünf Milliarden Jahren wird der Wasserstoffvorrat der Sonne so weit verbraucht sein, daß das „Heliumbrennen", die Fusion von Helium zu Kohlenstoff, einsetzt und die Sonne zum „Roten Riesen" wird. Etwa 200 mal so groß wie heute wird sie Merkur, den innersten Planeten, verschlungen haben und danach Venus und Erde verschlingen. Zu dieser Zeit wird alles irdische Leben längst ausgelöscht sein. Zuvor werden aber durch Planetoideneinschläge hervorgerufene Klimaveränderungen mehrere Massensterben verursacht haben, durchschnittlich alle 30 Millionen Jahre einmal. Diesen Naturkräften ist das Leben auf Erden so unverrückbar unterworfen wie jedes einzelne Lebewesen den Gesetzen des Alterns und des Sterbens. Kein menschliches Wissen und Handeln vermag an diesen Abläufen etwas zu ändern. Anders sind die Verhältnisse in den durch Menschen gestaltbaren Handlungsräumen. Die Menschen sind fähig, ihre Lebensräume zu einem guten Teil selbst so zu gestalten, daß sie lebensfreundlich bleiben, das Leben über viele Generationen weitergegeben und die Lebensqualität auf einem hohen Niveau gehalten werden kann. Leider sind sie aber auch fähig, ihre Lebensräume und die Lebensräume anderer Lebewesen zu verwüsten, ihr Überleben als Gattung massiv, langsam oder schlagartig zu verkürzen und ihre Lebensqualität oder die Lebensqualität einzelner Gruppen von Menschen, Tieren und Pflanzen zu verspielen. Zur Bewegung in diese zerstörerische Richtung tragen in der modernen Welt viele Entwicklungen bei:

- Die Globalisierung der Marktwirtschaft verführt dazu, immer häufiger und immer mehr persönliche Verantwortung an die Eigendynamik anonymer weltweiter marktwirtschaftlicher Strukturen abzugeben.
- Durch die zunehmende Selbstverständlichkeit des „vorauseilenden Gehorsams" müssen Topmanager amoralische Handlungen zur Maximierung des „Shareholder-Values" gar nicht mehr von ihren Untergebenen fordern: Die Logik der freien Marktwirtschaft genügt als Auftrag und Legitimierung.
- Die weltökonomisch nutzlose, nur einigen Insidern dienende weltweite Spekulation mit zum Beispiel Waren-Termin-Verträgen „garantiert" den Produzenten in armen Herkunftsländern noch tiefere Löhne: Die Kakao-Welternte wurde zum Beispiel in einem Jahr 16 mal gekauft und wieder verkauft, und aus dem Wirbelsturm El Niño, der 1998 größte Zerstörungen und schrecklichste Hungersnöte durch Dürre oder Überschwemmungen verursachte, „erarbeiteten" Spekulanten in wenigen Wochen Gewinne von vielfacher Millionenhöhe.
- Die ungleiche und ungerechte Verteilung von Nahrung, Bodenschätzen, Bildung und Technologie über die Völker der Erde öffnet die Schere zwischen Armen und Reichen immer weiter.

12.3 ... für die Psychohygiene ... und die Politik

- Die Bretton-Woods-Organisationen „Weltbank" und „IWF" funktionieren selbst nach so streng marktwirtschaftlichen Prinzipien, daß sie ihrer Aufgabe der Unterstützung von Ländern der Dritten Welt nicht gerecht werden können: Durch ihre Bedingungen zur Kreditvergabe werden Monokulturen, autoritäre Regimes, die Spaltung zwischen Armen und Reichen und Abhängigkeiten gegenüber Ländern der Ersten Welt eher gefördert als durch gesündere Strukturen ersetzt.
- Die Unterdrückung von schwächeren Völkern und von Andersdenkenden im eigenen Volk durch Diffamierung, Bestechung und Folter führt zu sehr viel Leid.
- Die Produktion riesiger Mengen von Waffen verlocken Herrscher, gesetzgebende und regierende Politiker, Verbrecherorganisationen, aber auch einzelne verzweifelte Menschen zur rücksichtslosen Durchsetzung egoistischer Bedürfnisse.
- Die weltweite und generationenübergreifende Vernichtung und Schädigung von Leben durch Atomwaffen ist trotz Auflösung der ehemaligen UdSSR und der Beendigung des „kalten Krieges" immer noch möglich.
- Die Geringschätzung des Lebens von Tieren und Pflanzen führt zur juristischen Definition von Tierquälerei als „Sachbeschädigung", zur Verarmung der Weltmeere durch Überfischung und zur Zerstörung des Lebens in ganzen Landschaftsteilen zum Beispiel zur Energiegewinnung durch Wasserkraft. Von den 1,4 Millionen Tier- und Pflanzenarten sterben jährlich 8000 aus.
- Der leichtfertige Gebrauch von nichtregenerierbaren und die Verschwendung von nur langsam regenerierbaren Rohstoffen (wie die Abholzung der Regenwälder zur Produktion von exotischen Möbeln oder von Hamburgerfleisch) ist eine Ausbeutung, die uns unserer Lebensgrundlagen berauben wird.
- Die Vergiftung der Biosphäre durch sorglosen Umgang mit Abfallprodukten und Schadstoffen führt innerhalb weniger Jahrzehnte zu Schädigungen unseres Lebensraumes, zu deren Reparatur die Natur Jahrhunderte benötigt. Unser Mobilitätsirrsinn, der zu jedem Zeitpunkt die weltweite Verfügbarkeit jeder Art von Ware ermöglicht, ist von unserer Wahrnehmung der Schädigung der Natur abgespalten. Er führt zum Beispiel dazu, daß der Einkauf (Material und Transport) von Randsteinen zur Pflasterung einer Straße in der Stadt Bern günstiger ist, wenn er in China (6000 km Transportweg) als wenn er im Tessin (200 km Transportweg) getätigt wird.

Einige dieser Bedrohungen werden sich durch Gesetzmäßigkeiten, die wir wenig kennen, ohne unser gezieltes Zutun entschärfen oder auflösen. Andere werden sich verschärfen, und jede trägt die Potenz in sich, zu einer Katastrophe größten Ausmaßes zu führen. Da sie aber alle miteinander aufs engste verbunden sind, läßt sich nicht abschätzen, welche Verschärfung zu welchem Zeitpunkt einen Lawineneffekt auslösen wird. So bleiben sie zunächst alle als ernste Bedrohungen bestehen und mehr als das: Es sind ja nicht nur Bedrohungen, sondern seit Jahrzehnten täglich schädlich wirkende Realitäten, die in zunehmendem Ausmaß das Wohlergehen des menschlichen, tierischen und pflanzlichen Lebens auf unserem Planeten beeinträchtigen.

Die Probleme, in die wir mit unserer Art von Zivilisation hineingeraten sind, scheinen so vielfältig und so kompliziert zu sein, daß die meisten Menschen sie nicht mehr verstehen und sich deshalb auch kaum am Aufbau einer Strategie zur Neuorientierung beteiligen können. Aber genau das stimmt nicht. Erich Fromm hat in seinem beeindruckenden Buch *Die Furcht vor der Freiheit* die Behauptung, daß viele Fragen zu kompliziert seien, als daß ein einfacher Mensch sie begreifen könne, als „Nebelwand" entlarvt, die dem Menschen nur das Vertrauen in seine Denkfähigkeit zu nehmen versuche [85]. Tatsächlich könnten die Probleme unseres individuellen wie diejenigen unseres gemeinsamen Lebens und unserer Zivilisation übersichtlich und verständlich sein, wenn wir uns vermehrt getrauen würden, die sie verbindenden Strukturen genauer wahrzunehmen [86]. Wenn uns das gelingt, entdecken wir nämlich, daß wir gewisse Grundstrukturen nicht verändern, wohl aber wählen oder zurückweisen können. Dies hat Fromm in seinem aufrüttelnden Buch *Die Revolution der Hoffnung* mit folgenden Worten beschrieben:

> „Entscheidend ist die Erkenntnis, daß wir es hier mit Strukturen zu tun haben; deshalb können wir nicht bestimmte bevorzugte Elemente aus der einen mit bestimmten Elementen aus der anderen Struktur kombinieren. ... Wohl die meisten Menschen würden am liebsten aggressiv, wettstreitlustig, geschäftlich höchst erfolgreich, bei jedermann beliebt und gleichzeitig zärtlich, liebevoll und integer sein. Oder auf der sozialen Ebene: am liebsten wäre den meisten eine Gesellschaft, in der die materielle Produktion und der Verbrauch sowie die militärische und politische Macht des Landes möglichst groß wären und gleichzeitig Frieden, Kultur und geistige Werte gefördert würden. Aber solche Vorstellungen sind unrealistisch; ... Sobald man erkennt, daß hier verschiedene Strukturen zur Wahl stehen ... wird die Qual der Wahl wesentlich geringer, und es bleibt kaum noch ein Zweifel, welche Wertstruktur vorzuziehen sei." [87]

Zur Auswahl der Strukturen, die wir stärken möchten, und als Instrument zur Entwicklung gemeinsamer Handlungsziele und Handlungsstrategien kann uns die Tiefenpsychologie mit ihren Möglichkeiten zur Klärung der hinter Handlungen stehenden bewußten und unbewußten Motive und Bedürfnisse hervorragende Dienste leisten. Im Reader *Freud 2000* plädiert Elliot vehement dafür, daß die Tiefenpsychologie vermehrt zur Lösung der großen sozialen Probleme, z. B. Privatisierung der allgemeinen Ressourcen, die Zerstörung der Ökosphäre oder das weltweite Aufflammen von nationalistischen und ethnischen Konflikten, herangezogen werden soll [88].

In drei zentralen Bereichen menschlichen Wirkens sind die von der Tiefenpsychologie erarbeiteten Erkenntnisse besonders nützlich: in der **Pädagogik**, der **Politik** und der **Publizistik**.

Als August Aichhorn 1925 das Buch *Verwahrloste Jugend* publizierte, hatte Sigmund Freud im Vorwort geschrieben, daß das Kind das hauptsächliche Objekt der psychoanalytischen Forschung geworden sei [89]. Hans Zulliger, der Schweizer Pädagoge, hatte 30 Jahre später den Eindruck, daß die Tiefenpsychologie zum selbstverständlichen Wissensschatz der Erzieher geworden sei:

> „So wie sich von der Medizin her gewisse Grundtatsachen als körperliche Hygiene in den Schulen und dann auch in den Familien verbreiten und zur Selbstverständlichkeit werden, mußten gewisse tiefenpsychologische Erkenntnisse als psychische Hygiene allmählich überall Fuß fassen." [90]

Allerdings hatte Zulliger die gewaltigen Kräfte der in den folgenden Jahrzehnten zunehmenden individuellen Konsumbedürfnisse und des wachsenden wirtschaftlichen Leistungsdrucks auf Familien und Schulen unterschätzt, so daß heute – trotz einiger wertvoller pädagogischer (schülerzentrierten) Fortschritte und recht vielen idealistischen Lehrkräften – die Schulen von Inhalten, die an materiellen Werten orientiert sind, bei weitem dominiert werden. Unterricht in Tiefenpsychologie gehört heute jedenfalls noch nirgends zum Pflichtstoff, wohl aber Unterrichtung in Zahnpflege. Dabei wäre Tiefenpsychologie ein Unterrichtsstoff, der altersgerecht präsentiert auch jüngste Schüler faszinieren würde und ihnen größten Nutzen bringen könnte. Aber unsere Schulen (und die sie strukturierenden Politiker) sind heute weiter entfernt von der Einführung eines solchen Unterrichts als vor 40 Jahren. Eigentlich sind die wichtigsten tiefenpsychologischen Einsichten bezüglich Säuglingen, kleinen Kindern, größeren Kindern und Jugendlichen sowie über die unbewußten Auswirkungen der frühen Kindheit auf das Erwachsenenleben auch heute weitgehend unbestritten und werden in der Psychohygiene (in Pädagogik, Erwachsenenbildung, Säuglings-, Erziehungs-, Paar- und Familienberatung) direkt angewendet. Im hektischen Alltag unserer modernen Zivilisation scheinen diese Einsichten aber immer wieder verloren zu gehen, verdrängt durch persönliche Ängste und verschüttet durch auch angstgesteuerte „Empfehlungen" von Fachleuten, die sich zu sehr der Verbreitung vorwiegend materieller Lehren wie der symptomorientierten Verhaltenstherapie oder einer fast schrankenlosen Verwendung von Pharmakotherapie verschrieben haben. Sich dafür zu entscheiden, solch verlockenden Verdrängungen und Ablenkungen zu widerstehen, ist wohl ein lebenslanger Kampf. Wer sich aber dafür entscheidet, muß nicht mehr tun, als sich ab und zu an wenige und einfach zu verstehende tiefenpsychologische Erkenntnisse zu erinnern. Im fundamentalen Feld der Kindererziehung wäre dies zum Beispiel die Einsicht in die Doppelaufgabe der Elternschaft. Eltern und andere kindererziehende Erwachsene haben – wie im Tierreich die Elterntiere – die instinktive und sozial überlieferte Aufgabe, Kinder vor Gefahren zu schützen und ihr Gedeihen zu unterstützen. Der Schutz vor Gefahren ist nur möglich, wenn Eltern ab und zu bestimmt eingreifen und dem unerfahrenen Kind auch Grenzen setzen. Die Unterstützung des Gedeihens gelingt jedoch nur, wenn die Eltern das Kind in seinem Drang, die Welt zu erobern (die Welt zu „be-greifen"), unterstützen und so dem Kind zu einem Gefühl der eigenen Mächtigkeit verhelfen.

Wenn man einem Kind zuschaut, wie es mit Bausteinen spielt und seinen Turm umwirft, um noch einmal von vorn zu beginnen, erkennt man, daß Macht und Aggression positive Werte sind. Macht ist die Fähigkeit, Veränderung zu bewirken oder zu verhindern, eine Fähigkeit, über die jedes Lebewesen verfügen muß, wenn es überleben will. Die alten Griechen definierten die Macht als Sein, was bedeutet, daß es kein Sein gibt ohne Macht. Paul Tillich sprach von der „Macht des Seins", Nietzsche vom „Willen zur Macht" und Bergson vom „élan vital". Das Gefühl der Mächtigkeit ist eines der wichtigsten Ziele, die das Kind schon zu Beginn seiner Individuation anstrebt. Deshalb sollten die Eltern und die anderen kindererziehenden Erwachsenen den Weg dazu suchen, sich mit dem Kind über Gefühle der Mächtigkeit zu freuen, es zur Erprobung seiner Macht einzuladen und – für narzißtische Eltern sehr schwierig – zuzulassen, wenn das Kind beim Aufprall auf die Grenzen seiner Mächtigkeit Gefühle von Ärger, Wut oder Haß ausdrückt.

> „Zur Individuation und dem Aufbau von Objektbeziehungen benötigt das Kind die Erfahrung, daß es seine Eltern oder andere nahe Bezugspersonen sicher hassen kann",

sagt Blum [91] in Anlehnung an Winnicott und Bollas und meint damit, daß die Eltern dem Kind die Sicherheit vermitteln sollten, daß seine Äußerung von Wut und Haß nicht zu einem Verstoßen des Kindes führen kann.

Ein weiterer schwieriger Teil der Erziehungsaufgabe ist es, das Kind manchmal auch gegen den Willen der Erwachsenen handeln zu lassen. Macht kann nämlich genaugenommen keinem anderen gegeben werden,

> „denn der Empfangende schuldet sie weiterhin dem Gebenden. Sie muß in einem gewissen Sinne genommen und behauptet werden. Denn wenn sie nicht *gegen* einen Widerstand gehalten werden kann, ist sie keine Macht und wird vom Empfänger niemals als wirklich erlebt." [92]

Zu ernsthaften pathologischen Auswirkungen im Erwachsenenalter führen also nicht nur grober sexueller oder nicht-sexueller Mißbrauch von Kindern, sondern auch die häufigeren, von Eltern und anderen Bezugspersonen aus unbewußten narzißtischen Motiven stammenden systematischen Mißachtungen des Wohls des Kindes, welche sich als kleine Verletzungen, als Mikrotraumen zu einer verheerenden Wirkkette verbinden können, die Alice Miller mit folgenden Worten beschrieben hat:

> „Man kann in den ersten zwei Jahren unendlich viel mit dem Kind machen, es biegen, über es verfügen .... Das Kind wird nur dann das ihm zugefügte Unrecht ohne schwerwiegende Folgen überwinden, wenn es sich wehren, d.h. wenn es seinen Schmerz und Zorn *artikulieren darf.* Ist es ihm aber verwehrt, *in seiner Weise zu reagieren,* weil die Eltern seine *Reaktionen* (den Schrei, die Trauer, die Wut) nicht ertragen können und sie ihm mit Hilfe von Blicken oder anderen Erziehungsmaßnahmen *verbieten,* dann wird das Kind lernen, stumm zu sein." [93]

Andere Kinder reagieren auf die gleiche Situation nicht mit Verstummen, sondern beginnen zu schreien und hören – symbolisch gesprochen – nicht mehr zu schreien auf: Ihre Schreie verwandeln sich in Krankheitssymptome oder in antisoziales Verhalten. Sie schreien so lange, bis sie gehört werden … oder dann auch verstummen. Welchen Weg sie auch wählen, die auf diese Weise mißachteten Kinder werden zu Erwachsenen, die dafür gesorgt haben, daß sie starke Gefühle nicht mehr erleben müssen:

> „Es ist eine ganze Kunst entwickelt worden, Gefühle nicht erleben zu müssen, denn ein Kind kann diese nur erleben, wenn *eine Person da ist, die es mit diesen Gefühlen annimmt*, versteht und begleitet. Wenn das fehlt, wenn das Kind riskieren muß, die Liebe der Mutter oder der Ersatzperson zu verlieren, kann es die natürlichsten Gefühlsreaktionen nicht ‚für sich allein', insgeheim erleben; es erlebt sie nicht." [94]

Die vielleicht wichtigste Erkenntnis der Tiefenpsychologie besteht deshalb in der Anerkennung der Tatsache, daß meist nicht das Leiden an Frustrationen zu seelischer oder körperlicher Krankheit führt,

> „… sondern *das Verbot, dieses Leiden*, den Schmerz über die erlittenen Frustrationen *zu erleben* und *zu artikulieren*, das von den Eltern ausgeht und das meistens zum Ziel hat, *die Abwehr der Eltern zu schonen*." [95]

Die therapeutische Schlußfolgerung aus dieser Einsicht formulierte Alice Miller bereits im ersten Satz der Einleitung ihres ersten Buches [96]:

> „Die Erfahrung lehrt uns, daß wir im Kampf mit den seelischen Erkrankungen auf die Dauer nur ein einziges Mittel zur Verfügung haben: die Wahrheit unserer einmaligen und einzigartigen Kindheitsgeschichte emotional zu finden und sie anzunehmen."

Auch Menschen, die nicht seelisch erkrankt sind, können auf der Suche nach der Wahrheit der eigenen Kindheitsgeschichte Erkenntnisse finden, die zur Lösung von sie belastenden Konflikten beitragen und ihr Leben und Zusammenleben mit anderen Menschen bereichern.

Im **politischen Leben demokratischer Gesellschaftssysteme** könnte die Tiefenpsychologie ein außerordentlich wertvolles Instrument sein. Zwar bietet sie nur zu einigen politischen Sachfragen direkte Entscheidungshilfen an, vermag aber ein Hintergrundwissen zur Verfügung zu stellen, das es erlaubt, die persönlichen Motive der Politiker und der politisch wirkenden Wissenschaftler und Wirtschaftsführer (ihre Erkenntnisinteressen und ihre finanziellen Interessen) von deren Sachkompetenz zu unterscheiden. Mit Hilfe der Tiefenpsychologie könnte vor politischen Wahlen besser erkannt werden, welche Politiker die von ihnen verbal deklarierten Werte tatsächlich vertreten (oder nur zu Werbezwecken mißbrauchen) und welche langfristigen Auswirkungen die Ausrichtung nach diesen Werten haben kann. Dazu müßten die Wahlberechtigten allerdings darauf bestehen, daß sich die Kandidaten für politische Ämter nicht nur mit ihrem beruflichen und politischen Lebenslauf, ihrer Mitgliedschaft in Vereinen und Organisationen und ihren Freizeitbeschäftigungen, sondern auch mit ihrer Individuationsgeschichte vorstellen. Sie müßten über ihre Kindheit berichten und darstellen, wie ihre Auseinandersetzung mit frühen Bezugspersonen verlaufen ist, das heißt, auf welche Art sie zu eigenständigen Positionen gefunden haben. Dies würde zwar die Preisgabe eines Teils der Privatsphäre der Politiker erfordern, aber durch eine solche ließe sich – zusammen mit den ausgewiesenen Taten der Politiker – ihre Glaubwürdigkeit und Eigenverantwortlichkeit besser abschätzen [97].

Demokratie funktioniert nur mit Dialog, und dieser umfaßt stets auch die Würdigung der Argumente der politischen Gegner. „Würdigung" bedeutet nicht nur, hin und wieder zu sagen „ich sehe, Sie haben gute Argumente, aber ich habe bessere", sondern auch einzusehen, daß der politische Gegner in einer bestimmten Frage die vernünftigere Lösung vorschlägt, und mitzuhelfen, diese andere Lösung zu realisieren. Dialogische Haltung läßt sich nicht nur deklarieren; sie muß gelernt und gelebt werden. Die Wege, auf welchen ein Politiker zu seiner Art von Dialogfähigkeit gefunden hat, müßten die Wähler deshalb besonders interessieren.

Leider aber sind demokratische Haltungen in unseren demokratischen Systemen seltener geworden. Dies nicht nur wegen den häufigen, hintergründig massiven, öffentlich meist wenig klar deklarierten Eigeninteressen der Volksvertreter, sondern auch weil die Kultur des politischen Dialogs gegenüber rein machtpolitischen Haltungen wie selbstverständlich in den Hintergrund gerückt ist. So kann es heute zum Beispiel geschehen, daß eine der großen politischen Parteien der Schweiz, die SVP, für ihre Politikerinnen ein Trainingsseminar anbietet, das nur auf Machtausübung ausgerichtet ist und die demokratische Meinungsbildung gezielt zu verhindern sucht [98]. Der Leiter dieses Seminars geht von der Annahme aus, daß in öffentlichen Auftritten 60 Prozent der Wirkung von Mimik und Gestik, 25 Prozent von Sprache und Wortwahl und nur 15 Prozent vom Inhalt ausgehe und daß das Publikum an einer politischen Veranstaltung nur teilnehme, um sich unterhalten zu lassen, nicht um mitzudenken. Unter den so verstandenen Bedingungen ist es nur logisch, daß die Politikerinnen im Seminar „das Sprechen mit wenig Inhalt" einüben, das nützlich sei, wenn sie mit einer neuen Situation konfrontiert werden und Zeit gewinnen (richtiger wäre wohl: „Zeit verschwenden") müssen. Stets gelte das Prinzip:

> „dem Gegner keine Zeit überlassen. Wer auf ein Votum aus dem Publikum reagiert, gibt dem Gegner Redezeit. Stelle das Publikum Fragen, gehe man deshalb vor allem auf die Fragen aus den eigenen Reihen ein." [99]

Zu wünschen sind politische Bewegungen oder Parteien, die, statt die sie vertretenden Politiker zu lehren, wie sie den Dialog mit dem Gegner vermeiden können, ihre Basis lehrt, wie adialogische Politiker erkannt werden können. Dazu würde ein Weiterbildungskurs passen, in welchem die Argumente verbunden mit Wortwahl, Gestik und Mimik gegnerischer und – besonders wichtig – auch eigener Politiker dahingehend analysiert würden, daß erkennbar wird, wann sich die Politiker ehrlich und sachlich, wann unehrlich und unsachlich verhalten.

Der **Einfluß der Tiefenpsychologie auf die Publizistik**, also auf die Massenverbreitung von Information in Worten, Geräuschen, Musik und Bildern könnte mithelfen, uns davor zu bewahren, daß uns die immer noch zunehmende Flut an Informationen durch Dutzende von Fernsehkanälen, das Internet und rasch produzierte Printmedien nicht völlig verwirrt. Die Informationsflut der Massenmedien ist ohne Zensur nicht zu begrenzen. Da aber jede Art von Zensur die Freiheit der Meinungsäußerung einschränkt, widerspricht deren Verwendung tiefenpsychologischen Prinzipien. Als Hilfe zur Informationsverarbeitung kann die Tiefenpsychologie aber dienlich sein. Allerdings natürlich nur dort, wo solche Hilfen gewünscht sind. Produzenten von Sensations- und Boulevard-Journalismus sehnen sich nicht danach zu erfahren, auf welche Art ihr Wirken schädigend sein kann; sie sehnen sich nach noch höheren Umsatzzahlen.

Allerdings ist der Sensationsjournalismus vielleicht gar nicht so gefährlich. Wenn – wie 1999 geschehen – „The Sun" 20 Tage vor der Hochzeit von Prinz Edward mit Sophie Rhys-Jones ein zehn Jahre altes Foto der Braut, auf welcher sie in fröhlicher Stimmung mit entblößtem Busen zusammen mit einem anderen Mann zu sehen ist, veröffentlicht und sich (wie wohl im Voraus geplant) nach dem entsetzten Aufschrei der Queen entschuldigt, dann dient dieser Vorgang der Befriedigung voyeuristischer Bedürfnisse von vielen Tausenden von Lesern und Betrachtern. Der blanke Busen der zukünftigen Prinzessin ist eher schön als häßlich, und sein Anblick schadet niemandem. Königshäuser und ihre Vertreter haben – wie Seifenopern – in der heutigen Welt eben die Funktion von Märchen, die Einblicke in eine Welt bieten, nach der man sich selbst sehnt und die man doch fürchtet. Eine durch die Sensationspresse ermöglichte partielle Teilnahme an dieser „Märchenwelt" kann doppelt befriedigend wirken, denn sie vermittelt ein kleines Stück der Illusion, dem Kreis der ganz Großen zuzugehören, und andererseits die innerlich befreiende Einsicht (auch „Schadenfreude" genannt), daß auch die ganz Großen leiden müssen und meist nicht weniger als die Kleinen. Solche innerlich befreienden Vorgänge werden erst dann zu einem gesellschaftlichen Problem, wenn sie machtpolitisch ausgenutzt werden, indem eine Regierung die Massenproduktion von Seifenopern dazu verwendet, ihre Bürger von der Unzufriedenheit über die politische Unterdrückung abzulenken.

Ähnlich problematisch wird es, wenn die modernen Märchen der Publizistik nicht mehr nur eine natürliche Dynamik zwischen Wunsch, Frustration und stellvertretender partieller Wunscherfüllung aufzeigen, sondern immer häufiger eine einzige Strategie der Konfliktlösung in den Vordergrund stellen: die Strategie der Gewalt. Die im Fernsehen und in den Printmedien täglich verbreiteten Bildergeschichten über kriegerische Gewalt und über die Gewalttaten einzelner Menschen haben ein Verführungspotential, das schwer abzuschätzen ist. Zweifellos verstärken sie allmählich den Eindruck eines völlig zusammengeschrumpften Spektrums möglicher Konfliktlösungsstrategien. Die simple Botschaft lautet dann: Entweder gelingt es bei Konflikten am harmonischen Zusammenleben krampfhaft festzuhalten oder man muß Gewalt anwenden. Alle anderen Möglichkeiten, Konflikte auszutragen, scheinen dann wie aufgelöst. Dies ist eine gefährliche Entwicklung, und Tiefenpsychologen könnten mithelfen, sie zu bremsen, indem sie ihr Wissen und ihre Kreativität dazu benutzen, Wege zur Konfliktlösung ohne Gewalt aufzuzeigen.

Zum Glück gibt es auch Publizisten, Journalisten und Buchautoren, die sich getrauen, die Dinge kritisch zu hinterfragen und auch für sie unbequeme, nicht auf der Linie ihrer politischen Überzeugungen liegende „Wahrheiten" zu publizieren. Leider scheinen aber einige unter ihnen gegenüber machtpolitischen Strömungen langsam zu erblinden, sonst könnten sie nicht unkommentiert Texte publizieren, die antidemokratisches Verhalten fördern und die Einsicht in soziale und tiefenpsychologische Zusammenhänge behindern. Ein Beispiel für solches Erblinden ist der schon zitierte Beitrag des „Beobachters" über die antidemokratische Weiterbildung der SVP-Politikerinnen [100]: Die sonst so kritische Monatsschrift präsentierte ihre Reportage so, als sei die vorgestellte Art der Weiterbildung von Politikerinnen ein nachahmenswertes Modell in der Politik. Als ob Macht alles, Aufrichtigkeit nichts sei. Oder die Wochenzeitschrift „Schweizer Illustrierte" publizierte ein Interview mit dem Profi-Verwaltungsrat Robert A. Jeker [101]. Auf die Frage, wie groß der Einfluß des so erfolgreichen wie umstrittenen Bankiers Martin Ebner auf den Verwaltungsrat der ABB sei, antwortete Jeker:

„Jeder hat eine Stimme und will nur das Beste für die Gesellschaft. Darum sind wir uns fast immer einig."

Frage: Stört Sie Ebners höchstes Ziel, die Gewinnmaximierung?

„Nein. Der Shareholder value ist zentral. Vor allem die langfristige Steigerung des Unternehmenswertes ist für mich maßgebend."

Es ist kein Kunststück, sich fast immer einig zu sein, wenn Gewinnmaximierung das größte und damit das einzige wesentliche Ziel ist. Um Einigkeit müßte gerungen werden, wenn im Dialog mit Vertretern von Arbeitslosen, von Personalverbänden, von Ehefrauen und Kindern der über jedes vernünftige Maß gestreßten Arbeiter, Angestellten und Manager ein Konsens gefunden werden sollte, in welchem der Unternehmensgewinn vor allem Instrument zur Sicherung des Wohlergehens der im Unternehmen arbeitenden Menschen und ihrer Familien darstellen würde. Das ginge zwar nur, wenn die „Shareholder" entdecken würden, daß ihnen der Verzicht auf einen Teil ihres finanziellen Gewinns eine andere Art von Gewinn bringen würde; eine Einsicht, die mit Erkenntnissen der Tiefenpsychologie leicht gefördert werden könnte ... wenn die Shareholder dies möchten. Aber die meisten von ihnen sind anders erzogen worden. Ihre Wünsche haben sich durch die Erziehung von solchen des „Seins" zu solchen des „Habens" [102] verbogen. Sie haben eine „depositäre Erziehung" [103] genossen, nach der gut ist, was materiellen Gewinn bringt. Ein unkommentiertes Zeitungsinterview wie dasjenige mit Jeker in der „Schweizer Illustrierten" zementiert aber diese entfremdete und entfremdende Haltung, indem es den „Dienst für den Shareholder" fast zur heiligen Handlung erklärt und Jeker als modernen Helden präsentiert. Von einer sozialpolitisch verantwortungsbewußten Redaktion muß erwartet werden können, daß sie nicht nur kritische Fragen stellt („Stört sie Ebners höchstes Ziel, die Gewinnmaximierung?"), sondern skandalöse Antworten („Nein. Der Shareholder value ist zentral.") auch kritisch kommentiert. Wenn sie das nicht tut, unterstützt sie die „Helden des Geldes" und hilft mit, aus einem ganzen Volk Pseudo-Shareholder zu machen, nach dem Motto „Der Sommer kommt, Geld auch" (Werbung einer Kleinkredit-Firma), nur daß der „Share" des Volkes dann aus Schulden besteht.

Pädagogik, Politik und Publizistik sind Bereiche, die durch eine stärker geeinigte Tiefenpsychologie segensreich beeinflußt werden könnten. Durch die weitere Verbreitung und Anwendung von tiefenpsychologischen Einsichten können hilfreiche Haltungen in Erziehung und Politik direkt gefördert und durch die vermehrte Anwendung der Tiefenpsychologie in der Publizistik die verwirrende Vielfalt und oft verführende Einfalt der modernen Informationsflut besser verstanden und genutzt werden.

Die Tiefenpsychologie kann dazu beitragen, drei unterschiedliche Funktionen von mündlicher und schriftlicher Sprachproduktion genauer zu unterscheiden:

- die **Mitteilung**, welche über persönliche Bedürfnisse, Gefühle, Gedanken und das persönliche Verständnis von Sachverhalten informiert,
- die **Propaganda**, welche zum Näherkommen oder zum Fernbleiben verführt oder zur Erhaltung und Erweiterung von Mächtigkeit oder Macht dient und
- die **Rechtfertigung**, welche darauf abzielt, eigene Illusionen auf Kosten der Desinformation von anderen aufrechtzuerhalten, um sich der Auseinandersetzung mit eigenen Schuldgefühlen zu entziehen.

Wenn es uns gelingt, unsere Fähigkeit zur Sprachproduktion häufiger für Mitteilungen, nur verantwortungsbewußt für Propaganda und nur ausnahmsweise für Rechtfertigungen zu benutzen, gelingt es uns auch, anderen und uns selbst zuzuhören und unsere Entscheidungen und Handlungen vermehrt am gemeinsamen Wohl der Menschen, Tiere und Pflanzen auszurichten.

12.4 Schlußwort

Meine ursprüngliche Absicht, aus der ausführlich dokumentierten Lebensgeschichte eines Menschen mit Mundhöhlenkarzinom, der zudem einer der größten Psychologen war, einige auffällige Befunde aus dem Leben heutiger Mundhöhlenkarzinompatienten besser verstehen zu lernen, hat mich während der Arbeit am Manuskript in immer übergreifendere Zusammenhänge geführt. Am Schluß entstand – unbeabsichtigt, aber nicht überraschend – ein leidenschaftliches Plädoyer für tiefenpsychologisches Denken.

Man kann sich nun fragen, ob eine Forschungsarbeit, die auf eine wohlabgegrenzte Fragestellung bezogen und mit Anspruch auf wissenschaftliche Korrektheit begonnen wurde, zu so subjektiven Äußerungen führen darf, ob die gegen Ende des Buches stärker geäußerten persönlichen Meinungen nicht längst den Rahmen der vorgegebenen Thematik überschritten haben und nur noch Ausläufer eines grandiosen Erkenntnisanspruchs ... vielleicht Ausdruck simpler Besserwisserei mit einem Hang zur Belehrung sind.

Ich muß gestehen, daß mir eine Tendenz zum Grandiosen nicht fremd ist (ohne sie wäre ich wohl in die Arbeit an diesem Buch nie eingestiegen). Aber ich bin auch davon überzeugt, daß die Bedeutung jeder Erkenntnis, jedes Wissens immer wieder auch im gesamtgesellschaftlichen Kontext verstanden und überprüft werden sollte. Erkenntnisse, die man in einem politischen Vakuum zu halten versucht, sind prädestiniert dazu, mißbraucht zu werden. Und da Politik, „die Kunst der Staatsverwaltung", und Politiker nach den gleichen Gesetzen funktionieren wie andere „Künste" und andere Menschen, sollten wir uns gerade bei psychologischen Erkenntnissen besonders intensiv aufgefordert fühlen, uns regelmäßig zu fragen, wie sie wo wirken und wer sie warum wie braucht oder mißbraucht.

Die politische Dimension der Karzinomerkrankung ist kaum erforscht. Da es in der Politik aber immer darum geht, wem Macht verliehen wird, wer sich Macht über andere ungefragt herausnimmt und wie Macht ausgeübt wird, ist es selbstverständlich, daß Krebserkrankungen, welche die Betroffenen in so fundamentalem Ausmaß hilflos und ohnmächtig machen können, von höchster politischer Bedeutung sind. Wenn sich der in diesem Buch dargestellte Zusammenhang zwischen dem verhinderten Erleben von Mächtigkeit des kleinen Kindes mit der Entstehung von Krebserkrankungen in zukünftigen Studien bestätigen sollte, wird vollends klar werden, daß die politische Dimension der Krebserkrankung verstärkter Beachtung bedarf.

Anhang
Argumentationen

Argument 1: Krebsheilkunde, Psychosomatik und das Leib-Seele-Problem

A1.1 Die Onkologie als Fachbereich der Schulmedizin

In der Onkologie, der Lehre von den Geschwülsten (Neoplasmen, Neubildungen, Tumoren), werden gutartige von bösartigen Tumoren unterschieden. Beides sind überschießende Gewebswucherungen, die mit dem sie umgebenden Gewebe nicht koordiniert sind. Die **gutartigen (benignen) Tumoren** zeichnen sich durch eine begrenzte Störung der Wachstumsregulation aus und wachsen expansiv, das heißt, sie verdrängen das umliegende Gewebe, zerstören es aber nicht. Die **bösartigen (malignen) Tumoren** (Malignome) weisen Zellveränderungen gegenüber dem Muttergewebe auf und wachsen infiltrativ, das heißt, sie dringen in umgebendes Gewebe ein und zerstören es. Auch Wände von Blut- und Lymphgefäßen können sie durchdringen und – von Blut oder Lymphe mitgetragen – in anderen Körperteilen Metastasen (Tochtertumoren) bilden.

Geschwülste sind auch in der Pflanzen- und Tierwelt verbreitet. Bei Tieren werden mehr als 1000, beim Menschen etwa 100 verschiedene Arten von Malignomen beobachtet. Nach ihrem Ursprungsgewebe werden sie histologisch (entsprechend ihrem mikroskopischen Feinbau) in vier Haupttypen unterschieden: in **maligne Lymphome** (Lymphknoten-Tumoren, etwa 5 % aller Malignome), **Leukämien** (Blutkrebs, 4 % – bei Kindern 50 % – aller Malignome), **Sarkome** (Bindegewebskrebs, 2 %) und **Karzinome** (Haut- und Schleimhautkrebs, 85 %). Das häufigste Malignom, das Karzinom (der „**Krebs**" im engeren Sinn), wird in Varianten auch „Plattenepithelkarzinom", „Spinaliom" oder „Stachelzellenkrebs" genannt. Es entwickelt sich aus der äußeren Oberfläche der Haut oder der Schleimhäute, also derjenigen Gewebe, welche die Organe bedecken oder auskleiden. Auch Sigmund Freud litt an einem Plattenepithelkarzinom mit nicht seltener Lokalisation: Etwa 5 % aller Krebs-Neuerkrankungen betreffen Malignome in Mundhöhle oder Kehlkopf.

Die Folgen von fortgeschrittenen Krebserkrankungen sind neben ausgedehnten Gewebeschäden und den damit verbundenen mechanischen und biochemischen Funktionsstörungen und Schmerzen auch der Ausfall von Nervenfunktionen und die **Tumorkachexie**: Der sich ausbreitende Tumor ernährt sich auf Kosten der gesunden Organe und zehrt an den Energiereserven des Körpers.

Die **Häufigkeit** der Malignomerkrankung ist soziokulturell stark unterschiedlich. In hochindustrialisierten Ländern treten jährlich pro 100.000 Einwohner 300–400 Krebs-Neuerkrankungen auf, in Entwicklungsländern fünf- bis zehnmal weniger, unter anderem, weil fast alle Krebsarten bei alten Menschen häufiger entstehen. Die am häufigsten **betroffenen Körperorgane** sind bei Männern die Lunge, die Prostata und der Darm, bei den Frauen sind es Brust, Darm und Gebärmutter.

Die **Latenzzeit**, die Dauer vom Beginn der Krebserkrankung bis zu ihrer klinischen Erkennbarkeit, wird zwischen zwei und acht Jahren geschätzt. Die **Früherkennung** des Krebses ist in den letzten 20 Jahren durch ein erhöhtes Gefahrenbewußtsein der Bevölkerung und durch moderne bildgebende Verfahren (Computertomographie, Magnet-Resonanz-Tomographie, Mammographie) wesentlich verbessert worden. **Tumormarker** (Stoffe, deren Konzentration sich in den Körperflüssigkeiten bei Tumorwachstum verändert) ermöglichen teilweise die frühzeitige Entdeckung eines **Rezidivs** (eines Wiederauftretens des Malignoms). Beim Menschen sind aber auch latent Karzinome vorhanden, die klinisch nie auffallen (z. B. bei 50% aller über 80-jährigen Männer sind Prostata-Karzinoma auffindbar).

Schulmedizinische Therapien gegen Krebserkrankungen sind Chirurgie, Strahlen- und Chemotherapie. Dank großer Fortschritte in der diagnostischen Radiologie, der Anästhesiologie und der chirurgischen Technik sind heute **Resektionen** (Entfernung von Tumorgewebe), **Rekonstruktionen** (Wiederaufbau der entfernten Bereiche) und **Anastomosen** (Verbindungen von unterbrochenen lebenswichtigen Strukturen) in einer einzigen chirurgischen Behandlung möglich. Die **Strahlentherapie** arbeitet mit dreidimensionaler Dosisberechnung und neuen Methoden der perkutanen (durch das gesunde Gewebe bestrahlten) und interstitiellen Behandlung (bei welcher die Strahlenquellen an den Tumor gelegt werden). In der **Chemotherapie** werden neue krebstötende Substanzen verwendet, zum Teil in extrakorporaler Hochdosis-Chemotherapie (dabei werden dem Patienten zwecks Schonung des Knochenmarks blutbildende Stammzellen vor der Therapie entnommen und nach der Behandlung zurückinfundiert). Die **Immunotherapien** und **Gentherapien** sind in klinischer Erprobung.

Die **Sterblichkeit** der an Malignomen erkrankten Menschen ist abhängig von Krebsart, Tumorlokalisation und Ausdehnung. Sie wird als Fünf-Jahres-Überlebensrate gemessen und reicht von weniger als 10 % (z. B. bei Bauchspeicheldrüsenkrebs) bis über 75 % (z. B. bei Hodenkrebs). Die modernen Methoden der Schulmedizin ermöglichen 50 % der Krebskranken ein Überleben von mehr als fünf Jahren. Dieser Erfolg ist beachtlich, denn ohne Therapien würden fast 100 % der krebskranken Menschen in kurzer Zeit sterben oder in langsamem Zerfall lange leiden.

Tumorzellen entstehen als Folge von Ablesefehlern des genetischen Codes im Zellkern oder von Veränderungen dieses Codes. Die Erforschung der Ursachen (**Ätiologie**) dieser Veränderungen zeigt, daß nur ein kleiner Teil der Krebserkrankungen auf direkte **Vererbung** und **Virusinfektionen** zurückzuführen ist. Gut erforscht sind **Kanzerogene** (krebserregende Stoffe), z. B. die Schadstoffe des Tabakrauches, Alkohol und „Berufskarzinogene" wie Asbest, Benzinmotorenabgase oder Anilin-Farbstoffe. Auch die kanzerogene Wirkung ionisierender Strahlen ist gut bekannt.

Die um 1970 formulierte „**Immunüberwachungstheorie**" besagt, daß als Resultat zufälliger Mutationen bei Zellteilungen und auf Grund der Einwirkungen von Kanzerogenen in jedem Mensch täglich viele Tumorzellen entstehen, aber wieder absterben oder durch die Tumorabwehr getötet werden, ohne einen Tumor zu bilden. Die moderne Erforschung der **Tumorimmunologie** ist darauf ausgerichtet, Wege zu finden, um die Selbstheilungskräfte des Menschen auf zell- und molekularbiologischer Ebene zu unterstützen: mit Stimulation der körpereigenen Produktion von **NK-Zellen** (natürlichen Killerzellen), Unterstützung der **DNS-Reparaturmechanismen**, Einschleusung von **Tumorsuppressor-Genen** und therapeutischer Nutzung der Mechanismen der **Aptoptose** (der Fähigkeit aller Zellen zur Selbstzerstörung).

Neben den **naturwissenschaftlichen Theorien** über die Ursachen der Krebserkrankungen existieren auch **sozialwissenschaftliche Theorien**, die ihrer eigenen Logik folgen und beim Versuch, sie auf naturwissenschaftliche Aussagen zu reduzieren, falsch verstanden werden. Ihren Ausgangspunkt haben diese Theorien in der Einsicht, daß die Unterscheidung des „Krebses" gegenüber „gesundem Gewebe" für einen bestimmten Menschen nur begrenzt sinnvoll ist [1]:

> „Krebs als *den* Krebs gibt es nicht! Man *hat* ihn auch nicht plötzlich wie ein Gift im Schrank ... ‚Krebs' gibt es ... nur als ein Krebskrank-Sein eines Menschen ... Wenn wir nach ‚motivationalen, sinnhaften Zusammenhängen' fragen wollen, müssen wir uns in eine ganz konkret-persönliche Lebens- und Leidensgeschichte vertiefen, um wahres Verstehen und nicht naturwissenschaftlich-medizinisches Erklären finden zu können."

Fritz Zorn, ein 32-jähriger krebskranker Gymnasiallehrer, beschrieb in seinem 1977 publizierten Buch *Mars*, um was es bei dieser Art von Fragestellung geht:

> „Es leuchtete mir sogleich ein, daß ich Krebs hatte, ich fand es sogleich logisch und richtig; ich sah ein, daß es so hatte kommen müssen, und daß ich es auch erwartet hatte. Ich hatte zwar nicht ausdrücklich den Krebs erwartet. Aber als der Krebs definitiv ausgebrochen war, leuchtete mir ein, daß er sehr genau der Form und dem Wesen dessen entsprach, was ich erwartet hatte. Ich wußte, daß ich nicht erst in diesem Winter zufällig an Krebs erkrankt war, sondern daß ich schon seit sehr vielen Jahren krank gewesen war, und daß der Krebs nur das allerletzte Glied einer langen Kette bildete, oder wenn man will: die Spitze eines Eisbergs.... Meine Lebensgeschichte bedrückt mich zu Tode, aber sie leuchtet mir ein." [2]

Kritische Leser werden sich fragen, ob dieser Autor einen Teil der Wirklichkeit beschreibt, der auch für andere Menschen Gültigkeit haben kann, oder ob er sich eine eigene Theorie zurechtgelegt hat, um seine schwierige Situation besser zu ertragen. Genau um solche Fragen geht es in der **ätiologischen Psychoonkologie**: Wie lassen sich aus den Erfahrungen (auch Theorien) krebskranker Menschen Erkenntnisse ableiten und überprüfen, die dazu dienen, andere Krebskranke zu verstehen, sie therapeutisch zu unterstützen und Gesunden Hinweise zur Aufrechterhaltung ihrer Gesundheit zu liefern? In „Argument 2" wird die Geschichte der Entwicklung der Psychoonkologie und ihre aktuelle Problematik vorgestellt. Als Hilfe zu deren Verständnis ist es jedoch sinnvoll, sich zuvor Gedanken über die Forschungsdisziplin zu machen, welche als Bindeglied zwischen Onkologie und Psychoonkologie wirkt: die Psychosomatik.

A1.2 Die Psychosomatik als Lehre ganzheitlichen Denkens und Handelns in der Medizin

In verschiedenen frühen Kulturen wurden die Dinge noch so verstanden, wie sie erscheinen, als Phänomene, die ihr Wesen aus sich heraus zeigen. So auch von den Begründern unserer Kultur, den alten Griechen. Ein Mitglied der Akademie Platons, **Aristoteles** (384–322 v. Chr.), führte allerdings bereits scharfe Abgrenzungen der Phänomene ein: die Unterscheidungen von Stoff und Form, Potenz und Akt sowie von lebendiger und toter Materie. Viel später in unserer Kulturgeschichte, im 17. Jahrhundert, hat **Descartes**

(1596–1650) diesen Unterscheidungen eine weitere, entscheidende hinzugefügt: diejenige zwischen „denkender Substanz" (Geist, Psyche, Innenwelt) und „ausgedehnter Substanz" (Materie, Körper, Außenwelt). Die ursprünglich auch in unserer Kultur ganzheitlich betriebene Medizin sah in diesem aufgeteilten Verständnis die Chance, handlungsfähiger zu werden: Wenn der Körper einfach als Materie betrachtet wird, können die Gesetze der materiellen Welt bei der Behandlung kranker Menschen uneingeschränkt benutzt werden.

„Darum zog schließlich im Gefolge *Descartes'* das klassische Maschinenzeitalter der Medizin herauf." [3]

Zwar regte sich rasch Widerstand gegen diese mechanistische Einstellung – die „Vitalisten" wehrten sich dagegen, Lebenserscheinungen in mathematisch-physikalische Stücke zu zerlegen –, doch die cartesianische Sichtweise ermöglichte erstaunliche Erfolge im medizinischen Forschen und therapeutischen Handeln. Krankheiten und Krankheitserreger wurden neu verstanden und bekämpft, kranke Organe mit Medikamenten und Chirurgie behandelt. Der Patient als ganzer Mensch verschwand in der Folge aber oft aus dem Blickfeld.

Zu Beginn des 19. Jahrhunderts waren viele Ärzte wieder aufmerksamer für die Vielschichtigkeit des menschlichen Lebens geworden, so daß z. B. der Placebo-Effekt (die Wirkung von Scheinmedikamenten, die auf die Arzt-Patient-Beziehung zurückzuführen ist) seit 1811 in den medizinischen Lehrbüchern genannt wird. Der Begriff „**Psychosomatik**" wurde 1818 erstmals vom Arzt Heinroth, einem Vertreter der „romantischen Medizin", verwendet. Als Begründer der neuen medizinischen Disziplin „Psychosomatik" gelten allerdings die ersten Ärzte, die tiefenpsychologische Methoden in die Medizin einführten, insbesondere **Sigmund Freud**. Seine Aussagen, daß das „Ich" vor allem ein „Körper-Ich" und „Trieb" ein Grenzbegriff zwischen Seelischem und Körperlichem sei, waren „psychosomatisch" im heute verwendeten Sinn. Freuds wesentlichster Beitrag zur neuen Lehre waren seine Beobachtungen und Schlußfolgerungen zur **„hysterischen Konversion"**. 1894 schrieb er:

„Bei der Hysterie erfolgt die Unschädlichmachung der unverträglichen Vorstellung dadurch, daß deren *Erregungssumme ins Körperliche umgesetzt* wird, wofür ich den Namen der *Konversion* vorschlagen möchte." [4]

Weitere theoretische Elemente, die Freud zur neuen Lehre beitrug, handelten von der **Regression** (Rückschritt von „verbotenen" Phantasien zurück zu primitiver somatischer Abfuhr), **primärem und sekundärem Krankheitsgewinn** (der primäre ist der Gewinn, der aus der Flucht vor dem psychischen Konflikt in die körperliche Symptomatik resultiert; der sekundäre ist der Vorteil, den der Betreffende durch seine Krankenrolle, z. B. in Form erhöhter Aufmerksamkeit von den Mitmenschen, bezieht) und die **psychosexuelle Entwicklungslehre**, die – wie die Bezeichnungen der Entwicklungsphasen mit „oral", „anal" und „genital" verdeutlichen – auf engen Verbindungen der psychischen Entwicklungsschritte mit körperlichen Prozessen beruht. Freud wollte jedoch vor allem Psychologe bleiben und widmete sein umfassendes Werk der Erforschung von Neurosen. **Georg Groddeck** hingegen, ein eigenwilliger Kurarzt in Baden-Baden, sah in Freuds Konversionsmodell den Weg zum Verständnis aller Krankheiten und beschrieb die von ihm erkannten leibseelischen Zusammenhänge mit sprühender Lebensfreude und oft spitzigem Ernst. Er kann als „**Vater der Psychosomatik**" bezeichnet werden.

Zur selben Zeit – in den zwanziger Jahren – entstanden weitere Wurzeln der Psychosomatik: die Erforschung des bedingten Reflexes durch den russischen Physiologen **Iwan Pawlow**, aus welcher später lerntheoretische Ansätze zur Therapie abgeleitet wurden, die Untersuchung der physiologischen Fließgleichgewichte (Homöostase) durch Cannon und neue Ansätze der anthropologischen Medizin, die den Menschen als Subjekt ins Zentrum der Medizin setzt. 1929 eröffnete der ungarische Psychoanalytiker **Franz Alexander** in Chicago die erste Klinik für Psychosomatik. 1939 wurde die Zeitschrift „Psychosomatic Medicine" gegründet, und 1943 wurden in den USA die ersten zwei Standardwerke zur Psychosomatik veröffentlicht. **Max Schur** – der zweite der beiden Leibärzte Freuds – prägte die Begriffe **Desomatisierung** und **Resomatisierung**: In der kindlichen Entwicklung erfolge eine zunehmende Desomatisierung der Reaktionen auf bestimmte Reize, so daß mehr und mehr vegetative Entladungen und willkürliche Handlungen durch Gedanken ersetzt werden. Wenn später durch bestimmte Konfliktsituationen die gedanklichen Leistungen blockiert werden, führe dies zur Resomatisierung, also zum erneut körperlichen Ausdruck von Gefühlen. Zur selben Zeit entwickelte **Alexander Mitscherlich** seine Theorie der „zweiphasigen Abwehr": In einer ersten Phase, der „neurotischen Affektbewältigung", dominieren phantasierte Wunscherfüllungen als Ersatz für Wunscherfüllungen im realen Leben. Genügt dies zur Aufrechterhaltung eines Gleichgewichts zwischen Wunsch und Realität nicht, weil eine zu intensive oder bereits chronifizierte Störung des seelischen Gleichgewichts entstanden ist, kann die zweite Phase, die „psychosomatische Symptombildung" einsetzen. Dabei wird der konflikterregende Affekt entschärft, indem er „im Symptom ersatzhaft befriedigt wird; das heißt, die Befriedigung des libidinösen Anspruchs verschmilzt mit dem Strafbedürfnis für diese Befriedigung" [5]. In den späten fünfziger Jahren beurteilten amerikanische Ärzte über die Hälfte der Symptome ihrer Patienten als psychosomatisch, und weitere psychosomatische Forschungszweige entstanden: Die **Arzt-Patient-Beziehung** wurde von Michael Balint ins Zentrum des ärztlichen Handelns gestellt, Selye entdeckte Zusammenhänge zwischen **Streß** und der **Funktion von Nerven- und Immunsystem**, Lazarus präsentierte das erste „**Coping**"-**Modell**, ein Ansatz zum Verständnis der menschlichen Möglichkeiten zur Bewältigung von Krisen, und Rotter stellte erste Befunde zur Erforschung von „**Kontrollüberzeugungen**" vor (subjektive Vorstellungen über die Instanzen, die Kontrolle über das Individuum ausüben).

Ein neuer interessanter psychosomatischer Ansatz wurde von den französischen Forschern um **Pierre Marty** vorgestellt. Sie beschrieben psychosomatisch Kranke als sozial angepaßt mit wenig neurotischen Symptomen, aber einem besonderen Mangel an Phantasie. Die „**pensée opératoire**", das automatistisch-mechanistische Denken dieser Kranken, zeichne sich durch Phantasielosigkeit, Haften am Konkreten, Unfähigkeit der sprachlichen Konfliktbearbeitung und Beziehungslosigkeit aus. **Sifneos** führte in den USA 1970 für das gleiche Phänomen den Begriff „**Alexithymie**" ein, die Unfähigkeit, Gefühle so wahrzunehmen, daß sie in Worten ausgedrückt werden können. Als Ursache dieser zu Somatisierung neigenden Denk- und Beziehungsstörung fanden Marty und Sifneos Mängel in der frühen Mutter-Kind-Interaktion.

Seit den späten sechziger Jahren zeigten Untersuchungen über die Auswirkungen belastender Gefühle wie Hilflosigkeit, Hoffnungslosigkeit und intensive Trauer eindrückliche

Befunde, so zum Beispiel erhöhte Erkrankungs- und Sterberaten nach Tod des Ehepartners oder nach Eintritt in den Ruhestand. Seligmann erforschte die „**erlernte Hilflosigkeit**", und Beck entwickelte aus seiner kognitiven Theorie der Depressivität eine Skala zur Erfassung von **Hoffnungslosigkeit**. Holmes und Rahe berechneten „**Life Change Units**", Summenwerte von belastenden Lebensereignissen, und setzten sie mit dem Auftreten von Krankheiten in Beziehung, allerdings mit wenig eindeutigen Ergebnissen.

1977 schlug **George Engel** ein auf der Systemtheorie basierendes „**biopsychosoziales Krankheitsmodell**" vor. Etwa zur selben Zeit wurden von mehreren Autoren die **sozialen Aspekte** der psychosomatischen Erkrankungen hervorgehoben: als Kommunikationsstörungen in der Familie („**Familienneurose**") und als Scheinlösung für gesellschaftlich bedingte Probleme („**Krankheit als Anpassung**").

1979 erschien das *Lehrbuch der Psychosomatischen Medizin*, ein eindrücklicher, großformatiger, 860-seitiger Reader, herausgegeben von **Thure von Uexküll**. Er zeigte die Psychosomatik als kaum mehr übersehbaren riesigen Wissensschatz, ohne eindeutige Begrenzung. Auch die Tatsache, daß der Diagnoseschlüssel der American Psychiatric Association seit 1980 keine separate Kategorie für psychosomatische Krankheiten mehr aufführt, ist ein Zeichen für die sich auflösenden Grenzen zwischen Psychosomatik, Somatik und Psychiatrie.

In den achtziger und frühen neunziger Jahren erfuhr die **anthropologische Medizin** durch die Konzepte „**Sinn der Krankheit**" und „**Vernunft des Leibes**" erneut Beachtung. Neue Ansätze einer **analytischen Körperpsychologie** (mit den Begriffen „**Organwelt**" und „**Organphantasie**") entstanden aus Erfahrungen mit Schizophrenen, autistischen Kindern, Anorexie-Patientinnen und Artefaktpatienten (Kranke, die sich selbst Verletzungen zufügen). Die Untersuchung von „**subjektiven Krankheitstheorien**", den Wissens- und Überzeugungssystemen der Patienten zu Krankheitsursachen und Verlaufserwartungen des Krankheitsgeschehens, erweiterte das Wissen über das individuelle Erleben der Kranken.

Die hohe Bedeutung, die dem psychosomatischen Denken heute zukommen sollte, läßt sich aus der Häufigkeit erkennen, in welcher psychosomatische Faktoren das Krankheitsgeschehen wesentlich mitprägen:

> „[In] der Praxis eines Arztes für Allgemeinmedizin [ist] etwa jeder 4. Patient ‚psychosomatisch' bzw. im Rahmen neurotischer Konflikthaftigkeit erkrankt." [6]

Bei allgemein- und spezialärztlich selbständig praktizierenden Ärzten ist die Integration psychosomatischen Denkens heute ziemlich verbreitet. An den medizinischen Kliniken ist diese Integration jedoch noch nicht weit fortgeschritten. Kliniker und damit auch die meisten an der Forschung beteiligten Ärzte beziehen sich noch immer vorwiegend auf ein „krankheitszentriertes" statt ein „patientenzentriertes" Denken, eine Orientierung, die durch die Pharmaindustrie mit Forschungsgeldern massiv gefördert wird.

Was macht es für viele Ärzte und Forscher so schwierig, psychosomatische Erkenntnisse aufzunehmen und umzusetzen? Die materielle Abhängigkeit der medizinischen Forschung von der Pharmaindustrie genügt nicht als Erklärung. Auf der Suche nach weiteren Faktoren stößt man bald auf das **Leib-Seele-Problem**: Naturwissenschaftlich ausgebildete Ärzte haben Mühe, sich von den ihnen vertrauten materiellen und linearen Ursache-Wirkungs-Ketten zu lösen und sich Wirkmuster, die nicht auf aristotelischer Logik basieren, als genauso bedeutungsvoll vorzustellen. Wenn sie sich als Forscher mit psychosozialen Fragen auseinandersetzen, tendieren sie immer wieder dazu, psychosoziale Beobachtungen in die „materielle" Sprache der Physiologie zu übersetzen. Zwar können sie sich vorstellen, wie Erkrankungen die psychische Befindlichkeit der Kranken, und ihren weiteren Lebensweg beeinflussen, aber die umgekehrte Möglichkeit, die ursächliche Wirkung psychosozialer Faktoren auf die Entstehung von organischen Krankheiten, bleibt für sie oft unfaßbar. Doch in den achtziger Jahren entstand in den USA eine neue wissenschaftliche Disziplin, welche die psychosomatischen Erkenntnisse erweitern und die „gedankliche Lücke" zwischen Schulmedizin und Psychosomatik schließen könnte: die **Psychoneuroimmunologie**.

Das Immunsystem des Menschen ist anatomisch nicht klar abgegrenzt, denn es besteht aus zwei diffus verbreiteten Subsystemen, aus etwa einer Billion **Lymphozyten** (eine Untergruppe der weißen Blutkörperchen) und rund 100 Trillionen **Antikörpern** (Immunoglobuline, kleine Eiweißmoleküle), die von Lymphozyten produziert und ausgeschüttet werden. Miketta beschreibt, wie Lymphozyten und Immunoglobuline zur Ausführung ihrer Schutzaufgabe im Körper zirkulieren:

> „Wenn die Arterien das Blut durch feine Kapillargefäße in die entlegensten Teile des Körpers transportiert haben, wird am Ende das Blutplasma in die Zellzwischenräume gepreßt, und viele weiße Blutkörperchen wandern ins Gewebe aus. Die roten Blutkörperchen bleiben dabei innerhalb der Gefäße. Die über 15 Liter Zwischenzellflüssigkeit, die so pro Tag anfallen, sieht deshalb wässerig weiß aus. Das meiste davon gelangt über kleine Venen wieder zurück in das Blut, aber etwa 2 Liter kommen über winzige Lymphkapillaren in ein Netzwerk von Lymphgefäßen, die den gesamten Körper wie ein Haarnetz durchziehen. Die Flüssigkeit fließt dabei auch durch die Lymphknoten, die wie kleine Filterstationen arbeiten und jeden Erreger mit Hilfe der Lymphocyten bekämpfen. Die gesammelte Lymphe aus dem Bauchraum und den Beinen gelangt über eine Öffnung hinter dem linken Schlüsselbein wieder zurück in den Blutkreislauf." [7]

Auf vielen eingedrungenen Mikroorganismen und auch auf Krebszellen sitzen besondere Eiweiß-Moleküle, die **Antigene** („antibody generators"), durch welche Eindringlinge und Krebszellen für das Immunsystem erkennbar werden. Ein wichtiger Mechanismus der Immunabwehr besteht nun darin, daß sich Antikörper an Antigene binden und die sie tragende Zelle zur Zerstörung vorbereiten. Dadurch werden bestimmte im Blut enthaltene Enzyme sowie **Phagozyten** (Freßzellen) und – z. B. bei identifizierten Tumorzellen – „**Natürliche Killerzellen**" (NK-Zellen) angelockt. Zusammen schädigen diese dann die Zellwand des eingedrungenen Bakteriums, Virus, Parasiten oder der identifizierten Tumorzelle.

Die genauere Kenntnis der molekularbiologischen Vorgänge im Immunsystems erwies sich als außerordentlich hilfreich für das Verständnis von Krankheit und Gesundheit. Das Immunsystem erschien bald als ebenso bedeutungsvoll wie das Zentralnervensystem (ZNS). Bis Ende der siebziger Jahre galten die beiden Systeme aber als eigenständige Regelkreise, so daß ihre voneinander unabhängige Erforschung trotzdem nicht allzu viel Neues zum Verständnis des Gesamtorganismus beitrug. Dies änderte sich, als **Robert Ader**, ein amerikanischer Experimentalpsychologe, bei Lernexperimenten mit Ratten als Zufallsbefund entdeckte, daß die Immunsysteme seiner Versuchstiere Lerneffekte zeigten. In der Überprüfung durch andere Forscherteams bestätigte sich, daß das Immunsystem über eigene Gedächtnisfunktionen verfügt, direkt mit dem Zentralnervensystem verbunden und dadurch lernfähig ist. 1980 nannte Ader den damit neu eröffneten Forschungszweig „**Psychoneuroimmunologie**" (PNI). Mit der PNI-Forschung konnte nun nachgewiesen werden, daß der menschliche Körper bei akutem Streß mit erhöhter NK-Zellaktivität reagiert, bei chronischem Streß die Aktivität des Immunsystems aber beeinträchtigt wird: Die erhöhte Produktion von Kortikosteroiden unterdrückt die Immunkompetenz, ein DNS-Reparaturenzym kann vorübergehend ausfallen, und die Funktion der NK-Zellen verliert an Effektivität. Es zeigte sich, daß die Tiefe von Depressionen und das Gefühl von Hoffnungslosigkeit mit einer Schwächung des Immunsystems korrelieren, so daß z. B. bei Trauer nach Verlust des Partners durch Tod eine verminderte Mitosetätigkeit der Lymphozyten und eine deutliche Abschwächung der Aktivität von NK-Zellen beobachtbar sind. Mit solchen Befunden schien die lange gesuchte Brücke zwischen Lebensgeschichte, Seele (Gefühlen, Gedanken) und Körper (physiologisch-molekularen Prozessen) gefunden zu sein. Die Behauptung, daß Gefühle und Gedanken Krankheitsprozesse beeinflussen, ist wissenschaftlich erhärtet.

Aber körperliche Prozesse beeinflussen auch psychische. Wann ist welcher Einfluß wichtiger? Welche Wirkungslinie hat mehr Anspruch auf Ursächlichkeit? Wann ist eine Krankheit somatogen und eher mit klassisch medizinischen Mitteln, wann psychogen und eher psychotherapeutisch zu behandeln? Wiederum tauchen die alten Fragen des Leib-Seele-Problems auf.

A1.3 Der Stolperstein: Das Leib-Seele-Problem

Nach Descartes' Unterscheidung zwischen Leib und Seele haben viele Philosophen, Mediziner und Psychologen versucht, die Vorstellungen der beiden Teile wieder zu einem Ganzen zusammenzufügen. Spinoza (1632–1677) verstand Physis und Psyche als zwei unterschiedliche Aspekte ein und desselben Phänomens, während Leibniz (1646–1716) in der Summe der beiden Teile eine „**prästabilisierte Harmonie**" ohne gegenseitige Beeinflussung sah. **Psychisten** betrachteten die Realität grundsätzlich als rein psychisch, und **Materialisten** interpretierten alles Wirkliche nur als Materie, so wie der Psychologe William James (1842–1910), von dem der berühmte Satz stammt „Wir weinen nicht, weil wir traurig sind, sondern wir sind traurig, weil wir weinen." Viele sprachen von einem „**psychophysischen Parallelismus**", einem Simultangeschehen auf zwei Ebenen, da es ja keine Wahrnehmung, kein Gefühl und keinen Gedanken gebe, die nicht eine somatische Entsprechung hätten. Aber wie ist dabei Kausalität zu verstehen, die Richtung des „rätselhaften Sprungs" zwischen Körper und Seele? Auch die Parallelitätstheorie und ihre aus Informations- und Systemtheorie abgeleiteten modernen Varianten geben dazu keine Antworten.

Da das Leib-Seele-Problem seit Jahrhunderten nicht gelöst worden ist, wäre es vielleicht sinnvoller anzunehmen, daß es „nicht lösbar" ist, zumindest nicht in den uns vertrauten Formen des Denkens. Wenn wir uns auf eine solche Annahme einlassen, sollten wir versuchen, die Bedeutung des Problems zu relativieren, damit es uns nicht immer wieder von der psychosomatischen Arbeit ablenkt. Tatsächlich gibt es genug Argumente, die dafür sprechen, daß die „Lösung" des Leib-Seele-Problems nicht notwendig ist, um im naturwissenschaftlichen und im psychosozialen Denken weiterzukommen:

Die wichtigste anatomische Struktur, die uns dazu befähigt, von etwas so Abstraktem wie dem Leib-Seele-Problem zu sprechen, ist unser Großhirn. Wir verfügen aber eigentlich über drei Hirne. Das **Stammhirn** ist im Prinzip ein Reptiliengehirn. Schon das erste Wirbeltier, das Lanzettfischchen, verfügte darüber, bei Schlangen und Echsen ist es der am stärksten ausgebildete Hirnteil. Seine Intelligenz besteht in so grundlegenden Dingen wie der Steuerung der Atmung und des Blutkreislaufs. Das **Zwischenhirn**, sozusagen das Hirn der niederen Säugetiere, dient beim Menschen dem Wärme-, Wasser- und Energiehaushalt, aber auch der Entstehung von Gefühlen. Zudem weist es deutliche Lernfähigkeit aus. Das **Großhirn**, das Hirn der höheren Säugetiere, ist beim Menschen am stärksten ausgebildet. Es befähigt uns zu komplexen intellektuellen Leistungen. Die drei „Hirne" sind miteinander verbunden, aber nicht hierarchisch organisiert. Die Phylogenese, die Entwicklung der Arten, scheint die drei Hirne mit je eigenen Aufgaben aufeinandergestülpt zu haben. Diese Situation entspricht einer Art zerebraler Spaltung (MacLean nannte sie „Schizophysiologie"), die Verwirrung verursachen kann: Die Fähigkeit der drei Hirne, in gewissen Grenzen unabhängig voneinander zu funktionieren, bringt die von ihnen ausgesandten Signale manchmal miteinander in Konflikt. Wenn nun eine Kultur wie die unsere die Leistungsmöglichkeiten des Großhirns besonders fördert, wird dieses dominant, obschon die Intelligenz der anderen Hirne nicht geringer, nur qualitativ anders ist. Wir sind dafür ausgerüstet, Lebensprobleme mit allen drei Hirnen zu lösen. Wenn wir das auch tun, wird die Bedeutung des Leib-Seele-Problems relativiert (es existiert nur im Rahmen der Großhirnaktivität), und die Intelligenz der anderen beiden Hirne übernehmen (zusammen mit der Intelligenz des Immunsystems) größere Teile der Steuerung unseres Problemlöseverhaltens. Der Ausdruck „die Vernunft des Herzens walten lassen" würde dabei als echte Form des Denkens anerkannt, so wie es vor Jahrtausenden wohl noch der Fall war, als in den ägyptischen Hieroglyphen das Denken durch ein Bild des Herzens dargestellt worden war. Statt immer wieder zu versuchen, das Leib-Seele-Problem zu lösen, erscheint es sinnvoller, vermehrt alle Schichten unserer „intelligenten Strukturen" zur Problemlösung zu verwenden.

Für eine ähnliche Strategie spricht die Tatsache der **spaltenden Wahrnehmungs- und Denkstile** in den Wissenschaften unserer Kultur. Unsere Wahrnehmung und unser Denken ist mindestens viermal zerschnitten. Zunächst durch den Schnitt von Aristoteles, durch den lebendig von nicht-lebendig geschieden wird. Dann durch den Schnitt von Descartes, der die Welt in Geist und Materie trennt. Linguistisch schärfer formuliert: Der cartesische Schnitt „*erzeugt*" die Materie [8]. Der dritte Schnitt ist der Heisenberg-Schnitt, der Objekt und Umgebung trennt (und die Objekte erzeugt). Benannt ist dieser dritte Schnitt nach dem Physiker, der ihn durch die von ihm entwickelte Quantenmechanik hinterfragt hatte. Er hatte erkannt, daß erst mit der Unterscheidung von Objekten Messen möglich wird und mit dem Messen neue Objekte erzeugt werden. Schließlich ist der Berkeley-Schnitt zu nennen, der das Ich vom Nicht-Ich trennt [9]. Zweifellos haben uns all diese Denk- und Wahrnehmungsschnitte Nutzen gebracht, denn sie dienen der Realisierung weitverbreiteter, vor allem materieller Wünsche. Aber sie haben ganzheitliches Verstehen erschwert. Zwar ist es stets möglich zu versuchen, erkannte Schnitte gedanklich rückgängig zu machen, doch dies scheitert oft, weil sich beim Versuch der Reintegration zerschnittener Denksysteme die durch die Spaltung erzeugten unterschiedlichen Konzepte der Zeitlichkeit als untereinander inkompatibel erweisen. Im Fall der Psychosomatik, deren Name ja gerade Programm einer Reintegration darstellt, bedeutet dies, daß es wohl immer unmöglich bleiben wird, die vielen Jahre der Lebensgeschichte eines einzelnen Menschen und dazu noch die ihn indirekt prägenden Einflüsse früherer Generationen in biochemischer Sprache zu beschreiben (in jeder der Milliarden Zellen unseres Körpers laufen bis zu 2000 chemische Reaktionen gleichzeitig ab [10]); und wenn dies doch gelänge, ergäbe es keinen erkennbaren Sinn. Das Wissen über biochemische Zusammenhänge bringt kurz- und mittelfristig großen Nutzen für unser Wohlbefinden, die langfristigen Auswirkungen der durch dieses Wissen möglichen Eingriffe in die Natur (z. B. durch Agrartechnik und Pharmakologie, speziell durch Gentechnologie) sind aber unbekannt, und ethische Handlungshinweise zur Steuerung der Entwicklung dieser Eingriffsmöglichkeiten sind aus der ahistorischen naturwissenschaftlichen Logik heraus nicht ableitbar.

Die tieferen Gründe, die zur Errichtung der Spaltung der Wahrnehmung des Menschen in Körper und Seele geführt haben und auch deren Aufrechterhaltung unterstützen, erkennt von Uexküll in Allmachtsphantasien der frühen Kindheit:

> „Die Utopie einer Gesellschaft, deren Technik alles beherrscht, ist eine noch ungebrochene Halluzination des Lustprinzips. Von ihm stammt die Dynamik, die auch das Handlungssystem der biotechnischen Medizin zur Perfektion treibt. ... Das Streben nach reiner, von allen affektiven Beimengungen befreiten Erkenntnis ist ein Ausweichmanöver. ... Weil es die Frustrationstoleranz unseres Erkenntnisstrebens übersteigt, Objekte als lebende Wesen, d.h. als Wesen mit eigenem Recht, gelten zu lassen, weichen wir in die Pseudolösung aus, die Leben als Unbelebtes interpretiert, den Organismus als Maschine deutet und ‚Wissen' als ‚Kenntnis des Unbelebten' definiert. ... Durch eine Verstümmelung unseres Erkenntnisvermögens gelingt es uns, die schmerzliche Erfahrung der Begrenztheit unserer omnipotenten Verfügungsgewalt über die Objekte zu vermeiden und der Einsicht in die Gefahren auszuweichen, die Handeln für den Handelnden bedeutet. Wir verleugnen lieber unsere eigene Lebendigkeit und die Lebendigkeit der Natur, als eine Beziehung einzugehen, die schmerzlich sein kann." [11]

Das psychosomatische Problem sei deshalb nur ein Symptom der Lebensfeindlichkeit einer falschen Rationalität [12]. Medard Boss hatte das Gleiche „den Schrumpfungsprozeß des abendländischen Denkens" genannt [13].

Wenn aber zerschnittene Wahrnehmung nicht einfach repariert werden kann, das Großhirn unser bevorzugtes Mittel zur Konfliktlösung bleibt und auch die großen Denker das Leib-Seele-Problem nicht gelöst haben, dann sollten wir die Bedeutung dieses Problems relativieren, indem wir uns von ihm verabschieden, das Problem als „historisch" erklären und ihm Relevanz in der aktuellen Forschung und Praxis absprechen. Was bedeutet dieser Abschied? Er bedeutet, daß wir auf kausale Schlußfolgerungen von der Teilrealität des Körperlichen auf die Teilrealität des Seelischen und vom Seelischen aufs Körperliche verzichten. Wir sehen ein, daß ein Prozeß, der in der einen Teilrealität beobachtet wird, nicht einen Prozeß in der anderen „bewirken" kann. Die Suche nach Ursachenketten ist also nur noch sinnvoll, wenn sie innerhalb einer der Teilrealitäten bleibt. Lou Andreas Salomé, die naivraffinierte frühe Psychoanalytikerin, Schülerin und Freundin Freuds, erklärte das in ihrer eigenen kreativen Variante:

> „... wir verstehen unter ‚körperlich' einfach *das*, was sich uns seelisch nicht erschließt, was wir nicht ohne weiteres mit unserm Ichwesen identisch fühlen und deshalb in Distanz davon setzen, d. h. vom Seelischen unterscheiden. Von sich aus ‚seelisch nicht erklären können', oder aber ‚als körperlich erklären müssen', also als ‚materiell' setzen, *ist ein und dasselbe*. Demnach: daß die körperlichen Vorgänge als Äquivalente der seelischen uns dunkel bleiben, ist selbstverständlich; wir vermögen nichts anderes zu tun, als jedem Gebiet mit seiner Methode nachzuspüren so weit als

möglich, denn methodologisch gesprochen, fällt in jedes beider Gebiete alles. Nie und nirgends ist eins auf das andre im Sinn von Ursache und Wirkung zu beziehn ..." [14]

Versuche, die beiden Teilrealitäten zusammenzusetzen, gelingen nicht, denn die mit dem eingeführten Bruch verlorene individuelle Zeitlichkeit läßt sich nicht als Zement zwischen die Bruchstücke einfügen. Wir müssen uns immer wieder entscheiden, in welcher Teilrealität der Wirklichkeit wir uns bewegen wollen, und dürfen uns nicht dazu verführen lassen, eine scheinbar praktische (weil Konfliktfreiheit versprechende) Lösung durch Abspaltung erreichen zu wollen. Wir brauchen „Scheidungen" (Unterscheidungen), um denken zu können, aber wir müssen die Gleichwertigkeit der Teile erhalten, um zu sinnvollen Lösungen gelangen zu können. Genau das lehrt auch das taoistische Yin-Yang-Symbol.

Als 1939 die Zeitschrift „Psychosomatic Medicine" gegründet wurde, hatte das Herausgeberteam in der ersten Ausgabe eine klare Aussage zum Leib-Seele-Problem gemacht, um zukünftige Autoren davon abzuhalten, endlose Diskussionen darüber zu führen. Sie schrieben:

„Es wird mit Nachdruck die These vertreten, daß es keine logische Unterscheidung zwischen Leib und Seele, Geistigem und Körperlichem gibt. ... Es ist selbstverständlich, daß seelische und körperliche Phänomene in demselben biologischen System stattfinden und nur zwei Aspekte desselben Vorgangs sind, daß psychologische Phänomene in ihrer psychologischen Kausalität mit speziellen psychologischen Methoden untersucht werden sollten und körperliche Phänomene in ihrer körperlichen Kausalität mit den entsprechenden Methoden der Physik und Chemie." [15]

Mit der Behandlung der beiden Teilwirklichkeiten als eigenständige Denk- und Forschungsfelder wird dann auch die grundsätzliche Gleichberechtigung von **nomothetischen** (auf die Erforschung allgemeiner Gesetzmäßigkeiten ausgerichteten) und **idiographischen** (auf die Erforschung einmaliger Ereignisse oder einzelner Lebewesen ausgerichteten) Forschungsstrategien deutlich.

Argument 2: Psychoonkologie als Psychosomatik der Krebsheilkunde

A2.1 Brennpunkte in der Geschichte der Psychoonkologie

Die ersten psychoonkologischen Aussagen werden dem griechischen Arzt **Hippokrates** (460–377 v. Chr.) zugeschrieben, der auch schon das Wort „**Krebs**" (carcinoma) benutzt habe. Er sah die Ursache des Karzinoms in der schwarzen Galle von melancholischen Menschen. Auch der römische Arzt **Claudius Galenus** berichtete im 2. Jahrhundert in *De Tumoribus*, daß melancholische Frauen häufiger Brustkrebs entwickeln als sanguinische Frauen. Die Ärzte des **Mittelalters** bezogen sich weiter auf die Beziehung zwischen Melancholie und Karzinom und vermuteten, daß „negative Emotionen" wie Trauer, Verzweiflung, aber auch Furcht die Krebsentstehung begünstigen können. **Gendron** beschrieb 1701, wie Lebenskatastrophen, die Furcht oder tiefen Kummer verursachen, im Zusammenhang mit der Genese von Krebs stehen, und der Chirurg **Richard Guy** kam 1759 zum Schluß, daß Frauen mit „hysterischen und nervösen" Beschwerden zu Krebs disponiert seien.

Im **19. Jahrhundert** entstand eine breite ärztliche Literatur mit psychosomatischen Berichten und Thesen über Krebs, vor allem in England, Frankreich, Rußland und den

USA. Der englische Chirurg **James Paget** hatte 1870 geschrieben, daß die Fälle so häufig seien, in welchen tiefe Angst oder enttäuschte Hoffnung Krebs zur Folge haben, daß man nicht daran zweifeln könne, daß seelischer Verlust ein wichtiger Faktor in der Entwicklung der Krankheit sei. **Herbert Snow** untersuchte die Lebensgeschichten von 250 Frauen, die wegen Brust- oder Gebärmutterkrebs im „London Cancer Hospital" behandelt wurden. Bei 156 Frauen fand er schwere seelische Belastungen, oft hervorgerufen durch den Tod eines Angehörigen, bei 32 Probleme am Arbeitsplatz und bei 43 somatische Traumas.

Warum glaubten so viele Ärzte des 19. Jahrhunderts noch an die Psychogenese des Krebses? LeShan antwortet:

> „Was geschehen war, lag auf der Hand. Ärzte im 19. Jahrhundert, die Krebspatienten behandelten, verfügten über keine der ausgefeilten Instrumente und Apparaturen, die wir heute haben. Ohne biochemische Untersuchungen und ohne Röntgenaufnahmen, ganz zu schweigen von der Computeraxialtomographie (CAT) und ähnlichem, waren sie gezwungen, ihren Patienten *zuzuhören*, um herauszufinden, was ihnen fehlte. Und durch dieses Zuhören erfuhren sie die persönliche Geschichte des Patienten und lernten seine Gefühle kennen." [1]

In der **ersten Hälfte des 20. Jahrhunderts** schien das ärztliche Interesse an der psychosomatischen Seite der Krebserkrankung geringer zu werden. Aber auch in dieser Zeit erschienen nicht wenige Berichte über Erfahrungen von ärztlichen Forschern zur Psychogenese von Krebserkrankungen, und drei Autoren hinterließen markante Spuren zur Thematik: Georg Groddeck, Elida Evans und Wilhelm Reich.

Für **Georg Groddeck**, den „Vater der Psychosomatik", war der Krebs eine Krankheit, die wie andere Krankheiten Gegenstand psychoanalytischer Behandlung sein konnte. Er hatte 1917 eine Arbeit mit dem Titel „Psychische Bedingtheit und psychoanalytische Behandlung organischer Krankheiten" publiziert, und in seinem Aufsatz „Von der psychischen Bedingtheit der Krebserkrankung" [2] deutete er die Geschwulst als Kindsymbol und die Krebserkrankung als pervertierte Schwangerschaft. **Elida Evans** berichtete in ihrem 1926 erschienen Buch *A Psychological Study of Cancer* [3] über ihre Untersuchung von 100 Krebspatienten mit Hilfe der Jungschen Analytischen Psychologie: Regelmäßig habe sie bei ihren Patienten eine Entwicklung vorgefunden, die über den **Verlust einer wichtigen emotionalen Beziehung** zur Blockierung psychischer Energie geführt habe. Das Finden einer neuen tragfähigen „Objektbeziehung" (einer emotional bedeutungsvollen Beziehung zu einem anderen Menschen oder einer Aufgabe) müsse deshalb das entscheidende Ziel in der Rehabilitation krebskranker Menschen sein. Von **Wilhelm Reich**, dem hochkreativen, aber allzu exzentrischen Psychoanalytiker (seine zunehmend paranoiden Züge führten dazu, daß er vereinsamt in einem amerikanischen Gefängnis starb), stammt eine der ersten detaillierten psychosomatischen Krebstheorien. In seinem 1948 erschienenen Buch *Die Entstehung des Orgons. Der Krebs* [4] erklärte er, daß der Krebs eine „Sexualbiopathie", eine „Sexualhungerkrankheit" sei.

In der medizinischen Praxis und im Bewußtsein der Bevölkerung waren jedoch psychosomatische Gedanken zur Krebserkrankung in der ersten Hälfte des 20. Jahrhunderts selten geworden. LeShan erklärt die Hintergründe:

> „[Bis zur Jahrhundertwende war in der Medizin die Tatsache allgemein akzeptiert], daß zwischen der Krebserkrankung und der emotionalen Lebensgeschichte des Patienten ein Zusammenhang

besteht. Ab jenem Zeitpunkt jedoch verschwand diese Auffassung rasch aus den Lehrbüchern und Fachzeitschriften. ... [In] den vorausgegangenen fünfzehn Jahren [war] die schmerzfreie und antiseptische Chirurgie entwickelt worden, die sich jetzt als die große Methode bei der Krebsbehandlung durchzusetzen begann. Die chirurgische Sichtweise konzentriert unsere Aufmerksamkeit auf den Krebs als lokale Erkrankung eines bestimmten Teils des Körpers und betrachtet ihn nicht als einen Aspekt der gesamten körperlichen Funktion des Menschen ... Bestrahlungen, die wenig später als Behandlungsmethode eingesetzt wurden, bestärkten das Konzept von der Krebserkrankung als einem lokalen Problem des Körpers." [5]

Die **fünfziger Jahre** brachten dann aber neues Interesse an der Erforschung psychoonkologischer Fragen. 1954 fand die erste öffentliche wissenschaftliche Diskussion zu psychoonkologischen Themen statt, nachdem George Engel an der Versammlung der „American Psychosomatic Society" die psychosomatische Erforschung der Krebserkrankung als legitimes Forschungsfeld dargestellt hatte. An der Versammlung zwei Jahre später war bereits ein ganzer Nachmittag diesem Thema gewidmet. Menninger schrieb damals (1956):

„Ich erinnere mich gut an die Zeit, als man von der Möglichkeit psychologischer Faktoren beim Krebs nur flüsternd sprechen konnte. Ich dachte, daß ich einige Ähnlichkeiten zwischen mehreren mir bekannten Menschen, die an Krebs erkrankten, erkennen konnte, aber ich wäre zu scheu gewesen, solches in einem wissenschaftlichen Kreis zu erwähnen. Es gab nur das eine Buch von Elida Evans. Dann dreißig Jahre Schweigen. Aber jetzt erscheint sogar im konservativen *Journal of the American Psychosomatic Society* ein Artikel über ‚Eine mögliche Beziehung zwischen psychologischen Faktoren und Krebs beim Menschen' von drei respektierten Kollegen in Kalifornien ... Und in der selben Ausgabe dieses *Journals* diskutieren zwei Kollegen des Cornell Medical Centers ‚Lebensstreß und Krebs des Gebärmutterhalses'. Ihre Schlußfolgerungen sind zu vorsichtig, um viel zu bedeuten, aber die Idee ist nicht mehr unaussprechbar." [6]

In den folgenden Jahren entwickelte sich eine Vielfalt von Forschungsansätzen zur Psychoätiologie von Krebserkrankungen: In Tierexperimenten wurde das Tumorwachstum unter verschiedenen Streßbedingungen studiert, und beim Menschen wurden Krankheitsverläufe, Persönlichkeitsprofile, die Frage der „Organwahl" sowie die Phänomene der seltenen Spontanregression (sich selbst zurückbildendes Karzinom) und der Behandlungsverzögerung genauer untersucht. Die Forscher sprachen von „depressiven Elementen" in der Karzinogenese, von „Verdrängung", „Verleugnung", „Hilf- und Hoffnungslosigkeit", „fröhlicher Fassadenhaftigkeit", „unaufgelösten sexuellen Spannungen", „Autoaggression" und „ungelösten Mutterkonflikten".

Die **sechziger Jahre** können als „**Hochzeit der Psychoonkologie**" bezeichnet werden, denn sie brachten die Entwicklung der psychoanalytischen Theorien zur Karzinogenese und die kreativste Phase des Dialogs zwischen Wissenschaftlern mit unterschiedlichem Erfahrungshintergrund. 1960 wurde die „**International Psychosomatic Cancer Study Group**" gegründet, die in den folgenden Jahren mehrtägige Konferenzen in Amsterdam, Paris und Cambridge organisierte [7]. 1965 lud die „**New York Academy of Sciences**" (NYAS) zur ersten „Konferenz zu den psychophysiologischen Aspekten des Krebses" ein, eine zweite NYAS-Konferenz zum selben Thema folgte 1968.

Die beiden NYAS-Konferenzen widerspiegelten den Stand der Psychoonkologie der sechziger Jahre: Zwei psychosomatische Karzinomtheorien standen im Vordergrund:

LeShan, Worthington und die Autoren der „Rochester-Gruppe" um George Engel (Greene, Schmale und Iker) vertraten die **Verlust-Depressions-Theorie**. Unabhängig voneinander hatten sie ähnliche Gemeinsamkeiten im Lebenslauf von Krebskranken gefunden: Einem **traumatischen Kindheitserlebnis** (Tod eines Elternteils oder Geschwisters, Trennung oder Scheidung der Eltern) folgt nach erneuten **Verlusterlebnissen im Erwachsenenalter** eine Art des Aufgebens, das zu **Verzweiflung** und **Hoffnungslosigkeit** führt [8]. Die Phase zwischen Verlust und Verzweiflung sei dabei keine „normale" Depression, denn anders als der Depressive (der die Tendenz hat, seine alltäglichen Dinge aufzugeben) zeige der Verzweifelte keine Neigung, seinen Rhythmus zu verlangsamen. Er macht in gewohnter Weise weiter, nur eben ohne Hoffnung, noch je einen Sinn im Leben zu finden. Die zweite psychoanalytische Krebstheorie, die **„Abwehrmechanistische Theorie"** („ego defense theory") wurde von Claus Bahnson, seiner Ehefrau Marjorie und dem schottischen Arzt David Kissen vertreten. Der Erfahrungsschatz der Bahnsons entstammte einer Vielzahl von Untersuchungen mit klinischen Interviews und standardisierten oder selbst entwickelten Tests [9]. Kissen arbeitete bei seinen Studien mit insgesamt 480 Lungenkrebs-Patienten. Gemeinsam setzten diese Forscher nicht objektiv erlebten Verlust, sondern die **„Erfahrung von Verlust"** ins Zentrum ihrer Aufmerksamkeit. Gemäß ihren Erkenntnissen hatten Krebspatienten **gefühlskalte und wenig beschützende Eltern**, so daß sie in der Kindheit lernen mußten, ihre Gefühle zu verdrängen, insbesondere Angst, Feindseligkeit und Schuldgefühle (Kissen nannte dies „bottling up" = hinunterschlucken) [10]. Solche Entwicklung führe zu starren, verklemmten, nur praktisch orientierten Erwachsenen, die ihr inneres Potential in der Beziehung zur Umwelt nicht nutzen können: Beziehungen werden zu unpersönlichen Routinen, die Persönlichkeit erscheint „abgeflacht". Die **Person lebt aufgespalten**, einerseits mit unbewußt gewordenen Gefühlen der Sehnsucht nach Liebe und der Angst vor eigener Trauer und Wut, andererseits mit Roboter-ähnlicher Vernunft, die ihr erlaubt, innerhalb der Sozialstruktur erfolgreich zu funktionieren. Durch ein neues Trauma im Erwachsenenleben kann diese Sicherheit gewährende Spaltung bedroht werden. Wenn sie zusammenbricht, fällt die Person in eine tiefe Regression, eine psychische Rückentwicklung zu Erlebnisformen der Abhängigkeit in frühester Kindheit.

Der New Yorker Psychiater **Gotthard Booth**, auch ein Psychoanalytiker, hatte aus seiner Analyse der Biographien und Rorschachtests von 115 Patienten eine Chronologie der Persönlichkeitsentwicklung krebsanfälliger Personen entworfen, welche Elemente der Theorien von LeShan und Bahnson umfaßte [11]:

1. Wegen einer tief enttäuschenden Mutterbeziehung haben sie nie **„Urvertrauen"** erworben und aus ihrer Angst, von starken Gefühlen überwältigt zu werden, einen Lebensstil entwickelt, der auf die Kontrolle von allen und allem ausgerichtet ist (einen „zwanghaften" oder **„analen"** Charakter).

2. Diese Orientierung führt im Erwachsenenleben zur **Fixierung an ein einziges „Objekt"** (eine persönliche Beziehung, eine soziale Karriere oder eine besondere Begabung in Kunst oder Wissenschaft).

3. Der neoplastische Prozeß beginnt mit dem **Kontrollverlust** über dieses eine Objekt (durch äußere Ereignisse, durch abnehmende Vitalität oder durch beides).

4. Der neoplastische Prozeß ist in demjenigen **Organ lokalisiert**, dessen Funktion von Veranlagung und Entwicklungsgeschichte des Patienten her dominierte und auch die Art des Objekts bestimmte, das kontrolliert werden mußte.

5. Entsprechend Freuds klassischer Beschreibung der Dynamik der Depression repräsentiert der Tumor **das internalisierte verlorene Objekt**. Bei drohendem Verlust des Objektes wird dieses introjiziert und so gegen Verlust abgesichert.

6. Der Verlauf der Krankheit richtet sich nach dem Gleichgewicht der Kräfte zwischen der unbewußten Befriedigung aus dem neoplastischen Prozeß und der Befriedigung aus den verbliebenen Objektbeziehungen.

Zusätzliche Unterstützung für die psychogenetische Theorie der Krebserkrankung lieferten Tierexperimente. Harlow hatte bereits gezeigt, daß Affenbabys starben, wenn sie ohne Hautkontakt zu anderen Affen aufwuchsen. Neu konnte nun nachgewiesen werden, daß **Ratten- und Mäusekinder**, die gestreichelt oder auch nur regelmäßig in die Hand genommen wurden, sich als widerstandsfähiger gegen experimentelle Tumoren (injizierte Tumorzellen) erwiesen [12].

Auch in Europa wurden tiefenpsychologische Studien durchgeführt, zum Beispiel in Schweden von Hagnell [13] mit der ersten psychoonkologischen Auswertung einer „Kohorten-Studie" (das ist eine prospektive Studie, in der bestimmte Eigenschaften aller Mitglieder einer Population erfaßt und nach vielen Jahren nachkontrolliert werden) oder durch Baltrusch, der in drei Ländern Leukämie- und Lymphom-Patienten untersuchte.

Mehrere Forscher kritisierten die verbreitete Vorstellung vom Krebs als „Eindringling": Die Schulmedizin sei auf „Zerstörung des Eindringlings" ausgerichtet, entwickle „Generalstabspläne gegen den Krebs", und betrachte den Krebs als „unabhängigen parasitären Organismus". Das Zeichen der „American Cancer Society" (ein Ritter in Rüstung, der einen Drachen mit scharfem Schwert bekämpft) fördere diese Externalisierung, ähnlich wie der Name „Krebs" auch, der **„eine Verleugnung der Innerlichkeit der Erkrankung"** sei.

In den **siebziger Jahren** wurde von Baltrusch, Németh und Booth die **EUPSYCA** (Europäische Arbeitsgemeinschaft für Psychosomatische Krebsforschung) gegründet, 1973 hatte die „Union Internationale contre le Cancer" neue Anstöße zur psychosomatischen Krebsforschung gegeben, und 1976 erfolgte in den USA ein Forschungsaufruf des **NIH** (National Institute of Health) zum Thema „Premorbid Psychological Factors as Related to Cancer Incidence". Die eindrücklichen Ergebnisse einer Kohorten-Studie schienen die früheren psychoanalytischen Befunde zu bestätigen: In der **Johns-Hopkins-Studie** waren 1337 Medizinstudenten und -studentinnen, die zwischen 1946 und 1968 ihr Medizinstudium abgeschlossen hatten, medizinisch und psychologisch untersucht und jährlich nachbefragt worden. 1978 waren von 913 weißen Männern (das war die größte Geschlecht-Rasse-Untergruppe) 48 an Krebs erkrankt. Im „Familiy Attitude Questionnaire" hatten diese (10 bis 32 Jahre früher) ihre Beziehung zu ihren Eltern im Vergleich zu den später nicht erkrankten Studenten signifikant öfter als „Fehlen von Nähe" beschrieben. **Caroline Thomas** stellte fest, daß diese prospektiv gewonnenen Ergebnisse mit den Erkenntnissen von LeShan, Bahnson und Kissen konsistent seien [14]. Dies traf auch auf eine Blindauswertung der ursprünglichen Rorschachprotokolle der später an Krebs erkrankten Studenten zu [15]. Nach weiteren acht Jahren wurde in einer Nachuntersuchung der Johns-Hopkins-Kohorte zusätzlich festgestellt, daß diejenigen zukünftigen Ärzte, die als „Einzelgänger" und „ihre Emotionen unterdrückend" diagnostiziert worden waren, 18–40 Jahre später 16mal häufiger an Krebs erkrankt waren als jene, die ihre Gefühle freier ausdrückten [16]. Von anderen spektakulären prospektiven Studien berichtete **Grossarth-Maticek** [17]: Er behauptete zum Beispiel, daß er allein aus den Antworten in einem psychosozialen Fragebogen mit einer Trefferquote von 93–97 % richtig prognostiziert habe, welche gesunden Menschen 10 Jahre später an Krebs erkrankt waren. Doch verschiedene seiner Studien erregten in der Fachwelt aus methodologischen Gründen so viel Mißtrauen, daß 1985 eine unabhängige Forschergruppe beauftragt wurde, Grossarth-Maticeks Daten zu reanalysieren. Die Experten stießen auf so schwerwiegende Widersprüche (bis zu vermuteten Datenmanipulationen), daß sie die von Grossarth-Maticek berichteten Befunde als ungültig erklären mußten [18]. Diese peinliche Affäre intensivierte die auch aus anderen Gründen zunehmende grundsätzliche **Kritik an den tiefenpsychologischen Forschungsmethoden**: Tiefenpsychologische Krebsstudien beruhen in der großen Mehrzahl auf der Untersuchung von bereits an Krebs erkrankten Menschen. Ist es nicht wahrscheinlich, daß die diagnostizierten besonderen Persönlichkeitszüge Krebskranker (von welchen angenommen wird, daß sie mit zur Krebserkrankung beigetragen haben) eigentlich Reaktionen auf die Krebserkrankung sind? Nur wer von der potentiellen Verläßlichkeit tiefenpsychologischer Rekonstruktionen überzeugt ist, könne sie als kausale Erklärungsmodelle akzeptieren. Zudem mußten in den siebziger und achtziger Jahren viele widersprüchliche Befunde aus der empirischen Forschung registriert werden: Vier große Kohorten-Studien und viele andere nomothetisch ausgerichtete empirische Untersuchungen zur Korrelation von Krebserkrankung und Depression, Verlusterlebnissen, Persönlichkeitseigenschaften, Bewältigungsstrategien oder Kontrollüberzeugungen zeigten widersprüchliche Ergebnisse, und mehrere Befragungen zu traumatischen Ereignissen in den ersten Lebensjahren zeigten keine Unterschiede zwischen Krebspatienten und anderen Gruppen. Aus solchen Kritiken heraus begann sich die psychoonkologische Forschung von psychoätiologischen Fragen abzuwenden:

> „Der psychosomatische Bezugsrahmen innerhalb der Psychoonkologie wurde durch das biopsychosoziale Krankheitsmodell ersetzt, das weniger auf die kausalen Verbindungen zwischen Psyche und Körper und mehr auf die biologischen, psychischen und sozialen Interdependenzen und Auswirkungen von Krebserkrankungen ausgerichtet ist." [19]

Ein weiterer Ausgangspunkt dieser Entwicklung war die in den siebziger Jahren in den USA von Frau Ford und Frau Rockefeller unterstützte große Aufklärungskampagne zur Früherkennung und rehabilitativen Unterstützung von Frauen mit Brustkrebs. Das zur selben Zeit von Lazarus weiterentwickelte **„interaktionelle Streßmodell"** weckte die Hoffnung, mit geeigneten verhaltens-, lern- und kognitionstheoretischen Ansätzen gesundheitsbewußtes Verhalten entscheidend fördern zu können (so daß sich die Krebserkrankungsrate senken würde) und die psychosozialen Auswirkungen von Krebserkrankungen weitgehend „in den Griff zu bekommen". Die Belastungsforschung wurde zur **Ressourcenforschung**: Eigene protektive Kräfte und diejenigen der mitmenschlichen Unterstützung (Social Support) traten ins Zentrum des Interesses. Dadurch entstanden neue therapeutische Konzepte. LeShan, Merloo und Dunbar hatten früher über psychoanalytische Einzeltherapien mit Krebskranken berichtet. Jetzt kamen **Meditationstherapien, Visualisierungsübungen**

(Unterstützung von bildlichen Vorstellungen des Kampfes von Lymphozyten mit Krebszellen; nach Simonton) und verschiedene Formen der **Gruppentherapie** hinzu. Die verstärkte Ausrichtung auf die positiven Kräfte der Kranken förderte die Entstehung von **Selbsthilfegruppen** und das Bedürfnis nach **Alternativtherapien**. Diese Entwicklung drängte die ätiologische Psychoonkologie, die Erforschung möglicher psychosozialer Faktoren in der Genese der Krebserkrankung, in den Hintergrund. „**Positives Denken**" wirkte für viele Patienten und Forscher attraktiver als die Auseinandersetzung mit Angst, Wut, Schuldgefühlen und oft bedrückenden Kindheitsgeschichten ... obschon gerade das „positive Denken" für Krebskranke, wenn es ihnen aufgedrängt wird, wenig hilfreich ist, denn es führt zu Enttäuschungen (oft bis zu Vertrauensbruch), zu negativen Bestätigungen („selbst das kann ich nicht"), und die Konfrontation mit der Realität wird hinausgeschoben [20].

Die **achtziger Jahre** brachten dann eine Flut von vorwiegend rehabilitativ orientierten Publikationen: Gegen Ende des Jahrzehnts erschienen 600–800 Artikel und über 40 Bücher jährlich [21]. Die **Krebsvorsorge** wurde ideologisch und finanziell stark unterstützt, und die Aufmerksamkeit für Kanzerogene (vor allem Tabakrauch und Alkohol) steigerte sich fast zur Sucht [22], man könnte sagen, zu einer „**Kanzerogenophobie**". Auf therapeutischer Ebene war es die Zeit der Geburt der **Interventionsstudien**. Als Musterstudie in diesem Bereich gilt die, welche **David Spiegel** 1989 publizierte [23]: Von 86 Patientinnen mit metastasierendem Brustkrebs nahmen 50 ein Jahr lang an einer wöchentlichen Gruppentherapie teil; 36 bildeten die Kontrollgruppe. Im Follow-up, 10 Jahre nach Studienbeginn, zeigte sich, daß die Teilnehmerinnen der Therapiegruppe durchschnittlich fast doppelt so lange überlebt hatten wie die Patientinnen der Kontrollgruppe (36 Monate gegenüber 18 Monaten).

Auch in den **neunziger Jahren** wurden viele **Interventionsstudien** mit Unterstützungsgruppen neu lanciert. Die Effekte mehrerer Gruppenprogramme wurden mit psychometrischen und immunologischen Massen erfaßt. Die **Kommunikationsfähigkeit der Onkologen** wurde in Kursen zu „Health Professional Key Interviewing Skills" systematisch gefördert [24]. 1992 fand der erste **Internationale Kongreß für Psychoonkologie** in Beaune, Frankreich, 1995 der zweite in Kobe, Japan, und 1996 der dritte in New York statt. Im Januar 1995 hatten sich auf Einladung der Schweizerischen Krebsliga Spitzenfachleute für psychoonkologische Interventionsstudien zu einer Fachtagung in Flims versammelt. Die in der Zeitschrift „Supportive Care in Cancer" publizierten Berichte über diese Tagung [25] vermittelten interessante Einblicke in die offensichtlich hilfreichen gruppentherapeutischen Ansätze der Autoren, provozierten uns aber auch zu einem „Letter to the Editor" [26], in welchem wir unter dem Titel „Schuld: das Tabu der modernen Psychoonkologie?" sieben Symptome aufzeigten, die in den Tagungsberichten darauf hinweisen, daß der Ausschluß tiefpsychologischer Denkweisen an dieser Tagung eine problematische Einseitigkeit stabilisierte. Auch Stiefel stellte fest, daß durch die Selektionskriterien (welche nur quantitativ arbeitende Forscher als Referenten zuließen) Psychoanalytiker und Forscher mit psychodynamischem Ansatz vom Workshop ausgeschlossen wurden und daß diese Selektionskriterien auch am Workshop nie diskutiert worden seien. Er fragte:

„Ist quantitative Forschung in der Psychotherapie die einzige Garantie für die Kontrolle ihrer Effizienz, und sind die Mittel, mit welchen der ‚Erfolg' erfaßt werden soll, vernünftig? ... Sind kognitiv-edukative Modelle für die Mehrzahl psychoonkologischer Probleme nützlich, oder wurden sie primär deshalb gewählt, weil sie zu standardisierten therapeutischen Interventionen am besten passen?" [27].

Als Antwort auf seine eigenen Fragen zählte Stiefel neun Publikationen auf, in welchen Experten aus bekannten Krebszentren ohne kontrollierte und prospektive Interventionsstudien nachweisen, wie effizient psychodynamisch orientierte Therapien sein können [28]. Stiefel stellte 1998 zudem fest, daß die mit ihren Interventionsstudien so stark handlungsorientierte rehabilitative Psychoonkologie nicht weltweit der bevorzugte Bezugsrahmen in der modernen Psychoonkologie ist. In Südamerika, Zentral- und Osteuropa sind tiefenpsychologisch orientierte Modelle auch heute noch üblich, und in Entwicklungsländern muß sich die Psychoonkologie sowieso nach anderen Prioritäten orientieren (Lockerung von starren, oft religiösen Vorurteilen, Verbesserung der palliativen Behandlung). Allerdings täuscht die Dominanz der englischen Sprache in der Wissenschaft vor, daß die nordamerikanische Orientierung in der Psychoonkologie mit ihren rehabilitativen Interventionsstrategien die richtige oder beste sei [29].

Die Handlungsorientierung der Psychoonkologie der Achtziger- und Neunzigerjahre hat wahrscheinlich vielen Menschen Nutzen gebracht: mehr Kenntnisse über onkologische Themen für jedermann; gezieltere psychosoziale Unterstützung von Krebskranken und ihren Angehörigen, für einige Kranke sogar Verlängerung des Lebens. Die weitgehende Verdrängung der ätiologischen Psychoonkologie brachte aber auch große Nachteile. Die Weiterentwicklung und Anwendung ihrer Erkenntnisse in Psychotherapie und Psychohygiene sind nicht durch Streß-psychologische Konzepte ersetzbar. Nach gesellschaftlichen Bedingungen, die mit zur Entstehung von Krebserkrankungen beitragen können, wird unter handlungsorientierten Strategien nur einseitig (auf der Ebene der Produktion von Karzinogenen) gefragt; der Unterschied von Lebensquantität (längeres Leben) und Lebensqualität (gutes, glückliches Leben) nivelliert sich, und die Illusion der unbegrenzten Machbarkeit wird unterstützt, manchmal bis zum Machbarkeitswahn.

Wie aber konnte die auch den deutschen Sprachraum dominierende nordamerikanische Psychoonkologie die Tiefenpsychologie so weitgehend verdrängen? Läßt sich aus der Art dieser Verdrängung vielleicht erkennen, wie tiefenpsychologische Konzepte ihren Einfluß in der englisch- und deutschsprachigen Fachwelt zurückgewinnen könnten?

A2.2 Mechanismen der Verdrängung der Tiefenpsychologie in der Psychoonkologie
Jimmie C. Holland vom Sloan Kettering Cancer Center in New York, Mitgründerin der **IPOS** (International Psycho-Oncology Society) hatte, zusammen mit J. H. Rowland, 1989 das **Handbuch der Psycho-Onkologie** herausgegeben [30]. Darin postulierte sie, daß psychosoziale Faktoren als Promotoren maligner Zellteilung wirken können. Somit ließ sie in diesem Standardwerk die Türen offen, um auch psychoätiologische Fragen mit allen möglichen sinnvollen Mitteln zu klären. Aber der wahrscheinlich von Morris und Greer 1980 erstmals verwendete Begriff der „cancer prone personality" oder „C-Type personality" („krebsdisponierte Persönlichkeit" oder „**Krebspersönlichkeit**") hatte viel Widerstand geweckt. Einige Autoren zeigten in langen Listen, wie unwahrscheinlich viele Eigenschaften zur angeblichen Krebspersönlichkeit zählen sollen [31,32,33], andere wiesen darauf hin, daß Patienten, die an anderen psychosomatischen Krankheiten leiden, mit zum Teil genau den gleichen Eigenschaften beschrieben worden sind und daß seelische

Folgen der Erkrankung von psychischen Krankheitsursachen kaum unterschieden werden können [34,35]. Die Listen der Eigenschaften angeblich „psychosomatischer Persönlichkeiten" sind tatsächlich verwirrend, denn sie bestehen aus untereinander nicht verbundenen, meist psychometrischen Befunden, die aus nomothetischen (auf Gesetzesaussagen ausgerichteten) empirischen Einzelstudien gewonnen worden sind. Ihnen fehlt der zeitliche Kitt der individuellen Biographien, der fast nur in idiographischen (z. B. psychoanalytischen) Studien erhalten bleibt. Aber statt die nomothetischen Befunde mit idiographischen zu verbinden, also die Lebensgeschichten der Kranken in die Interpretation der nomothetischen Befunde einzubeziehen, starrten mehr und mehr Forscher nur noch auf die zerstückelten Ergebnisse der ihnen vertrauteren nomothetischen Psychoonkologie und begannen allmählich, die ganze Idee der zumindest partiellen Psychoätiologie von Krebs zu verwerfen, und zwar in einer oft auffällig emotionalen Dringlichkeit. **Esther Zander** erklärte psychoätiologische Theorien vor allem mit dem Kausalitätsbedürfnis der Erkrankten, demonstrierte, wie unglaubwürdig persönliche ätiologische Theorien oft seien, und behauptete, daß Krebskranken eine Psychogenese „ganz leicht einzureden" sei [36]. **Reinhold Schwarz** überprüfte an seinen Patienten oft behauptete Zusammenhänge zwischen psychosozialen Variablen und Krebserkrankung, aber formulierte seine negative Schlußfolgerung in wissenschaftlich unhaltbarer Art. Er sagte: „Unsere Ergebnisse sprechen eindeutig gegen einen Zusammenhang zwischen den hier eingesetzten psychosozialen Variablen und der Krebsinzidenz." [37]. Er behauptet also einfach, die Nullhypothese bewiesen zu haben, statt – wie es wissenschaftlich korrekt wäre – die Alternativhypothese („es gibt eine signifikante Korrelation zwischen den geprüften psychosozialen Variablen und der Krebserkrankung") als „nicht nachgewiesen" zu bezeichnen. Der Unterschied in den Formulierungen mag klein erscheinen. Er legt aber mit den Worten „eindeutig gegen einen Zusammenhang" unterschwellig nahe, die psychoätiologische Suche sei jetzt endlich abzuschließen. **Michael Helmkamp** bleibt gegenüber der Möglichkeit der Psychoonkogenese formal offener, entwertet jedoch die Arbeit der ätiologisch orientierten Psychoonkologen mit einer erstaunlichen Feststellung:

> „Wenn wir nach wie vor von der Existenz psychosomatischer Anteile an der Karzinogenese ausgehen, dann sicher nicht wegen der vorliegenden Forschungsergebnisse." [38]

Bernard Fox äußerte 1983 harte, aber auch berechtigte Kritik an den Methoden psychoätiologischer Krebsforschung (retrospektive Forschungsdesigns, in welchen kaum zwischen Ursache und Wirkung unterschieden werden könne; teilweise schlecht vergleichbare, weil zu heterogene Patientengruppen; unklar oder widersprüchlich definierte Variablen, nicht kontrollierte intervenierende Variablen). **Barrie Cassileth** nahm nun Fox' Kritik zum Anlaß, an einer 359 Personen umfassenden Patientengruppe nachzuweisen, daß psychosomatische Krebstheorien nicht nur falsch, sondern schädlich seien. Sie behauptete, daß der potentielle Beitrag psychosozialer Faktoren beim Krebs die öffentliche Phantasie und damit auch die Medien erobert habe und dadurch eine doppelte Gefahr darstelle: Erstens würden mehr Patienten eine schulmedizinische Krebstherapie verweigern (weil sie Behandlungen suchen, die besser zu den „Ursachen" passen) und zweitens würden einige Patienten mit Schuld beladen, weil sie die Vorstellung entwickelten, ihr Lebensstil oder persönliche Mängel könnten ihre Krankheit verursacht haben oder deren Verlauf beeinflussen [39]. Marcia Angell, die Herausgeberin des renommierten „New England Journal of Medicine", in welchem Cassileths Artikel erschienen war, zog in ihrem Editorial daraufhin erfreut den Schluß:

> „Es ist Zeit, endlich anzuerkennen, daß unser Glaube, Krankheiten seien ein direktes Abbild unserer Emotionen, in weiten Teilen in den Bereich Wunschdenken gehört. ... Die Psychologie zu benutzen, um eine Krankheit zu bekämpfen, ist das gleiche, als wenn man einen Regentanz aufführen würde." [40]

Der „Mainstream" der Psychoonkologie entwickelte sich ganz in nomothetischer und cartesianischer Richtung: Da die Psychoanalyse die Anforderung nach überprüfbaren Hypothesen mit niedrigem Komplexitätsgrad nicht erfülle, soll als alternatives psychosomatisches Paradigma **das Streßkonzept** gewählt werden [41]. Schmähl formulierte die zu diesem Programm passende „Krebsgleichung" [42]:

Erkrankungswahrscheinlichkeit = f (Disposition, Exposition, Alter).

Meerwein hatte 1981 nicht nur festgestellt, daß die Psychoonkologie zum damaligen Zeitpunkt über keine psychogenetische Krebstheorie verfügte, sondern sogar behauptet: „Sie strebt eine solche auch nicht an" [43]. Bald darauf definierte er die Psychoonkologie so, als ob die ätiologische Psychoonkologie nie zu ihr gehört hätte [44]. Die seit langem bekannte eigentümliche interkulturelle Anpassung von Krebskranken (in Japan ist Magenkrebs häufiger als in den USA, dagegen Dickdarm-, Brust- und Prostata-Krebs seltener; bei japanischen Einwanderern in die USA gleichen sich aber deren Erkrankungshäufigkeiten innerhalb zweier Generationen an amerikanische Verhältnisse an) wurde jetzt allein auf äußere Faktoren wie Eßverhalten oder Luftverschmutzung zurückgeführt [45]. Kreitler schloß aus seinen präbioptischen Untersuchungen an Frauen mit einem Brustbefund, daß Verdrängung eher eine Auswirkung der Bedrohung durch die Krebsdiagnose als ein Persönlichkeitszug von Krebspatientinnen sei [46]. Ähnlich vermutete Faller nach seiner Untersuchung von 120 Lungenkrebspatienten, daß die Theorie der Krebspersönlichkeit nur **der „wissenschaftliche Reflex"** einer **„maladaptiven Krankheitsverarbeitung"** von Patienten sei, die zuviel hadern und grübeln [47]. Für Schwarz sind Zusammenhänge im Kontext mit der „Krebspersönlichkeit" sowieso nur **Scheinkorrelationen** [48]. Der Begriff „Krebspersönlichkeit" sei ein „krankheitsdependenter Fehlschluß", das hypothetische Modell „Krebspersönlichkeit" habe sich als hinfällig erwiesen und solle aufgegeben werden [49]. Nach einer präbioptischen Studie an 203 Frauen mit einem Brustbefund und 95 Patienten mit einem krebsverdächtigen Lungenbefund behauptete Schwarz sogar: „Dadurch konnte nachgewiesen werden, daß die psychischen Phänomene bei Krebskranken als Folge der Erkrankung zu verstehen sind und nicht als Ursachenfaktoren gelten können" [50]. Die Aussagen der ätiologisch forschenden Psychoonkologen beurteilte Schwarz als so widersprüchlich, daß ihre einzige Gemeinsamkeit „das eiserne Festhalten an seelischen Krankheitsursachen" darstelle [51]. Er unterstellte den Vertretern der Verlust-Depressions-Hypothese, daß sie sich nur wenig mit Tumorerkrankungen befaßt und „allem Anschein nach" nicht ausreichende Gedanken über die Zuverlässigkeit der von ihnen rezipierten Ergebnisse gemacht haben [52]. Schwarz bezeichnete Meerwein als „den Begründer einer **rationalen Psychoonkologie** im deutschsprachigen Raum", zitierte dessen 1981 geschriebene Absage an eine psychogenetische Krebstheorie (die Psychoonkologie strebe eine solche gar nicht an) und fügte hinzu: „Auch dieses ‚Machtwort' von Meerwein hat den Spekulationen zum Typ C kein Ende bereiten können" [53]. **Steven Greer** verhielt sich ähnlich [54]. In seiner Aufzählung der wichtigsten Aufgaben zukünftiger Psychoonkologie hat die ätiologische Psychoonkologie, die Suche nach psychosozialen Faktoren, welche die Krebserkrankung mitverursachen, keinen Platz mehr. Dafür ist darin neu die problematische Beratung von Menschen mit CFS (Cancer Familiy Syndrom) enthalten. Personen, die wegen einem autosomal dominant vererbten Muster ein überdurchschnittliches Risiko haben, an Krebs zu erkranken (bei einigen Typen von Brustkrebs, Dickdarmkrebs und Melanom), wird in CPC's (Cancer Prevention Clinics) zu besonderen Verhaltensweisen oder prophylaktischen Therapien geraten [55]. Greer nennt selbst – ohne es zu hinterfragen – ein bereits realisiertes Extrem dieser Entwicklung: Bei gesunden Frauen mit einer signifikanten Familiengeschichte von Brustkrebs wird die prophylaktische bilaterale Mastektomie angewandt. Auf deutsch: Gesunden Frauen werden zur Vermeidung von Brustkrebs beide Brüste entfernt [56].

Bernard Fox präsentierte 1995 eine Literaturstudie, in der er die Erkenntnisse der Psychoonkologie bezüglich neun intensiv diskutierten psychosozialen Variablen analysierte und zum Schluß kam, daß die vorliegenden Befunde gegen eine Psychogenese von Krebserkrankungen sprechen. Sein Bericht ist aber eine Mischung von Feststellungen und tendenziösen Interpretationen. Er behauptet zum Beispiel, daß es „fast sicher sei", daß belastende Ereignisse bei jenen, die später an Krebs erkranken oder an Krebs sterben oder weniger lang überleben, nicht häufiger seien als bei Kontrollpersonen [57] ... und „man hoffe", daß die in einigen Studien berichteten Gruppenunterschiede durch eine große Kohorten-Studie allein durch die Größe der Stichprobe eingeebnet werden [58]. Weiter behauptet Fox, daß nur wenige Forscher die Möglichkeit erwähnt hätten, daß zum Beispiel Depression oder die Unterdrückung von Gefühlen von biologischen Effekten des Krebses verursacht sein könnten. Er glaube, daß der verengte fachliche Blick dieser Forscher es ihnen nicht erlaubte, solche Zusammenhänge zu sehen [59]. Ein Kommentar von Holland zum Fox-Artikel stimmt nachdenklich, denn irgendwie fühlt man sich zuerst fast verpflichtet, ihm zuzustimmen, und erst im zweiten Anlauf getraut man sich, die hinter dem Kommentar stehende Haltung kritisch zu hinterfragen. Sie schreibt:

> „Der ärztliche Praktiker, der Dr. Fox's Artikel gelesen hat, verfügt damit über ein starkes Gegenmittel für die unpassende Annahme einiger Patienten, daß sie ihren Krebs irgendwie selbst verschuldet haben." [60]

Ja, es ist sicher gut, mitzuhelfen, daß sich Krebskranke von Schuldgefühlen befreien können ... aber einfach wegnehmen kann man sie ihnen nicht ... sie ihnen ausreden auch nicht ... Was dann? ... Mithelfen, sie verstehen zu lernen? ... Bei genauerer Überlegung erweisen sich die Worte „Schuld" und „Schuldgefühle" als Hilfe zum tieferen Verstehen wichtiger Prozesse im Erleben vieler Krebskranken und darüber hinaus vielleicht sogar als Schlüssel zum Verständnis der **Abkehr der modernen Psychoonkologie von psychoätiologischen, insbesondere tiefenpsychologischen Fragen und Antworten.** Schuld und Schuldgefühle sind ur-menschliche Phänomene. Wir alle leben auch auf Kosten von anderen, „verschulden" uns. Alles Leben lebt auch auf Kosten von anderem Leben; unsere Ernährung basiert auf Stoffen gestorbenen Lebens. Sobald dem Menschen eine gewisse Handlungsfreiheit zugesprochen wird, beinhaltet dies auch, daß er fähig und manchmal auch genötigt ist, Handlungen auszuführen, die ihm zum Nutzen und anderen zum Schaden gereichen, schuldig zu werden. Wer dies ganz vermeiden will, muß bewegungslos werden, erstarren. Nur der ganz unfreie Mensch kann unschuldig bleiben. Alle großen Religionen (nicht nur die machtpolitisch orientierten Kirchen) gehen von dieser Einsicht aus und appellieren an die Gläubigen, ihre Schuldhaftigkeit verstehen und akzeptieren zu lernen. Erst dieses Akzeptieren von Schuld könne befreien, das heißt, neuen Handlungsspielraum eröffnen. Tiefenpsychologen aller Schulen bestätigen diese fundamentalen Erfahrungen. Aber die Auseinandersetzung mit Schuldgefühlen erregt oft Angst, und es scheint genau diese Angst zu sein, welche viele Psychoonkologen dazu führt, sich von tiefenpsychologischen Fragen nach Ursachen der Krebserkrankung zu distanzieren.

Was bedeutet die Einsicht in die Universalität von Schuldphänomenen für krebskranke Menschen? Es bedeutet nicht, daß sie sich irgendwie schuldig erklären müßten, endlich ihre Schuld suchen und anerkennen sollen (und dadurch gesund werden). Schon eher könnte es bedeuten, daß sie sich einen Zwang auferlegt haben, auf keinen Fall irgendwie schuldig zu werden, und mit dieser Haltung ihr Leben blockieren. Sicher bedeutet es, daß krebskranke Menschen auf ihrem Weg, die persönliche Bedeutung ihrer Erkrankung besser zu verstehen, unweigerlich auch auf Schuldfragen stoßen. Vielleicht unter einem anderen Namen, zum Beispiel unter der Frage „Welche Einflüsse haben dazu geführt, daß gerade ich jetzt an Krebs erkrankt bin?" Beim Antworten können dann Vorwürfe an sich selbst („Hätte ich doch nie zu rauchen angefangen!") oder an andere („Wenn meine Mutter mich doch mehr geliebt hätte!") auftauchen, die zu heftigen emotionalen Reaktionen, aber auch zu neuen Fragen nach biographischen Zusammenhängen und zukünftigen Plänen führen können. In diesem komplizierten, oft langen, meist über sehr unterschiedliche Phasen führenden Prozeß wechseln sich schmerzliche Zeiten mit befreienden ab. Wird er mehr oder weniger erfolgreich durchschritten, bildet er eine innere Basis zur Orientierung im weiteren Leben. Kein Mensch sollte zu solchen Suchprozessen gedrängt werden, denn unter äußerem Druck entarten sie zu Sackgassen. Aber die Menschen, die sich auf solche Suche begeben, sollten Unterstützung finden können. Diejenigen Psychoonkologen, die tiefenpsychologisches Denken nicht als hilfreich betrachten, können wenig zu dieser Unterstützung beitragen. Sie sehen nur die Gefahr der „Schuldgefühle als Sackgasse" und versuchen diese Gefahr zu bekämpfen, indem sie erklären, daß Schuld und Schuldgefühle keine Themen für Krebskranke sein sollen. Cassileth zum Beispiel kommentierte „die simplen Ideen der Pioniere der Psychoonkologie" mit folgenden Worten:

> „Krebspatienten mußten sich mit einer potentiell tödlichen Krankheit auseinandersetzen. Als ob dies nicht genug wäre, wurden jene, welche psychotherapeutische Interventionen erhielten, zusätzlich mit ihrer vermuteten psychischen Fehlfunktion und mit der schrecklichen Möglichkeit konfrontiert, daß sie den Krebs selbst verursacht haben. Über die iatrogene Natur dieser Art von Intervention kann man nur spekulieren." [61]

Offenbar wird die Auseinandersetzung um Schuld schnell mit Beschuldigung verwechselt, so wie es Wills demonstriert, wenn sie medizinische Profis, welche von unbewußten Motiven Krebskranker sprechen, als „ekelerregend" bezeichnet und von „Krebsquacksalberei" spricht [62].

Der Ausschluß idiographischer Forschungsansätze und tiefenpsychologischer Denkweisen im Mainstream der modernen Psychoonkologie wird offensichtlich, wenn man Cassileth verkürzt sagen hört: „Krebs ist keine psychosomatische Erkrankung" [63], Kiss über

Lea Baider sagt: „Sie ist wahrscheinlich die einzige, die ihren psychoanalytischen Hintergrund nie verleugnet" [64] oder Schwarz fordert, daß die Psychoonkologie auf interpretativ-hermeneutisches Verstehen verzichten und nur noch Theorien überprüfen soll, die sich auf operationalisierbare Phänomene beschränken [65]. Das heißt nichts anderes, als daß vorläufig nur nomothetische Forschung Vertrauen verdiene. Greer erweist sich in diesem Unternehmen als guter Helfer. Er läßt die ätiologische Psychoonkologie „verschwinden", indem er einfach – auf einen Satz von Bacon aus dem Jahre 1605 bezogen – die Psychoonkologie als Disziplin definiert, welche die Rehabilitation Krebskranker zum Ziel habe [66]. Er behauptet auch, daß die Psychoonkologie erst etwa 25 Jahre alt sei, ähnlich wie Levenson [67] und Cassileth [68], die in ihren geschichtlichen Rückblicken auch die zwei ersten Jahrzehnte der psychoonkologischen Forschung einfach unterschlagen. In der 1998 überarbeiteten Neuauflage von Meerweins *Einführung in die Psychoonkologie* wird die Aussage des 1989 verstorbenen Erstautors, daß die Psychoonkologie eine psychogenetische Krebstheorie gar nicht anstrebe, unkommentiert einfach wiederholt, als ob sie eine unumstößliche Tatsache widerspiegeln würde [69]. Und Schwarz erneuert in diesem Buch seine alte Ansicht, daß „psychosoziale Ursachenzuschreibungen" stets „in den Folge- und nicht [in] den Ursachenkontext" der Krebserkrankung einzuordnen seien [70].

Mit dem Ausschluß tiefenpsychologischer und anderer idiographischer Forschungsansätze und Denkweisen gehen der modernen Psychoonkologie Forschungsinstrumente verloren, deren Potenz nicht so leicht durch andere Instrumente ersetzt werden kann. Die Stärken idiographischer Methoden sind:

a) **Die Unterscheidung von Schein und Sein**
Die von Menschen offen berichteten Meinungen und Einstellungen entsprechen manchmal nicht dem, was sie in Wirklichkeit fühlen oder denken. Autoritätsgläubigkeit, soziale Konformität oder ihnen selbst bewußte oder nicht bewußte Ängste gegenüber dem Aussprechen von möglicherweise verletzenden Gedanken verzerren ihre Verbalisierungen. Solche Verzerrungen können bis zum Gegenteil des tatsächlich Erlebten führen. Durch die in Tiefeninterviews erfahrbare persönliche Lebensgeschichte des Individuums können sie manchmal aufgelöst werden.

b) **Die Berücksichtigung der Zeitlichkeit des Lebens**
Gegen die Verwendung des Konstruktes „Krebspersönlichkeit" wird immer wieder angeführt, daß frühkindliche psychische Verletzungen, verstärkte Trauer nach Verlust oder Gefühle von Hoffnungslosigkeit einerseits zu verschiedensten Erkrankungen führen können, andererseits sich bei vielen Menschen überhaupt nicht krankmachend auswirken. Wenn man isolierte Ereignisse betrachtet, kann man zu solch unspezifischen Befunden kommen. Wenn aber Biographien betrachtet werden, entstehen Muster der Dynamik zwischen Lebensbelastungen und Ressourcen, die verstehbar machen können, daß ein bestimmter Mensch auf eine bestimmte Art krank wird, ein anderer auf eine andere Art und ein dritter gesund bleibt.

c) **Die Verwendbarkeit ideeller Begriffe**
Ideelle Begriffe wie „Liebe", „Sinn", „Freiheit" oder „Vertrauen" haben meist einen großen und interindividuell stark unterschiedlichen Bedeutungshof, was ihnen stets eine wesentliche Unschärfe verleiht. Sie sind nicht operationalisierbar – oder genauer gesagt: alle Operationalisierungsversuche (das sind Versuche, Begriffe in Meßanweisungen für beobachtbare Phänomene zu verwandeln) reduzieren ihre Bedeutung so sehr, daß deren Ergebnisse

höchstens noch einem Schatten der Bedeutung der ursprünglichen Begriffe gleichen. Im idiographischen Denken werden ideelle Begriffe aber so verwendet, wie sie auftauchen. Ihre Unschärfe wird dabei nicht nur als Mangel, sondern auch als Aufforderung zu klärendem Dialog verstanden.

Die Wiedereinführung des tiefenpsychologischen Denkens und anderer idiographischer Formen des Verstehens in die Psychoonkologie könnte ein großer Gewinn für krebskranke und gesunde Menschen sein.

Argument 3: Freud ist eher am 6. März als am 6. Mai 1856 geboren worden

Siegfried Bernfeld und Suzanne Cassirer Bernfeld berichteten 1944 von der Möglichkeit, daß Sigmund Freud zwei Monate früher geboren worden sein könnte als am offiziellen Geburtstag vom 6. Mai [1]. Dies würde bedeuten, daß Freuds Mutter vor der Heirat in Erwartung war, daß diese uneheliche Schwangerschaft zum Verschwinden von Jakobs zweiter Frau, Rebekka, beigetragen haben könnte und daß diese Umstände bewußt über Generationen geheimgehalten wurden. Möglich wäre auch, daß Amalie durch einen anderen Mann geschwängert worden war, Jakob also gar nicht Sigmunds Vater war. Freud selbst datierte seine Geburt klar auf den 6. Mai 1856, und viele Biographen übernahmen dieses Datum, ohne die Einwände der Bernfelds auch nur zu erwähnen: Puner 1949, Mannoni 1971, Schur 1972, Roazen 1976, Krüll 1979, Clark 1981, Schöpf 1982, Eissler 1985, Freud E 1985, Flem 1993, Wehr 1996, Lohmann 1998, Schneider 1999. Einige Biographen beziehen sich bei der Nennung des Geburtsdatums auf Freuds eigene Aussage in der „Selbstdarstellung" oder auf den Eintrag Jakobs in der Familienbibel, welcher auch als Faksimile in mehreren Werken abgebildet ist. In der deutschen Übersetzung der offiziellen dreibändigen Biographie von Jones fehlt jeder Hinweis auf die Unklarheit des Geburtsdatums [2], wogegen in der englischen Erstausgabe das Problem in einer Fußnote noch erwähnt, aber als „wahrscheinlicher Schreibfehler" betrachtet und – allerdings mit einem spürbaren Zweifel – zur Seite gelegt wird:

> „Als 1931 die Bürger von Freiberg, jetzt Příbor genannt, eine Erinnerungstafel an Freuds Geburtshaus anbringen wollten, wurde im örtlichen Geburtsregister entdeckt, daß als Geburtstag der 6. März eingetragen war. Dies war wahrscheinlich ein bürokratischer Fehler, dessen Erklärung nur den Angestellten betrifft, der ihn gemacht hat; vor Oktober gab es keinen weiteren Eintrag. So hat der kleine Freud, kaum auf die Welt gekommen, eine jener seltsamen Fehlleistungen bewirkt, deren Entstehung er als Professor Freud vierzig Jahre später erklären sollte." [3]

Wenn man bedenkt, wie detailliert Anna Freud die Entstehung von Ernest Jones' Freud-Biographie überwacht hatte („Zeile für Zeile", vgl. Kapitel 4.3), erstaunt es, daß sie Jones gewähren ließ, die ihr sicher unangenehme Fraglichkeit des Geburtstages ihres Vaters an so prominenter Stelle (auf Seite 1 des 1. Bandes) zu erwähnen. War diese Erlaubnis ein Eingeständnis ihres eigenen Zweifels am wahren Geburtstag ihres Vaters, den sie dann durch die Veranlassung der Streichung der kritischen Fußnote in der deutschen Übersetzung zu verdrängen versuchte? Steiner, der jüngst eine zweiteilige Analyse der Einflüsse der frühen Analytiker – besonders von Anna Freud – auf die Entstehung der Jonesschen Freud-Biographie publiziert hat, umgeht diese Frage, indem er nur verallgemeinernd erwähnt, daß die

Argument 3: Freud ist eher am 6. März als am 6. Mai 1856 geboren worden

Feststellung von Freuds Geburtsdatum ein Thema der exakten empirischen Forschung der psychoanalytischen Biographik sei [4].

Kobler, der in einer mehr als 20-seitigen Arbeit über Freuds Mutter Amalie nicht nur den entscheidenden Artikel der Bernfelds zitiert, sondern mit Suzanne Cassirer Bernfeld direkt gesprochen hat, schweigt wiederum ganz über die Fraglichkeit von Freuds Geburtsdatum, obwohl er sich über den „freiwilligen oder abverlangten Entschluß" Amalies zur Ehe mit Jakob wundert [5]. Seltsam ist, daß auch Puner, die sonst für die Schattenseiten Freuds sehr aufmerksam war, das offizielle Geburtsdatum nicht hinterfragt hat [6], und ganz unverständlich ist die diesbezügliche Ignoranz von Marianne Krüll [7]. Sie, die sonst so seriös recherchiert und zitiert, schreibt nichts über die Möglichkeit einer unehelichen Schwangerschaft Amalies. Dies ist um so erstaunlicher, als sie nach der Feststellung, daß sich der 40-jährige Jakob und die noch nicht einmal 20-jährige „Jungfrau" Amalie wahrscheinlich nicht sehr gut kannten, viele mögliche Motive für die ungewöhnliche Heirat in Betracht zieht: War es eine arrangierte Heirat? Warum dann der große Altersunterschied? Hatte ihr Vater keine ausreichende Mitgift? War es eine Heirat aus Geschäftsinteressen von Amalies Vater? Hatte Amalie einen unsichtbaren Makel? Die naheliegende Möglichkeit, daß Amalie schwanger war, erwähnt Krüll nicht, obschon Schwangerschaft (auch) im 19. Jahrhundert einer der häufigsten Gründe für eine Ehe war.

Josef Sajner [8] und Renée Gicklhorn [9], die neben den Bernfelds wohl wichtigsten Biographen für die Phase von Freuds Kindheit in Freiberg, umgehen die Stellungnahme zu den Überlegungen der Bernfelds. Nachdem Sajner irritierenderweise zweimal hintereinander schreibt, daß Freud am 26. Mai 1856 geboren sei [10], weist er auf die verfügbare Quelle zum Geburtstag hin:

> „Der einzige amtliche Beleg über Freuds Geburt in den hiesigen Archiven ist die glücklicherweise erhaltene ‚Matrik der Abschriften der Andersgläubigen Freibergs, Bd. VII. Juden, fol. 7', die der katholische Pfarrer pflichtmäßig führen mußte." [11]

Im beigefügten Faksimile ist – in der heutzutage schwer leserlichen alten deutschen Kurrentschrift geschrieben – der 6. Mai 1856 zu lesen. Gicklhorn fügt ihren Recherchen dasselbe Faksimile bei und kommentiert es mit den Worten:

> „Geburtszeugnis von Sigmund Freud, das klar zeigt, daß er im Mai (nicht im März, wie behauptet worden ist) geboren wurde." [12]

Beide beziehen sich also auf ein anderes Dokument als dasjenige, das die Bernfelds erwähnten, und gehen auf die Argumentation der Bernfelds gar nicht ein. So auch Gay – immerhin „der führende Biograph der zeitgenössischen psychoanalytischen Geschichtsschreibung" [13] –, der dazu noch behauptet, er kenne die Wahrheit:

> „In dem Gelehrtenstreit um Freuds frühe Lebensjahre entging nicht einmal sein Geburtsdatum den Spekulationen der Forscher. Irregeführt durch die unleserliche Eintragung eines lokalen Beamten, versuchten einige ihm ein früheres Datum, den 6. März, anzuhängen. Das wäre eine interessante Korrektur gewesen, da Jacob Freud Amalie Nathanson am 29. Juli 1855 heiratete. Aber die Unterlagen im Verein mit der Familienbibel der Freuds zeigen, daß Jacob Freud und seine Braut offenbar den Anstand wahrten: Das übliche Datum der Biographen, der 6. Mai, ist korrekt." [14]

Anzieu erklärte in einer neuen verwirrenden Variante:

> „Am 6. Mai [1856] (im Standesamtsregister meinten einige, den 3. März zu lesen) Geburt von Sigismund Schlomo Freud, …" [15]

Markus berichtete am ausführlichsten:

> „… nach einem Blick ins örtliche Standesamtsregister standen plötzlich Tag und Stunde der Geburt nicht mehr in der Form fest, wie sie von Freud selbst seit eh und je gefeiert wurden. Denn vom Stadtschreiber war klar und deutlich der 6. März und nicht der 6. Mai als Geburtstag vermerkt worden … Vielleicht wählte Jakob Freud den 6. Mai als dessen Geburtstag, weil im anderen Fall zwischen Verehelichung und Geburt seines Sohnes keine neun Monate lagen. Oder hat sich Vater Freud einfach geirrt? Dann wäre im Zusammenhang mit Sigmunds Geburt wohl schon die erste der späterhin klassisch gewordenen ‚Freud'schen Fehlleistungen' begangen worden.
> Lassen wir die Spekulationen. Der 6. Mai gilt heute als Sigmund Freuds Geburtstag." [16]

Kein einziger Biograph zitiert die Argumente der Bernfelds, die stark für ein früheres Geburtsdatum sprechen … und kein Biograph berichtet etwas vom Verbleib des amtlichen Dokumentes, über das die Bernfelds berichtet haben. Wenn Freuds Geburtsdokument (der Stadtregistereintrag) heute fehlt (z. B. in der Nazizeit verloren ging oder vernichtet wurde), muß das vom seriösen Biographen erwähnt werden. Wenn er es nicht erwähnt, zensuriert er bewußt oder unbewußt.

Daß Jakob Freuds Eintrag in der Familienbibel und die Meldung an den katholischen Pfarrer, der die „Matrik der Abschriften der Andersgläubigen Freibergs" führte, identisch sind, wäre dann nicht erstaunlich, wenn der Pfarrer von der betroffenen Familie oder von Vertretern der jüdischen Glaubensgemeinde (und nicht von der politischen Behörde) über die Geburt informiert worden wäre. Und genau dies scheint der Fall gewesen zu sein, wie Gicklhorn ausführt:

> „Die Juden zu dieser Zeit waren durch amtliches Dekret streng kontrolliert: an ihren Wohnort gebunden, mußten sie jede Veränderung registrieren lassen. Ehen konnten nur mit Bewilligung der Behörden geschlossen werden. Rabbis oder andere Religionslehrer mußten Listen von Geburten, Eheschließungen und Todesfällen führen (Dekret vom 20. Februar 1784), von denen sie exakte Kopien der katholischen Kirchgemeinde der Region abliefern mußten." [17]

Warum aber sind die Aussagen der Bernfelds zum Geburtsdatum Sigmund Freuds denn so bedeutungsvoll? Um dies zu verstehen, müssen nicht nur ihre Argumente, sondern auch die von ihnen gewählte Argumentationsfolge beachtet werden. Sie beginnt mit einer Beschreibung des Anlasses, aus dem die Frage aufgetaucht war:

> „Als sich 1931 in Freiberg (Příbor) ein Bürgerkomitee konstituierte, das Vorbereitungen für das Anbringen einer Gedenktafel an Freuds Geburtshaus treffen sollte, entdeckte man, daß, im Gegensatz zu allen Nachschlagewerken und Freuds eigener Angabe, im Melderegister [im englischen Original von 1944 heißt es ‚Stadtregister'; Anmerkung Ko] Freuds Geburt unter dem Datum des 6. März vermerkt ist. Alle jene Geburtstagswünsche, die jahrzehntelang zuerst die Familienmitglieder, dann Freunde und endlich Menschen aus aller Welt an Freud richteten – waren sie fehldatiert, versäumten sie sämtlich den richtigen Tag um zwei Monate?" [18]

Argument 3: Freud ist eher am 6. März als am 6. Mai 1856 geboren worden

Dann stellen die Bernfelds fest:

„Freud war diese Frage gleichgültig. Es ärgerte ihn allenfalls, daß jemand versucht hatte, ihn zwei Monate älter zu machen. Er habe das Datum von seiner Mutter, die es schließlich am besten wissen müsse. Das Komitee fügte sich seiner Ansicht und setzte als wichtigen Gedenktag in der Stadtgeschichte den ‚6. Mai 1856' auf die Tafel." [19]

Mit einer liebevoll harmlosen Begründung schließen sich dann auch die Bernfelds als Biographen dieser Entscheidung an:

„Obgleich die Mutter eines erstgeborenen Sohnes sich im kalten Mähren sehr wohl hätte wünschen können, seinen Geburtstag im schönsten Monat des Frühlings zu feiern, und obwohl wir wissen, welche Macht solche Wünsche über Vernunft und Wirklichkeit gewinnen können, akzeptieren auch wir das überlieferte Datum." [20]

Bernfelds Ausführungen zu diesem Thema scheinen hier abgeschlossen. Aber der nächste Satz führt das Thema weiter, tiefer:

„Der Vorsitzende des Komitees, Herr Benes, Direktor der Arbeiter-Krankenversicherung in Příbor, erklärte die Diskrepanz als ein Versehen des tschechischen Stadtangestellten, der die Eintragung ins Register in deutscher Sprache habe vornehmen müssen, die er weder sehr gut beherrschte noch sonderlich mochte. Tatsächlich ist aber der Mai der einzige Monatsname, der sich in Deutsch und Tschechisch ähnlich schreibt; das macht Herrn Benes' Erklärung nicht sehr überzeugend. Immerhin hat der ‚kleine Mohr', kaum auf die Welt gekommen, eine jener seltsamen Fehlleistungen bewirkt, deren Entstehung er als Professor Freud vierzig Jahre später erklären sollte." [21]

Mit diesen Worten sind die Erklärungen der Bernfelds zum Thema nun wirklich abgeschlossen. In ihrem Artikel folgt ein neues Kapitel über die Lebenssituation in Freiberg zur Zeit von Freuds Geburt. Dieses beginnt jedoch mit einem subtilen, aber unüberlesbaren erneuten Hinweis auf die fragliche Geburtszeit:

„Im März oder Mai 1856 war Freiberg eine Stadt von 4800 deutschen und tschechischen Einwohnern ... " [22]

Jones war die Frage um Freuds Geburtsdatum nicht geheuer. Während seiner Vorbereitungen zum ersten Band seiner Freud-Biographie hatte er deswegen (am 21. November 1950) Bernfeld um weitere Angaben gebeten. Dieser schrieb ihm eine Woche später einen sonderbaren Brief:

„Die Frage des Geburtsdatums ist völlig verworren. Wir haben sie in unserer Arbeit leicht und ein wenig von der humorigen Seite genommen, weil es schließlich nicht so entscheidend wichtig ist, das genaue Geburtsdatum zu ermitteln. Das Komitee für die Anbringung der Gedenktafel hat das städtische Melderegister geprüft und dabei zwei verschiedene Daten ausfindig gemacht: 16. März und 6. März. Aus Gründen, die ich nicht kenne, gaben sie den 6. März als Datum des Melderegisters an. Ich stimme Ihnen zu, daß die Fehlleistungshypothese von Benes nicht sehr einleuchtend klingt – einmal aus dem von Ihnen angeführten Grund, daß es kaum verständlich erscheint, warum ihm bei der Eintragung des Monats ein Fehler hätte unterlaufen sollen. Es ist ferner auch nicht wahrscheinlich, daß die in den fünfziger Jahren herrschende deutsche Bevölkerungsgruppe einen nicht-deutschen Angestellten beschäftigt hat. Die Dinge sind wohl komplizierter. Früher gab es so etwas wie ein städtisches Melderegister nicht. Die Geburtenregistrierung wurde von den Kirchen besorgt. Damals wurden katholische Kinder von der katholischen Kirche, jüdische von der jüdischen Gemeinde registriert. Danach gab es eine Übergangsperiode, in der die Registrierung sowohl von der Kirche als auch von der Stadt vorgenommen wurde. Wie es 1856 in Freiberg damit stand, weiß ich nicht. Ich habe die dafür erforderlichen Recherchen noch nicht unternommen. In unserem Artikel sind wir stillschweigend davon ausgegangen, a) daß es in Freiberg keine jüdische Gemeinde gab, daß die nächstgelegene sich in Neutitschein befand und daß Jakob Freud die Geburt seines Sohnes dort am Tag der Beschneidung, also sieben Tage nach der Geburt, registrieren ließ; b) daß die Stadt seinerzeit nur diejenigen Kinder registrierte, die nicht von einer der Ortskirchen registriert wurden. Unter diesen beiden Voraussetzungen wäre gut denkbar, daß Vater Freud sich Zeit gelassen hat und, sagen wir, erst im Juni die zusätzliche Registrierung vom Stadtschreiber vornehmen ließ, der dann, aus welchen Gründen auch immer, das falsche Datum eintrug. Doch kann sich alles auch ganz anders zugetragen haben. Ich hatte bislang keine Möglichkeit, die Angelegenheit von einem unserer Freunde (im Freiberger Stadtarchiv) recherchieren zu lassen." [23]

Die Zeitspanne „bislang", in welcher Bernfeld noch keine Möglichkeit fand, Freuds Eintrag im städtischen Geburtsregister überprüfen zu lassen – obschon er im Archiv selbst „Freunde" hatte –, dauerte sechs Jahre, gerechnet von Bernfelds Publikation bis zu diesem Brief. Zusammen mit der Bemerkung, daß es ja nicht so wichtig sei, Freuds genaues Geburtsdatum zu kennen, scheint es klar: Bernfeld wollte es lieber nicht zu genau wissen.

Eine Französin, Marie Balmary, überzeugt vom früheren Geburtsdatum Freuds (Mutter Amalie sei bei der Heirat zweifellos schwanger gewesen), widmete jahrelange Forschungsarbeit und das daraus resultierende Buch dem Versuch nachzuweisen, daß sich Rebekka, die zweite Ehefrau Jakobs, wegen dessen Ehebruch das Leben genommen und daß diese geheimgehaltene Schuld des Vaters das Leben und Werk Sigmund Freuds grundlegend geprägt habe [24]. Ihre Behauptung, daß Freud unehelich empfangen worden sei, stützt Balmary indirekt auf die Aussagen der Bernfelds und direkt auf ihren französischen Kollegen Wladimir Granoff [25]. Dieser aber erweist sich im umstrittenen Punkt als sonderbare Referenz. Er behauptet, daß nicht nur die Geburt, sondern auch die Beschneidung Freuds im Freiberger Stadtregister zwei Monate früher eingetragen war. Er schreibt dies so, als habe er es selbst herausgefunden. Aber seine seltsame Formulierung „ayant eu communication de photocopies de ces registres" [26] weist eher darauf hin, daß er nie solche Kopien in Händen hatte. Zudem ist es unwahrscheinlich, daß die Freiberger Stadtverwaltung auch Beschneidungsdaten aufgezeichnet hatte. Wahrscheinlicher ist, daß Granoff von der vielzitierten „Matrik der Abschriften der Andersgläubigen Freibergs" gehört hatte, diese aber von seinem Informanten (wegen ihrer erschwerten Lesbarkeit) falsch interpretiert worden war und Granoff also nichts Neues über den Registereintrag in der Stadtverwaltung wußte. Als Marie Balmary versuchte, mit Granoff diese Punkte zu klären, teilte er ihr am Telefon mit, daß er zur Zeit nicht mehr darüber sprechen möchte [27]. Hat sich da schon wieder jemand im Tabu verwickelt?

Gab es denn niemanden, der sich einmal gesagt hat: Jetzt will ich's wissen!? Niemanden, der die Geheimnistuerei satt hatte? Doch, es gab jemanden: Leslie Adams hatte 1954 in der angesehenen „Psychoanalytic Review" einen Artikel mit folgendem Titel publiziert: „Sigmund Freuds richtiger Geburtstag: Mißverständnis und Lösung" [28]. Warum aber hat

Argument 3: Freud ist eher am 6. März als am 6. Mai 1856 geboren worden

kaum einer der vielen Biographen diesen Artikel je erwähnt? Merkwürdig. Das Rätsel löste sich schnell und gründlich. Leslie Adams war sich ihrer Sache sicher: Bestimmt verkündete sie, daß Sigmund Freud wirklich der eheliche Sohn seiner angesehenen Eltern war und daß er zweifellos am 6. Mai 1856 geboren sei. Das Argument, das sie dazu anführte, war allerdings eher peinlich: Sie rechnete vor, daß dann, wenn Freud schon am 6. März 1856 geboren wäre, dies mit der Fließschen Periodenlehre (Biorhythmik) nicht übereinstimmen würde (nach Fließ muß jede Geburt an einem Tag erfolgen, der vom Geburtstag der Mutter an gerechnet ohne Rest durch 23 oder durch 28 teilbar ist). Die Tage von Amalies Geburt bis zum 6. Mai 1856 sind ohne Rest durch 23 teilbar, und deshalb müsse dies der richtige Geburtstag sein.

Interessant ist ein 1999 von der „Library of Congress" im Internet angebotenes Faksimile eines Geburtsscheins, das Sigmund Freuds Geburt auf den 6. Mai 1856 ausweist, ausgestellt am 19. Juli 1886! [29]

Insgesamt – wenn man die von den Bernfelds gelieferten Fakten, die Art ihres Schreibens über diese Fakten, die irritierenden Aussagen derjenigen, die vorgaben, die Frage des Geburtsdatums zu klären, und die ignorierenden Reaktionen der Biographen zu einem Gesamtbild zusammensetzt – muß man zu folgenden Schlüssen gelangen:

1. Wenn mehrere Mitglieder eines städtischen Festkomitees in ihrem eigenen Bürgerregister unter einem bestimmten Geburtseintrag einen anderen Monat lesen, als sie erwartet haben, und diesen überraschenden (und für sie doch peinlichen) Fund nach außen tragen, haben sie kaum falsch gelesen. Wenn der Eintrag nur undeutlich gewesen wäre, hätten sie es bei einigen Bemerkungen unter sich bewenden lassen. Weil der Eintrag aber klar war, mußten sie klären, ob sie ihre Festvorbereitungen beschleunigen und das Fest zwei Monate früher durchführen sollten.

2. Freud selbst scheint kein Interesse daran gehabt zu haben, die Möglichkeit einer früheren Geburt ernsthaft in Erwägung zu ziehen ... oder von anderen in Frage stellen zu lassen. Zudem begründete er sein Desinteresse mit dem naivsten aller möglichen Argumente: daß seine Mutter – also genau die Frau, die das größte Interesse an der Verschleierung einer früheren Geburt gehabt haben könnte – es am besten wissen müsse.

3. Die Bernfelds scheinen das frühere Datum als wahrscheinlich richtigen Geburtstag betrachtet zu haben, ohne dies aber klar auszusprechen.

4. Der Verdacht, daß Jakob und Amalie Freud das Geburtsdatum ihres Sohnes absichtlich falsch eintragen ließen, scheint auf den ersten Blick eine respektlose Unterstellung. Wenn man aber bedenkt, daß beide ihre eigenen Geburtstage anläßlich der Umstellung vom jüdischen auf den christlichen Kalender nach persönlichen Wünschen abgeändert haben (Jakob wählte den Geburtstag von Bismarck und Amalie denjenigen von Kaiser Franz Josef), wird klar, daß Geburtstage für Freuds Eltern mehr symbolische als juristische Bedeutung hatten. Diese „Großzügigkeit" der Eltern Freuds gegenüber Geburtsdaten ist seit der Freud-Biographie von Jones bekannt [30], wurde aber in der Diskussion um Freuds Geburtsdatum von niemandem erwähnt. Schließlich wäre es auch möglich, daß Sigmund weder am 6. März noch am 6. Mai geboren wurde, Jakob aber den 6. Mai als offiziellen Geburtstag bestimmt hat, weil ein anderes Vorbild, nämlich der Arzt, Schriftsteller und Poltikwissenschafler Loeb Baruch, der sich später „Ludwig Börne" nannte, an einem 6. Mai geboren worden war (siehe Kapitel 6.6).

5. Alle Biographen haben nach der Thematisierung der Problematik durch die Bernfelds die Frage nach dem richtigen Geburtstag Freuds mehr oder weniger ignoriert und das offizielle Geburtsdatum des 6. Mai akzeptiert. Diejenigen, die doch Anstrengungen unternommen haben, das Geburtsdatum zu klären, haben unter fadenscheinigen Gründen mitten auf der Strecke aufgegeben, zum Beispiel so, als hätten sie gerade keine Zeit, der Frage weiter nachzugehen. Es scheint, als ob sich alle vor Freuds Wunsch, das Thema begraben sein zu lassen, gebeugt hätten.

6. Der wirkliche Geburtstag von Sigmund Freud ist vielleicht der 6. Mai, wahrscheinlicher ist es aber der **6. März 1856**.

Zitierte Quellen

Die im Text zitierten Quellen werden hier in Kurzform angeführt, nur mit Namen des Erstautors oder der Erstautorin (bei Verwechslungsgefahr zusätzlich mit abgekürztem Vornamen), Jahr, eventuell Band und Seitennummer. Weitere Quellenangaben sind dann im Literaturverzeichnis aufzufinden. Freud-Zitate wurden den 19-bändigen „Gesammelten Werken" (Verlag S. Fischer, 1999) – bezeichnet mit „G.W." – entnommen und werden mit Ersterscheinungsjahr, Bandnummer und Seitenzahl zitiert.

Folgende Abkürzungen von häufig zitierten Werken kommen zusätzlich zur Anwendung:

Anzieu I, II	= Freuds Selbstanalyse (Anzieu D, 1990, Band I und II)
Appignanesi	= Die Frauen Sigmund Freuds (Appignanesi L, Forrester J, 1996)
Bertin	= Biographie über Marie Bonaparte (Bertin C, 1989)
Binswanger	= Erinnerungen an Freud (Binswanger L, 1956)
Briefe	= Sigmund Freud: Briefe 1873 – 1939 (Freud E, Freud L, 1968)
Clark	= Freud-Biographie (Clark R, 1981)
FFB Nr, S.	= Briefe an Wilhelm Fließ – mit Nummer und Seitenzahl – (Masson J, 1986)
Flem	= Freud-Biographie (Flem L, 1993)
Fluß	= Jugendbriefe an Emil Fluß (Grubrich-Simitis I, 1973)
Freud	= Sigmund Freud
Freud E	= Freud-Biographie (Freud E, Freud L, Grubrich-Simitis I, 1985)
Freud M	= Autobiographie von Martin Freud (Freud Martin, 1957)
Freud Sophie	= Autobiographie von Sophie Freud (Freud Sophie, 1989)
Fromm	= Freud-Biographie (Fromm E, 1995)
Gay	= Freud-Biographie (Gay P, 1995)
Jones I, II, III	= Dreibändige Freud-Biographie (Jones 1978, Band I, II und III)
Krüll	= Freud und sein Vater (Krüll M, 1979)
Lohmann	= Freud-Biographie (Lohmann HM, 1998)
Ludwig	= Freud-Biographie (Ludwig E, 1946)
Margolis	= Freud und seine Mutter (Margolis D, 1996)
Markus	= Freud-Biographie (Markus G, 1989)
Molnar	= Kürzeste Chronik, Tagebuch 1929 – 1939 (Molnar M, 1996)
Puner	= Freud-Biographie (Puner H, 1949)
Roazen	= Freud-Biographie (Roazen P, 1976)
Sachs	= Freud-Biographie (Sachs H, 1982)
Schur	= Freud-Biographie (Schur M, 1977)
SilbB Nr, S.	= Jugendbriefe an Eduard Silberstein (Boehlich W, 1989)

Zitierte Quellen

Wittels = Freud-Biographie (Wittels F, 1924)
Young I, II = Biographie über Anna Freud (Young-Bruehl E, 1995, Band I und II)

Die technische Abkürzung „üKo" bedeutet, dass ein direktes Zitat aus dem Französischen oder dem Englischen vom Autor des vorliegenden Buches ins Deutsche übersetzt worden ist.

Seiten 9–10
Vorwort und Dank
1 Mahony 1986, XIII; üKo

Seiten 11–15
1. Ein unerwarteter „Auftritt" von Sigmund Freud
1 Jones 1978, I, II, III
2 Schur 1977
3 Gay 1995
4 Bonaparte 1981
5 op.cit. 8
6 Kollbrunner 1973; 1996

Seiten 16–30
2. Freuds tödliche Krankheit
1 Jones II, 458
2 Markus, 119
3 Briefe, 346
4 Jones I, 361
5 Schur, 125
6 op.cit. 76
7 Jones II, 464
8 op.cit. 458 f.
9 Schur, 267
10 Jones I, 356
11 loc.cit.
12 Jones 1973, 281
13 Schur, 219
14 Roazen, 97
15 Jones 1973, 281
16 cit. Roazen, 257
17 cit. Binswanger, 64
18 cit. Clark, 371
19 Wallace 1978, 33 ff.
20 Krüll, 148
21 Möhring 1985, 127
22 Schur, 82
23 Jones II, 492
24 Jones III, 331
25 cit. Clark, 344
26 Roazen, 240
27 FFB 102, 206
28 FFB 191, 376
29 cit. Schur, 379
30 cit. Schur, 310
31 Schur, 424
32 Jones III, 115; Schur, 421
33 cit. Jones III, 113
34 cit. Gay, 472
35 Briefe, 362
36 Jones 1978, III
37 Schur 1977
38 Romm 1983
39 Molnar, 434
40 Romm 1983, 22
41 Molnar, 281
42 Romm 1983, 31
43 cit. Schur, 452
44 cit. Schur, 447
45 Briefe, 375
46 cit. Jones III, 148 f.
47 cit. Gay, 590
48 cit. Clark, 533
49 Molnar, 148
50 cit. Schur, 502
51 cit. Freud E, 263
52 cit. Schur, 537
53 op.cit. 538
54 Briefe, 444
55 cit. Freud E, 280
56 cit. Jones III, 565
57 Molnar, 59
58 cit. Schur, 602

59 cit. Gay, 720 f.
60 cit. Schur, 611
61 Briefe, 474 f.
62 cit. Schur, 615
63 cit. Jones III, 289
64 cit. Schur, 616
65 Schur, 618
66 cit. Schur, 620

Seiten 31–44
3. Die Auseinandersetzung Freuds mit seiner Krebserkrankung
1 Möhring 1985, 143
2 Schur, 64
3 Jones III, 184
4 Blum H 1990, 34
5 Grubrich-Simitis 1981, 398 f.
6 Briefe, 144 f.
7 cit. Schur, 82
8 Deutsch F 1973, 303; üKo
9 cit. Young II, 370
10 Freud 1912/13, G.W. IX, 81
11 Jones III, 330
12 Freud 1914, G.W. X, 110
13 cit. Clark, 95
14 Lemche 1993, 12
15 cit. Schur, 478
16 cit. Lemche 1993, 10
17 Groddeck 1979, 114
18 cit. Häfner 1994, 260
19 Groddeck 1970, 93 f.
20 op.cit. 94
21 op.cit. 120 f.
22 Freud 1904, G.W. IV, 162
23 Halpert 1982, 374
24 Blum H 1994, 874; üKo
25 Freud 1914, G.W. X, 148
26 cit. Halpert 1982, 375 ff.
27 cit. Clark, 540
28 cit. Roazen 1995, 221; üKo
29 Grinker 1973, 182; üKo
30 Wortis 1973, 283; üKo
31 Briefe, 467
32 Molnar, 470
33 Briefe, 449

34 FFB 39, 61
35 FFB 144, 298
36 FFB 153, 318
37 FFB 170, 346
38 Freud 1890, G.W. V, 294 f.
39 Groddeck 1970, 20
40 loc.cit.
41 cit. Schur, 373
42 cit. Gay, 460
43 Groddeck 1970, 133
44 Schur, 343
45 op.cit. 370
46 FFB 192, 377
47 cit. Freud E, 320
48 cit. Schur, 612
49 Romm 1983, 33; üKo
50 Cremerius 1983, 165
51 Möhring 1985, 142
52 Markus, 296
53 cit. Jones III, 280
54 cit. Sachs, 169
55 Plügge 1967, 102
56 Ludwig A 1959, 103; üKo
57 cit. Freud H 1973, 313; üKo
58 cit. Freud E, 252
59 cit. Schur, 82
60 cit. Schur, 110
61 cit. Molnar, 117
62 cit. Molnar, 403
63 Gay, 199
64 Bonaparte 1937
65 Bonaparte 1939
66 Bonaparte 1981
67 Bonaparte 1940
68 Bonaparte 1937
69 Bonaparte 1937, 89; 1981, 75
70 Bonaparte 1937, 105; 1981, 87
71 Bonaparte 1981, 50
72 op.cit. 25
73 op.cit. 38, 49, 83
74 op.cit 24
75 op.cit. 66
76 op.cit. 105
77 op.cit. 39, 45
78 op.cit. 51 f.

79 op.cit. 45
80 op.cit. 39
81 op.cit. 56, 84
82 Freud 1940, G.W. XVII, 60
83 Balzac 1948
84 op.cit. 388

Seiten 45–62
4. Die Verdrängung von Freuds Krebserkrankung durch die Biographen
1 Roazen 1995, XI; üKo
2 Jones I, 362
3 Jones II, 495
4 op.cit. 32
5 op.cit. 9
6 cit. Steiner 2000b, 256
7 Schur, 308
8 op.cit. 360
9 op.cit. 429
10 op.cit. 342
11 cit. Steiner 2000a, 133
12 Schur, 489
13 Freud M, 48; üKo
14 Clark, 596
15 Deutsch H 1973, 171; üKo
16 op.cit. 175
17 op.cit. 176; üKo
18 op.cit. 174; üKo
19 Pfister 1956, 112
20 Blum E 1956, 144+146
21 Ruitenbeek 1973b, 14
22 Racker 1973, 369; üKo
23 Gedo 1970, 789 f.
24 Sachs, 1
25 op.cit. 124
26 op.cit. 112
27 op.cit. 117
28 op.cit. 106
29 Zweig 1982, 298 f.
30 op.cit. 292 f.
31 Zweig 1970, 475
32 Jones III, 290
33 Schur, 26
34 op.cit. 134

35 Gifford 1983, XVI; üKo
36 Zweig 1970, 477 f.
37 Roazen, 512
38 op.cit. 509
39 cit. Köhler 1996, 97
40 cit. Clark, 323 f.
41 cit. Puner, 242; üKo
42 cit. Nitzschke 1996, 8
43 Natenberg 1955, 240; üKo
44 Catell cit. Gay, 554
45 cit. Clark, 583
46 cit. Markus, 298
47 Natenberg 1955, 6
48 cit. Gilman 1994, 694
49 Cremerius 1983, 165
50 Romm 1983
51 Roazen, 391
52 Eissler 1985, 29
53 Gay, 195
54 Puner 1949
55 Jones I, 24
56 Koestler 1954b, 435
57 Koestler 1954a, 410; üKo
58 Koestler 1954b, 437
59 SilbB 12, 16
60 FBB 141, 288
61 Koestler 1954b, 437
62 Dalí 1984, 37 f.
63 Dalí cit. Romm 1983, 121
64 cit. Clark, 581
65 Freud E, 298
66 Molnar, 436
67 Romm 1983, 112–123
68 Schur, 235
69 Deutsch F 1973, 298; üKo
70 loc.cit.
71 Gay, 704
72 Cremerius 1983, 166
73 Schur, 619 f.
74 Jones III, 290
75 Roazen, 512
76 Gay, 732
77 Romm 1983
78 Cremerius 1983, 164 ff.
79 Friedman 1966, 50

80 Margolis, 137
81 Booth 1964a, 160; üKo
82 Booth 1973, 303 ff.
83 Booth 1975, 417
84 Möhring 1985, 124
85 op.cit. 140 f.
86 op.cit. 144
87 Steiner 2000a, 108
88 Sprengnether 1998, 147; üKo
89 Hacker 1973, 325; üKo
90 op.cit. 323
91 op.cit. 325
92 Green 1993, 236
93 Steiner 2000a, 130
94 Steiner 2000b, 266
95 cit. Young II, 118
96 cit. Young II, 121
97 Roazen, 34
98 Steiner 2000a, 111
99 cit. Steiner 2000a, 125
100 Steiner 2000a, 134
101 Young II, 110+114
102 cit. Clark, 450
103 Ruitenbeek 1973b, 13; üKo
104 loc.cit.
105 Franke 1984, 121 f.
106 Young II, 323+389
107 Young II, 324
108 cit. Köhler 1996, 61 ff+84 f.
109 Krüll 1979
110 Sulloway 1982
111 Freud 1917, G.W. XI, 294 f; 1925, G.W. XIV, 99-110
112 Wittels, 70
113 Grinker cit. Puner, 158; üKo
114 Schmidbauer 1999, 138
115 Steiner 2000a, 107
116 Roazen, 19 f.
117 Dewald 1982
118 Abend 1982
119 Halpert 1982
120 Chernin 1976
121 Halpert 1982, 374; üKo
122 Chernin 1976, 1328; üKo
123 loc.cit.
124 Balint 1962, 486
125 cit. Halpert 1982, 382 f; üKo

Seiten 63–85
5. Was könnte hinter Freuds Krebserkrankung stehen?
1 Kollbrunner 1996
2 Kollbrunner 1997
3 Ludwig A 1959
4 Turns 1978, 71; üKo
5 Gillis 1979
6 Cantor 1971
7 Davies 1986
8 Ordway 1977
9 Strauss 1988
10 Ordway 1977, 188 f; üKo
11 Strauss 1988, 130; üKo
12 Beckmann 1975
13 Lohaus 1989
14 Krampen 1994
15 Ogden 1983, 227
16 Klein cit. Hinshelwood 1996, 536
17 Klein 1983, 189
18 Plassmann 1993, 263
19 Kast 1994, 14
20 Zuriff 1993, 1155
21 cit. Janus 1987, 836
22 Dornes 1993, 1136
23 Zuriff 1993, 1154
24 Dornes 1996, 1117
25 Zelnick 1991, 844
26 Dornes 1993, 1135
27 op.cit. 1146 f.
28 Chornesky 1992, 169
29 cit. Dornes 1996, 1010 f.
30 Chornesky 1992, 169
31 Tuttman 1986, 318
32 Bion 1990, 146
33 Plassmann 1993, 266
34 Kast 1994, 13 f.
35 cit. Rosenthal 1983, 235
36 Kohut cit. Kutter 1979, 391
37 Mitscherlich A, 1984, 146 f.
38 Kast 1994, 219
39 cit. Tuttman 1986, 310

40 loc.cit.
41 op.cit. 315
42 cit. Tuttman 1986, 318
43 Ross 1979, 322 f.
44 Gerrard 1992, 17
45 Kutter 1979, 390
46 Ross 1979, 325
47 Shengold 1991
48 op.cit. 86
49 Kast 1994
50 Dornes 1996, 1003
51 Laing 1974, 111
52 Laing 1972
53 Stierlin 1984, 279–283
54 Kast 1994, 13 f.

Seiten 86–115
6. Freuds tragische Kindheit
1 Jones I, 22
2 op.cit. 32
3 Jones III, 370
4 Bernfeld 1981, 79
5 Markus, 55
6 Flem, 89
7 Anzieu I, 3
8 Markus, 32
9 Kobler 1962, 153
10 Tuttman 1986, 312
11 Bernfeld 1981, 84
12 op.cit. 83
13 Eissler 1985, 30
14 Schmidbauer 1999, 72
15 Cassirer 1981, 246
16 Harsch 1994, 124
17 Krüll, 143
18 Sprengnether 1998, 162
19 Briefe, 425
20 Freud 1910, G.W. VIII, 198
21 Freud 1911, G.W. II/III, 404
22 Freud 1917, G.W. XII, 26
23 Krüll, 144
24 Freud 1925, G.W. XIV, 34
25 Krüll, 114
26 Jones I, 18
27 Anzieu II, 529

28 Krüll, 122
29 Sajner 1968, 170
30 Gicklhorn 1969, 41 f.
31 Schur, 33 f.+229 ff.
32 Krüll, 163 f.
33 Balmary 1997, 68 f.
34 FFB 139, 285 f.
35 Freud 1900, G.W. II/III, 322+437
36 Balmary 1997
37 Freud 1900, G.W. II/III, VI
38 Freud 1916, G.W. X, 370–389
39 Balmary 1997, 288+291; üKo
40 Gicklhorn 1976, 17 f.
41 Kobler 1962, 151
42 Slipp 1988, 157
43 Krüll, 123 ff.
44 Jones I, 22
45 Rattner 1997, 309
46 Freud 1933, G.W. XV, 131 f.
47 Sajner 1968, 174
48 FFB 142, 291
49 Krüll, 145
50 FFB 141, 288 ff.
51 Freud 1900, G.W. II/III, 253
52 FFB 141, 288
53 Krüll, 147
54 Schur, 158
55 Harsch 1994, 126
56 Bernfeld 1981, 85 f.
57 vgl. Miller 1981, 241 f.
58 Krüll, 151
59 Freud 1910, G.W. VIII, 73
60 Freud 1909, G.W. VII, 230
61 Freud 1904, G.W. IV, 60
62 Faksimile in Krüll, 260
63 Krüll, 153
64 op.cit. 140
65 Clark, 14
66 Tesone 1996, 840 ff.
67 Möhring 1985, 146
68 Cassirer 1981, 248
69 FFB 142, 291
70 Freud 1904, G.W. IV, 59
71 Hardin 1994, 107
72 Balmary 1997, 230; üKo

73 Harsch 1994, 127
74 Krüll, 306
75 Balmary 1997, 233
76 Stolorow 1978, 221
77 Harsch 1994, 128
78 Slipp 1988, 159 f.
79 Krüll, 148
80 Freud 1899, G.W. I, 542 f.
81 Bernfeld 1981, 85
82 Freud 1930, G.W. XIV, 430
83 Jones I, 28
84 Krüll, 139
85 op.cit. 128
86 Harsch 1994, 126
87 Lohmann, 9
88 Green 1993
89 op.cit. 213
90 Miller 1979, 27
91 loc.cit.
92 Hardin 1994, 103
93 Harsch 1994, 128
94 op.cit. 148
95 op.cit. 128
96 Hardin 1994, 111
97 Muensterberger 1980, 680
98 Harsch 1994, 127
99 Hardin 1994, 109 f.
100 Stolorow 1978, 220
101 Swan cit. Harsch 1994, 132
102 cit. Gay, 305
103 Freud 1910, G.W. VIII, 127–211
104 Lohmann, 59
105 Freud 1910, G.W. VIII, 189
106 Harsch 1994, 136
107 Gedo 1976c, 305
108 Slipp 1988, 164
109 Grunberger 1964, 607
110 Freud 1900, G.W. II/III, 589 f.
111 Stolorow 1978, 223 f.
112 Freud 1900, G.W. II/III, 427
113 op.cit. 487
114 FFB 141, 289
115 Freud 1899, G.W. I, 531-554
116 op.cit. 546 f.
117 Krüll, 159

118 op.cit. 156 f.
119 Anzieu I, 196
120 Krüll, 135
121 op.cit. 159
122 Freud 1900, G.W. II/III, 207 f.
123 Krüll, 174
124 Roazen, 49
125 Clark, 25
126 Anzieu II, 532
127 Balmary 1997, 233 ff.
128 Krüll, 174
129 FFB 149, 310
130 Krüll, 169 f.
131 Freud 1905, G.W. V, 102 f.
132 Freud 1905, G.W. V, 261 f.
133 op.cit. 262
134 Freud 1900, G.W. II/III, 460 f.+266 ff.
135 Möhring 1985, 145
136 Freud 1899, G.W. I, 545
137 Slipp 1988, 161
138 Jones I, 31
139 FFB 141, 288
140 Slipp 1988, 161
141 Möhring 1985, 145 f.
142 Cassirer 1981, 246
143 Bernfeld cit. Grubrich 1981, 419
144 Margolis, 8
145 Freud 1910, G.W. VIII, 73
146 Krüll, 155
147 Freud 1899, G.W. I, 542
148 Freud 1900, G.W. II/III, 178
149 Grinstein 1980, 67
150 Krüll, 186
151 Jones I, 34 f.
152 Krüll, 137
153 Freud 1900, G.W. II/III, 222
154 op.cit. 144
155 Gicklhorn 1976, 17 f.
156 Freud 1900, G.W. II/III, 589 f.
157 Krüll, 196
158 Stolorow 1978, 223
159 Jones I, 41
160 Freud 1900, G.W. II/III, 203
161 Freud 1900, G.W. II/III, 427

162 Freud Bernays 1973, 143
163 Cassirer 1981, 259
164 Gicklhorn 1976, 5
165 Slipp 1988, 162
166 Möhring 1985, 130
167 Jones I, 24
168 op.cit. 19
169 Wallace 1978, 53
170 Eissler 1978, 463
171 Cassirer 1981, 246
172 cit. Wittels, 242
173 Wallace 1978, 53
174 Krüll, 176
175 cit. Freud E, 73
176 Flem, 106 f.
177 Anzieu II, 531
178 Kobler 1962, 156
179 op.cit.155
180 Krüll, 143
181 Möhring 1985, 129
182 Miller 1979, 31 f. + 63
183 Slipp 1988, 162 f; üKo
184 Shengold 1991, 86
185 Stierlin 1984, 286 ff.
186 op.cit. 288
187 Freud Bernays 1973, 142
188 Gay, 23
189 Blum H 1990, 37; üKo
190 Harrison cit. Blum H 1990, 34
191 Freud 1917, G.W. XII, 20
192 Freud 1933, G.W. XV, 131 f.
193 Miller 1981, 239 f.

Seiten 116–137
7. Entscheidende Jugend
1 Freud M, 20
2 cit. Freud E, 59
3 Möhring 1985, 144 f.
4 Jones I, 45
5 Gedo 1976b, 108
6 Gedo 1970, 788
7 Krüll, 200
8 Gay, 33
9 Heim 1994, 158
10 Appignanesi, 39

11 FluB, 110
12 Eissler 1978
13 Jones I, 76
14 op.cit. 45
15 Eissler 1978, 477+492
16 Freud E 1969
17 Boehlich 1989
18 Heim 1994
19 Sprengnether 1998, 148 f.
20 Vranich 1976, 81+74
21 op.cit. 80
22 Cervantes 1989
23 op.cit. 88
24 op.cit. 96 f.
25 Gedo 1976b, 100 f; üKo
26 Cervantes 1989, 115
27 Gedo 1976b, 101 f; üKo
28 op.cit. 99
29 SilbB 12, 18
30 cit. Eissler 1978, 470
31 FluB, 113
32 SilbB 6, 6 f.
33 SilbB 7, 7 f.
34 FluB, 113
35 SilbB 39, 102
36 SilbB 38, 99
37 SilbB 39, 103
38 SilbB 57, 151 ff.
39 Boehlich 1989, 215
40 op.cit. 236
41 SilbB 57, 153
42 Eissler 1978, 475
43 SilbB 12, 18 f.
44 SilbB 14, 21 f.
45 SilbB 12, SilbB 14
46 SilbB 14, 25
47 SilbB 22, 48
48 SilbB 23, 52 f.
49 Perler 1998 (mündl. Mitteilung)
50 Flem, 156
51 SilbB 30, 79
52 SilbB 37, 98
53 SilbB 37, 96 f.
54 cit. Grubrich-Simitis 1973b, 109
55 Freud 1899, G.W. I, 531–554

56 op.cit. 542 f.
57 Briefe, 144
58 Hawelka 1974, 146
59 Markus, 209
60 Jones I, 45
61 loc.cit.
62 Eissler 1978, 473+475; üKo
63 op.cit. 485 f.
64 Freud 1900, G.W. II/III, 212
65 Freud 1926, G.W. XIV, 199
66 Freud 1915, G.W. X, 248
67 Drewermann 1997a, 45 f.
68 op.cit. 65
69 Eissler 1978
70 op.cit. 502 f; üKo
71 cit. Drewermann 1997a, 130
72 op.cit. 113
73 op.cit. 132
74 op.cit. 132 f.
75 SilbB 62, 177
76 Eissler 1978, 471
77 Boehlich 1989, 238
78 SilbB 62, 176
79 Freud 1919, G.W. XII, 249
80 Freud 1919, G.W. XII, 229–268
81 Briefe, 191 ff.
82 Anzieu II, 489
83 Briefe, 185
84 op.cit. 56 f.
85 Freud Bernays 1973, 142; üKo
86 op.cit. 146
87 op.cit. 147; üKo
88 loc.cit; üKo
89 Freud 1909, G.W. VII, 230
90 FFB 170, 347
91 Flem, 152
92 Jensen 1903
93 Freud 1907, G.W. VII, 29–122
94 cit. Schur, 295
95 Freud 1925, G.W. XIV, 91
96 Friedman 1966, 48; üKo
97 cit. Schlagmann 1996, 112
98 Jensen 1903, 21 f.
99 op.cit. 23
100 Friedman 1966, 48 f.

101 Freud 1912, G.W. VII, 123
102 cit. Schlagmann 1996, 111
103 Freud 1912, G.W. VII, 123 f.

Seiten 138–238

8. Isolation als Erwachsener

1 cit. Wehr 1968, 95
2 Jones III, 112
3 Grotjahn 1973, 434
4 Schur, 323
5 Jones II, 427
6 Roazen, 201
7 Clark, 372
8 Gay, 93
9 Hacker 1973, 328
10 Roazen, 111
11 Grinker 1973, 183
12 FluB, 120
13 cit. Binswanger, 48
14 Roazen, 494
15 Sachs, 140
16 Roazen, 244
17 Clark, 43
18 Lohmann, 43
19 cit. Schur, 345
20 cit. Binswanger, 102
21 cit. Bertin, 285
22 cit. Schur, 464
23 Flem, 18
24 Freud M, 27
25 FFB 210, 402
26 Sachs, 100
27 SilbB 11, 14
28 FluB, 111
29 cit. Flem, 134
30 Molnar, 345
31 cit. Molnar, 345
32 Ludwig, 202
33 cit. Sachs, 119
34 Flem, 170
35 op.cit. 67 f.
36 Jones II, 494 f.
37 Gay, 569
38 Freud M, 25; üKo
39 FFB 93, 190

40	Freud 1914, G.W. X, 198	85	Flem, 203
41	cit. Schur, 452	86	Freud 1921, G.W. XIII, 98
42	Schur, 489	87	Freud 1916/17, G.W. XI, 16
43	cit. Jones III, 176	88	loc.cit.
44	Briefe, 321	89	Freud 1915, G.W. X, 231
45	op.cit. 205+207 ff.	90	cit. Mitscherlich et al. 1994, III, 40
46	op.cit. 273	91	op.cit. 40
47	cit. Bertin, 297	92	Freud 1914, G.W. X, 153 f.
48	Sprengnether 1998, 151	93	Theweleit 1996, 19 ff.
49	Gay, 88	94	Freud 1914, G.W. X, 155
50	Choisy 1973, 292; üKo	95	loc.cit.
51	Cassirer 1981, 241	96	Theweleit 1996, 15 + 123 f.
52	cit. Roazen, 135	97	Briefe, 57
53	Freud 1912, G.W. VIII, 380 f.	98	Freud 1930, G.W. XIV, 441
54	op.cit. 384	99	Freud 1901, G.W. II/III, 686
55	cit. Binswanger, 65	100	Freud 1930, G.W. XIV, 468
56	Schur, 204	101	op.cit. 469
57	Struck 1997, 293	102	Freud 1930, G.W. XIV, 435
58	Drewermann 1997b, 18	103	Briefe, 56 + 407; FluB, 108; cit. Gay, 504; cit. Molnar, 93; cit. Roazen, 476; cit. Pfister 1956, 111
59	Buber 1974, 22		
60	Morris 1972, 86		
61	Theweleit 1996, 7	104	cit. Roazen 1995, 225
62	Fromm 1973	105	Sachs, 104
63	Funk 1997, 247	106	FFB 93, 190
64	Theweleit 1996, 9	107	Freud 1914, G.W. X, 46
65	op.cit. 11	108	Freud 1925, G.W. XIV, 34
66	op.cit. 13	109	Freud 1927, G.W. XIV, 290
67	Hohage 1997, 13	110	op.cit. 291
68	Ferenczi 1924	111	Ludwig, 210
69	Harrach 1997, 226 f.	112	Appignanesi, 169 f.
70	op.cit. 232 ff.	113	cit. Gay, 595
71	Theweleit 1996, 128	114	cit. Roazen, 156
72	Funk 1997, 255 ff.	115	cit. Binswanger, 56
73	Hohage 1997, 13 f.	116	op.cit. 74
74	cit. Struck 1997, 310	117	cit. Nitzschke 1996, 71
75	Struck 1997, 294–301	118	cit. Gay, 595
76	Hohage 1997, 14–21	119	cit. Roazen, 158
77	Struck 1997, 294 f.	120	cit. Lohmann, 112
78	cit. Gay, 341	121	cit. Bergmann 1993, 934
79	Freud 1907, G.W. VII, 118	122	Sachs 1982, 136
80	Nitzschke 1996, 112	123	cit. Brody 1973, 499; üKo
81	Soeder 1997, 134	124	Horney 1975, 424
82	Goldwyn cit. Clark, 519	125	Freud 1920, G.W. XIII, 62 f.
83	Ludwig, 61	126	Platon 1979, 58+60
84	Drewermann 1997a, 59 f.	127	Freud 1920, G.W. XIII, 63

128 Tesone 1996, 846
129 Freud 1915, G.W. X, 319
130 Farau 1984, 68
131 Freud 1930, G.W. XIV, 442
132 Freud 1910, G.W. VIII, 90
133 Hawelka 1974, 228
134 Flem, 83
135 cit. Nitzschke 1996, 107
136 Nitzschke 1996, 107
137 FFB 28, 47
138 cit. Adams P 1987, 465 f.
139 Roazen, 79
140 FFB 144, 298
141 Freud 1899, G.W. I, 547
142 cit. Jaffé 1971, 154 ff.
143 Rattner 1997, 269
144 Brome 1969, 242 ff.
145 Freud 1910, G.W. VIII, 86
146 Freud 1914, G.W. X, 102
147 cit. Jones II, 185
148 Freud 1922, G.W. XVII, 47 f.
149 Steadman 1981, 66
150 cit. Gay, 188
151 cit. Steiner 2000a, 139
152 Möhring 1985, 134
153 FFB 152, 316
154 Krüll, 137
155 Jones II, 493
156 Theweleit 1996, 76
157 Briefe, 224
158 Clark, 149
159 Freud, G.W. I, 226; IV, 194 f;
    X, 319; cit. Appignanesi, 290;
    cit. Puner, 122; Young I, 85
160 Slipp 1988, 162
161 Bernays Heller 1956, 419; üKo
162 Freud M, 10
163 cit. Mahony 1986, 95
164 FFB 109, 213
165 FFB 109, 212 f.
166 Flem, 38
167 Freud 1900, G.W. II/III, 437
168 Freud 1936, G.W. XVI, 250–257
169 Fromm, 70
170 Gay, 379

171 Freud 1909, G.W. II/III, X
172 cit. Schur, 338
173 cit. Clark, 186
174 Krüll, 208; Chasseguet 1988, 172
175 Lohmann, 117
176 Racker 1973, 372
177 Jones I, 359
178 Freud 1900, G.W. II/III, 461
179 Balmary 1997, 259
180 Ross 1979, 320
181 Wallace 1978
182 Krüll 1979
183 Balmary 1997
184 op.cit. 279
185 op.cit. 103
186 Krüll, 126
187 op.cit. 208
188 FFB 120, 245
189 FFB 139, 283 f.
190 FFB 142, 293
191 Krüll, 209
192 Molnar, 335
193 Kobler 1962, 156
194 Freud M, 11
195 Bernays Heller 1956, 419 ff; üKo
196 Markus, 32
197 Slipp 1988, 162; Gay, 566
198 Krüll, 142; Molnar, 144
199 Kobler 1962, 157;
    Freud M, 11; Jones I, 19
200 Jones I, 19 f.
201 Roazen, 63
202 op.cit. 65
203 Margolis, 13; üKo
204 Kobler 1962, 160; Sachs, 151
205 FFB 142, 291 ff.
206 FFB 141, 290
207 FFB 142, 293
208 Bollack 1993; Politzer 1972
209 Ranke-Graves 1984, 341
210 Fromm 1980, 175
211 op. cit. 152
212 Rattner 1997, 364
213 Sophokles 1989, V 638, 718 f,
    857 f, 916, 981 ff, 1056 f, 1068

214 Ranke-Graves 1984, 337
215 op.cit. 341
216 Freud 1900, G.W. II/III, 213
217 op.cit. 589f.
218 Jokl cit. Roazen 1995, 140
219 Freud M, 12; üKo
220 Margolis, 11; üKo
221 Wittels, 35
222 Kobler 1962, 161
223 cit. Clark, 541
224 Briefe, 344
225 Bernays Heller 1956, 421
226 Briefe, 362f.
227 cit. Schur, 375
228 cit. Clark, 494
229 cit. Molnar, 82f.
230 Slipp 1988, 163
231 Margolis, 144
232 Fromm, 70
233 Funk 1983, 21
234 Margolis, 14
235 cit. Freud E, 99
236 Freud 1916/17, G.W. XI, 210
237 Freud 1921, G.W. XIII, 110
238 Freud 1930, G.W. XIV, 473
239 Freud 1933, G.W. XV, 143
240 cit. Jones III, 184
241 Briefe, 418
242 Hardin 1994, 122
243 Stolorow 1978, 222; üKo
244 Hardin 1994, 118
245 Treurniet 1995, 117
246 Margolis, 63; üKo
247 Slipp 1988, 155
248 Stolorow 1978, 235
249 Boyer 1980, 695
250 Friedman 1966, 49
251 Stolorow 1978, 335
252 Appignanesi, 15
253 Freud 1927, G.W. XIV, 352
254 Gay, 567
255 Freud 1905, G.W. V, 129
256 Briefe, 418
257 Freud 1931, G.W. XIV, 518
258 op.cit. 519

259 op.cit. 528f.
260 op.cit, 531
261 Zweig 1982
262 Briefe, 428
263 Kobligk 1990, 26
264 Freud 1933, G.W. XV, 143
265 Appignanesi, 539
266 op.cit. 24
267 Treurniet 1995, 117
268 Macho cit. Sloterdijk 1998, 303
269 Fromm, 47+64
270 Jones II, 507
271 Krüll, 157
272 SilbB 54, 143
273 Fromm, 24
274 Jones I, 31
275 cit. Wallace 1978, 34
276 Möhring 1985, 127
277 Kast 1994
278 Stierlin 1984
279 FFB 240, 445
280 Briefe, 64
281 Freud M, 17; üKo
282 Freud 1904, G.W. IV, 245
283 Margolis, 40
284 Theweleit 1996, 57–71
285 Briefe, 124
286 Sprengnether 1998, 156
287 op.cit. 162; üKo
288 Freud 1926, G.W. X, 360
289 Briefe, 18ff.
290 op.cit. 39
291 cit. Jones I, 143
292 Briefe, 28
293 cit. Jones I, 153
294 op.cit. 161
295 Margolis, 31f; üKo
296 Briefe, 71
297 Sprengnether 1998, 158
298 Jones I, 163
299 Stolorow 1978, 227f; üKo
300 Margolis, 38
301 op.cit. 44
302 Paton 1989, 45ff.
303 Freud Esti 1980, 30; üKo

304 Rosenfeld cit. Roazen 1995, 220
305 cit. Roazen 1995, 220
306 Roazen, 75
307 Laforgue 1973, 342; üKo
308 Margolis, 43
309 Möhring 1985, 133
310 FFB 39, 63
311 FFB 77, 149
312 Nitzschke 1996, 97
313 Freud 1900, G.W. II/III, 175 ff.
314 Fromm, 36
315 Xenakis 1986
316 Paton 1989
317 Jones I, 152
318 cit. Jones I, 181
319 Jones I, 185
320 Berthelsen 1994, 45
321 cit. Gay, 189
322 cit. Molnar, 367
323 cit. Appignanesi, 63
324 Paton 1989, 280–287
325 cit. Steiner 2000a, 131
326 cit. Puner, 210 f; üKo
327 Molnar, 290+305
328 cit. Gay, 688
329 op.cit. 732
330 cit. Binswanger, 120
331 cit. Young II, 122 f.
332 Rosenfeld cit. Roazen 1995, 213
333 Paton 1989, 246; üKo
334 Freud M, 33
335 Blum H 1991, 531
336 Freud 1900, G.W. II/III, 491
337 Sachs, 66 f.
338 Freud M, 38
339 cit. Markus, 27
340 Freud M, 32 f.; üKo
341 Puner, 144; üKo
342 Jones II, 455
343 cit. Markus, 27
344 Freud M, 205; üKo
345 cit. Schur, 306 f.
346 Jones II, 449
347 Freud 1904, G.W. IV, 199 f.
348 Freud M, 38; üKo
349 cit. Margolis, 17
350 cit. Roazen 1995, 206 f.
351 Freud M, 84
352 op.cit. 26; üKo
353 Jones II, 453
354 Young I, 67
355 op.cit. 67 f.
356 FFB 270, 492
357 cit. Clark, 227
358 Freud M, 57 f.
359 op.cit. 128
360 op.cit. 58 f; üKo
361 op.cit. 49; üKo
362 op.cit. 61; üKo
363 op.cit. 100; üKo
364 op.cit. 137; üKo
365 op.cit. 148; üKo
366 op.cit. 160; üKo
367 Freud H 1973, 312; üKo
368 z. B. in Freud E, 226 ff.
369 cit. Binswanger, 94
370 z. B. Ruitenbeek 1973b, 15
371 Freud M, 202
372 op.cit. 9; üKo
373 op.cit. 30; üKo
374 op.cit. 27; üKo
375 op.cit. 200; üKo
376 op.cit. 36; üKo
377 op.cit. 43; üKo
378 op.cit. 39; üKo
379 op.cit. 39; üKo
380 op.cit. 49
381 op.cit. 31; üKo
382 op.cit. 32; üKo
383 op.cit. 79; üKo
384 op.cit. 79; üKo
385 op.cit. 103; üKo
386 op.cit. 109; üKo
387 op.cit. 125; üKo
388 op.cit. 126 f; üKo
389 op.cit. 129
390 op.cit. 144
391 op.cit. 157; üKo
392 op.cit. 147; üKo
393 op.cit. 39; üKo

394 Schur, 277
395 Freud M, 181; üKo
396 Molnar, 91
397 Freud M, 188; üKo
398 Freud M, 192
399 Freud Sophie 1988
400 Washington Post, in op.cit.
401 Freud Sophie, 13
402 loc.cit.
403 op.cit. 365
404 op.cit. 367
405 op.cit. 19 ff.
406 op.cit. 13
407 op.cit. 15
408 op.cit. 361
409 op.cit. 318
410 Molnar, 217
411 SilbB 23, 52
412 Freud Sophie, 320
413 op.cit. 306
414 cit. Appignanesi, 373
415 Rosenfeld cit. Roazen 1995, 208
416 Krüll, 304
417 Young I, 43
418 op.cit. 97
419 op.cit. 50+194
420 op.cit. 66
421 cit. Freud Sophie, 327
422 cit. Young I, 69
423 op.cit. 75
424 op.cit. 76
425 cit. Brill 1973a, 148; üKo
426 Briefe, 314
427 cit. Binswanger, 69
428 Young I, 89
429 Krüll, 312
430 cit. Gay, 486
431 op.cit. 488
432 Molnar, 395
433 Gay, 493
434 Young I, 107
435 op.cit. 111 f.
436 Roazen, 425
437 Freud 1919, G. W. XII 206 ff. + 220 f.
438 Gay, 482

439 op.cit. 492
440 Young I, 138
441 cit. Young I, 138
442 cit. Young I, 158
443 cit. Appignanesi, 379
444 Young I, 162
445 cit. Young I, 285
446 Young I, 147 f.
447 op.cit. 155
448 Jones III, 120
449 cit. Schneider P 1999, 149
450 Salber 1999, 117+134+139
451 Freud 1925, G.W. XIV, 24-28
452 op.cit. 29 f.
453 cit. Young I, 225
454 Young I, 273 f.
455 Briefe, 439
456 Molnar, 22
457 cit. Margolis, 84; üKo
458 Young II, 10
459 cit. Gay, 732
460 Gay, 822
461 Young II, 20 f.
462 cit. Young II, 91
463 cit. Young II, 134
464 cit. Young II, 101
465 Olvedi 1992, 34
466 cit. Young II, 187 f.
467 Young II, 340
468 cit. Young II, 344
469 cit. Young II, 348
470 cit. Roazen 1995, 229; üKo
471 Bonaparte cit. Steiner 2000a, 132
472 Young II, 347
473 Flem, 190
474 Nitzschke 1998, 238
475 vgl. Nitzschke 1998, 209–250
476 Margolis, 63 ff.
477 cit. Jones I, 287
478 Margolis, 59 f; üKo
479 op.cit. 83
480 FFB 45, 81
481 FFB 45, 82
482 Puner, 145
483 Grinker 1973, 185

484 Wittels, 162
485 Deutsch H 1973, 174; üKo
486 Sachs, 89 f.
487 Maeder 1956, 116
488 Binswanger, 10
489 cit. Alexander 1973, 136; üKo
490 cit. Binswanger, 20
491 cit. Lohmann, 41
492 cit. Binswanger, 20
493 cit. Molnar, 207 f.
494 Anzieu II, 465
495 Wittels, 115
496 Maeder 1956, 117 f; Clark, 284
497 cit. Molnar, 400
498 cit. Deutsch H 1973, 178; üKo
499 cit. Roazen, 198
500 cit. Roazen, 188
501 cit. Binswanger, 52
502 cit. Fromm, 121
503 Gay, 678
504 Alexander 1973, 133
505 Sachs, 44
506 Natenberg 1955, 5
507 Wittels, 114
508 Morgenthaler 1956, 104
509 Wittels, 114
510 Sachs, 111
511 op.cit. 94
512 Fromm, 143
513 Jones II, 474
514 Deutsch H 1973, 176
515 Brill 1973a, 149 f; üKo
516 cit. Clark, 281
517 Jones II, 187
518 Lohmann, 51
519 Freud 1933, G.W. XVI, 24
520 cit. Maeder 1956, 117
521 cit. Clark, 351
522 op.cit. 512
523 Adams P 1987, 477
524 Jones II, 475
525 cit. Roazen, 188
526 Sachs, 106 f. + 112
527 cit. Roazen 1995, 223
528 Fromm, 49 f. + 47 + 50

529 Jones II, 507
530 Briefe, 321
531 Freud 1920, G.W. XIII, 20
532 cit. Gay, 504
533 Romm 1983, 93
534 Schur, 483
535 op.cit. 503
536 op.cit. 484
537 op.cit. 595
538 op.cit. 613 f.
539 Peters 1979, 234
540 Berthelsen 1994, 90
541 cit. Gay, 819 f.
542 Nitzschke 1996, 189
543 Roazen 1995, 80
544 Schur, 612
545 Molnar, 78
546 Schur, 421
547 op.cit. 420 f.
548 op.cit. 337 f.
549 Flem, 194
550 Appignanesi, 76
551 Eissler 1985, 30
552 Reich 1973, 448
553 Flem, 194
554 Jones II, 493
555 Young I, 85
556 cit. Appignanesi, 327
557 op.cit. 363
558 Appignanesi, 81
559 Roazen, 445 f.
560 op.cit. 416 f.
561 Molnar, 377
562 op.cit. 196
563 Appignanesi, 454
564 Bertin, 75
565 Olvedi 1992, 71
566 Appignanesi, 460
567 op.cit. 471
568 Bertin, 266
569 cit. Bertin, 260
570 Appignanesi, 461
571 Bertin, 275
572 Appignanesi, 464
573 Bertin, 285

574 loc.cit.
575 Olvedi 1992, 84
576 Bertin, 315
577 cit. Bertin, 309
578 Bertin, 311
579 cit. Bertin, 290
580 cit. Bertin, 288
581 cit. Olvedi 1992, 72
582 Bertin, 310
583 Bonaparte 1981, 43 f.
584 op.cit. 56
585 op.cit. 59
586 op.cit. 62
587 op.cit. 72
588 op.cit. 36 f.
589 Appignanesi, 470
590 Olvedi 1992, 75
591 cit. Appignanesi, 470

Seiten 239–271
9. Die Umkreisung des „Es"
1 Wehr 1968, 7
2 Buber 1974, 9+15+18
3 cit. Will 1985, 154
4 loc.cit.
5 Groddeck 1979, 27
6 Groddeck 1970, 14
7 Freud 1933, G.W. XV, 80
8 Fromm, 112
9 Webster cit. Franke 1998, 203
10 Chasseguet-Smirgel 1988, 170
11 Freud 1914, G.W. X, 174 f.
12 op.cit. 175
13 Briefe, 431
14 Molnar, 256
15 Balmary 1997, 96
16 cit. Freud E, 176
17 Blum H 1991, 519; üKo
18 Freud 1914, G.W. X, 198
19 Blum H 1991, 520
20 Puner, 183 f.
21 op.cit. 184
22 Freud 1923, G.W. XIII, 286
23 cit. Jones I, 51
24 Freud 1905, G.W. V, 48

25 FFB 146, 302
26 Freud 1909, G.W. VII, 462
27 Binswanger, 37
28 cit. Clark, 273
29 loc.cit.
30 cit. Molnar, 135
31 Roazen, 115
32 cit. Roazen, 157
33 cit. Roazen, 158
34 cit. Roazen, 157
35 Ludwig, 206
36 Freud 1908, G.W. VII, 215
37 op.cit. 216
38 Roazen, 450
39 FFB 107, 211
40 Jones III, 450
41 Kuipper 1973
42 op.cit. 414; üKo
43 Möhring 1985, 148
44 Freud 1927, G.W. XIV, 336
45 op.cit. 337
46 cit. Roazen 1995, 215
47 FFB 131, 272
48 FFB 189, 372
49 FFB 204, 394
50 Briefe, 143
51 Lohmann, 103
52 Freud 1895, G.W. I, 227
53 Flem, 182
54 Schmidbauer 1999, 137–149
55 Freud 1939, G.W. XVI, 211
56 Briefe, 143
57 cit. Clark, 67
58 Molnar, 183
59 Freud 1933, G.W. XV, 86
60 Theweleit 1977
61 Freud 1933, G.W. XVI, 24
62 Freud 1930, G.W. XIV, 471
63 Neumann 1956, 807
64 Freud 1914, G.W. X, 79
65 Görres 1982, 18+23
66 op.cit. 16
67 op.cit. 25
68 Drosdowski 1963, 7, 78
69 vgl. Düe 1987, 740

70 Freud 1930, G.W. XIV, 480
71 Goethe: Faust I, V 1335 f.
72 Eversberg 1996, 104 f.
73 op.cit. 106
74 Kobligk 1997, 103
75 Goethe: Faust I, V 329
76 Komp 1986, 55 f.
77 Lorenz 1963
78 Görres 1982, 28
79 Lorenz 1963, X
80 op.cit. 342
81 Rogers 1973, 99 f.
82 Horney cit. LeShan 1982, 110
83 May 1974, 152 f.
84 Plack 1974, 28
85 cit. Wehr 1976, 123
86 Freud 1923, G.W. XIII, 331
87 cit. Jägersberg 1992, 15
88 Adams P 1987, 469; üKo
89 Friedmann 1966, 51 f.
90 Freud 1920, G.W. XIII, 47
91 cit. Schur, 494
92 Margolis, 24
93 Freud 1900, G.W. II/III, 457
94 Hartke 1994, 649
95 Alford 1998, 72+71; üKo
96 op.cit. 78 f.
97 op.cit. 72; üKo
98 cit. Roazen, 262
99 Freud M, 128
100 Briefe, 450
101 Freud Bernays 1973, 144
102 cit. Roazen 1995, 70
103 cit. Flem 1993, 121
104 Schmidbauer 1999, 137 ff.
105 cit. Margolis, 131
106 Margolis, 132
107 Freud 1914, G.W. X, 108
108 Freud M, 19 f.
109 Margolis, 125
110 op.cit. 121; üKo
111 cit. Margolis, 121
112 Zweig 1973, 96
113 Freud 1914, G.W. X, 172
114 Briefe, 406

115 Jones III, 171+359
116 Jones I, 37
117 Sachs, 156
118 Molnar, 120
119 cit. Molnar 378
120 cit. Jones III, 171
121 Molnar, 77+86
122 cit. Clark, 544
123 Freud M, 190 f; üKo
124 Briefe, 449 f.
125 cit. Molnar, 379
126 Jones III, 252
127 Freud A 1981, 9 f.
128 op.cit. 8
129 cit. Puner, 252; üKo
130 Freud 1912/13, G.W. IX, 154
131 Clark, 544
132 Ludwig, 207
133 Clark, 544
134 Molnar, 159
135 Freud 1900, G.W. II/III, 530
136 Sloterdijk 1998, 347 ff.
137 cit. Kobler 1962, 164
138 cit. Roazen 1995, 222
139 Roazen, 458
140 vgl. King 1995, 842
141 King 1995, 855
142 Freud 1933, G.W. XV, 129 f.
143 Krüll, 161
144 Stolorow 1978, 233 ff.
145 op.cit. 236; üKo
146 Freud 1933, G.W. XV, 144 f.
147 cit. Clark, 62
148 Freud 1933, G.W. XV, 126
149 Jones II, 492 f.
150 Gay, 571
151 Briefe, 83
152 Gay, 584
153 Appignanesi, 592
154 loc.cit.
155 Brody 1973, 498 ff.
156 Freud 1905, G.W. V, 50
157 Freud 1924, G.W. XIII, 401
158 Freud 1926, G.W. XIV, 241
159 cit. Jones II, 493

160 Stanley 1878
161 Kunath 1999, 2
162 Nitzschke 1998, 8
163 Freud 1938, G.W. XVII, 114
164 Gay, 567
165 cit. Lohmann, 61
166 Appignanesi, 14
167 Gay, 571
168 Appignanesi, 17
169 Lohmann, 121
170 Jones I, 49
171 Freud 1907, G.W. VII, 139
172 Roazen, 45
173 cit. Rattner 1997, 556
174 cit. Binswanger, 99
175 Briefe, 469
176 Chasseguet-Smirgel 1988, 173
177 op.cit. 174 f.
178 op.cit. 175
179 Freud 1930, G.W. XIV, 421 f.
180 Brückner 1963, 886
181 Freud 1930, G.W. XIV, 422 f.
182 Düe 1993, 420 f.
183 Dornes 1993, 1128
184 Harrison 1979, 414; üKo
185 Briefe, 424
186 Jones II, 494 + III, 359
187 Sachs, 123
188 Jones II, 494
189 Plassmann 1993, 267
190 Miller 1981, 237
191 Andreas-Salomé 1958, 133 f.
192 Freud 1938, G.W. XVII, 115
193 cit. Franke 1998, 203
194 May 1970, 129
195 cit. Gay, 691
196 Balzac 1948, 281
197 op.cit. 281 f.

Seiten 272–316
10. Tödlicher Ausgang
1 Briefe, 346
2 cit. Young I, 168
3 Briefe, 356 f.
4 Horney 1975, 16
5 Rosenthal 1983, 238; üKo
6 Horney 1975, 23 ff.
7 Benette 1969, 360; üKo
8 cit. Rattner 1997, 714
9 cit. Margolis, 84
10 Booth 1964b, 185
11 Grunberger 1964, 613
12 Booth 1973, 310; üKo
13 Benette 1969, 360
14 Horney 1975, 74+93
15 vgl. Calogeras 1991
16 Freud 1905, G.W. V, 98
17 Booth 1964a, 160; üKo
18 Vester 1973, 35
19 Groddeck 1970, 86 f.
20 Dethlefsen 1983, 344 ff.
21 op.cit. 345 ff.
22 vgl. Boss 1954, 92
23 Mitscherlich A, 1984, 166 f.
24 Vester 1973, 12
25 Bahnson 1981, 690
26 Rank 1988
27 Ferenczi 1924
28 Freud 1920, G.W. XIII, 1–69
29 Bahnson 1981, 690
30 Grinker 1966, 881
31 Dornes 1996, 995
32 Jones III, 370
33 Montague 1974, 7 ff.
34 Morris 1972
35 Anzieu 1991
36 Alexander 1984, 52
37 Anzieu 1991, 51
38 vgl. Laing 1978, 47 ff.
39 cit. Sulloway 1982, 285 ff.
40 FFB 146, 302 f.
41 Groddeck 1979, 188
42 Sandler 1973, 780
43 Spitz 1956, 646 f.
44 Bonnard 1961, 696
45 loc.cit.
46 Spitz 1956, 647
47 op.cit. 649
48 Groddeck 1979, 188
49 Groddeck 1966b, 386 f.

9. – 10. Kapitel

50   Morris 1972, 45
51   Groddeck 1979, 187
52   Sandler 1973, 774
53   Morris 1972, 233
54   Sandler 1973, 775 f.
55   FFB 39, 61
56   cit. Sloterdijk 1998, 304 f.
57   Morris 1972, 235 f.
58   Freud 1905, G.W. V, 68
59   op.cit. 82
60   op.cit. 80 f.
61   Freud 1900, G.W. II/III, 115 f.
62   Boss 1954, 93
63   Mitscherlich A, 1984
64   Fromm, 54
65   Overbeck 1984, 338
66   Anzieu 1991, 52
67   Freud 1917, G.W. X, 438
68   Booth 1964a, 165
69   Booth 1973, 304
70   Plassmann 1993, 269
71   op.cit. 271
72   vgl. Kollbrunner 1997
73   Booth 1973, 307
74   Turns 1978, 70
75   Engel 1984, 249
76   Kobler 1962, 155
77   Puner, 253
78   loc.cit.; üKo
79   Diersburg 1985, 177
80   Pirandello 1923
81   cit. Young II, 304
82   Freud 1913, G.W. VIII, 451
83   Freud 1915 in Freud 1991, 142
84   Freud 1915, G.W. X, 231
85   Zuriff 1993; Dornes 1996
86   Blum H 1997, 365
87   cit. May 1974, 130
88   May 1974, 121
89   Alford 1998, 71
90   op.cit. 75+72
91   op.cit. 72
92   op.cit. 75
93   Winnicott cit. May 1974, 133
94   Brockhaus 1908, Bd. 8, 848

95   cit. Jones III, 193
96   Schur, 165
97   cit. Jones II, 494
98   Freud 1913, G.W. VIII, 447
99   Freud 1904, G.W. IV, 289
100 cit. Schur, 281
101 SilbB 39, 103
102 cit. Markus, 141
103 Freud 1914, G.W. X, 198
104 Stolorow 1978, 235
105 Gedo 1976c, 305
106 cit. Gay, 590
107 cit. Steiner 2000b, 253
108 Freud 1935, G.W. XVI, 31
109 Briefe, 359
110 Freud 1914, G.W. X, 151 f.
111 Schur, 165
112 Freud 1920, G.W. XIII, 54
113 Gallup 1985, 280; üKo
114 op.cit. 282; üKo
115 cit. Schur, 527 f.
116 Freud 1909, G.W. VII, 379–463
117 Freud 1900, G.W. II/III, 266 ff.
118 Mahony 1986, 95 ff.
119 Kanzer 1980, 237
120 Mahony 1986, 96
121 op.cit. 82
122 op.cit. 70+85
123 Hawelka 1974, 251 f.
124 Mahony 1986, 85
125 op.cit. 212
126 Cantor 1971, 451
127 Kestenberg 1980, 171
128 Mahony 1986, 42 f.
129 Hawelka 1974, 232
130 op.cit. 32
131 op.cit. 144
132 op.cit. 98
133 op.cit. 132
134 op.cit. 176
135 op.cit. 162
136 op.cit. 178
137 op.cit. 180
138 op.cit. 188
139 Weiss 1980, 204

140 Freud 1909, G.W. VII, 450
141 Hawelka 1974, 42
142 Kanzer 1980, 239
143 Freud 1909, G.W. VII, 429
144 op.cit. 426
145 loc.cit.
146 op.cit. 454
147 op.cit. 456 f.
148 op.cit. 460
149 Mahony 1986, 216 f.
150 Balmary 1997
151 Hawelka 1974, 130+132
152 Zetzel 1966, 126
153 Mahony 1986, 39
154 Myerson 1966, 141; üKo
155 Shengold 1980, 187
156 Mahony 1986, 53
157 Shengold 1980, 186; üKo
158 op.cit. 197
159 Hawelka 1974, 32+34
160 Mahony 1986, 67
161 Hawelka 1974, 263
162 Zetzel 1966, 127
163 Mahony 1986, 44+216
164 Zetzel 1966, 127
165 Myerson 1966, 142
166 Zetzel 1966, 129
167 Langs 1980, 218
168 Freud 1913, G.W. VIII, 445
169 Hawelka 1974, 152
170 op.cit. 154
171 op.cit. 220+230
172 Jones III, 61
173 FFB 152,316; 153,317; 154,320
174 Puner, 196; üKo
175 Freud 1935, G.W. XVI, 32 f.
176 Fromm, 141
177 Briefe, 452
178 Freud 1939, G.W. XVI, 160
179 cit. Meng 1956, 150;
     Übersetzung A. Duchêne
180 Freud 1938, G.W. XVII, 115
181 Schur, 606 f.
182 op.cit. 603 f.
183 Schur, 619

184 Rosenberg cit. Roazen 1995, 230
185 Balzac 1948
186 Schur, 619
187 Ayoun 1990, 4 f.
188 cit. Frijling 1965, 606
189 Frijling 1965, 607
190 cit. Frijling 1965, 607 f.
191 Balzac 1948, 45
192 op.cit. 46
193 op.cit. 51
194 Ayoun 1990, 63 f.
195 Balzac 1948, 47 ff.
196 op.cit. 52
197 Ayoun 1990, 39 f.
198 Jallat cit. Duchet 1979, 145
199 Ayoun 1990, 38
200 Horney 1975, 421 f.
201 Flem, 39
202 Klauber 1974, 413
203 Alexander 1984, 51
204 Klein 1983, 188
205 Freud 1915, G.W. X, 231
206 Fromm 1976, 35
207 Schneider G 1984, 196
208 FFB 215, 411
209 Freud 1900, G.W. II/III, 238 f.
210 cit. Jones II, 91
211 Margolis, 162
212 Shengold 1980
213 Harsch 1994, 144
214 cit. Puner, 196; üKo
215 cit. Schur, 527 f.
216 Möhring 1985, 144
217 Sloterdijk 1998, 347-401
218 Gardner 1996, 459
219 Puner, 255 f; üKo
220 1999 VG Bild-Kunst
221 Zweig 1970, 479
222 Cremerius 1983, 166
223 Puner, 253; üKo
224 Clark, 581
225 Markus, 332

Seiten 317–324
11. Freuds Verdienst
1. Flem, 112
2. Kohut 1976, 382
3. Sulloway 1982, 39
4. Elliot 1998, 6
5. Schneider P 1999, 80
6. Hacker 1973, 333; üKo
7. Markus, 134
8. Gedo 1976c, 306
9. Grubrich-Simitis 1973a, 9
10. Wehr 1996, 17
11. Freud 1895, G.W. I, 227
12. Flem, 145 f.
13. cit. Flem, 122
14. FFB 270, 492
15. Gay, 107
16. Eissler 1985, 36
17. Fromm, 137
18. Anzieu I, 13 ff.
19. Gay, XIII
20. Roazen 1995, XVI
21. cit. Menge 1973, 261
22. Wittels, 103
23. Binswanger, 106
24. Briefe, 320
25. cit. Binswanger, 98
26. Fromm, 138
27. Neumann 1956, 803
28. cit. Roazen 1995, 224; üKo
29. vgl. Balmary 1997, 222
30. FFB 235, 437
31. Greene 1958, 346
32. Eissler 1978, 492; üKo
33. Nietzsche cit. Young II, 358
34. Gardner 1996, 65 f.
35. Grubrich-Simitis 1981, 398
36. Wallace 1978, 54
37. Möhring 1985, 144
38. Margolis, IX
39. Zweig 1970, 475
40. cit. Wehr 1976, 96
41. Fromm, 144
42. Perler 1998 (mündl. Mitteilung)

Seiten 325–354
12. Einsichten
1. vgl. Rohde-Dachser 1987, 774 ff; Tesone 1996, 841 f.
2. Schoofs 1998, 40; üKo
3. Horney 1975, 424
4. Meyer 1988, 912
5. Horney 1951, 40
6. Struck 1997, 309 f.
7. Kernberg 1994, 499 f.
8. Treurniet 1995, 118 f.
9. Ellman 1998, XXIV
10. Franke 1998, 195
11. Torrey 1992, cover
12. Crews 1998, cover
13. Lohmann 1997, 56
14. Heinrichs 1997, I
15. Kernberg 1994, 502
16. Ellman 1998
17. Nass in Ellman 1998, 46
18. Bergmann in Ellman 1998, 294
19. Blum H 1998: http://plaza.interport.net/nypsan
20. Roazen 1995, 37
21. Meyer 1988, 911
22. Reichmayr 1990, 124 f.
23. Elliot 1998, 2
24. www.shef.ac.uk/uni/projects/gpp/burying_freud.html
25. Brill 1973b, 157; üKo
26. Meyer 1988, 912
27. Laforgue 1973, 346
28. Clark, 372
29. Bergmann 1993, 944
30. Schoofs 1998, 40; üKo
31. Crews 1998, XVIII-XXI
32. Schoofs 1998, 40; üKo
33. op.cit. 42
34. Suter 1999, 7
35. Wenger 1999, 19
36. Huxley 1953
37. Schoofs 1998, 42; üKo
38. op.cit. 42+45; üKo
39. cit. Zimmermann 1998, 968
40. Mertens 1994, 359

41 cit. Schoofs 1998, 42
42 Wyss 1998, 1622
43 op.cit. 1623
44 loc.cit.
45 Kernberg 1994, 493
46 Bettina Hodel
47 Grawe 1994, 670
48 op.cit. 698
49 Moser 1995, 786
50 Grawe 1994, 731
51 Mertens 1994, 353
52 Moser 1995, 789
53 Rüger cit. Moser 1995, 787
54 Mertens 1994, 356
55 Kaiser 1995, 506
56 op.cit. 493
57 Kächele 1995, 481
58 Mertens 1994, 358 f.
59 Kaiser 1995, 506
60 „Der Bund", 1. 10. 1999, 35
61 Kernberg 1994, 495
62 Franke 1998, 207
63 Kächele 1995, 488
64 Kurzweil 1995, 205
65 Roazen 1995, XVI+271
66 Kernberg 1994, 489
67 Freud 1918, G. W. XII, 193
68 Maeder 1956, 122
69 Wehr 1996, 184
70 Shengold 1980
71 Mahony 1986, 44+216
72 Shengold 1980, 189
73 Orwell 1950
74 Rosenthal 1983, 238 f.
75 Booth 1973, 315; üKo
76 Booth 1969, 574
77 LeShan 1982
78 LeShan 1993
79 LeShan 1982, 118
80 op.cit. 145
81 op. cit. 101 f.
82 Vester 1973, 76 f.
83 Spiegel 1991, 267; üKo
84 cit. Miketta 1991, 120
85 Fromm 1975, 242 f.

86 Kollbrunner 1992
87 Fromm 1974, 79 f.
88 Elliot 1998, 10 f.
89 cit. Young I, 145
90 Zulliger 1956, 134
91 Blum H 1997, 364; üKo
92 May 1974, 157
93 Miller 1980, 21
94 Miller 1979, 26
95 Miller 1980, 293
96 Miller 1979, 17
97 Kollbrunner 1992, 60
98 „Beobachter" 1999, 6, 54–57
99 op.cit. 57
100 „Beobachter" 1999, 6, 54–57
101 „Schweizer Illustrierte" 1999, 13, 31–33
102 Fromm 1976
103 Freire 1973

Seiten 355–365
A-1: Krebsheilkunde, Psychosomatik, Leib-Seele-Problem
1 Müller-Locher 1979, 28 f.
2 Zorn 1977, 133+175
3 Boss 1954, 17
4 Freud 1894, G.W. I, 63
5 Mitscherlich A, 1984, 165
6 Zander W 1989, VIII
7 Miketta 1991, 73+75
8 Atmanspacher 1996
9 loc.cit.
10 Stierlin 1998, 22
11 von Uexküll 1990, 452+455 f.
12 op.cit. 457
13 Boss 1954, 16
14 Andreas-Salomé 1958, 41
15 Alexander 1984, 46 f.

Seiten 365–378
A-2: Psychoonkologie als Psychosomatik der Krebsheilkunde
1 LeShan 1993, 18
2 Groddeck 1966a
3 Evans 1926

4   Reich 1976
5   LeShan 1993, 21
6   Menninger 1973, 380; üKo
7   Kissen 1964
8   Greene 1966, 800f.
9   Bahnson 1966
10 Kissen 1969
11 Booth 1973
12 Newton 1964
13 Hagnell 1966
14 Thomas 1979, 299
15 Graves 1981
16 Shaffer 1987, 446
17 Grossarth-Maticek 1979
18 Van der Ploeg 1991
19 Guex 2000, 2; üKo
20 Rittenberg 1995
21 Joyce 1990
22 Zander E 1983, 369
23 cit. Fox 1995, 251
24 Maguire 1996
25 SCC 1995, 3 [4]
26 Kollbrunner 1996
27 Stiefel 1995, 215f; üKo
28 op.cit. 215
29 Stiefel 1998, 180
30 Holland 1989
31 Bammer 1981, 62f.
32 Hürny 1981, 38f.
33 Schwarz 1994, 5f.+67
34 Helmkamp 1984, 76f.
35 Schwarz 1986, 206
36 Zander E 1983, 373
37 Schwarz 1986, 213
38 Helmkamp 1984, 137
39 Cassileth 1985, 1555
40 cit. Miketta 1991, 120+166
41 Helmkamp 1984, 118
42 cit. Schwarz 1994, 68
43 Meerwein 1981, 11
44 Meerwein 1982, 10
45 Cairns 1990, 14ff.
46 Kreitler 1993, 50f.
47 Faller 1996, 114
48 Schwarz 1993, 5

49 op.cit. 7f.
50 op.cit. 1
51 Schwarz 1994, 3
52 op.cit. 11
53 op.cit. 99
54 Greer 1994
55 Josten 1985
56 Greer 1994, 95
57 Fox 1995, 248; üKo
58 op.cit. 247; üKo
59 op.cit. 246f.
60 in Fox 1995, 256; üKo
61 Cassileth 1995, 265; üKo
62 Wills 1991, 289; üKo
63 Cassileth 1995, 266
64 Kiss 1995, 231; üKo
65 Schwarz 1994, 4
66 Greer 1994, 87
67 Levenson 1991
68 Cassileth 1995
69 Meerwein 1998, 13
70 Schwarz 1998, 17

Seiten 378–384
A-3: Freuds Geburtstag
1   Bernfeld 1981, 80ff.
2   Jones 1978 I
3   Jones 1953 I, 1; üKo
4   Steiner 2000b, 245f.
5   Kobler 1962, 151
6   Puner 1949
7   Krüll, 123f.
8   Sajner 1968
9   Gicklhorn 1969
10 Sajner 1968, 172+173
11 op.cit. 173
12 Gicklhorn 1969, 40; üKo
13 Steiner 2000b, 269
14 Gay, 739
15 Anzieu II, 530
16 Markus, 29f.
17 Gicklhorn 1969, 37; üKo
18 Bernfeld 1981, 80
19 loc.cit.
20 loc.cit.

Zitierte Quellen

21 op.cit. 80 f.
22 op.cit. 82
23 op.cit. 81
24 Balmary 1997
25 Granoff 1975
26 op.cit. 325
27 Balmary 1997, III
28 Adams L. 1954
29 http://lcweb.loc.gov/exhibits/freud/vc008101.jpg
30 Jones I, 230 f.

Literaturverzeichnis

Abend Sander M (1982): Serious illness in the analyst: Countertransference considerations. J Amer Psychoanal Assoc 30: 365–379
Adams Leslie (1954): Sigmund Freuds correct birthday: Misunderstanding and solution. Psychoanalytic Review 41: 359–362
Adams Paul L (1987): The mother not the father. J Am Acad Psychoanal 15: 465–480
Ader Robert, Felton DL, Cohen N (eds) (1991): Psychoneuroimmunology. Academic Press, New York
Alexander Franz (1973): Recollections of Berggasse 19. In: Ruitenbeek HM (ed.): Freud as we knew him. Wayne State Univ. Press, Detroit, 132–139
– (1984): Grundzüge der psychosomatischen Forschung. In Overbeck G, Overbeck A (Hrsg.): Seelischer Konflikt – körperliches Leiden. Dietmar Klotz, Eschborn, 46–55
Alford C Fred (1998): Freud and violence. In: Elliott A (ed.): Freud 2000. Polity Press, Cambridge, 61–87
Andreas-Salomé Lou (1958): In der Schule bei Freud. Tagebuch eines Jahres 1912/1913. Niehans, Zürich
Anzieu Didier (1990): Freuds Selbstanalyse und die Entdeckung der Psychoanalyse. 2 Bände. Verlag Internationale Psychoanalyse, München
– (1991): Das Haut-Ich. Suhrkamp, Frankfurt
Appignanesi Lisa, Forrester John (1996): Die Frauen Sigmund Freuds. dtv, München
Atmanspacher Harald (1996): Psyche und Soma als komplexes System. Vortrag, 44. Arbeitstagung der DKPM „Stufen der Integration", Bern, 8. 2. 1996
Ayoun Pascal (1990): La peau de chagrin. Balzac. Analyse critique. Hâtier, Paris
Bahnson Claus B (1981): Das Krebsproblem in psychosomatischer Dimension. In: von Uexküll T, Adler R, Herrmann JM u. a. (Hrsg.): Lehrbuch der Psychosomatischen Medizin. 2. Aufl. Urban+Schwarzenberg, München, 685–98
Bahnson Claus B, Bahnson MB (1966): Role of the ego defenses: Denial and repression in the etiology of malignant neoplasm. Ann NY Acad Sci 125: 827–845
Balint Alice (1962): Liebe zur Mutter und Mutterliebe. Psyche 16: 481–496
Balmary Marie (1997): L'homme au statues. Freud et la faute cachée du père. Nouvelle édition, Bernard Grasset, Paris
Baltrusch Hans-Joachim F (1969): Psychosomatische Beziehungen bei Krebskrankheiten. Psychosom Med 1968/69, Heft 1/2, 168: 196–215
Balzac Honoré de (1948): Das Chagrinleder. Philipp Reclam Jun., Leipzig
Bammer Kurt (1981): Krebs und Psychosomatik. Kohlhammer, Stuttgart
Beckmann Dieter, Richter Horst-Eberhard (1975): Der Gießen-Test (GT). Ein Test für Individual- und Gruppendiagnostik. 2. Aufl. Huber, Bern

Benette Graham (1969): Psychic and cellular aspects of isolation and identity impairement in cancer: A dialectic of alienation. Ann N Y Acad Sci 164: 352–365
Bergmann Martin S (1993): Reflections on the history of psychoanalysis. J Am Psychoanal Assoc 41: 929–955
Bernays Heller Judith (1956): Freud's mother and father. A memoir. Commentary 21 (May): 418–421
Bernfeld Siegfried, Cassirer Bernfeld Suzanne (1981): Freuds frühe Kindheit. In: Grubrich-Simitis Ilse (Hrsg.): Siegfried Bernfeld, Suzanne Cassirer Bernfeld: Bausteine der Freud-Biographik. Suhrkamp, Frankfurt, 78–92
Berthelsen Detelf (1994): Alltag bei Familie Freud. Die Erinnerungen der Paula Fichtl. Econ, Düsseldorf
Bertin Célia (1989): Die letzte Bonaparte. Kore, Freiburg im B.
Binswanger Ludwig (1956): Erinnerungen an Sigmund Freud. Francke, Bern
Bion Wilfred R (1990): Lernen durch Erfahrung. Suhrkamp, Frankfurt
Blum Ernst (1956): Das Menschenbild von Sigmund Freud – Persönliche Erinnerungen. Schw Z Psychol 15: 141–147
Blum Harold P (1990): Freud, Fließ, and the parenthood of psychoanalysis. Psychoanal Quarterly 59: 21–40
– (1991): Freud and the figure of Moses: The Moses of Freud. J Am Psychoanal Assoc 39: 513–535
– (1994): The confusion of tongues and psychic trauma. Int J Psycho-Anal 71: 871–882
– (1997): Clinical and developmental dimensions of hate. J Am Psychoanal Assoc 45(2): 359–375
– (1998): Freud Net: The Abraham A Brill Library. New York Psychoanalytic Institute. http://plaza.interport.net/nypsan/
Boehlich Walter (Hrsg.) (1989): Sigmund Freud. Jugendbriefe an Eduard Silberstein 1871–1881. S. Fischer, Frankfurt
Bollack Jean (1993): Der Menschensohn. Freuds Ödipusmythos. Psyche 47: 647–683
Bonaparte Marie (1937): Topsy. Chow-Chow au poil d'or. Denoël et Steele, Paris
– (1939): Topsy. Der goldhaarige Chow. Allert de Lange, Amsterdam
– (1940): Topsy. The story of a golden-haired chow. Pushkin Press, London
– (1981): Topsy. Der goldhaarige Chow. S. Fischer, Frankfurt
Bonnard Augusta (1961): Die primäre Bedeutung der Zunge in normalen und abnormen Zuständen. Psyche 14: 690–700
Booth Gotthard (1964a): Cancer and humanism (Psychosomatic aspects of evolution). in: Kissen DM, LeShan LL (eds.): Psychosomatic aspects of neoplastic disease. Proceedings of the 3rd International Conference, International Psychosomatic Cancer Study Group. Pitman, London, 159–169
– (1964b): Krebs und Tuberkulose im Rorschachschen Formdeutversuch. Z Psychosom Med 10: 176–188
– (1969): General and organic-specific object relationships in cancer. Ann N J Acad Sci 164: 568–577
– (1973): Psychobiological aspects of „spontaneous" regressions of cancer. J Amer Acad Psychoanal 1(3): 303–317

– (1975): Three psychobiological paths toward death: Cardiovascular disease, tuberculosis, and cancer. Bull N Y Acad Med 52: 415–431
Boss Medard (1954): Einführung in die Psychosomatische Medizin. Huber, Bern
Boyer L Bryce (1980): Die Psychoanalyse in der Ethnologie. Ein Literaturbericht. Psyche 34: 694–715
Brill Abraham Arden (1973a): Reminiscences of Freud. In: Ruitenbeek HM (ed.): Freud as we knew him. Wayne State Univ. Press, Detroit, 148–153
– (1973b): Reflections, Reminiscences of Sigmund Freud. In: Ruitenbeek HM (ed.): Freud as we knew him. Wayne State Univ. Press, Detroit, 154–169
Brockhaus' Konversations-Lexikon (1908): Brockhaus, Leipzig
Brody Benjamin (1973): Freud's case-load. In: Ruitenbeek HM (ed.): Freud as we knew him. Wayne State Univ. Press, Detroit, 495–503
Brome Vincent (1969): Sigmund Freud und sein Kreis. Wege und Irrwege der Psychoanalyse. List, München
Brückner Peter (1963): Sigmund Freuds Privatlektüre. Teil III. Psyche 16: 881–895
Buber Martin (1974): Ich und Du. Lambert Schneider, Heidelberg
Cairns John (1990): Das Krebsproblem. In: Krebs – Tumoren, Zellen, Gene. Spektrum der Wissenschaft, Heidelberg, 10–21
Calogeras Roy C, Berti Luciano A (1991): Psychoanalyse und Krebs. Ein Fallbericht und eine Hypothese. Psyche 45: 228–264
Cantor Robert, Curtis Thomas A (1971): Prosthetic management of edentulous mandibulectomy patients. Part I. Anatomic, physiologic, and psychologic considerations. J Prosthetic Dent 25(4): 446–457
Cassileth Barrie R (1995): History of psychotherapeutic intervention in cancer patients. Supp Care Cancer 3(4): 264–266
Cassileth Barrie R, Lusk EJ, Miller DS, Brown LL, Miller C (1985): Psychosocial correlates of survival in advanced malignant disease? N Engl J Med 312: 1551–1555
Cassirer Bernfeld Suzanne (1981): Freud und die Archäologie. In: Grubrich-Simitis Ilse (Hrsg.): Siegfried Bernfeld, Suzanne Cassirer Bernfeld: Bausteine der Freud-Biographik. Suhrkamp, Frankfurt, 237–259
Cervantes Saavedra Miguel de (1989): Gespräch zwischen Cipión und Berganza, Hunden des Auferstehungshospitals. Manesse, Zürich
Chasseguet-Smirgel Janine (1988): Zwei Bäume im Garten. Zur psychischen Bedeutung der Vater- und Mutterbilder. Psychoanalytische Studien. Verlag Internationale Psychoanalyse, München
Chernin Paul (1976): Illness in a therapist – loss of omnipotence. Arch Gen Psychiat 33(11): 1327–1328
Choisy Maryse (1973): Memories of my visits with Freud. In: Ruitenbeek HM (ed.): Freud as we knew him. Wayne State Univ. Press, Detroit, 291–295
Chornesky Alice (1992): Updating paternal images in father – adult son relationships. Northampton MA, Smith-College-Studies-in-Social-Work 62: 169–187
Clark Ronald W (1981): Sigmund Freud. S. Fischer, Frankfurt
Cremerius Johannes (1983): Freuds Sterben – Die Identität von Denken, Leben und Sterben. Psychother Psychosom med Psychol 33: 163–166

Crews Frederick C (1998): Unauthorized Freud. Doubters confront a legend. Viking, New York

Dalí Salvador (1984): Das geheime Leben des Salvador Dalí. Schirmer-Mosel, München

Davies Ann D M, Davies C, Delpo MC (1986): Depression and anxiety in patients undergoing diagnostic investigations for head and neck cancers. Br J Psychiatry 149: 491–493

Dethlefsen Thorwald, Dahlke Rüdiger (1983): Krankheit als Weg. Deutung und Be-deutung der Krankheitsbilder. Bertelsmann, München

Deutsch Felix (1973): Reflections on Freud's one hundredth birthday. In: Ruitenbeek HM (ed.): Freud as we knew him. Wayne State Univ. Press, Detroit, 297–305

Deutsch Helen (1973): Freud and his pupils: A footnote to the history of the psychoanalytic movement. In: Ruitenbeek HM (ed.): Freud as we knew him. Wayne State Univ. Press, Detroit, 170–179

Dewald Paul A (1982): Serious illness in the analyst: Transference, countertransference, and reality responses. J Am Psychoanal Assoc 30: 347–363

Diersburg Egenolf Roeder von (1985): Georg Groddecks Philosophie des Es. Psyche 39: 170–178

Dornes Martin (1993): Psychoanalyse und Kleinkindforschung. Einige Grundthemen der Debatte. Psyche 47: 1116–1152

– (1996): Margaret Mahlers Theorie neu betrachtet. Psyche 50: 989–1018

Drewermann Eugen (1997a): Und gäbe dir eine Seele ... Hans Christian Andersens Kleine Meerjungfrau tiefenpsychologisch gedeutet. Herder, Freiburg im B.

– (1997b): Die Suche nach Glück und Sinn. In: Riedel Lothar (Hrsg.): Die Suche nach Glück und Sinn. Mandala Media, Rheinfelden, 9–44

Drosdowski Günther, Grebe Paul u.a. (1963): Duden-Etymologie. Herkunftswörterbuch der deutschen Sprache. Dudenverlag, Mannheim

Duchet Claude (ed.) (1979): Balzac et la peau de chagrin. Soc. d' édition d' enseignenment sup., Paris

Düe Michael (1987): Eros und Thanatos – eine Geschichte. Psyche 41: 726–748

– (1993): Askese und Ekstase bei Freud. Psyche 47: 407–424

Eissler Kurt R (1978): Creativity and Adolescence. The effect of trauma in Freud's adolescence. The Psychoanal Study of the Child 33: 461–517

– (1985): Eine biographische Skizze. In: Freud Ernst, Freud Lucie, Grubrich-Simitis Ilse (Hrsg.): Sigmund Freud. Sein Leben in Bildern und Texten. Suhrkamp, Frankfurt, 10–38

Elliott Anthony (1998): Introduction. In: Elliott A (ed.): Freud 2000. Polity Press, Cambridge, 61–87

Ellman Carolyn S, Grand Stanley, Silvan Mark, Ellman Steven J (eds.) (1998): The modern freudians. Contemporary psychoanalytic technique. Jason Aronson, Northvale, N.J.

Engel Georg L, Schmale Arthur H (1984): Eine psychoanalytische Theorie der somatischen Störung. In Overbeck G, Overbeck A (Hrsg.): Seelischer Konflikt – körperliches Leiden. Reader zur psychoanalytischen Psychosomatik. Dietmar Klotz, Eschborn, 246–270

Evans Elida (1926): A psychological study of cancer. Dodd + Mead, New York

Eversberg Gerd (1996): Erläuterungen zu Johann Wolfgang von Goethe Faust I. Königs Erläuterungen und Materialien Band 21. Bange, Hollfeld

Faller Hermann, Lang Hermann, Schilling Stefan (1996): Kausalattribution „Krebspersönlichkeit" – ein Ausdruck maladaptiver Krankheitsverarbeitung? Z Klin Psychol Psychiat Psychoth 44(1): 104–116
Farau Alfred, Cohn Ruth C (1984): Gelebte Geschichte der Psychotherapie. Klett, Stuttgart
Ferenczi Sándor (1924): Versuch einer Genitaltheorie. Internationaler Psychoanalytischer Verlag, Wien
Flem Lydia (1993): Der Mann Freud. Campus Verlag, Frankfurt
Fox Bernard H (1995): The role of psychological factors in cancer incidence and prognosis. Oncology 9(3): 245–256
Franke Klaus (1984): Sigmund Freud: Sturz eines Denkmals. Der Spiegel 38(52): 116–132
– (1998): Sigmund Freud – Genie oder Scharlatan? Der Spiegel 52(25): 195–207
Freire Paulo (1973): Pädagogik der Unterdrückten. Bildung als Praxis der Freiheit. Rowohlt, Reinbek b. Hamburg
Freud Anna (1981): Vorwort. In: Bonaparte Marie: Topsy. Der goldhaarige Chow. S. Fischer, Frankfurt, 7–10
Freud Bernays Anna (1973): My brother, Sigmund Freud. In: Ruitenbeek HM (ed.): Freud as we knew him. Wayne State Univ. Press, Detroit, 140–147
Freud Ernst L (1969): Jugendbriefe Sigmund Freuds. Neue Rundschau 80: 678–693
Freud Ernst, Freud Lucie (Hrsg.) (1968): Sigmund Freud. Briefe 1873–1939. 2. erw. Aufl., Fischer, Frankfurt
Freud Ernst, Freud Lucie, Grubrich-Simitis Ilse (Hrsg.) (1985): Sigmund Freud. Sein Leben in Bildern und Texten. Suhrkamp, Frankfurt
Freud Esti D (1980): Mrs. Sigmund Freud. Jewish Spectator 45(1): 29–31
Freud Harry (1973): My uncle Sigmund. In: Ruitenbeek HM (ed.): Freud as we knew him. Wayne State Univ. Press, Detroit, 312–313
Freud Martin (1957): Glory reflected. Sigmund Freud – man and father. Angus + Robertson, London
Freud Sigmund (1991): Wir und der Tod. Psyche 45: 132–142
– (1999): Gesammelte Werke. S. Fischer, Frankfurt
  Band I: Studien über Hysterie. Frühe Schriften zur Neurosenlehre.
  Band II/III: Die Traumdeutung. Über den Traum.
  Band IV: Zur Psychopathologie des Alltagslebens.
  Band V: Werke aus den Jahren 1904–1905.
  Band VI: Der Witz und seine Beziehung zum Unbewußten.
  Band VII: Werke aus den Jahren 1906–1909.
  Band VIII: Werke aus den Jahren 1909–1913.
  Band IX: Totem und Tabu.
  Band X: Werke aus den Jahren 1913–1917.
  Band XI: Vorlesungen zur Einführung in die Psychoanalyse.
  Band XII: Werke aus den Jahren 1917–1920.
  Band XIII: Jenseits des Lustprinzips. Massenpsychologie und Ich-Analyse. Das Ich und das Es.
  Band XIV: Werke aus den Jahren 1925–1931.
  Band XV: Neue Folge der Vorlesungen zur Einführung in die Psychoanalyse.
  Band XVI: Werke aus den Jahren 1932–1939.

Band XVII: Schriften aus dem Nachlaß 1892–1938.
Band XVIII: Gesamtregister.
Nachtragsband: Texte aus den Jahren 1885–1938.
- (1999): Geburtsschein (1886) http://lcweb.loc.gov/exhibits/freud/birth.jpg

Freud Sophie (1989): Meine drei Mütter und andere Leidenschaften. Claassen, Düsseldorf

Friedman Lawrence J (1966): From Gradiva to the death instinct. Psychoanalytic Forum 1: 46–53

Frijling-Schreuder, ECM (1965): Honoré de Balzac, ein gestörter Junge, der nicht behandelt wurde. Psyche 18: 606–615

Fromm Erich (1973): Die Kunst des Liebens. Ullstein, Frankfurt
- (1974): Die Revolution der Hoffnung. Für eine humanisierte Technik. Rowohlt, Reinbek b. Hamburg
- (1975): Die Furcht vor der Freiheit. Europäische Verlagsanstalt, Frankfurt
- (1976): Haben oder Sein. Deutsche Verlags-Anstalt, Stuttgart
- (1980): Märchen Mythen Träume. Eine Einführung in das Verständnis einer vergessenen Sprache. Ex Libris, Zürich
- (1995): Sigmund Freud. Seine Persönlichkeit und seine Wirkung. dtv, München

Funk Rainer (1983): Erich Fromm. Rowohlt, Reinbek b. Hamburg
- (1997): Liebe im psychoanalytischen Denken Erich Fromms. In: Höhfeld K, Schlösser AM (Hrsg.): Psychoanalyse der Liebe. Psychosozial-Verlag, Gießen, 247–265

Gallup Donald (ed.) (1985): The journals of Thornton Wilder 1939–1961. Yale University Press, New Haven

Gardner Howard (1996): So genial wie Einstein. Schlüssel zum kreativen Denken. Klett-Cotta, Stuttgart

Gay Peter (1995): Freud. Eine Biographie für unsere Zeit. S. Fischer, Frankfurt

Gedo John E (1976c): Freud's self-analysis and his scientific ideas. In Gedo JE, Pollock GH (eds.): Freud: The fusion of science and humanism. The intellectual history of psychoanalysis. Int. Univ. Press, New York, 286–306

Gedo John E, Wolf Ernest (1970): Die Ichthyosaurusbriefe. Psyche 24: 785–797
- (1976b): Freud's novelas ejemplares. In Gedo JE, Pollock GH (eds.): Freud: The fusion of science and humanism. The intellectual history of psychoanalysis. Int. Univ. Press, New York, 87–111

Gerrard Jackie (1992): Rescuers and containers: Fathers and mothers? Br J Psychotherapy 9: 15–23

Gicklhorn Renée (1969): The Freiberg period of the Freud family. J History Med Allied Sciences 24: 37–43
- (1976): Sigmund Freud und der Onkeltraum – Dichtung und Wahrheit. Selbstverlag, Wien

Gifford Sanford (1983): Foreword. In: Romm Sharon: The unwelcome Intruder. Freud's struggle with cancer. Praeger, New York, IX-XVII

Gillis Robert E, Swenson Wendell M, Laney William R (1979): Psychological factors involved in maxillofacial prosthetics. J Prosthet Dentistry 41: 183–188

Gilman Sander L (1994): Freud studies, 1993–1994: A field establishes itself. Bull Hist Med 68: 691–704

Goethe Johann W (1986): Faust. Der Tragödie erster Teil. Reclam, Stuttgart

Görres Albert, Rahner Karl (1982): Das Böse. Wege zu seiner Bewältigung in Psychotherapie und Christentum. Herder, Freiburg im B.
Granoff Wladimir (1975): Filiations. Ed. de Minuit, Paris
Graves Pirkko L, Thomas Caroline B (1981): Themes of interaction in medical students' Rorschach responses as predictors of midlife health or disease. Psychosomatic Medicine 43: 215–225
Grawe Klaus, Donati Ruth, Bernauer Friederike (1994): Psychotherapie im Wandel. Von der Konfession zur Profession. Hogrefe, Göttingen
Green André (1993): Die tote Mutter. Psyche 47: 205–240
Greene William A (1958): Role of vicarious object in the adaptation to object loss. Psysom Med 20: 344–350
– (1966): The psychosocial setting of the development of leukemia and lymphoma. Ann N J Acad Sci 125: 794–801
Greer Steven (1994): Psycho-oncology: its aims, achievements and future tasks. Psycho-Oncology 3: 87–101
Grinker Roy R (1966): Psychosomatic aspects of the cancer problem. Ann N J Acad Sci 125: 876–882
– (1973): Reminiscences of a personal contact with Freud. In: Ruitenbeek HM (ed.): Freud as we knew him. Wayne State Univ. Press, Detroit, 180–185
Grinstein Alexander (1980): Sigmund Freud's dreams. Intern. Univ. Press, New York
Groddeck Georg (1966a): Von der psychischen Bedingtheit der Krebserkrankung. In: Clauser Günter (Hrsg.): Psychoanalytische Schriften zur Psychosomatik. Limes, Wiesbaden, 380–385
– (1966b): Vom Mund und dessen Seele. In: Clauser Günter (Hrsg.): Psychoanalytische Schriften zur Psychosomatik. Limes, Wiesbaden, 386–388
– (1979): Das Buch vom Es. Psychoanalytische Briefe an eine Freundin. S. Fischer, Frankfurt
Groddeck Georg, Freud Sigmund (1970): Georg Groddeck – Sigmund Freud: Briefwechsel. Limes, Wiesbaden
Grossarth-Maticek Ronald (1979): Krankheit als Biographie. Ein medizinsoziologisches Modell der Krebsentstehung und -therapie. Kiepenheuer & Witsch, Köln
Grotjahn Martin (1973): Sigmund Freud and the art of letter writing. In: Ruitenbeek HM (ed.): Freud as we knew him. Wayne State Univ. Press, Detroit, 433–446
Grubrich-Simitis Ilse (1973a): Sigmund Freuds Lebensgeschichte und die Anfänge der Psychoanalyse. In: Grubrich-Simitis Ilse (Hrsg.): Sigmund Freud „Selbstdarstellung". Schriften zur Geschichte der Psychoanalyse. Fischer, Frankfurt, 7–33
Grubrich-Simitis Ilse (Hrsg.) (1973b): Jugendbriefe an Emil Fluß. In: Grubrich-Simitis Ilse (Hrsg.): Sigmund Freud „Selbstdarstellung". Schriften zur Geschichte der Psychoanalyse. Fischer, Frankfurt, 103–123
Grubrich-Simitis Ilse (1981): Siegfried Bernfeld: Historiker der Psychoanalyse und Freud-Biograph. Psyche 35: 397–434
Grunberger Béla (1964): Über das Phallische. Psyche 17: 604–620
Guex Patrice, Stiefel Friedrich, Rousselle I (2000): Psychotherapy with patients with cancer. Psychotherapy (in press)

Hacker Frederick J (1973): The living image of Freud. In: Ruitenbeek HM (ed.): Freud as we knew him. Wayne State Univ. Press, Detroit, 323–333

Häfner Steffen (1994): Georg Groddeck – Vater der Psychosomatik. Z Psychosom Med Psychoanal 40: 249–265

Hagnell Olle (1966): The premorbid personality of persons who develop cancer in a total population investigated in 1947 and 1957. Ann N J Acad Sci 125: 846–855

Halpert Eugene (1982): When the analyst is chronically ill or dying. Psychoanalytic Quarterly 51: 372–389

Hardin Harry T (1994): Das Schicksal von Freuds früher Mutterbeziehung. Psyche 48: 97–123

Harrach Andor (1997): Die Psychologie der Liebe in der ungarischen Psychoanalyse. In: Höhfeld K, Schlösser AM (Hrsg.): Psychoanalyse der Liebe. Psychosozial-Verlag, Gießen, 225–237

Harrison Irving B (1979): On Freud's view of the infant-mother relationship and of the oceanic feeling – some subjective influences. J Am Psychoanal Assoc 27: 399–421

Harsch Herta E (1994): Freuds Identifizierung mit Männern, die zwei Mütter hatten: Ödipus, Leonardo da Vinci, Michelangelo und Moses. Psyche 48: 124–153

Hartke John M (1994): Castrating the phallic mother: The influence of Freud's repressed developmental experiences on the conceptualisation of the castration complex. Psychoanal Rev (US) 81: 641–657

Hawelka Elza Ribeiro (1974): L'homme aux rats. Journal d'une analyse. Sigmund Freud. Presses Universitaires de France, Paris

Heim Cornelius (1994): Eine „Prinzipien"-Frage: Gisela Fluß und Ichthyosaura. Eine Marginalie zu Freuds Jugendbriefen. Psyche 48: 154–159

Heinrichs Hans-Jürgen (1997): Über die Zukunft der Psychoanalyse. In: Lohmann HM (Hrsg.): Das Unbehagen in der Psychoanalyse. Eine Streitschrift. Psychosozial-Verlag, Gießen, I-VII

Helmkamp Michael, Paul Hartmut (1984): Psychosomatische Krebsforschung. Eine kritische Darstellung ihrer Ergebnisse und Methoden. Huber, Bern

Hinshelwood Robert D (1996): Das schwierige Konzept der „Inneren Objekte" (1934–1943). Seine Bedeutung für die Bildung der kleinianischen Gruppe. Psyche 50: 523–547

Hohage Roderich (1997): Das erotische Element in der Liebe. In: Höhfeld K, Schlösser AM (Hrsg.): Psychoanalyse der Liebe. Psychosozial-Verlag, Gießen, 13–23

Holland Jimmie C, Rowland JH (eds.) (1989): Handbook of Psychooncology. Oxford Univ. Press, New York

Horney Karen (1951): Der neurotische Mensch unserer Zeit. Kindler, München
– (1975): Neurose und menschliches Wachstum. Das Ringen um Selbstverwirklichung. Kindler, München

Hürny Christoph, Adler Rolf (1981): Psychoonkologische Forschung. In: Meerwein F (Hrsg.): Einführung in die Psycho-Onkologie. Huber, Bern, 10–63

Huxley Aldous (1953): Schöne neue Welt. S. Fischer, Frankfurt

Jaffé Aniela (Hrsg.) (1971): Erinnerungen, Träume, Gedanken von C.G. Jung. Walter, Solothurn

Jägersberg Otto (Hrsg.) (1992): Groddeck Werke: Satanarium. Stroemfeld / Roter Stern, Basel
Janus Ludwig (1987): Die Bedeutung des Konzepts der Geburtsangst in der Geschichte der Psychoanalyse. Psyche 41: 832–845
Jensen Wilhelm (1903): Gradiva. Ein pompejanisches Phantasiestück. Carl Reissner, Dresden
Jones Ernest (1953): Sigmund Freud. Life and work. Volume one: The young Freud, 1856–1900. Hogarth Press, London
– (1973): Freud's early travels. In: Ruitenbeek HM (ed.): Freud as we knew him. Wayne State Univ. Press, Detroit, 275–282
– (1984): Das Leben und Werk von Sigmund Freud. dtv, München
Band I. Die Entwicklung zur Persönlichkeit und die großen Entdeckungen. 1856–1900
Band II. Jahre der Reife. 1901–1919
Band III. Die letzte Phase. 1919–1939
Josten Denise M, Evans Alida M, Love Richard R (1985): The Cancer Prevention Clinic: A service program for cancer-prone families. J Psychosocial Oncol 3(3): 5–20
Joyce CRB (1990): Psyche and cancer. Cancer and psyche. A survey of recent publications for the Schweizerische Krebsliga. Manuskript. Bern
Kächele Horst (1995): Klaus Grawes Konfession und die psychoanalytische Profession. Psyche 49: 481–492
Kaiser Erwin (1995): Der psychotherapeutische Weltgeist zu Bern: Klaus Grawe et al. Psyche 49: 493–507
Kanzer Mark (1980): Freud's „human influence" on the rat man. In: Kanzer M, Glenn J (eds.): Freud and his patients. Jason Aronson, New York, 232–240
Kast Verena (1994): Vater-Töchter, Mutter-Söhne. Wege zur eigenen Identität aus Vater- und Mutterkomplexen. Kreuz, Stuttgart
Kernberg Otto F (1994): Der gegenwärtige Stand der Psychoanalyse. Psyche 48: 483–508
Kestenberg Judith S (1980): Ego organization in obsessive-compulsive development. A study of the rat man, based on interpretation of movement patterns. In: Kanzer M, Glenn J (eds.): Freud and his patients. Jason Aronson, New York, 144–179
King Vera (1995): Anna, Irma und Dora – der Schlüssel zu den Müttern im Schöpfungsprozeß der Psychoanalyse. Psyche 49: 838–866
Kiss Alexander (1995): On organizing an international workshop on psychotherapeutic interventions in cancer patients. A virtual coffeebreak communication. Supp Care Cancer 3(4): 227–234
Kissen David M (1969): The present status of psychosomatic cancer research. Geriatrics. January, 129–137
Kissen David M, LeShan Lawrence (eds.) (1964): Psychosomatic aspects of neoplastic disease. Proceedings of the 3rd International Conference, International Psychosomatic Cancer Study Group. Pitman, London, I-VIII
Klauber John (1974): Psychoanalytische Beiträge zur psychosomatischen Medizin mit besonderer Berücksichtigung der Konversionstheorie. In: Brede Karola (Hrsg.): Einführung in die psychosomatische Medizin. Syndikat, Athenäum Fischer, Frankfurt, 407–419
Klein Melanie (1983): Das Seelenleben des Kleinkindes. Klett-Cotta, Stuttgart

Kobler Franz (1962): Die Mutter Sigmund Freuds. Bulletin des Leo Baeck Instituts 5 (19): 149–171

Kobligk Helmut (1990): Johann Wolfgang Goethe: Faust II. Grundlagen und Gedanken zum Verständnis des Dramas. 8. erw. Aufl., Moritz Diesterweg, Frankfurt

– (1997): Johann Wolfgang Goethe: Faust I. Grundlagen und Gedanken. 19. Aufl., Moritz Diesterweg, Frankfurt a.Main

Koestler Arthur (1954a): The invisible writing. Arrow in the blue, 2nd vol. Collins, London

– (1954b): Die Geheimschrift. Bericht eines Lebens. 1932 bis 1940. Kurt Desch, Wien

Köhler Thomas (1996): Anti-Freud-Literatur von ihren Anfängen bis heute. Zur wissenschaftlichen Fundierung von Psychoanalyse-Kritik. Kohlhammer, Stuttgart

Kohut Heinz (1976): Creativeness, charisma, group psychology. Reflections on the self-analysis of Freud. In Gedo JE, Pollock GH (eds.): Freud: The fusion of science and humanism. The intellectual history of psychoanalysis. Intern. Univ. Press, New York, 379–425

Kollbrunner Jürg (1973): Über das Tabu des Selbstmordes. Schw Z Psychol Anwend: 32(4): 316–331

– (1992): Hexensprache. Dietmar Klotz, Eschborn

– (1996): Guilt: the taboo of modern psychooncology? Supp Care Cancer 4: 67–70

Kollbrunner Jürg, Zbären Peter (1997): Erforschung der psychosozialen Aspekte der HNO-Tumorchirurgie (exklusiv Laryngektomie): 4teilige Analyse der Literatur.
Teil 1: Geschichtliche Entwicklung. HNO 45: 360–366
Teil 2: Analyse der empirischen Arbeiten. HNO 45: 433–441
Teil 3: Forschungsergebnisse. HNO 45: 523–532
Teil 4: Stand der Forschung und zukünftige Forschungsziele. HNO 45: 610–617

Kollbrunner Jürg, Zbären Peter, Quack Katharina (2001): Psychosoziale Auswirkungen von Krankheit und primär chirurgischer Therapie bei Patienten mit großen Tumoren der Mundhöhle.
Teil 1: Quantität und Qualität des Lebens. HNO 49 (im Druck)
Teil 2: Krankheitsverarbeitung: Coping, Angst und Depressivität. HNO 49 (im Druck)
Teil 3: Hinweise zur präoperativen Abschätzung der therapeutischen Belastbarkeit. HNO 49 (im Druck)

Komp Andrea (1986): Johann Wolfgang von Goethe: Faust I. Lektüre – Durchblick. Mentor, München

Krampen Günter (1994): Skalen zur Erfassung von Hoffnungslosigkeit (H-Skalen). Hogrefe, Göttingen

Kreitler Shulamith, Chaitchik Samario, Kreitler Hans (1993): Repressiveness: Cause or result of cancer? Psych-Oncology 2: 43–54

Krüll Marianne (1979): Freud und sein Vater. Die Entstehung der Psychoanalyse und Freuds ungelöste Vaterbindung. C.H. Beck, München

Kuipper Herbert I, Rollman-Branch Hilda S (1973): Freud and Schnitzler – (Doppelgänger). In: Ruitenbeek HM (ed.): Freud as we knew him. Wayne State Univ. Press, Detroit, 412–427

Kunath Wolfgang (1999): Und die Pointe lautet natürlich „Dr. Livingstonäääh, I presumäääh?". „Der Bund" 150 (162), 2

Kurzweil Edith (1995): Freud und die Freudianer. 100 Jahre Psychoanalyse. Eine Bestandsaufnahme in Österreich und Deutschland, Frankreich, England und in den USA. dtv, München
Kutter Peter (1979): Psychoanalyse im Wandel. Akzentverlagerungen in der neueren psychoanalytischen Theorie. Psyche 33: 385–394
Laforgue René (1973): Personal memories of Freud. In: Ruitenbeek HM (ed.): Freud as we knew him. Wayne State Univ. Press, Detroit, 341–349
Laing Ronald D (1972): Knoten. Rowohlt, Reinbek b. Hamburg
– (1974): Die Politik der Familie. Kiepenheuer & Witsch, Köln
– (1978): Die Tatsachen des Lebens. Kiepenheuer & Witsch, Köln
Langs Robert J (1980): The misalliance dimension in the case of the rat man. In: Kanzer M, Glenn J (eds.): Freud and his patients. Jason Aronson, New York, 215–231
Lemche Erwin (1993): Das Körperbild in der psychoanalytischen Entwicklungspsychologie. Dietmar Klotz, Eschborn
LeShan Lawrence (1982): Psychotherapie gegen Krebs. Über die Bedeutung emotionaler Faktoren bei der Entstehung und Heilung von Krebs. Klett-Cotta, Stuttgart
– (1993): Diagnose Krebs. Wendepunkt und Neubeginn. Klett-Cotta, Stuttgart
Levenson James L, Bemis Claudia (1991): The role of psychological factors in cancer onset and progression. Psychosomatics 32: 124–132
Lohaus Arnold, Schmitt Gustel M (1989): Fragebogen zur Erhebung von Kontrollüberzeugungen zu Krankheit und Gesundheit (KKG). Hogrefe, Göttingen
Lohmann Hans-Martin (1997): Wie harmlos dürfen Psychoanalytiker sein? Notizen zur verdrängten Thanatologie. In: Lohmann HM (Hrsg.): Das Unbehagen in der Psychoanalyse. Eine Streitschrift. Psychosozial-Verlag, Gießen, 50–59
– (1998): Sigmund Freud. Rowohlt, Reinbek b. Hamburg
Lorenz Konrad (1963): Das sogenannte Böse. Borotha-Schoeller, Wien
Ludwig Alfred O (1959): The role of identification in the conversion process. In: Deutsch F (ed.): The mysterious leap from the mind to the body. Int Univ. Press, New York, 98–110
Ludwig Emil (1946): Der entzauberte Freud. Carl Posen, Zürich
Maeder Alphonse (1956): Persönliche Erinnerungen an Freud und retrospektive Besinnung. Schw Z Psychol 15: 114–122
Maguire P, Booth K, Elliott C, Jones B (1996): Helping health professionals involved in cancer care acquire key interviewing skills – The impact of workshops. Europ J Cancer 32A(9): 1486–1489
Mahony Patrick J (1986): Freud and the rat man. Yale Univ. Press, New Haven
Mannoni Octave (1971): Freud. Rowohlt, Reinbek b. Hamburg
Margolis Deborah P (1996): Freud and his mother. Jason Aronson, Northvale N.J.
Markus Georg (1989): Sigmund Freud und das Geheimnis der Seele. Die Biographie. Herbig, München
Masson Jeffrey M (Hrsg.) (1986): Sigmund Freud, Briefe an Wilhelm Fließ 1887–1904. S. Fischer, Frankfurt
May Rollo (1970): Der verdrängte Eros. Die sexuelle Revolution und der neue Puritanismus. Liebe und Wille in einer schizoiden Welt. Wegner, Hamburg
– (1974): Die Quellen der Gewalt. Eine Analyse von Schuld und Unschuld. Fritz Molden, Wien

Meerwein Fritz (1982): Zur Lage der Psycho-Onkologie in der Schweiz. SAKK Bulletin 2(2): 10–11
Meerwein Fritz (Hrsg.) (1981): Einführung in die Psycho-Onkologie. Huber, Bern
Meerwein Fritz, Bräutigam Walter (Hrsg.) (1998): Einführung in die Psychoonkologie. 5. Aufl., Huber, Bern
Meng Heinrich (1956): Freud und der Bildhauer. Schw Z Psychol 15: 149–151
Menge Wolfgang (1973): Der verkaufte Käufer. Die Manipulation der Konsumgesellschaft. Fischer, Frankfurt
Menninger Karl (1973): Psychological factors in cancer. Bull Menninger Clin 37: 378–380
Mertens Wolfgang (1994): Psychoanalyse auf dem Prüfstand? Zur empirisch verkleideten Berufspolitik von Klaus Grawe. Z Psychosom Med Psychoanal 40: 353–367
Meyer Adolf-Ernst (1988): Wie fanden Sie zu Freud? oder: Individuation-Separation von einem Gründervater. Psyche 42: 904–914
Miketta Gaby (1991): Netzwerk Mensch. Psychoneuroimmunologie: Den Verbindungen von Körper und Seele auf der Spur. Trias, Thieme, Stuttgart
Miller Alice (1979): Das Drama des begabten Kindes und die Suche nach dem wahren Selbst. Suhrkamp, Frankfurt
– (1980): Am Anfang war Erziehung. Suhrkamp, Frankfurt
– (1981): Du sollst nicht merken. Variationen über das Paradies-Thema. Suhrkamp, Frankfurt
Mitscherlich Alexander (1984): Anmerkung über die Chronifizierung psychosomatischen Geschehens. In Overbeck G, Overbeck A (Hrsg.): Seelischer Konflikt – körperliches Leiden. Reader zur psychoanalytischen Psychosomatik. Dietmar Klotz, Eschborn, 143–169
Mitscherlich Alexander et al. (Hrsg.) (1994): Sigmund Freud: Studienausgabe. 7. Auflage. S. Fischer, Frankfurt
Mitscherlich Melitta (1984): Die Bedeutung des Übergangsobjektes für die psychosomatische Theorie. In Overbeck G, Overbeck A (Hrsg.): Seelischer Konflikt – körperliches Leiden. Reader zur psychoanalytischen Psychosomatik. Dietmar Klotz, Eschborn, 195–200
Möhring Peter (1985): „Die Schicksalshaut". Eine Studie zu Sigmund Freuds Krankheiten. Psychoanalyse 6: 123–151
Molnar Michael (Hrsg.) (1996): Sigmund Freud: Kürzeste Chronik. Tagebuch 1929–1939. Stroemfeld / Roter Stern, Basel
Montagu Ashley (1974): Körperkontakt. Die Bedeutung der Haut für die Entwicklung des Menschen. Klett, Stuttgart
Morgenthaler W (1956): Erinnerungen an Freud. Schw Z Psychol 15: 103–104
Morris Desmond (1972): Liebe geht durch die Haut. Die Naturgeschichte des Intimverhaltens. Droemer Knaur, Zürich
Moser Alexander (1995): Aufbruch zur Medizin ohne Seele. Schw Ärztezeitung 76: 786–792
Muensterberger Werner (1980): Versorgung durch mehrere „Mütter" – interkulturelle Betrachtungen. Psyche 34: 677–693
Müller-Locher P (1979): Den Krebs gibt es nicht. TAM 30: 28–29
Myerson Paul G (1966): Comment on Dr Zetzel's paper. Int J Psycho-Anal 47: 139–142

Natenberg Maurice (1955): The case history of Sigmund Freud. A psycho-biography. Regent House, Chicago
Neumann Erich (1956): Freud und das Vaterbild. Merkur 10: 802–808
Newton G (1964): Early experience and resistance to tumour growth. In: Kissen DM, LeShan LL (eds.): Psychosomatic aspects of neoplastic disease. Proceedings of the 3rd International Conference, International Psychosomatic Cancer Study Group. Pitman, London, 71–79
Nitzschke Bernd (1996): Wir und der Tod. Essays über Sigmund Freuds Leben und Werk. Vandenhoeck, Göttingen
– (1998): Aufbruch nach Inner-Afrika. Essays über Sigmund Freud und die Wurzeln der Psychoanalyse. Vandenhoeck, Göttingen
Ogden Thomas H (1983): The concept of internal object relations. Int J Psycho-Anal 64: 227–241
Olvedi Ulli (1992): Frauen um Freud. Die Pionierinnen der Psychoanalyse. Herder, Freiburg im B.
Ordway Doris (1977): The crisis of cancer: Challenge to change. J Prosthet Dent 37(2): 184–189
Orwell George (1950): 1984. Ein utopischer Roman. Diana, Zürich
Overbeck Gerd, Overbeck Annegret (Hrsg.) (1984): Seelischer Konflikt – körperliches Leiden. Reader zur psychoanalytischen Psychosomatik. Dietmar Klotz, Eschborn
Paton Laurence, Llobregat Gisa (1989): Freud, prénom Martha. Renaudot, Paris
Peters Uwe H (1979): Anna Freud. Ein Leben für das Kind. Kindler, München
Pfister Oskar (1956): Sigmund Freud – Oskar Pfister. Schw Z Psychol 15: 108–113
Pirandello Luigi (1923): Der Mann mit der Blume im Mund. Kiepenheuer Bühnenvertriebs-GmbH, Berlin
Plack Arno (1974): Die Gesellschaft und das Böse. Eine Kritik der herrschenden Moral. List, München
Plassmann Reinhard (1993): Organwelten: Grundriß einer analytischen Körperpsychologie. Psyche 47: 261–282
Platon (1979): Das Gastmahl. Reclam, Stuttgart
Plügge Herbert (1967): Der Mensch und sein Leib. Max Niemeyer, Tübingen
Politzer Heinz (1972): Ödipus auf Kolonos. Versuch über eine Gemeinsamkeit von Psychoanalyse und Literaturkritik. Psyche 26: 489–519
Puner Helen W (1949): Freud – His life an his mind. A biography. Grey Walls Press, London
Racker Heinrich (1973): Some notes on Freud's personality. In: Ruitenbeek HM (ed.): Freud as we knew him. Wayne State Univ. Press, Detroit, 369–377
Rank Otto (1988): Das Trauma der Geburt und seine Bedeutung für die Psychoanalyse. S. Fischer, Frankfurt
Ranke-Graves Robert von (1984): Griechische Mythologie. Quellen und Deutung. Rowohlt, Reinbek b. Hamburg
Rattner Josef (1997): Klassiker der Tiefenpsychologie. Bechtermünz, Augsburg
Reich Wilhelm (1973): Reich on Freud. In: Ruitenbeek HM (ed.): Freud as we knew him. Wayne State Univ. Press, Detroit, 447–448
– (1976): Die Entstehung des Orgons. Der Krebs. S. Fischer, Frankfurt

Reichmayr Johannes (1990): Spurensuche in der Geschichte der Psychoanalyse. Nexus, Frankfurt
Rittenberg Cynthia N (1995): Positive thinking: an unfair burden for cancer patients? Supp Care Cancer 3: 37–39
Roazen Paul (1976): Sigmund Freud und sein Kreis. Eine biographische Geschichte der Psychoanalyse. Gustav Lübbe, Bergisch Gladbach; Ungekürzte Lizenzausgabe Ex Libris Zürich, 1977
– (1995): How Freud worked. First-hand accounts of patients. Jason Aronson, Northvale New Jersey
Rogers Carl R (1973): Entwicklung der Persönlichkeit. Klett, Stuttgart
Rohde-Dachser Christa (1987): Ausformungen der ödipalen Dreieckskonstellation bei narzißtischen und bei Borderline-Störungen. Psyche 41: 773–799
Romm Sharon (1983): The unwelcome intruder. Freud's struggle with cancer. Praeger, New York
Rosenthal Herbert M (1983): On early alienation from the self. Am J Psychoanal (US) 43: 231–243
Ross John M (1979): Fathering: A review of some psychoanalytic contributions on paternity. Int J Psychoanal (England) 60: 317–327
Ruitenbeek Hendrik M (ed.)(1973a): Freud as we knew him. Wayne State Univ. Press, Detroit
Ruitenbeek Hendrik M (1973b): The professor. In: Ruitenbeek HM (ed.): Freud as we knew him. Wayne State Univ. Press, Detroit, 17–21
Sachs Hanns (1982): Freud: Meister und Freund. Ullstein, Frankfurt
Sajner Josef (1968): Sigmund Freuds Beziehungen zu seinem Geburtsort Freiberg (Příbor) und zu Mähren. Clio Medica 3: 167–180
Salber Wilhelm (1999): Sigmund und Anna Freud. Europäische Verlagsanstalt, Hamburg
Sandler Joseph, Dare Christopher (1973): Der psychoanalytische Begriff der Oralität. Psyche 27: 770–787
Schlagmann Klaus (1996): Die Wahrheit über Narziß, Iokaste, Ödipus und Norbert Hanold. Versuch einer konstruktiven Streitschrift. Der Stammbaum und die Sieben Zweige, Saarbrücken
Schmidbauer Wolfgang (1999): Freuds Dilemma. Die Wissenschaft von der Seele und die Kunst der Therapie. Rowohlt, Reinbek b. Hamburg
Schneider Gisela (1984): Über den Anblick des eröffneten Leichnams. In: Winau R, Rosemeier HP (Hrsg.): Tod und Sterben. Walter de Gruyter, Berlin, 188–201
Schneider Peter (1999): Sigmund Freud. dtv, München
Schoofs Mark (1998): Freud vs. Prozac: The architect of the unconscious faces his greatest challenge. The Village Voice 18(42): 40–45
Schöpf Alfred (1982): Sigmund Freud. C. H. Beck, München
Schur Max (1977): Sigmund Freud, Leben und Sterben. Suhrkamp, Frankfurt
Schwarz Reinhold (1986): Persönlichkeitsmerkmale bei Krebskranken – Ursache oder Folge? Z Klin Psychol Psychopath Psychother 34: 205–216
– (1993): Psychosoziale Faktoren in der Karzinogenese: Zur Problematik der sogenannten Krebspersönlichkeit. Psychother Psychosom med Psychol 43: 1–9
– (1994): Die Krebspersönlichkeit. Mythos und klinische Realität. Schattauer, Stuttgart

- (1998): Psychosoziale Einflüsse auf die Krebsentstehung. In: Meerwein Fritz, Bräutigam Walter (Hrsg.): Einführung in die Psychoonkologie. 5. Aufl. Huber, Bern, 15–48
Shaffer John W, Graves PL, Swank RT, Pearson TA (1987): Clustering of personality traits in youth and the subsequent development of cancer among physicians. J Behav Med 10(5): 441–447
Shengold Leonard (1980): More on rats and rat people. In: Kanzer M, Glenn J (eds.): Freud and his patients. Jason Aronson, New York, 181–202
- (1991): A variety of narcissistic pathology stemming from parental weakness. Psychoanal Quart 60(1): 86–92
Slipp Samuel (1988): Freud's mother, Ferenczi, and the seduction theory. J Am Acad Psychoanal 16: 155–165
Sloterdijk Peter (1998): Sphären I. Blasen. Suhrkamp, Frankfurt
Soeder Thomas (1997): „Ich kann Sie einfach nicht lieben". Überlegungen zur Übertragungsliebe. In: Höhfeld K, Schlösser AM (Hrsg.): Psychoanalyse der Liebe. Psychosozial-Verlag, Gießen, 133–146
Sophokles (1989): König Ödipus. Reclam, Stuttgart
Spiegel David (1991): Second thoughts on personality, stress, and disease. Psychol Inquiry 2(3): 266–268
Spitz René A (1956): Die Urhöhle. Zur Genese der Wahrnehmung und ihrer Rolle in der psychoanalytischen Theorie. Psyche 9: 641–667
Sprengnether Madelon (1998): Reading Freud's life. In: Elliott A (ed.): Freud 2000. Polity Press, Cambridge, 139–168
Stanley Henry M (1878): Through the dark continent, or The sources of the Nile, around the Grat Lakes of Equatorial Africa, and down the Livingstone river to the Atlantic Ocean. Sampson Low Marston, London
Steadman Ralph (1981): Sigmund Freud. Rowohlt, Reinbek b.Hamburg
Steiner Riccardo (2000a): Die Zukunft als Nostalgie: Biographien von Mythen und Helden …? Bemerkungen über Jones' Freud-Biographie (Teil I). Psyche 54 (2): 99–142
- (2000b): Die Zukunft als Nostalgie: Biographien von Mythen und Helden …? Bemerkungen über Jones' Freud-Biographie (Teil II). Psyche 54 (3): 242–282
Stiefel Friedrich (1995): The united psychotherapeutic interventions of psycho-oncology. Supp Care Cancer. 3(4): 215–216
Stiefel Friedrich, Guex Patrice, Real del Sarte Oliver (1998): An introduction to psychooncology with special emphasis on its development in the historical and cultural context. In: Portenoy RK, Bruera E (eds.): Topics in palliative care. Vol. 3. Oxford Univ. Press, New York, 175–189
Stierlin Helm (1984): Psychosomatische Erkrankungen als Störungen der Differenzierung-Integration: Ein Ausblick auf die „Familienpsychosomatik". In Overbeck G, Overbeck A (Hrsg.): Seelischer Konflikt – körperliches Leiden. Reader zur psychoanalytischen Psychosomatik. Dietmar Klotz, Eschborn, 271–292
Stierlin Helm, Grossarth-Maticek Ronald (1998): Krebsrisiken – Überlebenschancen. Wie Körper, Seele und soziale Umwelt zusammenwirken. Carl-Auer-Systeme, Heidelberg
Stolorow Robert D, Atwood George E (1978): A defensive-restitutive function of Freud's theory of psychosexual development. Psychoanal Review 65: 217–238

Strauss Ronald P (1988): The patient with cancer: social and clinical perspectives for the dentist. Spec Care Dentist 8(3): 129–134

Struck Elmar (1997): Liebe in den Zeiten der Beliebigkeit. In: Höhfeld K, Schlösser AM (Hrsg.): Psychoanalyse der Liebe. Psychosozial-Verlag, Gießen, 293–314

Sulloway Frank J (1982): Freud – Biologe der Seele. Jenseits der psychoanalytischen Legende. Edition Maschke, Hohenheim, Köln-Lövenich

Suter Lotta (1999): Die Pille für das Kind. „Die Wochenzeitung" Nr. 44, 4.11.1999, 7

Tesone Juan Eduardo (1996): Psychoanalytische Bemerkungen zum Inzest: Das aufgelöste Dreieck. Psyche 50: 836–849

Theweleit Klaus (1977): Männerphantasien. Band 1: Frauen, Fluten, Körper, Geschichte. Roter Stern, Frankfurt

– (1996): Objektwahl. Über Paarbildungsstrategien und Bruchstücke einer Freudbiographie. dtv, München

Thomas Caroline B, Duszynski Rose, Shaffer John W (1979): Familiy attitudes reported in youth as potential predictors of cancer. Psychosom Med 41: 287–302

Torrey E Fuller (1992): Freudian fraud. The malignant effect of Freud's theory on American thought and culture. Harper Collins, New York

Treurniet Nikolaas (1995): Was ist Psychoanalyse heute? Psyche 49: 111–140

Turns Danielle, Sands Roberta G (1978): Psychological problems of patients with head and neck cancer. J Prosth Dent 39: 68–73

Tuttman Saul (1986): The father's role in the child's development of the capacity to cope with seperation and loss. J Am Acad Psychoanal 14: 309–322

van der Ploeg Henk M (1991): What a wonderful world it would be: A reanalysis of some of the work of Grossarth-Maticek. Psychol Inquiry 2(3): 280–285

Vester Frederic, Henschel Gerhard (1973): Krebs – fehlgesteuertes Leben. dtv, München

von Uexküll Thure (1990): Freud, die Psychoanalyse und das psychosomatische Problem. Psyche 44: 445–458

Vranich S B (1976): Sigmund Freud and „The case history of Berganza": Freud's psychoanalytic beginnings. Psychoanal Review 63: 73–82

Wallace Edwin R (1978): Freud's father conflict: The history of a dynamic. Psychiatry (US) 41: 33–56

Wehr Gerhard (Hrsg.) (1976): Friedrich Nietzsche: Du sollst der werden, der du bist. Psychologische Schriften. Kindler, München

Wehr Gerhard (1968): Martin Buber. Rowohlt, Reinbek bei Hamburg

– (1996): Gründergestalten der Psychoanalyse. Profile – Ideen – Schicksale. Artemis + Winkler, Zürich

Weiss Stanley S (1980): Reflections and speculations on the psychoanalysis of the rat man. In: Kanzer M, Glenn J (eds.): Freud and his patients. Jason Aronson, New York, 203–214

Wenger Bernhard, Schöchli Hansueli (1999): „Im Moment haben wir die kritische Masse". „Der Bund" 150 (277): 19

Will Herbert (1985): Freud, Groddeck und die Geschichte des „Es". Psyche 39: 150–169

Wills Georgia (1991): Personality, stress, and disease: An opportunity to use good science. Psychol Inquiry 2(3): 287–290

Wittels Fritz (1924): Sigmund Freud. Der Mann, die Lehre, die Schule. E.P. Tal, Leipzig

Wortis Joseph (1973): Fragments of an analysis. In: Ruitenbeek HM (ed.): Freud as we knew him. Wayne State Univ. Press, Detroit, 283–289
Wyss F E (1998): Cognitive Verhaltenstherapie – eine Gegendarstellung. Schw Ärztezeitung 79: 1622–1623
Xenakis Françoise (1986): Frau Freud ist wieder mal vergessen worden! Fünf fast erfundene Biographien. Kindler, München
Young-Bruehl Elisabeth (1995): Anna Freud. Eine Biographie. Wiener Frauenverlag, Wien
  1. Teil: Die Wiener Jahre.
  2. Teil: Die Londoner Jahre.
Zander Esther (1983): Das Carcinom – eine psychosomatische Erkrankung? Z psychosom Med Psychoanal 29(4): 363–379
Zander Wolfgang (1989): Neurotische Körpersymptomatik. Zum Verständnis der psychosomatischen Medizin. Springer, Berlin
Zelnick Lawrence M, Buchholz Esther S (1991): Der Begriff der inneren Repräsentanz im Lichte der neueren Säuglingsforschung. Psyche 45: 810–845
Zetzel Elizabeth R (1966): 1965: Additional notes upon a case of obsessional neurosis: Freud 1909. Int J Psycho-Anal 47: 123–129
Zimmermann Christoph (1998): Zur Vertreibung der Psychoanalyse aus der Psychiatrie. Schw Ärztezeitung 79: 967–969
Zorn Fritz (1977): Mars. „Ich bin jung und reich und gebildet; und ich bin unglücklich, neurotisch und allein ..." Kindler, München
Zulliger Hans (1956): Psychoanalyse in der Praxis des Volksschullehrers. Schw Z Psychol 15: 133–136
Zuriff Gerald E (1993): Theoretisches Schlußfolgern und die „Neuen Psychoanalytischen Theorien über den Säugling". Psyche 47: 1153–1171
Zweig Stefan (1970): Die Welt von Gestern. Erinnerungen eines Europäers. S. Fischer, Frankfurt
– (1973): Portrait of Freud. In: Ruitenbeek HM (ed.): Freud as we knew him. Wayne State Univ. Press, Detroit
– (1982): Die Heilung durch den Geist. Mesmer – Mary Baker-Eddy – Freud. S. Fischer, Frankfurt

Abbildungsverzeichnis

		Seite
Abb. 1	Die an Freud durchgeführte Knochenresektion	23
Abb. 2	Eine der Oberkieferprothesen Freuds	25
Abb. 3	Befunde der eigenen psychosozialen Forschung mit Mundhöhlenkarzinompatienten	69
Abb. 4	Die Beziehungssituation bei Geburt von Sigmunds Schwester Anna	96
Abb. 5	Mutter Amalies Belastungen zwischen 1855 und und 1861 (1 Jahr vor Sigmunds Geburt bis zu seinem 5. Geburtstag)	100
Abb. 6	Sigmund, ca. achtjährig, mit der Mutter und den Schwestern Rosa und Dolfi	115
Abb. 7	Formen der Liebe hinter dem Wort „Liebe"	150
Abb. 8	Freud und die Geschlechtlichkeit der Patientin	161
Abb. 9	Die wichtigsten persönlichen Beziehungen Freuds außerhalb der Familie	218f.
Abb.10	Bildnis Sigmund Freuds, von Salvador Dalí 1938 in London gezeichnet	315

Namen-
verzeichnis

Abelin, E.L. 81
Abend, Sander M. 61
Abraham Karl 18, 22, 39, 76, 139 f., 172, 218, 222, 227, 230
‚Adam' 269
Adams, Leslie 382 f.
‚Adda' (Hund?) 258
Ader, Robert 361 f.
Adler, Alfred 18, 152, 216, 218, 225 f., 242, 256, 321
Adler, Viktor 247
Aichhorn, August 188, 346
Alexander, Franz 359
Alford, C. Fred 255
Allen, Woody 320
Amenhotep IV. (Pharao) 331
Andersen, Christian 128–132
Andreas-Salomé, Lou 58, 204, 207, 209 ff., 216, 219, 232, 258, 270, 276, 364 f.
Angell, Marcia 343, 373 f.
‚Anna O.' → Pappenheim, Bertha
‚Antigone' 169, 212
Anzieu, Didier 48, 86, 100, 104, 282, 380
Appignanesi, Lisa 203, 237
‚Archäopterix' 136
Aristophanes 156
Aristoteles 181, 240, 357, 363
Aschaffenburg, Gustav 48
‚Athene' 161
Atwood, George E. 175
‚Ayesha' (Haggard) 255
Ayoun, Pascal 309

‚Baal' 251
Bacon, Francis 377

Bahnson, Claus B. 272, 281, 368 f.
Bahnson, Marjorie 272, 368
Baider, Lea 377
Balint, Alice 62
Balint, Michael 80, 147, 149, 331, 359
Bally, G. 331
Balmary, Marie 38, 89 f., 166, 382
Baltrusch Hans-Joachim 369
Balzac, Honoré de 43 f., 53 f., 133, 270 f., 307–312, 314
Baruch, Loeb → Börne, Ludwig
‚Bathseba' 90
Bauer, Ida (‚Dora') 17, 176, 202, 298
‚Beatles' 146
‚Beatrice' (Dante) 254
Beck, Aaron T. 360
Becker, Franziska 49
‚Ben Aron' (Berdach) 306
Benedikt, M. 157
Benes (Direktor) 381
Benette, G. 278
Berdach, Rachel 306 f.
‚Berganza' (Cervantes) 119 f.
Bergman, Ingmar 319
Bergson, Henri 348
Berkeley, George 363
Bernays, Anna
→ Freud Bernays, Anna
Bernays, Berman 186, 217
Bernays, Edward 180, 208
Bernays, Eli 171, 178, 180, 183, 217
Bernays, Isaac 181
Bernays, Jacob 181
Bernays, Leah (‚Lucy') 180
Bernays, Martha
→ Freud, Martha
Bernays, Michael 181

427

Bernays, Minna   31, 34, 162, 173, 185 f.,
    188, 204 f., 210, 214 f., 217 ff., 231
Bernays-Freud, Anna
    → Freud Bernays, Anna
Bernays Heller, Judith   167, 171, 180
Bernays-Philipp, Emmeline   183, 186
Bernfeld, Siegfried   48, 57 f., 86, 95, 99,
    208, 295, 329, 378–384
Bernfeld, Suzanne
    → Cassirer Bernfeld, Suzanne
Bernhardt, Sarah   132
‚Bertgang, Zoë' (Jensen)   136
Bilinsky, John M.   162
Binswanger, Ludwig   18, 140, 155, 187,
    195, 206, 218, 227, 320
Bion, Wilfred R.   76, 80
Bismarck, Otto von   383
Bitter, Wilhelm   337
Blum, Ernst   46
Blum, Harold P.   36, 100, 114, 243, 348
Boehlich, Walter   118, 123
Bollas, C.   348
Bonaparte, Eugénie   42, 233, 235 f.
Bonaparte, Lucien   233
Bonaparte, Marie   14, 29, 34, 37, 41 ff.,
    58, 140, 144, 178, 187, 195, 213,
    215 f., 219, 227, 231, 233–238, 258,
    262 f., 305
Bonaparte, Pierre   233, 235 f.
Bonaparte, Roland   233 f.
Bondy, Ida → Fließ, Ida
Booth, Gotthard   54 f., 272, 279 f., 288,
    341, 368 f.
Börne, Ludwig (Baruch, Loeb)   111 f.,
    383
Boss, Medard   278 f., 364
Bowlby, John   79, 184
Braun, Ludwig   26
Breton, André   319
Breuer, Bertha   220
Breuer, Josef   17, 138, 164, 176, 216 ff.,
    220, 226, 261
Breuer, Mathilde   219, 231
Briand, Aristide   233
Brill, Abraham A.   205, 223, 330

Brome, Vincent   48
Brücke, Ernst W.   17, 128, 164 f., 217
Brunswick, Mark   256
Brutus, Decimus J.   110
Buber, Martin   138, 239 f.
‚Buddha'   323
Bumke, O.   328
Burlingham, Dorothy   37, 175,
    212–216, 219, 232, 258

‚Cäcilie M.' → Lieben, Anna von
‚Camacha' (Cervantes)   119 f.
‚Cannizares' (Cervantes)   119 f.
Cannon, Walter B.   359
Cantor, R.   64 f.
‚Carmen' (Bizet)   132
Cäsar, Gajus Julius   110
Cassileth, Barrie R.   343, 373, 376 f.
Cassirer Bernfeld, Suzanne   45, 48, 58,
    86 f., 95, 99, 110 f., 378–384
Cervantes, Saavedra Miguel de   119 f.,
    125, 257
Chagall, Marc   319
Charcot, Jean-Martin   45, 131, 158,
    164 f., 195, 217, 237
Chasseguet-Smirgel, Janine   266
Chernin, Paul   61 f.
‚Chimaira'   169
Choisy, Maryse   144
Chornesky, Alice   79
Christus, Jesus   95, 233, 322
Chrobak, Rudolf   162 f.
‚Chrysippos'   169
Cihlatz, Josefine   204
‚Cipio' (Cervantes)   119 f., 125, 257
Clark, Ronald W.   45, 48, 98, 260, 378
Claus, Carl   17
Clemen, C.   328
Clinton, Bill   286
Colonna, Alice   204
‚Cordelia' (Shakespeare)   206
Cremerius, Johannes   41, 53 f., 316
Crews, Frederick C.   328 f.
Cromwell, Oliver   165

Da Vinci, Leonardo
→ Leonardo Da Vinci
Dalí, Salvador 50 f., 315 f., 319
Dante, Alighieri 254
Darwin, Charles G. 139
‚David' 89 f.
Davies, Ann D. M. 64 f.
de Groot, Jeanne
→ Lampl-de Groot, Jeanne
Descartes, René 357 f., 362 f.
Dethlefsen, Thorwald 280 f.
Deutsch, Felix 21 f., 52, 172, 219, 230
Deutsch, Helene 45 f., 219, 223, 232, 262
Dewald, Paul A. 61
‚Diabolo' 249 f.
Diersburg, Egenolf R. von 289
‚Diotima' (Platon) 157
Dollard, John 319
‚Don Juan' (Mozart) 259
Doolittle, Hilda (‚H.D.') 177, 219, 233, 314
‚Dora'→ Bauer, Ida
Dostojewski, Fjodor M. 296
Drewermann, Eugen 129, 151
Driesch, Hans 240
Drucker, Esti
→ Freud-Drucker, Ernestine
Düe, Michael 267
Dumas, Alexandre 133
Dunbar, F. 370
Durkheim, Emile 265

Ebner, Martin 352 f.
Eckstein, Emma (‚Irma') 17, 204, 217, 287
‚Edward' (Prinz) 351
Einstein, Albert 224, 322
Eissler, Kurt R. 48, 58 f., 86, 111, 117, 127–130, 215, 231, 322, 329, 378
Eitingon, Max 18, 20, 22, 28 f., 40, 172, 207, 209, 211 f., 218, 222, 226 f., 230, 258
‚El Niño' (Wirbelsturm) 344
‚Elisabeth' (Queen) 351

Ellenberger, Henri 59 f.
Elliott, Anthony 329, 346
Ellis, Havelock 157, 160
‚Emma-Irma'→ Eckstein, Emma
Engel, George 360, 367 f.
Erikson, Erik 80
Eschenröder, Christoph T. 332
‚Eugénie' (Prinzessin)
→ Bonaparte, Eugénie
‚Eumeniden' 291
‚Eurydike' 254
‚Eva' 269
Evans, Elida 366 f.
Exner, George 28 f.

Fairbairn, W. 76
Faller, Hermann 374
Farrell, John 328
Fassbinder, Rainer Werner 319
Faulkner, William 319
‚Faust' (Goethe) 177, 247 ff., 255, 260
Federn, Paul 18, 24, 218, 227, 245
Fellini, Federico 319
Fenichel, Otto 222, 329
Féré, Ch. 157
Ferenczi, Sándor 18, 22, 40 ff., 107, 111, 139, 145, 147, 156, 174 f., 197, 206 f., 216, 218 f., 222, 224, 227, 245, 321
Feuchtinger (Assistent Hajeks) 21
Fichtl, Paula 229
Finzi, Neville 29 f.
Fleischl von Marxow, Ernst 17, 216, 218
Flem, Lydia 48, 86, 111, 125, 142, 231, 378
‚Fliegengott' 251
Fließ, Ida 217
Fließ, Robert 59
Fließ, Wilhelm 17, 19 f., 38, 40, 51, 58 f., 89, 94, 106 f., 135, 141 f., 154, 159, 167 f., 175, 178 f., 185, 192 f., 204, 216 ff., 220, 226, 245, 261, 295, 304, 313, 318, 321, 383
Fluß, Alfred 217
Fluß, Eleonora 17, 90, 117, 121, 124
Fluß, Emil 117 f., 121, 139, 141, 217

Fluß, Gisela 17, 117 f., 121, 123–130, 136 f., 157, 159, 181, 202, 261, 265, 270, 273, 311
Fluß, Ignaz 17, 90, 105, 121
Fluß, Richard 217
Fluß, Sidonia 125
‚Fo' (Hund) 258
‚Foedora' (Balzac) 310 ff.
Fox, Bernhard 373, 375
Franke, Dieter 320
Franke, Klaus 328
Franz Josef, Kaiser 167, 383
Freud, Adolfine (‚Dolfi') 16, 115, 167, 174, 178, 180
Freud, Alexander 17 f., 20, 110, 116, 170, 174, 178 f., 193
Freud, Amalie 17, 50 f., 54–57, 86–94, 96–103, 105–110, 112–115, 118, 120, 129 f., 133–137, 158 f., 167–178, 180 f., 183 f., 204, 206, 220, 242, 253, 256, 259, 261, 273, 291, 297, 303 f., 306, 323, 378 f., 381 f f.
Freud, Anna (Schwester)
 → Freud Bernays, Anna
Freud, Anna (Tochter) 14, 17, 22, 30 f., 52 f., 57 ff., 78, 174 f., 181, 186 ff., 190 ff., 195, 201–216, 219, 229, 232, 234, 257 ff., 276, 303 f., 321, 378
Freud, Anton Walter 199 ff.
Freud, Bertha 99, 105
Freud ‚Dolfi' → Freud, Adolfine
Freud, Emanuel 18, 88 ff., 92 f., 96 f., 99, 103, 105, 107, 109, 111, 116, 122, 170 f., 179
Freud, Ephraim 88
Freud, Ernst 17, 50, 57, 133, 195, 205, 378
Freud, ‚Esti'
 → Freud-Drucker Ernestine
Freud, Freide 88
Freud, Georg 180
Freud, Harry 174, 179, 195
Freud, Jakob Kallamon 17, 20, 32, 41, 49, 51, 53, 86, 88–92, 94, 96–101, 105, 107–114, 116, 142, 158, 163–167, 175, 206, 242, 265, 273, 297 f., 378, 380, 382 f.
Freud, Jesucher 88
Freud, John 92 f., 96 f., 99, 103 ff., 107–110, 126, 159, 178
Freud, Josef (Onkel) 109 f.
Freud, Josef (Ururgroßvater) 88
Freud, Julius 16, 20, 55, 90, 93, 95–102, 113, 133, 242, 246, 273 f., 297, 323
Freud, Lucie (‚Lux') 50, 133, 211
Freud, Maria (‚Mitzi')
 → Freud-Freud, Maria
Freud, Marie 89 f., 93, 96 f., 99, 105, 171
Freud, Martha 17, 31 f., 55, 126 f., 132 f., 139, 143, 158 f., 162, 178, 180–193, 195, 203 ff., 210, 212, 214–217, 219, 261, 273, 303 f.
Freud, Martin (Jean Martin) 17, 45, 57, 141 f., 167, 170, 178 f., 181, 189–203, 208, 256, 258, 276, 332
Freud, Mathilde
 → Hollitscher-Freud, Mathilde
Freud, ‚Mitzi'
 → Freud-Freud, Maria
Freud, Oliver 17, 195, 205
Freud, Pauline (‚Paula')
 → Winternitz-Freud, Pauline
Freud, Pauline (Tochter Emanuels) 93, 96, 103 ff., 108 f., 116, 122, 126, 136, 159, 178, 311
Freud, Philipp 18, 89 f., 96–101, 105, 107–111, 113, 122, 135, 158, 273
Freud, Rebekka 89 ff., 96, 99 f., 113, 166, 273, 382
Freud, Rosa → Graf-Freud, Rosa
Freud, Samuel 26, 170
Freud, Schlomo 88, 100, 166, 274
Freud, Sophie (Tochter)
 → Halberstadt-Freud, Sophie
Freud, Sophie (Enkelin)
 → Freud Loewenstein, Sophie
Freud, Sophie (Schwägerin)
 → Freud-Schreiber, Sophie
Freud, Theodor 171, 180

430

Namenverzeichnis

Freud, ‚Tom'
  → Seidmann-Freud, Martha
Freud Bernays, Anna   16, 96 ff., 100, 105, 108 ff., 112, 114, 133-137, 167, 178, 180, 204, 208, 256
Freud-Bernays, Martha
  → Freud, Martha
Freud-Drucker, Ernestine (‚Esti')   184, 199-202
Freud-Freud, Maria (‚Mitzi')   16, 100, 178, 180
Freud-Hofmann, Peppi   88
Freud Loewenstein, Sophie   199–203, 332
Freud-Nathanson, Amalie
  → Freud, Amalie
Freud-Schreiber, Sophie   174, 179
Freund, Anton von (‚Toni')   18, 20, 35, 55, 142, 199, 219, 276
Friedman, Lawrence J.   54, 136
Friedmann, Manna   204
Fromm, Erich   48, 146 f., 149, 172 f., 185, 226, 319, 321, 324, 329, 346
Fromm-Krause, Naphtali   173

Galenus, Claudius   365
Gandhi, Mahatma   322
Gardner, Howard   314, 322
Gay, Peter   13, 48, 53, 318, 379
Gedo, John E.   46, 48, 103, 120, 295
Gendron, D.   365
‚Georg von Griechenland' (Prinz)   43, 233
Gicklhorn, Renée   89, 91, 109, 379 f.
‚Gisela' → Fluss, Gisela
‚Gisela' (Freundin Rattenmann)   127, 158, 299 f., 302 f.
Godard, Jean-Luc   319
Goethe, Johann Wolfgang von   47, 88, 174, 177, 247 f., 260, 265, 343
‚Gradiva' (Jensen)   18, 135 ff., 149, 205
Graf, Cäcilie (‚Mausi')   171, 180
Graf, Hans (‚Kleiner Hans')   18, 176, 202, 218, 298
Graf, Hermann   180

Graf, Max   218
Graf-Freud, Rosa   16, 100, 110, 115, 171, 178, 180
Granoff, Wladimir   382
Grawe, Klaus   335 ff.
Green, André   57, 101
Greenacre, Phillis   81
Greene, William A.   368
Greer, Steven   372, 375, 377
Grinker, Roy R.   36 f., 281 f.
Grinstein, Alexander   108 f.
Groddeck, Georg   18, 34 f., 39 f., 55, 219, 227, 239 ff., 247, 251, 280, 283, 285, 358 f., 366
Grossarth-Maticek, Ronald   370
Grubrich-Simitis, Ilse   48, 323
Grunberger, Béla   279
Gsell Fells, Th.   242
Guilbert, Yvette   219, 232, 256
Guy, Richard   365

H.D. → Doolittle, Hilda
Häberlin, Paul   221 f.
Hacker, Frederick J.   56 f.
Haeckel, Ernst   283
Haggard, Rider   254
Hagnell, Olle   369
Hajek, Markus   21 f.
Halban, Josef   234 f.
Halberstadt, Ernst   189 f.
Halberstadt, Heinz (‚Heinele')   22, 171, 190, 195, 258
Halberstadt, Max   187
Halberstadt-Freud, Sophie   17 f., 22, 55, 171, 187, 190 f., 195, 199, 205 f., 209, 219, 258, 276
Halpert, Eugene   61
Hammerschlag, Anna
  → Lichtheim-Hammerschlag, A.
Hammerschlag, Samuel   164, 204, 216 ff., 265
‚Hannibal'   110
‚Hanold, Norbert' (Jensen)   136
Hardin, Harry T.   100, 102, 175
Harlow, H.F.   369

431

Harsch, Herta E.   87, 100 ff.
Hauptmann, Gerhard   157
Heim, Cornelius   118
Heine, Heinrich   224 f.
‚Heinele' → Halberstadt, Heinz
Heinroth, Johann Ch.   358
Heisenberg, Werner K.   363
Heller-Bernays, Lucy
   → Bernays, Leah
Helmkamp, Michael   373
Hemminger, Hansjörg   328
‚Hera'   169
Herzl, Theodor   246
Herzog, J.   81
Hesse, Hermann   319
Hilferding, Margarete   221, 264
Hippokrates   365
Hitler, Adolf   48
Hitschmann, Edward   218, 227, 256
Hofmann, Siskind   89
Hohage, Roderich   148
Holland, Jimmie C.   372, 375
Hollitscher-Freud, Mathilde   17, 186 f.,
   191 f., 195, 206, 219, 232
Hollós, Istvan   244
Holmes, T.H.   360
Holzknecht, Guido   21, 35
Horney, Karen   156, 262, 277 ff., 311,
   321
Hugo, Victor   132
Huxley, Aldous   333
‚Hydra'   169

Ibsen, Henrik   89, 157
‚Ichthyosaura'   118, 120–123, 131, 136,
   157
‚Iguanodon' → Salter
Iker, H.P.   368
‚Iokaste'   107, 169 f.
‚Irma' → Eckstein, Emma
‚IWF'   345

Jacobsen, Jens P.   185
‚Jakob' (biblischer)   241 f.
James, William   362

Jekels, Ludwig   218
Jeker, Rober A.   352 f.
Jelzin, Boris   336
Jensen, Wilhelm   18, 135 ff., 149, 205
Jesus Christus → Christus, Jesus
‚Jofi' (Hündin)   215, 258f f.
Jones, Ernest   13, 16, 18 ff., 22, 32 f., 45,
   47–50, 53, 56 ff., 60, 86, 92, 106, 117,
   119, 160, 162, 174, 186 f., 191, 206,
   210, 218, 227, 229 f., 232, 262, 268,
   279, 304, 378, 381 ff.
Jones, Herbert (‚Davy')   232
Jones-Kann, Loe   204, 219, 232
‚Jophon'   169
‚Josefine' → Cihlatz, Josefine
‚Joseph'   242
‚Joshua'   225, 242
Joyce, James   319
Jung, Carl G.   17–20, 33, 141, 143, 149,
   152, 159 f., 162, 199, 216, 218 f., 221,
   224 ff., 231, 242, 244 f., 252, 256, 281,
   321, 331
‚Jupiter'   140
Jurevich, R.M.   328

Kafka, Franz   319
Kahane, Max   18, 218
Kann, Loe → Jones-Kann, Loe
Kanner, Sally   88 f., 96
Kast, Verena   82, 85
Kazanjian, Varaztad   26
Kepler, Johannes   139
‚Kerberos'   169
Kernberg, Otto F.   147, 326 ff., 331
Kestenberg, Judith S.   298
Kierkegaard, Søren   268, 278
Kiss, Alexander   376 f.
Kissen, David   272, 368 f.
Klein, Melanie   76 ff., 219, 262, 312 f.,
   331
‚Kleiner Hans' → Graf, Hans
Knoepfmacher, Wilhelm   218
Kobler, Franz   86, 91, 112, 167, 289, 379
Koestler, Arthur   49 f.
Kohut, Heinz   327, 331

Koller, Karl 216, 218
Kolumbus, Christoph 139
Königstein, Leopold 216, 218, 220
Krafft-Ebing, Richard von 157
Kramer, Peter 332
Kreitler, S. 374
Kretschmer, Ernst 328
Kris, Ernst 57 f., 219
Kris, Marianne 219, 232
Krüll, Marianne 19, 38, 48, 60, 87 ff., 91, 93 f., 97 ff., 104 ff., 108 f., 162, 166 f., 262, 378 f.

Lacan, Jacques 331
Lacassagne, Alexandre 29 f.
Laforgue, René 184, 234 f., 295, 331
Laing, Ronald D. 83, 244
‚Laios' 169
Lamarck, Jean-Baptiste 39
Lampl, Hans 208 f., 219, 232
Lampl-de Groot, Jeanne 209, 219, 232, 262
Lanzer, Camilla 297, 301 f.
Lanzer, Ernst (‚Rattenmann') 18, 127, 158, 166, 176, 202, 297–304, 338
Lazarus, R.S. 359, 370
Le Bon, Gustave 233
‚Lea' 241 f.
Lear, Jonathan 333
‚Lear' (König) 177, 206
Leibniz, Gottfried W. 362
Lennon, John 146
Leonardo da Vinci 18, 87, 102, 205
LeShan, Lawrence 272, 341 f., 366–370
Levenson, James L. 377
Levy, Kata + Layos 22, 204, 207, 219, 232
Lichtheim-Hammerschlag, Anna 204, 219, 231
Lieben, Anna von (‚Cäcilie M.') 17
Livingstone, David 263
Llobregat, Gisa 184, 186, 188
Loeb Baruch → Börne, Ludwig
Loewenstein, Rudolf 235, 237

Loewenstein-Freud, Sophie
 → Freud Loewenstein, Sophie
Loewy, Emanuel 218
Lohmann, Hans-Martin 10, 48, 101, 378
Lorenz, Konrad 249
‚Lucy' → Bernays, Leah
Ludwig, Alfred 41, 64
Ludwig, Emil 141, 155
‚Lün' (Hündin) 30, 258 ff.
‚Luzifer' 250

‚Macbeth' (Shakespeare; Verdi) 20
Macho, Thomas 286
Mack Brunswick, Ruth 36, 209, 219, 227, 230, 232, 234, 256, 262
MacLean, P. 363
Mahler, Gustav 216, 319
Mahler, Margaret S. 78, 80
Mahony, Patrick 298
Malinowski, Bronislaw 237, 319
Mann, Thomas 319, 330
Mannoni, Octave 48, 378
Marcuse, Herbert 329
Margolis, Deborah 54, 168, 170, 172, 181, 220, 256 f.
Markus, Georg 16, 41, 48, 86, 380
Marty, Pierre 359
Masson, Jeffrey M. 59 f., 215
May, Rollo 270
Maylan, Charles E. 48
Mead, Margaret 319
‚Medusa' 158, 161
Meerwein, Fritz 374 f., 377
Menninger, Karl 367
‚Mephistopheles' (Faust) 177, 248–251, 260, 309
Merloo, J.A. 370
Mertens, W. 336
Meyer, Adolf E. 331
Meyer, Conrad F. 135 f.
Meynert, Theodor 17, 157, 164
Michelangelo (Buonarroti M.) 18, 102, 142, 241 ff., 251, 295, 314, 316
Miketta, G. 361

Milgram, Stanley 255
Miller, Alice 101, 112 f., 115, 269, 348 f.
Miller, Eric 328
Mitscherlich, Alexander 288, 359
Möhring, Peter 19, 41, 54 ff., 314, 323
Moll, Albert 157
Molnar, Michael 50
‚Mona Lisa' (Leonardo da Vinci) 102
‚Monika' → Zajíc Monika
Montagu, Ashley 282
‚Montiela' (Cervantes) 119 f.
Morris, Desmond 282
Morris, T. 372
Mosen, Julius 95
‚Moses' 18, 28, 89, 102, 142, 164 f., 225, 241 ff., 295, 316
Mozart, Wolfgang A. 256
Muschg, Walter 256

‚Napoleon' 233
‚Narjani, A.-W.' 233
Nathanson, Amalie
→ Freud, Amalie
Nathanson, Jacob 90 f., 109 f., 379
Nathanson, Julius 93, 96, 100 f., 113, 273 f.
Nathanson, Sara 90
Nelkin, Dorothy 333
Németh, G. 369
Neumann, Erich 248, 321
Newton, Isaac 329
‚Niels Lyhne' (Jacobson) 185
Nietzsche, Friedrich 209, 239 f., 250, 323, 348
Nissl, Franz 48
Nitzschke, Bernd 48, 158, 185, 229 f.
‚Novartis' 333

‚Ödipus' 87, 102, 107, 116, 142, 166–170, 291
Oppenheim, Hermann 48
Ordway, Doris 65
‚Orpheus' 254
‚Orthros' 169
Orwell, George 339

Paget, James 31, 366
‚Pan' 243
Paneth, Josef 216, 218
Pankejeff, Sergej (‚Wolfsmann') 36, 176, 232
Pappenheim, Bertha (‚Anna O.') 17, 176, 217, 220, 261
Papst Julius II. 241 f.
Paton, Laurence 184, 186 ff.
‚Pauline' → Freud, Pauline
‚Pauline' (Balzac) 44, 271, 311 ff.
Pawlow, Iwan 359
‚Pelops' 169
‚Perseus' 161
Peters, Uwe H. 229
Pfister, Oskar 39 f., 46, 219, 227, 254, 318
Philippson, Ludwig 89, 109, 112, 163, 265
Picasso, Pablo 319, 322
Pichler, Hans 21–28, 213
Pickney, E.R. 328
‚Pierre' (Prinz)
→ Bonaparte, Pierre
Pirandello, Luigi 289
Platon (Plato) 156 f., 248, 257, 268, 357
Popper-Lynkeus, Josef 245
‚Poseidon' 161
Prospero (Dramatiker) 123
Puner, Helen 48 f., 189, 221, 243, 289, 314 f., 378 f.
Putnam, James J. 20, 143, 226 f.

Rabelais, François 161
Racker, Heinrich 46
Radó, Sándor 219
Rahe, R.H. 360
‚Rahel' 241 f.
Rank, Beata 219, 232
Rank, Otto 18, 22, 145, 211, 218, 224 f., 232, 234, 246 f., 252, 321
Ranke-Graves, Robert von 168 f.
‚Raphael' (Balzac) 43 f., 270 f., 307–314
‚Rattenmann' → Lanzer, Ernst
Rattner, Josef 92

Reich, Wilhelm   160, 222, 329, 366
Reik, Theodor   17, 184, 212, 219, 227, 257, 307, 321
Reitler, Rudolf   18, 218
Rhys-Jones, Sophie   351
Rie, Marianne   220
Rie, Oskar   216 ff., 220
Rilke, Rainer M.   209
Riviere, Joan   209, 219, 232
Roazen, Paul   47 f., 53, 58, 215, 332, 378
Rolland, Romain   46, 219, 257, 266 ff., 295
Romm, Sharon   22 f., 25, 41, 48, 50, 53 f.
Rosenberg, Ludwig   216, 218
Rosenfeld, Eva   36, 154, 204, 212, 215, 219, 226, 232, 246, 258, 261, 321
Rosenthal, Moritz   111
Rosenzweig (Kaufmann)   122
Ross, John M.   166
Roth, Alexander   245
Rotter, J.B.   359
Rowland, J.H.   372
Ruitenbeek, Hendrik   46, 58 f.

Sachs, Hanns   22, 46 ff., 141, 189, 219, 221, 225, 227
Sadger, Isidor   218
Sajner, Josef   379
‚Salomon'   90
Salter (‚Iguanodon')   120 f.
‚Samuel'   89
Sandler, Joseph   285
‚Satan'   251
‚Satyr'   243
Scagnelli, Paul   328
Scheffel, Josef Viktor   121
Schiller, Friedrich   110
‚Schlomo' (Sigmunds 2. Vorname; nach Grossvater)   88, 90 f., 166
Schlöndorff, Volker   319
Schmähl, D.   374
Schmale, A.H.   368
Schmidbauer, Wolfgang   60, 87
Schneider Peter   48, 378
Schnitzler, Arthur   246, 277

Schönberg, Arnold   319
Schönberg, Ignaz   34, 185 f., 216 ff.
Schoofs, Mark   332
Schöpf, Alfred   48, 378
Schreber, Daniel Paul   18, 176, 202
Schroeder, Hermann   26, 235
Schultz-Henke, H.   92
Schur, Max   13, 19 f., 22, 27 f., 30, 45, 48, 51, 53, 89, 95, 143, 187, 213, 216, 219, 227-231, 235, 307, 359, 378
Schwab-Paneth, Sophie   219, 231
Schwarz, Reinhold   373 f., 377
‚Schwarzer Teufel' (Freuds Tochter Anna)   204
Seidmann, Angela   180
Seidmann-Freud, Martha (‚Tom')   180
Seligmann, M.E.P.   360
Selye, H.   359
Shakespeare, William   177
Shengold, Leonard   81 f., 114, 302, 313, 338
Shimkin, Leon   57
Sifneos, P.E.   359
‚Sigismund' (Freud, Sigmund)   91, 96
‚Sigm.' (Freud, Sigmund)   289
Silberer, Herbert   18, 219
Silberstein, Eduard   50, 117–126, 131, 141, 178, 202, 216, 218
Silberstein, Osias   118
Simmel, Ernst   184
Simonton, O.C.   371
Singer, Charles   316
Skinner, Burrhus F.   333
Slipp, Samuel   91, 103, 106 f., 113, 172
Sloterdijk, Peter   260, 270, 314
Snow, Herbert   31, 366
Sokrates   157, 322
‚Sonntagskind'
  → Halberstadt-Freud, Sophie
Sophokles   116, 169
‚Sphinx'   146, 169 f.
Spiegel, David   371
Spielrein, Sabina   219, 231
Spinoza, Baruch de   362
Spitz, René   284

435

Sprengnether, Madelon   87, 144, 182
Stanley, Henry M.   263
Steadman, Ralph   161
Steinach, Eugen   24
Steiner, Maxim   21
Steiner, Riccardo   58, 60, 378
Stekel, Wilhelm   18, 218 f., 224 f., 242
Stern, Daniel   78
Stiefel, Friedrich   10, 371 f.
Stierlin, Helm   83 f., 114
Stolorow, Robert D.   102, 175, 183, 262, 295
Strachey, Alix   219, 232
Strachey, James   58, 219
Strauss, Ronald   65
Strawinski, Igor   322
Stroß, Josephine   228 f.
Struck, Elmar   146, 148
Sulloway, Frank J.   60, 215, 328, 332
Swales, Peter   162, 332
Szondi, Leopold   337

‚Tatoun' (Hund)   258
Tausk, Viktor   18, 58, 207, 218, 226
‚Teiresias'   142
Tesone, Juan Eduardo   98
‚Teufel'   250 ff., 254
Theweleit, Klaus   153, 181, 248
Thomas, Caroline B.   369
Thompson, Clara   292
Thornton, E.M.   328
Tillich, Paul   348
Tolstoi, Lew Nikolajewitsch   157
‚Tom' → Seidmann-Freud, Martha
‚Toni' → Freund, Anton von
‚Topsy' (Hündin)   14, 37, 42 f., 53, 195, 215, 236 f., 258
Torrey, E. Fuller   328
Trotter, Wilfred   29
Truffaut, François   319
Turns, Danielle   64
Tuttman, Saul   86

Vergil   89
Vester, Frederic   343
Voigt, Riborg   130
von Diersburg, Egenolf R.
   → Diersburg, Egenolf R. von
von Freund, Anton (‚Toni')
   → Freund, Anton von
von Uexküll, Thure   360, 364
von Weizsäcker, Viktor   34, 265
Vranich, S.B.   119

‚Wagner' (Goethe)   249
Wagner-Jauregg, Julius   298
Wahle, Fritz   183
Waldinger, Ernst   180
Wallace, Edwin R.   19, 111, 166, 323
Weber, Max   265
Webster, Richard   329
Wehr, Gerhard   48, 378
Weiss, Nathan   183, 216, 218
Weiss, Stanley   300
‚Weltbank'   345
Weygandt, Wilhelm   48
Whitehead, Alfred North   331
Wilder, Thornton   296 f.
Wilenz, Sara → Nathanson Sara
Will, Herbert   328
Wills, Georgia   376
Winnicott, Donald   76, 80, 331, 348
Winternitz, Beatrice (‚Rosi')   180
Winternitz-Freud, Pauline (‚Paula')   17, 116, 180
Wittek, Rosi   93
Wittels, Fritz   18, 48, 60, 218, 222
Wolf, Ernest   46, 120
‚Wolf' (Annas Hund)   257 f.
‚Wolfsmann' → Pankejeff, Sergej
Woolf, M.   266
Woolf, Virginia   28 f., 319
Worthington, Richard   368
Wortis, Joseph   37
Wyss, F.E.   334

Xenakis, Françoise   186

Young-Bruehl, Elisabeth 192

Zajíc (Schlossermeister) 90, 92 f., 96
Zajíc, Johann 90, 92, 96
Zajíc, Monika 55, 93–102, 106, 111, 158, 168, 242, 265, 273 f., 323
Zander, Esther 373
‚Zeus' 156, 248

Zimmer Dieter, E. 328
Zola, Emile 157, 300
Zorn, Fritz 357
Zulliger, Hans 346 f.
Zweig, Arnold 27, 40 f., 219, 297
Zweig, Stefan 27, 30, 46 ff., 50, 176, 218, 222, 257, 323

Die Freudianer
Auf dem 13. Internationalen Psychoanalytischen Kongreß 1934 in Luzern
Fotografien von Tim N. Gidal. Texte von Tim N. Gidal und Volker Friedrich
Geleitwort von Heinz K. Henisch
184 Seiten, 150 Fotografien, Leinen, Großformat. ISBN 3-608-95914-9

Dieser Bildband dokumentiert den 13. Internationalen Psychoanalytischen Kongreß, der unter Leitung von Ernest Jones 1934 in Luzern stattfand. Wir finden Aufnahmen von Anna Freud, Max Eitingon, Helene Deutsch, Karl Landauer, Melanie Klein und vielen anderen. Auf diesem Kongreß versammelte sich zum letzten Mal der Großteil der Pioniere der zweiten und dritten Generation der Psychoanalytiker, um ihre bahnbrechenden Arbeiten vorzustellen. Der Kongreß war einer der letzten, auf dem es gelungen war, noch einmal divergierende Standpunkte nebeneinander vertreten zu lassen.

Kultur und Psychoanalyse in Bloomsbury und Berlin
Die Briefe von James und Alix Strachey 1924–1925
Herausgegeben von Perry Meisel und Walter Kendrick
494 Seiten, zahlreiche Fotografien und Abbildungen, Leinen, ISBN 3-608-95766-9

James und Alix Strachey sind als Übersetzer von Freuds Gesammelten Werken ins Englische bekannt. Neben ihrer Zugehörigkeit zur Psychoanalyse waren sie aber auch dem berühmten Bloomsbury-Kreis eng verbunden. Die hier veröffentlichten Briefe entstanden während Alix in Berlin bei Karl Abraham in Analyse war und James in London an der Übersetzung von Freuds Werken arbeitete. Die Briefe geben einen Einblick in diese Arbeit und vermitteln ein lebendiges Bild von den Diskussionen zwischen Freud und seinen Anhängern, den Auseinandersetzungen während der Gründungsphase der Britischen Psychoanalytischen Gesellschaft und den Vorgängen am Berliner Institut.

Klett-Cotta

Lothar Schon:
Sehnsucht nach dem Vater
Die Dynamik der Vater-Sohn-Beziehung
350 Seiten, gebunden, ISBN 3-608-94200-9

Ein Buch, das Männern ermöglicht, ihre eigene Beziehung zum Vater oder zum Sohn neu zu entdecken und besser zu verstehen, das aber auch Frauen zu einem tieferen Verständnis ihrer Funktion im Dreiecksverhältnis zu Mann und Sohn verhilft.

Arno Gruen:
Der Fremde in uns
265 Seiten, gebunden, ISBN 3-608-94282-3

»Entscheidend ist die Frage: Was bleibt für die Entwicklung der Identität, wenn all das, was dem Menschen eigen ist und ihn als Individuum ausmacht, verworfen und zum Fremden gemacht wird? Dann reduziert sich Identität auf die Anpassung auf äußere Umstände... Ein wichtiges Buch, das nicht nur den einzelnen als Individuum anspricht, sondern auch Wege zur positiven Entwicklungsfähigkeit der Gesellschaft aufzeigt... Ein Buch, das gerade in der gegenwärtigen Debatte über den Umgang mit Rechtsradikalen Durchblick verschafft.«
ekz-Informationsdienst

Hendrika C. Halberstadt-Freud:
Elektra versus Ödipus
Das Drama der Mutter-Tochter-Beziehung
Aus dem Niederländischen von Christiane Kuby
256 Seiten, gebunden, ISBN 3-608-91956-2

Halberstadt-Freuds Reflexionen über die Mutter-Tochter-Beziehung stellen den gelungenen Versuch dar, eine Leerstelle der klassischen Freudschen Psychoanalyse mit Leben zu füllen und deren systematisch angelegtes »Weiblichkeitsdefizit« zu beheben.

Klett-Cotta